汉字的思考

A book about Chinese characters

上海社会科学院出版社

图书在版编目(CIP)数据

汉字的思考/张克敏著.—上海：上海社会科学院出版社，2019

ISBN 978-7-5520-2093-9

Ⅰ.①汉… Ⅱ.①张… Ⅲ.①汉字—研究 Ⅳ.①H12

中国版本图书馆CIP数据核字(2019)第112498号

汉字的思考

著　　者：张克敏
责任编辑：霍　覃
封面设计：霍　覃
出版发行：上海社会科学院出版社
　　　　　上海顺昌路622号　邮编200025
　　　　　电话总机021-63315900　销售热线021-53063735
　　　　　http://www.sassp.org.cn　E-mail:sassp@sass.org.cn
排　　版：南京展望文化发展有限公司
印　　刷：上海龙腾印务有限公司
开　　本：890×1240毫米　1/32开
印　　张：20.75
字　　数：462千字
版　　次：2019年7月第1版　2019年7月第1次印刷

ISBN 978-7-5520-2093-9/H·056　定价：108.00元

目　录

第一章　绪　论

有人以疼痛为例，作了饶有趣味又十分深刻的论述：一个人感到疼痛时，可以用语言来叙述疼痛，这样当他去找大夫时，他可以记住他疼痛的语言编码；但是，如果当一个人感到疼痛时，他忘了用语言符号的编码来描述他的疼痛感觉，在这种情况下，当他去看大夫时，原来的痛感本身已消退，这样他对疼痛的记忆就会变得相当不准确。这是美国一位著名的心理学家、认知心理学创始人之一米勒对符号的表达和模拟所作的论述。这段评语也可以用来形容当今人们对汉字创造的认知。由于历史太久远，汉字形成的活动实情已被人们遗忘了。几千年来，人们只记住了若干传说：结绳、八卦、仓颉造字。这些说法不仅相当遥远，而且内容空泛、论点模糊，不能作为古人创造汉字的全部活动实情。学术界对于出土古汉字上的文字活动痕迹、古人创造汉字的思考方法及其原理等问题的探究由来已久，但至今还没有一种精确的认知方法与这一世界分析达到相同的精度。带着这些疑问，我们先回顾有史以来汉字研究的发展概况，其次探讨这些研究的实质，最后介绍本书的汉字研究学术观，以社会历史为背景，从人的生理、心理、物理层面对汉字文字活动的规律，以及该文字的文化本质进行研究。

第一节　汉字问题初探

文字是一种无声语言。继口头语言之后，人们在社会实践中创造了一种书面的语言符号。文字要刻画、表达和记录语言，它必须具备听、读、看、写这四种功能。这四种功能既与语言结构相配套，又是语言的延伸。因此，文字是一组以听、读、看、写为组织结构的抽象符号。这一抽象符号通过图像或声像再转换为语言，它能记录人的思想、社会事件，将人类重大活动和事件在社会历史上传得更远，时间上保存得更长久，这是文字能反映社会历史发展的重要原因。

每一种文字发展，其听、读、看、写四种功能并不是在历史的某一时间点上同时出现的，而是在社会历史过程中，根据人对社会环境信息的编码、储存和提取的认知心理发展的需求而逐步展开的。因此，人类文字的发展史，就是人对听、读、看、写这四种功能的认知、筛选的组织发展史。

汉字结构的成因，是有机体在与社会环境相互作用的历史进程中，以本民族特有的生理、心理的感知方式，在把人的思想、生活经验、新的技术记录下来，不断地积累和扩大对听、读、看、写的知识使用，使其适应外部社会环境的需求而产生的。为了这一目标，人们不断尝试对绘画图像进行改造，使其符合本民族的思考和使用习惯。因此，汉字结构是一种复杂的多面体。汉字结构既受社会历史环境条件制约的一面，又是人积极能动创造的一面，是一个民族思想文化精华的反映。

一、史前的空白

早在远古时期，祖先就开始了“结绳而治”的记事方法。但是，究竟是什么原因、什么时候转移到了文字创造活动上来，我们已不得而知。但可以肯定，崖壁、实物器皿上的绘画更能直观地帮助人们提取回忆线索，如一些重要的忌日、姓名和事件。实物契刻、印记比其他方式更容易记忆。因此，从占卜、图腾、绘画记事等方式逐步发展，这些印记逐步向一种文字符号发展。

文字是一切文化知识的载体，它对于人类自身发展的关系十分重大。汉民族很早就开始探究汉字活动的规律和特征。人们在古汉字结构的成因及其发展的探讨中，逐步形成了两条汉字探究的发展路线：一条是古汉语研究，一条是书法研究。迄今为止，这两者还是相互分离的两个理论体系，它们各自建立起一定的理论价值定向，但始终都没有形成听、读、看、写诸因素综合为一体的理论体系。

（一）以听、读、看生理机制为基础建立的说文解字理论

“说文解字”是一套较完整的古汉语研究理论体系。许慎在《说文解字》一文中提出了“象形”“指事”“会意”“转注”“形声”“假借”等汉字结构变化，是迄今为止解开古汉字结构变化规律问题上的一个最重要的学术研究成果。这些变化规律可归结为形、义、声三端，而这三端就是与人的听、读、看的感官相对应，在其生理、心理认识论方面的内容。因此，古汉字体系就是建立在人的听、读、看生理感官与社会历史进程的相互作用关系上的。后人对古汉语研究，也就是在这三种生理、心理因素与社会发展历程基础上的重复发现。然而，困难的是，在历史

社会的不同地域中，人对汉字图像刺激物的选择不同。人对古汉字结构的反应，从最初繁杂向简洁图形发展，就是生理、心理认识特征在古汉字外显结构变化上最重要的反应。而在当今思维科学的理论研究中，有关人对图像形状的认知思维研究发展极为缓慢，而有关汉字早期发展，人对图像认知心理活动而展开的相关研究更是付之阙如，这就是古汉字文化长期不解之谜。

有关古汉字图像结构发展之谜，“一般认为，人类文字发展阶段一般是从表形到表意，最后到表音，汉字发展的实情亦复如是。但是多数文字，‘三表’的三阶段往往是第三阶段成立，而第二阶段消失，第二阶段确立，则第一阶段消失。汉字则不因第二阶段确立而第一阶段消失，第三阶段确立而第二阶段消失。它是全盘承袭下来，只有增加而无损灭。”[1]为什么汉民族的文字创造会出现与世界主流文字发展方向相反，以一种特定的图像结构的文字发展呢？又是怎样一种思维活动定向和社会文化氛围导致了离散性汉字图像结构的文字发展呢？这一切在古汉语研究中还只是一种现象陈述，人们并没有对该现象的产生原因作出一个清晰的定论。

首先，有关视觉对古文字图像检测的心理需求问题。视觉在专注某一对象时，有一种专门的检测心理需求。从表形到表意再到表音的文字创造过程中，汉字结构经历了“象形、指事、会意、转注、假借、形声”等各种不同阶段的变化。

图 1－1“古汉字发展活动规律简意图”是古汉语理论的精华之所在。但是，在该图表中，并没有人的视觉生理对文字图像结构检测知

---

① 请参考《古文字学》第 112 页。

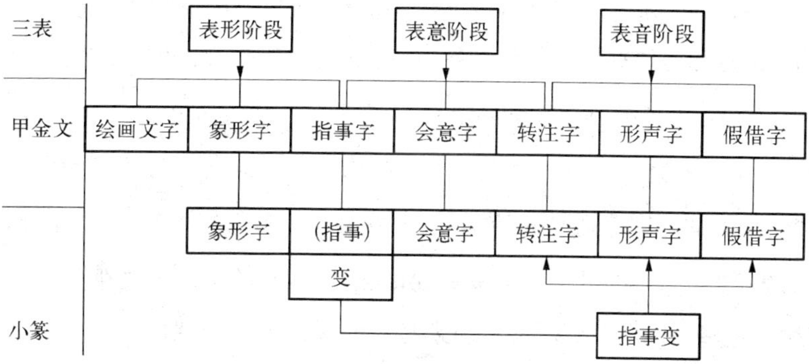

图 1－1　古汉字发展活动规律简意图

觉需求相一致的反映。实际上,古汉字的各种变化,始终紧紧围绕视觉生理活动而展开的。以“山”字为例,如果最初的“山”字画成三峰重叠,“河”字画成一条河流的话,那么,即使汉字发展到了表音文字阶段,该结构上的文字符号特征还是不能呈现出来。可以肯定,“三表六书”发展的每一个阶段,都伴随着人对古汉字图像结构组织的视觉检测心理的发展需求。因此,视觉生理对文字图像知觉是有功能层次的。古汉语中的各种学术用语只是古汉字某种外显结构特征的抽象,这些表象背后可能是视觉检测生理的参与和配合。从形象思维到抽象思维的发展过程中,视觉在摄取社会实物图像意象作为文字图像信息时,通过大脑对形、义、声转换比重关系,以及先后字形出现的时间顺序,形成了种种抽象的命名。从甲骨文绘画文字到小篆结构的演变,也就是由初级的肖像式文字图像,向高级的抽象符号编码结构的视觉检测型文字图像的发展过程,是从可变多样向统一简洁性文字图像的转换,最终形成了一套图像结构的视觉编码系统。这一随视觉生理检测心理而发展的文字组织活动过程还有待我们进一步深入探讨。

其次，就是老问题，有关古汉字的书写实情问题。当今我们毛笔书写使用的是“五字执笔法”，然而，古人毛笔书写是不可能使用如此规范的执笔方式的。这里肯定存在汉字书写活动方式的进化过程。古汉字书写究竟是一种怎样的书写结构状态？对其书写结构特征的揭示，既是寻找有关古汉字绘画性外显结构成形的原因，也为“五字执笔法”书写结构的进化由来奠定理论基础，这是解释汉字字画分离的根本性理论。虽然史前书写历来是人们关心的热门课题，但是，学术界至今尚未真正把史前、史后两种不同的书写方式分开来对待。

书写是文字结构定型工作的最终参与者。《说文解字》有关古汉字书写评价仅有一句名言：“篆字难成。”这一陈述既没有告诉我们为什么篆字难成，也没有告诉我们任何有关古汉字书写活动实情。因此，“篆字难成”便成了一句历史性“断言”。以后学术界始终延续着“说文”理论的形而上学的说教解释。由于学术界在古汉字与书写之间至今尚未建立起理论探究的方法论，这种系统化的讨论显露出古汉语理论体系的缺陷，有关古汉字结构的形成就成了莫须言的情理之中的事。显然，在古汉字结构背景中，隐含着一个重大的书写活动隐情尚未向世人昭示。这是古汉语理论体系的苍白无力，在其书写机制研究上的一个历史空白点。

(二) 有关古汉字书法研究

想要得知史前人们究竟是怎样从事书写的，我们只能从古汉字书法领域的专家中去寻找答案，从他们的书写心得体会中探知信息。历史上对古汉字书法颇有理论记述的要算清代李瑞清了。李在长期古汉字临摹的书写实践中得出经验：“书学必神游三代，目无二李。”这一书写心得非常有名，被后人奉为古汉字书法理论真髓。那么，李的这一名言究竟向人们传达了哪些古汉字书写信息？书法真的必须“神游三代”吗？

考察历代成功的书家，除了李本人之外，无一人有“神游三代”的书写经验。社会书家群体经验表明，李的陈述并不是书写成功必经之路，更不是什么书写定义。必须指出的是，虽然李长期处于史前古文物环境中，但身处古迹之中与古书写文化环境是有根本区别的。我们说古汉字和魏晋汉字是两种不同图像结构的书写转动匹配，“神游三代”是需要一种特殊的“游法”才能传神。李并没有对古汉字书写要求作出明确的说明。显然，李是以社会既定书写文化环境来替代古汉字的实际书写，他并不具备从已知的文字结构图像去推知当时社会文字背景中的书写手势的识辨能力，而是用社会既定的书写手势去替代古汉字书写的识辨能力。因此，“神游三代”不是书写体验感知，而是一种对虚拟古文化情景的绘画感知；“目无二李”也不是一种古汉字书写真理的发现，而是一种当时解决古汉字书写问题的一种视角，其实质是发现了一种比“二李”更为灵巧的线条式样而已，从而产生了一种审美心理感知。该陈述的本质是一种虚拟书写文化，是一种行为比另一种行为要好的相对主义论。

相对论并不带来对古汉字书写“质”的揭示，但彰显了陈述者的某种自信。李的断言本身并不带有任何古汉字书写起源的表述痕迹，而是在引导我们观察某种现象的实际存在。因为他书写所产生的古汉字韵味的社会历史根源是模糊的，所以李的发现是建立在比其他书家拥有更广的物质基础上的审美发现，是用一种抽象线条审美替代古书法的发现。一旦李把古汉字书写转移到情景活动上，他便形成了一种独自拥有的自信，能产生一种为自我书写造势的优势心理，以自我特殊和优越的文化环境与其他书家相比而占有绝对优势。李的书写心得也只有在他本人的观察范围内才有可能发生，在他个人的生活经历基础上才能得到解释，因此，他的名言不能代表古汉字书写真谛。

李的断言在书法理论中具有典型性。他既没有告诉我们任何有关古汉字的原生态书写实情，也没有针对许慎的"篆字难成"作任何解答，但是李的书写经验能作为古法书写名言而被世人推崇，说明在整个汉字书法研究理论中，普遍存在着一种与古法书写无关的审美"话题转移"。这些理论研究者在一个偏离方向的活动中进行着不被世人所觉察的文字绘画，他们模糊了书法研究的方向，从而带动了社会上一大批类似的断言相继出笼。至于原生态汉字书写究竟是怎样的，这一问题一直隐藏在历史深处。历史之谜有待我们去探讨。古汉字研究只有在图像结构和书写执行两个系统真正结合之后，才能形成一个完整的古汉字体系。

二、有关秦隶文字性质定位上的理论谬误

秦隶是汉字史上初级阶段的书写性文字结构，是汉字书写性态滋生、阶段性使用文字，在汉字发展史上处在古汉字和魏晋汉字间，承上启下的文化地位。秦隶是汉字书写性态产生的历史阶段性文字结构。该文字的文化特征突出表现在两方面：一是古汉字"三表六书"的视觉编码体系接近尾声，汉字结构从此没有发生重大的变更。二是古汉字结构上的书写性态开始滋生，是魏晋汉字的前身。这一时期的秦隶处在变与不变之际，它变的是古汉字书写结构，不变的是"三表六书"文化结构。因此，秦隶已不属古汉语研究领域，而属书法研究领域。如何把这一历史时期的汉字书写特征揭示出来，是汉字文化体系形成

的理论关键。然而，当汉字进化线路研究落在书家肩上时，早期秦简书写却是书家研究的盲点。在近代书法史上，有关“龙门十二品”研究的不少，而对秦简这种蝇头小楷的研究却极少。尽管如此，为了汉字史的完整性，还是有一部分有识之士关注了这一时期的汉字发展动向，并且将秦隶的汉字研究主要归结为两套汉字进化线路：一是古汉语学者郭绍虞首先提出的汉字结构进化方案。二是《书法学》理论在郭的理论基础上，提出的一个更为全面的汉字进化改进方案。

	第一阶段	第二阶段	第三阶段
正　体	篆　书	隶　书	楷　书
草　体	草篆，早期隶书	草隶，章草	行　书

图 1-2a　郭绍虞的汉字进化线路图

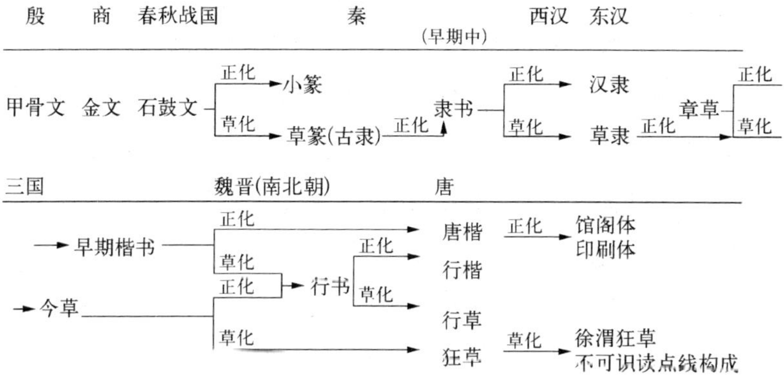

图 1-2b　《书法学》汉字进化线路图

粗略地看，图 1-2b 所描述的汉字进化线路似乎一切都在情理之中。郭先生认为：“文字应用有两个目标，一个要求辨认清楚，一个要求书写便利。……一般人往往要求辨认清楚的称之为正体，而对于要求书写便利的称之为草体。”他指出正、草两体之间的矛盾是促进汉字演变的原因，是汉字进化的辩证关系。《书法学》一书又进一步深化了这一思想，提出了第二条进化活动线路。在这两条进化线路中，繁、简汉字便充当了文字进化的有用出发点。书法学中把秦隶现象称为汉字史上的变革，那么，是什么原因促使秦隶的变革？该书并没有告诉我们任何信息。

一般而言，在汉字的概念中，正体是方块结构，行草是圆弧线条结构。但是，在世界主流文字史上，正体和草体是统一的，统一的圆弧结构。例如罗马字母，它的正体就是在书写的草体圆弧线条上再加以几何规范。在人类文字概念上存在着两种正体归类意识：一种方块形的，一种圆弧形的。在世界主流文字概念中，正体概念是圆弧形的，与方块形态无关。而汉字的进化，它总是向着方块结构回归。这就显露出汉字文化的特殊性。为什么在汉民族文字意识中，汉字的正体必须是方块结构的呢？难道说，汉字正体是一种民族文化的专门性认知结构？如果我们的思想仅仅单纯地停留在思考繁、简形式上，那么，汉字进化论潜藏着的一个根本性问题无法得到解释，即为什么汉字草化后的圆弧线条会向方块结构简化回归？这种笔画特征是世界主流文字从未发生过的文化现象，汉字正体是否有一个民族文化的专门性认识结构存在？这是在汉字发展中一个重大隐情，从这是一个线索出发，对这一两个从未提出过的问题出解答，将改变汉字文化的历来一贯的理论解释。

对于上述问题的解答，它只能在两个层面进行解释：一是“三表六书”文化的表征需要。二是人有意识地朝着这一文化表征的书写活动方向发展。这是中华民族根深蒂固的文字思想，为了这文化结构的正确表达，人有意识地朝着方块结构的书写活动方向发展。因此，汉字所属群体的文化特征以及他们奋力改变这一书写世界的意向，导致了汉字向方块结构的书写方式进化。从小篆到秦隶，汉字经历了两个截然不同的书写空间环境。秦隶扁形结构是人在适应简书写环境的表现，它迫使主体重新组织书写适应性，并达到新的平衡。那么，对秦隶的考察就不是对一种孤立的文字现象的考察，而是对整个社会大环境变化的研究。于是，简这一特定书写空间环境赋予了秦隶两个重要特征：秦隶首次真正意义上出现了汉字书写笔顺，秦隶滋生了汉字初级书写笔画特征。因此，秦简具有这样一种文化功能意义，在简这一书写空间环境中，人自动打上书写活动价值和无意识书写意志冲动的烙印。秦隶具有汉字书写知识的社会环境发生式的价值、作用，是汉字书写性态滋生、初级阶段的书写型文字结构。

秦隶的变化，就是人在不同社会环境中，对古字“三表六书”文化传承的书写分化。在前文化期的视觉编码基础上再叠加上书写编码，是汉字书写编码的滋生和发展。这一书写分化既是前人在适应外界书写环境变化，又是社会传统文化制约，在双重背景压迫下的一种结构性转型。从秦隶、汉楷向魏晋楷书的发展传承来看，汉字的发展方向就是一种社会文字意图。而这一文字意图的具体体现，就是方块结构书写的初步成功。因此，是汉字“三表六书”文化选择的书写表征式，导致了方块结构作为汉字正体概念的意识产生。

人类文字正体结构的归类结果表明，汉字与外文，潜在地存在着两种不同的正体归类意识和两种不同结构的定位方式：一种是自动无意识正体归类，一种是书写意识正体归类。在秦隶汉字正体规范过程中，如果是自动无意识书写归类的话，那么汉字正体的定型极有可能以草体式样作为规范——因为草写是人自动无意识书写的早期行为，汉字将出现日本假名式的正体归类式样，历史上章草就曾一度被提议为汉字的标准结构。然而，汉字最终以方块结构作为正体规范，而成就方块结构的定型取决于专门的书写方法。因此，在汉字方块结构归类意识的背后，隐藏着迄今为止从未向我们显露的深层次汉字问题，即书写意识的参与。

在汉字发展史上有一个潜在的根本性问题没有解决，那么，后人对汉字正体归类的理论探讨和分析，就是一种大众化的文字讨论。而辩证思维这一“客观”现象的解释，就是以视觉“似运动”①认知心理为基础的猜测心理。以至于当一种文字图像向另一种文字图像过渡时，从古汉字长形向秦隶扁形结构剧变，隶字扁形结构再逐步向汉楷书方形结构、略带长形魏晋楷书转型，这一切变化的深层次的书写原因都被忽略了。那么，无论哪一条发展线路，无论使用怎样华丽而动人的词汇进行解释，一旦进入“文字的社会根源”这一整体视野中，面对如此重大的汉字结构性跳变，该理论分析就显得十分牵强而无法自圆其说。辩证思维本身是理性的，但它在书写非理性的应用中却是唯心先验论。由于它缺少了汉字书写起源的解释，那么，在正体归类的判断上，就丧失了当时人书写意识活动对方块汉字结构定位的作用，以形态学的方法来直观地理解汉字发展史，是一种空洞化、模糊化的形式归类。辩证思维是一种十足的猜测心理，它把我们的思想引向歧路。因此，有关汉字进化的辩证关系理论是时髦的，它的思想物质基础是

① 在认知心理学中似运动是一种视觉心理现象，当我们交替呈现两个空间位置上分离点时，虽然这两点在各自固定位置上，它们之间并没有实际的物理空间上的相互运动，但是，两点在一定呈现时间和一定时间间隔上出现，使我们感觉到这两点在相互之间来回运动。这种并非物理空间上运动的运动知觉现象就称为似运动，如电影、魔术就是典型的例子。

相当肤浅的。

秦隶是汉字进化途中的历史分岔口。对这一历史书写现象的分析,存在着历史客观发展线路和主观发展线路的现代书写心理学起源的探讨。对于汉字书写性态的滋生、书写等级结构的发展等问题,至今还没人提出,更没人进行解答。然而,对于汉字演变的视觉范畴框架内的思考,却在我们接受文化教育的一开始,就注入我们的思想。这种书写文化知识的结构性偏离作为一种专门学科理论,对整个社会汉字行为的指导而言,是一种对汉字文化否定的潜在打击。秦隶时期的文字活动中有我们至今还无法知晓、尚未意识到的前人文字活动的动机。因此,解开秦隶形成的成因,不仅为研究汉字结构的组织书写经验的思维模式提供了一般性问题,即汉字正体结构存在着“三表六书”文化和书写性态的双复位向固定的问题,还将为汉字奠定基础理论,即填补从秦隶到魏晋、从准书写向书写性态成熟的发展的汉字知识的盲区和空白,为进一步解开魏晋书写型汉字结构成因,提供最重要的论证依据。

由秦隶所引出的是汉字正体的规范意识问题。这必将从社会书写现象一直推演到个体的书法意义直至引发思考:我们当前的汉字结构规范意识究竟是什么?这一问题将把我们带到本书的中心,顺着汉字发展线路的探讨,社会历史上各类书写文化都将直接受到“双复位向固定”书写文化精度的检验。想要揭示有关汉字书写发展主要线索,提供专门的汉字书写解决方案,这些就产生在对这一历史性书写结构理解的过程之中。

三、以魏、晋书法活动而展开的汉字书写文化

从秦隶扁形结构向完全方块形汉字结构的进化过程中,汉字存在

着一种书写等级的递增发展，这一发展最终产生了书法文化。因此，从秦隶到魏晋，其本质就是汉字书写性态逐步发展成熟的过程，是前人在特定社会环境中挖掘自身书写生理机制的潜在能力的过程；在传承和适应在“三表六书”文化背景下的书写可行性问题上，人有意识地向方块结构的书写活动发展。因此，汉字正体结构变化不是发生在正、草体交替进化关系中，而是随社会书写环境的变化而变化，发生在书写性态等级结构的进化中。

自秦隶之后，汉字书写在一代代书家的努力下，终于在魏晋时期发展成熟。古汉字在听、读、看的视觉编码系统完善之后，结构上的书写程序编码在这一时期也相继完成。从此，这一图像结构作为汉字标准式样，在一代代人的书写文化推崇中被确定了下来。这是当时世界上伟大的文化工程之一，是人类文字史上唯一不经过声像转换、成功地进入图像结构最高级阶段的一种文字。汉字在进化过程中有效地保持了起源时的造字意图体系。同时，与该结构相对应的书写结构复杂性也在进化过程中大大地提高了。汉字结构的定型与相对应的书写文化——书法活动密切相关。书法活动对稳固汉字结构极其重要，也引起了社会有识之士的探究。从此，汉字文化以魏晋楷书结构的社会实际使用需要而展开，社会开始以这种书写文化模式来维持汉字结构的传承和发展。

围绕着对魏晋时期书写笔法提取的理论研究，散见于历代书家的理论总结之中，归纳为“五字执笔法”即擫、押、钩、格、抵。魏晋时期王羲之题卫夫人《笔阵图》后，“每作一字须有点处，且作余字总竟，然后安点，其点须空中遥掷笔作之”。唐代欧阳询《三十六法》中有“虚拳直腕，指齐掌空”；虞世南《笔髓论》中有“用笔须手腕轻虚”“笔长不过六寸，捉管不过三寸，真一、行二、草三，指实掌虚”“每作一点画，皆悬管掉之，令其锋开，自然劲健矣”“覆腕抢毫，乃按锋直引，其腕则内旋外拓，而环转纾结也”；沈过庭《书谱》中有“一点成一字之规，一字乃终篇之准”。宋代米芾的“无往不收，无垂不缩”“八面用锋”；黄庭坚有“腕随己意左右”；明代董其昌有“时起时倒，时收时束”。20 世纪沈尹默对竖掌五字执笔法的肯定，并提出“提、按”行笔论，胡问遂也有“如人步行、一左一右、一高一低”的论述等，应该说这些研究成果都与同样内隐性书写生理动态结构有关。这些书写心得来之不易，我们不能将其简单地看作不一致的、不连续的、孤立的事件，这些陈述为理解历史书写现实提供了恰当的视角，是我们自上而下探讨魏晋书法起源的主要理论依据。

书写知识属运动程序性知识，是有关怎样写的知识，它侧重于书写技能而不注重于言传。与武术、体育等一些竞技门类一样，有许多惊人的书写成就在理论尚未成形的情况下，在魏晋时期就早已实现了。甚至，对它的社会起源，在之后相当长的一段历史时间内，理论上的归纳和总结迟迟不能完成。因此，如果仅依靠这一运动程序性理论来总结对汉字书写文化的揭示会十分不利。然而魏晋书法在日常书写活动中具有高度的重复性，重复导致了模式，而模式又导致了破译。当魏晋汉字书写在部分人的心目中逐步显露，并成为社会群体的集体经验和共识时，我们不免注意到，它还只是一个 $2\times2=4$ 的解答。在长达 2 000 年的书学过程中，从唐到宋，从米芾到沈尹默，人们对书法的揭示仍停留在汉字书写活动程序编码揭示这一理论层次上徘徊。《历代书法论文选》的总结归纳，就是将一些散见的书写知识的断续性和重复性组合，而有关汉字书法产生与特定社会环境编码间的关系却鲜为人知。

汉字书写文化的核心是“五字执笔法”书写文化。这一书写文化对每一个人具有一个共同的处境，它使我们每一个关注这一文化的人(无论是个体还是群体)，都面临一个最基本的问题——汉字书写的特殊执笔方式，它究竟是一种专门的书写技法，还只是一种执笔形式?如果是一种专门的书写技法，它就有与汉字结构进化紧密联系的书写技法发展过程；如果它是一种执笔形式，它就会独立在汉字书写活动之外，成为一种独立行为而发生变异。然而，汉字书写活动程序编码的发展过程相当隐蔽，在史料中往往只是A传B、B传C的传承，有关汉字书写性态发展的笔法信息、人书写心理活动历程与这一特殊书写行为的关系，从来都没有得到任何理论上的陈述和揭示，即对“五字执笔法”书写行为的社会历史起源进行任何解题。那么，这一理论空白直接影响到构建汉字书写文化范畴的理论框架的难度。社会历史书写实践表明，由一个已知的“五字执笔法”行为直接套入的书写文化知识是不灵活的，甚至不起作用的。后继社会人们对“五字执笔法”书写文化成果的巩固范围也在不断萎缩。由于汉字书写知识的社会环境发生式问题没有得到解决，汉字书写就此变成一个社会问题，成为一个难以逾越的坎。

迄今为止，书法理论尚未涉及书写文化这一深度。在当前汉字书写发展阶段中，社会汉字表达远远没有达到当初书写活动起源相对应的活动精度，汉字书法已基本丧失了历史社会记忆。书法理论上的就事论事态度成了理论上的抽象极限和思想障碍，对于这一书写文化意义的社会学分析也就不能达到最终的精确性。汉字书写知识缺少社会学知识的参与，难以完善其自身理论精度。围绕对“五字执笔法”书写手势在历史社会上出现和组织过程的探究，详尽追溯这一书写模式的本源和传播原因，我们将会发现，在这一个已知的传统书写活动习惯的背后，存在着一个富有成果的思考。在这一书写手势中，存在着整个汉字书写文化的核心价值之所在。

四、唐以后是汉字书写概念模糊应用期

唐代是中国封建社会经济高度发展时期，随着社会环境编码的增生，汉字活动出现了新的社会性“职业分工”，即书写和印刷。从此，中国社会上出现了纯粹的书写型汉字和视觉型汉字的两大分类。视觉型汉字是专门适应视觉审美、检测需要的专门性文字结构。这一术语是本书对印刷体汉字的概括和划分，而该活动形式是社会实际长期存在的。汉字发展史实质上存在两条发展线路，具有相同的历史时间长度：一条是书写型汉字结构发展线，是一条我们意识中的“明线”；一条是视觉型汉字结构发展线，是一条我们意识之外的“暗线”。后一条线至今隐伏在汉字发展史中，而我们对于这一文字的形成机制和发展历程却知之甚少。

唐代印刷体汉字结构的形成，说明它与书写型汉字一样，也有一个成长、发展和形成的历程。针对唐代的书写理论，我们首先要提出这样一些问题：现代印刷体汉字的文化物种是什么？它起源于哪种书写活动形式？该活动形式与魏晋书法之间究竟存在怎样的内在联系？然而，当我们回答这些问题时，却出现了汉字发展规律的顺序性所带来的论证上的矛盾。从整个汉字宏观发展史看，汉字的结构最终定型是由“三表六书”的视觉编码和魏晋时期的书写活动程序编码叠加而成的。按照这一文化发展顺序，视觉生理行为在先，书写行为发

生在后。而印刷体汉字结构的活动规律则相反，这是一种纯适应视觉生理活动的汉字结构，它的发展过程必定需要将书写性态逐步退化干净，才能形成一种纯视觉型文字结构。这就是说，印刷体汉字结构在每一历史阶段中，都随汉字总体概念而进化。这一现象给视觉和书写的先后顺序判断带来了矛盾：是书写行为在先，视觉行为在后，还是相反？它似乎又印证了文字交替的循环变化的辩证思维的正确性。但是，任何一种文化意义都应该按其起源以及构成其背景的书写经验原初情景来理解。历史上汉字结构的变化，都暗示着社会环境编码在发生变化。一旦引进了社会环境书写发生式概念，这一问题就变得好理解了。因此，在汉字史的每一活动阶段上，都存在着社会书写适应和社会视觉适应这两种形态汉字的发展倾向。

调查书写型与视觉型汉字结构发生的社会环境条件，社会小空间书写环境总是发生在先，而大空间书写环境发生在后。书写型汉字结构总是与小空间环境范围呈相关性，相比较而言，同一文化期中发生较晚的视觉型汉字总是与大空间环境范围呈相关性。更准确地说，书写型汉字结构沿书写空间环境发展，视觉型汉字沿非现实书写空间环境发展。从文字活动的心理发展历程而言，视觉生理认知总是为先，书写认知发生在后。只要社会书写环境条件许可，视觉型汉字结构总是利用当时社会相对的优势环境，在书写初级认知阶段，就潜藏着从该文字母体结构中蜕变出来的企图。视觉型汉字结构的发展总是在社会历史一定量的书写参照系中进行的，在专门的活动场合，筛选与视觉检测心理功能相适合的特征进行重点强化，以适应人的视觉检测观赏需求。

到了盛唐时期，在社会环境编码增生的催化下，汉字最终实现了历史性“职业分工”。一般认为，唐代是汉字书法盛世。但是，唐代汉字发展实情却不容乐观。由于魏晋书写文化没有得到及时的理论总结，当唐代的人们对魏晋书写文化开始提出需求时，社会一部分人对书法普及和推广工作却转移到非现实书写空间环境上来了。当汉字书写意识加工成熟时间受社会不断增生的非现实书写空间环境条件的诱惑时，隐伏在文字活动早期的视觉行为冲动也随之不断发生。颜字就是这一活动结构的典型代表。可以肯定，颜字的书写功力被社会几乎所有人都充分体验到了，但有关颜字的书写笔法却始终是一个谜（有关颜字书写机制问题在本书以下章节将有详细陈述）。颜字的行为动机与汉字书法意义的相互联系出现了严重偏差。因此，颜字是一种自我心理图式。这一图式由非现实书写空间的书写放大得到发展，在原汉字结构基础上实施了特殊的视知觉刺激强化，新体的书写“力”输入成分就发生了结构性变异。于是，颜字不仅拥有更多的书写感觉反应通道，而且与社会大众书写生活发生了最广泛的联系而具有支配性影响。因此，颜字在当时社会环境中所制造出来的书写式样，深刻影响了后人对汉字书法概念的认知。它转移了人们对社会既定书写文化的看法，使得该结构式样变得抽象起来。在唐代的非现实书写空间环境中，社会人并没有真正达到对汉字书写文化精度的把握，这导致了人们对汉字“五字执笔法”书写概念的模糊应用。

书家是在动态变化的社会环境中对书写方法进行创新，而社会对书写文化发展总结时，总是以汉字书写活动的总体概念进行的，即它总是将视觉、书写两者捆绑在一起进行解释。因此，唐代出现了与前文化期既相似又不同的理论总结。相似的是，两者都是在个体的书写成绩上寻找汉字文化发展的原因。不同的是，两者并不是在同一集体书写经验环境中寻找书写发展动因。在前文化期群体书写中，人们寻找的是视觉、书写的平衡点，这是一种最高级汉字书写表现形式。而在后文化期中，部分书法是个体在非现实书写空间环境中发展，出现了专门以适应视觉生理行为为目的强制性超越—“排字”，汉字陷入了不能两全的境地。然而，在一个非书写意识评价态度的社会舆论中，这一个体积极性的变异性质被嫁接到了汉字发展的行列之中，颜字就是这一时期书写变异最杰出的代表。颜字就是当时社会书法活动的“影子”，社会一部分书学者积极主动地开始向非现实书写空间环境迁移，并定居在这一环境中，导致了整个社会书写文化记忆和思维守恒上的理解分歧。魏晋书写文化在新的书写环境中开始发生变异，一个新的书写文化起点诞生了——这就是颜字书写文化的崛起，它为一个社会文字发展的重新选择奠定了基础。

唐代正处在魏晋汉字书法向高级发展的准备阶段，却在此时又孕育出颜字这种绘画性书写代码表征结构。对于这样一种汉字结构连续演变的复杂情势的总结，以及社会群体受社会环境编码条件的影响而导致书写行为在微观层面上发生重大变异的分析，目前还没有受到社会书学界的重视。

迄今为止，颜字始终是中国社会一个家喻户晓的书写正面形象，然而本书的观点却与此相反。颜字书学意义的建立，在中国汉字文化史上画了一道清晰的历史分界线，人们从此又一次将文字绘画活动当作汉字书法的发展实情来看待。颜字塑造了书写文化的复杂性，而这种复杂性与书法探索的复杂性相似，但方向相反。因此，颜字几乎构成了整个社会的“书写文化陷阱”。导致了书学个体在新的书学环境中，对汉字书写文化知识进行了新的评估。在后续一段足够长的历史中，颜字成为一种社会集体书学上的重要遗产。颜字在社会书学群体中一直流行的原因至今尚未被我们充分意识到，而对于这一深层次的社会集体书写概念混淆和模糊，我们称之为“集体书写无意识”。如何在书学过程中，正确处理视觉检测特征和书写特征的关系，恰如其分地作出评估和使用颜字；揭示唐代视觉型汉字结构的形成机制，解开视觉行为根据空间环境不断演化的文化模式，持久地与个人功利关系相互联系的超前行为，纠正这一路汉字运动向量的实际偏差——是我们当前必须进行深入探究的一个社会性重大课题。

五、近代中国社会是汉字书写概念模糊应用爆发期

只要汉字发展历史无法解码，人们使用汉字的任意性就会不断增加。到了近代，中国社会集体无意识使用汉字的两股汹涌潮流发生交汇：一股是传统书学中虚假书写意识长期盛行，这不单使汉字失去了自身发展的活动基准，更导致了指导社会汉字结构稳固的文化根基丧失；另一股是社会日常书写群体，他们在长期得不到正确的书写文化的滋养情况下，形成了一股巨大的潜在性变异暗流，在外来书写文化因素的冲击和诱导下，整个社会日常书写群体便发生集体性书写文化出体——“汉字改革”。

（一）当代传统书写文化中“求变”的思想实质

从整个汉字的书写发展史来看，中国是一个可以获得很大个人化书写自由的社会。随着时间的流逝，当今社会人们对汉字书法中作出反应的部分越来越小。社会上充满着无数个体之间的书写文化博弈，汉字书写文化似乎只是一种自发性个体行为和无限多样性的体系。因此，汉字书写文化发展至今，摆在整个学界面前的却是一个十分基

本的问题,必须对汉字书写文化的源流作出澄清。

近代社会书学所产生的书写多样性意味着什么?在书法之谜还没有最终解开之前,我们先用声学活动来比喻。在声学活动中,美声唱法就是有意识地歌唱。当人有意识地歌唱,生理发声器官、乐理知识与汉语发音达到高度完善统一的状态时,歌唱家之间彼此呈相互统一的特征。当人尚未有意识地歌唱时,歌唱便开始进入"流行"。流行唱法不单个体与个体间相互不同,而且人的肢体舞蹈活动就开始增加,最终回到歌、舞彼此不分的原始状态之中。当前社会书学现状就是这样,当人真正到达书写意识状态时,人对汉字结构、毛笔物性和书写生理这三个常数的求解中,只能得出一个"解"。因此,书法是一种具有社会书写意义的行为模式,书法是有自身活动规律和发展极限的,是一种高度统一的文化现象。历史上王字、米字、沈字、胡字等书写,就是处在真正的书法活动领域的高度统一之中。当书写进入高度完善的状态时,古今书写彼此呈现出高度统一。所谓"用尽气力,不离故处"就是这一状态的概括。因此,书法只有经典,没有流行。

然而,只要汉字的书写起源是模糊的,汉字演变的发展线路必然是混乱的。当今书学界普遍存在的求"变"意识,就是一种书写上的流行唱法。在这一文化活动中混杂着大量非书写性态的绘画性因素,人们所看到的并不是真正的书写,而是视觉绘画上的审美变化,是书写与绘画相互混合的"流行事件"。而当今社会书坛上流行的"天下三草"理论,就是社会长期书写行为演变分裂的理论总结。

在汉字书写问题的历史解题中,从颜真卿到苏东坡,每一书家在传统书法的文化连接点上不断地发生丢失,人们根据自己不同兴趣和方式来进行书写处理。苏东坡就是中国社会中被提拔上来的书写"文化圣人”。然而，这位“圣人”与社会“五字执笔法”时的书写文化的共性认识已产生了天壤之别，他所体验到的“吾书本无法”和“天真烂漫”思想，在近代社会书学领域中已分裂成无数种“丑书”的非理性行为，并在当今社会书坛上充分展示出来。因此，在研究书法文化的认知方法和心理学方法时，人们都企图从书写意义来解释汉字个体起源。在书写性态实际讨论的不断联系中，以个体社会历史中的特殊事件和动机为基础，把主体思想情绪的变化衡等于书法之“解”，是一种“精神—认知”论。而“书写要有情感”便成为当今社会书家对传统书法文化守护的一种告诫和“座右铭”。

显然，在情感因素的不确定性基础上，书法存在着无数的“解”。用情感的不确定因素来支撑各种书写的个人主义认识论和发生论，实质上就是要求个体行为和社会群体行为相分离，存在着从既定书写文化主题不断偏离出去的倾向。因此，在以非书写意识为评价态度的社会舆论中，被理论所忽略的最主要问题是，书写认知和体验的社会特征，也就是培养和发展伟人特定书写经验和感知的最初社会联系是什么这一问题从来都没有分析过。自唐代社会汉字文化分工以后，社会书学倾向于在非现实书写空间环境中发展而变得毫无方向可言。在脱离了汉字文化根基的形式书写经验中，最后社会书学在汉字历史的绘画活动因素中找到了“书法”的实际对应物。当伟人特定个体的书写经验和感知作为有关书学群体的个体态度被独立研究时，社会便会产生一种特定的文化模式。当代传统是各种历史绘画因素的综合所形成的文化模式，就是一种构念性书写文化形态。

社会书学群体是维护传统书写活动的群体。它或多或少维持着这一活动结构，或朝着某特定方向发展的趋势。从魏晋一封书信，到明清一幅立轴，在统一书法概念中，不同历史时期的书法文化功能对社会汉字文化发展态势的影响是不同的。当汉字书写文化发生隐性转换，促进和刺激书写性态的物质基础发生改变时，汉字书写文化的发展线路便沿着视觉生理的绘画审美顺序进行。“求变”就是一种视觉操纵的书写文化态度，它最普遍的效应就是把历史上多种意义的文化要素结合起来。起初是千奇百怪，之后是尚古、碑学。当外来的日本“前卫派”文化输入之后，在这个文化群体中，一种突发性的“丑书”破坏力量爆发出来——这就是视觉生理文字活动构念性顺序。当代书法的文化功能已充分暴露出人在书写活动上的集体书写无意识。在视觉绘画变化意识的理论性引导下，该文化功能在协调社会书写活动中表现出强烈的“求变”心理，导致当代社会传统书写文化已处在无“根”可寻的境地。

因此，在书写文化陷阱中所发展起来的近代书写文化，它既依赖于前文化期的构念形式和趋向，也依赖于无数个体的努力。在一个以非书写意识为评价态度的社会舆论中，这一业已建立起来的文化群体，不仅拥有前文化期建立起来的构念文化遗留，而且它还有当代审美选择理论为依据，成为一种文化展望。所谓的“唐重法、宋重意、清尚古，当今社会流行丑书”，就是每一时代书学群体的书写文化质量的具体反映。为了确保书写上的脱颖而出，书学群体既需要注意社会最新的书学动向和社会书评意见，又需要一种意志和情感上的无意识潜流来维持，才能确保其书写上的新颖性和社会适应性。独特的时代书写性格的养成，就是每一历史阶段中个体书写变化上的特异性，从而成为一个社会书写文化理论的关注对象。在这一书写文化网络中，变异意识在这一文化群体内部成长起来，通过上述书学实践的无意识修正，形成了一个社会时代的持久书风。总之，在汉字书法之解尚未揭示之前，书法可能真的永远存在着这么多的个体构念性，只要不诉诸打破既存的汉字书写文化形态，人就无法实现理想的书写文化境界。各种既存的汉字书写文化形态在中国具有相当特殊的社会地位。这种在构念性书写文化的发展线路上，由虚拟书写环境所营造的优雅与崇尚的东西，与传统文化有着相似的一面，是传统文化的社会传承者、发展者，但却又无法用汉字书写文化的精度来衡量，只能在历史噪声上叠加上新的时代噪声，成为当代社会的书写历史。这种发生变质的书写历史与社会日常书写群体相脱离，反而成为社会文化的实际精神偶像和象征，成为中国社会特有的“书写文化模式”，成了一个真正的不可忽略的社会因素。

社会书学群体由于长期变化无限的自身特性，暴露出隐蔽在社会上层的书写无意识。流行于社会的书学思维习惯和思想运动方向，已形成磐石般的文化根基，深深扎根于中国社会之中。这种社会书写文化运动向量迫使书学朝着构念方向不断前行，不断改变社会汉字文化。当代社会汉字书写文化实质上已面临着根本性破坏和全面失传的危机，人们只能在汉字的传统形式化因素上建立起共识，只要这种“传统文化”理论框架的特殊性没有受到怀疑，整个中国社会便持续处于与现阶段社会的汉字思想发展不相适宜的束缚之中。

（二）近代社会日常书写群体的集体文化迁徙

当社会对汉字书写文化的精度完全失去掌控，在面临外来文化冲击时，“博大精深”的汉字文化显得十分脆弱。近代中国，人们对汉字文化遗产所作出的第一理智反应就是文字改革。如果把书学中的“出体”看成是人们为汉字的历史重新探寻出路的话，那么汉字改革就是在特定社会历史环境条件下，社会群体对长期自由放任的汉字文化开始了新的思索，并为它寻找新的出路。文字改革也因此带有一定的社会世俗性的书法“出体”性质，而这一“出体”行为的本质就是汉字文化的根本性转型。

在中、西方文化激烈的矛盾冲突中，日常书写文化群体进一步恶化。科学技术发展带来的新颖书写工具占据了世界文字活动的支配地位。新的社会生活环境迫使汉字的书写活动向西方书写文化方向急剧转型，在新的书写环境秩序中人与汉字之间突然以一种崭新的形式发生关系。现代社会生活中的理性因素越多，汉字所吸收的非理性因素也越多。在长期与硬笔书写文化打交道的过程中，日常书写群体既表达了他们的社会生活、文化地位，也表达了他们对传统汉字书写文化的反思，形成了与传统书写文化完全对立的思考。

汉字在历时百年之久的文字改革之后，处在一个暂时的稳定状态中。从表象上看，改革后的汉字具有以下优点：视觉对文字群集的横行向扫描量变大，与外文排列接轨。但是，简化汉字、改变行向排列等一系列重大举措是一种中文西化的混合型文化形态，新的汉字书写活动方式与传统汉字传统并不匹配。这种改革本身并非属于汉字书写文化的发展范畴，而是属于新的生活方式的书写文化形态。因此，促进文字改革的主要因素来自外来社会因素。这意味着，汉字文化在原生态活动方式上改变了自身活动的线路。当今社会的汉字文化发展使我们面临这样一种文化困境：无论我们从什么源头得到的汉字文化意义，也无论这些文化意义是真是假，它们都具有一定的心理、社会功能，即把社会人群的书写活动集中到某一个希望的“环境定义”上来，那么书写环境也具备同样的方式，把汉字活动定义为日常书写活动群体和书法艺术活动群体。只不过，书写环境定义既可能是真实的，也可能是虚假的。

一般而言，书法艺术活动是一种非现实书写空间环境中的文字活动，它在形式上保持着传统书写文化形式；而日常书写是一种书写空间环境中的文字活动，但在其文字活动结构上又与传统书写文化相异。一种是传统的不实用，另一种是实用的不传统。当今社会上两大群体的书写文化冲突、两种方式都抽空了汉字书写文化的精髓，并把自身看作与汉字文化发展的实际相互连接在一起的产物，随着汉字书写文化意义因素被排除，双方都不能从整体上代表汉字文化。这种书写功能的分离究竟孰是孰非，可谓是此一时彼一时。

在汉字书写概念模糊应用爆发期中，汉字一度处在极度失控的状态之中。一方面，当新的书写文化突然从外部世界降临到中国社会，成为社会上最大群体、最适宜的书写文化选择时，大多数人从原来的传统书写文化守护者无意中走到社会书写变革的前沿，成为汉字书写文化最大的演化群体。社会日常书写群体对汉字使用的无意识诉求在不断扩大，汉字的书写文化形态已全盘西化，经一代人的努力而推向了高潮，整个社会书写行动的终极方向已发生了180度转型。硬笔书写群体与传统书写文化相互背势，该群体对传统书写文化态度漠视又无动于衷。从而导致了整个汉字书写文化均衡发生了根本性翻转，从一种书写文化向另一种文化急剧转型。从此，汉字的历史不再被当作时间上的线性延伸，而被一个新的名称所替代——“现代汉字”。然而，改革后的汉字并不尽如人意。显然，这里存在着人对汉字无意识诉求所挖掘的改革潜能，存在着我们迄今为止尚未向我们显露的汉字活动内部规律，以及还有我们茫然无知的汉字活动的专门书写环境。因此，文字改革中有我们尚未意识的行为动机。而重新定位过去常常意味着汉字自身的改变，以至于今天汉字仍处在不同的社会意识形态中，至今尚未达到真正意义上的统一。

另一方面，当中国社会经济腾飞和现代汉字文化发展不相和谐时，社会对汉字命运的干预也随之增加。现如今已不再是汉字改革的问题，而是当企图以当年的书法文化来重振汉字雄风时，却突然发现我们对汉字书写文化的了解还只停留在一种执笔形式上，而这一形式却是当今人们最讨厌的一种形式。为什么我们的祖先需要这样一种复杂书写形式进行书写？对于这一问题、对于这一结构中所存在着的汉字书写文化精度的了解，却是一片空白。当今中国书法文化已演变成一种非现实书写的文化摆设。这一文化形态已和现代汉字文化规范体系不再相和谐。在这一文化领域中，同一书法概念存在着无数细分。它不仅固定着某种确定的人群和文化形态，而且还解释着各自的文化形态的来源。汉字书法演变成一种多元文化，它们相互区分、融合、渗透、制约，形成了世界文字史中最复杂、最不稳定的一种文化形态。对历史变体的无差别认同和相对应的新的社会存在环境的相互纠缠——书法实质已进入这样一个时期，书学者已不像他们的前辈那样，对社会起着引领规范和榜样作用，当代书法已不具备对现代汉字的实际指导能力。它的绘画意象越丰富，社会人对其理解的社会诉求也就越低下。随着社会对汉字书写理智的丧失，传承了五千年连绵不断的中国书写文化，正经受着有史以来最严峻的考验。

现代汉字失去了发展的方向，传统书写也失去了发展方向。当下，社会已不存在任何一种所谓的精确书写方法与其相对应，社会实质上已失去了对汉字书写文化的掌控。不同群体地位的集体无意识使用，使得彼此以压倒性优势对传统汉字书写文化进行彻底改造，书写文化形态的相互冲突在进一步扩大。今天，我们的乌托邦思想已广泛、深刻地影响到我们对汉字的使用态度，整个汉字体系内部，其书写文化价值和文化理念的理智世界在消失。近代中国社会，当人们在解释各自的文化形态来源时，既扮演了一种稳定的社会角色，又指导着我们体验和了解汉字书写功能和行为的可能性和正确性。对这种乌托邦思想的揭示、汉字书写文化的理智统一，远比汉字书写真谛的揭示更困难。因此，整个汉字文化领域正处在一个深刻而令人沮丧的混乱局面之中。

汉字书写问题，至今还不能进行系统总结、正确理解，更不存在行之有效的解决方法。然而，对于今日"书法五千年"的介绍，莫过于分析术语"书写意识"概念来得更为深刻、清晰。因为"书法五千年"是虚假书写意识的产物，在整个汉字发展历史过程中，它混淆了书写和绘画性书写两个不同概念，它没有形成一条清晰的汉字书写发展线路。因此，我们首先必须把书法概念的所有特征区分开来，对书法的所有变体作出精确区分，并为书法的社会历史学分析作铺垫。

在汉字"书写意识形态"中，有两个突出的、可以被区分的概念：书写的特定概念和总体概念。"法书"一词就是特定的书写概念，而绘画性书写就是附属在书法概念内的一种总体概念。好在近代中国沈尹默先生的出现，他为我们判断书写文化奠定了一个理论基础——善书、法书论。在这一书写理论层面上，进一步深入到汉字书写文化的盲点——社会环境因素上来，在这一基础上建立起真正的汉字书写知识社会学，这将有助于对当下中国社会的汉字工作的开展。

借助于书写知识社会学观点，历史上汉字结构每一阶段上的书写现象，都是和时间、空间、环境条件紧密相连的。汉字结构变化按照一种必然的顺序在社会历史中依次出现；不同的社会环境对不同书写行为具有不同的启示作用；每一种书写手势的构成与每一阶段性汉字结构的作用关系以及它们各自不相同的书写意义，由历史社会环境存在形式来决定。在书写性态成熟之前，汉字以视觉活动规律向前发展；在汉字书写性态成熟之后，它又无意识地彼此相互渗透，不断向汉字绘画活动的原点回溯。

因此，在整个汉字发展史中，每一汉字结构特征的背后，都有其特定的书写手势。汉字书写知识理论本身就是从社会结构中思考的结果，一种新的生活取向在这一知识理论中起作用。这一观点将化解和制止社会上长期存在的虚假书写意识所夸大的异化说教，历史上各种汉字结构的书写知识原理都可以用量化的自然学科模型联系起来，并重新进行表述。这为揭示书学中两种不同知识类型的实际历史、重构汉字思想发展过程提供最大的可靠依据，将我们在长期传统文化中所形成的书写思维习惯和无意识书写文化认同现象分离开来。对汉字尘封的历史进行剥离，将使我们对汉字书写的“事实起源”和“富有含义的起源”有一个根本性的区分，从而达到正确判断书写行为和反书写行为的区分目的。对于长期活跃在汉字文化中的虚假活动成分的分辨和梳理，其实质就是对当代社会书学界汉字书写文化源流的梳理，这必将引起全社会对传统书写文化性质的关注。特别引起书学群体敏感的是，“书法”一词的确切书写机制对汉字文化的成就范围的限定。

第二节　本书对汉字文化的分析思路

当下社会汉字文化的一个普遍问题是，对社会集体书写无意识行为的控制。在漫长的历史岁月中，汉字书写文化一直在演化，它从不在某一历史阶段停止。自古至今，对汉字书写性态的判断，其特殊性在于，它需要基于社会历史的书写文化环境进行评估，否则难以把握其客体的书写意识形态特征。尽管汉字书写知识在社会民众中有所传播，但是关于汉字书写的真谛，特别是汉字演变过程中的书写性态判定，却一直被限定在少数书家知识分子当中，并成为他们的特权。那么，人们在长期书写活动中究竟看到了什么？是否具有书写真理标准的社会指导意义呢？这是解开汉字书写文化谜团的关键。

人类文字活动是一种双任务操作过程，即视觉因素和书写因素双重操作，而汉字活动更充分地反映了这一活动特征。在汉字发展的每一阶段性目标中，每一种字体的最终形成都清晰地存在这两种文化形态的活动痕迹，各种汉字结构特征都带有一定历史时期的社会环境对人书写行为影响的烙印。在一定的社会历史环境中，它可以形成一种书写文化形态，而在另一种社会环境中，汉字又可以演化为另一种绘画文化形态。从这一观点出发，我们既可以通过不同社会历史环境分析人的文字意识发展进程，又可以对当前社会汉字书写环境因素的不一致性作出判断，从一个终极目标的汉字结构的文化要素和行为目的来重新组合和评价它，这将防止既存理论对书写经验的孤立观察。

本书对汉字结构上所出现的种种错综复杂书写现象的社会历史问题，对于当前社会集体书写无意识行为的分析，将在以后章节中逐一展开。

第二章，从汉字文化的社会环境发生式基础理论陈述开始，介绍文字活动中的工作执行模型，陈述当今汉字活动中视觉因素和书写因素的分解：视觉特征与书写特征的异质性分离、有关左手书写文字活动性质的定性问题；视觉特征与书写特征的同质性分离、有关右手上肢书写生理结构分析。两者分别具有第一基础理论和第二基础理论的意义。在这两个基础理论中，第一基础理论解释了当前社会中人是如何卷入左手书法、特异功能书写、动物书写的认知误区之中的；第二基础理论则开始进入历史视野中，人对汉字书写概念问题的分析，以及这一书写特定概念和总体概念是如何在几乎没有人注意到其书写生理、物理基础变化的情况下，卷入复杂的社会认知结构的变化之中的。

第三章，探讨古汉字结构形成的生理机制。这一结构的起源、发展、形成包括三个层面的生理、心理活动内容：古汉字图像结构上的"形、音、义"特征就是"听、读、看"生理、心理的起源特征。古汉字的发展过程就是视觉生理在处理离散图像信息的过程中，与一个原始行为"垂掌执笔书写手势"相对应，在一个绘画性最优化社会环境氛围中，组织和发展古汉字结构。通过对人类文字活动上的视觉、书写分离处理机制的理论，这一章解释了古汉字是绘画性文字结构的形态特征。

第四章，陈述汉字的书写起源。汉民族对书写文化选择具有长期性、一贯性定向思维，它不会突然改变方向。秦以后，汉字"三表六书"结构的构建工作基本完成。秦隶就是在该结构基础上衍生出书写性态，是古汉字向魏晋汉字演化的一种过渡性、初级阶段的书写型文字结构。由于秦代社会书写空间环境的变迁，秦隶与古汉字之间发生了阶段性的书写分化。

书写空间并不是一个虚无空间，而是一个书写物理空间。在秦简书写空间区域内，隐伏着我们迄今为止尚不为人所知的三条重要的汉字活动边界：纵行向容限书写边界、社会文字活动意识边界、书写活动边界。这三条边界就是构成了秦隶书写性态发展的空间环境。秦代社会环境编码对简书写文化、新的书写随机适应机制(平掌单苞执笔书写执笔手势)的启动具有决定性意义。在一个新的文化起点上，古汉字结构形成了书写笔法概率的正态分布的固定转移。在这样一种文化传承下，秦隶出现了书写性态的正相关叠加。这一章将描述古汉字在“简”的书写空间环境和新的书写执笔手势冲压下，秦隶如何逐步滋生汉字的书写性态，形成自身书写结构特征：书写笔顺、文字扁形结构，以及初级阶段的汉字书写性态特征。

第五章，介绍汉字书写性态的成熟过程。汉字书写性态的成熟是在“简”的大众日常书写文化的基础上，由魏晋时期一小部分书家首先在纸张书写环境中实现的。由于这一汉字结构的完美性，从此，人们在追究其书写结构的过程中，不知不觉地将汉字结构的标准定位在魏晋楷书式样上。在这一章节中，我们介绍了两位书家，一位是钟繇，一位是王羲之。他们在这一社会历史时期内，前者注重于对社会离散书写信息的处理；而后者是在前者基础上，着重于对这一既定书写文化信息的强化。这一历史过程就是汉字“五字执笔法”的书写起源，即书法。而这一成熟过程就是汉字书写文化从自发本能的平掌单苞书写执笔手势向专门汉字书写手势——双苞“五字执笔法”发展的历史。

第六章，介绍汉字活动中书写性态变异及衰退的社会历史过程。在社会环境编码增生的唐代，书学群体从一个日常书写空间环境向一个非书写空间环境自动转移。书写概念的模糊应用导致了社会书学便自动掉进书写文化陷阱之中。本章阐述了中国历史上张芝、颜真卿、苏东坡、董其昌这些历史名流的书写空间样本模型及其书写意识特征。他们都是汉字史上极为重要的书写案例。这些书写经验表明，人们对一个特定书写概念的使用上的认识差别是如何产生的；在此基础上，用书写总体概念的含义分析，揭示社会书写文化精度衰退的过程：在一个非现实书写空间环境中，人是如何从自动无意识书写，向绘画意识转移，并且表明这一活动意识是如果卷入书法活动中，而且几乎没有人注意到这一书写历史变化的。

第七章，论述社会汉字书写文化精度丧失过程。当今，人们对于汉字史上著名书家的书写性态之谜理解的困难在于：一方面，书法的变化是与社会历史环境编码的增生紧密地联系在一起的；另一方面，同一书法现象在不同社会历史阶段，有时以书写态度进行肯定，有时用非书写的绘画评价态度进行否定。于是，当书学群体集体向非现实书写空间环境迁移时，形成了一个社会性书写运动向量。在这些个体的书写思想起源时，这一文化变化是细微和局部的；但是，这些群体的长期行为的影响却是巨大的、根本性的。因此，本章致力于分析历史传承中前人的书写思想对当代人的影响和联系，追溯社会两大书写群体（书学群体和日常书写群体）分离的线性发展结果，即近代文字改革，同时介绍汉文化圈中的文字改革情况（日本、韩国、中国）以及在这一矛盾冲突、斗争中，逐步发现和认识汉字文化的优越性。

当今中国社会正处在一个重要的历史转折时期，一部分人已开始反省和直面汉字文化的历史。在厘清汉字发展的系统以及汉字活动中两种书写意识形态的活动趋势之后，社会将面临的工作任务就是向汉字书写文化的起源回归。这一历史回归的目的在于：展示汉字书法文化的内涵，重新确立汉字在世界文字史上独特的文化地位。普及和推广汉字的书写文化精度，重塑社会汉字形象，这是当前中国社会文化工作的战略任务之一。

第二章　汉字知识的社会环境发生式理论

人类文字有一个不言自明的常理——字画同源。汉字的发展过程也一样，它一开始是字画平行加工的产物。在远古社会环境中，汉字是从识别最有可能成为文字符号的绘画图形中逐步演变而来。那么，汉字究竟在什么阶段是字画同源，又在什么时候出现了字画分离，还是迄今为止仍然字画不分，对于这一基本问题，社会至今没有一个清晰的解答。字画同源这一概念的历史远比书法问题更古老、悠久，从一开始就出现在文字活动中。历史上字画分离，取决于当时人对书写意识加工。今天我们对这一问题的看法，取决于对历史结构的理解。字画同源和分离这一区分和书法概念的诞生紧密关联。因此，字画同源和分离就是一条人的书写意识分界线。当今，书学界对字画同源和书法这两个概念一直都在使用，但两者始终都没有一条明确的分界线。这就是说，字画同源一直活跃在书法活动中，而书法活动中却没有关于从绘画到书法、汉字书写笔法意识发展过程的恰当表述，更无法正确解释有关书法的众多变体的书写文化意义，书学界书写文化边界的模糊影响着人们对各历史阶段中汉字书写文化精度的分析。对于这一基本问题的探究，历史个体书写的主观能动性背后，隐藏着一个社会环境因素的相互联系。在历史时空的记忆中，有一个随着社会历史环境而展开的活动规律。因此，汉字书写文化的解释，最终必将求教于书写知识的社会环境发生式理论。

第一节　文字工作执行模型

在揭示汉字行为从字画同源到字画分离的社会历史过程之前，我们首先需要了解人的文字工作执行模型。这是一个解决汉字字画行为区分的生理、心理模型。它的具体工作情况如图 2－1 所示：

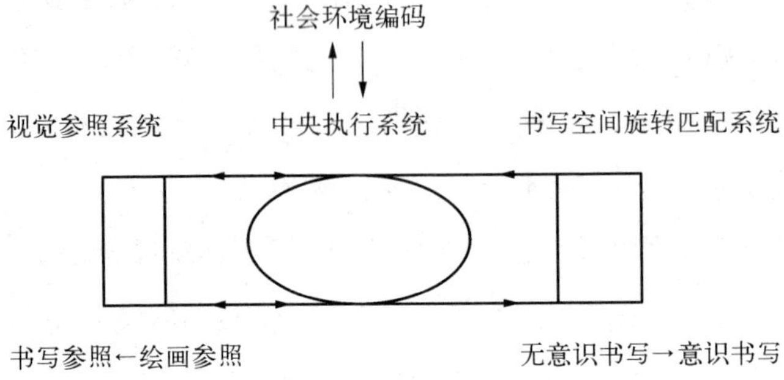

图 2－1

文字工作执行模型是由视觉参照系统、书写空间旋转匹配系统和中央执行系统组成的一个文字工作模型。其中，中央执行系统是人脑对听、读、看、写四个功能进行统一协调的执行管理的系统。而这四个功能受不同的社会历史环境编码的刺激而激活。因此，中央执行系统是受社会历史环境的变化而变化的工作系统。字画同源与字画分离是整个汉字发展连续变体上的两端，中央执行系统受制于历史社会环境的控制。在汉字结构起源时，中央执行系统与听、读、看联结在一起，组成视觉参照系统工作回路，是从社会环境编码中提取文字图像结构的过程。它在文字书写工作任务上属单一性任务操作，该行为属绘画活动性质。当汉字书写性态成熟、字画分离后，中央执行系统与视觉、书写联结在一起，组成视觉参照系统和书写空间旋转匹配系统构成回路，它既要控制汉字结构的地理位置，又要控制它的笔画书写形态，这一文字工作任务属双任务操作，该行为属书写活动性质。因此，在汉字史上，字画同源和字画分离是清晰可分的。然而，当人们缺少这一基础工作模型的理论分析方法时，常常会在绘画和书写这两个概念上相互混淆，这使得一部汉字发展史从一开始就变得扑朔迷离。

第二节　文字活动中的视觉因素和书写因素的分解

在文字工作执行模型中，视觉和书写两种活动因素相互比较，视觉活动往往具有主导意识，而书写活动往往是被动的、无意识的。因此，书写空间旋转匹配系统是一种被动性的执行系统。为了将这种无意识生理成分从文字活动过程中分离出来，成为我们有效的感知，首先需要判断的是，书写心理起源在我们当前文字活动中的表现。我们究竟是以书写意识，还是以绘画意识参与文字活动，对其生理、心理联系方式进行分析。只有在当下文字活动的总体概念中，将视觉和书写这两种基本因素进行有效分解，并从理论上作出明确区分，书写才会成为一种专门的概念而进入我们的意识中，并成为一种有效探讨的对象。

一、视觉特征与书写特征的异质性分离

有关左手书写文字活动性质的定性。要解释社会出现的左手书写活动的性质问题，首先需要剖析人体结构，了解书写活动中所使用上肢手腕生理关节活动特性。从人体生理结构的特性与文字活动关系着手，分析左手书写活动性质是最为有力的。人体生理结构学表明，人类属灵长类脊椎动物，其生理构造是以脊椎为躯干中轴，在身体躯干中轴两侧是四肢，上、下两肢体是左右对称结构，这种左右对称的各骨骼关节构造极端复杂，但有规则，它不单具有各自独立的自转动功能，而且有180度翻转对称的奇妙转动特征。如果左、右手向同一方位转动，属非对称转动。其转动结构的同一性上存在着180度相位差，是非对称转动结构。如果右手向左转动，左手向右转动，或者同时反向，属对称转动。虽然左、右手时而同时对向、时而同时逆向转动，但该转动属翻转对称转动特征，左、右各生理关节转动相位差为0度，属同一转动结构。例如，在各种喜庆场合的拍手运动，就是一种对称转动结构。

翻转对称转动是人躯体生理关节结构的特征之一。特别是人的手腕关节，它并不是机械转动轴，而是一种不规则生理转动轴，该关节的顺时针和逆时针转幅度是不同的。因此，当左、右手以同一方位转动时，两者在顺时针和逆时针转幅上存在着明显的结构性差异。

人类文字行为有一个基本动力准则，凡文字一般都是由右手书写加工定型的。因此，在文字图像背景上，潜在地存在着两种不同结构

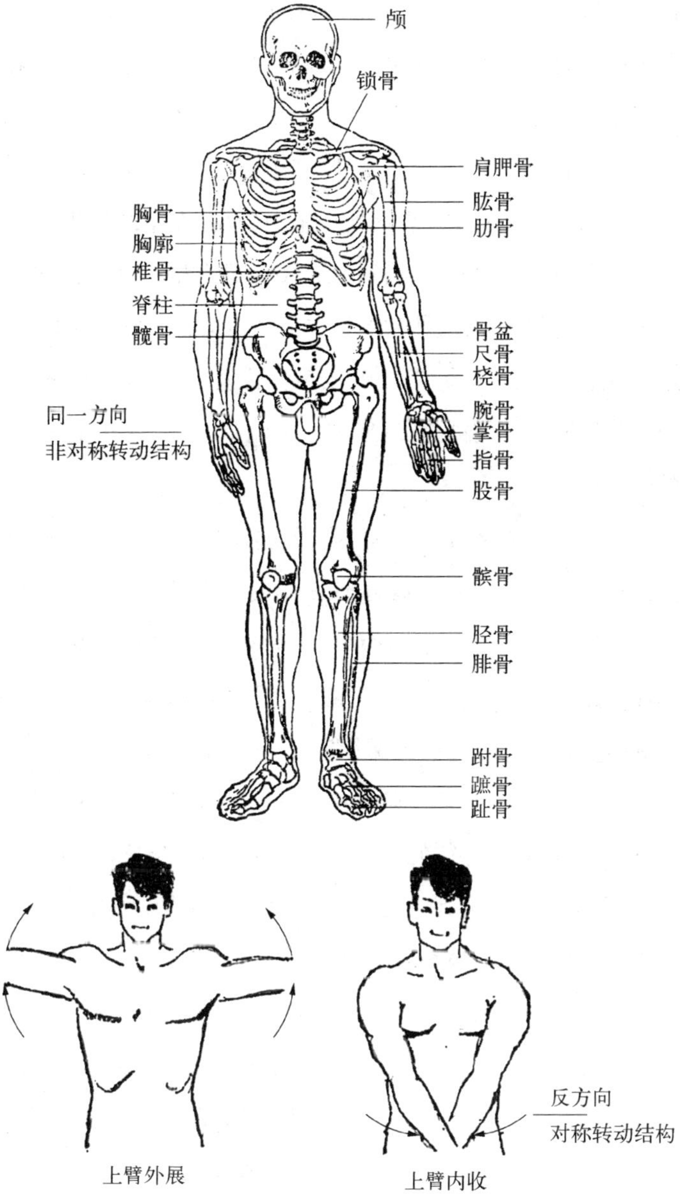
颅
锁骨
肩胛骨
肱骨
肋骨
胸骨
胸廓
椎骨
脊柱
髋骨
骨盆
尺骨
桡骨
腕骨
掌骨
指骨
股骨
髌骨
胫骨
腓骨
跗骨
蹠骨
趾骨
同一方向
非对称转动结构
反方向
对称转动结构
上臂外展
上臂内收

图 2－2

的信息提取方法：一种是视觉对图像的空间规划、地理环境定位；一种是书写空间旋转匹配，即书写生理对文字图像中的书写结构信息提取。当右手书写时，视觉生理与书写生理在提取文字图像信息上具有同一性，我们把它称为书写。但是，当左手书写文字时，情况就不同了，人在图像信息和书写信息处理中，它只存在单一性提取的可能：如果按文字图像结构方式进行提取，图像是合格的，但书写转动结构发生了 180 度翻转，书写结构的提取信息是错的。如果按书写转动结构进行提取，书写转动是对的，但文字图像发生了 180 度翻转，文字图像结构的提取信息是错的，是反字。因此，左手书写出现了文字活动上的两难性。

左手书写是文字活动中的一种异质性同构现象。也就是说，同一视觉图像信息由不同生理器官书写，左手书写就是书写上的生理病灶。在当今神经心理学研究领域中，有关人脑局部损伤患者的行为变化临床观察证明，任何一个特定的皮质病灶确实破坏一些心理的进行，同时，另外一些过程仍旧保持完好。例如，在左半球的顶、枕区中的特定病灶，能导致知觉和运动的空间定向的破坏，但病灶并不妨碍流畅的语言、对音乐旋律的再认或再现；但是，当皮质颞叶区（听觉）出现局部损伤时，则观察到完全相反的情况，它导致听觉组织的破坏，流畅的语言受到严重的破坏。但是，空间中的定向、运动的空间组织等照样保持着。左手书写就像各种脑生理缺陷一样，具有单项选择的心理加工的分离功能：当人处在自动无意识书写的情况下，它为了保持提取文字图像结构的一致性，而无意识地放弃书写转动结构的一致性追求。当人处在意识书写的情况下，并假设在右手发生生理病变之前，他就是一位“得笔者”，那么，他在使用左手书写时就出现了两难选择，如果他保持提取文字图像结构一致性，他的书写转动结构就是错误的。如果他继续与右手书写转动结构保持提取向一致的话，那么，他写的文字图像结构将是反的，是错的。左手文字工作执行模型在视觉加工和书写加工的使用协调上的选择具有内在分离意义。它所隐伏着的文字活动上的矛盾，既有人文字活动的历史根源，又有当代书法反映，是隐伏汉字书法活动中视觉意识操作和书写意识操作的最初分水岭。

左手书写在其书写认知问题上出现了视觉意识和书写意识上的明确两分。左手本质上是绘画性的无意识书写，它只保留了文字结构的视觉图像成分加工，无意识地放弃书写结构的正确性追求，属异质性书写心理加工。我们把这一单任务操作现象定义为“视觉操作书写”。

视觉操作书写是一种缺乏书写意识根基的文字活动。当人长期处在这一心理反应的认知阶段时，人的书写意识反应会中止，对视觉变异行为反应会变得敏感。此时，人对文字活动的理解是相当宽泛的，人可以不按书写因果关系去读解它，也容许各种不同方式去替代它。因此，视觉操作书写对书法的理解是广义的，是一种绘画、书写相混的总体概念。因此，书写总体概念在社会文字非书写意识评价中被

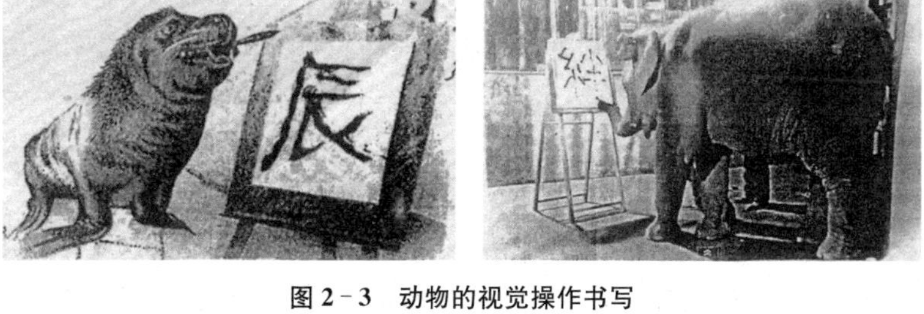

图 2－3　动物的视觉操作书写

广泛使用。这一评价不存在书写规范和书写文化价值意识，它可以在从异质到同质的变异梯度的最广范围上使用而导致书法归类变得模糊。在现代媒体娱乐频道播放中，常常介绍各种特异功能文字书写表演，其中也包括动物书写。

然而，实际上，媒体所谓的书写“高超特技”并不一定就是书写生理行为。当人长期处在意志加工状态时，视觉生理认知误区却在放大。长期的绘画意识使人对变异性、特异性书写变得敏感，人越向特异功能方向转移，这一书写就越不同于普通意义上的书写。因此，左手视觉操作书写具有书法初级排除法功能。它首先对混迹在社会上的虚构书法，如动物、奇人、左手书法作出明确的区分。其次，对右手汉字书写活动中双任务操作的重要性的揭示，为书写活动上的“同质性分离”起到了一种理论铺垫作用。

历史上南朝庚元威《书论》一文中记载了“反左书”书写现象。“反左书”是一种书写杂体，当历史上这一文字活动心理逐步发展，并渗透到书写领域时，由于没有书写真迹保存，后人对这一记载的书写现象的判断就更加混乱，缺乏理论依据。不论是支持右手写反字，还是左手写反字，双方都没有从书写与图像提取意识这一层面来进行区分。

因此，左手书写现象指向这样一个问题：人对文字认知心理的最初反映是什么。在人类文字活动意识中，不论是左手还是右手，视觉心理活动总是在先。视觉生理是文字活动的第一要素，人只对图像信息有提取意识的反应，而对书写结构的提取并无明确的意识反应。只有当人在排除视觉活动因素，书写转动意象才能在我们脑海中初步形成。左手视觉操作书写的理论意义在于，它告诉我们，人首先满足的是社会视觉需求、满足文字视觉检测活动上的统一性，按照文字的总体结构形式特征去显示它。视觉操作是人的书写心理第一反应，而左手书写现象就是解开汉字书法之谜的第一切入点，它为判断历史与当代、客体书法活动中究竟动用的是书写意识，还是绘画意识提供了最初的判断依据，是一个真正触及当前中国社会最普通的大众书写心理问题。

二、视觉特征与书写特征的同质性分离

视觉单一性书写操作现象并不仅仅发生在左手，右手也一样。为了在右手书写活动中提取书写结构，我们用书写圆圈放大实验来对右手上肢生理转动结构进行分析，通过右手书写在适应不同大小的空间环境（现实书写空间、中间过渡以及非现实书写空间）时，由上肢生理转动放大所产生的关节结构自发性变换，对各关节转动的生理特性进行书写结构性、功能性划分。

实验要求：使用硬笔工具。转动跟踪及其顺序要求：由最小圈转动直径与日常书写文字一般大小开始，逐步放大至 50～60 公分。

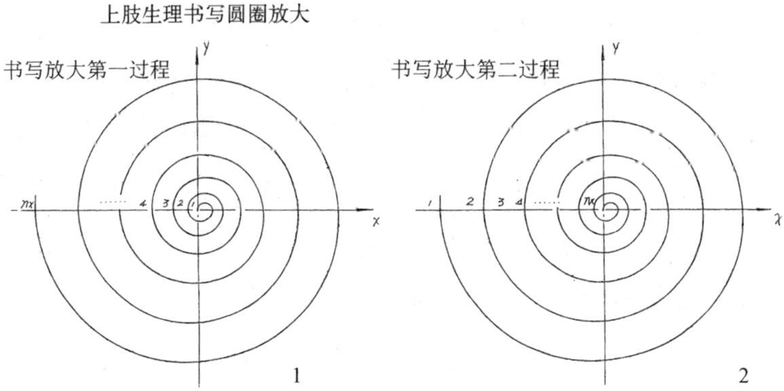

图 2－4　书写圆圈放大图

从小到大，再从大回复到小。由于该圆圈放大过程退去毛笔笔画形态特征的噪声，直接专注于上肢生理特征与书写空间环境变化的活动关系上来，从而使我们注意到，在日常文字活动中被我们忽略或不注意的三种不同生理结构的转动意象：一、当转动轨迹处在最小圈径时，上肢生理自动锁定了躯体与上肢连接的最近端肩关节，转动主要由离躯体最远端手腕关节担当；二、当转动轨迹逐步放大时，上肢生理转动由桡、尺手腕关节与肘关节配合转动为主。三、当上肢生理转动进一步放大，手腕关节转动逐渐减弱，大臂带小臂的肘关节转动逐步加强，最终，在最大圈径处，上肢便自动地锁定了离躯体最远端的手腕关节，转动由离躯体最近端的肩关节转动担当。

当我们在此基础上再从最大圈径向最小圈径还原(可顺时针或逆时针进行)时，一个奇妙的转动意象产生了：在还原过程中，人以最大圈径肩关节转动为起点，一直收缩到最小圈径转动时，它的初始放大—最远端手腕关节转动几乎消失了。这一实验表明：上肢生理有一个决定性、关键性的特征，当上肢手腕生理开始放大时，离躯体最近端的肩关节转动便悄然开始，并逐步放大。当上肢生理转动从放大向原点返回时，肩关节转动又阻止了该过程向反方向回到原点。

这是发生在右上肢生理系统内部、微观层面上的书写力的运动，它确立起一个书写活动规则，并告诉我们过去书写生活中三个事实：一、上肢生理系统是一个书写力运动的自由变体，该生理内部存在着随书写空间变化而变化的优势转动关节。各优势转动关节与不同书写空间环境相对应，形成了相互独立的转动结构、不同书写力的内部竞争。我们把这一生理系统内部自发性书写竞争现象定义为上肢转动本征结构。二、我们把从小到大的上肢生理放大过程定义为书写放大第一过程，把从大到小的收缩过程定义为书写放大第二过程。三、第一过程和第二过程是同一上肢生理系统中两个不同生理关节策动的书写动力中心源，我们把由手腕关节策动的书写动能，称谓书写动力中心①。由肩关节策动的书写动能，称谓书写动力中心②。并把上肢转动本征结构以书写动力中心①为轴心的转动定义为书写正向联结，以书写动力中心②为轴心的转动定义为书写负向联结。

（一）两组不同关节结构的书写活动参数组合成三种放大、缩小的书写经验

根据对上肢生理系统中书写转动力的理解，我们就可以根据不同的书写目的需求，停留在某一空间转动层次上、对其书写转动成分进行鉴别和区分。由于右手书写第一过程和第二过程存在书写转动生理结构性差异，那么，第一过程和第二过程就是两组不同的书写参数。

一组是由书写动力力中心①策动。手腕关节是人体关节中一个特殊关节，它由桡、尺侧交替转动组成封闭式生物运动链，我们熟悉的外文书写线条的粗细变化，就是该运动链与书写面之间随机压迫纵深性波动特性。根据该关节所产生的人类文字活动的共性特征，我们把这种随机纵深波动的卵型螺线条定义为书写性线条，是书写活动上的“常数”。

一组是由书写动力中心②策动。大臂、肩胛关节为轴心的转动呈开放式生物运动链，该运动链与书写面之间呈平行转动，属非随机压迫纵深性波动特性。由于该生理结构与手腕生理关节不同，它无法与书写线条特征保持严格一致性，出现了与人类书写活动非共性的负相关特性。因此，书写动力中心②是非书写转动结构。我们把由书写动力中心②产生的非随机纵深波动线条定义为绘画性线条，是书写活动上的“变数”。

书写上的“常数”与“变数”是上肢生理在不同书写空间环境中所呈显出的书写力的变异特征。在社会历史过程中，人对不同书写运动感知的特殊内部动力的应用，对两组书写参数的再认和再现可粗略分为三种书写经验组合：第一种是日常书写经验组合。当笔记本上写一个2向黑板上写一个2进行书写转移时，从图像的视觉形态看，它们基本是同构的，但在看似相同的放大、收缩的线条中，上肢生理经历了两个不同的书写策动中心，存在两种不同优势转动关节的书写自动转换。当人感到书写放大行为的艰辛时，便自动停止或放弃了对这种书写经验的把握追求。这就是日常书写经验组合。第二种是大众书学书写经验组合。在自发书写放大基础上，对自发放大的书写艰辛通过意志克服，致力于书写动力中心②的“书写力”的参与，形成了上肢转动本征结构以大臂、肩胛关节为轴心转动的书写经验负向叠加组合。这就是在日常书写基础上继续前行的大众书学行为经验组合。第三种是书法书写经验组合。通过对书写结构的提取，在书写放大过程中，形成了上肢转动本征结构以手腕生理关节为轴心的书写经验正向叠加组合，这就是历史社会上的书法书写经验组合。

上肢生理实验具有右手书写转动成分的同质性分离功能，它为书法探索带来了一个全新的视角。它不仅可以根据我们的意愿调节观察的条件，抽象一个书写生理现象，使得某一书写心理过程的自我观察成为可能；而且在这一书写活动行为准则中，第一次将日常书写经验作为一个书写活动基准，在与书法活动的对比中，把书写放大看作是一种书写生理机制的失调程度或守衡过程来进行衡量。

其次，书写“常数”出现的时空范围相当微小。它说明该书写现象出现的前后时间顺序、与社会历史过程相互作用的认知加工、人对书写“常数”把握的意识时间极为短暂。而上肢转动本征结构内部、正向与负向生理放大的对抗倾向存在，则预示了汉字书写性态成熟之后，它还会朝一个变异特征前行。在未来的某一时期，“书写”会越变越糟。整个汉字书写文化的复杂性和矛盾冲突都聚集在这一生理活动的狭窄范围内。

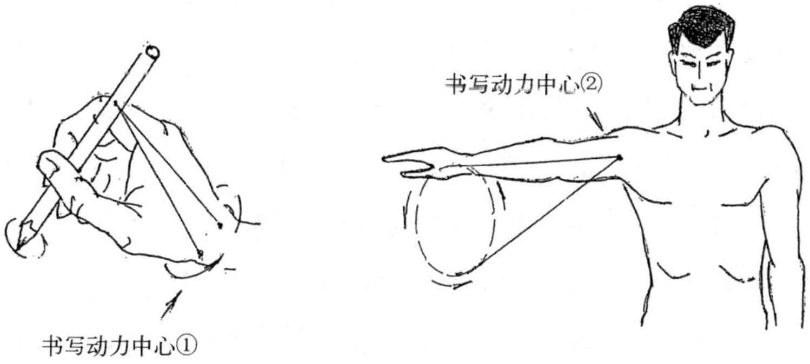

图 2－5

（二）有关书写心理效用函数问题

现在，我们再回到日常书写活动中进行观察。我们书写生活的特殊性在于，它从一开始就是在一定环境中被决定的书写知识模式。这一模式一开始就受视觉操作指导，根据复空间定位的序列跟踪完成的。也就是说，即使处在圆圈放大的最小圈径中，其书写活动规律、线条的随机纵深波动的书写特征，都是通过内隐地学习到的①。

书写心理效用函数就是人无意识书写行为的适当表达，是大众书

① 请参考《记忆心理学》第 333 页。

学行为的心理基础。当它处在书写放大第一过程初始值时，上肢转动本征结构以书写动力中心①呈正向联结态势，属书写行为。当它逐步脱离日常书写空间环境，处在圆圈放大之际并且与书写动力①相连旋转时，前臂肘关节和书写动力中心②开始放大，它们对桡、尺书写具有辅助放大功能，书法理论上称谓"送导"。送导是上肢转动本征结构从书写正向到非书写动力结构负向联结转移的中间状态，当它进一步生理放大、并接近"圆圈放大"最大值、处在非现实书写空间环境时，书写生理便自动锁紧、送导逐渐消失，书写由大臂带小臂异质性器官——书写动力中心②所替代，俗称"书写功力"，书写功力是上肢转动本征结构以书写动力中心②的负向联结。因此，在这一数学表达式中，存在着各种等级的书写力和非书写力自动交替的无意识心理比较，每一种转动层次都可获得特殊的书写运动经验。当人对"书写黑板效应"的心理需求从书写放大第一过程向第二过程转移，并定位在书写动力中心②，进行强化训练时，人已完全淡漠了前序列的书写运动意象。最初的书写运动意象未经真正触动，那么，对相关书写线条特征的把握就相当模糊。当人丧失了对最初书写线条特征的鉴别，圆弧放大到无限，由曲线变成直线时，书写送导也失去了辅助放大意义，受优势转动关节书写动力中心②的竞争支配，书学对书写力的认知，便从书写向书写功力行为自动转换。在这一行为的实际书写操作中，只要涉及直线，既使在

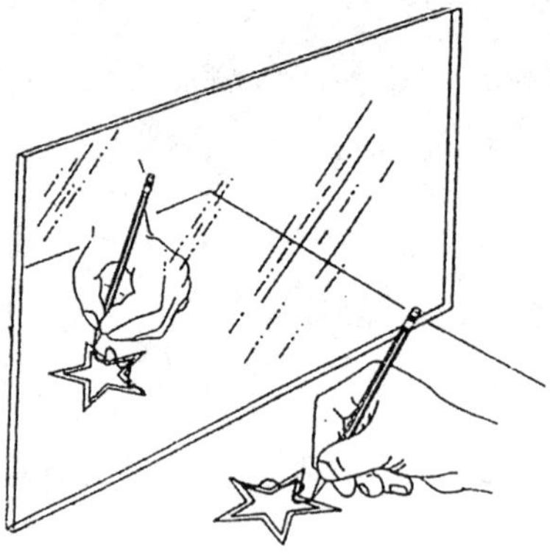

图 2-6

小书写空间活动范围内，它也是一个无限大的圆弧中的一小段，是功力替代书写的产物。由于这一书写无意识现象的普遍一般性，因此，上肢生理非书写结构的内部竞争—书写功力替代就是人的书写心理第二反应。

书写心理第一反应主要发生在日常书写行为中，书写心理第二反应主要发生在书学活动中。而书写心理第一反应和书写心理第二反应的叠加利用，就是最值得我们关注的书学变异行为。在我们以往绝大部分的书写讨论中，这种无意识变异行为在空间上的“力量”比较是发挥实际评价作用的。书学以得“笔法”为目的，笔法中的“笔力”就是书写质量，而不可将上肢生理中“力量”等同于“笔力”的书写质量。然而，当人在非现现书写空间环境活动时，无意识地把一个几乎相同的、放大的绘画性文字图形纳入书写活动范畴之内。人们时而描述的是书写，时而描述的是绘画，它并不需要依赖对特定书写概念，提取书写结构为评价标准，只要该活动图形与一个文字符号相关，那么，该活动便与“书写”一词捆绑在一起，只要画得漂亮，书写有力量，它就是“书法”。把书写动力中心②的行为意义凌驾于书写动力中心①行为意义之上，这种非书写结构心理连结所导致的结果是，书写结构并没有被认知、提取，相反，绘画因素却被大大强化了。

目前理论所关心的重点，不仅仅是生理抽象上的机械形式联系，还包括促发书学者对书写型文字体验的经验养成的必要性和重要性。对于日常书写的心理向书学发展的当代书学，它从一开始就处在书写心理效用函数最大值，那么，人在书学活动中究竟习得的是书写还是绘画，“放大”对于书写结构提取又意味着什么？今日“书法”，人们早已用一个书写总体概念将历史与自身紧紧捆绑在一起了。书写心理第一和第二反应普遍地、潜在性地存在于社会各阶层、领域之中，它几乎涵盖着整个社会文字活动的全部内容的。因此，书写心理效用函数就是非书写意识评价的重要参数，是一个社会性大众书写文化讨论。它对汉字历史演变连续性和持续性而言，起着负面的社会舆论宣传作用。

书写心理效用函数是书写变异的时空过程，这一概念提出了一个非常深远的、有关历史与当今汉字文化的现实问题，甚至还涉及汉字的时间意义和命运问题。因此，书写心理效用函数是整个汉字文化史的认识论基轴。将隐伏在上肢生理系统上的结构性变量的前后顺序，以及这一物质基础进行思考的思想运动规律揭示出来，就是中国书法发生、发展、形成和衰退历程的讨论，具有判断社会历史书写运动向量的定标意义。只有当我们认识这一事实、认同这一观点，察觉到这一行为的不可靠，是一种不完善器官造成我们对书法误判时，我们才有可能重新审视自我、审视历史，一个历史社会书写文化的怀疑体系才有可能建立起来。因此，书写心理效用函数具有第二书写基础理论意义。

第三节　历史视野中的汉字书写概念
——“书写与绘画相混淆”

世界主流文字使用的是总体书写概念。然而，汉字却不同。汉字是一种图像结构，由于它的结构形态高级，汉字的书写结构也相应地复杂起来。为了有效完成这种图像结构的书写，人必须有意识地提取书写结构与其相对应。因此，汉字发展形成了一种与世界主流文字活动完全不同的书写文化形态，它有意识地培养人的书写活动意识，这就是众所周知的“书法”。在书法领域中，它反对任何书写笔法概念的模糊现象出现，不允许任何绘画活动因素的干扰。因此，汉字书法要求人克服自动化无意识活动的本能书写活动倾向，把书写提高到一个意识活动层面上，与视觉活动因素达到相互平衡状态才能最终有效完成。因此，汉字书法就是一种特定书写概念。那么，在中国社会的文化环境中，人们是否能顺利、有效地进行书写结构提取？是否也存在“书写、绘画”相混淆，与世界主流文字一样，出现总体书写概念文化特征呢？

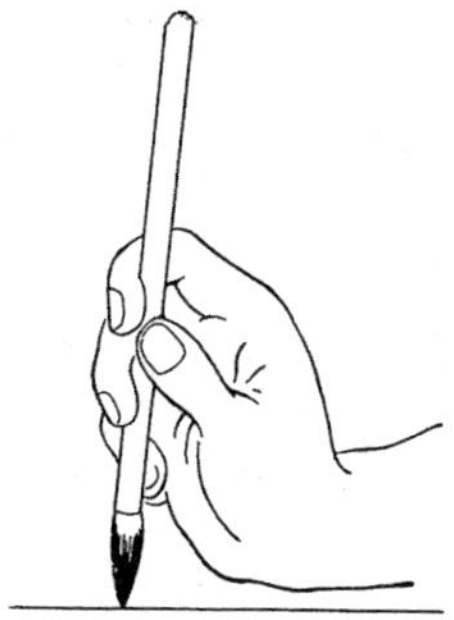

图2-7 执笔手势

汉民族文字活动使用了一种十分特殊又奇怪的竖掌“五字执笔法”书写手势，想必，这一书写手势应该与中国汉字书写结构提取活动密切相关。书写结构提取的确与该执笔手势有关，然而，迄今为止，人们并不知道有关该书写手势的历史起源，更不用说该书写手势与历史上众多汉字结构之间的关系。因此，在汉字发展的不同阶段上，人们总是在这一形式基础上进行各种演化：有黄庭坚的高捉，苏东坡的枕腕单苞低捉，董其昌的拨灯法，何绍基的回腕法等，汉字书写执笔式样是多种多样的，是“无定法”的。显然“五字执笔法”是在一个专门环境条件下产生的，有一个该执笔结构形成的核心书写特征存在。一旦失去了对最核心的书写特征的把握，个体在一个共同的书写处境中，与魏晋汉字联系的书写经验自我扩展中，各种执笔“招数”，各种书写执笔理论的自我澄清，便呈现到不同历史时期的主体面前。

对于个体书写经验起源上的不同书写意义和不同文化权重，我们失去了寻找汉字书写文化源头的依据。社会已失去了这一书写文化形态的历史记忆。那么，我们再回到汉字书写技法理论的基轴线、圆圈放大过程上，人对书写结构特征的提取，可以根据这一生物物理基线的书写心理动机和空间背景来理解，按照其体验背景上的书写活动有效性，来解释主体所体验到的每一细节以及他们的书写意义。我们对当前和历史的汉字结构理解，以及它们各阶段上的结构形成意义，就被包含在这一转动形成过程中和它的流变过程之中。

为了把历史上分散的各种书写结构提取方法的证据呈现出来，追踪一个书写特定概念的最终形成，为此，我们先把社会历史上所有个体书写“招数”归结为在圆圈放大基轴线上三种书写稳态模式：稳态书写结构（枕腕书写）模式、亚稳态书写结构模式（悬腕书写）和非稳态书写结构模式（高提书写），从人的上肢生理结构中分析开始。

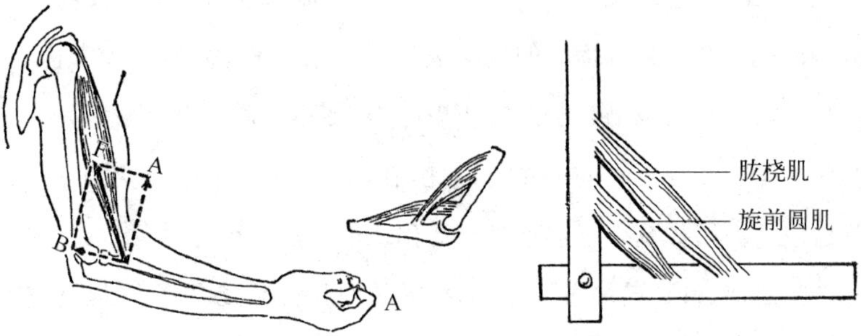

肱二头肌拉力的分解
F=肌肉拉力；A=转动分力；B=加固分力

作为肘关节的屈肌，肱桡肌与旋前圆肌处于更有利的位置

图 2－8

稳态书写结构模式就是人类日常书写手势模式。该书写模式是枕腕书写，小臂肘关节置于案几，形成书写活动上的一个固定点，大臂肱二头肌的牵动力紧张程度减小到最小状态，上肢生理杠杆处在零工

作闲置状态，书写动力中心①处在有效工作状态之内，这一手势模式为稳态书写结构。这是世界主流文字和现代汉字普遍使用的、自发型书写结构模式，我们把它定义为稳态书写结构模式。

亚稳态书写结构模式是指悬腕书写手势模式，这一结构模式在中国汉字书写中被广泛应用。亚稳态书写结构模式是指悬腕书写手势模式，这一结构模式在中国汉字书写中被广泛应用。小臂稍稍悬起，大臂肱二头肌的牵引力就开始紧张。如果手臂只是在书案上微悬，大臂肱二头肌“生理杠杆”的牵引力处在有效的平衡工作状态。上肢生理杠杆呈相对稳态固定，上肢生理处在书写动力中心①、送导以及动力中心②相互叠加正向工作状态，这就是说，书写动力中心①处在最佳发挥状态，送导为辅助，动力中心②几乎处在闲置状态。然而，这一书写生理稳定工作状态是相当有限的，它只是在一定的书写空间环境中有效。只要书写稍有变位，肘关节生理杠杆中的动力臂就发生变化，书写动力中心①的书写动能输出就不稳定。只要稍稍跨出书写空间环境一步，上肢内部优势转动关节便开始出现书写转动竞争。由于这一结构有书写不稳定因素存在，，我们把这种带有潜在性不稳定因素的书写生理结构定义为亚稳态书写结构模式。

非稳态书写结构模式。如果在亚稳态的书写活动范围再进一步放大、提升到非书写空间环境上活动上来时，书写动力中心①的动能输出开始衰退，动力中心②的动能输出逐步开始放大，直到上肢生理转动本征发生书写结构性逆转，出现了以书写动力中心②为轴心的转动为主动能、书写动力中心①为辅、甚至完全消失的负向工作状态。因此，右手上肢书写生理机制的失调，是由肘关节生理杠杆中的动力臂的伸展、收缩造成。大臂肱二头肌的牵引力的紧张和疲劳导致了亚稳态书写杠杆的二头肌的牵引力处在紧张状态，上肢生理杠杆工作负荷变大。被放大的书写功力发生了书写替代，出现了负相关书写放大，我们把这一生理活动状态定义为非稳态书写结构模式。

上述三种书写模式既是中国社会汉字书写学习中典型的随机适应书写机制，又是植根于某一社会群体环境之中的。这些书写外显形态之所以会不同，是因为汉字书写是具有社会文化的区分功能的，它导致了某一群体对书写易难程度的一致性关注。从历史社会的普遍的认知水平来看，亚稳态书写结构模式被认为是一种相对传统意义上的汉字书写标准结构，而稳态和非稳态书写结构模式就是汉字书写的两种演化模式。这三种具有社会意义的书写行为模式周围所聚集着的群体，都以自己的某种特定的书写行为方式，参与了对现存社会书写文化的维护或推翻。

这里，我们首先关心的是当前社会书写文化的演化优势，即人们是如何选择书写文化模式的。在大多数情况下，适应性书写行为是对前书写文化期反馈信息的一个具体展开，是某一特定个体在一个既定文化环境中的一种发展。而上肢内部的生理转动特征则充当了有效判断的物质基础，人的书写适应性行为则根据文字的实际使用需要作出有效判断。由于人的生活经验不断要求这些适应性书写行为与他们的社会实际生存状态相符，因此，上述三种固定化的书写行为遵循着一个内在使用时间上的考虑。文字使用频率越低，它对既定书写文化标准行为的要求就越随便；反之，它对使用标准就越讲究。使用频率效度是一种短期计划和长期计划的对比，它为人们提供了一种实际使用的文化标准，就像一种惯例、习俗的形成过程一样，社会汉字书写成为一种规则和形式，并以重复的方式不断地自我再生。因此，在社会历史中，生活方式、文化水准和书写目标计划构成了每一个体书写文化的选择标准。这一标准便是分析整个中国社会人群如何提取书写笔法和书写如何演化的粗略统计模型。

一、稳态书写与非稳态书写

每一种文字结构都与某一专门的书写机制相对应，世界主流文字（包括现代汉字）都采用稳态书写结构模式。但是，汉字与世界主流文字的书写源头不同，汉字书写的社会起源本属于亚稳态书写结构模式，它本身并不存在与书写稳态结构相互通用的可能。因此，在汉字书写史中，稳态书写结构模式只是在社会纸张书写环境普及之后才开始流行的一种新的书写适应性行为，是人在该物质基础上所制定的一种新的自我最优化书写策略。

最优化书写策略处于"圆圈放大"的底部进行书写活动，这种安逸的书写方法具有随机稳定性，但它对汉字结构位置的定位极为不利。对于书写优化策略者而言，汉字书写究竟使用悬腕还是枕腕并不重要。重要的是，只要能形成一个在最低限度可以识别的字，这才是最重要的。因此，汉字书写是可以偷懒的。而且，书写偷懒或安逸是会传染的，最终，最优化书写策略更可能成为一种社会群众性的最优选择和书写规范，并在不同的社会进程的文化背景中，形成社会性汉字书写文化迁徙，最终与世界主流文字活动合流。因此，稳态书写结构模式不具备对汉字书写结构提取的可能性。

非稳态书写结构模式是异质性器官书写。该模式是中国社会环境下产生的一种最劣化书写策略。其实，对于最劣化书写策略制定本身，它对人的社会地位、生活环境、文化水准和个体意志水平要求是相当高的。然而,它对书写笔法的认知水平并没有因此得到提高,它只是停留在稳态结构书写模式认知水平的反向推理上。它从某一书写初始状态出发到达了书写心理效用函数的最大值,该行为本身不清楚到底在哪一层次上真正能实现对汉字书写结构的提取。它既独立于汉字进化线路,又独立于初始书写环境条件。这一结果本身并非一定是人为设计,而是一种上肢生理“力”的估算,一种局部行为上的强化措施。这就是“书写黑板效应”的具体心理反应。因此,这一行为本身是一种心理强化模型。它并不关心该行为对汉字活动会产生什么影响,也不关心在这一活动过程中究竟发现了什么,但明显地形成了个别人与一群人之间,在有无经济财力、文化修养、意志精神上的对比。由于它是稳态书写模式相反的一种最高级的文化精包装,其具有强烈的“行为艺术”气质。这是一种转移书写探索目标的行为。因此,该文化人群同样不具备对汉字书写结构提取的可能。

以上两种书写文化现象都是人的经济、文化对书写心理效用函数的选择,它们都有着从个体起源上解释汉字文化的企图,与社会基本书写问题相分离,并逐渐稳定地向汉字书写文化的两极靠近。社会普通民众一般倾向于“枕腕”,而在文化阶层则倾向于非稳态书写结构。因此,每一书写个体都在共同的汉字活动中克服不同的书写难度,并逐步向极易和极难的两极分化,形成了社会两大人群相似的书写习性、差异悬殊的书写经验和诠释。然而,尽管两者的社会书写文化背景不同,但是这一差异的书写认知心理加工却是相当一致,人们几乎都遵循着这一书写心理效用函数,并预期了他们书写行为模式评价结果。于是,一种“日常的”和一种“艺术的”的书写被确定了,人们分别赋予了它们不同的文化内涵和意义。把一种带有书写性态的文字活动定义为日常的，把一种非书写性态的文字活动定义为艺术的，这就是当代中国社会最粗略的书写文化划分。

二、亚稳态书写结构模式对书写笔法提取的可能性

亚稳态书写结构模式是中国社会书学主体的选择模型，也是社会上大多数人选择的书写模型。它排除了上述两种极优、极劣书写行为，是发生在“圆圈放大”中心区域中活动的一种书写自然选择行为。对历史上成功书家的统计表明，亚稳态书写结构模式对书写结构的提取最有效。然而，上肢生理转动变化的复杂性，决定了亚稳态书写结构模式同样存在着从书写到绘画的文化纠缠：（1）该模型的底部与稳态书写结构模式接近，上部与非稳态书写结构模式接近，中间是一个连续变化的过渡区域，存在着书写空间环境选择的不确定因素；（2）人在一定社会历史环境中，既面临着与书写发生的社会环境相远离，又存在着对历史书写参考系选择的不确定因素；（3）社会遗留书写形态与客体的社会政治、经济和文化地位因素相互联系，并影响后续书写文化期的出现。因此，亚稳态结构模式并不固定在统一的书写文化模式中运行，而是具有流动性。该书写模式对笔法提取同样存在以自我有用性为基础，容易受社会书写文化潮流或时尚的影响，它同样不能简单地保证书写双任务操作的正确执行。下面具体说明亚稳态模式的书学多样性，以及在社会历史实际书写的随机适应中该行为书写得笔经验的频率分布特征：

作为日常书写的选择。保持传统书写选择行为的前提思想是该行为已被社会遗传性地程序化了，它具有重复历史文化形式的特征。至于为什么在汉字活动中使用这种书写结构形式，它的书写优缺点是

什么，人们从不追根到底，人们只是保持着一种传统与习惯。因此，对于日常书写部分保留或长期保留毛笔书写习惯的人群，他们的书写策略往往只是一种执笔形式上的模仿，这种简单适应规则对书写参照系的选择、自身书写生理的启动、书写动态复制的成功率都很低。因此，他们并不真正专注于书写结构的提取，是汉字书写文化的低受益一方。在这一背景下，书写笔法特征的出现或者消失纯出于该书写结构本身随机性表现，与个人的书写意识的活动结果无关。

对传统书写艺术变化多样性的追求。书学人群是一个历史文化的追求、爱好群体，他们并非简单地适应传统书写文化的规则，而是追求一种更高层次上的书写表现。因此，他们对书写心理强化、学习参照系选择都有明确要求和讲究，形成了一套自我书学适应性机制。然而，在这些书学选择方案中，书写心理强化模型和模仿书写动态复制参照等问题上，并没有一个统一的标准，它们最初并不是以一种学习规则被提出来的，而是根据前人过去如何行事的信息，通过一些社会零星信息来构造一种学习模型。因此，这种学习模式的原型是一种虚拟模仿，它来源于前人的书写经验启发和文化积累，形成一个书写文化组块。这一思想非常自然：每一书学者都观察了前人在历史时刻 t 为止的，所有已经选择的书写行为方案。同时，每一书学者 i 都在自身的社会历史时刻 t 有某一个文化标准选择行为，并将书学参考者 j 作为实际书写得笔的最大似然估计。然后，针对这些似然估计的分布之积，选择一个最佳对策，最终形成了前、后书写文化转移可行性的内在固有笔法提取的分布状态。

于是，对于前人书写文化组块，亚稳态书写结构模型对笔法提取中存在两种书写求解的历史访问态度，并得出两种笔法受益结果：有限收敛性和无限发散性。历史上，书写模仿参照对象是由 P_1、P_2、……、n、……无限多个，是一种无限集（P 为书写参照系，存在着从绘画到书写的种种复杂可能）。而对于书学者 i 从历史 H 中选择和抽取的书写参照样本而言，在社会过程中存在着两种典型书学倾向可进行明确分类：所谓学遍历史，采百家之长者，是无限选择集；所谓“不看上石之字”，是有限选择集。

设 X 表示书学笔法学习试验，它的每一次可能习得笔法的结果为样本点 ω，全体样本点组成的集会样本空间为 Ω。如果对于每一个 $\omega \in \Omega$，有实数 $X(\omega)$ 和它相对应，这样就得到一个定义在 Ω 上的单值实函数 $X(\omega)$，则称 $X = X(\omega)$ 为书写随机变量，样本空间 $\Omega = \{P_1$、P_2、……$\}$ 为临摹得笔受益，于是：

$$\text{学遍历史者 } A = \{X \leqslant \text{历史}\}$$

$$\text{不看上石之字者 } B = \{\text{上石之字} \leqslant X \leqslant \text{历史}\}$$

设书写随机变量 X 所有可能取值 x_1、x_2、……、x_k、……取得每一可能书写笔法值 xk 的概率分别为：

$$P\{X = x_k\} = p_k$$

称其为书写随机变量 X 的分布律，用表格形式表示为：

X	x_1	x_2	……	x_n	……
p_i	p_1	p_2	……	p_n	……

这一分布律表明，历史本身就是离散型书写随机变量，存在着书写笔法概率的分布规律。其中，不看上石之字者与学遍历史者就是书学参照区域的基本区分：一种书写常数有限选择，是书学最佳选择模

型;另一种书写变数选择,是书学混合型模型。

书学最佳选择模型。书学在A发生的社会历史背景下,求书写B发生的书法解题,就是一种书学条件概率,它需要附加书写信息条件。最佳选择模型对书写模仿参照的筛选,既涉及直觉判断,又涉及文史资料判断,是有限改善书学路径。因此,“不看上石之字”是一种书学信息排除法,是对历史最粗略的书学条件选择,强调书写参照系中的书写特征清晰,凸显书写精度标准。那么,短缩后的样本空间为ΩB,与书学事件间就成了历史书学事件的子事件。在临摹学习的渐进逼近的过程中,上肢生理无意中排除了大空间上的非书写生理参与,在书写随机稳定状态工作之中,书写转动特征呈启动和强化状态。人与前人的书写雷同化程度变高。长期而言,他的书写转动比其他活动状态更频繁地出现,这种状态就是一种书写随机稳定反应,与历史上“法书”的书写特征在一步步接近,书写意识的提取加工在强化、增大,一旦达到领悟,人便出现一种书写认知上的“共振”效应。

书学最佳选择模型是一种失去源头的循环论。从历史书写心理发展历程而言,在视觉操作书写向书写操作进化过程中,应该还存在一个“转换口”,有一个“第三书写心理”反应——书法概念的形成过程。尽管最佳选择书写方案,选择书写信息的方案要比其他方法合理,它所得出的结论是正确的,也获得了不少真知灼见。但是,该方案所采用的方法还是一种社会遗传的自然选择方案,也就是说,“不看上石之字”具有对历史书写参照的区间划分意识,但它的书写细则条件概率尚未完善,那么,“不看上石之字”就不能成为书学充要条件。因此,该书学样本空间为ΩB提供的是一个从历史接受过来的书写模拟环境,而不是重复历史书写发生的真实性、纯适应策略的空间环境。

虽然，这一活动对人的各方面要求都很高，特别是对文化水平和智力发挥要求更高。该书学根据前人的得笔行为经验性频率分布，选择了最佳对策，并形成了一个在 A 发生的社会历史背景下书写正解。但是，只要书写空间环境是无意识的，书家同样是在一个虚拟环境中进行历史探索，这一探索活动的理论结果，就是社会上一种虚拟书写文化的博弈，不能真正形成书写的理性统一，即"第三书写心理"书法概念的形成。

因此，书学最佳选择模型通过自己的思考和判断成为书写得笔最大受益方。在这一书学过程中存在着大量的书写理性和复杂东西，也包括对许多前人书学规则的印证。这一活动在历史书学活动中属"凤毛麟角"，然而，该书学所得出笔法的思想是一条收敛曲线，与汉字书写的实际起源不符。在没有完善书法理论，并在与社会书写"对立事件"的斗争中，该书学选择模型是一种学究清高派，是理性观点中的一种狭隘。由于这一学派对汉字视觉因素向书写因素转换的历史过程缺乏理解，那么，它就无法对书写活动中不断滋生的视觉变异因素进行有效抑制。一旦涉及有关社会书写文化发展规律，这一认知深刻性和正确性就会转换为当前社会书写发展上的落后性和保守性。因此，书学最佳选择模型并不导致社会对汉字书写文化精度的提高、对书写变异动因的控制，相反，导致了汉字书写文化的循环论。

书学混合型模型。相对书学最佳选择模型而言，混合型模型是书写无目的选择，一旦附加书写信息条件消失，样本空间 Ω 与书学事件间就成了无条件概率关系。由于该书写"圆圈放大"的近底部，至少有一定量书写成分的存在感的感知，但是在书写心理效用函数的放大中，最终导致了书写心理第一反应和第二反应的叠加利用，并与历史、与最佳选择模型选择形成“对立事件”的转换关系，产生新的书写变异。

混合型模型是书写放大扰动模型。当人“第三书写心理”尚未形成，那么，书学本身只是人的“第一、第二书写心理”反应的延伸。混合型模型之所以需要个体意志加工的精神——认知论，是因对书学“条件概率”的文化边界的模糊性，导致了“圆圈放大”底部的书写加工不足。于是，在不断克服异质书写行为的书写放大过程中，形成了一种个性意志加工的精神——认知论文化形态。

对书学混合型模型笔法受益判断的理解难点在于：（1）书学混合型模型主体，具有社会政治、经济和文化地位为背景，形成了与书写智力相等效的匹配效应。（2）书学混合型模型的笔法概率特征的特殊性在于，在其“圆圈放大”底部，有一定量的书写成分的存在感，在“圆圈放大”顶部，又有一个“书写黑板效应”实际感知。它既具有非负性的书写特征，又有一种不规范性的书写放大特征。（3）视觉因素、书写因素相互纠缠是社会大众心理的基本特征，该模式在传统保守方面，与最佳选择适应性机制“守旧”文化特征有一定相似性，形成文化传承的一面，而在非现实书写空间环境中，它又有开创性的一面，具有适应空间环境变化的独特适应书写机制。

书学混合型模型似乎具有更大的文化演化优势和发展空间。从“黑板效应”向“社会门面”进化，而门面书写是可以被文化渲染的。因此，混合型模型包含着社会历史上更大一族群体，他们在书写放大过程中存在着书写生理器官变异的无意识行为。这说明在历史社会书写文化中，隐伏着两种书写文化形态的混淆。在同一个体中出现了似是而非的书写特征，这种时有时无的特征曾一度把社会汉字书写文化评价带进了两难的境地。但是，在汉字的绘画特征与书写特征的相互竞争中，最佳选择并不占绝对优势。社会书学群体总是在一个文化均衡中选择新的概念。朝着这一方向迈开的主要步骤是，社会发展和形成了一种非书写意识评价为主的绘画性书写文化体系。

当今，这一书学理论体系已成为一种社会书写文化网络，把绘画性无限变化书写现象，放到了社会书写文化发展的正确地位上来。在书写总体概念和特定概念之间，书法术语出现了双重含义，败笔失误就像有机体生物演进中的变异，而这种变异在汉字书写史的传承上，就像一种新路径的开辟，近代书写理论为最新出现的书写变异现象取了一个响亮的名称——“开派”。汉字绘画性变化意识，最终酿成对汉字书写认知上的混淆。因此，书学混合型模型是书写文化形态混淆论。

因此，在中国历代汉字书学活动中，每一种学习规则都没有穷尽所有问题，也从来就没有真正达到社会学意义上的书写与绘画活动的理性区分。在这书写的、非书写的连续变化模糊地带上，汉字书写文化标准，究竟以哪一种最能准确地反映汉字书写适应性学习行为，已成为中国社会的一个长期的争论焦点。而这些争论更多地指向他们思想意识形态上相互区分的书写内容。为此，我们不仅按照书写行为的表面价值来接受它，而且思考历史遗留的全部含义。它不仅是书学者的思想特征，而且典型地属于汉字书写整体发展的主体意识。因为这一历史遗传书写方法的社会环境因素问题没有解决，作为适应汉字书写机制的文化形态的属性就不确定，整个社会在控制汉字结构稳固的书写文化精度上就会发生偏离。因此，今日书法已不能从一种传统书写形式而论，应该从这一书写文化意义的起源，及其构成其背景的生活经验的原初情景来理解，从每一个体的书写文化形态、书写文化精度上去思考。

三、汉字书写知识的社会环境发生式理论

历史性书写空间环境是指社会第一次出现日常书写空间环境，最佳书写选择无意识地进入了历史性书写空间环境中，形成了一种书写文化形态，而虚假书写无意识步入一个非现实书写空间环境中，形成了一种异化文化形态。这一观点就是对汉字书法一词中的书写总体概念和特定概念的基本划分。因此，在一个历史性总体书写知识中，隐伏着两个突出的而且可以被区分的概念。围绕着对书写过程中人对视觉因素和书写因素的理解，汉字书写知识产生于这样一种思想运动，书写知识的获得，包括文化组块的来源和产生式的来源两部分。文化组块由社会环境中获得，产生式又来自组块知识的编码，而知识的编码又重新作为社会环境因素被人获得。为了避免循环论证的无限进化，我们必须在组块知识的出处寻找一个独立源头，这个源头就是从社会环境中编码，因为书写知识源于社会环境编码。因此，汉字文化思想分歧的最终解决，都集中归因于书写知识社会学因素。书法知识属运动程序性知识，该知识来源于一个特定的社会书写环境编码，我们把该知识结构产生归结为如下公式：

书写笔法的激活水平 = 参照系的基线水平 + 社会环境的启动

这是汉字书写知识发生式，其中参照系的基线水平反映了前人的先验书写水平，书写文化环境启动反映了书写启动的似然比。因此，书写笔法的激活水平取决于社会书写参照系基线和社会环境的后验

水平。根据这一书写发生式，我们可以进一步分析在历史之前、之中、之后，亚稳态书写结构在汉字活动中的进化和演化过程。分析历史因素和当前社会因素是如何决定一个文字结构的书写适应程度，以文字听、读、看、写的整个生理、心理认知与社会环境结构间的关系，我们用以下公式来表示一种书写文化对当前社会环境的适应程度：

$$Ai = Bi + \sum wj \cdot Sji \cdot (h)$$

上式获知，Ai 书写笔法激活水平是个体从社会环境中编码书写组块，我们把社会环境解释为组块，Bi 是组块 i 的基线水平，wj 是社会环境水平中 j 的书写文化权重，Sji 是组块 i 和 j 之间的联系强度。对于有关书写问题的解决样例，重组大量的知识需要花费大量精力，需要对进行变换的书写规则作出推导，并判断获得一个有关书写知识元素。

组块可以被书学高水平认知组织为书法。书学者 i 根据某一临摹对象 j 直到时刻 t 的书写有一个最大似然估计，针对这些估计的书写概念密度分布制定一个最佳书学对策。人无意中根据一个社会环境内部固定的书写行为分布选择行动。因此，前、后两种文化联系书写行为概率分布，取决于在前、后两种文化转移的边界行向量 h（边界行向量 h 值将在秦隶章节中介绍）。上式是通过书写组块结构的激活来实现的。它显示了社会当代书写，是先前比率的信息和似然比的综合，即边界行向量 h 所提供的是后验书写比率的函数。从中我们得知，并不是说获得正确的书写知识就拥有了书写能力，还必须知道如何恰当地运用这些知识单元，去控制社会汉字结构的书写文化精度。

在最佳选择书学方案的基础上进一步拓展理论视角，就是书写知识社会环境发生式理论。该理论最主要论点是，揭示了历史过程中汉字书写条件概率的细则。反映了人在汉字结构的组织中，对先前书写文化信息和当前社会的合适度相当敏感。由于该条件概率细则的隐蔽性和文化信息综合性，我们可以判断出，在历史过程中，人对汉字结构的组织水平——绘画、书写、绘画、无意识书写，以及产生书写笔法概率的密度函数：连续型书写随机变量和离散型书写随机变量。这两种变量对汉字结构加工的倾向性特征：汉字结构的进化—书法形成和汉字结构的退化—汉字书写演变。

汉字结构的进化特征。社会环境结构编码是一个社会组织结构水平反映，它从原始社会一个个小部落社会空间一步步走来，逐步变大、变成秦代高度发展的复杂型编码的封建社会，从原始社会向封建社会急剧发展，社会环境结构编码发生了巨大变化，从政治、军事、经济、农、林、牧、渔等高度分化，导致了汉字结构是从甲骨、钟鼎到小篆，形成了一套与该社会结构相适应的视觉编码体系——汉字第一结构。

当社会结构精细水平不断提高，而这一提高和发展水平刚好达到与人类文字活动相同构空间水平时，它迫使社会既存汉字向书写化结构转型，产生汉字第二结构——秦隶。从秦隶到魏晋，社会环境编码精细化迫使书写空间结构发生细则性变化。人在处理该书写空间环境中，汉字书写笔法概率密度呈正态分布，最终被高水平认知组织为一种专门的书写方式。从此，汉字成为听、读、看、写功能完备的文字体系。在历史性书写条件概率细则中，人确定了一套汉字活动书写规则：笔顺、笔画和笔法。在这一连续性进化发展的阶段上，汉字结构的书写质量一直呈跳变性发展。由于该空间对汉字结构内部书写程序编码起了重要的推动作用，是汉字的书写起源，因此，我们把这一空间定义为“历史性书写空间环境”。

汉字结构的退化特征。汉字的字画分离工作在魏晋时期就完成了，但是，作为社会文字使用的实际推广，则受到书写无条件细则的影响而发生变异。当社会环境编码不断增生、变得丰富多彩时，汉字结构在适应新的社会形势中在不断地被自由选择细分。因此，组块作为一种书写文化信息，在激活汉字的实用书写功能方面也在发生精确划分。人们根据书写知识背景的不同，对汉字知识的历史探访，归纳出三种文化形态：魏晋书写文化、日常书写文化和纯绘画观赏性书写文化。魏晋汉字是汉字书写文化标准形态，日常实用书写文字是有待得到正确书写文化启动的前文化形态，而纯绘画观赏性文字则是魏晋书写文化的退化。

观赏审美型书写文字是一种十分复杂的文化形态，该文化形态有两个系列的书写代码：一种是明代码结构，它就是纯视觉检测型汉字结构——印刷体，它专门适应视觉生理检测。因此，明代码结构具有社会文字分工的进步意义。另一种是暗代码结构，它就是混迹在书法总体概念中的各种书写变体，长期活跃在社会人文景观、商店牌坊的各种纯绘画性观赏、趣味性、装饰性文字活动中，并成为社会书写文化象征性传承者。因此，暗代码结构则意味着社会书写文化的退步。

汉字书写知识的社会环境启动中暗藏两种书写知识文化形态：一种是通过从历史性书写空间环境来组织书写知识，一种是在后续社会环境增生的非书写空间环境来解释书写。在不同的书写条件细则、不同质的汉字文化探索中，代码联想只有通过加工假设而无法用书写结构来解释。因为所指不明的代码联想书写记忆储存的内容中，没有真正形成书写结构，那么，有关书写再认和再现的书写生物物理基础以及相关知识，就必须在书写心理效用函数的不断联系中得到保持。而导致魏晋书写文化在我们视野中出现和消失的原因，取决于我们尚未意识到历史过程中的书写笔法概率密度的附加细则条件，以及该细则条件对书写活动原理产生的重要性。甚至整个汉字知识体系的产生和消失都可以最终被归因于某种社会因素的增生，追溯社会发展对汉字活动的制约。因此，在整个汉字史中，人们对汉字书写文化知识的访问方式反映了社会环境统计结构，根据社会环境编码的增生来积极创造有用的汉字知识。

第三章　古汉字图像结构的活动规律

根据汉字知识社会学观点，我们将重新组织和调整汉字文化的视角。将社会历史过程中汉字结构变化与人的听、读、看、写的认知发展过程联系起来，从起源、形成到衰退的整个社会历史过程中，审视人的文字活动场景和思想运动过程。本书将在以下章节中逐一展开这一论点。

汉字起源于巫师记事。它最初是以各种抽象符号和日常记事中的绘画图像相结合，把生活实践中所感知事物、思考问题、习俗记事、体验情感等通过一些抽象符号和原始绘画图像记录下来，形成了一种文字意识的萌芽。这种文字萌芽在与社会历史进程的相互作用中不断积累、扩大其创造经验，逐步汇成了一种图像结构。这一过程就是汉字“三表六书”结构的创造。因此，“三表六书”结构就是汉民族的社会文字意识。由于社会环境外部刺激和内部心理强化的长期相互作用，这种图像既包括了自身社会环境中对有用图像知识认知的专门提取方式，也反映了人对汉字的思考和认知，在生理、心理功能上的挖掘。因此，这种图像结构具有人听、读、看、写生理、心理上的专门反应特征。将这种图形模式运用于汉字概念，作为汉民族的记忆、识别和理解的一种意象表征，又成为后人长久的学习方式和记忆方式，这就是汉字的起源。

第一节　汉字图像结构的社会起源

形、音、义是古汉字结构的三大组成要素，在文字工作执行模型中与听、读、看、写相对应。古汉字中央执行系统在与社会环境编码相互作用中，人脑逐步构成与视觉、听觉和语言生理相互联系的网络。早期汉字结构就起源于它们间的互动之中，通过中央执行系统的激活扩散而起作用。这一网络在面临新的社会情景时，时常会相互错落，形成不同侧重，一个把握不定的思想发生系统为各种新字的出现创造了条件。

从史料上看，最初的古汉字图像是由两部分社会活动情境组织而成：一部分是巫师记事抽象符号，一部分是日常记事绘画图像。汉字从社会环境编码中提取图像，从 n 个事、物肖像的图像陈述开始，它代表了当时社会形态与这一文化网络结构间的最初激活。因此，古汉字结构的产生是充分灵活的，是人脑机灵的表现。然而，它的编码结构又是不确定、不稳定的。每一个古汉字字义在形成过程中，它的培养、发育都从有关的神经节点开始运动，直到激活作用最强的一种结构形态被找出，并避免与其他神经节点发生干扰和冲突。这就是早期古汉字“三表六书”的思想起源，反映了在古文字工作执行模型中人脑生理结构的活动特征。

视觉、听觉、语言三方面组织起来的一种绘画图像处理网络，当时人们所摄取的各种图像、被选作文字图像的抽象来源于两方面线索：一是社会环境的编码水平，“近取诸身，远取诸物”是与当时社会的组织结构水平、生产水平相关。二是图像与形、音、义网络结构的联结侧重强度与社会语言及生活习俗相关。这就是古汉字工作执行模型所建立的文化信息反馈系统必须由两种再认机制的交织——一种听觉生理再认机制，一种视觉生理再认机制——才能控制一个图像文字的正确表达的原因。

语言与图像文字结构的匹配关系。人类文字起源之初，既与视觉发生生理联系，又与听觉发生生理联系。但是，在形、音、义连接网络中，音、义占两项，说明视觉上的“形”还是一种文字的表象，该表象是受听觉的语音反馈系统控制的。因此，我们首先需要了解人类听觉生理机制。

听觉是由两种功能组成：听力和倾听。听力是听觉机制对有效音响刺激的反应。它主要建立在强度、持续时间、频率等刺激差异的基础上的。倾听是听觉机制对有效刺激的“质”的差异选择，与倾听者的事先倾向、认知、情感活动有关。因此，倾听是建立在对声调质的因素基础之上的选择。从当今世界业已形成的文字结构可分成两大体系：一类是声像文字体系，一类是图像文字体系。在分析了听觉生理内部的基本特征之后，进一步的问题是，同样的生理遗传，为什么在人类文字活动中，世界主流文字的组织心理材料由图像向声像文字结构转换，只有中国汉字的组织心理材料保持了图像感觉模式。为什么同样生理遗传的听觉器官，在外语活动中，人听觉中的听力与倾听活动发生分离，以听力分解的方向发展，而在汉语活动中，没有出现这种分离现象呢？

这是一个长期困扰汉字研究的深层次之谜。这里，我们首先需要探讨的问题是，当人类进化到语言生理发展阶段，语言对实物命名时，母语发声是一种什么性质？汉语起源实在太古老了，它的声像来源于对自然世界中事、物的物理声像的模仿，如狗、羊、猪、马、牛、虎，江、河、湖、海，风、雷、雨等。这一系列言语发声特征证明，汉语起源选择了对自然界声像的模拟，讲究从言语者对实物描述的语调乐感高低进行再认。因此，汉语是孤立语。它的再认选择倾向于倾听，由声调质的差异决定。在汉民族的言语中，人从小就被培养以倾听方式进行言语交流。这种声调发声习惯的养成对音节的区分意识是模糊的，它始终有一些音相混。

在古汉字的每一阶段上，汉字的文化选择并不依赖于对声调结构进行音节上的精细分辨，而是依赖于文字图像结构的精细分辨。因为汉语发声的语调成了文字活动上的听力音节分辨的干扰因素。在形、音、义的文字处理网络中，孤立语的语义思维一直在起作用，它强制了汉语直接与图像结构文字相匹配，从而形成了汉字"一条道跑到底"的象形文字结构特征。然而，世界各语系与汉民族孤立语不同，世界各语系都存在着一种可以相对明确的音节区分。它的再认选择倾向主要侧重于听力，这些语系的言语交流强调的是对音节刺激差异进行分辨。当文字进入表音阶段时，人们很快与自我母语的强势记忆痕迹接通。从图像向声像转换的过程中，只要在一个古文字图像中出现两个音节表征，人对语言活动因素的音节区分意识就会随这一方向强化。因此，声像文字的再认精度反映在音节变化的区分上，在强度、持续时间和频率分辨基础上逐步建立起元音和辅音，从声像上达到对字义的再认，从而形成了各种音标化文字。而图像文字之初，一方面是语调对听力音节分辨的干扰，另一方面，视觉生理对听力分辨进行弥补，形成了一种双重交织再认机制，这一文字现象就是“三表六书”文化，它符合汉民族的语言特征、生活习惯和思维逻辑。因此，“三表六书”的选择还只是汉字表象，它背后的指导者和控制者却是语言。

显然，这是人类文字发展的分岔口。文字转向声像表征取决于语言特性，语言就是人的“元记忆”。元记忆具有对自我客体记忆的认知、评价和监控能力，它隐伏在文字创造过程中，不同的母语在其听觉反应中存在着传入感觉的不同模式，存在传入感觉冲动所产生的不同印象。在实施本民族文字体系的优势心理反应中，母语具有自我客体生理优先选择倾向，导致不同母语对自我文字结构定向发展的选择：选定文字信息的加工类型，选择加工策略，以及在自我社会环境中，发动继续或中止对既定文字的结构类型的决定性作用。世界主流文字的言语特征所建立起来的感觉功能和特殊兴趣，使它们的再认选择侧重于听力分辨。因此，声像文字的激活是在图像活动之后，是一种年轻、新颖文字。而汉字的民族语言侧重于倾听，该语言的再认精度反映在它的语调变化上，依靠声调质的区别，从而达到对字义的再认和识别，是一种古老文字。显然，听觉生理再认机制在适应本民族文字活动的场景中，对母语发声形成一种专门的刺激反应。文字在不同的母语社会环境中生存，文字工作执行模型受母语习惯倾向的养成，对母语再认分辨的方式不同，最终形成的文字结构也不同。

因此，文字从图像向声像转型的正确提法应该是文字随语言性质走，它的进化发展并不是由文字的发展阶段所决定，而是取决于人所掌握的语言性质。在古汉字发展的每一阶段中,汉民族从来都没有“突然停止了脚步”,它是整体全方位发展的一种文字体系,是汉语的倾听再认机制决定了汉字文化的命运。而人类主流文字在第二阶段上也没有停止脚步,而是从图像音节向符号音节进化,停止了视觉对绘画图像的使用,向更高一级的符号抽象发展,与语言音节发生直接匹配。

由于汉语对汉字文化发展的定向作用,视觉在执行文字图像的选择时,就与世界声像文字的编码发生了质的区别。古汉字从一些基本象形图像派生,一直到小篆的各阶段中,社会人在两个层面上紧紧控制绘画图像向文字结构的进化:(1)对古汉字图像的语义陈述精度标准进行统一。(2)视觉对离散绘画图像处理,向统一的检测型文字符号结构发展。“在人类文字的发展阶段,一般是从表形到表意,最后到表音。”虽然,古汉字的字义发展与人类文字的发展阶段相同,但是,汉字图像编码必须在视觉和听觉两种再认机制监督的交织过程中,对古汉字结构一一固定,一个阶段、一个阶段地发展、巩固。“大多数文字的发展是这样的,‘三表’的三个阶段,往往是第三阶段确立,而第二阶段消失,第二阶段确立,则第一阶段消失。汉字则不因第二阶段确立,而第一阶段消失,第三阶段确立,而第二阶段消失。它是全盘承袭下来,只有增加,而无损灭。甲文的发展如此,金文的发展亦如此,而小篆的发展,成了甲文金文的‘一揽包干’,所以小篆有作为古文字的综合体的资格,其中从表形,至表意,到表音,件件具备,而且件件都发展得圆满俱足。”[①]这段陈述总结了古汉字发展的全过程。从表象上

① 请参考《古汉字学》第112页。

看，表形、表意、表音反映了汉字字义检测活动中三个认知发展历程。但实质上，反映了汉语再认机制与汉字文化发展的特殊性质、与当时社会环境相适应性的发展关系，最终出现了图像编码的文字活动规律，出现了“三表六书”的文化现象。

根据汉语感觉模式组织图像的心理材料和文字活动的态度倾向，我们对表形、表意、表音的汉字创造过程重新进行历史回顾。

一、表形字

表形字是视感觉模式。通过对事、物肖像式绘画进行匹配命名，直接产生声像，属于图像感知编码。这一类型包括绘画文字、象形、象事这三种文字结构模式。它们在汉字结构中担当“名词”。虽然这三种结构形式创造过程已成为定论，所谓的“画成其物，随体诘屈。近取诸身，远取诸物”。但是，既然是创造文字，它就有一个创造者和接受者的互动关系，创造者所萌发的每一个造字形象，它需要面向社会，对社会产生影响。因此，这一过程就不会如此单纯，如果我们试图从这一文字图形的发生过程探究，就必须会涉及某些复杂的认知活动过程，即知觉、再认和回忆。

视知觉最惊人的表现是反应的多样性。这种反应既可以由同一人在不同时间，也可以由不同的个体的同时间以恒定的感觉模式表现出来。因此，感知到的形状模式具有两种性质足以使它们成为文字概念：一是感觉模式的功能，它提供了知觉的普遍心理学基础。二是态度因素的功能，它把感觉到的最重要特征反映出来。这是社会群体与一个图像的特定感知关系，有一个可认同、可接受的基准。因此，它不可能是任意性的“画成其物，随体诘屈”那么简单。在文字创造的社会过程中，它肯定有一个最低限度的统一活动规范的标准，有一个当时社会最低限度的位置结构感觉，并使这种联系最终上升到文字活动意识，否则无法被社会认同和识别。

严格地说，没有一个视知觉对象是指一个独特的个别形状，每个知觉对象都指向某一类模式，有时或许只有一个对象适合于这种模式，有时又有无数种物体与之适合。如果画物造字只造一个字的话，那么，对该事、物的任何一种角度、任何一种取景都不会成太大的问题。但是，造字是一种绘画图像的语言陈述，它势必要涉及众多的事和物。这样，视觉就需要选择，人脑必须对其事、物的形态抽象就需要有针对性。否则就会出现不同对象意象的同构现象。因为视觉从刺激材料中抽象意象，在绘画表现中有很多事、物是容易发生同构的，如太阳的圆和汤圆的圆是一样的，鹿头的分叉角与花草的叉枝可能是同形的。因此，最初的造字就是视觉对某一事、物意象特征的表现选择，它犹如绘画活动中对某一个活动场景的取景过程一样，它既要考虑到是反映同一类的一般普遍性的抽象性，又需要注意该意象与其他事、物之间的意象的区别关系。绘画诉诸视知觉，而视知觉本身就是一种思维。视知觉包含着对事、物的某些普遍性特征的捕捉。同时，它又必须基于人们生活中各种熟悉的意象的比较统一中，只有这种意象才具有把绘画者的思维对象和阅读者的再认相互统一起来，形成识别中一种特殊的专门字义的心理功能反应。因此，文字创造的感觉模式由视觉再认机制来担当。

根据这一文字创造心理活动特征，我们从大量出土的史料中可以理解，古人虽然造字十分粗糙，结构及其细部特征也不一样，但先人在造字时对“取事、取物”的视觉审视角度或方向却是有规律的、严格的、有讲究的。如对羊、牛取正面结构，这样这两个图形容易区分，如果绘画取向不取正面，取横向结构的话，羊、牛将发生同构。同理，鹿的绘画取向是正向，那么，鹿与若将发生同构，就有字义表达不明之嫌。如《汉书·律历志》“故数历三统，天以甲子，地以甲辰，人以甲申”，故曰天大地大人亦大，，天、人两图形画得太相似了，容易混淆而最终被淘汰。这就是当时汉字绘画活动发展中，对文字结构的舍取标准和原则。在早期古汉字活动中，如果对事、物的绘画取向错了，字画就发生混淆，或者说字义表达不清，这就是当时的错别字。人们把这些字作为错别字看待，需要人加强对该事或物的详细的绘画表达，从而使人对该图形一目了然。这就是汉民族最初的文字意识，是古汉字最初建立起来的视觉检测项目。

显然，汉字造字初期，社会曾碰到了再认先前知觉图形上的困惑。在视知觉的再认过程中，后者在整个知觉反应中是一种特殊的心理功能，它超越了知觉活动所涉及的特殊鉴别。它告诉我们，在实施这一图形选择活动时，人的优先心理反应是什么。人以社会环境作为汉字的书写参照系，为了摆脱视知觉反应的多样性，人采取了对社会的事、物形态特征的绘画角度选择法进行弥补，从而统一起古汉字的文字活动纪律。因此，早期汉字是一种不需要音标学习的绘画教育。在我们现代社会的绘画教课中，还保留着原始人造字时的这一心理活动特征。这就是古人造字的特定感觉反应和文字活动态度。当一个社会人还处在以绘画取向统一文字发展阶段，老师指导学生怎样从社会环境中对事、物的“外形”作出最好的选择描述，这一选择代表一个字义与其他字义质的区别而产生。人在社会环境编码中既提取了统一的心理图像材料，又具有唤起了统一的文字意象功能。如果没有这种最初的固定，对古汉字再认的错误将比创造的无限选择来得更普遍。因此，在“画成其物，随体诘屈”中，存在着这样一种古汉字活动认知特征，即感知模式方位定向的不确定，再认就不可能发生。因此，绘画取向乃是视知觉文字意识初期的一种抽象语言，是人心灵对早期汉字认识和解释的产物。

再认往往是相当特定的和具体的。这种社会感知文字图形的心理保存材料为以后汉字的再创造、再发展提供了基础。我们把这一感知心理材料看作再认“匹配”上的基本机制。这一基本机制就与事或物的类推和顺序安排发生联系。当人进入人生活、活动的某一场景时，视知觉的比较使人唤起某种意象的延伸或顺序上的安排，如古汉字“森”和“召”字。“森”是树木众多的场景。“召”是召人喝酒这一过程，它有招呼他人来参与的活动场景，它涉及对酒的介绍、器皿设备的需要等，根据人语言陈述这一活动特点，通过两个，或多个图像组合对这一语言陈述进行表达，构成了一组图像语言陈述的复合形汉字结构。这种复合形汉字通过语言陈述短语，将所表达的视觉意象展示出来，从而达到对该图像所表达的字义的理解。这是汉字进一步深化文字活动纪律，建立语言陈述特征的字义检测项目的过程。它是由单形绘画图像的顺序安排与文字概念发展思路进一步演化而来的各种匹配命名，于是，我们便可以得出这样一种观点，在再认中所呈现的记忆“痕迹”，在反复呈现时适应于一种场景，而不是作为事、物比较的特殊意象出现。在这种情况下，这一感觉模式在社会更大范围使用时，它便与其他事、物发生直接匹配，出现了类推法和顺序安排法的活动，即“象事”和“指事”的文字创造活动。

汉民族最初期的感知模式和文字活动态度为以后汉字“三表六

书”认识策略提供了重要基础。早期的汉字致力于建立起一个选择表达事、物意象的整体特征的标准，该结构在细部结构上并不起文字功能作用。用一种绘画的感性形象和当时社会一般普遍性的文字概念融合在一个统一的认识性陈述中，使人在阅读、再认它时产生一种看图识字的理解力，人们一眼就能看出绘画者的字义指向是什么，从而达到“看图识字”的文化普及功能。先民肯定是经历过这样一个文字发展的心理活动历程，否则甲骨文中不会出现这样一种文字活动纪律。表形字是汉字结构的母形，它为以后汉字的科目编码打下基础，从而使这些绘画图像作为社会文字，在认识上有一个统一而连续的活动。因此，表形字是一组最低组织水平的汉字图像编码。

二、表意字

表意字是刺激内部语义来进行字义匹配的，它需要语义思维的抽象，属听觉内部语义感知编码。在表形字的再认过程中，对那些“马、牛、车”等具有确定的物理形态的事和物，不论这些结构如何复杂，都有可能把它们绘画下来。因而，再现物理对象的绘画文字是比较容易进入意识的，但它们又是十分笨拙的思维创造活动。然而，对于那些大量的不具有明确的物理形态，但又有坚实的感性基础，如“仁、义、礼、信”等语言，先民又是怎样去为它们进行命名配图的，创造这些文字图像结构的呢？为此，我们必须对它与表形字的传入感觉模式及其文字活动态度的倾向进行区分。

表形字是实物直接刺激的感觉模式，这种与实物相似性创造方式在古汉字创造中并不是必要的。语言是按照人类的实际需要创造出来的一种声像符号，它在表达陈述时不单有名词，还有动词、副词、形容词等，与表形字创造活动方式相比较，当一种文字意象更为抽象，不能再用画成实物进行表达时，这种意象的图像结构就变得模糊了，思维却更加抽象了。人所想到的文字概念并不具有他眼前见到的物体所具有的那种相对稳定和持久的样相，它随人对文字概念的加深理解，对图像意象的表达利用不同而发生变化。如“信”，它就是会意字活动形式的典型代表之一。该结构是以“人”与“言”组成的文字图像，这些古汉字结构本身就是一句短语，它提供一种场景描述，通过语言的解读，使其成为一种适当字义的表征。这一造字的社会适应过程是这样的：

语言陈述有这样一种优势能力，它能够加强现实生活中的种种感性关系，这种关系是理论上而不是经验中的。“信”字图像它强调的是人言为可信的，而不是兽吼、鸟鸣。这就等于把两种不同类的抽象物以一种纯逻辑关系进行感性比较，它不管人言和兽吼是以何种特殊的形式呈现出来，毫不顾忌人性与兽性之间的两种不同质的差异。在创造者的思想中，它们之间是可以“比类合谊，以见指㧑”的。在这种意象的帮助下，“信”就被转换成一种可以感知到的物理“量度”，把“信”作为量度来看，一个比一个可信度高。这是一种高度抽象的知觉对象，它不同于那些具备物理的外形特征的造字方式。因此，表意字的组织心理材料是语义感觉，它从已有的组织心理材料中提取有关的检测项目，组织成新的心理材料，作为专门字义的比较量度。因此，它与先前形成的视觉模式一样，都是可以彼此“适应”于字义的表征，这就是表意字创造的心理起源。

会意字反映出先民造字从再认向记忆发展。在再认过程中，它需要某种心理材料和直接呈现的感觉模式相匹配。然而，在复杂情景中，这种匹配可以通过意象的比较和判断而达到。因此，表意文字的社会适应过程是回忆，是人对已有的组织心理材料解读中，对一种场景或事件的回忆和联想。娱乐活动中常见的“猜谜”就是一例。在猜谜活动中，记忆与意象的重要性和语义的作用联系起来，将心理图像的一个细节与其他细节联系起来，并陈述一个字的正确意义。当人的回忆、意象和语义的联系线索发生联结，猜谜就成功，否则失败。如田中劳力者为男、人言为信等这些都是猜谜实例。因此，表意字是语言抽象思维进一步深化。最初，这些字的创造在社会人的认知心理过程会表现出有些犹豫。一旦猜谜成功，该图像上的命名声像就会马上产生。猜谜是当时表意字表征的适应性匹配方式，它能加深刺激人对图像字义的理解。因此，当今社会一直保留的猜谜娱乐，其源头就来自表意字的社会文化教育。

表意字的感觉模式与实体上的视感觉模式无关，但它通过语义思考最终解决了这一字义的识别。因此，表意字创造在更大程度上涉及组织心理材料和组织态度和兴趣，更多体现在动用语义策略上。该策略的最基本的语义成分是能够提高促进文字创造的种类、技巧和方法。语义策略是多种多样的，不同的策略适应于不同的字义创造。古汉字中大量的表意文字说明，差不多在许多场合人都可以建立起这种记忆过程。由于造字时期人们经常使用，从而一种感觉向另一种感觉方式转移，为汉字的创造架起了更多的桥梁。

然而，依靠语义编码的古汉字，它在每一个造字者心中所唤起的回忆意象和标准不同，所以反映在古汉字结构上呈现出错位、倒置、内外不一的混乱现象。因此，表意字是一种采用声像结构组合的复合型汉字。虽然这些意象结构是不稳定的，但是，在创造者所利用的图像语言陈述结构上却有相对一致性。从而创造了一系列的语义相关的古汉字,如"仁、义、礼、信、福"等。表意字比象事、指事的意象更为抽象。该结构通过语义理解从而转向对事物命名的知晓感。因此,表意字上的声像配置是一种曲折、隐蔽的间接命名。

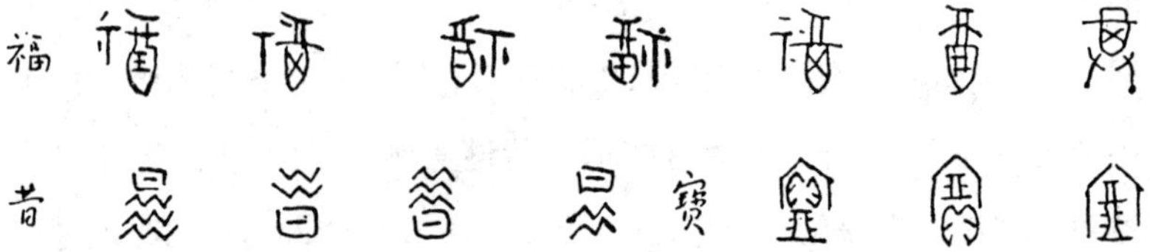

图 3-1①

表意字的意义在于,它超越了依靠象形的造字阶段,不再单用"形"的外表现象而定义字义,而是通过已有的社会文字概念为活动基础,采用单项字义检测项目组成图像语言表达更为抽象的文字结构表征。因此,表意字属形、义高一级汉字图像编码。人紧紧依靠自身的感觉,为一切文字理念提供它的知觉等同物或异质同构物。在会意文字阶段,古汉字创造逐步结束了单纯的对事、物的形象描绘创造文字活动。从而进入一个通过语义进行文字创造的活动阶段。

三、表音字

表音字是语音感觉模式,通过语音直接匹配命名。表音字包括"转注、形声、假借"这三种文字结构形式,属形、音、义高级汉字编码。一般认为,汉字到了表音字阶段才算是紧跟语言活动了。其实不然,汉字图像编码文字在形成早期就有与语言活动联结的特征,只是它最

① 请参考《古汉字学》第 38 页。

初这种联结活动十分微弱,是转换声像的心理图像材料太少了。汉字先前创造时所产生的图像有一种皮质意象,或者说是一种阈下痕迹强度,在每一阶段的继后文字运动中重新兴奋起来,这些图像作为声像并控制着后者。因此,汉语形成了一种持久的文字活动态度的优先反应,决定了表音字创造阶段并不需要对母语进行音节区分,而是取决于对原图像上的声像再利用,是对先前图像线索的记忆。这一现象就是汉字母语性质在再认选择上的倾向特征。汉字第三阶段表音字创造是对第一阶段的“肖像配声”看图识字法、第二阶段“猜谜配声”间接声像配置法的回忆和再利用。而第二阶段又是第一阶段的图像线索的回忆和再利用。因此,汉字图像结构与声像配置方法,随语言现象的深入其创造方式始终保持不变。表音字创造是基于前文字活动线索的熟悉性,更合理地利用视觉组织心理材料的认知资源。因此,表音字是母语发声性质和社会文字活动态度的持久相互作用的反映,是一种文字创造适应性进化。

于是,我们便可以描述表音字的实际创造的心理活动过程了。假如在社会生产、生活范畴很难找到一种合适的造字意象,我们不能盲日地说,这是由丁这个范畴缺少 个字的“名称”。它之所以没有名称,原因是在社会历史的文字进程中,在人们的经验中,还没有进入形成自己的文字概念或意象的意识阶段。一旦在社会活动交流中迫切需要它为这一范畴找一个名称,也会很快从汉字造字经验中抽取一个概念来。在古汉字的造字早期,形声字就已经出现了。但是,当时社会人的思维活动主要侧重于对实物的绘画图像活动上。当社会对现实世界的物理实体造字基本完成,社会的文字意识向更抽象、对同一类物质再进行细分时,就会产生表音字如“水”再分为溪之水、河之水、海之水，水在不同地理环境中它的物理性质不变，也就是说，它本身的意象十分稳定而同一，但又要对这种稳定、同一的意象在不同场合的水貌表现进行清晰细分。当人再也无法用绘画方式表达“水”这一属性范围内的各种水貌特征分类时，很快就会转移到表音字的创造活动上来。因此，汉字结构的各种形式或种类，也就是人的知觉在创造一个字义时所达到或应该达到的图像抽象水平。

(一) 形声字

语言媒介是比文字更早出现的一种较原始的感性变体，它具有一整套视觉、听觉、动觉的集合体，在长期的进化中对现实世界提供了一个清晰明确的声像符号，人在接受文字教育之前，从一生下来就接受社会的事物与言语的声像配音学习，并把这些意象特征通过某一声像固定下来。因此，语言能帮助维持一个统一、稳定的感觉世界所固有的秩序，语言的这一特征为造字提供了丰富的声像资源。表音阶段上的古汉字结构现象，就是直接通过声像检测项目与字义检测项目的结合，完成造字任务的。许慎在定义“形声字”时是这样解释的，“以事为名，取譬相成”，就是从古汉字图像中将其义与声的成分“分离”出来，取其义、声以专一性分别使用。以事为名的古汉字，取其义，以声相譬况的古汉字，取其声，是一种形、声合体，半义半声的文字结构。这种半义半声的文字结构就是形声字。形声字重义、语音从之，故语音只用其音，不问其义。很明显，这样一种文字功能的变化其实是随着知觉的重新活动组织而来。一种保持图像意义，但消失其声像；一种是消失其图像意义，保持其声像。该文字是通过其图像陈述中的视觉意象与语音声像这两种媒介的相互配合和补充，把可绘画的部分和不可绘画的部分有机地结合起来，从而创造和重新组成一个新的汉字结构。例如对水的分类,水在人的心灵中是一种静止性的意象,是一种物质基本元素。人们已不能简单地利用象形、会意方式表达或陈述“江、河、湖、海”了。为了弥补这一缺陷,把不同地形的水貌特征揭示出,人们在“水”的属性范畴上配上一个语音声像,因为语言已完成了对现实世界的各种事、物的配音有一个声像“标签”。提取语言声像进行造字,它可以弥补绘画造字上的种种缺陷。当人们轻易地识别该文字的偏旁并以此阅读出它的声像时,以图像与声像的交差定位,通过语言通道传递到大脑,再把该声像的知觉对象和有关经验中与不同地貌的“水”的表现意象联系起来,从而间接唤起阅读者的某种情景意象,使得每一种分类都得到自己独特而容易识别的文字符号。如汉字中的“江、河、湖、海”“松、柏”“闻、问”“阁、闺”等,这些字都是典型的形声字特征。这类文字具有这样一种功能,它不论意象多复杂,分类多么精细,这种文字结构具有确定同一种物质、种类的属性范畴中进行细微分类的检测识别功能,形成了一种以视觉图像为系统、语言声像为分类的系列性文字结构。

(二) 转注字

形声字为表音文字结构是以一个偏旁图像的义而展开的文字系列,转注字、假借字就是以一个声像的语音而展开的文字系列。因此,转注字结构与形声字结构正好相反,形声字是一个形(即义)与一个声结合,声无义。而转注字是一个形(义)与一个声(义)结合,声像是有字义的。汉语语音有其自身的语族、语根,凡义同义近者,其语根往往相同,同属一语族。因此,汉语在对实物世界配音过程中,与图像意象一样,同样存在着同一声像而唤起不同的视觉意象的局面,也就是不同视觉意象出现同一语音的声像同构现象。语言它在实际使用中是靠说话者意象和听话者意象的前后背景联系，从而能正确区分出该语音声像对现实世界中的专门指向。根据语言声像的这一生理特征，于是以一个语音为基准，注入差别的义类部首，这种造字结构就产生了，这就是转注字结构。如 jian 音有小义，该语音有文字配图“戋”形，戋是一个声(义)兼备的字形。于是建“戋”为首，并配上有差别配图的义，那么，经“戋”的声、义对偏旁“形”的义加注，这一新的以语音为系列表音文字就出现了。竹之小者为笺，金之小者为钱，贝之小者为贱，皿之小者为盏，水之小者为浅，骨之小者为残，言之小者为诶，纟之小者为线。上述这类事物的共同性感性基础，是通过 jian 的语音功能上的亲族关系被强化了，这种感性特征又根据声像与图像的交叉定位，可以由不同种类的事物担当。当然，这需要确定这一语言声像与图像语言陈述的背景联系，从而把同一语言声像在生活实践中经历的各种“归类”方面的变化特征揭示了出来。因此，“建类一首，同意相受”的一个转注型系列文字就此产生了。

(三) 假借字

假借字与转注字相比较，其造字的生理、心理特征是一样的，它与转注字的唯一区别在于，转注字的语言声像已完成文字配图，是一个音、义统一汉字结构。而假借字的语言声像并没有完成文字配图，是假用别字的声像字进行造字，也就是假音转注，从而以“假借”为名。如浓，露多；襛，衣厚；醲，酒纯厚；脓，肿血；狨，犬毛盛等，它们是从一个语音“农”的声像，有纯、厚、重等意象的语义指向，以这一语音而展开，形成了一种以语言声像为系统的视觉图像为分类的系列性文字。

根据上述表音阶段文字结构上的图像、声像组合变化情况，我们可以得出以下三组比较公式：

形声字＝图像（偏旁字义为系统）＋声像（分类）的文字系列

转注字＝图像（偏旁分类）＋声像（音、义为系统）的文字系列

假借字＝图像（偏旁分类）＋声像（音为系统）的文字系列

形声字检测项目的偏旁是一类字义系统，是不变的，它的声像是分类，是变化的。转注、假借字检测项目的偏旁是分类，是变化的，而它的声像的义为系统，是不变的。而两者的差别是转注字是有字义的声像，假借字是无字义的声像。因此，表音阶段上的文字创造具有按某一个"编目"沿直线一个一个地依次发展的特征，它呈线状排列发展。同时，形声字与转注、假借字间相互交错，如形声字"江、河、海、溪"，它们检测项目都以"水"部编目，与转注字编目的"浅"和假借字编目的"浓"却是纵、横交叉。它们穿插在与早期象形、象事、指事造字所形成的一个个离散点之间，以图像或声像之间的"编目"在外显形式上构成纵、横交叉，相互联结的网线，编织成一个错综复杂、相互联结的文字网络，使整个汉字体系在与自然、社会实体一一对应、相互匹配。因此，表音阶段的造字不能被描述为一种简单、直接和感性的反应，而是一种图像、声像的交织，有选择、有抽象、有创造的造字活动。历史上这一造字活动有时是有条不紊富有组织的，有时又是复杂、模糊和曲折的。例如"自"原来是"鼻"的初文，后来又加"畀"声；"齿"原作"原作齒"[①]，后来又加上"止"声；"岸"原作"厂"，后来又加"干"声、山形；"糠"原作"康"，后来加上"米"，"康"变成声符，于是这些字成为重声。因此，在甲骨文中往往是一个单形字的图像，到了小篆，它发展成以这

① 请参考《古汉字学》第144页。

一字义或声像为中心的一个文字系列。因此，在表音阶段，这些单形字以既可以作为“形”，也可作为“声”，通过图像、声像的交织陈述，其结构出现新的繁衍和增生，这种繁衍、增生是造字者对字义陈述表达的强化，通过对字义强化表达，对一些视觉意象表达不清晰的古汉字起到了弥补、修正和固定字义的作用。表音阶段文字经历了不同的阶段和不同性质的变化，这些阶段和性质相互生衍，又保持各自范围的一种组织状态，经过这些变化最后达到了汉字的表音阶段。

表音阶段的文字结构要从理论上进行细分往往有一定的困难。表音阶段造字比较复杂，它把几种事物的意象组合为一体，形、意、声之间造成矛盾，从而使人看了眼花缭乱，不能清晰地看出其中关系。每当古汉语学家想对这些表音字进行结构分类时，它的复杂性就显示出来了。因为表音字是语言生理和视觉生理交织的文字结构，它既有再现字意的同型的方面特征，也有非同型方面的特征，语音声像要对汉字清晰分类，而视觉图像也要清晰分类。因此，表音阶段的古汉字不能提供非此即彼的清晰两分，只要阅读者对这一图像语言的陈述背景的视角发生变化，它们之间的归类性质就立刻发生变化，相互错位、相互错乱。因此，古汉字研究者也往往在形声字和转注、假借字的交叉点上容易相混淆，在转注、形声、假借字这三者中经常滑入或混入相邻的造字结构中。

古汉字的表音文字活动是早期绘画文字活动的拓展。它不是将前文化期文字全部转换为表音文字，而是通过表音过程，将早期汉字中各种尚未完善的文字字义检测的图像进行强化和完善。小篆作为古文字，从表形，至表意，到表音，件件俱备，件件都发展。因此，汉字表音阶段造字强化和形成了汉字图像编码特征，它以“山、水、木、草、人、口、手、足、心、犬、马、牛、虫、石、皿、金、贝”等科目编目进行分类。这些图像编目与声像的组合，有利于大脑对它的字义理解，从而将文字概念稳定下来，便与社会人的学习、认识和记忆。因此，小篆走的是一条形式表音结构的路线，它对汉字形成、发展初期的本质特征没有影响，如果汉民族没有“三表六书”这样一种稳固的思维活动方式，汉字图像结构很难形成，乃至发展。中华人民共和国成立之后，形声字结构还在发展。例如金属元素表中各种新字，随着社会科技的发展，近代各种新金属元素不断出现，为这些新金属配字就是采用了形声字组织结构。根据这一物质属性，以金字部首为系列，配上各种金属的声像名称，一个为新金属元素配字的系列性新字就诞生了。因此，无论何时要创造一个新的汉字，都会有许多信息汇聚在意识中，新字的语义属性、新字的情景信息，以及在传统组织心理材料上提供了可接近性。

汉字在经历了绘画图像表述、语义陈述、语义声像表述的层层累积之后，最终一步步进化到直接与语言声像项目联结的活动水平上来了。在表音文字结构外部检测项上，形成了语言陈述检测项目、字义检测项目、字义声像检测项目等各种表音文字变体。因此，汉字结构是一种典型的回忆性结构。它保留了图像，从而使得该文字活动的回忆线索变得特别丰富。这种结构引人注目的特征便成为国内外学者的关注和兴趣。长期以来，它一直在促使人们探究它的过去经验和反应方式，证明该文字结构的历史文化功能。同时，这种实际发展形成的文化体系，其感觉模式的组织心理材料在提取声像的可接近性上达到了极限。它的本质是通过图像信息和相关信息判断而产生声像反应的。在缺少标准声像结构的状况下，判断每一字的声像反应具有不精确性特征。在一个系列表音字之间，如“笺、钱、贱、盏、浅”等，它们间的发生声像是有差别的，这种广义性表音结构是粗糙的，它需要人的语言媒介进行实际修正。然而，汉民族社会各地方言变化的无限丰富性，使得汉字声像具有无限多样性。这就成了汉字结构上的一个致命缺陷。如何消除人对汉字声像识别上的方言差异，如何解决建立汉字读音上的有效性、特定性、持久性的标准声像，几乎成了汉字发展上一个无法逾越的障碍。

第二节　视觉生理对离散性古汉字图像的整合加工

自秦统一中国之后，社会明确了每一汉字图像语言陈述结构，在全国范围内统一了汉字的字义教育，小篆的诞生代表了视觉生理对离散性古汉字图像的最终整合统一。在古汉字的理论探究中，从甲骨文到小篆、从表形到表音，视觉生理除了从社会环境中提取图像结构之外，另一个工作任务就是如何对古汉字离散图像进行系统的压迫完形，形成统一的文字符号。目前，对古汉字图像语言陈述统一的理论研究相对比较透彻，而对文字结构规范的视觉生理、心理发展需求，却一直隐藏在古汉字研究理论中，是一个未经深入挖掘的研究领域。

根据出土的历史史料印证，人的视觉生理自动地组织各种离散图像，从绘画文字向抽象检测性古汉字符号转型。如果前人在古汉字发展的每一个历史阶段上没有视觉检测生理的参与，对离散性古汉字图像进行压迫完形，对各种绘画特征进行修正、改造，注入各种抽象的几何图形作为汉字的表意概念，山画成一座山，水画成一条河的话，那么，即使文字进入表音阶段，它与古埃及文字一样，永远是一种原始绘画图像，向文字符号抽象结构发展是根本不可想象的。

视觉意象在抽象思维活动中主要有三个作用，即绘画、符号和记号。同一个“△”意象，它可以成为再现一座山的绘画形式，也可以向文字符号“山”靠拢，也可以变成代表等级制度的记号。这些意象究竟向那种方向演变，全取决于文字创造的每一阶段中人对文字概念的视觉意象把握。在历史上，古汉字图像上局部变化都是十分细小、零零星星的，它很容易被后人的视觉生理所理解。因此，在古汉字研究理论中，人们用了省繁、重例、省减、简化等解释作为对“三表六书”理论主题的辅助和补充，文字改造似乎是文字活动中较为简单的、大都不被认为是高级理性的活动。汉字之所以能从绘画图像向汉字结构转换，成为文字结构图形，主要在于视觉生理表达了以绘画图像作为文字符号概念的理念。这些点点滴滴的小改小革涉及对文字的重新构造，以视知觉对文字结构需求的理念而作出相应的改变，使绘画图像逐步适合于文字结构的式样要求而发展。因此，古汉字在向文字结构的发展演变过程中，视觉生理对离散性古汉字图形强制压迫完形，同样有其文字活动规律性。

一、视知觉从社会环境的实物中提取图形作为汉字结构的基本要求

人们总是用“画成其物，随体诘屈”来解释古汉字创造过程。但是从现今的考古发现，即使是最早期的甲骨文，先民对一个造字结构形状的知觉也并不是一个简单绘画图形就能充当文字结构的，而是视觉对于在实体刺激物中发现的结构特征的捕捉。在绝大部分状况下，它

是把某种结构特征与实体刺激物发生联系，如“手、木”等。只有在少数情况下，才出现了刺激物形状本身直接参与文字活动的情况。

图3-2的绘画现象说明，古汉字在创造时，其文字概念是发生在一个相当水平的视觉活动之中的。首先，它要把一种图像形状作为文字概念进行一种抽象。以“手”为例，这一图形其本身与真实的手相距甚远，它只是一个手的抽象意象，然而对于检测者来说，它并不是只拿它来与真实的手相比较，而是把该图形看成手的替代物，这种相对简约的图像就是一种汉字结构形成的雏形。其次，视觉生理在对实物外形提取时往往会产生同构现象。因此，对形状的反应并不一定就是对它有意识的知觉，为了避免在视觉对事、物的物理图形提取时发生同构，先民在从自然实物世界中提取的事、物作为文字图像结构时，犹如照相摄影一样，要有一个摄取的最佳方位选择，以陈述和表达知觉对象。一件正在被人观看的物体，只有当它被发现同某种“组织”成的形状相一致或相适合，这种组织形状既不与其他图像相混，又有自身有的特征陈述时，才能说一个汉字的原始图像结构真正诞生了。前面陈

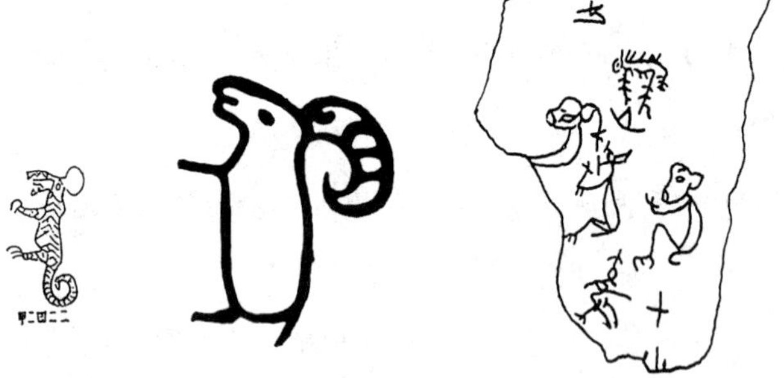

图3-2 “虎、羊、猿”字

述以古汉字“羊、牛”字形为例，如果从横向提取图像，“羊”与“牛”的外形结构就会发生同构，而从正面提取，则“羊”与“牛”能达到相互区别。这就是最初期的社会文字意识。古汉字的文字意识、文字组织纪律就是从社会内的约定俗成开始。当汉字处在视觉生理还在对外界事物图形的大范围性质的捕捉时，已经发生一定高度的文字概念认知水平。因此，一个感觉模式从知觉到思维，都是某种“基本意义”的背后努力所寻求表现的方式。

二、视知觉对古汉字离散图像上的母形结构提取

古汉字创造是在一个社会无秩序状态下进行的。每一个地区、每一个书写者都有自己的造字的结构标准，这一标准可根据每一个创造者的意象需求，从绘画到符号、记号而达到不同的抽象程度。从绘画性组织结构的社会造字意图而言，每个造字图像都意在指向事物的某些特定特征，是一些离散性，不确定性图像结构。没有那个图像可称得上是唯一、绝对的标准文字图像。它本身并不存在孰是孰非的绝对标准。因此，早期古汉字结构有一个字义区域的结构性偏离，有异体通用性特征。

3－3[1]

以古汉字“逐”字为例，当时社会一些知识分子从一个区域到另一个区域，在阅读文字过程中，为了确认某一地区异型文字结构，它需要

① 请参考《古文字学》第39页。

对自我文字意象作调整，以自身文字的知觉形态为基础，搜寻和发现对方的字义结构的创造意图，使之符合该结构所代表的字义。视觉再认在处理这些离散图像时，有一个类似于数学中取“公分母”的思维活动，把自身脑中的文字意象与其他地区异型文字图像进行提取公约数，从而得出一个可识认的图像值。古汉字这种的文字结构不统一离散现象，造成了文字识别和判断的响应时间变慢。因此，汉字图像结构上的离散性就是当时中国社会组织结构松散、文字传播空间狭小的反映。

三、对古汉字细部结构不确定的整合

汉字造字是一种创造性思维，它是通过绘画意象进行的。当造字者注意集中事、物的最关键部位，对其他无关紧要的部位进行取舍时，在人的脑海中就会呈现一种表面上不清晰、不具体的模糊意象。如“人”字，我们看到一个人的侧面形象，但分不清他是男是女。如“女”字，一提到女性，人们心目中便呈现一个婀娜多姿、挺胸昂头、席地而跪的人物形象。如“马”字，看到一匹马，但分不清它的性别。如“弃”字，它是遗弃所生之子的情节意象，这种依稀可辨的图像并不是一个真实的事件，它不是描述这一事件的完整过程，而是意象中这些事件过程中的一个瞬间状态。这种模糊形态并不代表一个真实的事物，而是代表着一个“质”的东西。正是这种质具有一个正常人共同所有的意象。因此，这是一种既具体又抽象的意象。在大多数情况下，这种意象又与某种性质、某种品质或事、物大体构造相同形。

古汉字就是利用了这种意象的结构共性特征进行造字的，这种知觉形象并不可能是对物理对象的机械复制，而是对其总体结构特征的主动把握，才能使书写者与阅读者之间达到相互沟通。因此，这些图像往往既一致，又不相同，它们在有些细节和层次上多少有些模糊。如“凤、佳”等字（见图 3－4），这些古汉字在“随体诘屈”的过程中，主体结构大致相同，而细部特征往往不能一致，或简练、或过于膨胀和发达，在细部结构上或多或少都会带有某种绘画性装饰“噪声”，这意味着无论物的形状如何，视觉并不取决于图像的形状细部，它可以把图形和背景区分开来。这就是早期汉字文字纪律中最初期视觉检测功能的应用表现。因此，从现有视知觉认知科学解释，先民在造字后的实际发展倾向，视觉倾向于图像的大范围性质上的联通，是视觉系统对拓扑性质的初期检测菜单呈现。这是造字和再认的汉字发展关系，视觉需要的是简洁、明了的图像，它需要对既有文字进行某种修正。“鸟”最后确定为只画一足，“车”最后确定为只画一轮，突出重点，筛选淘汰冗余结构部分，朝主要的识别项目的方向发展。因此，在离散古汉字图像的整合过程中，视觉系统敏感于刺激图像的拓扑性质的表现。它使视觉生理在处理图像信息时不至于超载，使视觉处在自己需要审视的一部分结构上。因此，历史上视觉对离散性文字结构细部上的整合，所花时间更长、任务更艰巨，把各地区间的离散性古汉字一步步、一点一滴地统一组织在一个规范、简约的基本母形结构中，从而得出一个更大社会可以识认的图像公分母。这一简化过程无疑是绘画图像向符号转移的反映，是将刺激事物中与之相符的最简化式样组织起来，使古汉字未了形结构向终止形结构发展，将古汉字与实际绘画图像从根本上区分开来。

图 3－4

四、古汉字结构中的绘画结构向线条拓扑变换

根据拓扑学的基本原理，一个图形向另一个图形变形，可以将其形象地想象成橡皮薄膜，是可以任意变形的，它可以从一个三角形变成一个圆形或一个任意图形，只要不把它剪开或黏结，这种形变可以任意改变，但其性质和关系仍然保持不变，这种转换关系和性质就称为拓扑性质。

在绘画文字活动期，人所知觉到的图像还停留在目标项目辨认的活动阶段。这一时期，绘画形状编码作用很突出，它对图形作为文字概念的认知层次还相当肤浅、粗糙。往往甲骨文时期中一个简单的字形，到了金文时期，它的绘画现象反而更为逼真了。然而，在这些象形象事绘画、大量的圆点绘画部分向抽象小篆文字过渡中，最终又被淘汰，退化为统一的线条结构，这一现象就是线条拓扑变换。

从简单绘画向绘画肖像逼真性变化，再从绘画退化到视觉检测需要的统一性线条。这一线条拓扑变换问题看似简单，但是，要弄清这一文字现象的动因，就要先了解它涉及的视觉生理随社会书写空间环境变化的基本规律。从甲骨文到钟鼎、从线条向圆点涂实形状变换，对视觉生理上而言，是一种拓扑上的一对一变换，其文字结构性质并不改变。而从社会书写文化环境关系而言，是社会书写文化环境的变迁而导致一种审美上的变化，它从巫师记事向贵族文化进化的过程，是书写者根据书写材料的质地相对应变化而产生的一种书写文化心理。这些文化现象并不代表书写者对文字概念有意识的进化知觉反映，而是文字活动中绘画意识的强化，是书写者在最大限度上与这一材料质地相适应，使器物与文字造型具有同等价值的审美活动结果。

相反，从圆点涂实形状向线条转换，却是一种社会文字意识的进化。因此，由于社会没有任何有关文字活动的约束条例，早期汉字每一个创造者从刺激材料中抽取的式样是不同的。随社会书写空间环境条件优越，使古汉字变得富丽堂皇起来。当人的文字活动意识淡薄时，视觉会向绘画活动方向退化；当人的文字意识得到强化时，它将退化绘画图像，向视觉检测性文字结构特征进化。

先民对直线条的选择需求主要有两方面原因：一是绘画特征部分与整体古汉字之间产生图像与图像之间的不协调，人把圆点等绘画性特征变成线条，是受到了古文字图像中占有绝大多数线条结构文字环境的压迫和刺激，视觉生理敏感于线条与绘画性特征形态细节上的不规则性的差异而压迫完形。二是线条结构合乎阅读者的视觉检测生理需要。近年来，人们在哺乳动物的大脑皮层中发现对一定朝向的线条具有敏感的神经元①，这说明人的视觉对线条的朝向方位比涂实的圆点更具有敏锐的分辨力。汉字最终成为图像编码文字结构，而线条结构是古汉字图像编码结构的最基本的元素。因此，先民利用了人的视觉生理中一套人类先天遗留下来的图形识别优势，对古汉字进行规范、整编，使其逐步形成统一规范，成为汉字结构上必不可少的视觉能力的有机信号。从而，一种适合人视觉生理检测需求的小篆汉字结构被创造出来了。因此，这是古汉字进化过程的客观秩序上的暂时性混乱。文字图像结构最终由统一线条结构替代，这是人文字意识中视觉检测活动需求的最终结果。

因此，汉字从绘画文字向视觉检测性抽象文字结构发展的进化历

---

① 请参考《拓扑性质检测》第 262 页。

程是复杂而缓慢的，在历史上这一文字现象的进展并不顺利，如何解释这一现象，古汉字研究中往往简单地归结为是“书法”的原因，显然，这一解释是十分主观笼统、肤浅粗糙的。它没有认识到文字活动的第一要素——视觉心理活动的概念存在，那么，它就不存在将视觉生理在组织汉字结构的认识活动层次陈述出来的可能。

早期文字发展过程中至关重要的问题是，从绘画图形组织向视觉检测结构发展，对线条的使用并不一定是对它有意识的知觉，只有当古汉字把绘画图像中的“组织”形状，以最简化的线条式样组织起来时，我们才能说当时人知觉到，并把握住文字结构的发展方向了。因此，在古汉字研究中，把古汉字整合活动放在次要位置，这显然是一种错觉。从绘画性文字向形象抽象结构转移，这不是一个简单的结构简化问题，而应该是发生在相当高的文字意识水平上，即古汉字在社会更大空间范围内，与不同区域人群的视觉检测心理达到结构性统一，成为人人都能接受的文字，这就是古汉字概念形成的知觉水平。因此，历史上古汉字线条结构的统一现象因缺乏科学理论解释而变得普通一般。

五、对符号的省略

人的视觉生理有这样一个重要特征，当视觉接触到一个熟悉的图像时，它几乎只需要对图像作一粗略的扫描，就能准确地判断这一图形的结构内容。但是，当碰到一个陌生图像时，它从一开始就希望把这一图像的各个成分和各种关系识别和分辨出来，为了达到这一个目的，人的视觉必须对图像有一个注视停留时间，让心灵作出判断和分析。然而在一个熟悉的汉字环境中，突然碰到一个既熟悉又陌生的汉字，熟悉的是它的外形结构大体相同，而它的局部结构又稍稍不同，这一情景与我们接触日语汉字的情景大致相同，如“対、実、営、団、悩、応”等字，虽然这些汉字结构的形体与汉字大体相同，但在细部特征上又有所不同，即使阅读者并不熟悉日语，但在以往的汉字经验中，还是被识别了出来。这一识别活动就是视觉认知对熟悉图形的注意筛选。

我们当前的汉字识别经验，就是当时先人对一些多层次或多结构组合的离散性图像进行整合统一，对以往视觉经验的总结和思考。在古汉字的发展历程中，不同地域的古汉字都有着自身对图像文饰的特定表征需求，存在着大量的相似性古汉字结构。如“文、车”字。

图 3－5

怎样对“文、车”这一类离散性古汉字进行整合，使它们在一个更大的社会空间内进行传播，究竟选择哪些图形特征作为这些字义的正确表达呢？

我们知道，日光在任何一刻，都只能集中于一片狭小区域。当视觉处于自然状态，它同时看到两个或两个以上组合图形结构，而且这些图形结构过度拥挤而不服从多样统一标准时，视觉往往会对次一级的、没有明显代表意义的图形进行省略。这就是人视觉生理的注意筛选机制。在这一筛选重组过程中，视觉有一个自动聚焦的调节功能存在，它会在这一区域进行不同深度层次的扫描。假如大范围整体结构有同一性，视觉注意聚焦就停留在大范围整体结构上，那么，中心细部特征就变得模糊了。如果中心细部特征有同一性，目光聚焦就停留在中心细部特征上，那么，它的大范围整体就变得模糊。这就是视觉生理中先天遗留下来的对图形筛选识别活动的共性。古人对这一类型离散性古汉字整合，对这些古汉字达成了统一的规范标准，就是采用了这一生理活动基因进行的。

视觉对字义的注意，它的次一级没有明显代表意义的符号究竟发生在视觉聚焦的哪个深度层次上。这一情况就象是现代生活中观赏一幅照片、一幅画或电视娱乐节目，能将那些有限的深度层次置于一个清晰的焦点区域，引起观赏者注意、产生赏心悦目的感觉一样，它往往把注意力集中在筛选出主要共性图形或意象特征上，除此之外的其他结构，则是可以忽略的部分。这一过程与一幅照片、一幅画或一段电视广告一样，将最需要表达的特征，置于人有限的视觉焦点区域，以便引起观赏者注意、产生赏心悦目的感觉。

古汉字“文”字有一个相似的轮廓结构，又存在着许多不同的画符，大同小异。人在识别“文”字时，视觉不光是对母形的大范围特征选择外，同时，他还会在局部的深度层次上进行着扫描。当人的视觉在识别这些图像时，出现了一种结构轮廓的粗略把握，但凝神一看，又各不相同。当人的视觉专注于整体外形结构时，它具有加速判断字义的作用，当人的目光集中在中心局部特征上时，它反而增加模糊性，分散了阅读者的判断注意。文字的局部结构不定性结构，便成为文字识别上的干扰因素，专注提取大范围整体结构上的“文”字的共性母形结构，筛除不同画符局部结构上的模糊性特征，强化了文字轮廓上的清晰度和简约性。把其它结构特征干脆忽略掉，这就是视觉注意在大范围特征选择所起的作用。

当视觉专注于古汉字“车”状态时，图 3－6 情况就发生变化了。

视觉对这一字形整合，犹如电影拍摄中的一辆奔驰的列车，仅用一个“轮”的特写，作为整列车的运行状态，它集中体现“车”字的共性表征，抛弃那些整体上过于庞杂模糊不清的图形干扰，防止视觉对这些图形结构的纠缠不清。因此，古汉字“文”字外形轮廓和“车”的局部结构作为字义表征，就是视觉在不同层次深度上的聚焦和注意筛选字义的生理特性的运用。

图 3－6　古汉字“车”

汉字对实物世界中提取图像是相当复杂多变的，但是，在任何一个初级知觉水平上，把视觉中心转换成为一种文字结构上的专注中心时，都会涉及对古汉字复杂结构的重新构造。这种深度层次视感觉模式就是构成对离散性古汉字整合的选择策略，专注于筛选或选择某一视觉专注部分，删除和淘汰其次要的冗余部分。把这些图形从原古汉字结构中单独分离出来，充分利用和依靠这些单图形作为字义统一表征，强化了文字轮廓的清晰度和简约性。这是某一类古汉字整合的最好的手段和方法。先民紧紧根据造字原理和视觉生理的简约性特征相结合的原则，具有加速判断汉字字义的作用。

除了上述的视觉对专注对象特征的筛选之外，它还在这一层次上向更复杂行为的整合方向转换。如“召”字，这是招人领酒之象，是人，是两手，为尊爵之属，为盛酒器，或则为酒器座子，形为，于是声为刀声，而酒器与召集之众手皆不见了。这一古汉字经历了漫长而曲折的过程后，最后向形声字结构转换。因此，这一转换是具有双重意义的，它既是“形声”的转换，又与视觉生理选择密切相关，是两种转换选择同步活动的结果。这一整合活动最清楚不过地揭示了这种活动规律，古汉字的“三表六书”活动进程是与视

觉生理上的汉字结构形状改造具有同等意义，与形声结构的变法是一样重要的。这就是当时社会最大区域内对字义确认的最直截了当的社会民意反映，是先民对古汉字结构上的视觉活动秩序进行积极探索的最纯粹、有力的例证。当古文字处在秦这样一个更大的社会空间中流通时，为了使离散性古汉字服从于一个纯化的、谐调的统一结构之中，对古汉字的视觉整合工作就越显得迫切和重要。

六、应用图形知识对离散性古汉字进行精细编码

汉字最终成为图像编码文字结构，它的各种线条朝向的明确规定，和高度复杂多样空间变化的组织结构，使得汉字对线条结构的各种朝向、方位，都进行了明确的限定，如将线条朝向、大小、角形、连通封闭拓扑结构作为文字概念，用严格规定的各种几何图形朝向、封闭结构等对汉字字义进行明确的区分，使得汉字图像编码得到进一步的精细区分。因此，这一区分过程就是对人的视觉生理潜在的检测识别优势功能，进行深层次的挖掘和利用，也是人利用了视觉生理中一套人类先天遗留下来的图形识别优势活动最理智的发挥和卓越表现。利用视觉生理上的潜在优势图形结构，对古汉字离散性文字结构的整合具有双重文字字义：一方面它在重新构造的古汉字结构上强化了视觉生理的检测功能特征，另一方面它又作为文字概念对“三表六书”语言陈述进行最严格区分，使视觉检测精细编码具有文字功能。

（一）将视觉生理潜在优势图形作为文字概念对古汉字进行精细编码

线条是古汉字结构的基本组成单元。但是，早期的古汉字结构中的线条是用来表现绘画图像的，这些线条的朝向方位本身并没有字义

表征。因此，它也不具备严格的视觉识别检测意义。只要图像结构的取向正确，线条的任何变化都可以作为文字概念而成立。早期古汉字还处在图像文字启蒙阶段，人的某些视觉生理上的一些基本功能还潜在地存在着，尚未得到深入的挖掘和利用。当今人们对视觉神经生理的研究发现，视觉皮层中有“单纯型细胞”和“复杂型细胞”，单纯型细胞的生理特征仅仅对具有特定方位的线段起反应，该线段引起神经冲动细胞放电增多。但是，人的视觉皮层对于方位的分析还是比较初步的。一定方位的线段必须映入视野的一定部位时，才能使这种神经细胞出现反应。到了复杂型细胞则不要求线段的影像映入视野的特定部位，只要线段呈一定的方位，就可以使这种神经细胞放电增多，这种复杂型神经元只是记录“方位”这一属性，而抛弃了所有其他的属性。由于人视觉生理潜在的这一检测特征，当汉字发展进入秦，汉字图像进入高级精细编码阶段时，人对文字的知觉概念不仅仅是局限在某一特殊的图形，而是包括在某一维度的变化，人充分利用了这一视觉生理特征，当线条的朝向和方位都有严格的字义定义时，其智力程度就更为高级。如小篆中的“人”字作，但是，只要线条的朝向方位发生改变，成为横向，就分裂成生、死两种字义，即“尸”。“正”字甲骨文作或，而小篆则分离为“正”和为乏。甲骨文中“抑”作、两形，小篆则分裂为“印”和“抑”。甲骨文中字作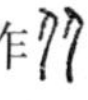，又作，小篆则分裂成两字，前字为“从”字，而后字为“比”字。从而大大增加汉字图像编码精细程度和字义检测的反应速度。

（二）利用封闭性图形结构优势效应对古汉字进行改造

认知心理学对视觉检测活动的理论探索是建立在各种图像识别

的模型基础上的，用各种识别模型图来模拟和研究人类视知觉的检测识别反应。实验结果表明，封闭性和图形结构的优势效应模型就是其中之一。该识别模型如图 3－7 的 A1、B2、A3、B4。

A1 RT=1465　　B2 RT=1941　　A3 RT=801　　B4 RT=811

RT=单位：毫秒

图 3－7

图 3－7 中的视觉检测系统除了对线条朝向、方位差异有敏感性之外，而且对封闭性图形特征反应更为敏感，人视觉反应时间更快，它比线条朝向、方位的反应时间 1 400 多毫秒还快，仅 800 毫秒左右。对封闭性图形的利用是对古汉字整合的又一个手段和方法。在某些古汉字进行封闭结构加固时，它不仅不抹杀同一“类”的各种不同物种之间的区别，而且在无所不及的理解活动中又保留了这些字义的区别。例如“国”“围”字在金文时期，这些文字图像并没有配上“口”方框图形结构；到了小篆时期，人在这些文字图像上增添了方框图形进行封闭。这样一种新增的整合变形，除了给人以汉字结构变化的丰富性，体现了汉字变化的连续不断性之外，又进一步明确划分了古汉字字义，它将“或”与“国”，“韦”与“围”进一步区分开来。如，象足止绕一方所而行之象。甲文中，为“国”字。小篆则加。这一视觉创造性思维的活动结果却令后人无限遐想，通过对外围边线的这种封闭结构的联想补充，使这些字看上去更加富有形象，更带有实际会意意象。这

些文字现象在以往的古汉字研究中都把这些图形解释为是一种象征性会意。这是从“三表六书”思维活动推衍出来的单一性结论。因此，古汉字研究看不到这些变化是由人的视觉检测生理对古汉字整合中所呈现出来的各种图像变化的多样性。由这种多样性推动汉字的字义区分上的严格性。

封闭图形结构优势效应与人的视觉皮层联合区中超复杂细胞神经冲动发电增多是否一致，这在理论上尚未有定论，但可以肯定，视觉系统潜在地存在着检测上的图形结构优势效应的生理特征，而方框封闭图形就是视觉检测生理上的优势图形结构。而且，这些图形都可以约定为实物意象。因此，当前社会的认知科学理论的最新研究成果，在两千年前的古汉字整合活动中就早已被应用了，汉民族不断挖掘自身生理中的视觉检测优势图形参与古汉字整合。根据不同字义的整合任务，积极地把方框、“口”的封闭图形进一步组织到“皿、血、雨”等古汉字结构中，使得这些古汉字与其他字之间产生拓扑结构差异，提高人在文字识别中的快速反应能力，通过知觉局限在有限的刺激特征上，从而使字义的反应变得更迅速和可靠。因此，古汉字整合结构过程中所出现的这些图形变化特征，是与人的视觉生理检测生理的需求密切相关。

从图像感觉模式的角度而言，视觉思维在组织汉字结构中，从实物肖像到抽象线条结构，每一图像都是先民精心绘制的组织心理材料。当一个文字雏形刚刚诞生时，该结构过于简单或复杂，都会引起视知觉的思维和思考。人们有强烈心理倾向，要对这些不整齐、不规则的图形进行精心制作，使其成为容易识别的文字图形。为了处理大量离散图像朝一个精细编码方向统一，视觉方面对有些过于简单的古汉字不断增生其字义编码结构，使其视觉检测变得容易、迅速。而有些复杂的结构密集型的古汉字图形，则删除其次要的冗余部分，简化其结构，增加其光通量。另一方面通过书写精细制作，不断平整、规划和统一图像编码的结构形式，修正、充实和完善图像编码的文字结构式样，一直到一种新的令人满意的文字结构体系出现为止。因此，古汉字从绘画图像向抽象文字图像结构转换的发展过程中，由于视觉生理的积极参与，它迫使人的上肢生理一次次地尝试、一次次地精心绘制，确立、健全古汉字文字图像上精细编码。因此，在这一造字过程中，“三表六书”活动结构还只是古人文字创造思考的部分外显表现，而它更深广的活动内容则是人视觉对绘画性离散图像的操作和处理，而视觉检测生理却具有统一离散图像的特征。对古汉字创造的弊端和缺陷不断修正和改进，涉及众多的字形结构的组织变化，涉及充分挖掘人的视觉生理对图像拓扑性质的检测功能。通过揭示古汉字的整合完形，揭示图像文字的视知觉的理性本质，弥补古汉字造字理论中，图像、视觉检测上的种种理论缺陷。

从汉字社会心理学角度而言，一个社会群体不仅仅是一群人的集合，而是以某种专门活动方式组织起来的社会群体，在这一群体中肯定有某种积极的活动倾向，这些倾向由欲望、本能、风尚、兴趣、情操或理想等组成。随着群体的运作，每一种创造活动因素都有一种特定的偏爱，这种偏爱必然会使不同地区的古汉字具有某种不同特征、不同视觉模式。正因为中国疆域之广，古汉字式样之多，所以同一个字往往有数十种视觉式样。汉字图像式样的统一是人类文字史上罕见的群体运动迁徙。因此，视觉图像选择是一种理念，它不像书写活动一样，具有高度统一的书写标准。在朝一个统一文字结构转换的运动过程中，汉字图像的统一必然倾向于更高层次上的统一平衡，朝向社会空间环境的大小而统一，朝向更高级、更精细的视觉拓扑变化的文字纪律而统一。因此，离散性古汉字图像的整合需要在一个更大的社会体系中运行，在一个强大而统一的社会空间和视觉检测生理的有力佐证下才能真正最终实现其整合。如果没有秦社会的统一，并对各汉字结构在听、读、看功能进行全方位筛选、淘汰、整合、完善，那么，当今汉字极有可能还处在分离状态而无法统一。因此，当今我们使用的汉字结构是凝聚着先民无数次的视觉生理活动的探索和尝试才最终形成的。

第三节　有关古汉字的书写组织机制问题

从远古社会环境编码水平上寻找出古汉字结构中的内部活动规律，它的最后一个环节就是对古汉字结构的定型——书写。书写是古汉字在思维、创造、组织、整理的最终实施者，是先民在当时社会环境条件下所具有文字意识的一种整体性把握，古汉字结构的组织状态、工作态度和文字意识水准，都集中反映在书写组织的活动水平上。

书写是被动无意识行为，整个古汉字书写组织活动状态都是受文字活动第一心理而展开。根据书写知识社会学观点，古汉字书写知识的社会环境启动就是由三方面因素组成：社会书写参照系、书写物质的由来，以及书写组织机制的启动。甲骨文、金文和小篆，顾名思义，就是远古社会人在不同书写物质环境条件下，对三种书写适应机制的无意识启动。它构成了一个社会文字学以第一心理运动而展开的书写等级序列。先民书写的文字活动态度和社会文字意识水平，就是通过这一系列不同的社会书写物质条件来不断完善，从一种书写物质空间向另一种书写物质空间转移，逐步形成了古汉字书写发展的三个活动阶段：

一、甲骨文、日常笔记本绘画性书写手势

书写是一种文字空间群集的排列组织工作。对于早期的文字活动秩序的组织规范而言，它究竟应该如何排列，先人心中并无数。然而，先人过去的书写经验都是有机体在充分适应环境的反应中起作用的，是相当特定和具体的活动。因此，古汉字排列规则，在很大程度上是受社会书写材料的空间活动性质的影响，受根据当时社会既有书写物质材料的空间特性与人书写行为的随机适应性所决定。

在当时社会环境中，甲骨与兽骨上的文字排列启动并不相同。从考古材料看，甲骨作为书写材料与巫术活动关系更为密切些，部分文字排列并不一定有规则，这与巫术活动性质有关。兽骨相当于是一种硬性“纸张”，这种纸张的可书写面很小。人们只能把书写物握在手中，一条狭长的空隙就是书写、契刻空间。因此，原始社会的书写物质因素对古汉字纵向排列行为具有启动作用。兽骨片瘦长形书写空间和手持式书写活动方式，限定了书写活动以纵行向方式活动进行。因此，甲骨文的文字排列方式与手持式书写材料物相一致。至于古汉字行向排列究竟是自右向左，还是自左向右也没有明确的规定。但是，它的发展结果是自右向左展开。这肯定与左手执持方式的生理优势转动方式密切相关。左手执持方式的长期行为，决定了古汉字活动自右向左展开的社会约定俗成。

纵向排列和自右向左的文字排列模式一旦被确立起来，它就成为

汉民族文字活动的熟悉情感，对后续书写的活动起着保持作用，并控制着后者，成为汉字活动的习惯和特定态度。因此，金文时期，钟鼎上的纵向排列比横向更具有阅读优势。古汉字书写物质材料纵向排列比横向排列具有文字活动上的优势。因此，古汉字文字活动秩序是与当时社会的生产物质水平相一致。

早期先民文字活动上的约定俗成是由当时社会书写文化环境启动而决定，它的长期行为可能并不一定是完美的。但是，纵向排列行为长期过程对于汉字结构的形成具有意义。当社会环境结构发生变化，而我们并不知道汉字之所以产生这种行为的所有原因时，该行为在新的社会环境中便成为汉字改革的最佳方案。因此，汉字的纵列书写活动秩序从原始社会环境编码起源，这一活动秩序一直持续了五千年，直到 20 世纪中叶文字改革才被彻底推翻。

其次，对古汉字书写行为的判断。书法研究的实质，就是探索和发现字迹图形与背景上的书写手势空间旋转匹配吻合关系，是从一个二维字迹图形推测一个三维立体的书写生理动态结构的认知关系。在历史长河中，前人只留下一些字迹图形，而产生这一字迹的生物物理对象并没有被保留下。因此，人在判断两种运动匹配的一致性思考上，需要脑子产生了一种“心理像的转动”。把一种二维的书写图形转换成一个历史上的二维手势转动，使得第二种转动与第一种静态图形相互匹配重合。

人类书写手势是从日常生活中使用最多的关节运动——“对掌运动”进化而来，它逐步从日常生活活动中分离出来，最终成为人类文字活动上专门性书写活动手势。甲骨文是汉字文化的源头，在该文字结构的背景上，应该有一个最初社会环境对书写手势的启动，有一个最早的汉字书写雏形结构的存在，而且，这一雏形结构一定是与人类文字活动普遍一般性特征相一致。虽然，历史的源头只是一些字迹残留，但是，在殷商出土的甲骨文碎片字迹上，我们可以获得有关远古时期社会文字活动的三方面信息：书写参考系信息、书写活动空间环境信息和书写生理的随机适应性机制。在上述三方面信息中，前两个信息是已知的，而远古书写活动已成为过去，但只要前两个信息尚存在，那么，在适应该空间环境中，有机体书写生理的自动调节的关节活动机制就可以确定了。对于远古时期的书写活动形式而论，人对书写活动形式的概念尚未健全，它不可能像今人一样有一种固定的活动模式，一桌一椅、一纸一笔那种现代化书写活动模式概念。甲骨文就像当今的袖珍笔记本书写活动一样，是一种手持式书写模式。因此，从古汉字最原始社会书写空间环境解释开始，对其背景上的最初书写手势识别并不困难，这就是人最初文字活动的本能行为，也是迄今为止一直使用的单苞枕腕执笔行为。

根据古汉字书写环境条件，从一种二维字迹上推导出一个最初的三维立体书写生理的组织形态——古汉字书写的专门手势，是完全可能的，也是有科学根据的。但是，该书写适应机制的产生却是无意识的。如何确定该适应机制的属性是属于书写的，还是绘画的，这里，涉及文字书写组织的再认机制——“看”的问题，即看对文字群集组织形态的认知问题。书写物质空间环境是文字活动场所，人视觉首先与这一场所发生关系。人在书写活动之前，对自己所想陈述的各种事情都需要预先构思，根据书写空间所提供活动场所的空间形态大小，对书写字数的容纳、字与字之间纵横空间的间隔处理等有一个事先的规划和安排，使人在阅读时，既了解书写者的陈述内容，又有赏心悦目的感觉，这就是文字活动中的再认工作之一。在书法理论中，人们将这一预先构思的前文字计划活动工作称之为“布局”。布局再认工作任务对文字材料的心理组织水平取决于三点：一是书写材料的空间特性。二是社会书写参照的来源及其性质。三是文字在空间群集过程中的视觉对文字排列规范意识。

“笔记本”是我们当今熟悉的文字活动场所，当我们着手探讨远古时期人的书写反应所持有的实际效应时，解决这一问题的有效途径就是看它的布局情况。甲骨文时代的书写参照起源于社会环境编码，它是从自然界社会环境中提取一种事、物图像意象作为汉字的书写参考。因此，早期甲骨文属字画同源时期。它的最初布局与绘画构图相一致，所谓的字画同源也就是最初从策划一幅绘画、想突出某一主题内容的构图开始。如，在甲骨文中某一绘画文字，它处于整个书写空间中的主要位置，显然，书写者是想突出某一主题（见图 3－2 中的“猿”字）。因此，书写手势是一种被动性文字执行系统，该系统受社会既定的书写参照系水平影响的。早期甲骨文时代的书写空间旋转匹配是绘画活动。从这一特殊书写“纸张”材料上的文字活动纪律来看，人当时在一系列大小不等书写空间上的文字布局活动是十分散乱的。各部分独立性较强，它不能有机地融合为一个统一的整体。甲骨文这种字、画杂乱无章的文字活动秩序就是与当时最低级水平的社会存在观念是相一致的。书写生理与当时社会自然环境参照系一起，构成了一种绘画文字活动系统。因此，在缺少书写参照的情况下，该生理活动性质与学龄前儿童的绘画涂鸦一样，属绘画活动体系。

随甲骨文在书写空间上群集，人的文字意识不断强化，后期甲骨文逐步产生了变化。它不像以前那样凌乱分散了，而是不断向均匀分隔区域发展，分成相互隔离的、均等划分的小区域，每个区域就是一个文字图形的活动场所，从而形成了每个文字单体活动区域的策略空间。在每一个单体活动区域与区域之间，则留有一条细小空白地带，使每个文字图形在这一背景上有一个清晰的呈现。而在整个文字活动的四周则留有一片空白，由这一空间将整个文字活动集中呈现出来，这一背景的衬托不但大大提高了文字结构自身的规范和审美效果，而且这种构图更容易使人知觉到这是一个完整的文字活动的整体。因此，古汉字从不规则的绘画性布局向规范布局发展，空间布局就是人文字活动意识的反应，它随人的文字观念的变化而变化。这一活动的深化，把文字活动限制于每一个单独的活动区域内，并把整体文字突现出来进行构图尝试，标志着视觉生理对文字活动向一个新的、更高级的水平发展。而该手势也就随着文字群集，从一个绘画形态向一个汉字书写活动的雏形转化。

甲骨文是汉字最早期的书写布局行为，该布局告诉我们这样一个事实：有关主体在实施这一书写活动计划时，人的优先心理反应究竟是什么。当视觉处在绘画工作状态，它积极组织视觉再认进行观赏；当视觉处在书写工作状态，它积极组织视觉再认进行文字检测。这是两种根本不同目的的文字活动意向，是两个不同层次的文字活动意识，是当时文字工作任务上的绘画与书写的最初分离形式。甲骨文“笔记本”空间从绘画空间向文字活动空间转移，该文字活动机制便从绘画向本能性书写手势自动转换。因此，书写空间环境上的文字群集，导致对古文字结构最初的书写压迫规范。因而该视觉生理带有社会文字进化的导向意义，通过空间布局位置的长期定位，逐步向一个书写组织规范化形式固定，最终确立起关于汉字书写活动的最初手势模式——本能性书写手势。

本能性书写手势是一种不定性书写活动手势。与以后发展起来的五字执笔法相比，五字执笔法是一种专门性书写手势，它的书写性强，绘画性差。而本能性书写手势是一种通用型手势，是书写、绘画兼用手势。古汉字的文字起源上的第一次结构性变异，是在书写心理第一反应的原则基础上产生的，那么，对最早期文字活动性质的界定，就是发生在视觉的绘画心理向视觉的检测心理发展的过程之中的。应该注意到，契刻是当时社会书写参照的一个重要组成部分，这一契刻式样视觉清晰度决定了文字活动内部的书写意志过程。当这种神经、肌肉和中枢器官长期对书写身心作出反应时，则意味着书写对这一视觉检测式样的增强。因此，在这种心理倾向的书写执行中，这一“笔”画式样与契刻式样是相互严格匹配的，这一活动与现代刻印活动也是一样的。由于视觉选择倾向于向绘画性视觉检测，甲文是以适应绘画、契刻需要为目的，由脑的文字工作执行模型指令，产生两种基本线条特征：一种是任意圆弧型曲线条，一种是钢狠挺拔型直线条。晚期甲文中的圆弧型曲线与直线，是来自上肢书写动力中心②的隐性指令而起源，它本能地利用了上肢最远端指关节转动来适应小书写空间环境中文字活动，是一个无限大放大圆弧中的最小线段。这种线条以适应契刻需要为目的，与书写型汉字笔画形态无关。

晚期甲骨文是汉字最早期发展起来的视觉检测型文字。原始书写适应机制、视觉检测需要的契刻特征就是在当时社会最低限度物质条件下发展起来的书写知识，是汉字最初阶段上的文字意识反应，与原始社会的环境编码水平相一致。

二、金文、单苞执笔绘画性书写手势

随着社会历史进程中钟鼎生产技术的发展，钟鼎很快作为书写材料替代了兽骨。在这一富丽堂皇的书写材料上进行文字活动，其目的意图、书写功能是相当特殊的。一是记述事件的重要性。二是人们在历史上最昂贵的“纸张”上，其文字活动的心理加工，必须在最大范围上适应这种特殊纸张上的工艺审美需求。三是钟鼎制作过程中对文字图像的可修正性。金文活动的事先安排与甲骨文中的绘画图像的加工心理不同。金文已巩固了纵向文字排列、纵向行列从右向左排列的文字布局活动秩序。但是，为了使记述内容能流芳百世，人在书写前的规划、安排非常周详。在与该书写环境相适应的绘画性布局中，钟鼎在前书写文化期的传承和发展中出现了新的书写文化增长点，利用制鼎技术，人首次有条件可以用绘画的方式，大幅度修改和提高文字视觉观赏式样。如在“马、羊、鸟、鱼”等文字结构上，人可以尽情地描绘，精细加工，使其更加惟妙惟肖。显然，钟鼎材料的质地实在太昂贵了，它给古汉字活动带来新一轮的绘画创意，这一最大、最贵的书写材料满足了人的绘画欲望。因此，金文的文字再认倾向是绘画图像，侧重于甲骨文绘画图像心理材料的保存。

钟鼎空间环境对文字书写手势的启动。钟鼎是汉字书写史上最昂贵的大尺幅规格“纸张”，人们在钟鼎上进行文字活动时，它不可能放在书桌上书写。为了适应在制鼎胚模上书写，人整体书写姿势又根据铸鼎坯具不同而变化，人书写时的整体姿势处在一种不确定性之中。根据对金文字径大小的统计分析，金文是一种放大的甲骨文字体，一般在 1 寸半、2 寸见方的书写活动区域内活动，人依靠指动式单苞手势已不可能涉及这一活动大小范围了。因此，金文手势在适应钟鼎大书写空间环境活动时，人的上肢机体能动地进行了自我放大调节，它放开了上肢大范围活动的生理关节。这一单苞书写手势我们并不陌生，这就是我们当今所见到的西洋画中的执笔手势。该文字活动过程中上肢书写动力中心②从隐性生理存在向显性生理活动转换，处在不规则活动状态之中。这种书写与当代绘画活动相一致。因此，我们把这一文字活动现象称为单苞绘画性书写手势。

钟鼎文是一种纯绘画性文字活动。在这一大千世界中，在不同等级社会地位所持有不同等级钟鼎器皿上，形成了金文在一个不定大小的绘画性书写空间上进行各种书写布局的自由表现。金文的书写意图标志着古汉字的绘画艺术开始向一个更高级的水平发展。因此，金文中出现大量精致的绘画图像现象并不是偶然的。金文布局有各种不同的文字等级水平，它既有字、画并重的文字结构，也有各种非绘画图形的抽象文字结构的布局处理，该文字体系与当时中国社会七国并存的动荡局面、各地域文字活动观念相一致。因此，金文是古汉字早期阶段上绘画性放大，属古汉字体系中的绘画活动体系范畴。

三、小篆、跪式垂掌单苞书写手势

秦代，人对小篆文字活动的书写材料选择，由钟鼎向普通石材转换。这一书写材料转换表明，社会环境编码发生了结构性变化，导致了人文字活动意识在三个层面上产生了相应的改变：

小篆文字的产生理念。小篆的产生有一个深刻的社会背景影响，当社会长期割据，人日常生活中缺乏统一的秩序；当社会生产力低下，人日常生活中的各种原始粗陋的物品交流缺乏统一的规制；当各地区文字结构长期分离，缺乏一种简洁、清晰的结构形态，一旦社会有能力统一这一混乱局面，那么，社会人的物质需求便向文化需求转化，稀少的、缺乏对称和整洁划一的图形，便成了当时统一古汉字时的社会心理需求。小篆正是出现在一个社会环境高度统一的大背景下，人对文字统一规范意识极强。因此，小篆具有当时社会正规文字的代表意图，是中国封建社会从低级向高级，与一个高度统一的封建中央集权的社会观念相符。

小篆属字义检测活动的文字布局类型。小篆作为古汉字活动的尾声，社会在精确定义古汉字字义时，不断向空间扩展、充实其图像语言陈述的表征内容。小篆书写策略空间的规模大小，主要是由字义检测内容扩充以及封建中央集权统一的规模意识这两方面因素决定的。因此，该空间与书写空间环境无关。在这一文字发展阶段上，视觉生理已基本废弃了绘画图像结构上的不确定因素，布局格式泾渭分明，纵、横行向间隔统一，该文字结构呈现出对称、简洁、整洁、明了的图形特征，它使阅读者身心两半的神经处于平衡、松弛的状态，经得起视觉生理的长时间使用。因此，小篆对钟鼎文绘画分散性文字活动具有收敛意识。

秦代社会环境对小篆文字活动手势的启动。小篆是在超大尺幅石板材料上产生的一种文字结构。在远古时代，人书写都是在非书写物质基础上直接进行的，它不可能事先在某一容易书写材料上写好，再印刷到石板上进行契刻。根据当时的社会生产力水平，这种大尺幅石板书写材料不可能放在书桌上，也不可能竖立起来再书写。它只能平放在某一空地上进行。人的身体总是本能地适应各种特殊的书写物质要求，积极调节躯体，寻找躯体在自然状态下的书写适应性——

跪式垂掌单苞手势。因此，每一后续书写运动方式总是在同一系列的先前经验行为的控制和指行下进行改变。跪式垂掌单苞既与钟鼎绘画性单苞执笔手势相一致，又与当时社会日常生活中跪席礼仪姿势相一致，与人当时的生活习惯相符。跪席书写是当时人最直接、最自然的选择方案。该方案无意中避开各种绘画性场合不规则躯体协调的欠缺，是当时社会一种相对稳定可靠的书写适应机制。

小篆书写适应机制的最大特征就是在书写面上空呈自然下垂态势。在严格文字活动区域内，该书写动力中心①②形成了一条生理垂直同轴线。在自动开启了各关节生理旋转的书写放大中，两种关节转动成分交替启动、自发组合，产生两种线条结构成分：一种是葫芦形线条，这一线条是由手腕关节转动、书写动力中心①发动。一种是严格平稳的线条，这一线条是上肢生理自动锁紧了腕、肘关节，由书写动力中心②发动。小篆带有封闭运动链成分的曲线和开放运动链成分的直线，就是由上肢转动本征结构不同转动中心的分段组合。这一书写经验组合的最大特征是，书写转动与书写面相互平行。

小篆文字线与线之间相邻空间的间隔大小，就是由当时社会文字意识中的绘画因素所决定。在这一文字发展阶段上，视觉生理已基本排除了文字绘画图像结构上的不确定因素，布局格式经纬分明，纵、横行向间隔统一，稳定可靠的跪式，使得垂掌单苞执笔手势的生理转动处在自然放松的最佳组织状态中，而严格文字活动区域既是对书写行为的一种限定，又使这一书写机制处在精确的平行圆弧活动能力的范围，导致了小篆结构上平稳、匀称、对称、略微修长、带葫芦形视觉检测特征的有效产生。小篆对钟鼎文离散、绘画性图像具有收敛倾向，是古汉字中最佳视觉检测型文字。反之，最佳视觉检测型文字就是古汉字最理想的书写模式。

小篆文字结构与跪式垂掌单苞手势严格匹配的。虽然，有些小篆字形如“仁”字，它的纵画与横画之间空间布局结构根本不成比例，不管它看上去如何偏离了正常位置，但是，当人在审视它时，只要这一手势顺着该结构一比画，这一结构便变得平稳、合理了。这就是该书写手势在发生作用。它使得一个视觉上不正常的结构从书写活动的角度审视时中，变得合理了。小篆文字与前文化期古汉字形成了强烈的对比，其结构变得更紧凑、平衡和抽象。小篆的曲线真实线条应该是十分飘逸，遗憾的是小篆经过了石刻，线条反而变得呆滞了，结构变得僵硬了。今天我们已看不到它的真实面貌了，但是，在敦煌石窟壁画的佛像服饰线条上，还可以看到这种线条影子。

小篆书写策略空间对书写动中心①的启动是有限的。这是一种不存在汉字笔画形态、处在书写门槛边缘、初步组织化的内隐性书写知觉整体[①]。该内隐性书写知觉整体就是人对毛笔圆弧处理的理解，用平行圆弧的处理方法来解决方块汉字结构的书写，它完成了古汉字从起源到形成，上肢生理从小到大、单线结构圆圈放大的全过程。于是，“篆字难成”的原因找到了。小篆书写组织经验的本质是书写心理第一反应和第二反应的叠加利用，书写负向联结在完全失去书写效率的情况下，与日常书写的文字表达原则发生了矛盾冲突。反映了早期汉字活动中，从一个本能书写雏型结构向一个绘画性视觉检测结果发

---

① 所谓的内隐性就是指书写肌群的一种高度自动化的、无意识状态下完成的运动。这种生理上的自动程序往往很难分解并用语言来陈述，因而书写手势乃是书写经验中的一种生理组织、结构。人往往对某一图像具有娴熟的操作水平，但仍分不清该操作是书写性态还是绘画性态。

展中，由上肢生理自动放大而导致了书写的极端化表现。小篆具有甲文书写线条内隐性连接放大的本质性特征，是古汉字视觉检测感觉模式长期传承、发展的结果，是古汉字阶段上由绘画性视觉检测的潜意识发展所产生的“最高级”书写活动。揭示古汉字书写具有如下意义：(1) 整个古汉字书写组织活动意识与当今世界主流文字活动是同构的，是同一组织意识的活动体系，即总体书写概念。(2) 只要“篆字难成”的书写原因没有找到，不论汉字发展处在哪一阶段水平，上肢书写自动放大都可以把以前没有解决的书写问题，作为现阶段新发现书写成分或经验，再次添加到汉字发展的经验上去。

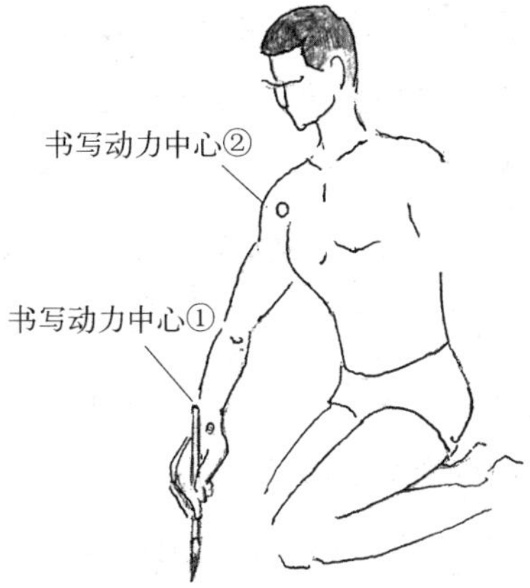

图 3-8　小篆书写执笔手势图

小结：古汉字是以图形编码形式为主线发展起来的一种文字结构。从甲骨文到小篆的整个过程，也就是人紧紧依靠社会历史环境中“甲骨、钟鼎、石板”的书写物质条件，从绘画向视觉检测型文字发展过程。古汉字向我们陈述了早期汉字以听、读、看生理组织起来的文字感觉模式，它向我们传达、记录了古汉字创造在知觉、再认和回忆过程中，字画分离的发展阶段性及其性质：视觉对有用图形进行积极的组织和探索。在远古历史社会环境中，汉民族积极探索绘画图像作为文字，对一些事、物绘画“母形”结构不断实施简化、分化、组合、补足、分离、抽象，最大限度提高了汉字图像结构上拓扑变化、笔画的根数差异、线条的方位差异、封闭结构的有无、线条或图形的镶嵌等元素作为文字意象表征。集图像与语言联结上的最佳方式于一身，使得各种最有益、最通用的视觉活动元素都具有汉字的字义表征和识别功能。因此，视觉在把握和完善汉字结构确切形状的工作任务是长期的，它不可能一次就完成，而是需要多次，具有连续性和一定的继承性。视觉检测生理就像一个网状筛子，对古汉字结构进行一遍又一遍的梳理和筛选。这一梳理工作以绘画图像为基础，它每一次偏离母形、作出新的变形尝试都具有不确定性。但是，在以文字概念为前提的大背景中，不断排除各种绘画性"噪声"的干扰，从中选择和挖掘既有字义表征，又有对视觉生理相适宜的检测特征图形，并组织在一个统一规范结构之中。因此，小篆是人的视觉生理在长期社会历史文字意识冲压下，积极探索和选择对视觉生理先天遗传有益图形，在长期的文字实践活动中，对检测优势效应现象的图形的积极应用和长期进化的结果。

在社会历史进程中，汉字从表形、表意到表音的外显结构上，都具有人所熟悉的社会环境来源上的视觉图像成分和长期记忆的社会语言成分因素。以视觉、语义和语音的交叉使用，通过"三表六书"结构的表达方式来弥补汉字图像上的声像功能欠缺。在有限空间内，实现了以视觉生理反应相适宜的文字结构。因此，在每一个古汉字的文化内涵上，它不仅具有与实物世界直接"碰撞"中相互分离的识别功能，还有加深字义认知、理解的记忆功能。随着社会环境随机序列的发展，社会环境编码越严密，对新生事物的活动分工越来越细，人对这一文字图像编码的精细化程度要求也就越高，它导致了人对汉字图像进行更深层次的加工。通过对前文化期古汉字不断矫正和弥补、增生和改造，不断完善古汉字的科目编码的（手、心、足、水、禾、米……）精细体系，强化了古汉字对社会、图像和意象这三者关系上的黏合性和系统性。在经历了长期而复杂的整合过程，一直到小篆的出现，人们才算找到了解决汉字图像编码的最佳适应性方案。

小篆文字建立了540个部首，9 353个不同字义、不同拓扑结构性质差异的检测文字图像。该图像编码文字对科目分类越来越精细化，人对字义的提取效果和精度也变得越来越优异。社会对汉字字义提取也日益呈共性趋势，初步健全了当时社会人在自然世界、生产劳动、日常生活和精神文化等各领域内使用的文字，创造了人类文字史上以图像编码为文字体系，以满足当时人对统一汉字图像的使用需求，并向更为普通一般的文字使用方向发展。小篆初步健全和完善了一套具有视觉、听觉、语言生理功能的文字结构。一种视觉生理适宜、字义识别迅速、记忆理解可靠的长期记忆的古汉字诞生了。因此，整个古汉字的工作任务就是摸索以图像编码作为文字表征的可行性。

小篆是先人视觉思维活动的结晶，是人类文字图像活动视觉经验的经典和典范。古汉字创造过程使得视觉对离散图像处理走在人类认知发展的最前列。因此，汉字结构上的视觉检测性特征具有高度的科学性。当“绎山、会稽”两碑耸立在泰山之巅时，小篆等于是在一个迷混的社会体系中创造了一个有序世界，在黑暗和混沌中创造了光明。它向全中国宣告，一个新的社会秩序从此诞生了。今天，我们对古汉字的视觉思维问题略有涉及，随着视觉生理对离散绘画文字图像的改造、规范的探讨深入，古汉字必将迎来一个全新的研究领域。

小篆属非终止型汉字结构。所谓的非终止型结构就是人对汉字刺激图形的确切形状不能完全把握。视觉是有选择性的器官，在以图形作为文字概念的视觉选择过程中，最初，视觉注意力总是指向其最喜欢、最适宜的图形，以及该图形与语言间的活动平衡关系作为文字结构的选择。因此，古汉字文字工作执行模型所反映的是，人对汉字图像的认识还处在初级发展阶段。对一个图形的筛选，在进化为一个更复杂、更高级、更抽象的古汉字结构时，一方面，对“字义”认知精度的发展中，它不断向书写空间提出诉求，以扩大字义正确表达的适当空间区域；另一方面，文字本身在书写空间群集过程中，视觉检测心理不断要求文字在该空间区域内进行有规则活动。因此，对整个小篆活动性质的功能及其性质的评价，对它的图像属性而言，小篆已初步完成“字画分离”工作，该结构上的图像编码问题也基本得到了解决。但是，该图像上的书写结构特征尚未被人知觉到，小篆还没有进入书写活动发展阶段，因此，该图像结构上的绘画冗余成分还是太多。只有当人的文字活动从非现实书写空间向现实书写空间转换时，该文字结构将再次受到书写生理的压迫整形，只有在真正完成书写结构时，才能说是汉字终止型结构。因此，小篆具有汉字视觉图像编码上的终止型、书写程序编码上的非终止型汉字结构特征。

小篆对后世社会汉字发展有着深远的影响和意义。小篆作为绘画性文字图像，后世对小篆文化的选择具有淘汰和非淘汰的双重标准：对社会整体性汉字发展而言，小篆很快被秦隶取代，小篆图形在后人的书写活动意识中早已被彻底淘汰了。但是，当人停留在绘画活动意识上时，小篆文化形态并没有被淘汰，这一母形结构一直在社会上繁衍、变化，在印章、条幅等人文观赏领域中而生存。小篆对视觉审美艺术活动也具有深远的意义。因此，在汉字的历史发展轨迹中，存在于文字使用意识上保留和放弃的两大人群的明确区分：如果我们选择了书写，那么我们势必要放弃小篆文字形式。如果我们选择了小篆文字形式，那么我们势必就要保留它的绘画活动因素，对这种图形上的各种文字造型艺术变化感兴趣。如果这一观点得到社会的承认和支持，那么这将首次改变我们长期以来对传统书法文化评价的刻板态度。

自小篆在社会历史过程中被淘汰之后，小篆文化便在社会历史部分书家中，在次一级文字活动领域中得到保留。这一保留并不是因为它含有多少书写技法的内涵或真谛，而是人对古汉字中视觉活动经验在起作用。他们的探究为我们提供了古汉字书写中的视觉思维经验、为社会提供传统文化的审美修养和审美享受。当今我们所看到的所有后续古汉字书写，都是受过大量适应良好训练和协调完善的"圆圈放大"运动反应的系列。因此，这一活动与汉字书法活动没有直接关系。

书写心理第一反应和书写心理第二反应通过意志叠加强化，就是小篆绘画性视觉检测文字图像产生的原因。为此，我们把小篆书写现象定义为"书学行为①"。该书写心理发生在历史社会书学活动的最早期。它从一开始就隐伏汉字书写文化中，并在以后汉字发展的任何历史阶段、在每一个体的书写心理中，不断交叉和再交叉。小篆文化现象是绘画性视觉检测心理的经典，我们把古汉字文化的最终代表小篆、第一次视觉操作书写放大的经典现象称"历史性一次"。人早期的书写活动都是按照其视觉心理起源，以及由该社会背景的这一书写经验来理解的，只要历史性一次的书写文化性质问题没有被究明，只要人的文字意识在其自身的社会历史环境中，没有足够的压力迫使其达到书写"意识阈限值"，那么，在以后的社会历史过程中，这一文化心理因素将一直推演并发展到 n 次，延伸到整个汉字书写文化的每一活动系列之中。

根据社会历史上书写物质材料出现的前后顺序,甲文就是古汉字的文化物种,金文和小篆是由这一雏形书写手势演变而来。由于古汉字的书写物质材料太原始,对于古汉字结构变化而言,人上肢生理随机适应机制并不需要任何明确的书写意识的存在。每一时代的古汉字书风,都只是社会书写物质材料的性质和社会文字意图体系相互作用的一种绘画结果。

小篆书写手势结构是一种中性结构,虽然,小篆书写手势结构被历史遗忘了,但是,这一结果所开启了书写动力中心①②两种生理转动成分,在以后社会中不断有人在使用。当汉字经历了一个盛世书法期之后,处在节节衰退过程中时,这一原始本能性书写手势就是长期隐伏在整个历史长河中的一种无意识书写的运动向量。因此,长期以来人对书法的理解,小篆书写文化心理起源一直都没有改变。对小篆书写功能及其性质的清理具有这样一种社会意义,它把我们过去社会汉字活动经验中书写和绘画的传承线路这一基本性问题挖掘、区分开来,沿这一活动线索深入探讨,整个汉字书写文化的探究将别开生面。为此,我们努力勾画一种以书写生理为主的、更为精准的汉字文化发展史理论。

第四章　汉字的书写起源

第一节　秦隶属汉字书写性态滋生期文字结构

小篆向隶字过渡，是汉字从纯绘画性视觉检测文字向书写性文字转型的过程。古汉字进入尾声，新的书写性文字秦隶逐步兴起。因此，秦代社会使用了两种文字：一种是正体，社会上层公文式文字，即小篆。这种文字是专门记载社会上重大记事，以流芳百世。一种是社会下层民间使用的文字，即隶字。据史料记载，隶字因“秦之末，刑峻网密，官书烦冗，战攻并作，军书交驰，羽檄纷飞”而兴起[①]。秦隶字是一种民间记事文字，它从军事到牢狱、医学处方到日常琐事，在社会各领域有着广泛应用。显然，由于社会环境编码的增生，使得每一个体既面对一个共同的文字活动的历史主题，又在不同社会环境中，产生

① 请参考《非草书论》。

了不同的联系和保留方式。古汉字发展开始出现了历史性分叉，一部分由社会上层文化阶层保留，另一部分则由新兴文化阶层，在新的书写环境中推导出一种别样的文字结构——隶字。

一、秦简制作的社会思考

秦简产生的社会情景假设之一：两军对峙、战火紧急，在适应文字记录的书写材料没有的情况下，人首先想到用什么其他材料来取代。假设之二：当社会生产力发展到一定规模，各行各业文字使用已相当频繁。在书写物质材料严重匮乏的古代，人对书写材料便有了新的思考和要求：(1) 它必须是廉价材料。(2) 它必须适合文字群集，以便扩大记录和保存，增进社会文字信息的时空传递。这就是一种社会环境刺激，导致和激发了社会对“简”的制作思想的产生。结合当时社会的生产物质水平，一种半原始性书写材料“简”产生了。因此，简就是当时社会环境编码增生的产物。

简的设计制作的初衷并不着眼于对小篆字形结构的改变，而是致力于对社会书写材料的改进。简设计的主要思路是书写布局小型化，这是一个与前文化期纯策略性书写空间完全相反的思考，该策略空间有两个突出特征：一是文字活动限定在“行向容限书写活动空间”内。所谓行向容限书写空间就是最大限度地压缩空间，把文字压迫到最小活动极限，是一种最小单行书写空间。二是文字群集时的时空容量变大。简的横向并联形成“卷”，卷可以根据文字记载的实际容量需求，自由伸缩书写空间大小。卷解决了汉字群集的实际容量和随时阅读、长期保存等诸问题。因此，简随着社会文化信息量和文字使用频率的增加，它适合社会大多数人日常实际书写活动的心理需求——适应文字群集、便于携带、能长期保存等——而专门设计。简预先设定了行向容限空间的大小，省去了布局活动的事先构思。竹木这种低廉的物质材料，不存在文字契刻加工的视觉心理压力，人们能够以平常心从事书写。综合上述诸文字活动特征，我们把秦简空间定义为“日常书写空间环境”。

秦简是汉字书写史上第一次真正意义上的日常书写空间环境。简的发明、创造导致了古汉字结构出现历史性分化。因此，简的出现具有一定的历史必然性。虽然，随着纸张材料的出现，简在历史上很快消失了，但是，简所创立的汉字书写活动环境，已成为汉民族日常文字活动上须臾不能离开的活动场所，是一直延续至今的汉字生态环境。

二、秦简环境中的三条汉字书写活动边界

每一种文字都有一个与自身文字活动相对应的生态环境，该生态环境就是约束自我文字形成时，产生视觉和书写在生理检测再认统一的结构性平衡点，有一种充分适应这一平衡点产生的文字活动区域边界特征反应。

由于每一社会的环境编码水平不同，产生每一种文字结构性平衡点的边界特征就不同。我们以英语书写学习为例，英语书写活动区域的边界特征是非物理性书写边界，该行向活动边界犹如五线谱。由于视觉再认检测需要，它将字母 a、c、o 的书写控制在中段子区域活动，字母 p、g、b、d 的书写控制在中下、中上两段子区域活动，而字母 f 可以跨越三个子区域活动，在字母与字母之间，还有一条纵向边界加以分隔，形成每一字母的书写子区域，以适应视觉对每个字母的检测需

要。这就是英语社会、人文字活动时的全部书写边界特征：在上、下横行向边界内部，存在三条文字意识活动边界。当我们在书写外文时，面对一片空白的书写材料，人脑海中会呈现出该文字活动相适应的所有边界特性，这本身就是对过去文字活动反应的组织经验方式，在当前文字活动中的一种重复回忆。

世界主流文字活动边界基本上是两维平面边界，这些文字间结构性区别，只需要在书写时改变每一种文字意识活动边界就可以。因为世界主流文字的书写匹配只需要控制在两维平面边界内，跟踪书写参照系转动轨迹，书写活动就会自然而然地产生。这与它们的文字结构、书写工具和书写生理转动特征相吻合。外文中第三维书写活动边界基本可以忽略。因此，世界主流文字是二维活动边界。

与外文书写线条相比较，汉字是毛笔书写，它有笔画形态的特定特征。这些特征表明，该文字背景上书写工具特性和书写手势转动配合，与书写面之间并不严格平行一致，汉字是三维活动边界。在这一特定边界区域的生态环境内，有着汉字活动的严格规则。它需要前二维书写边界的紧密配合，才能在第三维活动边界上产生书写手势匹配的意识反应。因此，汉字是三维活动边界，而第三维活动边界就是人的书写活动意识本身。

汉字三维边界与书写匹配关系极为复杂，汉字书法活动就是该边界条件特性在起作用的情况下产生的。因此，汉字书写活动反映在组织经验方式、对当前文字活动重复回忆时，有制限自身文字活动的规范、特定边界文化内涵的标准。有了这一标准，就有产生汉字书法活动意识反应的条件。当今我们揭示汉字活动中所隐伏着三条文字活动边界的目的，就是对当时人在组织和创建汉字活动规范和经验的回顾和再认。它与传统书学活动中的米字格和九宫格是完全不同质的概念，它是汉字活动的生态环境。因此，汉字书写边界概念的引入，就是对汉字书法活动条件概率的细则化。揭示汉字活动三条文字活动边界特征，从现今反推过去，是朝向揭示汉字书写起源，先民对汉字书写认知发展的关键性步骤。

（一）汉字书写活动边界理论

简是当时社会的一个特定书写活动区域。在该文字活动区域内隐伏着三条汉字活动边界，即纵行向容限书写边界、社会文字意识活动边界、书写活动边界。首先介绍三条汉字活动边界上的书写文化内涵：

纵行向容限书写边界。简是由竹、木等制成的书写材料，该书写材料上的边界特性有两点：一是它只能容纳一个汉字进行书写活动，二是该区域的行向边界是一种物理刚性边界。简书写区域内的书写容限性和刚性特征决定了它对古汉字横向活动控制特别严格，具有强制性抑制作用。它容不得主体在书写时有任意篡改和越位，书写手势必须在这一边界作出停顿或转折。而在纵向活动控制出现相对松动现象，在该书写区域边界上，是一种可逾越的书写现象。特别在书写加速时，在纵向上的连续贯通现象就特别明显。因此，简的物理行向边界有其特殊性，它是人类文字活动纪律最严厉的一种边界。从现今所使用的汉字结构上我们可以发现，当时人们受秦简纵行向边界的制限，对汉字方块结构规范上所作出的贡献。如果当时的秦简是以横行向排列使用的话，那么，我们可以想象，今日汉字势必就会作出相反的结构变位，是一种纵向活动严格限制，而横向活动松弛的书写文化现象，与世界主流文字书写现象相一致。

秦简的出现对古汉字绘画图形的书写整压、秦隶结构上书写性态的滋生起着至关重要的作用。这条边界具有汉字生命纽带的作用。因此，我们把这条纵行向容限书写活动边界定义为“书写边界①”。

社会文字意识活动边界。在简的文字活动区域内，还存在着社会文字意识活动边界。社会文字意识活动边界就是在一个文字活动区域单元内，人根据汉字三表六书陈述结构的不同组合，再划分成若干个大小不等的子区域。由此产生了相邻子区域间的边界划分问题，这些看不见的隐性边界就是依靠人的文字意识进行定位的，根据每个汉字三表六书的结构组合不同，在书写活动时，在其区域内部再进行细分。因此，社会文字意识活动边界与物理边界不同，该边界不是依靠物理固体强度而论，而是依靠人的社会文字意识，依靠社会文字纪律的舆论监督进行巩固。

在汉字活动区域内，每一个体在把握社会文字意识边界的固性强度上存在着差异。该差异存在取决两个层面的原因：一是社会对汉字书写文化传承上的教育强度。二是书写文化上的个性表现强度。当社会人在学习汉字活动过程中，人拼命地维护、巩固它。因此，当社会文字意识活动边界强固时，它可以比任何物理边界都强。当社会对文字意识边界的认知水平得到提高、巩固后，人在文字活动中对该边界的固守水平却呈下降趋势，出现了随书写主体的情感意志和志趣水平而决定。人的文字活动呈现了普遍的弹性、流畅性特征。根据社会文字意识边界的特性，这一种无形的，带有模糊地带的边界又演变成人文边界，人可以固守其边界，也可以随情性变化跨越或移动其边界，草书就是一例。

对社会文字意识边界的历史统计表明：社会文字意识边界的组

织水平与社会文化教育培养和人的个性特征密切相关。对社会历史的长期统计表明,社会人对文字意识活动边界的固性强度,与汉字书写起源随时间呈反向活动规律,当整个社会的文字意识活动边界呈衰退趋势时,任何社会舆论监督和规定都不起作用。显然,这是一条随人的文字意识活动变化而变化的可移性边界,是一条带有模糊性地带的文字活动边界。

汉字社会文字意识活动边界特征,形成了中华民族特有的书写文化气质:该边界与人类主流文字活动有着质的不同。外文是单向行气行为,而汉字在每一个书写活动区域单元内,存在着左、右、上、下各种不同书写行气组合的复合性行气行为。在这一复合性行气中存在着汉字独有的书写文化精度。因此,我们把汉字书写活动区域单元内的社会文字意识活动边界定义为"书写边界②"。

书写活动边界。书写活动边界就是由书写面本身构成。该边界强度是随书写边界①②空间压迫强度变化而变化。在书写面的不同边界点上,人对其书写压迫强度不同。因此,它是一条汉字书写性态起因性活动边界。当人处在书写空间环境下,书写心理效用函数由变数向常数转换,书写生理处在优势转动的激活状态,书写生理与书写面间形成随机压迫关系,此时,书写面便形成书写活动边界。当书写边界①或②发生变异,人对书写边界①的超越或对书写边界②的无限逾越,都将导致书写生理对书写面压迫"力"的式样变形,书写边界将逐步消退,由书写压迫向绘画活动转型。因此,该边界对书写笔画的压迫强度与上肢书写生理随空间大小变化的书写心理效用函数{ui: I=1、2、……、n}关系密切。我们在论述小篆文化功能及其性质时,只提社会文字活动区域,而不提纵行向容限书写边界和书写活动边界就是这个道理。因为在小篆活动区域上，该文字活动边界属绘画活动边界。

书写活动边界是一条与人的书写生物力学直接发生作用、具有汉字书写文化知识内涵的边界，即与毛笔、书写面和书写生理这三者间的相互作用关系。该边界强度受书写边界①②所组织区域的空间大小的冲压而变化。在简的历史性书写空间环境中，人的书写生理转动得到启动。书写生理是一种专门性书写适应性器官，该生理转动的特殊性在于，它与书写面之间存在一种随机稳定的压迫力，并呈现出一种特定的转动频率。从一个起始点出发，在受阻力之后，最终都会恢复到原来的状态，如硬笔活动中的0书写就是一例。因此，简区域内的书写转动都不是任意的，而是有特定转动的节奏和频率。这一特定转动的节奏和频率所产生的阻力大小，就是秦汉字笔画形态产生的原因。

历史上，汉字书写性态的滋生取决社会环境的启动。人在这一环境中潜意识地利用了书写核椭球体的双轴交替连续转动特性进行书写(在以下章节说明)，出现了书写生理转动的激活。这种转动状态长期有规律地频繁出现，引起了人对这种书写行为的注意。早期，人们把这种书写肌群冲动所产生的节奏与势能称为“八分”。以后，在魏晋纸张书写环境改善的进化过程中，随着这种书写上随机稳定的、有规律的势能特征被感知，它又被解释为一种“韵”。在唐代，它又被世人抽象为“道”或“法”。人在书写过程中潜在地利用书写生理转动上相互背势转动特性，在避开或越过书写边界①②的过程中形成了书写技法。因此，书写面所构成的是一条书写技法活动边界，我们把该边界定义为“书写边界③”。

简区域内的三条书写活动边界各有其自身的文化内涵，而不同文化内涵的边界作为一个书写文化组块，构建了每一历史时期的汉字生态环境。对汉字书写区域上三条边界特性的描述，就是为了对汉字书写生理结构形态的进行定位描述。因此，历史上，汉字书写结构存在着准现实性、现实性和非现实性的种种过渡和演变。各种书写空间结构的性质将决定书写区域内每一边界点上的障碍究竟是来自社会传统书写文化心理上的“现实性”，还是书写生物物理认知心理上的现实性。秦简的三条书写边界所构成的就是一组书写生存元，这一书写生态环境导致了古汉字文化基因发生突变，而它的长期行为则预期了汉字初级书写活动程序编码的滋生。

（二）秦简文字活动区域构成了一个历史性汉字初级生态环境

导致古汉字文化遗传基因发生突变的原因，是简书写空间环境对汉字书写生理的启动。该区域上的三条文字活动边界的文化内涵的综合属性，便是一个社会书写文化基因转移的行为向量。因此，秦简三条边界既是对前文化期的传承，又是以后书写文化期中，汉字书写性态变化的函数关系。我们把前、后书写文化期的传承转移概率用以下公式表示：

$$Ai = Bi + \sum wj \cdot Sji \cdot (h)$$

式中，行向量 h 值为书写文化转移矩阵。在历史时刻 T 状态为笔法 A 的状态下，到时刻 T + 1 转换状态 A′的书写文化转移概率为：h = {S1、S2、S3}前书写文化行向量指标与{S①、S②、S③}后书写文化行向量指标之间的一个历史性线性变换。式中，S1、S2、S3 和 S①、S②、S③分别代表前文化期的绘画边界和后文化期的书写活动边界。

分析一个社会的自我文化形态和前文化组块基线水平的联结，集中反映在每一种书写文化形态行向量特征值上的线性变换上，这一线性变换反映了一种书写文化向量。秦隶的意义在于，该环境行向量是一个汉字书写的生态环境特征值。其中，边界行向量 h = {S①、S②、S③}就是简空间上的三条边界文化内涵的正交基底。S①、S②为线向量，也就是视觉地图位置编码文化向量。S③是 S①、S②垂直相交的书写活动面向量。设：落笔书写一“点”为 0，以 0 为原点和一个正交基底{S1、S2、S3}建立起坐标系{x，y，z}：

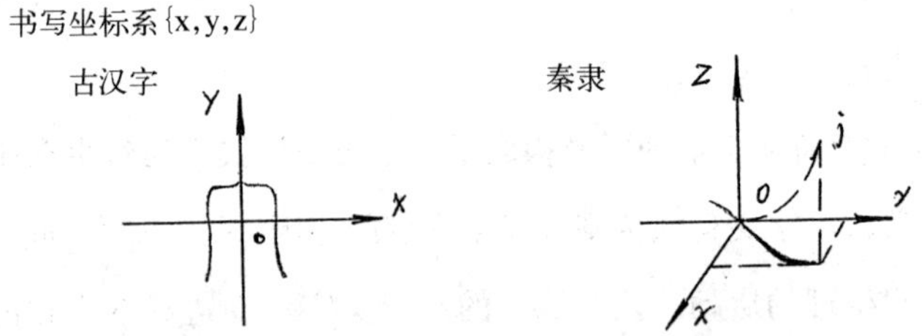

图 4－1

如果三个基向量 xoy、yoz、zox 平面相互垂直，并交于 0 点，我们把空间直角坐标系看成是书写运动向量坐标，是书写空间上的笔画维度变化反应。如果三个向量 S1、S2、S3 共面，不能构成书写空间上的一个基底时，它的书写空间上的笔画维度为 0，这一空间坐标系模型就是绘画运动向量坐标。小篆无“点”笔画书写，也就是说，三条边界的文化内涵构成正交基底在 z 轴维度上不发生变化，是一个书写活动上的空集，这就是小篆绘画性文化特性，它的线条是地图位置编码。秦隶点笔画为零向量，零向量的方向任意。书写由点而成笔画，它可以分别与 xoy、yoz、zox 各种平面组合相正交。因此，该坐标系是汉字书写功能的解释。点笔画零向量可以与任何向量共线，也可以与任何向量垂直。点笔画在书写中出现的共面与不共面特征，这就是视觉生理与书写生理相互平衡的书写双任务操作特征。因此，我们把 z 轴上的 j 变化理解为人的书写运动向量。汉字三条文字活动边界既同处一个平面，又非同一平面。这一现象可理解为上肢生理随简空间环境结构变化在其书写行为上发生作用。

因此，当小篆{S1、S2、S3}向简的书写活动区域内转移时，那么，它的长期行为便向{S①、S②、S③}转换，成为秦隶书写笔画滋生的一组书写生存元。该生存元中三个向量都不共面，是简空间上的一个基底，此时，S①、S②、S③都是非零向量，也就是它的 z 轴一直在变。上式可知，秦简文字活动边界所构成的是一个历史性汉字书写生态环境。在古汉字与秦简书写文化转移过程中，在一个长度为 m 的历史集合中，社会环境编码对书写生理的启动，逐步形成两种空间文字活动的线性变换，它通过拓扑变换的一一对应关系，重建了小篆“三表六书”结构。因此，秦隶三条边界向量都具有自身单位文化权重。它的每一边界运动状态都打破了小篆的活动规则，形成一种新的书写文化平衡集：(1) 书写边界①随社会环境编码的增生，分裂成书写空间环境和非现实书写空间环境。(2) 社会文字书写边界②在书写行为意识的冲压下出现了新的位移，由古汉字“线与线”之间的绘画间隔意识向书写活动意识转换，形成了新的社会文字意识边界。(3) 书写边界③由边界①②变动而来，它将直接影响到汉字书写基底的基变换和坐标变换。因此，在策略空间环境中，古汉字文字活动边界 S1、S2、S3 向秦隶文字活动边界 S①、S②、S③变换。可以平行地定义，从绘画向书写转移，秦隶得出的是一个书写特征值。因此，秦隶是一个有限基，并在一个有限维线性空间中得出的是一个阶段性的单根，并逐步收敛于一个初级阶段的汉字书写“解”。

三、简空间环境对秦隶书写生理的启动

简制作的初衷只是致力于对文字记录的书写材料的改造。但与此同时，它又带来了一个新的书写启动。这一改变给古汉字发展带来了一个意想不到的结果，它使古汉字结构上滋生了书写性态。从而使古汉字从绘画性态向书写性态转化，初步形成了人类文字活动的共性特征——书写。因此，在秦代社会环境编码增生的情况下，一部分人在简的文字活动中，书写心理效用函数{ui：I=1、2、……、n}向书写生理常数转变，并逐步向一个专门性的汉字书写模式定型，知觉对象与书写生物物理、心理以及文化等诸方面发生联系。

（一）简对秦隶书写姿势的启动

秦代社会环境对隶书书写执笔姿势的启动。社会书写环境假设一：小篆的社会书写场景是，人恭恭敬敬地跪在石板上，书写完毕后，再由工匠契刻，以这样一种书写活动程序完成的。假设二：简书是一种手持单片竹、木简的书写法。秦简书写并不是我们现今想象的那样，用线索编扎好的“竹帘”，再把一张厚重的木质“纸张”放在书桌上进行书写。这种书写活动模式是以今人的书写活动方式来套古人书写的一种主观唯心主义观点。秦简是刚刚从古汉字书写演变而来，当时人们并不存在今天我们这样一套书写陈式。从敦煌出土的简书中发现了一册尚未编扎的竹简，从这一原始现象中我们可以推断得到有关判断秦简书写活动方面的有用信息。于是，我们产生了一个真实的假想，简书并不是编扎后书写的，而是以“根”为单位的书写法。根据

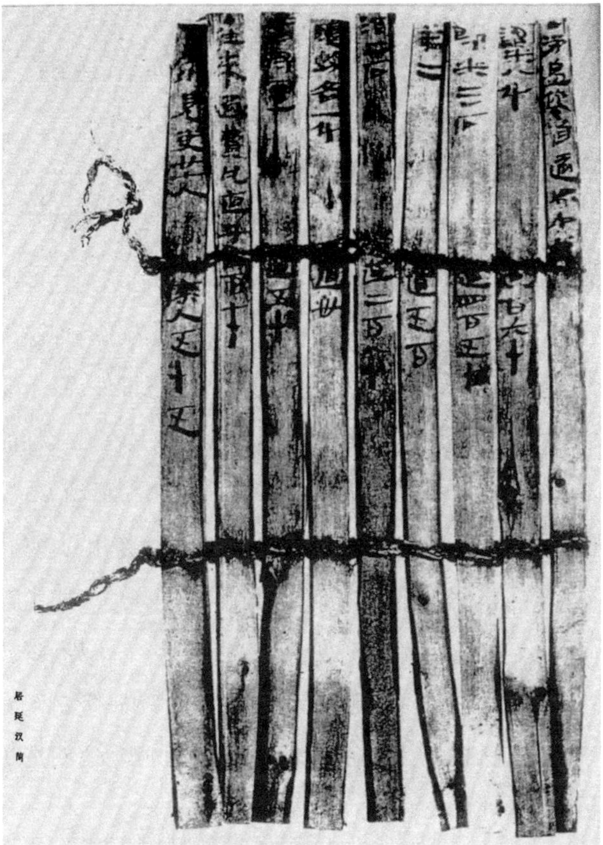

图 4－2

书写记述内容估算所需简的根数容量，写完后再编扎。因此，在考古出土中证明了这一书写行为的实际存在，出现了还有竹简尚未编上的现象。

秦简书写活动形式是十分自由和宽松的，简书是一手执简，一手书写的。它不需要空旷的大厅，也不需要固定的书写活动场所，它只要在房间的任意一隅，能放笔墨的任何地方就可以书写。它可以坐着书写，也可以站着靠在有光线的窗边书写。秦简书写活动方式是多样性的，这一书写活动形式符合当时社会生产力水平，是书写文化平民化发展的重要特征。尽管秦简书写活动具有多样性，但是，它有一个基本活动特征不变，即一手执简，屈肘书写的活动方式始终保持不变。根据这一关键性发生特征，我们可以想象这样一种场景：席地而坐，左手执简，把简放置到了人的胸腹前。右手上肢在适应这一书写环境中，肘关节自然弯曲，它再也不必像小篆那样，因为书写面过于低下而刻意垂掌挥毫。这里，我们并不是虚构远古书写事件，而是根据史实线索在处理和探寻一种事实，这种事实一般说来具有现实性的存在类型。在日本社会环境中，我们就看到了这一类书写活动方式。因此，过去书写经验和反应是由一种有组织的整体发挥作用的，它并不是根据当代书写模式，分别保持各自的书写材料特色，一个现代版的秦隶书写。那么，促使我们断定秦简就是平掌单苞执笔手势，该书写手势与简的文字活动边界之间究竟构成了怎样一种新的书写活动关系，它又是如何导致古汉结构字发生如此重大演变的呢？这就是断定秦简书写执笔手势的理论关键。

（二）上肢生理对书写动力中心①的自动调整

小篆是修长文字结构，它是在一个非现实书写空间环境中，由垂掌手势凭借着一个适度的策略性空间，优雅而从容地形成文字结构的。而隶字则不同，它是一种扁形汉字结构。显然，它是突然受到了一种外力的强制性冲压，迫使其书写笔触向简的两侧犀利而快速转移，使横笔画在简区域上出现空前密集排列。那么，在当时的社会环境中，是什么根本性原因导致了这一书写现象的发生，究竟是什么外部动力使得整个古汉字结构发生剧烈震荡的呢？这就是简对秦隶书写姿势的启动，由一个新执笔手势而导致简书发生了结构性突变：（1）书写面从地面提升到胸腹间，导致了肘关节的弯曲。（2）非书写空间环境向书写空间环境转移，导致了秦隶对书写动力中心②的自动锁定，开启了书写动力中心①转动。（3）小篆垂掌执笔向秦隶平掌执笔自动转换，导致了手腕书写转动与书写面间由原来的平行转动，向垂直压迫转动改变。当简的书写环境导致了书写动力中心②退化为零，书写动力中心①得到集中启动时，这就是当时社会文字活动上一件突发性事件，是一件书写活动上的限制性运动过程。它把上肢转动本征结构限制在以书写动力中心①为轴心转动的书写活动上，一种新的外力的强制性冲压形成了。古汉字结构开始发生剧烈震荡，秦隶横笔画在简区域上出现突发性空前密集排列，书写笔触向简的两侧犀利而快速转移，整个小篆被秦隶压迫呈扁平结构。这一现象并不是来自视觉活动的需要，而是来自书写结构的突发性改变，导致了古汉字结构发生新的书写分化。

（三）有关"书写转动本征结构"及"书写偏转角"理论

人类文字结构上的各种书写线条形态，都是人在自我特定社会书写环境中，手腕生理在某一行向空间内长期的定向转动冲压而成的。汉字也一样，秦隶是汉字书写性态的滋生时期，各种笔画形态的滋生，就是在简的环境中，手腕生理以一个具体而有系统的活动方式展开的。在粗略了解秦隶书写活动轮廓的意象之后，我们必须进一步对手腕关节的生理构造进行剖析，才能使我们深入了解秦隶结构上书写性态滋生的原因。

手腕关节由钩骨、头状骨、豌豆骨、三角骨、月骨、手舟骨、大多角骨、小多角骨组成。这七块小骨可以看成是一个关节椭球体，我们把这一关节椭球体称为书写核。书写核的远侧与手掌关节连接，近侧与桡、尺骨关节连接，该关节上错纵交织的肌群韧带使手腕关节转动变得十分灵活，转幅范围极大。因此，手腕关节不仅可以外展、内收，手伸、手屈，还可以做各种复杂的环转运动。虽然手腕转动千变万化令人眼花缭乱，但是，该生理的转动极限却可以用一个具体而简洁的 8 字形转动结构来抽象。

8 字形具有手腕生理全部有效转动，要使这一转动意象成为书写线条或笔画特征的具体展开，并最终形成书写操作概念，对手腕生理——书写核椭球体在空间中的定向转动特性的了解，就是一个基础步骤而具有书写生物学意义。

【定义 1】书写转动本征结构：在我们日常书写中，字母 0 是由手腕生理转动中的陀螺仪转动式样产生的。0 的书写既可以发生在书写核椭球体桡侧，也可以发生尺侧。当桡侧和尺侧 0 书写相互连接时，它就是手腕生理转动的全部——8 字形转动结构。

8 字形是一个完整的手腕生理封闭运动链。在手腕的外展、内收的作用下，书写核体位的转幅变化既可以产生纵向 8 字形连接转动，也可以形成横向∞字形连接转动。纵向 8 和横向∞是围绕着同一书写生理关节"要点"0 书写组织起来的两个转动极限，是书写核椭球体的外显活动轨迹。在这一外显活动轨迹上存在着不同的书写转动势能的分布。因此，不同的书写执笔手势就存在着对书写核椭球体的中段和两端、不同生理部位转动的专门性应用，产生不同"质"的生理转动势能。

图 4－3 的生理剖析和我们的实际书写经验表明，手腕生理存在着两种既可相互独立，又能相互联系的书写转动势能：陀螺仪式转动势能和钟摆式摆动势能，并与人类两大文字书写活动相对应，外文书

写是以书写核椭球体的陀螺仪式转动势能为主，汉字书写是以书写核椭球体的钟摆式摆动势能为主。

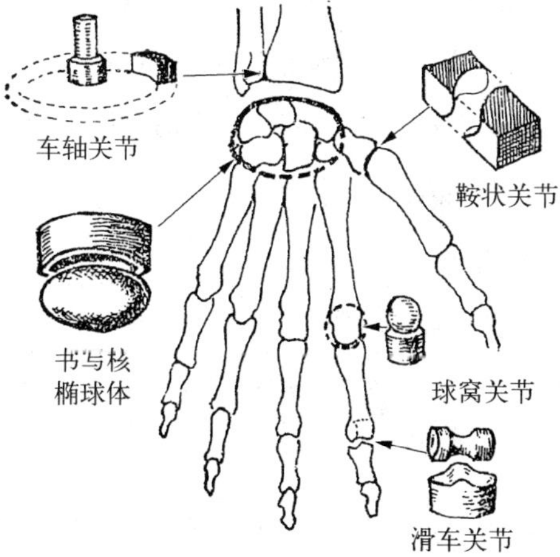

图 4－3

1. 以纵向 8 字形陀螺仪式转动结构进行书写。世界主流文字在各自特定的书写环境中，使用了书写核椭球体两端、以纵向 8 字形转动形式进行书写的，如英文主要使用的上局部 0 书写，阿拉伯文使用的是下局部 0 书写。当 0 书写转动长期固定在书写核椭球体的某一定点（桡侧或尺侧）上，并以各种顺、逆时针进行定向压迫时，便形成了今天我们所看到的英语和阿拉伯文的书写线条特征。

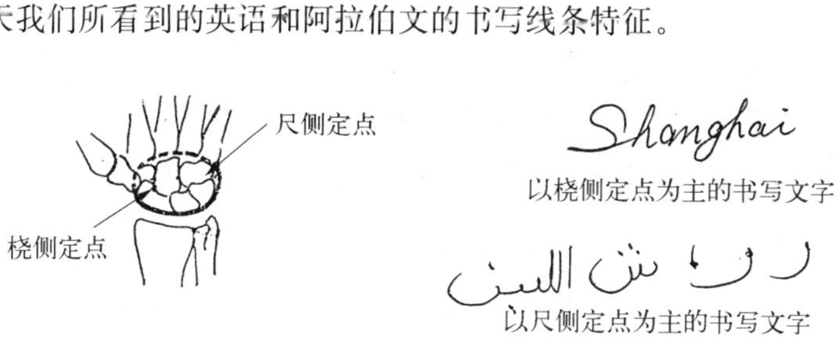

图 4－4

世界主流文字分别以两个相互独立的陀螺仪式转动轴：桡侧或尺侧的定向转动书写压迫而成的。这些文字结构的书写钟摆势能低下，但它们的陀螺仪转势却相当强。

2. 以横向∞字形钟摆式摆动结构进行书写。汉字方块结构主要使用书写核的中段，横向∞字形钟摆式运动形式书写的。然而方块字需要各种角度的转折，因此，汉字书写是需要两种转动结构相互连接的有机统一体。在简的书写区域中，要使这两种独立而又能相互联系的转动，与各种书写笔画间形成各种定型压迫的实际联系，我们必须对手腕生理中陀螺仪转动势能和振子式摆动势能的书写功能分别进行陈述：

8 字形书写转动结构可以单独分裂成两种独立的势能：转动和摆动。当数字 8 字形从纵向向横向∞字形转动，并连续振荡放大到极限时，它就形成力偶式转动——“钟摆”。日常生活中开锁就是一例。力偶式转动式样是手腕生理中摆动势能单独连续放大，被迫逐渐拉长为一条圆弧线振荡势能轨迹。因此，手腕生理具有钟摆式运动的（荡秋千）振子势能。

手腕生理上的钟摆势能对秦隶，及以后的楷书中书写笔势的形成具有至关重要的意义。对于这一势能的生物物理运动式样的理解，就需要对它在不同时间阶段上，形成不同性质的“力”的状态有所了解。当振子摆动到离铠锤线最远的位置时，其运动紧张力便达到最高值，这一阶段上的运动与其他阶段上的运动就有了“质”的不同。此时的铠锤显得踌躇、犹豫，然后作停顿，继而向相反的方向运动，以最快的速度通过垂直对称轴。此时，它的内在张力减小到零，势能达到最大。汉字笔势概念主要是由手腕生理中振子生物物理势能引申而来。只要日常生活中开锁力偶式转动的活动意象存在，只要书写活动的需要，人就有足够的支配力量使书写上的钟摆运动式样持续放大，并进行到该生理活动的极限。

汉字方块结构是由笔画组成的文字。该文字书写笔画是一种钟摆势能与陀螺仪转动势能相互联合使用，才能产生方块结构的书写转折。因此，汉字活动中有大量陀螺仪式的转势隐蔽在书写活动中，这就是汉字书写转动的复杂性。然而，汉字书写中陀螺仪转势是长期、缓慢地进入汉字结构的，这既是识别汉字书写发展的难点，更是理论上的论证难点。因此，汉字书写需要手腕生理转动的全部表征才能进行有效解释。8 字形转动结构具有灵活应付人类文字一切复杂性符号的转动机能，对于解释人类文字书写，特别是汉字书法现象具有至关重要的意义。因此，我们把手腕生理中 8 字形转动定义为“书写转动本征结构”。

【定义 2】书写偏转角：书写偏转角是指，在一定执笔书写状态下，书写核体位所具有的书写旋转角动量，它对书写角所产生划痕深度，由最浅和最深间所组成的夹角大小，我们把这一夹角大小称为书写偏转角。以硬笔 0 书写为考察对象，可以发现书写线条都是由细到粗、再由粗到细的往复循环的书写划痕变化。于是，最浅和最深间所形成的转动倾角就是书写偏转角。在当代社会中，观察书写偏转角的大小有两个已知参数可以直接判断：一是文字性质。英文书写线条的书写偏转角极小，几乎为 0 度。阿拉伯文其次。而汉字笔画书写偏转角最大，它几乎与书写面构成 90 度直角，以垂直纵深方式进行书写。为此，我们把书写偏转角动量从最小到最大分别标定为 0 和 -1。-1 就是笔尖深入书写面、在书写面 z 轴上的负维度最大值。二是书写工具。硬笔书写工具受外力作用变形小，偏转角就小；反之，软笔书写工具受外力作用变形大，书写偏转角就大。

在外文与汉字书写体验上，存在着字形、书写工具、书写转动势能的不同书写偏转的区别。那么，两种不同的书写感觉模式也就具有不同的书写转速的区别，即陀螺仪式的快速转动和钟摆式的缓慢摆动运动。当我们留意判断两种不同书写文化的书写转动倾角的实际变化时，我们脑海中就经历了从线条0到笔画-1间书写转动倾斜的生理变化体验，即从一个平行转动的0向一个竖立转动的0的心理象转换。而-1偏转就是0的竖立转动的抽象。这一认知活动具有这样一层意义，它告诉我们，在外文与汉字书写活动中，人的内隐性、本能书写反应究竟是什么？以及构成了两种文字体系的书写受阻反应的性质是什么？

图4-5是书写偏转角变化所引起的书写线条的拓扑变形。书写线条和汉字笔画都是书写核椭球体在空间上的转动投影，世界上两大类文字体系相对书写面在压迫深度上的受阻情况，也就是两种书写文化不同“质”的原因。一旦我们心灵建立起陀螺仪式转势和钟摆式摆势两种不同书写“力”的区分，我们就建立起一个共性的生物物理认知基础，对两种不同质的书写文化探讨、读解汉字结构上楷、行、草的书写意识变化，提供了书写转动匹配上的心理运动象。由于它对人书写意识的判断具有意义，为此，我们把书写核椭球体相对书写面从0到-1的连续变化转动夹角定义为“书写偏转角”。

3. 对“书写转动本征结构”及“书写偏转角”理论的实际应用考察。人类文字活动存在着两大类型的书写活动规范：一种是横行向书写转动压迫定型文字，一种是纵行向书写转动压迫定型文字。书写

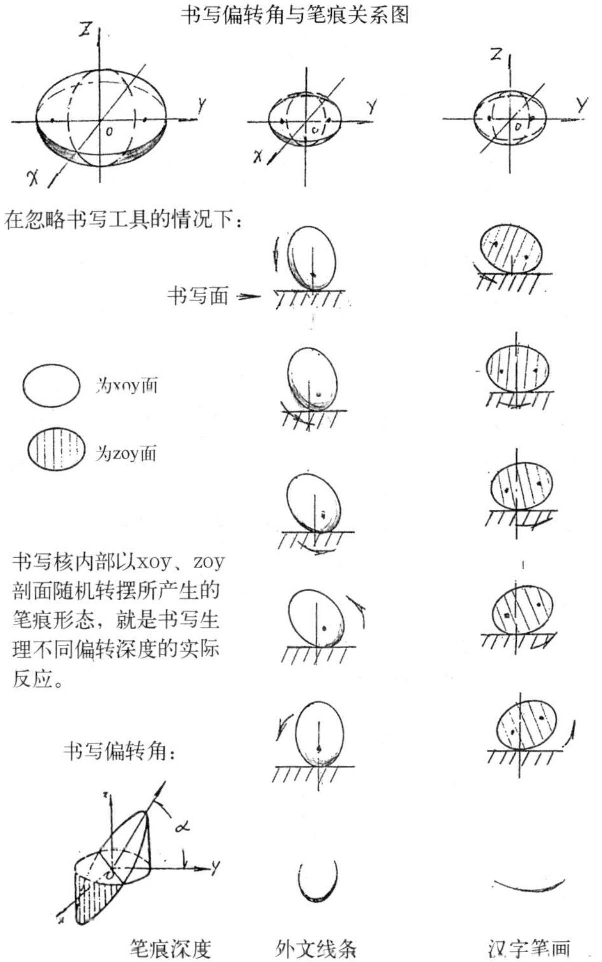

图 4 - 5

生理在处理两种不同文字结构时，既采用了不同的书写工具，更存在着两种书写偏转角的质的差异。于是，支撑书写线条与笔画形成的书写力的差异，导致了两大类文字不同形态的定型式样。

已知一：以英文和阿拉伯文为例。英文和阿拉伯文都是使用硬笔工具书写。英文是自左向右(桡侧单独偏转)的书写转动机制，阿拉伯文是自右向左(尺侧单独偏转)的书写转动机制。因此，对英文和阿拉伯文书写转动可以用一个纵向8字形转动轨迹的上局部0和下局部0来抽象。

英文和阿拉伯文是同一书写行向，但书写生理运动方向相反。它们各自只动用了书写核椭球体的某一单侧转动，也就是说，在外显轨迹上的书写转动本征结构8字形上，只是使用了某一个局部，是单体书写转动机制。单体书写转动机制的陀螺仪转势相对较大，钟摆摆势小。书写线条的书写偏转角最小，属0书写偏转。因此，外文书写对手腕生物物理“力”的挖掘使用相当有限，是一种原始本能性书写适应机制。

已知二：汉字是纵行向复合型书写转动机制。从汉字结构上讲，它比英文和阿拉伯文两种文字结构的结合还要复杂。在一个方块汉字结构中，它既有左、右定向转动，又有上、下定向转动。为了适应汉字方块结构的书写，它需要同时启动书写生理中桡侧与尺侧两部分转动，形成了一种相互连贯、交替转摆的双体书写适应机制。其次，就汉字软笔使用而言，汉字笔画是在书写偏转角－1的负维度状态下进行的。因此，汉字书写机制既有世界主流文字书写活动的共性，又有自我书写活动的特殊性：

(1) 书写核椭球体的空间体位发生转置。由于汉字是纵行向书写活动。它与横行向书写的书写核椭球体生理定位存在差异，纵行向文字活动迫使书写核椭球体的体位发生转置，使纵向8字形书写转动本征结构朝横向倾斜。因此，汉字是一种向横向倾斜8字形书写转动本征结构，与数学符号∞无限大活动轨迹相似。但是，这一转置角度并不是标准的90度置换，而是有自身生理转动极限的，有一个最大有效转置的生理极限存在。于是，在历史与当前社会的书写字迹，都有左低右高的“倚斜”特征，这就是手腕生理转动中书写核椭球体发生置换的实际反映。

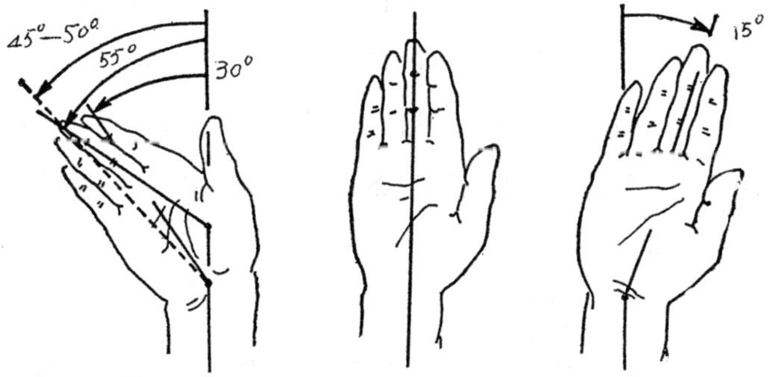

图4-6

（2）汉字笔画形态的形成过程。在整个汉字的历史社会场景中，秦隶是人上肢生理内部书写“力”式样发生运动转移时期。平掌单苞执笔手势是当时汉民族的自然选择现象，它自动激活了书写生理转动。因此，汉字发展曾一度与世界主流文字出现相同特征。但是，秦隶与世界主流文字书写的发展起点不同：外文书写是使用了手腕生理中陀螺仪式转动。汉字则不同，使用了手腕生理中钟摆振子运动式样。一方面汉字方块结构需要直线书写。另一方面，汉字使用的是软笔书写工具。这两个原因导致了汉字从一开始就开启了书写生理中的钟摆振子运动式样，而不是陀螺仪式的转动式样。

秦隶汉字笔画是由钟摆振子运动式样启动的。该汉字笔画书写偏转就特别深刻。秦隶相当于把英文和阿拉伯文两种书写线条，以-1

书写偏转方式糅合在同一书写机制中。如八字书写，它是在 -1 的书写偏转状态下，书写转动本征结构∞字形轨迹的两个不同侧面书写完成的。它时而侧左，时而侧右，一部分进入书写面，另一部分在书写面上进行划空取势，形成了汉字的初级阶段的书写笔画特征。因此，汉字最初，就是由一系列竖立起来的∞书写转动本征结构组织起来的文字结构。对于这一书写偏转角在书写面上的立体投射，从平视方向看，它是一种与书写面基本垂直的，呈波浪起伏变化的∞字形运动轨迹。从俯视方向看，该转动轨迹就是一道粗细形态拓扑变化的直线。因此，汉字不是普通一般的书写线条，而是一种特定书写转动产生的直线——“笔画”。

世界主流文字和秦隶书写间存在着一般书写和特定书写、陀螺仪式转势与振子运动的摆势书写的最初区分。然而，秦隶在缓慢释放书写势能的过程中，它同样含有陀螺仪式转势成分。它开始是为了维持汉字的四方结构，采用了纯钟摆振子运动式样书写的，在以后的书写进化过程中，逐步向钟摆与陀螺仪转动式样相结合的“点”书写结构发展，使汉字的书写速度变快、变成熟(在以下章节说明)。因此，书写转动本征结构和书写偏转角这两个参数既可以用来解释世界两大文字书写行为模式的特征，又可以对汉字书写活动等级进行深入细分。从世界主流文字到汉字方块结构的最终形成，这里有一个书写发展过程，这一发展过程就是人对自我书写生理中这两个参数的使用意识、把握应用意识。把秦隶书写执笔手势定义为一个书写空间状态结构，论述在初级书写运动中，人对“八分”书写转动本征结构及书写偏转角使用的转动特征，揭开汉字书写笔画形态的由来，就是解开书写笔法之谜的第一步。

第二节　秦简活动中汉字书写性态的滋生过程

一、秦隶书写活动中人的注意特征

在我们日常生活中经常会看到或碰到这样一些事情，例如一个儿童在饮食的同时，又在看电视；某人一边在打电话，一边又与旁人进行手语交谈。这类活动在拓扑心理学中称为两种情景的交迭。它的某一活动是主要的，另一活动则是次要的。在秦以前，古汉字书写是单任务操作工作模型，即绘画性无意识书写。但是，在秦简活动中，人的文字工作任务在悄然发生变化，它是在一个绘画图形上再叠加上书写特征。因此，在秦隶活动早、中、晚期中，出现了拓扑心理学中两种情景的交迭，最后，人从绘画性意识向书写意识转移。

秦简文化转移处在汉字书写正概率状态分布中。在长度为 m 的历史过程中，简书活动曾发生过两种文化情景交迭的心理权重：一种是前文化习惯，小篆式样；一种是后文化转移，以书写生理转动的强势式样出现。如果一味按小篆视觉式样进行模仿，它的书写生理优势行为就会成为当时文字活动上的干扰因素；如果一味按书写生理上的优势转动强势进行，则古汉字的传统式样就会受到严重破坏。在两种文化情景长期交迭的矛盾冲突中，最终，秦隶书写生理上的强势导致了小篆向秦隶转移，从视觉操作重心向书写操作重心转型。

在同一时期秦简上，同时存在着小篆、隶字、草书三种连续变体书写形式，这就是古汉字到了秦隶时期的历史变迁的浓缩。在这一历史时期中，各种似篆非隶的字迹就是两种情景交迭的书写心理过渡反映。最初，人的书写心理侧重于小篆的视觉式样，书写适应性是次要。之后，小篆结构上的视觉式样是次要的，书写适应性却是主要的。从这一历史阶段所遗留下来的史料统计表明，人文字活动中视觉、书写的注意倾向正在发生转移，整个中国社会的汉字形态变得越发不确定、越来越模棱两可。一场“书写文化革命”正在悄然发生。

二、秦简是书写型汉字结构的未定区域

在这一文化转型时期中，人在对简区域上的最初书写尝试时，隶字结构式样并不在人的知觉范围内。人们并不知道在这一空间上应该存在着这一种扁形的汉字结构，也没有哪一位天才先知先觉地认为，在这种狭小的书写空间上，必须书写一种与小篆修长文字结构截然相反的扁形汉字才算是合理的。因此，秦隶结构最初在人脑海中是不清晰的。但是，当小篆在秦简区域空间上进行书写实践时，古汉字相当于进入了一个高度分化的书写活动区域。人从最初的书写生理冲动向书写生理转动的优势方向改变，最终，直接以书写方式发生进行发展。在这一过程中，古汉字体系上所有社会文字活动边界都将成为秦隶书写活动上的障碍。然而，书写冲动总是不规则的，该区域书写位移究竟应该以怎样一种方式进行，才算是合理的，便成了当时人书写认知活动上的重大障碍。

三、对书写型汉字结构的认知探索

当时，在秦简区域内，并没有形成汉字书写的认知结构，解决这种认知结构关键在于，当书写冲动迫使小篆体系上的社会文字意识边界

发生松动时，书写生理才有可能从这一松动边界中进行摸索，并最终达到汉字书写活动通路上的最优化选择。突破小篆文化体系的障碍取决于当时人的文字观念的转变。因此，我们首先必须对秦隶书写文化背景有所了解。

秦隶书写文化环境的特性：（1）“简”具有坚固的、不可逾越的行向容限边界。（2）古汉字“三表六书”工作已接近尾声，人对古汉字社会文字意识边界概念已经牢固。（3）尽管秦隶被限定在很小的区域空间内，但被激活的书写生理的活动自由度却大大提高了。在日常书写的平常心支配下，书写生理的震荡在不断地对既定小篆文字活动边界进行冲击。因此，秦隶活动预期了古汉字将出现新的分化，一种新的书写型文字结构即将诞生。

古汉字经历汉字图像结构创造过程，而秦隶的创造过程就是在该图像结构基础上再叠加上汉字书写性态。在当时汉字的社会进程中，人们并不知道该书写行为，究竟是接近还是远离目标。人的文字活动心理始终集中在汉字书写边界①②③之间进行相互协调、平衡之中，重建汉字结构上社会文字意识边界。因此，秦隶文字的工作任务，属古汉字上的书写结构新建。在摸索一种新的文字活动体系时，它犹如城市的规划改造，秦隶既有同质改造，又有异质分化：（1）汉字“三表六书”结构必须保留，这是文物。（2）打通书写位移活动上的新通路，建立一种全新的社会文字意识边界。（3）对小篆线条冲压后，以书写笔画重新组装汉字结构，进行社会普及和再认，这是当时社会背景下的汉字现代化书写要求。

（一）秦隶对古汉字进行书写结构布局改造

从小篆到秦隶，该时期的汉字演变可比喻为两种不同剧种在描述和表现同一历史题材的故事内容，一种是传统剧种的描述手法，一种是新剧种对老题材的描述手法。而新剧种总要根据自身剧种的特点，对同一题材有一种适应自身剧种特点的表现手法。因此，从书写生理动力学角度而言，小篆是一种视觉绘画性布局，该结构是一种平铺直叙的均等分配的陈述表现。而秦隶是书写型布局，该结构是一种大小不等、有松弛、有紧凑的表现形式，从而导致了汉字部首和字干的新型结构关系的出现。

秦隶新型的布局结构源于书写动力分配心理。在运动心理学中，凡运动竞技，它都有一个力量使用分配问题。如长跑，它有起跑，中途力量保持，最后发起冲刺这样一种基本运动心理历程。秦简书写与体育竞技过程中的运动力量分配一样，当人的书写生理受到狭小书写区域的活动制约时，该空间不容许人的绘画布局的均等分配时，它迫使人对古汉字书写进行有主、有次的空间分配，书写力的使用按书写区域的不同比例，进行结构性调整。以“林、行、友”字为例，小篆中“林、行、友”是严格对称的布局，其子区域间的空间分配是均等的，直线条空间间隔也是均等的，这就是典型的视觉检测绘画型文字布局特征。但是，在隶字结构中，“林、行、友”字是左侧偏小、右侧偏大，上小、下大的一种不对称布局特征。这一特征在小篆文字结构中是不可能出现的。但在秦隶结构中却是一种普遍、一般规律的共性现象，这一现象肯定不是某一个体刻意所为。追究这一不对称结构现象产生的根源，就是当初社会人对简区域内书写动力分配心理的响应，是书写型汉字结构最初形成的一种共同社会心理需求。

书写动力分配响应的心理满足，使得简书活动中相同的动力分配概率不断重复出现，导致全社会共性书写特征的挖掘，这就是秦隶在书写意识作用下所产生的初期结构性统一分化。当今汉字的部首和字干结构，就是当时人在充分适应该区域活动时的书写运动心理反应。秦隶导致了古汉字“三表六书”结构上社会文字意识边界出现了重建，书写动力分配迫使人对简区域进行书写上的伸缩性协调分配。这一过程既是一种文化传承，又是一种文化创新，这一长期行为使得秦隶的社会内隐性书写记忆不断得到增强，促使人对秦隶的书写认知变得清晰起来。最后，当人拿起简时，脑海中就出现这种结构性认知的书写反应。从此，秦隶扁形结构便成为一个社会文字活动的普遍记忆，最终导致从某一个体书写布局向社会集体普通一般性书写布局定型。为此，我们把秦隶称为书写型文字布局结构。

在小篆和隶字转换的历史之际，有一个在书写理论上长期得不到深入挖掘、最容易被忽略的问题，就是有关文字结构的空间布局。当时人的文字活动布局应该是小篆，将小篆的匀称、平稳、修长的简洁美好的图像改变成扁平的、上小下大的、左右非对称的、奇异而又十分张狂的文字结构，这肯定不是人最初的本意，而是它的书写实用性。只要秦隶尚未破坏“三表六书”结构，视觉具有处理和识别这种社会文字意识边界②上的结构拓扑变化的能力。应用这一结构的拓扑特性，人对前、后两种书写文化的转移就有了准确的理解。

古汉字结构的最终解体就是绘画文化和书写文化之争。秦隶布局结构上的劣势，得到了视觉拓扑变换上的检测心理优势的弥补，它的长期行为导致了人对小篆绘画布局的审美疲劳，而书写型布局的汉字结构又导致了新的书写审美资源产生。因此，当时秦隶书写布局就是第一次书写型汉字的设计水平反映，是中国汉字史上一次重大书写文化逆转。它反映了人对实用书写心理需求和文化抉择。由于秦隶适应当时社会日常使用需求，长期养成的文字美术化表现惯例不断被社会民间书写行为所打破，最终导致了当时社会汉字书写文化均衡的翻转。因此，隶字并不是一种单纯的文字结构特征，而是指从事这一文字活动的社会文化阶层。由于这一书写活动方式上的通俗平易，最终使该书写活动与整个汉民族群众性文字活动紧紧联系在一起，一直延续长达数百年之久。

当今，我们使用的汉字是比秦隶更新的历史“编剧”文字。该汉字结构上到处充满了紧凑和松宽相间的书写活动特征，我们视觉对这种不协调的图像结构之所以看上去十分顺眼，完全是来自我们书写生理“力”支持的缘故。在书写生理力的支撑下，汉字结构变得相当平稳、顺当。当代汉字结构凝聚了前人在汉字书写发展中逐渐积累形成的共性书写经验，人们约定俗成，世代相传，潜移默化地影响着我们的文字活动行为。从学龄期对汉字的书写学习中，某些局部转动幅度小些、某些转动幅度相对大些，从而使人在书写过程中能清楚区分出汉字的主、次结构之美。

（二）有关秦隶书写位移通路的选择

汉字书写笔顺成熟于秦隶。笔顺是汉字史上第一个重要的书写文化标志，笔顺也就是汉字学习过程中最早期的书写活动的认知对象。对于当时社会各种不同类型的书写位移而言，笔顺的产生有力地抑制了当时汉字绘画活动的无限蔓延，社会对书写笔顺的确认和普及，导致了秦隶的动态复制和繁衍变得更快、更牢靠，使得社会汉字活动向一个统一的书写活动方向发展。然而，笔顺所具有的文化内涵及其性质，至今被人们无意识地应用，它只是作为汉字活动中的一个基础书写活动程序编码而一直流传至今，至于笔顺的形成以及它在书写文化上的发展，至今却仍是一个谜。

简区域上的社会文字活动边界是一个未定边界。也就是说，在书写心理学上该书写通路究竟在什么地方是一个“空域”。在摸索新型的社会文字活动边界时，秦隶是一个书写性质不能被充分确定的区域，它相当于一个自由运动区域。在这种情况下，人不是通过努力来继续维持小篆体系的传统文字活动的位移方式，而是另选边界障碍较弱的书写位移式样进行。于是，秦隶书写通路出现拓扑心理中的“谜津”学习心理活动特征(图 4－7)。

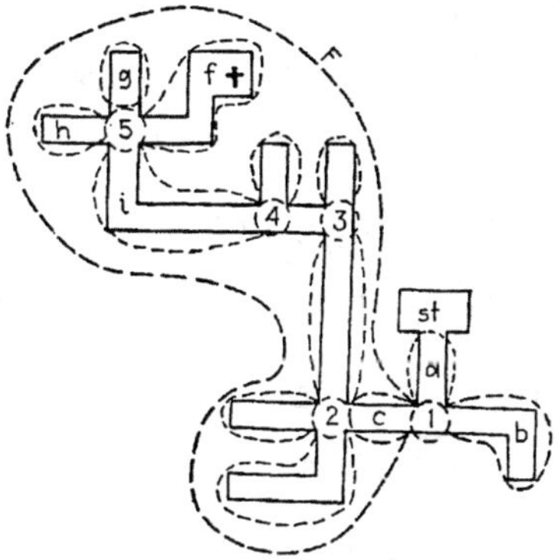

图 4－7　老鼠谜津图

小篆文字在向简区域运动迁移时，新的书写困难是该区域上书写通路选择。因为小篆前文化期所建立起的文字活动边界并不是一下子消退的。最初，简区域上的联结方式照小篆方式进行的。但是，随着潜在性书写转动优势的不断变强，在古汉字结构的每一分岔口上，势必出现新的书写活动意向。在简区域的三条边界上摸索其书写活动通路时，人出现认知结构性障碍。这一情景犹如人在异乡客地寻找某一目的地，他没有一张地图，也没有问讯的可能。但是，他有一个行动指南，从起点到终点，这是一种十分特殊的定向性结构化过程。对于这一过程的摸索，人是根据简区域的书写生理转动结构特征而进行专门性学习，在克服书写位移的困难的活动通路上，人出现了上下、左右、前后等 n 个选项的选择而变得举棋不定。通过不断反复学习和书写谜津通路的创造，最终有序地通过小篆结构的全部，从而导致了适应书写生理活动上的新的书写通路产生。因此，新区域上存在着书写活动顺序上的谜津通路尝试。

这是一个书写通路的摸索、学习期。新的活动路径曾出现了n种与小篆结构相似又不同的书写通路选择，存在着n层次不同的书写通路形式。这些过渡形式可能在民间瞬间即逝，所以相关史料也不多见。但是，书写生理位移是一种书写结构性认知，它总是根据该区域上的书写结构认知特征，向一个最佳活动方案统一，这就是汉字史上一个潜在性的最初书写学习行为，也是我们当今汉字的初级学习内容——书写“笔顺”。

简区域上的书写动力分配心理产生之后，随之而来的后续反应就是“书写动力分层”行为。所谓的书写动力分层，是指人书写生理转动对古汉字图像以地图方式进行纵横秩序或交叉秩序的逐一扫描，重新调整和安排新的书写活动通路。一旦人把小篆结构看成地理图形，这就从根本上改变了对小篆绘画性联结通路的思维习惯，人就会按书写本征结构惯性转动优势，重新安排古汉字图形的联结方式。它犹如外国人初学汉字，总是把优势特征先集中在一起，再逐步解决细部特征过程是一样的。该行为是由“划空取势”与“笔顺”这两个书写术语意象相互联结组成的：(1) 划空取势的运动总是将∞字形书写转动本征结构的一部分转动留在书写面上，另一部分转动发生在书写空间上。(2) 而∞字形书写转动本征结构在书写面上此起彼伏、连绵不断、前后交替的时、空程序就是笔顺。因此，书写动力分层是“划空取势”与“笔顺”两个书写术语的行为主体，单独使用“划空取势”，就不存在“笔顺”的程序意象，单独使用“笔顺”又不存在“划空取势”的手势意象。将“笔顺”概念产生的原因回源到它的行为主体进行定位，长期的书写动力分层活动就是人脑海中“笔顺”概念产生的原因。

笔顺是汉字书写程序知识中第一知识，是当时社会学习汉字的一个新的知识增长点。然而，该知识的产生、它对书写型汉字结构的贡献却被人遗忘了。笔顺是由书写动力分配和书写动力分层两个完整性的生理、心理过程产生的，只要书写动力分配一出现，它势必要以书写动力分层转动的活动方式进行。在这一高度密集的书写区域中，起初，它只是一种缓慢、犹豫的转动行为。随着这一书写转动的成熟，该转动的封闭运动链将容不得绘画冗余现象影响其自身的转动惯性。因此，秦隶在简区域上自左向右、自上到下、自中向两侧连续不断地对小篆结构逐一书写扫描。这一书写扫描等于将古汉字绘画图形拆散，以书写动力分层的活动秩序重新一一对应起来。这样，与书写转动不相适应的绘画性冗余图形被整压变形，或被淘汰。如“八”字就是典型式样，它的两笔长度是不同的，这就是书写动力分配和书写动力分层在不同子区域的不同时间顺序上的书写表现，而“爻”字就多了一次书写动力分配和书写动力分层。

小篆结构是复杂的，有大量对称结构如“口”“皿”“国”等字，这些图形严格封闭或对称，但其背景上的动力结构却是分离的。它可先可后、可补可添，是绘画性动力组织结构。然而，在秦隶书写活动中不行，它必须按照书写本征结构的动力分层活动进行。在朝着下一个目标接近时，从一个部首到字干的联结时，这些结构必须变形、高低错位后才能相互联结。如“唐”“行”等字。有时，当两种结构都不是可连通的，书写动力分层对“简”书写动力分配子区域情景作出充分的审时度势后，都进行必要的绕道或改道，如偏旁“心”“犬”等字。有时，它也存在其他各种可能选择通路的事实。如“口”字当时就有四种书写活动通路选择，最后，随着这一书写分层振荡势能变强，这一书写心理行为惯性蔓延成为一种社会性书写习惯，根据社会书写路径选择习惯统计而逐步趋向全国统一。秦隶书写笔顺出现具有生理、心理上的必然性。从此，小篆和秦隶两种书写文化被明确地区分开来，汉字史上一个新的活动秩序替代了一个旧的活动秩序（图 4－8）。

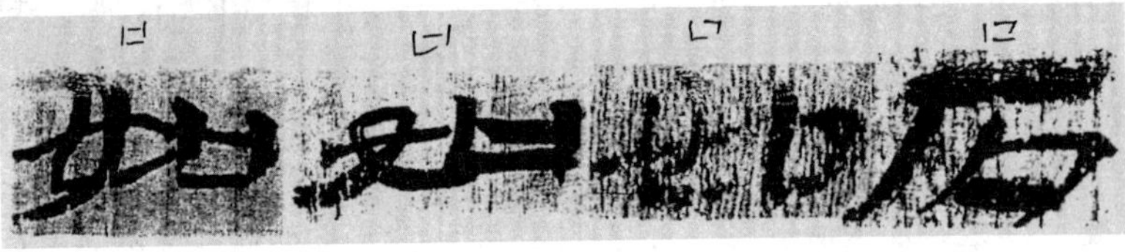

图 4－8

在简书活动中，书写生理强势反应成就了秦隶的书写通路。前人经历了长期的摸索、学习，最后将小篆文字绘画性“准”笔顺逐一改造成有序而统一的书写笔顺。当今汉字的笔顺概念只是汉字活动上的顺序。而在秦隶时期，笔顺既含有一种区域上的新的笔画地理位置表征，又是一个划空取势书写位移程序，是来自外界环境和自身生理内部活动特征与汉字结构三者相互作用的结果。

秦隶笔顺结构是紧紧围绕小篆绘画活动边界线索而展开的。因此，笔顺概念的历史起源并不简单，它存在着一个专门区域空间内的书写活动秩序的长期学习。从“起点”到“终点”，形成了一个严格的文字活动纪律。它容不得先后颠倒，不可补添，根据书写转动位移的顺序依次进行。并针对不同的汉字结构又具有相对不同的书写笔顺标准，或自左而右，或自上而下，或由中间再两侧、由外围再内侧、由内侧再外围。从而创造了一套既与世界主流文字活动程序相一致，又有自我文字活动特殊性的书写笔顺。迄今为止，汉字还仍然保留着一种谜津式通路的书写笔顺学习特征。

秦隶笔顺是在一个固定区域内汉字定向性书写结构化过程。它使得人在简书活动之初,在没有书写结构的区域形成了书写结构,面对一片空白区域时,出现书写通路,使得简区域的任何一点上的书写活动都会知道与各邻域间的相互关系,还可以预期远区域的关系,这就是以后的草书行为出现的原因。因此,笔顺的程序化学习过程所隐藏的书写知识内涵,对汉字结构知觉范围远比我们想象的要大得多。笔顺是当时社会的汉字学习最重要的内容,只要笔顺学会了,秦隶结构的复制工作也就基本完成了。

由于秦社会环境对汉字书写启动的最深层次意识,还只能停留在书写自动化程序、书写笔顺水平上,它还没有达到将书写动力分配和书写动力分层的内隐性书写经验上升到一个书写动态平衡结构性认知水平上进行思考。这就是当时汉字发展,秦隶与汉楷,在书写边缘层与书写中心层的认知结构性区别。因此,秦隶的书写笔顺是有序的,但该区域所产生的书写位移,却是困难的、普遍的。这就是该社会文字意识边界的性质。一方面,它与小篆的书写文化性质明确地区分开来了;另一方面,秦隶笔顺还只是汉字书写问题的初步解决。

秦隶仅仅依靠书写动力分配和动力分层的汉字结构化,该笔顺边界地带上的可逾越和不可逾越之间书写现实程度,与魏晋楷书相比,还存在着相当大的差异。因此,笔顺是有其自身书写文化内涵限定的。秦隶笔顺具有当今社会书写问题的普遍一般意义,它对汉字结构化定型水平还处在“书法”学习的预备期阶段。当时社会人对书写笔顺认知,还存在着书写边界上的固体性和摩擦力障碍。该社会文字意识边界地带上,还存在着一个向边缘区域发展和向中心区域发展的活动分叉口。如果汉字沿着书写边缘区域的边界地带发展，它最终将酿成汉字发展上的重大文化障碍（在以下章节说明）。如果从初级笔顺阶段向一个中心区域更高级的书写发展，随书写认知结构的认知深化，将发现一种更为高级的书写类型的位移。在其通路方向及边界地带上的书写位移阻力将会发生"质"的变化。因此，笔顺结构深层次上的书写文化差异是相当隐蔽的。在以后汉字发展中，造成了日常书写的草化与书法之间，既产生了两种不同质的书写文化形态，又发生认知结构上的相互混淆。

（三）秦隶书写对小篆线条的冲压拓扑变换

揭示秦隶笔顺上的固体性和摩擦力的障碍问题，就是解释秦隶书写生理对小篆线条冲压变形，这是一个更精细化的论题。在考察秦隶书写笔画拓扑变形时，从小篆绘画性书写向秦隶初级书写形态——八分变换，就是由小篆书写动力中心①所产生的葫芦形宝盖曲线 0 偏转，向秦隶笔画 -1 偏转转换。由平行转动向垂直纵深转动转换，是同一书写生理在不同的书写空间环境中，发生了 90 度偏转的书写压迫所致。

简书写区域与平掌手势之间所建立起一种新的书写关系，可以看成在一条狭长的书写区域空间上方，横浮着一个"鸡蛋"状的振子体。该椭球体在空间上的转摆轨迹，就是一个横向∞字形书写转动本征结构本身。八分就是在这样一种基本转折式样下产生的，秦隶中各种笔画的滋生，就是由这一椭球体转摆在越过简区域内的三条边界时，对所受障碍进行书写生理上的偏转、移让的协调和配合，形成了凝聚、舒展，各种不同纵深压迫的书写位移通路。书写通路一旦形成，笔画上的定向压迫形态也就基本定型了。围绕秦隶结构上书写性态的滋生问题，我们还需要从三个层面进行逐一解释：

1. 有关秦隶结构上的书写行气问题

人在文字活动中存在着书写行气现象。书写行气是人书写运动中产生的生理之气，它存在于两种结构状态之中：一种是直接状态感知，一种是间接状态感知。直接状态感知是指人在书写活动中处于既不吸气，也不呼气，在注意力高度集中时候的一种屏息。屏息是声门裂紧闭，只是依靠喉部许多小块肌肉的收缩来完成的。射击扣扳机的瞬间就是这样一种情景。当人书写注意力高度集中，在完成一连串字母或数字书写后的一种气息交换，此时的气息就是书写行气。这一气息与气功略有相似之处。因此，书写行气乃是人的生理之气。间接状态感知是指，每一种成熟的文字结构都是在一定的行向空间区域内，经人书写行为的长期整压所定型的一种文字图形。文字结构越成熟，其结构上的书写行气就越充沛。反之，文字结构越原始，其书写行气行为就越弱。因此，每一种文字结构本身，存在着前人在定型文字活动过程中书写行气行为的遗留。

书写行气现象的个体体验：在我们日常生活中常常会碰到一些令人尴尬的情况，在一封老式的书写信封上，路名写好后，门牌号数字书写却为难了，究竟是横写还是直写呢？再如直版汉字书籍中，偶尔出现的一小段外文，此时，外文究竟是以汉字直版方式转移 90 度排列，还是以横版排列组织印刷呢？在 A、B 两种不同行向文字的混同印刷中，经常会出现文字排列上的两难。这种矛盾现象就是文字结构上固有书写行气因素的相互抵抗和干扰。当 A 语种文字的书写行气干扰因素大于 B 语种的书写行气时，或者相反，当受干扰的文字改变排列方向时，这种人为地改变自身文字排列就是改变了上千年的书写经验行为，造成了该文字体系自身的书写行气错乱。

书写行气现象的集体体验：汉字是方块结构，属复合型纵行向文字结构。如“顺”字，它既有直笔画，自左向右横向排列的行气行为；又有横笔画，自上而下的纵向排列的行气行为；又有撇、反捺交叉性笔画，具有纵、横两种排列的交叉过渡的行气性质。该结构就是汉字纵向复合型书写行气的典型代表。汉字行气的复杂性在于，它在楷、行、草书的不同书写变速中，又具有不同的书写气势行为。

在没有揭开汉字书法真相之前，由于汉字结构的特殊性，我们首先从表象上将汉字书写行气特性粗略分为两端，即书写气韵行为和书写气势行为。在楷书形成过程中，由于汉字方块结构内部子区域间存在着纵、横行气内部联结精度的加工需要，存在着一个书写气韵联结强势行为，但书写气韵对相邻字与字之间的联结气势就相对较弱。然而，在草书活动中，当书写速度将楷书内部的社会文字意识边界一一突破时，它的内部书写气韵行为相对变弱，字与字之间的书写气势联结贯通变强了(该书写现象在以下章节说明)。因此，从楷到草，就是汉字书写行气从气韵由气势转移，在其连续变体上的两端。

汉字活动上的书写行气行为有其自身的特殊性。它既遵循人类文字活动上的共性，又有其自身的特殊性。在体验汉字结构不同阶段上的书写行气行为时，出现了两种情况：当楷书作为公文式文字使用时，人往往感知不到这一慢速书写气韵上的纵向行气行为存在的真相。于是，人对汉字的行向排列便出现了可变动的自由倾向，出现了任意方向排列的可置换性假象。一旦汉字书写加速，进入草体，汉字中的强势行气产生，该结构中积累了上千年的行气本性特征便呈现出来。此时，汉字与外文书写呈一致性特征，显示出它的纵行向排列秩序不能轻易改变的特征。汉字的书写行气随书写速度的变化而变化。因此，汉字书写行为本质是纵向复合性书写行气行为。

历来汉字活动中潜在地存在着两种排列活动：一种是楷书的自由排列倾向，一种是草书的纵向排列惯例。当汉字改变了文字排列行向，从古代的横幅匾额，到现代汉字的横向排列书写，再到毛泽东草书手迹《送瘟神》诗。在人为改变文字行向排列的强制性联结过程中，汉字便出现了"一字之气"的断气感，出现了书写上不适应性的真相。这就是汉字文字活动上的基本度量标准。汉字是一种成熟的书写型文字结构，在它的结构上存在着千百年来人的书写活动经验的沉积。因此，汉字使用上的排列活动并不是任意的。当今在我们文字行为中所产生的书写行气，既有直接行为，又有间接行为感知。它无时无刻不在影响着汉字结构的稳定性，而我们又无意识地不断对汉字书写行为实施改造。

因此，在方块字的排列问题上，存在着一个社会集体长期无意识使用汉字的行为和动机。在这一无形对象的有形书写活动中，有着正常和非正常书写行气现象的严格区分。因此，书写行向排列是汉字整体性行为而具有生命纽带作用。汉字书写性态的成熟性只有在与社会历史整体结构联系中才能发现。对于这一书写现象的社会泛滥，近代社会否定汉字活动秩序标准存在的效力，是与什么样的社会结构相联系的，怎样唤起社会民众，对书写行气与汉字文化意义关系的体察和觉醒等一系列社会问题，将在以后章节中逐一陈述。

秦简书写行气产生的历史性体验：人类文字从绘画图形向文字符号转换，除了复杂的社会历史过程之外，更重要的是它的书写空间环境因素，即从绘画空间向文字活动空间转换。在这一过程中，压迫成一个文字符号的最终定型，它必定有一个与该生理转动基本相符的书写空间小型化过程。因此，秦隶书写行气滋生过程就是简区域书写小型化过程。在这一个特定历史空间环境中，从小篆绘画空间向书写空间转换，汉字书写行气行为的产生有一个阶段性连续变化，存在一个最佳书写空间规模的摸索过程。

秦隶存在着一个社会书写空间小型化的集体书写摸索和实践过程。秦简不可能一天之内由最大化向最小化发生跳变，历史上存在对书写空间实际大小规模的确认。虽然这一过程已被历史遗忘，但是，这一历史场景却可以重复。我们可以从当今的小楷书写中体验到这一书写文化形态形成，不论是前人在秦简上最初尝试书写，还是当今人们初次在小楷簿上书写时都有同样的心理。将毛笔的笔锋涉入约1厘米见方的书写区域中，这的确是一件不易之事。因此，秦隶书写与“微雕”技术发展过程是一样，它有一个空间环境逐步变小的历史过程。在空间环境变化中，由一个气息调整和适应性技巧的逐步完善过程。我们假设这一过程是一个渐进稳定状态：当某一初始容限空间X的书写相对适应，它就向更小型化X_1、X_2、X_3、……、n进化，在过去书写中不断适应的笔法得益行为，这就是书写技法概念的萌生过程。因此，社会环境编码中存在着一个对书写空间划分精细化的实际要求。当书写被压迫到一定大小的状态空间时，笔锋稍入书写面，人对三条边界综合性压迫障碍的判断，新的刺激使书写警觉性又提高一层。为了避开书写区域上各边界上的错综复杂的书写活动障碍，当时社会曾经历了一个秦隶学习预备期。在这一期间，有些人甚至产生过大量怨言、有抵触和埋怨情绪。但是，书写小型化是当时社会文字发展的趋势，是一种新的式样和新的时尚。社会发展迫使人变得有耐心了，时时处处谨慎下笔，这就是汉字书写文化修养的由来。而这一书写习惯的最终养成，就与人的个性、意志和态度一起成为社会书评的一部分。

因此，当时社会曾产生过这种书写技法的竞争，存在着对书写小型化技法的认同。在这一文化传承的转移条件概率中，当有限群体的某一个体依赖于得益的技法来更改其结构时，这种潜在共性倾向很容易成为社会书写演化优势。在历经了一个长度为 m 的社会历史适应过程后，秦简的实际大小规模被基本确定了。也就是说，是人自身书写生理力所能及的空间活动范围被基本确定了。这就是简区域上的书写条件概率，它导致社会书写复制过程中人书写生理转动形态的一致性。这种连续型书写随机变量的一致性，导致了秦隶笔画形态出现的概率密度的提升，从而加速了该笔画形态的定型。因此，秦隶笔画形态的形成，就是这一书写行气成熟度的反映。

2. 有关秦隶书写操作上的空间维度问题

对秦隶日常书写字迹上所隐藏的书写奥妙之处的捕捉，就是揭示汉字书法奥秘的开端。为了把秦隶背景上的书写运动真相完整、清晰地刻画出来，有必要引入书写操作上的空间维度概念。

书写操作上的空间维度是指执笔结构性位置与书写面之间所构成的空间。这一空间大小就是书写核椭球体转动的可操作状态空间。秦隶平掌执笔位置很低（与外文硬笔本能书写行为基本同构），而软笔书写工具的使用又加剧了秦隶书写偏转的垂直纵深，它迫使书写核体位被限制在一个狭长的横向椭球状空间内来回振荡。在这一低维度的书写振荡过程中，书写生理的实际可活动范围就是人手腕外展、内收的生理有效转动角度（45—50 度）× 书写核振子弧度。秦隶所有笔画形态都与这一书写核振动子的可振荡范围发生关系。

执笔位置的高低就是一种书写结构的实际操作属性。当秦隶书写执笔的空间维度大小规模被确定之后，该书写核椭球体活动范围也就基本决定了。当时人追求方块字书写，该书写核体位的运动方式，就只能被限定在这一低维度的横向椭球状空间内振荡。而八分振子式运动方式的书写，就是一种超负荷书写压迫现象。它迫使秦隶书写转折都以划空取势来处理。因此，执笔位置所决定书写核体位转动的实际有效程度，就是书写操作空间上的实际维度，该空间维度具有度量书写操作形态的固体标尺作用。对秦隶固体标尺的主动把握，对该书写空间维度结构的描述，就是对整个秦隶书写生理、心理活动的真实描述。它将赋予我们对秦隶历史分配一个恰当的书写等级位置，并对其特定的书写现象和性质进行正确的归类。

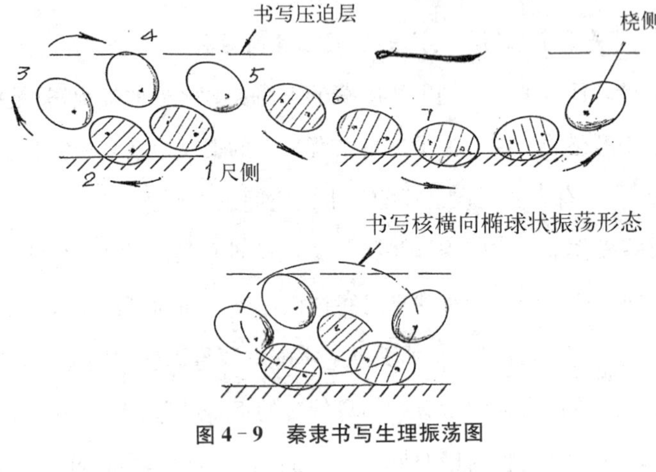

图 4-9　秦隶书写生理振荡图

3. 有关秦隶结构上的书写行气特征

书写行气特征就是书写压迫形成的笔画特征。秦隶笔顺通路上的固体性和摩擦力的障碍是自发无意识的，那么，它在简区域上由书写生理压迫所形成的笔画形态，就出现了自发性特征。于是，秦隶出现了连续型书写压迫随机变量的空间分布律：转角通路上的书写拓扑变形，交叉通路上的书写拓扑变形，左右、上下通路上的书写拓扑变形，纵、横全局通路上的书写拓扑变形，极限区域通路上的书写拓扑变形。

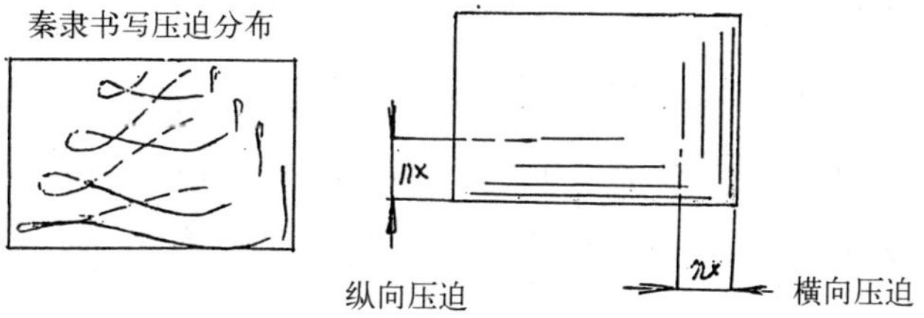

图 4－10　秦隶笔画的书写压迫分布

转角通路上的书写拓扑变形。以“口”字为例，小篆的“口”字犹如一顶古代官帽，这种图像结构对绘画活动而言，是可以轻易做到的。但是，对于书写转动而言，这样图像就是书写通路上的活动障碍。在这一高度连续转动而封闭运动链中，它不能单独地停留来处理绘画性的官帽图形。因此，这类古汉字图形结构在秦隶书写通路上发生了书写拓扑变换。如“草、牛、手、足”字等，这些古汉字的绘画部分都被书写动力分层一一整压了。拓扑变形后笔毛所留下的书写位移形态就是“行气”行为的反映，人们给书写位移的笔墨遗留起了一个好名字——“笔画”。但是，笔画形态是有限的，它并不能包含书写位移行为的全部，所以将转角通路上的书写拓扑变形单独列出，加以陈述。

交叉通路上的书写拓扑变形。交叉通路上的书写位移形态就是撇、捺，它们是秦隶“八分”典型的书写行气特征。以小篆中的“人、八、文、女”等字为例，这些字形与外文中 x、f、λ 等符号形态基本一致，这就是说，小篆中具有书写动力中心①转动成分的线条组合，与外文是同一种横行向书写性态的不同书写状态空间所为，而外文横行向与秦隶纵行向，只是书写生理在不同的行向空间作外展、内收的生理转置，书写转动本征结构从纵向 8 向横向∞在空间作（45—50 度）转换而已，这些古汉字结构与秦隶“八分”书写转动本征结构的转动轨迹最为接近。交叉通路上的书写笔画具有纵、横行向兼用性书写行气特征，它既可适应书写区域内横行向书写，又能适应纵行向书写，是汉字结构复合性书写行气的适应性书写编码。因此，早期的八分书写并不是我们汉字的发明专利，而是与世界主流文字书写同构的。这说明秦隶所启动的是人本能性书写行为。

左右、上下通路上的书写拓扑变形。在所有小篆通路的书写改造中，兼用性书写行气特征在针对复杂的小篆结构，对实施书写位移所产生的阻力强度，依据该区域位置大小、位移方向而变化。以“林、唐、行、友”等对称字为例，在古汉字体系中，左右、上下空间分配是均等的，结构和线条都是统一的。但是，在秦简书写环境中，由于书写核体位转置上的生理“倚斜”特征存在，秦隶古简的不同子区域书写时，就出现了左右两侧在书写动力分配不同，不同区域通路上的书写结构分化，出现了高低、错落，时紧时松的拓扑结构变化特征。

其次，以“水、刀、足、心、手、人、彳、牛、犬……”等部首为例，当它们受到书写动力分配的空间压迫时它们时而变形收缩、时而分叉舒展、时而相互交叉吸引、时而相悖排斥，甚至还出现呈中性特征。这些书写与邻域间的连接却是相互吸引的，它们像磁铁的极性一样，当同一极性相互碰撞时，它马上显示出相互排斥，并翻转后相互吸引。这种书写位移以排斥形式开始，其结果还是相互吸引状态回归，是一种殊途同归，最终在运动方向上都出现了书写联结通路。这就是横向∞字形书写转动本征结构在子区域上的书写压迫变形，与相邻区域字干间相互连通的书写行气行为反映。它们与小篆原形结构发生偏离，以一个反向结构方向发展，显示了书写动力分配心理在不同空间处理上的灵活性。但是，当它们作为一个完整的字义，处在书写全局时，根据书写动力分配原则，它们便自动向两侧舒展，形成“挑、钩、掠、撇、捺”等多种分叉位移的笔画式样。因此，同一古汉字字形处于简的区域不同，人书写心理所显示出对其书写动力分配式样不同，对它的压迫强度的心理估算就完全不同。秦隶笔画受区域上的边界固性的影响，它时而压迫变强，呈不同程度“钢性”；时而流畅，呈不同程度的“弹性”，它们各自与原型结构分离，并相对独立地发展其自身结构，形成了一种新的书写位移形态，从而使当时汉字的书写气息变得通畅了。

纵、横全局通路上的书写拓扑变形。当秦隶撇、捺基本笔画组受到来自纵向空间上连续压迫到n次极限，横向∞字形书写转动本征结构受到纵行向空间环境的极度压迫时，情况就变了，它迫使手腕生理椭球体以钟摆式样的全幅振荡进行。因此，波挑书写意图就是人极力延长手腕生理整体位移有效长度，书写动力分配将“八分”子区域位移式样向波挑的全局位移式样进行协调。由于桡、尺侧生理的转动力臂相对较小，在低维度执笔的有限空间中，它相对书写面压迫是一种可越过、可位移转动。波挑相当于一个严重压扁的阿拉伯数字2的书写在全幅振荡。在最大限度的手腕生理整体位移中，书写动力分配将尺侧转动压缩到最小，形成桡侧单体钟摆纵深压迫。波挑是撇、捺笔画组逐步向横向连续振荡的直线性书写拓扑变形，那么，该振子的两端，撇、捺的书写节奏就成了该直线上的书写气韵。因此,简书写区域上横向全域性振荡需要书写气韵行为的配合和支撑。虽然,波挑具有简全域性振荡活动的书写能力,但是该直线的书写气韵并不和谐。书写动力分配将“撇”子区域压迫到最小极限,使其成为“蚕豆”的圆弧结构,捺笔在横向恣意放纵,出现了下笔“蚕豆”、收笔“波挑”的极端压迫变形。导致了桡侧在越过秦简边界③时处于一种漫长而沉重,极力挣扎的态势,这就是书写气韵的失调表现。胡问遂先生在陈述笔法时曾评价道,笔法犹如人步行,一高一低行走。有此理论,秦隶就是一种书写上的跛脚行走,一瘸一拐,它一次次地抬起沉重的病脚,竭尽全力地将波挑扬起,艰难越过书写边界地带。波挑这一历史笔墨遗留,就是前人在全局书写位移上的气韵性病态反映。因此,秦隶横笔是在挣扎着书写。

图 4 - 11

有关秦隶直笔画书写。当简书写区域在横行向上受到一条文字活动边界的影响时,人本能地将波挑式样自动分裂成两个相对均等转动的子域。一笔波挑便自动分裂成两笔,形成“人、入、八、又、乂”等字。当它受到三条边界的影响时,便再次分裂成四个相对均等转动的子域,形成“从、双”等字。当撇、捺基本笔画组受到来自横行向空间的连续压迫到 n 次极限时,也就是说,当书写通路被压迫到简区域的横行向最边缘时,横向∞字形书写转动本征结构也被压迫到转动的边缘。此时,书写生理中的振子钟摆动活动自动停止了,只剩下尺侧陀螺仪转动式样的单体转动了。由于书写核椭球体转动与手掌关节连接，在这一书写空间环境中，它出现了两种转动压迫倾向：尖劈法和延长法。

尖劈法是由书写生理中振子钟摆势能停止，书写转动本征结构中尺侧陀螺仪式转动产生的。由于它被迫使用陀螺仪转动的单体活动。于是，秦隶结构上尖劈形短撇形态的直笔画式样产生了，它与阿拉伯数字1的书写相一致。这一短小的直笔痕说明了两点：（1）书写生理中单体陀螺仪转动压迫是秦隶产生扁形结构的原因，是秦隶扁形结构的书写生物物理基础。（2）尺侧陀螺仪转动的单体压迫使书写气韵特征自动消退。秦隶直笔画要想和波挑一样，形成一种书写气韵性可调谐性笔画，那么，它必须将书写本征结构横向∞字形转换到外文书写中的纵向∫或8字形转动一样，才可能在横行向上形成有一定舒展、伸缩的可调谐性书写气韵。然而，平掌执笔手势想要实施外文书写中的纵向∫，或8字形转动，它对书写边界③的书写压迫，或多或少将涉及手掌活动的配合参与，由手腕关节与手掌关节叠加在一起使用。由于手掌的参与使得转动力臂突然变长，它在空间形成了一种超长圆弧，造成对书写边界③纵深压迫变大，是一种不能逾越的超压迫书写位移现象。只有在简书写空间环境留有足够余地的情况下，人便产生了强行越过书写边界③的欲望。如春联中常见的“年”字就是秦隶直笔延长法一例。显然，延长法是尖劈法的极端延伸。秦隶直笔画中的尖劈、延长都是该书写中的极端表现。秦隶直笔比横笔波挑的书写气韵更糟、更不顺当，是秦隶直笔画书写长度不可调谐性的实际反映。因此，秦隶主笔画（横笔波挑与直笔尖劈法）书写

图 4－12

位移的行气行为非常不顺当。

极限区域通路上的书写拓扑变形。当撇、捺基本气韵受到来自纵、横两个方向同时压迫到n次极限时，这就是极限区域通路上“点”笔画压迫形成的原理。如果把点看成横笔和直笔在子区域上压迫到最大极限的话，那么，点笔画就是横笔振子摆动和直笔陀螺仪转动高度结合的复杂转动机制。秦隶点笔画刚刚滋生，它是不能究其书写位移上的成熟性，但有其产生的书写活动规律可循。点的书写通路处在汉字三条边界集聚的交会点上，是受三条边界压迫、被限制在最小区域内的一个不能再分化的书写笔画。

点笔画作为汉字“三表六书”结构的表征单元，它的出现对于书写型汉字的四方结构平衡，起着举足轻重的作用。根据点笔画的书写生存环境，并推递到汉字四周边缘地带及中心区域，我们可以发现“点”这一笔画类型的变化律：如“冫、宝、尚、业、曾、管、马、烈、戈、玉、林、从、心、寺”等一大批汉字，它们上启下承、左盼右顾，是构成方块汉字结构最重要的转折活动通路，这就是点和相邻子区域间的书写位移关系。这一活动特性决定了点是汉字书写压迫变形最严重的笔画。点笔画整压的主要对象是小篆中的直线条，因为直线条上潜在地存在着横行向书写行气行为，而汉字是在纵行向书写环境中生存的文字，这是两种截然不同的书写位移对抗。以“寶”字为例，当小篆“寶”字转移到着秦简区域时，根据秦隶的书写动力分层原则，它需要对“宀”子区域、“王”子区域、“缶”子区域、“目”子区域和“八”子区域进行全面规划。因此，“寶”字书写受到来自书写边界①②③多方面因素压迫的困扰。对三方面因素的综合考虑，对边缘区域的部首“宀”的书写动力分配，对其书写压迫变形就必须严厉。毫无疑问，只有当A子区域相对

B子区域作出移让，由直曲线压迫成点结构，才能满足书写位移上的整体连续性。因此，当一个古汉字结构过于复杂，存在纵、横两种书写行气大幅度的密集对流时，人在对一个古汉字结构进行动力分配和动力分层的心理预期中，它往往迫使其结构改变其原社会文字意识边界，以适应动力分层上的整体性书写位移需要。

因此，在秦隶文字活动中，当小篆绘画活动边界与隶字书写活动边界的权重比发生变化时，该社会文字意识边界②就成了一条可变易性边界。一方面将小篆纵向曲线向“点”结构书写拓扑变形，这种区域性拓扑变化并没有改变汉字“三表六书”的文化性质。另一方面，当小篆的纵向线条压迫成短撇或点后，迫使其内部的书写行气转换，与相邻区域书写动力相从属。将小篆结构中直曲线直接压迫变形为“点”，这一局部变化具有视觉非适应性、书写适应性特征。但是，对小篆社会文字意识边界②的改造充分显露出秦隶书写动力分配、动力分层的文字活动原则。当小篆结构中大量的直曲线受到书写冲压变成点笔画之后，古汉字结构中直、横笔画比的均衡被打破了。秦隶中横笔画的增加，直笔画的减少，从而根本上改变了汉字结构的体质。

可见，点笔画在秦隶结构中兼任了两个重要角色：(1) 与古汉字三表六书文化保持了统　。(2) 改变了古汉字的书写转折通路。点笔画具备各向转换的书写位移能力，是支撑一个方块结构汉字书写的根本。点笔画的书写水平如何将直接关系到汉字结构的质量。因此，点笔画在整个汉字书写史上扮演了一个至关重要的角色。然而，秦隶时代点笔画是一种不成熟的书写点。基于这一情况，我们把秦隶点笔画定义为原始书写点(这一点在以下章节说明)。

秦隶书写状态空间结构决定了该书写笔画在书写行为上的两大归类属性：一类是中间状态的交叉型笔画，如撇、捺。这一路交叉型笔画组是相对适应性书写编码。一类是极端状态的特殊笔画，如波挑、直笔画和原始点笔画。这些笔画是受书写生理极端压迫所产生，属不适应性、非成熟书写编码。秦隶结构上的书写行气特征是非完整书写适应机制自发本能性反映。它随撇、捺交叉通路从书写适应区向边缘扩散，或向中心压迫而受阻。这种系列性和极端性处理的本身就是汉字书写上的原始物种。因此，“八分”的书写位移形态具有两性同体的特征：一方面，它有笔顺上的书写气势性特征；另一方面，在交叉笔画组上它又有书写气韵性基因成分。从书写笔势上讲，秦隶时期人对汉字学习的知觉反应还局限在笔顺活动范畴，该笔顺具有书写气势上的强势行为。从其书写气韵上讲，极端性笔画的书写压迫，它在书写边界上的固体性和摩擦性障碍却是无意识的。因此，秦隶在书写通路上的气势与气韵行为尚未分化。

于是，秦隶的文字活动性质被我们确定了：秦隶以初级书写的正态分布实施了对古汉字文化形态的转型。从绘画线条 A 到书写笔画 A′的结构重组过程中，对于秦隶形态上有出入的地方，人不可避免地使用了拓扑概念进行两种图像转换。按照新的书写理念，一点与一条曲线相对应，一笔波挑与一条直线相对应，两者在“三表六书”文化结构上是等值的、可以互换的，这就是当时社会对一种新字体的认知观。整个秦隶书写笔画形态的社会认可，产生于书写运动知觉上的拓扑变换心理之中。新的笔画形态使汉字结构变得更抽象、更简练了，从而初步实现了图像结构与书写位移相统一的、复合型纵行向书写行气特征的文字。秦隶代表了汉字书写文化的发展，在维持汉字“三表六书”

的核心结构的同时，又创造出一套适应于简区域活动的汉字结构。因此，秦隶为汉字书写发展提供了一个历史阶段性“解”，属初级书写编码的汉字结构特征。

第三节 秦隶书写文化的演变及其发展

历史表明，秦隶属书写非终至型汉字结构，它作为当时书写文化的组块的基线水平，在后续社会的书写发展过程中，存在着两组书写活动意识、三种书写文化形态的演化和发展：

视觉压迫心理	→	上石	视觉规范定型
↑	／		
对秦隶书写文化需求的不同发展方向	→	草书	情景流畅性定型
↓	＼		
书写压迫心理	→	楷书	书写压迫规范定型

图 4－13

图 4－13 表明，从自动无意识书写整压向有意识书写整合的思想运动发展过程中，人在不同的社会历史发展时期，对秦隶书写文化组块会出现不同的文化提取选择，对秦隶书写活动通路上的认知反应有一个前、后发展的认知关系。当它处在非现实书写环境之中，人又会停止对笔势的加速反应，对秦隶书写笔画重新进行视觉绘画性描述，这就是以后的汉隶现象。当它处在一定的时机下，由笔顺的娴熟向书写气势行为发展，这就是以后的草书现象。当它处在更为特殊的“纸张”环境中发展时，人才有可能将秦隶八分划空取势的转换方式，撇、捺笔画组的书写气韵基因转换到专门性的书写活动上来，即凝聚到

“质点”的书写气韵水平上，产生“八面用锋”的楷书现象。

因此，当时中国社会存在着绘画性书写、书写气势和书写气韵三种发展方向。在确定下一期汉字书写文化转移的条件概率上，秦隶文字活动行向量值{S①、S②、S③}的缺失和健全情况如何，将作为汉字书写文化的发展关系而加以评价。三种不同形态的书写文化现象事实上构成了汉字书写特定概念和总体概念的雏形，长期活跃在中国社会书写文化之中。它需要我们用书写知识社会学观点对其源流、性质进行识别和区分。解明由传统文化继承给我们对当前书写发展所带来的阻碍，尤其在基本思想方式上给我们带来的束缚，需要我们对其书学观的源流、性质进行识别和区分。

一、上石——对秦隶结构的视觉规范定型

上石是人对秦隶初级阶段书写编码的一种视觉规范心理需求。秦隶本身并没有完善汉字书写活动程序编码，它还处在发展过程之中。当秦简的书写边界①被放大到 X' 值时，可以看成对正常容限书写边界①的一种越界。这一越界使简书写空间环境向非现实书写空间环境转换。在非现实书写空间环境中，书写行为容易向绘画行为自发性转换。

秦隶书写笔画的形成，是人在越过书写活动边界①②③时，由书写生理压迫所产生。当文字活动进入非现实书写空间环境时，人书写生理随空间环境变大，书写心理效用函数{ui：I＝1、2、……、n}也随之相应变化，由上肢内部非书写性活动因素的参与，导致了汉隶书写文化转移概率中各单元联结点的自动丧失，书写从常数向变数转换。这意味着非现实书写空间环境中书写加工的不确定、不完善因素在放

大，刚刚形成的初级书写笔画形态又出现了或多或少的绘画性加工描述，视觉检测上的审美因素单独参与，对不规则书写性态进行集中修整和归类，汉隶出现了绘画性情景流动的倾向。因此，上石汉隶逐步呈现出书写信息异质化特征。

秦隶书写边界①的超越导致了书学行为①的历史重现，与古汉字小篆发展的心理轨迹相同构。但不同的是它以秦隶文化为物种，形成了新一轮的书写文化运动向量。波挑上的“燕飞”是一种书写位移现象，但在汉隶活动中，视觉操作书写都对其进行改造，作出新的规范。以“三”字为例，三笔波挑对于视觉生理而言，就显得过于繁忙。因而汉隶主张“逆入平出”“燕不双飞”。汉隶“逆入平出”就是小篆横线条处理，在横笔画组群中只留一笔波挑，这就是当时文字结构处理上的视觉智慧应用，从而使得汉隶式样既简练清晰，又变化多样。视觉自作主张看似对秦隶初级书写式样粗糙行为进行结构规范，但实质上是对秦隶刚刚压迫成形的书写笔画进行修正，从而使秦隶刚刚形成的初级书写性态又向绘画活动悄然还原，并切断了秦隶结构上的书写活动通路。“燕不双飞”是一种书写上的美术化倾向反映，是视觉加工的积极误用。因此，“燕不双飞”隶书理论上的谬误，是混迹在书法理论中的早期“官阁体”排字论。

当今已有人从小篆和颜字的结构排列特征上看到两者同属排字结构的活动性质。那么，隶字中的排字结构又是怎样一种式样呢？历史上从来没有人认真思考过。在传统书写理论中，人们把汉碑精品（《曹全碑》《礼器碑》《华山碑》《史晨碑》《乙瑛碑》《石门颂》等）都理解为是对秦隶的传承和发展而具有书写参照意义。然而，在汉隶的社会文字意识边界②上，却存在着大量的视觉因素和书写因素的相互混杂，出现了模糊性笔画形态。在汉隶书学模型中，它出现了小篆时期书学行为①的历史重现。秦隶与汉隶之间出现了历史不等式 Q1≠Q2。因此，非现实性书写区域实质就是一种绘画情景的流动媒介。秦隶一旦上石，它就等于进入了非现实书写区域。在这一区域内潜在地存在着一个文字书写与绘画功能分离的分叉。因此，当人的书写意识尚未形成，致力于更高层次发展时，人便无意识步入一个书写误区。在非书写空间环境中，绘画性书写行为得到了优先发展。视觉审美上的优化考虑，导致后人对这一类书写现象归类上的错觉。汉隶在视觉审美上似乎高于秦隶，但在书写性态上却又低于秦隶，出现了书写边界{S①}行向量值的负干扰。因此，上石后的汉隶就是一种广义正体，秦隶书写的代码。

当秦隶初级阶段书写编码向视觉代码转移时，该代码结构具有绘画性无限变化的不确定性，它丰富了汉隶书写文化的视觉变式。这一丰富多样性部分来自自由空间环境的影响诱导，部分取决于个体对秦隶书写结构的潜意识的把握。它既带有当时社会人对隶字书写认知活动上的个体主观愿望，又是社会文字意识边界上，各种视觉智力变化上的审美竞争的反映。清代王澍在《虚舟题跋》中说："隶法以汉为极，每碑如出一奇，莫有同者，而此碑犹为奇绝，瘦劲如铁，变化如龙，一字一奇，不可端倪。"平掌单苞手势一旦脱离简的书写环境，非现实书写空间的情景流动，导致了书写心理向绘画活动意识转变。它既不具备导致秦隶书写气韵基因发生凝聚的环境条件，又在这一初级母体结构上滋生新的绘画性审美效果。因此，从秦隶到汉隶，它存在一个书写因素向视觉因素转换的变化梯度，形成了一个从书写到绘画性排字的系列变化。这一文字无限变化成为历代书学取之不尽、用之不竭的营养源泉。因此，汉隶对后世书学更具有影响力。

汉隶中书写与绘画的混杂更带有书学上的误导作用。汉隶不存在书写上的进化现象，是汉字史上绘画性视觉检测加工周期性反映。汉隶对秦隶中的视觉审美因素有反应，并对其图像变化进行各种有组织的发挥，出现向小篆文化还原态势，再一次重复古汉字书写的发展过程。因此，我们把这一书写文化期称为汉字绘画性视觉检测行为"历史性二次"。

从古汉字小篆到汉隶，汉字发展出现了视觉加工文字的周期性变化律。这一现象预期了在一个长度为 m 的历史时期内，汉字在每一历史阶段上的进化，它最终都是由视觉生理进行总结的（契刻、上石），视觉生理行为从历史性一次、二次向历史性 n 次转移，从颜体、柳体，最后演变成往仿宋体、印刷体、美术体方向变化。因此，书写总体概念具有无限变化的倾向。只要历史上汉字视觉操作书写活动因素未被分离开来，并明确地定义它，视觉操作书写一直同书法文化形成相互纠缠、相互混淆，并进行相互竞争的局面。因此，对汉隶书写文化现象的揭示具有这样一种文化功能，在同一阶段性汉字的社会文字意识边界上，人存在着两种文字信息的提取加工意识的可能。当书写主体处在自动无意识状态下，人就顺着视觉信息提取这一隐秘通道"出体"。在文字结构的放大过程中，社会文字意识边界上的模糊地带，便成为人进行各种美术化表现的媒介和场所，它导致了汉隶在视觉生理加工内容上的无限想象。因此，汉隶具有视觉观赏上的娱乐文化功能，并不具备汉字书写文化上的进化意义。

二、草书——书写情景流畅性定型

在解释了汉隶广义正体的书写现象后，我们将转向对汉字草化现象书写动因由来问题的探讨上来。汉字草化萌芽于秦隶。秦隶在书写型三表六书结构刚刚形成不久，社会上草化现象就已经相当普遍了，对此，我们必须对社会集体性书写草化的心理起源进行探究。

有关秦隶草化的书写动力属性问题。出于教育的缘由，人们往往把汉字书写学习控制在一个相对高的稳态区域内进行，这样有利于人对汉字书写结构的把握。然而，经过一定时期的笔顺学习和巩固后，人在书写活动中往往会出现书写边界②的松动现像。最初，它往往是某一条边界的松动，以后到数条、最后甚至对书写边界②全部逾越，这就是秦隶书写活动中“气势”反应。“气势”是书写笔顺中直接滋生出来的。一方面，在秦隶学习过程中，为了正确表达汉字结构，书写核椭球体必须严格控制“八分”交替偏转状态的高强度劳动状态之下。当书写笔顺加工熟练后，人每天大量应付这些书写肌肉收缩和伸展的协调意识开始下降，草化便从书写注意疲劳开始。另一方面，从人类文字书写活动大范围上看，在书写生理母体中，陀螺仪式转动始终优于钟摆势能，世界主流文字主要是由这一强势引力作用而定型的。因此，汉字也一样，当秦隶笔顺通路上的固体性和摩擦力的障碍反应还处在无意识状态时，与书写生理母体最直接相关的优势转动冲动就开始出现了。

笔顺是沿书写转动本征结构∞字型边线活动的一种书写行为，一旦书写加速，这一边线活动形态就很快向单体书写转移。因此，沿书写转动本征结构∞字型边线活动的书写意识相当不牢靠，它是处在书写意识缘地带活动的一种书写行为。从历史宏观发展来看，当社会部分人在经历了第一阶段的笔顺学习之后，第二阶段上的书写气势发展便迅速到来。在草化过程中，当人开始脱离正体汉字的再认，向高一级的草化世界的视觉再认形态发展的同时，草化的书写笔顺的气势压使交替性撇、捺 -1 书写偏转发生相互连通，书写便向单体 0 偏转式样转移，而 0 偏转就是对汉字书写边界②的一种突破，秦隶书写从有界活动向无界活动自由转换，简书写区域相应变大，书写边界①也丧失其压迫作用，导致了书写边界③上无压迫性书写的全域性流通。因此，汉字草化的视觉再认和识别任务态提高了，它的书写性态却变低了。当初，秦隶在守护三表六书文化，重建书写边界②之时，人们历尽磨难、刻意遵守。如今人们在逾越这一边界时，它只取决于自我文化修养及个性书写习惯而已。当社会文字活动纪律普遍转变为自我书写经验上自由活动边界时，秦隶草化现象便社会上自动蔓延开来了。

草化是汉字书写概念中的一个组成部分，同时，又是一个完整的书写随意过程而被我们经常体验到。早期秦隶草化现象表明，汉字书写中更为普通一般的强势“引力”就是来自书写核椭球自身，是人书写生理母体结构中陀螺仪式转动的强势本性表现，导致了秦隶书写边界上的动力属性发生了质变，从钟摆式书写向陀螺仪式的“使转”①活动转换。因此，单纯的社会文字意识边界教育，是不能达到对汉字书写文化精度的有效控制。秦隶向草化转换，仅一步之遥，该文化现象与我们当前社会学龄期书写活动现状相一致。

秦隶正体与草化两种书写现象出现的时间顺序，就是书写动力性质上的精确区分的。草化在没有产生相关的持久意识之前，人并不存在草化的书写欲望。但是，当我们在草化过程中没有发现任何阻力，

---

① “使转”请参考《书谱》：“真以点画为形质，使转为情性；草以点画为情性，使转为形质。”点画与使转是笔毛书写动态过程中的一个连续变化体。在书写外力作用下，笔毛出现有组织地扭转排列秩序的自动变换，点画与使转就是连续变化体上的两极。

人无须再进行强势的"划空取势"转摆克服书写边界障碍时，情况就变了，草化书写流畅的随意倾向就成为一种经常体验到的书写情感。这种情感与书写发展复杂交织的不知不觉中，汉字第一次向世界主流文字书写活动式样急剧靠拢，与普遍一般性书写行为相一致。因此，汉时期，汉字书写总体概念的思想雏形，一前一后相继形成。

对于一定时期内所出现的书写草化现象是如何广泛地影响到我们对书写经验的排列顺序，并认定为高级书写文化形态的，我们需要对这一书写文化的升华过程进行认真剖析。章草是汉字草化过程中一个阶段性文字结构，这种既华丽又简便的书写式样受到社会部分文化人生的青睐，在他们的倡导下，曾一度有可能成为汉字的标准结构。然而，章草是秦隶结构上新增的书写形式，它使得刚刚形成的汉字文化统一体又处在持续不断的历史转变之中。对章草现象的文化定位，当时社会处在一个两难选择的境地，如果选择秦隶为正体，那么作为高一级的章草书写，它的社会文化地位怎么摆？如果选择章草为正体，那么秦隶的"三表六书"文化地位又怎么摆？将章草提到汉字发展的正宗地位，这一倡议本身说明了：一方面社会人在汉字书写活动中潜在地存在着一种强势引力，它形成一种书写进化的假象，它一直在引领着人对既定书写文化形态进行超越；另一方面，草化在不断向低一级的书写行为退化的同时，这一书写形态与文化修养的联结、却在社会过程中不断被提升。当社会上的草化现象加工到一定成熟度之后，草化就成为汉字书写情感中的一个重要组成部分。于是，正体与草化之间就产生了复杂的矛盾冲突和情感纠结。然而，当章草在社会更高层次上的文化平衡时，由于草化对汉字传统的"三表六书"文化的破坏，而受到当时社会有识之士的反对，最终被否决了。

章草的淘汰是中国汉字史上第一次两种书写文化形态的抗争。从这一事件中我们可以看到，在决定汉字发展方向上，社会存在着两种书写文化形态的发展意图。究竟以哪一种结构为汉字正体，在这一问题上存在着书写总体概念和特定概念的明确区分。然而，从当时社会的书写文化现状而言，社会有识之士对章草文化的判断并不存在对汉字正体、草化两种书写文化发展的预期进行判断，而是出于一种文化的权衡。一方面，"三表六书"结构是汉字正统文化地位不容动摇。草书的情景流畅性优点它不能正确反映汉字文化特征。因此，汉字史上第一次书写文化的冲突，是以传统的书学行为①的强势态度为前提而得以解决。另一方面，对于当时社会书写草化的普遍现象，迄今为止，社会尚未真正达到对草化现象的书写本质进行揭示的程度，有效的剖析和解释其书写文化性质。因此，一定历史时期统一的、相互依赖的书写总体概念，便成为近代汉字"正、草"文化辩证发展的理论解释基础。

章草标准化现象告诉我们一个事实，在汉字文化发展的当时，存在着两种文化形态发展的相互竞争，一个是图像适应性，一个是书写适应性。汉字学习需要"三表六书"文化的固定，当"三表六书"文化固定后，社会上有一个潜在性优势书写文化在引领。然而，这一文化引领对汉字图像却具有破坏性，是一种汉字文化的不适应性。为了解开历史分叉口上章草标准化现象的问题实质。这里，我们再引进一个概念——"书写动力从属"，即人手腕生理中存在着钟摆式样和陀螺仪式样两种活动特征，人的书写究竟是倾向于钟摆式样，还是以陀螺仪式样为发展，这是判断有关汉字文化发展的关键点。

在秦隶草化过程中，手腕生理的钟摆式样受书写行气上的气势作

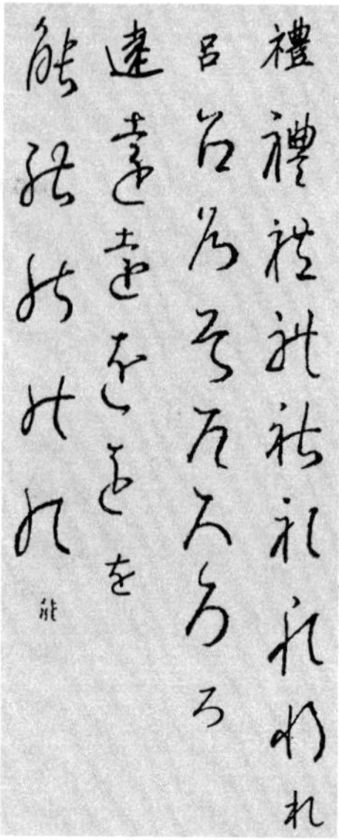

图 4 - 14

用影响而转换为陀螺仪式转动方式进行，这就是书写动力从属倾向。按照这一转动惯性运动，以古汉字中的“馬、烈”等字为例进行考察，它下部四根线条在简的空间环境中，就被整压为四点。在草书圆弧转动式样的动力从属活动中，四点再转换为一横曲线。当它在更小的空间环境中，如日语在字与字的行向空间缝隙中生存时，它再进一步汉字压缩还原为线条字母，秦隶刚刚形成的书写“点”将全部退变为曲线。因此，在这一特定的社会书写环境条件下，人书写有意无意地遵循着单体书写动力惯性运动，秦隶草化书写动力从属于气势。该草化使转是一种未经书写意识加工、在楷书点笔画尚未形成之际，“使转”现象便匆匆出现，一旦它脱离汉字“三表六书”文化的束缚，书写气势上的动力从属就将成为一匹脱缰的野马，彻底摧毁汉字结构。如果按照章草文化进行汉字定位，该动力从属所形成汉字发展上的运动向量，很有可能向日本假名方式，在某一草化阶段上进行固定，与世界主流文字的正体结构定位式样相一致。因此，草化文化是一种隐蔽性极高的书写退化现象。它对汉字图像结构有破坏性，导致了秦隶“八分”仅有的一点书写气韵基因自动消退，草化线条在汉字书写性态等级序列中排列最低。因此，草化对前、后两种书写文化的笔法传承概率为0。进一步说，在汉字发展上，个体以草化方向发展，人根本就不存在书写笔法结构提取的可能性。

有关汉字草化上的人文意识活动边界的形成。即使有人敏锐地发现了草化文化的书写笔法转移概率为 0，然而，对草化文化形态的产生，对其进行剖析和把握比所得出的理论值更复杂：一方面，书写气势行为的成熟对汉字书写笔法转移概率为 0；另一方面，草化过程中书写人文因素的形成却具有意义。于是，汉字草化书写形态在书写总体概念的人文因素关照下，它的社会文化功能在急剧上升。

汉字草化书写形态的人文因素是顺着笔顺活动被逐步放大的。该文化的书写心理形态有三个突出特征：(1) 书写气势不断强化导致了人在通过这一明确规定的边界时变得毫无阻力。草化每丧失一条边界，都是对有限区域空间上书写自由度的扩大和利用。它导致了人在汉字书写活动中，突破书写边界的积极心不断增长，而社会文字活动边界的约束和禁令在丧失。人们以损失社会文字意识边界②为代价来换取书写上的自由度。于是，在一个不受限制的书写运动中，即使在简区域的小空间上，它也有一个相对大域的意义。(2) 在书写与人的心灵互动中，草化的书写心理是高涨的。对于这一相对大域的书写经验来说往往意义非凡，因为由书写熟练原因引起边界②的缺失往往不是单纯书写事件，而是伴有文化知识劳动中专心致志，或人的精神情绪活动等复杂情绪波动等反应。人在书写区域向自由运动空间转换中，在越过边界和保守边界之间，出现了不规则的视觉张力。书写动力属性的改变使得毛笔书写各向位移变得皆有可能，人似乎进入到一个书写上的随心所欲、无所不能的境地。(3) 草书的书写布局夺人眼目。社会书写活动边界的突破使个体感到书写活动的阻碍在减小，而在笔顺活动中，简区域的任何一点上的书写活动都会与邻域间发生联系，并预期与远区域关系的思考，一种书写上的随机布局现象出现了，即书写气势上的随机动态变化。于是，在脱离了社会文字意识边界②的束缚之后，一种更为抽象的绘画审美方式在草化文化形态中形成了。

由于受文化教育的影响，人们对社会文字意识边界松动总是控制在一定程度的范围内。因此，同一汉字结构上的社会文字意识边界对不同的人而言，并非具有同样的处理方式。在经历了长度为 m 的历史时期之后，社会人对汉字书写活动边界②上出现的不同的松动梯度。形成了汉字结构不断分化、突破态势，出现了草化经验的模糊归类和细分，形成了行书、行草、草书、大草、狂草等命名分类。因此，组织一个汉字结构，它究竟需要多少社会文字意识边界，同样是汉字书写文化上的一种创举。为了更正确地诠释草化活动规律，及其视觉对这些图像审美规律上的独到、精准的把握，书写主体常常出现了一般人不敢作为，也不敢到达的活动境界。草化敢于突破的性格，最终形成了文化人士的一种新的书写审美资源。为此，我们把社会历史上普遍存在的、发生在个体草化自发性书写情景流畅现象定义为"书写边界递减心理"。

书写边界递减心理是对汉字书写结构的一种反分化。人沿着笔顺的气势活动线索，随着线条在书写区域上的流畅性变化、个性化趣味性知识和书写情绪等相应地发生改变，并不断发展。在书写边界递减效应连续变体的摸索中，人有意、无意地选择了书写障碍较弱的位移方式，为汉字书写文化带来了新的审美资源，从而出现了汉字书写文化发展上新的增长点。因此，汉字草化是一种"高文化修养和低书写性态"相结合的书写策略模型。

草化策略模型是视觉思维上的巧智运用。该策略的方式方法与文化智力、生活经历密切相关。因此，书写边界递减心理的养成是一种书写时、空和文化修养上的个体结构化过程。新的汉字活动方案需要个性化书写经验和文化修养的长期培养。在这一特殊书写通路边界上,不同个体的文化学习和个性修养,随书写时间的增长而发生不同的书写越界方式,从而达到不同的书写审美效果。因此,书写边界递减心理具有个性文化意象的转换功能。人的社会地位、文化层次、年龄结构不同,它最终所产生的文字结构变奏和演绎,在社会上所发挥的影响和效果也不同。因此,由社会书写边界②的缺损,最终演变成一条人文意识活动边界而出现了新的复杂性。

草化文化的复杂性是主体自我文化假设和观念变化过程中形成的,是典型的个性化书写文化产物,它与个体文化结构上的个性趣味自由表现倾向相合,具有个体书写心理上的特殊满足;与个体书写的特殊心理发展相关,使得这一文化现象具有鲜明的个体书写文化的印记作用。汉隶是一碑一景,而草化就是一书一个性。因此,这是一种极具诱惑力的迷人书写文化形态。在秦隶最初过程中,自由主义心理倾向的草化现象一经出现,就受到社会文化人士青睐,并对这一新颖的书写流畅形式产生了浓厚的兴趣和特别的嗜好。因此,草化文化形态始终镶嵌在社会地位最高层、文化层次最深厚人士的背景之中。在这一文化意义的背景下,打破社会文字边界并不是对汉字结构的不尊重的表现,相反,它是知识文化、个性修养的智慧结晶的反映。从而使草化注入了新的书写活力和审美内容而具有非普通一般的文化意义。这使得草化对汉字活动边界的处理,具有超越一切传统文化上的加权作用,具有书写上的正当性、权威性意义。因此,汉字书写文化的精度长期受到草化书写行为的威胁。

草化文化意义随着社会书写总体概念的文化网络体系的形成而

逐步变得成熟起来，并最终固定为一种专门的书写文化物种，成为中国社会书写文化中的最主要的书写形式而一直流传至今。在这一文化领域中，它发展了一种个体文化结构和年龄结构为定向的理论关系，所谓书写气势上的“书卷气”的发现，就是这一精神认知领域中的基本评价单位。而个人“签名”往往是书写流畅性和个性特征相结合，从而达到最高层次的表现。当人将草化行气持续强化，在时间、空间和文化修养结合达到最大值时，人的实际书写情绪会变得高涨起来，产生了所谓的“戏笔”“戏墨”等人文书写游戏。而这种文化游戏和趣味水平高低，又取决于书学资历、个性及文化修养上的志趣水平。它产生了所谓的“担夫争道、惊蛇出洞”等各种个性趣味，再进一步发展就出现了大气磅礴、跌宕错落的“长征诗”现象。因此，草化在书写性态退化过程中，发展了一种抽象图像变换的视觉趣味性智力游戏。从而在整体布局结构变化上挽救了草化对汉字结构严重破坏性的印象。这种越界行为的巧妙连通方式，成就了汉字草化文化的本质。

历代社会有识之士一直对汉字草化文化形态具有高度关注和戒备心。尽管当时有《非草书论》的社会舆论。近代书家胡问遂先生也对社会草化现象不无感叹地说：“五百年后，让后人去评价。”但是，面对一个强大的传统文化舆论，人们始终都没有深入到该文化“质”的深度去探究。长期以来，学术界对于这种书写退化，究竟对汉字发展意味着什么？汉字究竟草化到什么程度，才是汉字结构上的一个平衡点，在什么位置点上出现终止型结构，人们一直不得而知。

草化现象是继书学行为①之后，社会上普遍性急速成长起来的书写流畅型负加工文化形态。一旦社会环境编码发生变异性增生，最高文化形态和社会集体书写无意识行为相结合，章草历史事件便在中国社会再次重演。在第二次汉字书写文化的冲突与平衡中，就不可能再以汉字文化的惯例来处理了。因此，汉字草化便成为一种潜在的、极富有挑战性书写文化形态而存在。对于历史社会上长期持续的、草化优势动力从属倾向的定位和解释，就成为近代社会汉字文化的主要关注内容和改革理由。有鉴于此，我们把汉字草化文化形态定义为“书学行为②”。

三、楷书——书写压迫规范定型

汉字必须有一个与自我图像体系相适应的书写，这就是汉字文化发展的特殊性和矛盾性。撇、捺是隐伏在秦隶结构内部一个书写活动基因，但当时社会气候还不足以使这一书写基因凝聚在一个定点上。只有在相当特殊的纸张环境中，才有可能使该笔画组的气韵性基因向一定点发生凝聚，形成更高水平、高质量的书写转折，这就是一个与自我图像体系相适应——“书法”文化产生的原因。

对书学行为②历史起源的揭示表明，在秦隶文化后期，汉字文化发展的历史拐点上，还有一个“书学行为③”的实际存在，这就是汉、魏晋楷书。在汉字文化发展的社会摸索过程中，成为下一期书写文化选择的事件有两种：一种是必然发生的书写事件。一种是可能发生，也可能不发生书写事件书写行为，这是由汉字书写条件概率所决定。这就是说，秦以后，成为后一期汉字文化发展对象的有两种可能，存在两个入口：对于书写上石和书写草化，是秦隶形成之后必然导致下一文化期的优势激活书写事件。因为它们在书写文化转移概率上，都存在文字活动行向量值{S①、S②、S③}的缺失，而这种缺失所反映的就是汉字书写无意识加工。这两种结构就是当时中国化的“外文”书写文化，它的长期运动就将形成一种中国式的大、小写书写文化，是汉字进入第一入口，书写笔法退化过程。

汉字最终的发展结果表明，汉字选择了书写意识发展线路，由于书写意识发生对社会环境和个体文字活动态度要求特别严。对于汉楷而言，它在社会上的激活就是取决于当时社会环境中特殊的书写边界条件概率，是汉字进入第二入口进行书写意识加工发展过程。因此，汉字字体与字体的进化只能发生在正体书写进化之中。

汉楷对书写气韵的进一步强化激活，需要人的书写意识的积极参与。汉楷是在一个定点上发生精确转折的书写现象。显然，在书学行为③上有一个书写气韵发生“质”变的历程，而导致这一基因发生突变的原因，就是当时社会环境编码中，一个更严历、更苛刻的书写活动区域出现了——“纸张”。因此，“秦简与纸张”并不是一个完全的同质域，纸张比竹木简书写环境更为恶劣。它从一开始就表明了某种书写结构的实际存在。当有限人群的书写选择了秦隶书写条件下的八分笔画发生概率时，纸张书写行向量值{S①、S②、S③}的正干扰就相应增大。因此，传统的非均衡、自发性书写压迫的运动障碍在纸张上进一步恶化。它迫使人去思考，从一个低维书写结构向高维书写结构改变。因此，在世界其他民族文化环境中，很难为这种书写文化形式提供相同的生存条件，只有中国社会环境才为这一文化产生提供了生存的土壤和环境。新的生存环境导致了人从书写生物物理学的角度去思考、去书写，从此，一个无与伦比的文化物种产生了，这就是“五字执笔法”书法文化。

魏晋楷书是在秦隶书写活动边界条件基础上发展起来的，是一个书写动态系统的渐进性进化模式。设 A 表示书法动态系统的可能状态的集合。而 A 属于一个有限书写空间，离散时间动态过程是一个函数 Z(T, A)，在所有的离散时间 T = 0、1、2、3、……和所有的 A 中的 A 来说，如果过程在 T 时处于笔法状态 A，则它在 T + 1 时所处的笔法状态 A′ = Z(T, A)。从秦隶的初始点 Z°出发，该过程对书写求解的路径为{A°, A1 = Z(0, A°)，A2 = Z(1, A1)，……}是一个有效书写改善路径。因此，这是一条从秦隶到魏晋，每一阶段的书写偏离能严格按照特征向量{S①、S②、S③}发展，提高其书写效用的路径。这就是一种气韵性书写势能，它沿着有限的改善路径严格递增。由于书写空间 X 特征向量的值本身是有限的，路径必须在某一 X∈X 结束。因此，它最终必然收敛于书写笔法 A。这就是秦隶向魏晋书写型汉字发展定型的历史过程。因此，在汉隶文化期中，随着纸张的出现，新一轮的汉字书写文化摸索在中国社会悄然开始。

第五章 汉字书写性态成熟期
——魏晋楷书

在一个严格的书写条件概率中，早期纸张环境与秦简书写区域之间的书写文化传承，在"数域 P"的三维线性空间上都是同构。所不同的是纸张书写环境比简书写环境更恶劣。为了克服这一环境上的不利因素，它迫使秦隶书写结构内部滋生了一种局部状态的拉力来应对。这一书写动力系统的渐进过程，它既有文化转移率的均衡发展特征，又有新的不同程度的书写强化反应，它迫使秦隶出现有限路径改善，新的书写机制在楷书 j 与秦隶 i 文化联结之间，出现了 $Q_2 \geqslant Q_1$ 现象，从而导致了整个汉字书写文化的发展。

第一节 魏晋楷书是秦简书写的强化模式

设魏晋楷书是由 n 个体的基本书写事件 ω_1、ω_2、……、ω_n 构成的集合，记作 Ω（它称为书写样本空间，ω_1、ω_2、……、ω_n 称为书写参考

样本点)。当人的书写活动选择了在秦隶书写发生下的条件概率时,笔法激活 A 在历史过程中包含 K 个不同的书写基本事件,则比值为 K/N 为笔法出现概率。

$$P(A)=K/N \qquad P(A)\text{为笔法事件 }A\text{ 的概率}$$

已知当时秦隶笔法状态为 A,转移到 A′。A′的全体为 A,记为 A′∈A。它由 Ω(必然书写事件)的子集构成。因此,对于每一个 A′赋予一个实数 P(A)。因此,它满足于:

$$0\leqslant P(A)\leqslant 1$$

设:PAA′(T)为历史时刻 T 笔法状态为 A 的条件下,转换到 T+1 转换到笔法状态 A′的转移概率。那么,在初始笔法状态 A°、A、A′过程中,令 PT(A|A°)为状态 A 在首个 T 期被访问的笔法相对频率。随着 T 时间趋向无穷,PT(A|A°)几乎收敛于一个概率分布 P∞(A|A°),这是一种初始笔法状态 A°下,过程的渐进频率分布。应该理解为是一个书学选择的标准:在长期过程中选择了 P∞(A|A°)赋之以正概率状态。考虑到一个由文化转移概率矩阵(h)定义的 A 笔法状态概率。因此,它存在一个正概率使得笔法状态 A 在有限时间内转换为 A′。

要深入探讨魏晋汉字结构的形成,我们必须考察书家所处的社会书写文化环境。在这一特定边界属性的纸张书写区域环境中,它无时无刻不在影响、制约,并调节着人对书写行为,这无疑对人的书写笔法形成、发展起着积极的提升作用。只有将汉字结构的书写发生及其本质属性,纳入一个特定的书写状态空间环境中进行考察,才能看清汉字书写结构的进化的活动线路。历史上,汉字书写进化的真正活动线路，就是发生在与秦隶同一书写活动区域的规范内，由钟繇、王导、卫铄（卫夫人）、王羲之等一批优秀书家在长期的积极探索中，逐步形成了适应汉字三表六书文化表述的专门书写机制——深掌五字执笔法书写手势。因此，汉字结构的最终定型，就是这一路书写文化的贡献。

世界主流文字是一种大、小写字母结构文字体系。汉字则不同，书法形成了大、小写功能一体化，它既具备外文大写的视觉检测功能，又具备小写的书写功能，这就保证了汉字图像上的文化结构得以正确传承。从汉到魏晋，当时人在处理正体书写时，必须寻找出一个更为有效的书写机制，导致了人在汉字活动的每一个局部细节上都必须进行新的书写适应性调整，使汉字结构不断出现书写分化的演变趋势。而它在每一单位书写文化上的△增长似乎是在一个确定性的系统中，从而产生了一个满足秦隶初始状态 P°的一个唯一解——深掌五字执笔法书写。我们称这一执笔状态在处理毛笔书写随机挠动时是稳定的，此“法”基本解决了汉字方块结构的书写问题。因此，在汉字文化的发展途中，它比世界主流文字多了一个书写发展方向。为了适应汉字图像体系方块文字结构的书写，与世界主流文字结构上气势行为逆向而行，向书写转动本征结构的中心区域发展，形成了一种气韵式书写，采用了一种特定的书写文化形态来解决自身图像文字的标准化结构，并一直使用至今。因此，汉字与世界主流文字走的是两条完全不同的发展之路。书法是人类文字史上一个极为重要的书写突破。在人类文字活动史中，也只有汉民族注重保留图像文化与书写活动相统一的正体结构。

一、纸张书写环境迁徙所带来新的书写问题

随着纸张书写材料在社会上的推广应用，纸张书写边界地带上所

呈现的障碍和摩擦具有新的、凸显性刺激的特征,它导致了人的书写运动知觉出现了差异。这就是说,原书写行为本身就存在书写活动障碍,人未必有一个清晰的认知。但是,当纸张环境对原书写可行性发生制约,并影响到当前书写活动时,人们才对其书写功能和书写经验开始反思。根据当前书写边界特征的反映,迫使人作出新的书写结构性调整。而这一结构性调整过程就是被遗忘的"书法"一词的历史起源。因此,新一轮书写文化追求就是对前秦隶书写文化信息反馈的一种具体展开。

(一) 纸张文化环境中书写不稳定因素

纸张是当时新颖的书写材料,与简书写材料相比,纸张的书写面比简的书写面大,而且质地轻薄,是文字活动最适宜材料和活动场所。该材料一经问世,人第一想到的是,在该材料上的书写效果究竟如何。但是,当人们首次在纸张上尝试书写时,人们惊呼这种物质材料对毛笔书写变化的敏感性:纸张质地柔软轻薄而又富有摩擦性,它不能像简那样单独自成书写物,它必须与绢帛一样,需要案几物理机构的支撑方可被书写。参照帛书的活动经验,从此,汉字活动中的书案要素被明确决定下来了。于是,当时社会既定书写习惯在面临新的书写环境时,在案几、纸张、服装三者之间出现了新的书写不稳定因素。其中,平掌自发性书写机制离纸张太近,是滋生书写不稳定因素(摩擦、碰撞、移动等)的关键。于是,人出现了新的书写反应——竖掌书写。因此,不同类型的书写执笔形式,就是通过对纸张边界地带上的书写知觉反应而逐步明确起来的。

(二) 竖掌行为的书写反应

人类上肢的生物学进化具有两个明显的特征为标志:第一增强

反应的多样性，以便与外部刺激不稳定因素的多样性相适应；第二增强动作处理精度、消除运动偏差量。处理对象越精细，人对上肢生理近躯体关节活动的限定范围就越小，使上肢生理活动控制在柔韧性和精确性特征最高的、远端手腕关节部位上。当处理对象是一个极不稳定的危险体，要实施某一预定动作的精确定位，消除其运动的偏差量，都会略微上扬手掌，锁定肘关节，使精细动作集中在腕关节上。如电影中的“排雷”、日常生活中的穿针引线等。这些精细活动都会导致手掌作出“微微竖起”的生理反应。以精细而正确的动作来对抗不稳定客体所带来的心理紧张。因此，人在处理纸张环境上的书写也是一样，在平掌书写手势的基础上略作调整，把手掌略微抬起，使书写位移处理时书写动作稳定性更高，心态更平静。

竖掌是受纸张环境的特定刺激所建立起来的一种新的书写行为反应。尽管历史上并没有留下任何有关书写手势的变动记录，但是，今天从秦隶到魏晋楷书字迹上可以发现，在这一历史转折点上，存在着两种截然不同的书写笔法：一种是在简书写材料上的“划空取势”，一种是在纸书写材料上的“八面拱心”。显然，在秦隶和汉楷两种字迹背景上，其书写适应机制是完全不同的。略微抬起手掌，是受过去竹简材料上大大咧咧书写经验影响而产生的一种继后反应，纸张书写尝试的早期阶段，人略微抬起手掌、小心翼翼的书写，就是汉字深掌五字执笔法的最初起源。该生理具有增加其书写反应的多样性，适应外部纸张书写环境众多不稳定因素的综合性功能。因此，一种书写执笔程度上的细微差别，最终演变成一种书写等级机制上的差别，导致了两种汉字正体不同书写文化“质”的差异。

对这一历史时期汉字史上两种书写行为的模型化，目的是证明汉字深掌五字执笔法与人类进化有一种相似性,它存在着由一个从低级到高级,从平掌、浅度竖掌到深度竖掌的变化而来。在解决和摆脱当前纸张环境上的书写不稳定因素而出现一系列反应,产生了系列性结构调整。因此,汉楷对前书写文化整合、协调过程中,新的书写适应机制既是对前书写文化的吸收和理解,同时又与当前社会环境相结合,运用更精准的书写位移,成功地越过纸张书写边界而不会碰到太大的阻力。这是汉字史上前、后两种不同"质"的书写文化,在其书写认知心理发展历程上一定是个真实事件。

(三)有关汉字书写操作上的空间维度变化问题

从当前人类两大文字的书写文化分类而言,它们间最主要差别是硬笔与软笔、书写工具上的差别。人究竟该以怎样执笔式样进行书写,这与笔尖的物理性能密切相关。由于硬笔刚性球体对书写弹性层实施了隔离,从而将人的书写执笔引向枕腕。而软笔笔锋有兽毛的弹性质地存在,将人的书写执笔引向悬腕,这就是有机体对书写工具物性的基本反应,是两种书写文化发展的根本性区别。

硬笔笔尖是一种刚性球体,这一制作原理就是物体在阻力介质中的圆形运动的实际应用。该工具相对书写面而言,具有不受外力影响,书写上各向同性的恒常性。毛笔是一种软笔,笔锋有一个兽毛弹性层存在,该工具在外力作用影响下会发生变形。因此,毛笔笔锋就是书写活动上的变量。毛笔要像硬笔刚性球体一样,形成各向同性的书写恒常性,就必须使笔锋形成一个恒常的"书写球状"结构,才能正确书写,这就是汉字书法形成最重要的核心关键,是窥视汉字书写发展奥秘、解释历史汉字结构演变的关键。然而,传统书法理论中并没有书写操作球体这一概念,但它有一个相似的等量概念,这就是"八面用锋”。因此，我们是运用了当今现实书写的行为准则，创造出一系列具有同等概念的书写模式进行类推，“八面用锋”技法与硬笔刚性球体相等效，具有相同的书写功能。因此，从外文书写到汉字书法，只要把硬笔和毛笔看成是笔尖物性不同程度的软化，依此反推，从常态类向非常态类执笔，从枕腕、悬腕、竖掌不断进化，就是当时人根据书写工具的软化程度，逐步将毛笔笔锋形成球状圆弧操作，而这一连续变化的认知终端就是书写技法——“八面用锋”，是随社会人书写意识深化而得出的书写概念。

硬笔笔尖的书写压迫恒常性导致了人书写执笔操作空间维度的常态类。该书写操作的思维局限在于，当书写笔尖的弹性压迫层消失后，书写操作形态就被固定了，笔尖受外力的摩擦障碍就成了认识对象。因此，在常态类书写操作的历史进程中，人并不存在提取书写结构的意图。相反，书写活动的担心就向笔尖工艺性能的可操作性转移，导致了人对书写工具的改良，向小摩擦系数的球状笔尖的制作工艺发展，从而达到“称心如意”的书写效果。因此，常态类是一种本能性无意识书写。当硬笔制作工艺达到高度精良时，该球状结构就成了书写活动上一个常量，常态类书写操作与常量所产生的是书写常数，是我们判断汉字书写操作技法成熟与否的实际参照标量。为此，我们把硬笔刚性球体定义为书写操作球体①，把常态类书写定义为书写操作球体②。

毛笔笔锋是一个弱性弹性体，笔锋一受外力就会变形。因此，汉字书写工具存在书写球体不规则、不定型变量。由于汉字书写出现操作变量，导致了汉字书写向非常态类书写发展，来控制书写工具上的变量。在组织毛笔书写球状结构形成过程中，毛笔所组织书写球状结构本身就比刚性球体大。当这一结构性变量从小到大出现有规律性的变化时，人对汉字书写执笔的操作空间维度便开始相应增大，向非常态类书写发展。因此，汉字就是人通过提取毛笔书写球状结构形成所需的空间状态的意识反应、依赖非常态类书写结构提取，来完成对笔锋形变量的控制，从而达到汉字书写上的常数表达。

因此，在汉字书写常数正确表达的历史学习时期，笔毛操作上的"书写球状"结构就是当时的书写认知对象。该对象是通过人内隐性书写经验的检验，才能最终被确定这一书写球体是否形成。因此，历史并没有告诉我们前人书学过程中存在这一书写认知心理，但是，这一时期的书写历史遗留却反映了该书写操作结构的变化。因此，毛笔书写球状结构的组织形态是被动认知结构，而当时和现在，在检验这一过程的书写实践，在秦隶空间样本点和自我书写操作所形成的圆弧匹配，是否能真正带动毛笔书写球状结构形成，这一认知过程却是主动的。

汉字的历史遗留有着当时人书写意识变化的具体反映。在古汉字活动时期，它的书写阻力只受到来自两维书写边界①②的障碍，该文字结构不是由书写"点"组织而成的，而是由"线"结构组成，它的书写偏转角为0度，那么，这一书写操作的空间维度变化为0。世界主流文字使用的是硬笔书写工具，该笔尖与书写面间的书写物理压迫弹性层消失了。那么，该文字活动中的书写偏转角也几乎为0度，它的书写操作空间维度变化也为0。因此，硬笔枕腕与小篆垂掌单苞书写是同一结构类型的不同书写放大，是同一种书写常态类结构，我们把它称谓书写操作0维空间。书写操作0维空间就是常态类书写操作的本质性特征。

书写操作空间维度是根据“点”的书写性态来判定的，它与执笔形态和位置高低密切相关。秦隶处于小篆与汉楷之间，它执笔形态与硬笔枕腕书写基本一致，而汉字的书写压迫形态却需要-1偏转进行书写，这样，就迫使秦隶八分从0向-1连续偏转变化，以纯“划空取势”方式进行书写。但是，在纸张材料出现的历史初期，社会按照既定的秦隶书写文化是“划空取势”形态，该书写边界上的转折成功率为0。这意味着在纸张书写环境的初期，汉字还没有真正形成一个书写结构的入门口。书写垂直纵深状态下的笔毛转折发生困难，那么，人对书写转折时所受到的笔锋反弹的心理感知就增加，书写操作上的正维度值的书写心理需求也就相应变大。因此，当时汉字书写已不能在0与-1维度间的状态空间内进行书写发展了。这就是汉字书写条件概率中一个书写执笔维度变化的起点，是毛笔球状结构形成的摸索过程中，汉字书学发展的一个重点关注对象，是汉字书写条件概率中，通过书写执笔的维度变化，来摸索毛笔书写球状结构形成的一个历史性起点。

汉字毛笔书写必须在一定规模的空间范围内才能使软笔弹性体实现有效转折。在这一朦胧的意识状态中，人的思维出现了新的线索于是，在人的书写活动意识强化中，书写执笔的维度空间也在相应发生变化，从平掌向竖掌式样的非常态类执笔书写改进，为了使毛笔书写操作球状圆弧形成。最初，它只是手掌生理微微竖起，然而，这一△增量的微妙的变化使得人的书写核椭球体的有效球状圆弧操作空间活动范围变大，汉字结构也发生相应变化。因此，竖掌是当时社会汉字书写进化上的主导性变化结构，是当时人在适应复杂书写环境中的一个有限理性反应。在这一局部拉力的推动下，导致了汉字从秦隶、钟繇到王羲之的书写系统发展，在历经平行转动、椭球状态转动操作、准球体转动操作、球体转动操作这样一系列长时间的学习历程，最终使软笔与硬笔一样，具有书写球体转动性质，形成各向同性的书写功能。因此，汉字非常态类执笔是随人对软笔的弹性压迫层的心理感知、书写操作意识变化而变化。它迫使汉字书写从人类文字的本能共性特征中逐步分离出来，向非常态类书写活动转移，从悬腕、浅度竖掌、深度竖掌，从两维操作向三维操作一步步发展起来。

汉字软笔书写反应导致了人对书写操作上空间活动范围的需求，这一空间活动范围的需求就成了汉字书写结构形成的入门口。对于“八面用锋”书写机理的生物物理学解释，需要从秦到魏晋这段历史中，汉民族是怎样对毛笔物性的兽毛书写弹性层结构理解，依靠自身有限书写生理条件，有意识地向立体书写操作发展。因此，对汉字书写结构的描述并不是平面转动结构就能解决的，而随社会历史的发展进程，逐步向一个立体书写操作发展的渐进过程，从这一变化趋势进行解释。

从现阶段的理论观点看，当时毛笔书写要达到八面用锋的书写境界，它潜在地存在着两个实际问题必须解决：(1) 毛笔笔锋必须形成一个与硬笔笔尖的刚性球体相等效的准物理书写球体。(2) 提取毛笔书写球体的过程就是人利用自身书写生理特征，形成一个相应的书写操作球体。为了使软笔适应汉字图像结构的书写，汉民族曾经历了长期思考和摸索，从汉字结构、毛笔物性和自我书写生理这三个参数的综合关系，来推断汉字书写空间上的执笔的实际高度。在这一内部心理运算的历史外显字迹中，反映了这一执笔维度变化的规律：秦隶转折是书写核椭球体在横向椭球状空间内的振荡结构，它的书写操作维度值推算约为0.4，是一种书写转折困难、自动无意识书写。钟繇转折是小球体空间内的书写振荡结构，他的书写操作维度值约为0.8，书写转折基本形成。王羲之是大球体空间内的书写振荡结构，他的书写操作维度值约为1.2，书写转折自由，是汉字书写转折上的最高活动境界。这些数据就是汉字书法形成的理论值，就是当时社会部分有识之士进行专门的、有意识的摸索探讨的书写认知对象。人就是根据上述三个参数的综合，推断出书写执笔位置与一个有效书写转折角度的关系，支撑汉字四方结构书写表达的操作维度的实际标高，这就是当时社会有限人群，从汉字书写的总体概念向特定概念发展的过程。

因此，在秦、汉、魏晋的书写字迹中，有着书写操作空间维度变化、书写核体位可转动、可操作活动形态，以及控制毛笔书写球体形成等一些关键性技术指标存在。为了对书写型汉字结构进化有一个明确的理性把握，这里我们将引申到由书写执笔位置的高低，该书写核体位的实际有效转动对汉字四方结构定位控制，以及汉字结构随该空间维度变化导致汉字结构进化关系这一深层次问题上来。汉字书写操作空间维度值是由执笔位置、毛笔物性和书写操作圆弧度这三个基本参数组织而成。一旦执笔位置的空间维度被决定了，书写核椭球体在这一空间内可转动、可操作的活动形态也就基本决定了。那么，对汉字结构变化与书法形成的理解，就有一个科学探究的目标存在。

二、有关毛笔可变书写球体理论

我们对汉字书法解题具有两个普通一般性特征：（1）它与世界主流文字的硬笔书写活动相同构。（2）它与社会历史环境编码的增生，与人书写意识发展的科学性书写方法相同步。根据这一思路，汉字书法理论中一些高度理性概念，是在历史过程中，由一系列低度理性概念的层层积累发展起来的。自钟繇到王羲之，人的书写思想进入这样一个认知阶段，即毛笔书写功能性结构与五字执笔法中心动因结构的匹配认知关系。

（一）对毛笔物性的分析

揭开这一书写认知关系，首先需要对毛笔物性进行分析。当时社会人对毛笔物性究竟是如何思考的，我们不得而知。然而，一旦我们把毛笔看成是不同软化度的硬笔时，我们便找到了描述毛笔书写功能性结构最理想的实际等同物——可变书写球体结构。

毛笔可变书写球体概念来源于硬笔与软笔、书写操作技法上的常量与变量这两种思想的结合。硬笔笔尖球体是通过工艺的不断改进，从而达到书写上的随心所欲。当然，汉字书法也具有同样的认知和思考。所不同的是，汉字是通过有意识的书写结构提取，从而毛笔达到与硬笔相等同的球体活动境界的。因此，汉字书法和硬笔笔尖是人通过书写工具和书写功能的不同认知侧面，从而达到两种不同物质相互转换的书写一致性。

要想知道这一书写互换的一致性，就需要了解两种书写工具各自的优缺点。首先要了解硬笔笔尖球体结构，以及该书写活动规律和其书写线条的形态特征：（1）刚性球体具有不受外力压迫变形、弹性变化贫乏等线条书写结构特征。（2）刚性球体积小，该球体在书写活动中“点、面”不分，具有书写任意转折的各向同性特征。硬笔工具的优点是，它在书写转折上具有行动便捷、转折清晰的特征。相对于汉字书法技法动态变化而言，该书写球体的刚性特性就是毛笔书写活动上的一个常数。一支硬笔，除了书写弹性变化贫乏之外，它几乎就是汉字书写技法功能的集合。

但是，硬笔笔尖的优点又是它的缺点，它在汉字书写边界上的阻力太大，不能承受书写振子运动的压迫，充分反映汉字笔画由细到粗、在组织汉字方块结构时连续变化的丰富弹性层次。因此，硬笔对汉字结构的书写表达是困难的。而软笔具有汉字方块结构的正确表达方式，它在线条粗细层次变化表达上是轻松的，但在书写转折上却是困难的。因为书写偏转角一大，它对软笔的压迫变形就大，出现了“点、面”分离状态。一旦“点、面”分离，毛笔书写转折就发生障碍。因此，硬笔书写文化在汉字书法理论解释上具有矛盾的统一性。而解决这一矛盾统一的关键，取决于我们思想对这两种笔尖物性的硬度进行糅合和变换。取决于对汉字书法概念的运用，以及这一概念在组织毛笔书写功能性球体结构所形成的书写关系。

因此，从表面看这是两种互不相同的书写文化体系，但从两种认知结构的最终结果看，它们却具有严格的一致性。硬笔笔尖上的球体结构是人对于物体在阻力介质中圆运动的思想反映，是人类书写活动认知上的外显结晶。而导致我们思考向这一方向靠拢的主要原因是，围绕着汉字方块结构上由细到粗连续变化的笔画特征。因此，我们可以把毛笔笔锋看成一连串连续可变的等量硬性球体所为。对于这一抽象意象所涉及的理论解释，就是毛笔可变书写球体概念，这就是汉字书法理论的深度内涵之所在。当毛笔书写与硬笔书写两者相互印证、在一个特定书写概念上被建构起来时，这一理论解释过程就是当时社会人对毛笔物性的书写功能认知的发展过程。因此，毛笔可变书写球体概念，对于汉字书写技法的解题具有至关重要的意义，汉字书法论证最终必将引向可变书写球体结构的抽象意象上来。

1. 有关毛笔构造上的弹性屈服点问题

在解释毛笔书写可变球体概念之前，我们首先要了解毛笔构造及其笔毛物性等诸问题。与世界主流文字活动使用的硬笔书写工具相比，毛笔是一种兽毛构造的原始书写工具。笔毛组织排列相当精密，贮墨功能和书写功能处在同一笔毛锥体结构之中。笔毛锥体构造的根部是一个“软性”钢体结构，该部位具有丰富的毛细现象，是毛笔的贮蓄墨水部位。

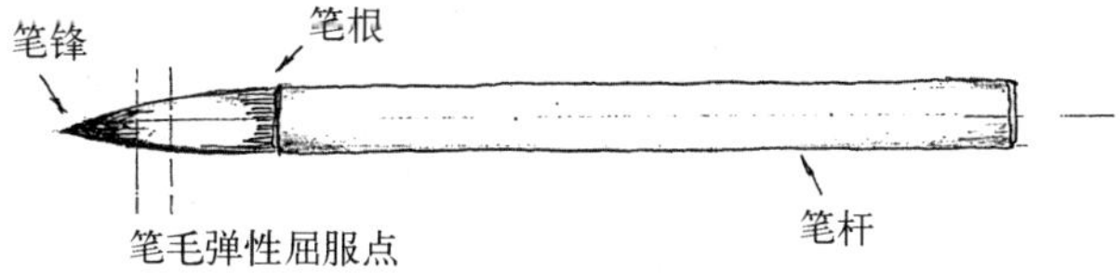

图 5－1　毛笔构造图

毛笔是一种弹性体书写工具。该书写工具在弹性和泛性间有一个区分点，这就是毛笔构造上的弹性屈服点。毛笔弹性屈服点是指，在兽毛锥体排列结构中，从弹性到泛性连续变化中存在一个质变点。在这一质变点内就是毛笔书写的弹性压迫层。当书写生物力控制在毛笔弹性压迫层内使用，其笔毛的组织排列基本有序。过了质变点，它就破坏毛笔结构的有序组织排列，笔毛出现无序排列。毛笔构造上的弹性屈服点并没有明确的区分界限，它仅仅依靠人书写生理感觉进行区分和控制。因此，毛笔构造上的“钢体”强度相当有限。如果一个外力作用超越了该抗体的有限强度，整个笔毛的书写功能性结构就遭破坏，一切书写经验就无从谈起。毛笔构造上的弹性屈服点就是笔毛承受外力的极限点。在压迫层内是毛笔书写的使用部位。越过书写屈服点，其弹性就变泛性，属非书写部位。因此，我们把毛笔构造中实际存在弹性屈服点称为书写屈服点，也就是书写效用破坏点。

所谓“笔头以毫为之，本是易起易倒，其性柔，欲使其正，难保其不偃”“笔软奇怪生”就是人初次使用毛笔时的书写生理反应。因此，汉字历来都是悬腕书写，悬腕书写实际就是毛笔物性的心理认知反应。人本能地利用自身上肢生理，有效地控制毛笔的有效书写部位，使毛笔书写使用部位被限定在书写压迫弹性层之内。人依赖自身书写生理感知，自动调节和控制笔锋入书写面的实际深度，利用毛笔书写部位上的兽毛弹性特征，来克服书写边界上的各种活动障碍。

前人对毛笔物性的利用是一种模糊认知。在这一不可言传的经验之中，潜意识地依靠手感来控制笔毛物性。这是一种本能的巧智，因而它从不被组织在书写知识范围之内，是可以忽略的书写活动因素。然而，这一未经书写经验组织却是书法知识形成过程中一个最重要的认知部分，笔毛书写球状结构与书写手势生理位移之间组成一个信息反馈网，从秦汉到魏晋，人书写意识的发展就是通过这一最隐蔽的渠道形成的。因此，在构建毛笔书写球体结构知识时，书写屈服点具有组织毛笔可变书写球体规模大小的定标意义。

2. 有关毛笔可变书写球体的结构特征

毛笔可变书写球体理论解释。设：当笔毛受外力作用时，笔毛立刻就呈现了一个弯曲状态 r。以笔锋 r 沿空间 360 度旋转作圆，才能形成一个毛笔书写意义上的球体结构。顾名思义，毛笔可变书写球体概念的形成，需要满足两个条件才能成立：(1) 毛笔笔锋在受外力压迫下，它必须从 r_0、r_1、r_2、……、rn 是弹性连续变化的，这一连续深度变化所构成是一个书写面。(2) 在连续深度变化的任意一个点 rx 的书写面上(不论 rx 大小如何)，它都必须通过笔锋的顶点，形成球状结构的翻转转动能力,能在360度不同空间位置取向上进行有效转折,当人书写活动中满足了这两个条件时,可变书写球体概念才能成立。这就是毛笔书写球体结构特征,而书写手势所能构成的有效球体的能力大小,就是书写技法的理论解释。毛笔可变书写球体结构的本身是有限的,因为它有一个书写生理转动的极限存在。然而,它在书写屈服点内所形成弹性弯曲式样却是无限的,毛笔具有书写弹性压迫层丰富变化的魅力(图5-2)。

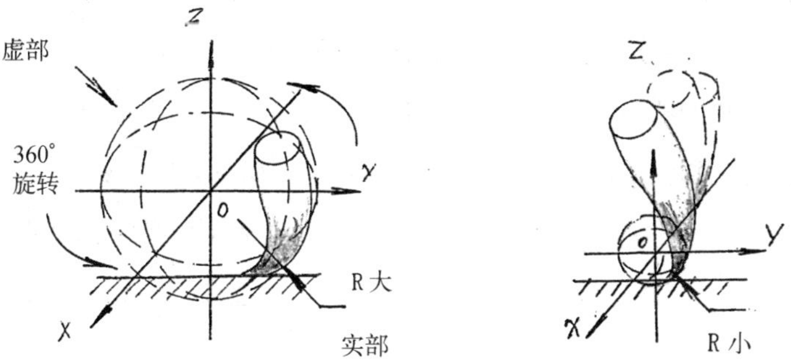

图5-2

毛笔可变书写球体是一种虚拟性书写实体。说它是虚拟的,是因为毛笔在实际书写活动时,它是一个看不到、不成形的球体。该球体在空间上相当一部分是空域。说它是实体的,是因为人在笔法活动中,它必须在空间上形成球体转动结构才能使笔毛物性得以有效转折。因此,毛笔可变书写球体是一种心理球体、想象球体。

汉字笔画与世界主流文字线条是两种不同书写物质的产物。汉字笔画形态是书写生理位移在特定方向上各种大小不同的转动方式产生的。而笔画形态的好坏,就是书写生理位移与笔毛在各种不同弯曲式样情况下,从容自如地组织形成各种球状结构的转换能力。当人达到这一书写活动境界时，才被理论界定为书写笔法。因此，毛笔书写位移所形成笔毛球状转动性质的能力是相当隐蔽的。历史与当今，只有在书写笔法形成时，才能真正达到与该虚拟球体相匹配的抽象意象。为此，我们把毛笔书写球体①解释为“可变书写球体”。

其次，是有关毛笔可变书写球体中的“书写充实比”问题。既然毛笔是一种可变书写球体结构，那么，它在形成球体不同体积大小时，笔毛在该球体X空间中所占的比重是不同的，这就是毛笔可变书写球体的充实比概念。硬笔笔尖是实心球体，它在书写过程中球体形态不变，是点、面不分的。然而，当硬笔笔尖发生软化时，软笔书写便成了点、面分离的状态。尽管毛笔“性柔”，而且具有“势来不可挡”的特征。但是，毛笔物性所能形成一个等量球体，还是存在着从容易、不易、难、极难这样一个书写转折功能的系列性变化。这一系列性变化就是毛笔书写压迫层在组织一个等量球体时，从最小到最大，其书写球体中的笔毛书写参与量的充实变化。笔毛与书写面的接触“面”越小，笔毛歪曲度r就越小，它的等量球体积也就越小，支撑书写球体的笔毛量充实度高，书写转折就容易；反之，则书写转折就困难。毛笔构造中存有一个笔毛物性转折易难度上的书写功能性连续变体，该虚拟球体有一个虚部和实部充实比的实际存在。为此，我们把毛笔可变书写球体中虚、实部的变化律定义为“书写球体充实比”。

书写球体充实比是毛笔书写运动中的转折阻力比。在确定毛笔书写转折易难度变化的虚、实充实比时，硬笔书写球体具有参考意义。硬笔刚性球体具有两个显著特征：书写线条式样细而统一，属单线条特征。书写转折方位简便，呈各向同性特征。这两个特征的结合使得硬笔实际书写过程中，书写面就是转折点，转折点又是书写面，具有

“点、面”不分的特征。因此，硬笔书写球体是一个常量。它的实部为1，虚部也为1，硬笔球体的书写充实比为1。为此，我们把1定义为书写球体充实比基准单位。硬笔具有书写充实比最高值而具有书写应急转换功能。一旦硬笔笔尖发生软化，该球体就出现书写充实比问题。毛笔从小球体到大球体，球体积越小，它的书写充实比就越高，毛笔书写转折就越容易。反之，当它接近书写屈服点时，它的球体积越大，其充实比也就越低下，书写转折阻力越大，该球体转折就越不易控制，甚至最终消失。因此，支撑毛笔书写转折易难的“球体充实比”与毛笔在空间上所形成的书写球体体积大小成反比。

以波挑转折为例，分析秦隶书写球体充实比在转折活动上的缺陷。书写充实比是毛笔书写转折可行性指标。书写充实比是毛笔书写转折可行性指标。以秦隶波挑为例：当秦隶进行波挑时，它的下笔处毛笔点、面彼此接近，该书写球体充实比与硬笔小球体接近，笔毛转折能力最强，近似于1。当波挑进入“波谷点”时，笔毛点面分离，是一个难以形线球部转折的部位 。笔毛书写进入“死角”—书写效用破坏点附近，近似于0，当秦隶通过划空取势来恢复其毛笔原组织状态值，r_0时，毛笔书写球体充实比为1。秦隶就是用这种原始方法进行书写

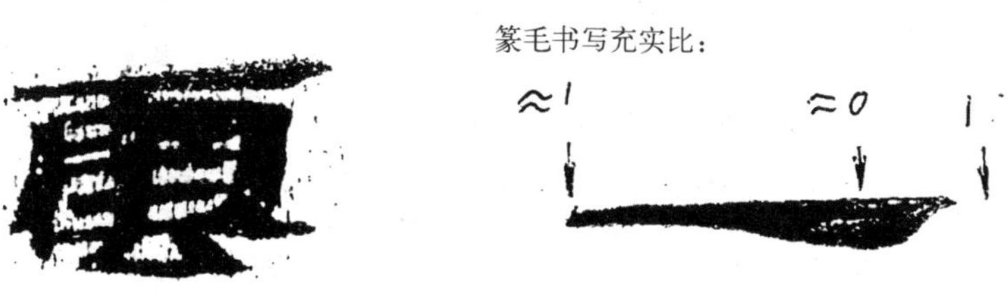

图5-3

转折的。秦隶波挑的“波谷点”是一个难以形成球体转折的部位。这是一种典型的点、面分离书写转折形态。当秦隶是通过划空取势来恢复其笔毛原组织状态值 r_0 时，毛笔书写球体充实比为 1，秦隶就是用这种原始方法进行书写转折的。

(二) 有关书写球体结构特性与人书写意识活动关系问题

毛笔书写究竟发生在书写球体充实比的哪一数值上，具有判断人的书写意识形态特征的功能？对毛笔书写球状的加工、球体大小的控制水平也就成了一个社会汉字书写发展的判断线索，从秦隶、钟繇到王羲之，对这些书写球体发生行为的统计将证明这一点。

在笔毛屈服点内的书写弹性压迫层活动区域中，人可以根据文字结构的实际需要进行各种书写方位的变换，它等于是同时操纵一支笔到上百支笔，连续不断地变化而不使其内部排列组织结构破坏、呈书写上的各向同性特征。这种书写技法极不简单，它需要人在毛笔书写点、面连续变化中形成书写球体结构，需要人对笔毛物性有意识的控制和把握。为了把历史上人在汉字活动中的最为紧要的特征，对毛笔书写功能性结构的认知发展过程单独提取出来，有必要应用书写球体充实比概念，通过字迹上的毛笔书写球体性质，与人的书写意识反应作出判断。首先，我们对世界主流文字与汉字，这两大书写文化，在大范围活动性质上的书写意识特征作一明确的区分。

1. 硬笔书写过程中人书写意识的参与程度

硬笔书写球体充实比为 1，这一最高值得益于人对笔尖制造工艺的不断改进，对硬笔书写球体的转折质量的不断提高。当硬笔球体精细到与书写面和转折点达到完美结合时，人就可以自如地进行各种方位的应急转折而线条仍呈各向同性。因此，在硬笔书写中不存在点、面分离的心理感知。世界主流文字活动都处在高度舒适的环境条件中书写，中国书法家们津津乐道、讳莫如深的“八面用锋”，在硬笔活动中实在太普通了。人们轻松得来而毫不费工夫，它千百次从我们眼皮底下溜过而从不为我们所注意。因此，在世界主流文字书写活动中，人没有必要形成书写球体的技法需求意识，人们在精良制笔工艺中无拘无束地书写，从而使人无法超越书写意识的阈限，书写成为一种高度自动化的习惯行为。因此，硬笔的书写意识参与率为0。由此得出书写意识活动律：书写球体点、面不分，转折时点、面交替变换自如，书写处于自动无意识状态之中。

2. 毛笔书写从点、面分离到点、面凝聚是书写球体加工的认知过程

毛笔与硬笔是完全不同的书写意识加工类型。在毛笔书写环境中，人对书写上的点、面感知深刻，要使毛笔书写从点、面分离到点、面凝聚，这就需要书写意识的加工。

我们在秦隶书写的揭示中指出，撇、捺笔画组是一组书写气韵基因，是书写转动本征结构在空间上的一次书写动力分层。划空取势就是书写手势在空间上形成的一次球状转动意义象，而撇、捺笔画组就是一个毛笔书写球体结构组织形态。由于这一球体结构组织形态尚未在一个定点上合拢，为此，我们可以把撇、捺笔画组看成是在空间分离状态中一个尚未形成的书写“点”。我们把该点称为书写上的“虚点”。当人的书写手势处于△量梯增的竖掌书写活动时，手掌竖起就是等于将撇、捺笔画在空间划空取势的活动范围压缩了。而字径越小，撇、捺气韵基因在书写空间上的凝聚范围就越小，最后在书写面上形成一个转折上的“实点”。

点笔画书写形成的运动意象是这样的，它开始由撇、捺书写气韵

基因向波挑凝聚，由波挑空间压迫受阻，使得波挑“点、面”分离向“点、面”凝聚转移，波挑形态最终在一个定点上被压迫成一个转折点。因此，点笔画是撇、捺两种笔画形态叠加压迫成形的书写笔画。当今，把撇、捺说成“点”的书写转折原型，这可能连某些“行家”也会大吃一惊。因为从视觉上看，撇、捺与点笔画、直角、弯钩转折之间，在形态上偏离得如此厉害，而且撇、捺分明是分离的两笔，相互间形状毫无相似之处，以至于会使人们根本就觉察不到它们之间的内在联系，因而人们通常把它们视为相互独立的书写特征。但是，如果我们从撇、捺所组成书写球体结构的要点来分析，那么，汉字结构中的点笔画、直角、弯钩转折以及秦以后发展起来的各种转折笔画特征，都是围绕撇、捺的球体结构形态在空间变化的不同“要点”组织起来的。因此，从整个汉字书写认知发展史来看，撇、捺划空取势本身并不是一个静态概念，而是一个动态概念。它可以在空间上相互分离，又可以在一个定点上发生凝聚。它有一个简易、典型的结构，也有特殊、极端的表现。简易结构是“虚点”上的划空取势，特殊表现是“实点”上的书写转折，点笔画就是撇、捺划空取势在一个书写定点上的特殊表现。

“点”是汉字书写结构分化最晚的一种笔画，点是由书写边界①②③逐步收缩、由书写空间压迫而成。这是发生在笔毛空间上发生旋转折运动的一种抽象，是当时人书写意识发展的一种运动场景。在这一场景中，汉字最初的书法知觉水平就是发生在书写充实比近似于1 的小楷活动上，是汉字书写中点、面交替变换最自如的地方，也是人书写意识为何从这一点进入的原因。因此，小楷书写形式为书写意识的呈现提供了最好的活动场所，是隐藏在中国历史最深层的书法入门口。于是，在汉字书写发展的历史拐点上，在不同意识的书写入门口上，两种具有关联性知识的认知结构差异显露出来了：在书写总体概念中，汉字的发展是从草化过程中以丧失一条文字活动边界开始的。而在特定概念中，汉字的发展是由三条文字活动边界的压迫的极限、小楷上一个书写“点”的气韵凝聚开始的。

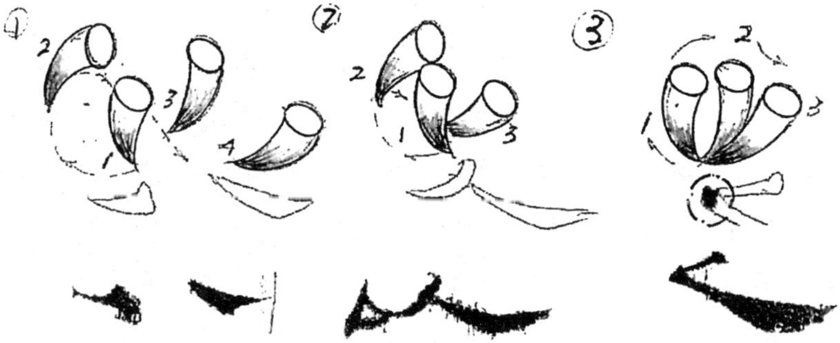

图 5－4

在汉代，社会书写环境使得毛笔书写充实比处在高值状态，最容易产生球体转折效果的“点”部位而被人意识到。而魏晋有限书写人群开始意识到，在点笔画这一书写“面”上，必须恢复到书写球体充实比 1 的状态值，恢复到笔毛初始状态的才能有效转折。由于当时有限书写人群处在行向量{S①、S②、S③}条件概率的正态分布发展，是一种书写气韵势能的有限改善路径的严格递增。因此，汉代秦隶书写核椭球体的振荡态势在继续。撇、捺书写气韵的基因时而划空取势，时而定点收缩的这种运动空间在收缩。在这种运动意象的长期刺激下，人们开始意识到，毛笔可以不通过划空取势的空间大动作，直接在书写面的一个定点上取势转折。当人们在一个定点上发生书写气韵转换时，毛笔书写球体结构便真正被人意识到了。因此，撇、捺两笔的中间状态并不是空间上的“空无”，而是人的书写意识形态的反映，人对汉字书写认知的深化，最初就是撇、捺气韵在书写活动边界①②③交汇的临界点上发生凝聚，在书写充实比近似 1 的小楷书写中发展而来的。

撇、捺书写气韵基因在空间上的旋转凝合的角度越大，人对这种气韵凝聚方式的认知所花费时间也越长。因此，从秦隶八分、钟繇再到王羲之，人们花了近三百年的时间才使书写气韵凝聚到"点"书写活动方式上来。整个毛笔书写的用笔方式，就是围绕这一组撇、捺笔画的简单形态的球体组织方式发展起来的。在经历了长度为 m 的历史摸索过程中，汉民族使毛笔书写与当今硬笔书写发生同构。因此，对毛笔书写球体形成的运动意象抽象，也就是对书写笔法的一种抽象。当时人的书写意象不一定是球体形态，但对它的描述一定与球状的转动轮廓意象相关联。

毛笔可变书写球体是毛笔书写功能性结构的认知简化。在这一简化的书写运动方式中，我们可以清晰地看到东方哲学的书写思想，对太极理论运用和思考特征。在这可变球体中，人不断地调整它的内部书写充实比，使其保持其结构内部书写性能上的协调。它时而变小、时而变大，虚则实之、实则虚之，行如流云而连绵不断。这一简约的笔毛运动意象表达了中国汉字书写至深的文化内涵，它最终可以回溯到整个天地自然界的不断变化的价值之中，这就是古人为什么常常把这一运动法则上升到"真谛"这一高度的原因。

今天，我们将这一真谛思想的历史起源展现出来。秦隶就是一种尚未经书写意识加工的粗糙型可变书写球体。从钟繇到王羲之是毛笔书写球体加工成形的书法学习期。汉民族是通过书写智慧克服毛笔书写工具的劣势，逐步使毛笔的书写功能性结构，达到与近代硬笔书写工具书写性质相同构。当今汉字结构就是人有意识书写加工、不断发展才得以完善的一种书写型文字结构。由此得出结论，秦隶的划空取势是 r_0 值处的转折，属“虚点”球体转折，它的“实点”球体转折意识尚未形成，属潜意识书写活动阶段。钟繇为书写气韵凝聚，在最小点、面交替变换的小球体书写转折，属有意识书写活动。王羲之处于小、中、大球体全方位书写转折，他对汉字书写认知的意识水平高于钟繇。

结论：书写转折过程中，rx 处形成的书写球状体积越大，圆弧成形度越高，操纵该球体转折的书写能力也就越高，人的书写意识层次就越高。因此，毛笔可变书写球体的形成水平，具有人书写意识参与水平的反映。

三、有关深掌五字执笔法是汉字专门性书写手势模型

毛笔书写功能性球体结构的形成过程，就是当时人如何挖掘自身的书写生理极限来实现毛笔书写球体精确控制。当书写手掌“△量”(稍微提升)的竖起之后，它引起了人书写生理上的一系列反应，汉字书写出现了整体性结构调整。在高度发展的书写认知过程中，导致了社会上部分知识分了开始进入汉字的书法探索阶段。由于它的实际书写效果，它的每一个行为都在以后的书写程序编码中有了自身专门的书写概念和书写定向意义，从而使整个社会倾向于对这一书写文化的选择：

(一) 书写压迫层与笔毛弹性压迫层相联系的定向发展意识

我们已揭示了秦隶撇、捺笔画组的书写气韵凝聚关系。在纸张环境中，如果按既定书写的书写振荡方式进行，这一书写气韵基因在第三维度上的书写压迫将相当深刻。如果从现在的五字执笔法的执笔

位置反推，平掌执笔至少要纵深到书写面下方约1寸左右的位置，才能真正使撇、捺在同一点上发生凝聚。这就是说，按既定的平掌执笔书写，纸张将被“戳破”。因此，纸张环境中的主要知觉倾向是受执笔行为的书写压迫层和书写面对毛笔书写弹性压迫层间的对抗、刺激，导致了人对书写执笔维度变化的心理反应。因此，对执笔位置的提升需求，是书写生理与毛笔弹性压迫层发生定向联系的意识反应。

钟繇小楷是毛笔执笔手势开始上提的典型代表，著名的《荐季直表》字迹就是书写空间结构上的书写操作维度在增长的反映。印证这一书写生理物理机制的变化，需要从钟楷的字迹特征与内隐书写生理结构两方面进行解释。从平掌手势向竖掌手势变化中，为了维持竖掌姿势，掌伸肌必须保持一定程度的紧张，这无疑是对秦隶书写手势中纯钟摆势能的一种牵制，导致了∞字形振子式转摆的幅度减小。因此，最初竖掌提升导致了钟的书写活动范围自动收缩，钟楷字迹明显偏小。一方面，秦隶八分的“划空取势”转移到钟楷书写区域，出现了“八面拱心”书写倾向。秦隶直、横两种笔在书写边界③强制压迫的不协调关系中得到改进。另一方面，点笔画书写气韵形成，使得直笔画纵向书写位移量在增长。这无疑对当时横笔在空间上高密度排列的秦隶来说是一种积极改造。这些现象表明，钟楷结构上的书写气韵在凝聚和收敛。因此，钟楷是发生在同一区域空间环境，执笔手势开始上的书写适应过程中，一种与秦隶不同的、新的随机稳定的书写机制出现了。

由于新的书写机制在书写转折通路上发生变化，导致了该手势的书写位移精度的双重提高。一方面对隶字波挑上的书写气韵不稳定性得到了控制；另一方面，视觉对汉字结构的空间定位意图也得到相应的修正和提高。今天，从秦隶、钟繇、卫夫人到王羲之，从这些书写字迹的外显特征上分析、判断他们内隐书写结构上的变化是最为可靠的。钟繇在书写文化传承上，将所遇到社会上各种既存离散书写经验纳入新的书写经验之中，使得汉字结构呈现出进一步书写分化，新的书写机制对汉字方块结构形态具有书写稳定作用，从而出现了一个历史性书写"质"变。因此，竖掌书写具有视觉、书写双任务操作的稳态特征。

从钟繇的《荐季直表》看，该书写还处在秦隶与魏晋楷书结构的中间状态，一定程度地传承隶字式样特征，其书写生理摆幅的稳定性和空间方位选择的方向性上，呈均衡增长分布态势。因此，钟的书写带动了社会书写文化，沿书写压迫层与笔毛弹性压迫层相互联系的最小路径方向发展。钟的书写现象反映了汉民族在引入专门的深掌"五字执笔法"之前，有一个从浅向深的发展过程。竖掌执笔的出现，是对平掌执笔书写生理任意转动既是一种抑制，又是一种发展。该书写机制的出现，一开始并不是一个非常明确、完善的五字执笔法。它在书写压迫转折的谐调性上，尚未真正达到书写势能各向均衡的稳态分布，呈汉字初级精细书写编码特征，还有待在下一书写文化期中自我完善。因此，钟繇一生处在浅度竖掌向深掌执笔过渡状态中。

（二）深掌发展过程中引起了五字执笔法系列反应

钟繇作为书写文化组块，它的后续书写反应就是深掌执笔。自钟楷出现以后，中国社会上出现了对汉字扁形结构书写改良的宗派传承现象。一方面，社会人在既定环境中习得一种书写行为模式。另一方面，它又注意和启动了一种新的行为模式。当人注意力集中在竖掌特征上，而这一特征又是前文化期尚未被明确确定时，深掌五字执笔法就等于进入了一种状态，这种状态就是人在处理和控制毛笔书写的不稳定性因素，探寻解决纸张书写不稳定因素的确定性书写系统。

在纸张环境中，汉字结构的复杂性导致了毛笔书写上的摩擦阻力变得更深刻。在顺势、逆势的作用下，各书写方向上的“扭、折、顿、挫”等手感反应更为强烈。纸张环境的复杂性导致了书写手势触感变得极为丰富、敏感。随着竖掌执笔书写反应的积累，这一神经系统和书写生理的开发和挖掘，促使手部生理各部位同时产生兴奋。而每一种感觉对执笔生理都会引起不同侧重的反应。人们不断把书写过程中，手掌、掌心、五指、手腕等的书写运动系列感觉，朝着更有利于书写转动方式组织起来，导致了竖掌执笔定向反应，向深掌五字执笔法的系列反应发展，一种特定联合的书写执笔方式产生了。

在钟繇时期，中指处在包杆与非包杆之间一种模糊状态之中。这一中间模糊状态的变化速度是缓慢的：一方面，当时人的书学行为②的草化书写处在社会普遍适应的主流文化地位。如果社会书写行为一味停留在草化单一性陀螺仪转动式转动的话，那么，双苞中指的书写参与就是书写行为上的干扰因素；如果当时人们对平掌手势的任意整压，对扁形结构秦隶书写称心满意的话，那么，双苞书写执笔行为也是没有必要产生的。因此，从浅度竖掌向深掌“五字执笔法”进化，并最终成为中国汉字书写的主要执笔形式，是书法文化对汉字方块结构的书写有用性在起作用。长期以来，中国社会对汉字文化发展的认知，总是将草化文化与楷书书法混为一谈，这是源自我们社会历史的书写实践存在，在转换为书写知识的认知领域时，总体书写概念思考过程中的无意识的社会根源，以及继后社会主导地位者有节制观察的引领。最有力的证明是日本社会的书法现状，在缺少了汉字书写起源文化氛围的日本社会，深掌五字执笔法至今无法在日本社会上真正形成。

另一方面，自钟的《荐季直表》楷书开了先河，这种书写认知必定在社会上产生认同感，引发和推动社会后续人群沿竖掌向深掌执笔的定向运动方向发展。因此，社会环境编码的增生导致了书写执笔手势向复杂化趋势演变。而且在这些执笔手势中，有时会出现某些共同的特征，在某些方面会变得彼此相似。随着书写位移转动方位的增加，依赖中指参与执笔的可行性在增加。当人以这种书写行为达到比以前活动方式更容易实现一个理想的方块汉字结构书写时，中指参与书写就得到人的心理肯定，中指必须参与包杆。另外，汉民族早期饮食中“原始筷”的使用也许有一定的辅助激发作用，使得中间状态的中指干脆参与了书写执笔，从被动执笔向主动执笔转移，中指就成了汉字书写活动上独有的适者生存现象。因此，是深掌执笔的引力作用，它

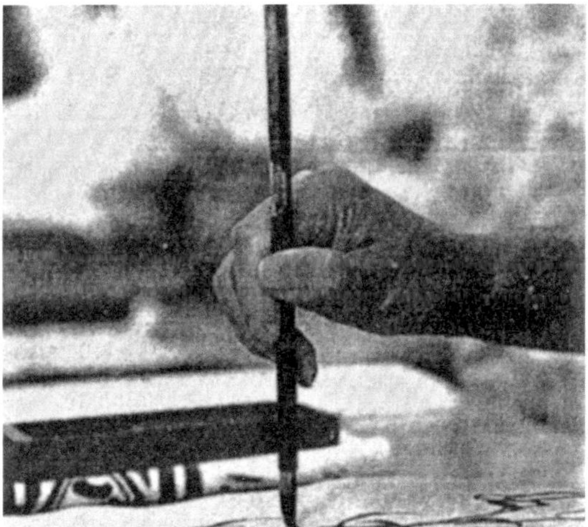

图 5-5 日本社会毛笔书写标准执笔

加速了中指的书写执笔参与意识。中指就成为竖掌书写心理在争取同一生理有限资源的对象，成为深掌系列反应中最为显著的外显变化特征。

深掌五字执笔使得手部执笔生理各司其职，使有限手腕生理对汉字方块结构的书写掌控增加其生物适应性，使各种书写挠动达到最佳随机稳定状态。因此，双苞、指实、虚掌、腕平等，是围绕深度竖掌行为上的系列性书写生理反应，是当时社会有限人群中的一种稳态渐进发展。当它逐渐在社会不同书写流派出现时，是不合时宜的。当它在这一宗派书写文化氛围中成为一种文化信仰时，它的书写适应性就成为一种新社会书写文化传播的起点。在当时主流执笔平掌单苞式样的社会环境中，深掌五字执笔法的出现，在当时社会可能有过争议。虽然上述种种都是历史的猜测，但可以肯定，深掌五字执笔法是受钟楷书写起源的，是钟繇、卫夫人、王羲之一路书法宗派中逐步发展起来的，它最终完善于谁之手，我们不得而知。但王羲之就是这一路书写流派中发挥得最好的一位，这是可以肯定的。

当今，我们所使用的五字执笔法，就是当时社会有限人群，在一个特殊书写环境中，以充分发挥上肢生理机能来适应汉字图像书写的一种执笔方式。因此，古人能动地创造了一个书写编目精细，手掌生理职司严格区分的执笔方式，就是一种专门的书写感知形态。而社会继后书写实践再认，对该执笔生理分工的认知和理解越清晰透彻，它对汉字的书写复制就越有效。于是，总结汉字书写执笔行为编目的重要性和必要性产生了“擫、押、钩、格、抵”“指实、虚掌、深掌、腕平”等一系列书写微概念术语。因此，在中国社会，五字执笔法最终成为汉字书写的正宗执笔方式，这绝非偶然。

（三）有关书写感受器问题

指尖是人神经感受最敏感的部位，书写笔力的触感，都是依赖于离躯体最远端手指和掌腕生理触觉，通过末梢神经传到大脑被感知的。不同的执笔手指参与，对笔触的体验强度和转折控制精度都是不同的，它在人脑中所出现的书写笔触意象不同，而具有书写等级水平的区分。秦隶单苞执笔和世界主流文字的硬笔手势基本一致。平掌单苞执笔是由拇指、食指和中指在笔杆的近底部所执笔，由拇指、食指和中指三点固定笔杆。由于无名指和小指没有直接参与书写，它等于有一半生理处于无书写接触感受状态。因此，平掌单苞执笔只构成两组书写感受器。而秦隶只有“八分”体验和感受，对撇、捺有知觉反应，其他笔画感知都属次要的不正常反应。

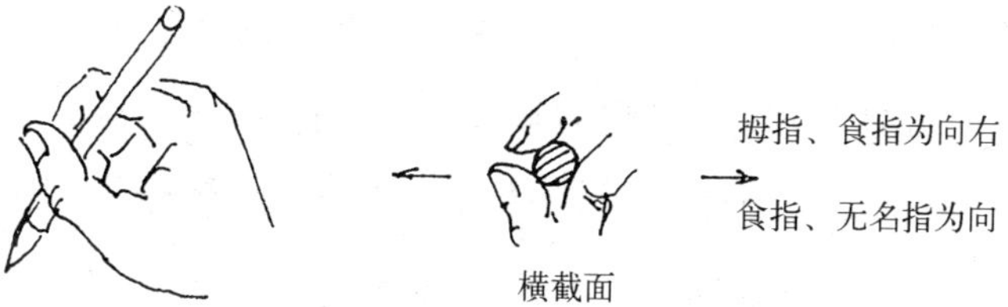

图 5-6

双苞执笔与单苞有着质的不同，由于它是竖掌手势，根据手掌生理结构排列，势必每个手指依次排列在笔杆四周。这样，竖掌为每个手指提供了参与书写的可能。从该执笔的横截面看，除小指没有直接参与执笔之外（小指贴无名指），拇指、食指、中指和无名指它们在不同的高低位置构成了一个近四方形固定的执笔定点，它们直接与毛笔书写球体四个活动区域相对应，构成了四组书写生理感受器。第一组是由拇指、食指与无名指构成了右书写感受器。第二组是由中指、无名指与拇指构成了左书写感受器。第三组是由拇指、中指与无名指构成了下书写感受器。第四组是由食指、无名指与姆指构成了上书写感受器。

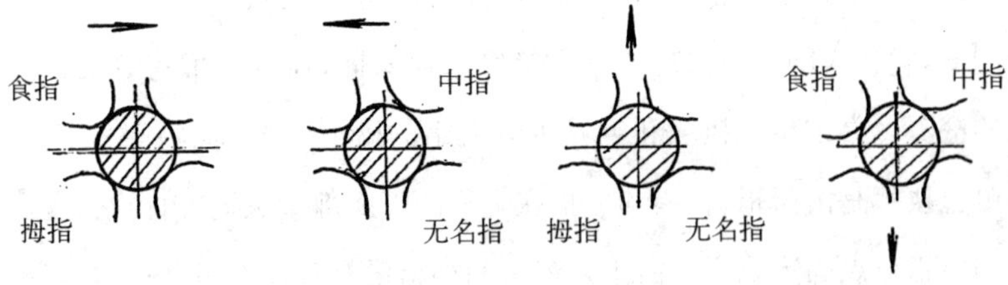

图 5－7

四组书写感受器在同一执笔杠杆上，它们在书写活动参与中，既有同时性，又是有不同的活动侧重。这一书写参与方式就是传统书法理论中所陈述的“指实、掌虚”。指实、掌虚的目的就是打通上肢从躯体一直到指尖的神经活动通路，形成了一个书写信息反馈回路，使得书写感受可以有效地传递和反馈各使用方向上的笔触信息。“指实”是指人在书写注意力高度集中时的一种生理状态。它在等待指令，将人的书写意图最终通过不同组的书写感受器，有效传达到笔毛的不同使用部位。因此，它犹如气功发力，在发功时每个生理关节都必须是松弛的、疏通的，但它所传递到的终端，却是有力的。这就传统书法中的“指法”的书写活动意义。

五字执笔法是人类文字史上最强的书写触觉感知组合。这组四组书写感受器与汉字方块图形的四个不同方位相对应，它把笔毛每一局部的细微变化，传递到大脑。大脑进行判断和处理时，就有了具体的针对性。因此，这一生理感受模式反映了人在提取书写信息时，书写与大脑间的连接是细致入微的。在传统书法理论中，有关书写技法的描述，所谓的“八法、落笔、展毫、收笔、八面用锋、八面拱心”等一系列术语知识的由来，都是由这四组书写感受器传递、感知，并对其动态意象作出相应的语言描述。显然，该书写执笔具有推动书法领悟的综合性书写兴奋能力。因此，指法作为书写感受器，在汉字书写发展的积极探索，在“书法感悟”的历史过程中产生。

因此，一种执笔方式其本身就是一种书写认知结构。在汉字进化的每个历史阶段中，不同指法的书写执笔就是人书写意识发展的认知阶段性反映。从秦隶、钟、王的字迹发展趋向上，我们可以看到，汉先民在摸索汉字书写上的思想认知发展过程。手指触觉在汉字书写的发展中具有积极的探索功能。虽然，人只有四组书写生理感受器，是一个感知能量有限的系统，但是，指法对深掌书写生理转折幅度的挖掘，诱导书写生理在空间上以球体转动的操作形态、操纵毛笔笔毛向精细编码发展起着积极和关键的作用。深掌五字执笔法具备了支撑一个汉字，使其四方结构得以均衡书写的最佳生理感知条件。相传，王羲之在献之书写时，突然从背后抽其毛笔。王羲之这一举动既是对自我双苞执笔的一种鉴定，又是一种经验推广。然而，献之毛笔并没有从其手中脱落，于是，王推定献之日后书学必有大成。

介绍：书写感受器对八面用锋术语的感悟和推算。

在历代书法理论中，在书写区域的每一定点上能进行有效书写转折选择的术语就是“八面用锋”。因此，八面用锋是书写技法活动中最高境界。但是，在历代书法理论中，人是如何从书写活动中发现八面用锋书写现象的，至今还没有一种理论能有效解释这一技法术语的书写心理起源。因此，“八面用锋”一词在整个书法理论中显得尤为孤立、深不可测。

“数字”这一字眼是从古希腊文字中脱胎而来，它原来意思是指对所要观照的事物，或所要处理的事情的预先认知。只有当数字预先认识到事物的性质时，才运用数学的方式进行描述。八面用锋就是具备这样一种特殊的先天倾向之后，才有了这样一种书写行为的描述。因此，“八面用锋”一词的本质，是与毛笔整体书写功能一起作用的，它首先出于法家之口。人通过书写生理与毛笔物性相互匹配的有组织活动，在一个高度复杂的汉字结构中，对所知觉到的规律性东西进行审查、估算，最终得出“字有八面，八面用锋”书写运算结果。

当数字与实际书写场景相联系时，数字就是一种知觉实体，它既是视觉对象，又是书写触觉对象。人一旦达到了对毛笔物性的实际书写控制，这一书写圆球状各向同性的运动方式与汉字结构的结合中，思想和感悟马上就与数字表达发生联系。“八面用锋”一词是古人书写知觉上的一种解题智慧。因此，这种解题方式的特殊性和简化性具有引人入胜的效果。虽然，八面用锋浓缩了书写问题的解决，而且解题者本身并没有使自己远离书写的知觉意象，但是，这种独到和简洁毕竟是一种完全独立于实际书写情景的解题，是通过书写传感器，准确地判定当前书写操作技法力所能及的书写活动操作范围，经个体书写操作心理运算后直接得出解。因此，这是一种更强烈的抽象意象。对于这样一种意象，我们把它定义为“毛笔书写编码理论”。

八面用锋的抽象程度与近代科学中“数码”理论类似。由于这一历史解题忽略了笔毛使用“面、量”和书写操作空间关系上的具体推导，因此，八面用锋究竟是如何一种动态结构，至今还是一个谜。魏晋以来，人们在确定八面用锋时，存在着三种不同的理解方式，即一种是通过心理计数达到；一种是通过把握其书写结构达到；再有一种就是通过八面用锋的书写起源论起。

第一种通过心理计数达到，秦隶“八分”只有两组书写感受器，处在汉字书写等级规范最低层次，它只对撇、捺笔毛使用面有知觉反应，所使用的毛笔书写面只有两面到四面（以后章节论证）之间，“六分半书”比“八分”还少一分半，该书写所涉及的书写面究竟应该是几面呢？这又是什么书写呢？显然，这是一种文人的书法文字游戏，通过心理计数达到，是一种虚假陈述。

第二种是通过把握其书写结构产生八面用锋的意识，对笔毛动态排列组织结构的协调和平衡，控制该书写操作球面上不同笔毛使用面的变化时，人对笔毛变化的心理体验是十分细腻、敏感的。它可以连续不断地转换书写球体中的气韵基因组，感受到笔毛使用面的数量变化。从毛笔最深部位到最浅处，甚至在一两根笔毛部位上。所谓的“笔贵圆”就是发生在毛笔笔锋顶端书写充实比最高部位上的一种用锋意象。因此，八面用锋的计数是次要的，重要的是它的最终感知，即人对书写面在最纵深处到最浅的全区域把握中，其感知性精度便会从“八面”向“圆”的球状结构深化，笔锋就与硬笔刚性球体呈相互一致。

再一种就是从八面用锋书写起源的发展关系论起。法家已达到了对“笔贵圆”最高用笔境界，但是，这一陈述本身却是对历史真实过程的一种疏漏。在历史和当今的书写认知目标中，获取该书写知识的方法并不存在，人不必在书学中去认知八面用锋的准确数目。人只是在掌握了对笔毛物性的应用，在毛笔书写操作球体形成之后，才在楷书书写的抽象中运用这一计数作为书写技法来描述。八面用锋是高度概念化的书写技法术语，当社会历史或个体书写还尚未真正进入八面用锋书写状态，我们又如何对其笔法进行评价呢？显然，该术语概念的内涵本身，还存在着一个汉字书写等级的规范模式，存在着一个社会历史或个体有关书写技法上的等级区分。因此，对八面用锋术语的理解存在着“真”“假”陈述，以及对“真”的认知深度的区分。

当今，人们对书法术语八面用锋的把握，需要一整套令人生畏的传统书学过程。然而，前人在没有八面用锋的概念情况下，从八分到魏晋八面用锋的出现，实质就是人对汉字的外显结构上的四方结构定型意识的书写强化。从秦隶、汉楷到魏晋楷书，书写生理在学习控制毛笔可变球体过程中，在方块化书写过程中，对其陌生笔毛部位使用上的感悟，了解不同书写“面”的笔触部位刺激和感受，就是从两面、四面、六面、八面的书写进化中逐步推衍出来的。从自发性产生的两面，到最难、最复杂的八面，是人根据汉字结构的书写需要，积极探索形成一种与其相适应的书写操作技法。因此，从历史角度看，“八面用锋”一词既是书写发展的顶峰，又是书写等级发展的具体展开。然而，迄今为止的书法理论，对该术语在实际使用却是无所归属的孤立行为，八面用锋所具有的性质仅仅属于它自身，不能与该概念的内涵所表达的深度相一致。因此，在一个极为复杂的书写力式样中，历史或当代究竟以怎样的书写知觉形态才够资格被评价为八面用锋评价标准，这里存在着一个更大的书写问题解答。八面用锋的理论内涵本身就是人对某种书写情势的“组合”或“集合”的感性把握。运用历史书写结构上的“关系模式”，在理解和推导历史和当代社会书写等级规范中，存在着一个从常态类像非常态类型书写，它的操作球状圆弧程度等级递进序列的探讨。

在毛笔物性和汉字方块结构书写意向间有一种相互吻合的历史

过程存在。汉字书写技法从初始到形成的历史阶段中，汉字毛笔书写存在着与硬笔书写球体步步逼近的渐进态势，最终在其书写心理意象上与硬笔书写球体达成同构。因此，八面用锋的深层概念来源于历史的书写现实。而历史上各书体“名称”又将这一书写感性认识掩盖了起来。一旦人尚未把握汉字书写起源知识，对八面用锋的理解，就开始脱离了汉字书写发展的实际存在。如扬州八怪中的“六分半书”。这是一种完全脱离实际情景的单独运用和操作。因此，通过心理计数的组织“关系”，其自我书评是荒唐的。这种文字结构上的荒唐制造了视觉审美上的“别致”刺激。因此，八面用锋一词的深层次内涵必须同它整体书写功能结合起来，更涉及该术语概念形成的历史结构捕捉。解开八面用锋的历史起源，就是为了使这一数据与历史上汉字发展的书写等级事实相一致。

在自然科学中，数与数之间所表达的关系极为纯粹、清晰，而“纯粹数量”本身就是一种知觉性质。然而在汉字书法理论中，只有八面用锋具有数字化书写概念。因此，八面用锋是汉字书法理论中最特殊的书写知觉形态。为了克服这一概念与书写实情相脱离的缺陷，我们已作了大量的理论陈述铺垫，对八面用锋的具体解题就是毛笔可变书写球体理论，是毛笔根据汉字的实际书写需要，在一个虚拟书写球体上不断变换其笔毛书写操作方位和数量上的一种心理转动象。为了将人对毛笔物性使用上有意识的书写控制意向正确地刻画出来，我们有必要首先将毛笔书写功能上的书写面与其虚拟书写球体中的动态关系揭示出来。

将毛笔内部最大密度的兽毛支撑部位进行横向剖开，以十字划分四区。它就像钟表时针一样，以 9、3 与 0、6 轴线位置的划分区域，它

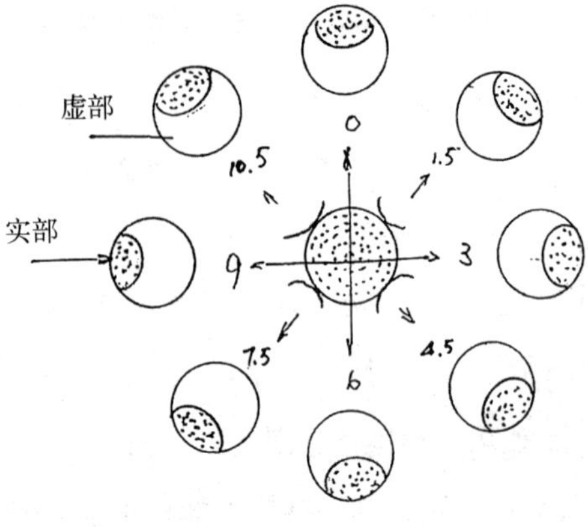

图 5-8

们分别与双苞执笔上的拇指、食指、中指和无名指相对应。在书写操作过程中，书写生理传感器始终与笔毛断面上这四组笔象限相联系。人的书写知觉就是通过四组生理传感器的传递，对笔毛使用部位的不同书写面选择中产生感知反应，并反映到脑的心理意象中。因此，八面用锋是一种动态概念，它在不同深度的横截面上，有不同象限上的笔毛(△i)量使用的心理感知。使用部位越深，八面用锋中“面”的感知反应就越强；使用部位越浅，“笔贵圆”的球状感知就越强。对八面用锋一词的立体书写意象的抽象，就是人在操作毛笔可变书写球体心理象的转动意象，是人书写活动中注力于解决当前书写用笔方向和笔毛使用量的一种内部心理运算。因此，八面用锋与毛笔可变书写球体理论近在咫尺。

毛笔书写知觉经验的最终结果，是与笔毛可变书写球体这一实际数学模型相对应的。对于具有成熟的毛笔书写能力的心理而言，情况更是如此。从一种书写状态向另一种数学状态变换，其整个过程都是经验性的。旁观者能感觉到当事者存在着一种书写“数据”的心理推算存在，但这一书写数据具体细节又是来无踪、去无影，极为隐蔽神秘。因此，书写过程中的八面用锋的心理运算很难被他人所觉察。它犹如一个有经验的牧羊人，他一眼能看出羊群是否全部到齐，更不必一个个去数。因此，毛笔与硬笔的书写实情，对笔尖的使用感受是截然不同的。硬笔结构是精细的，但人对其使用的心理感受却是十分粗糙、模糊的。毛笔结构是粗糙的，但人的书写心理、对其使用面的使用量的区分是细腻、清晰的。八面用锋是古人的一种书法解题智慧，该书写经验反映了汉民族对毛笔书写工具、对毛笔结构内部使用部位的精细区分知觉水平。它代表了大脑对毛笔"笔尖"在书写工作区域内的笔毛活动特征。这一术语就是毛笔书写球体①的数学理论模型，是汉字与世界主流文字书写相一致的深层次思考。

八面用锋作为笔毛操作量化模型无疑具有简洁性而吸引人心，但是，目前能围绕八面用锋术语进行相关的书写问题探讨的，一个是术语"划空取势、八面拱心"，另一个就是"米字格"习字本。八面用锋是由"划空取势"与"八面拱心"一起组织起来的书写用笔意象，是书写转动本征结构在书写边界面上的正反面使用。汉字书写有一个书写向心力存在。因此，八面用锋是紧紧围绕着书写手势动力中心作运动，从中心向空间划空取势，又不断从空间向中心拱心。它并不是像太阳一样向四周单向发散的，而是发散后再不断向中心收拢的一种意象。而我们传统使用的"米字格"习字本，就是与八面用锋相对应的书写再认，是汉字方块结构书写学习的关键所在。如何将一个精细的毛笔书写功能编码与"划空取势、八面拱心"的书写手势，与"米字格"习字本上、汉字活动边界③书写阻力之间的复杂关系相互联系起来？就发生理论缺失。当今书法理论，即使是最有经验的书写高手，对八面用锋的理解也只是维持在一个中间状态，它说明了毛笔书写功能的精细编码结构的实际存在，又留下了书写操作组织动因上的理论缺憾。这就把汉字书写问题引申到一个专门的书写操作手势问题上来了，从秦隶到深掌五字执笔法，只有当人对专门化汉字书写操作手势有了充分了解之后，才能做到在任何恶劣环境中对毛笔书写面的随意提取。从而达到沈尹默先生所提出的“正用、侧用、顺用、逆用、轻重、虚实结合使用，而且能擒能纵，能紧能开，……浑身都是解数”[①]的书写境界，达到对八面用锋术语的真正理解。

（四）有关非常态类五字执笔法生物力学模型

常态类书写是书写球体①加工成熟了，但书写操作球体②是无意识的、本能的。该书写操作球体的百分之九十九是空域，只是在书写面上留下扁平而单薄的、一个几乎可以忽略的0偏转角。汉字的书写球体①是可变书写球体，属非规则书写球体，而它对书写操作球体②的加工却是有意识，使书写生理手势所形成的一种 -1 偏转角的球状转势，来带动笔锋书写球体①的形成。因此，五字执笔法书写手势是一种真正意义上的书写操作球体②。然而，汉字在“圆圈放大”的历史过程中，推动五字执笔法做出圆弧状书写放大的第一过程，是依靠手腕生理内部、由内隐性书写经验完成的。当深掌五字执笔法成为书写惯例，在书写放大第二过程的“圆圈还原”历程中，该书写机制又自动转换线一种失调的书写机制。长期得不到揭示的五字执笔法，其书写生物物理机制以及其书写功能的优越性真相就被掩盖，历史社会上各种变异执笔活动就对该书写活动方式进行冲击和演化。为此，我们首先必须对五字执笔法所形成的书写生物物理力学原理有所了解。

图5-9所示，五字执笔法是一种复杂的生物—物理书写杠杆，它与单纯物理杠杆的比较区别如下：

① 请参考《沈尹默论书丛稿》第37页。

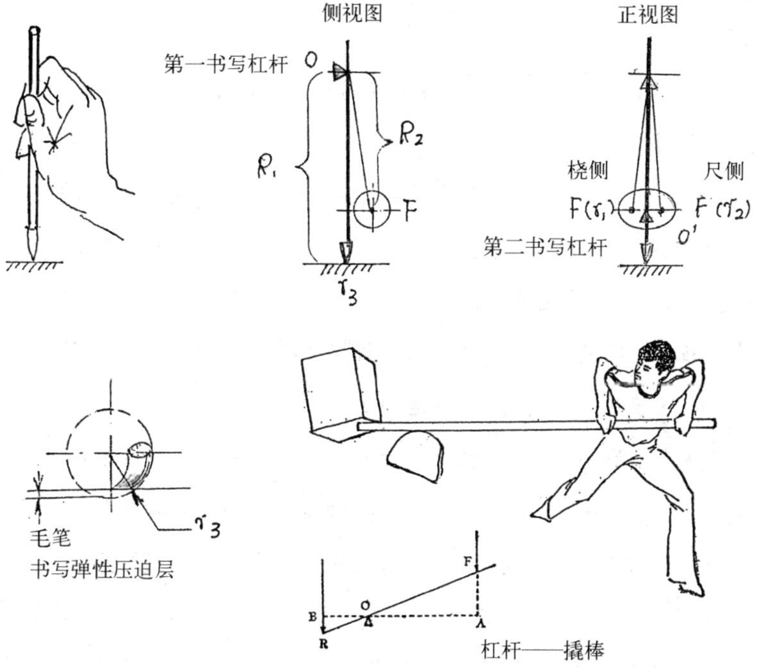

图 5-9　五字执笔法书写杠杆生物—物理原理图

支点、杠杆绕着转动的点叫支点。五字执笔法书写生理杠杆存在着两个绕着转动的点，形成两组书写动力杠杆：一种是第一书写杠杆，以拇指与食指部位为定点的书写支点 o；一种是以执笔笔杆与书写核椭球相交为定点的书写支点 o'。我们把第一书写杠杆中的书写支点定义为显性书写向心转动中心①，即书写转动本征结构中的单体书写转动结构。第二书写杠杆是叠加在第一书写杠杆之上的书写操作，由 r_1、r_2 以书写转动本征结构绕笔杆两侧向心转动的支点，定义为隐性书写向心转动中心②，即双体书写转动结构。

动力作用点叫力点。在书写活动中，力点是由书写核的桡、尺两端作用于笔杆上的力；书写动力作用点 F 分别由桡、尺两端 r_1、r_2 担当。

阻力作用点叫阻力点。书写中的阻力点由毛笔笔锋可变书写球体 r_3 担当。

从支点到重力作用线的垂直距离叫力臂。在撬棒受力图中是 OA 的长度；在书写活动中，它由执笔定点到书写力作用线 R_2，再分别叠加上桡、尺两端书写转动力臂 r_1 或 r_2 的长度决定，根据手腕生理转动书写使用的不同的连接方式和特征，形成两种书写力臂变式：一种是陀螺仪式转动力臂，一种是钟摆式摆动力臂。

从支点到阻力作用线的垂直距离叫阻力臂。在撬棒受力图中是 OB 的长度；在书写活动中，书写阻力臂也就是书写执笔策略臂 R_1。由于书写执笔高度既是可选择的，又受毛笔弹性屈服点的扭曲变形的影响，因此，书写阻力臂是受人书写主观选择而产生的一种有限变量。

力和力臂的乘积叫力矩。在书写活动中，由这一执笔位置书写操作半径 R_2 为力臂，相对于笔杆所作的力与 r_1 或 r_2 的乘积，为书写力矩。五字执笔法书写生理杠杆存在两种书写杠杆，那么，它的书写力矩分两种：单体书写操作力矩和双体书写操作力矩。单体书写操作力矩为 R_2 与 r_1 乘积，或 R_2 与 r_2 乘积。双体书写操作力矩为 R_2 与 r_1、r_2（第二书写杠杆不等）乘积，R_2 与 r_1、r_2（书写杠杆相等）乘积。

阻力和阻力臂的乘积叫阻力矩。在书写活动中，书写阻力矩就是字迹印痕。由于常态类书写球体①与非常态书写球体不同，那么，不同的书写工具与不同的书写操作力矩不同，最终产生的书写阻力矩式样——字迹印痕也不同。在硬笔书写活动中，书写阻力矩 R_1 和 r_3 的乘积是一个常量。但在毛笔书写活动中，在第一杠杆显性书写向心转动中心①操作的情况下，为不规则变量 r_3，在第二杠杆隐性书写向心转动中心②操作的情况下，为规则变量 r_3'。

由于书写执笔中的书写偏转角不同，硬笔书写力矩和书写阻力矩的作用方向用顺时针、逆时针转动方向来表示。在传统书法理论中，书写力矩和书写阻力矩的作用关系用顺、逆笔势来描述的。本书理论是结合书写杠杆中的书写核空间体位转势特征，用书写偏转角大小，以及书写不规则变量 r_3、书写规则变量 r_3'进行描述。汉字在历史过程中，单体书写操作的各种执笔 r_1 或 r_2 书写转动力矩所产生的压迫式样不同，而双体书写操作的各种执笔又有第二书写杠杆的操作“转动比”的平衡问题。这些都是长期隐伏在历史深层次上的难题。

书写执笔是受社会环境编码启动的，那么，历史过程中社会人群究竟对哪一种书写执笔式样激活，对哪一种书写执笔式样抑制，就会打上有意或无意的思想烙印。人对物理杠杆的利用可分为三类：速度杠杆，平衡、省力杠杆，放大杠杆。而人对自身书写执笔的生物—物理杠杆的利用也有这三种杠杆类型，而且每一种书写执笔结构内部，都同时兼有这三种杠杆类型的成分。所不同的是，每一种执笔方式都有自身书写状态空间，而不同的书写状态空间与上述不同书写生物物理杠杆相对应，形成不同书写活动特征的优势利用倾向。

汉字最终使用的是五字执笔法书写，那么，理解五字执笔法在历史上产生的原因，就必须从常态类和非常类进化、其内在的书写生物物理杠杆的优势利用与汉字结构关系陈述开始。在严格规定上述几个书写力矩合成的基础上，才能对五字执笔法汉字书写机制的生理优越性加以肯定。

图 5 - 10 所示，五字执笔法就是从常态类书写执笔一步步进化而

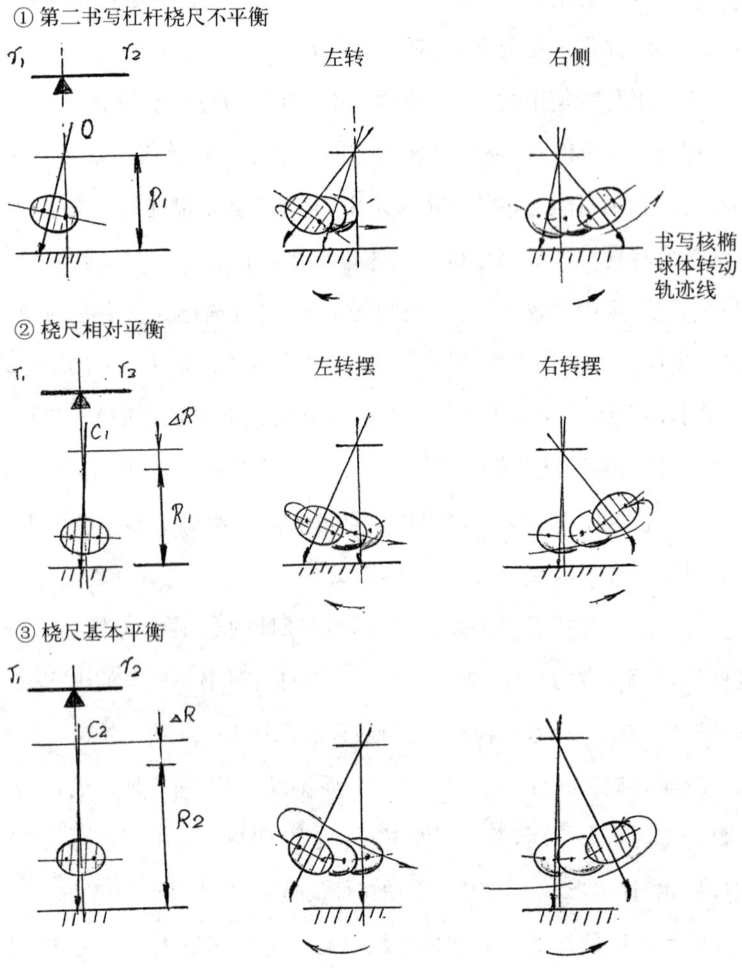

	书写　策略臂	F	桡尺对笔毛弹性压迫层的书写利用
秦隶①：	自发性　R_1	r_1、r_2不相等	书写压迫层不均衡
钟楷②：	人为　$R_1+\Delta R=R_2$	r_1、r_2接近相等	书写压迫层基本相同，笔毛弹性压迫层利用率低下
魏晋③：	人为　$R_2+\Delta R=R_3$	r_1、r_2基本相等	书写压迫层基本相同，笔毛弹性压迫层利用率高

图 5－10　汉字书写结构进化示意图

来的。在这一执笔手势中，形成了书写力传递平衡、省力，书写范围增幅，书写速度加速等高度完善、综合性书写生物——物理杠杆。在第一书写杠杆上再叠加上第二书写杠杆，这一执笔行为既是对常态书写活动方式的反向抑制，又是对常态书写活动方式的保留。这是世界主流文字活动中不存在的执笔形式，显然，这里有一个汉字书写文化的需求意识，有一个特殊的文字发展的历程存在。

从汉到魏晋，在一个长度为 m 的历史过程中，从无意识向意识书写发展、从民间日常书写向书法发展，摸索支撑一个方块汉字结构所必须拥有的书写空间规模大小，便成了当时社会有限知识分子不断思考和探索的对象。书家根据自己的书写经验对当时社会既定的秦隶书写方案作出了新的界定，在阐述汉字书写活动本质问题上显示出决定性的转折，从而在历史上出现了三种典型书写操作模式：(1) 书写力矩大于书写阻力矩的超压迫书写模式。(2) 书写力矩等于书写阻力矩，第二书写杠杆 r_1、r_2形成相对均衡压迫的小球体书写模式。(3) 书写力矩与书写阻力矩相等，第二书写杠杆 r_1、r_2形成均衡压迫的大球体书写模式。

对秦、汉、魏晋时期的历史书写范本上，书写压迫层和毛笔弹性压迫层间的匹配程度，及毛笔书写球状圆弧度的质量判断，我们必须在执笔位置、书写核空间体位的活动特征与汉字结构的匹配关系等问题进行全面考察。我们现在所看到的常态类执笔和五字执笔法在空间维度上的变化差异，就是当时汉字书写认知发展线索的抽象，人们通过执笔空间维度的提升和手掌五指执笔变化，在第一书写杠杆与第二书写杠杆相互连接时，第二书写杠杆有了一个正常的书写活动的空间，从而使得书写核椭球的桡、尺两端书写作用点 F 与笔杆之间的生理“转动比”形成一个相对均衡的书写力矩，产生了第二书写杠杆动态平衡的书写法。因此，这是描述支撑一个理想方块汉字结构的实际大小，摸索书写状态空间的活动规模，深掌五字执笔法的形成过程，是描述汉字结构进化与第二书写杠杆操作利用、书法意识发展的历史性参数。只有将历史书写范本放在科学分析、检验的情况下，才能满足现代人对书法的理解需求。因此，分析还得首先从最基本的书写活动——外文、秦隶书写讨论开始。

1. 常态类书写执笔手势中含有单体书写速度杠杆和双体书写超压迫杠杆两种活动类型。外文属单体书写操作结构。单体书写操作具有以下特征：(1) 不论执笔书写力矩 R_2 与 r_1 乘积，或与 r_2 乘积发生关系，R_1 与 R_2 基本相等。(2) 单体书写操作不论是桡侧为主还是尺侧为主，这两种书写杠杆只存在一个书写向心转动中心 o 和一个执笔笔杆中轴线 0。单体书写操作只有对 0 偏转书写线条有效果。(3) 在外文字圆弧形线条的中心，即 0 的中心部位有一个书写活动空域存在。

所谓书写空域，就是当 0 书写偏向 -1 书写偏转转换时，由于该书写执笔手势中第二书写杠杆处在非有效书写工作区，那么，在该执笔的书写活动区域中，书写生理振子转摆是不能顺利通过该书写区域的。然而，这一书写空域并不影响世界主流文字活动的书写表达，因为外文字母在社会实践的书写定型选择上，已经巧妙地避开了中心地带上的书写超压迫因素。常态类书写执笔内部具有书写速度杠杆利用的优势倾向存在，因此，世界主流文字活动属书写速度杠杆类型。

与外文文字活动相反，中国汉字从一开始就要求人学习方块正体书写，也就是说，秦隶从一开始就必须在 -1 偏转状态下进行书写，而 -1 偏转状态就涉及双体书写操作。所谓双体书写操作就是书写执笔中第二书写杠杆的参与。秦隶潜在地存在着开启第二书写杠杆操作的活动倾向。那么，对秦隶外显结构的理解，就取决于对常态类书写执笔中，刚刚开启第二书写杠杆的初级行为特征，及其该行为的书写属性有所了解。

(1) 有关秦隶书写核空间体位问题。秦隶书写执笔属常态类书写执笔，该手势呈自然放置态势，这种态势决定了书写核空间体位与书写面间构成 15—20 度的倾角。那么，该第二杠杆就是一种倾斜性书写杠杆。当秦隶本能性执笔方式的习惯养成时，倾斜性第二杠杆与第一书写杠杆相互连接时，该第二书写杠杆上的支点 o′又不在书写核中心，于是，一种非对称不平衡的书写组织结构形态便自然形成了。

(2) 有关秦隶第二书写杠杆中的二次叠加全势能转摆现象。书写笔尖的软化造就了汉字书写倾角发生了 -1 偏转的质变。汉字方块结构的最初书写解决方案，就是书写核振子式摆动围绕第一书写杠杆支点 o 为中心，以 r_1 与 r_2 单体振子式转摆的交替，通过八分书写来解决的。那么，该书写核振子式转摆就是一种书写偏转上的二次叠加全势能转摆(图 5-11)。

所谓二次叠加全势能转摆是指，书写核椭球体振子摆动进行时，桡、尺以同一时针分别通过书写面一次。不论是以 r_1、r_2 或 r_2、r_1 为先后顺序，第二次总比第一次通过书写面来得更为深刻，故谓二次叠加转动。二次叠加转动是人对第二书写杠杆最初开启形式，这一活动现象在秦隶撇、捺笔画中能充分体验到。

(3) 有关汉字书写中“分岔角”问题。由于汉字书写中二次叠加全势能转摆活动存在，因此，常态类执笔方式在处理方块图形的书写

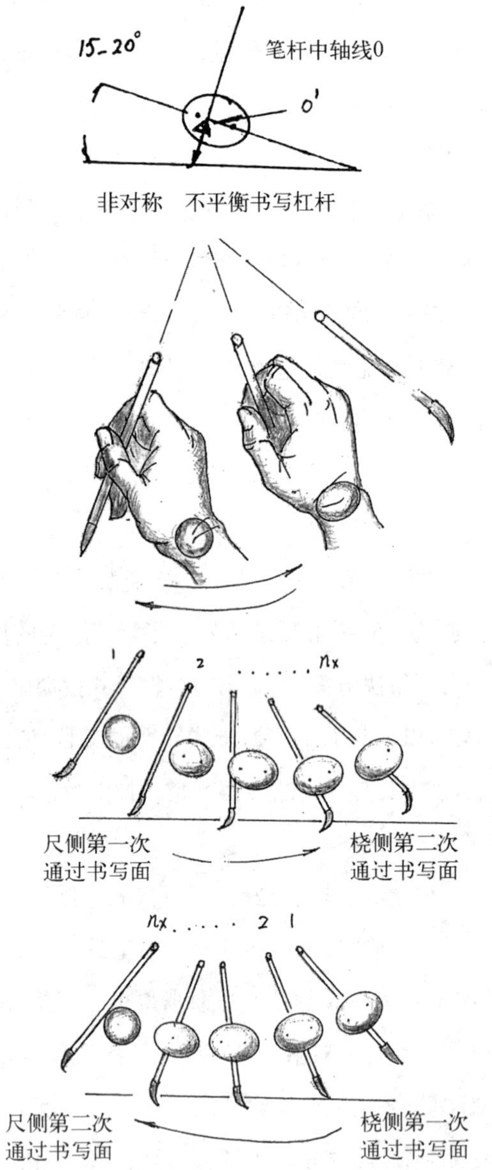

图 5-11　二次叠加全势能振荡图

时就存在着明显的缺陷：一方面，秦隶书写核椭球体的空间体位是倾斜的。尺侧处在书写向心转动的低位，桡侧处在高位。另一方面，秦隶在二次叠加全势能转摆书写时，它各自在绕同一书写动力中心 o 转动时，在同一书写生理母体中就存在着两个不同的书写操作状态空间，即 r_1 高和 r_2 低。于是，在汉秦隶书写活动中，第二书写杠杆在处理汉字书写时，一个奇怪的书写行为产生了，在书写同一汉字的过程中，同一书写母体出现了两种不同的书写力矩组合，以及各自所形成书写管辖的分岔形态。该书写力矩的组合不规则变化，导致了各自所书写压迫形态发生忽轻、忽重的变化，由于这一分岔形态对于书写汉字方块结构性平衡影响极大，因此，我们把书写执笔状态空间内由笔杆中轴线 0 和 0′所形成的书写管辖夹角定义为“书写分岔角 α”(图 5－12)。

图 5－12 所示，书写分岔角是一个与执笔状态空间有关的书写活动变量。书写分岔角大小变化，就是书写核空间体位与书写边界③之间的书写压迫形态变化。因此，书写分岔角是一个结构性、综合性书写活动参数，它反映了书写核母体中，桡、尺两端的书写管辖状态，以及它们之间分离、合拢的书写操作可能性。书写分岔角与第二书写杠杆动态平衡关系，以及对方块形汉字结构定型的书法意识的发生过程密切相关。因此，书写分岔角是当时人书写意识形态的行为参数而具有严格的区分作用。

(4) 有关秦隶书写空域地带的超压迫现象。秦隶书写分岔角 α 参数反映了两点：① 书写分岔角过大，出现了桡、尺分别管辖的书写活动区。而且它们各自在顺、逆向交替转换过程中，两者不存在同一点上相互合拢的可能。② 第二书写杠杆的倾斜，尺侧、桡侧的书写操作状态空间不同，导致出现了两种不同书写势能，产生了两种不同书

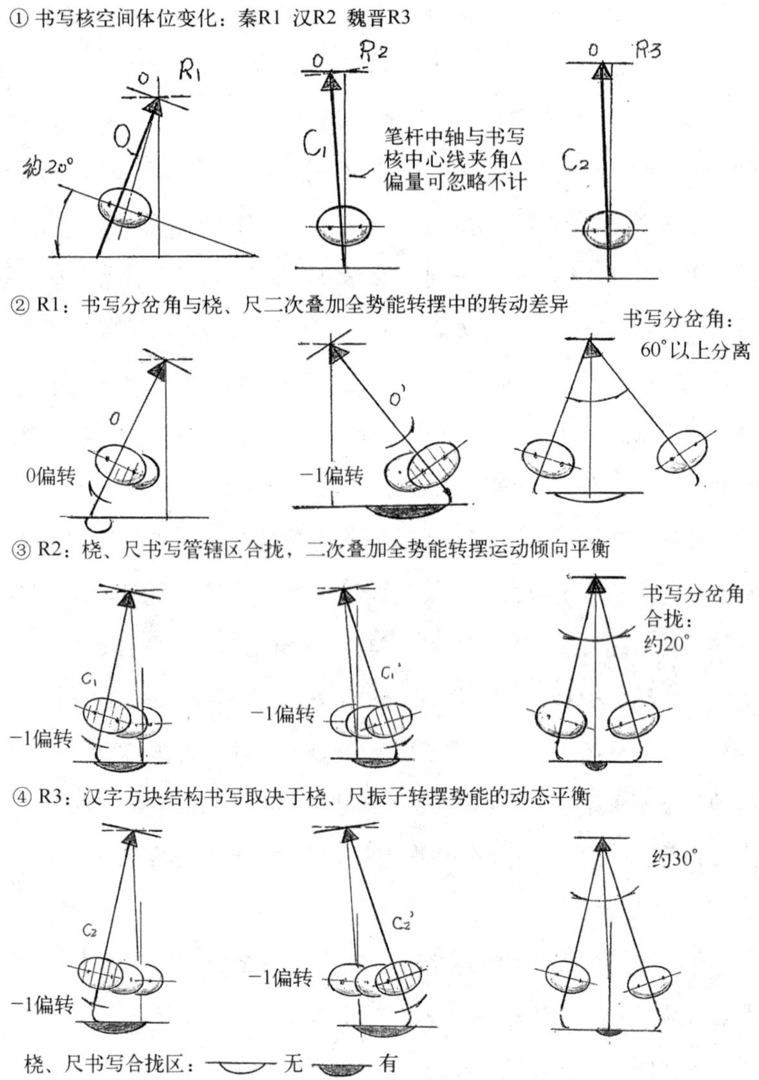

图 5－12　有关书写分岔角图

写速度和书写压迫柔和在一起的笔画形态。以全势能转摆的“波挑”与“掠笔”为考察对象，在一个倾斜的第二书写杠杆中，由于自发性书写执笔手势中尺侧的书写状态空间相对较小、较低，于是，尺侧的陀螺仪转动就成了书写启动的优势关节。当尺侧绕书写支点o作整体向心转动时，便以“蚕头”圆弧结构的书写启动，因此，秦隶“蚕头”与阿拉伯数字0书写偏转并没有什么两样。当“蚕头”过程结束后，桡侧高位开始强制性启动连结，因此，整个波挑就是尺侧的低势位和桡侧的高势位，以0偏转书写速度杠杆与-1偏转书写超压迫杠杆相互联结所产生的连续变体。一笔波挑就相当于阿拉伯数字0和英文中的x以两种不同的方向、不同书写压迫方式揉和在一起的。当尺侧向心转动的书写启动经过一个漫长的书写分岔角α的过渡，桡侧向心转动进入到-1偏转时，书写压迫突然变大、波挑书写阻力发生猛增。

当平掌执笔以桡侧为书写启动时，在掠笔书写过程中，第二书写杠杆中的书写核空间体位又发生了逆向翻转15—20度使用，此时，桡侧便与尺侧一样，以180度翻转的相同书写程序进行重复，桡侧以0书写开始启动，当尺侧在经历了书写分岔角α的过渡之后，向心转动的书写阻力又开始猛增，形成了掠笔画深刻弯曲的特征。这就是秦隶在经历了波挑和掠笔两次叠加转动的全势振荡后，由“左转右侧”和“右转左侧”这一正一反的书写合围成的空白，就是秦隶区域上的一个完整的书写空域现象(图5-13)。

撇、捺起源于秦隶常态类执笔书写。在一个自发性倾斜的第二书写杠杆中，同一书写区域存在着两种书写操作状态空间：一种符合0偏转的速度杠杆书写，一种以-1偏转的超压迫杠杆书写。因此，秦

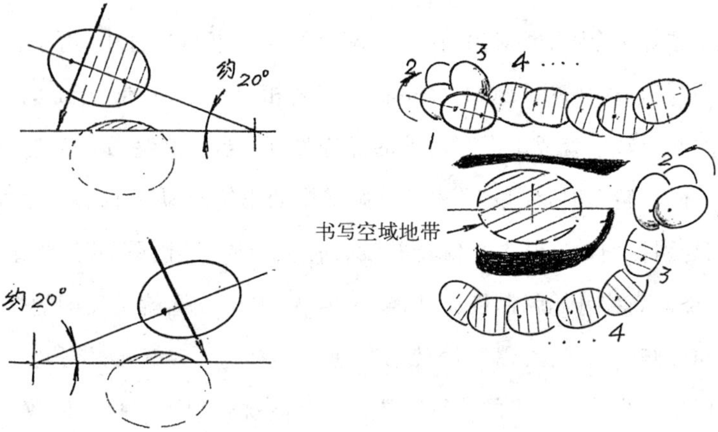

图 5-13　秦隶书写超压迫现象图

低维度横向椭球状振荡“反向抛物面”拱点处有一个相应的书写反抗压迫层存在，该反抗压迫层的形态大小与横向椭球状振荡规模相等。由于书写椭球体两侧的生理结构并不是严格对称的，故产生不同的笔画形态。

隶笔画形态是由第一书写杠杆和第二书写杠杆混合性交替使用的，它出现三种典型的结构性特征：① 在秦隶书写核横向椭球体状振荡的“反向抛物面”拱点处，有一个与书写作用力 F 相对应的书写反抗压迫层存在。秦隶所有的笔画都受到这一无形的橄榄状书写障碍体的影响，分布在这一反相抛物体中心两侧。② 在倾斜的第二书写杠杆中，r_1、r_2的书写力矩不均衡，造成了既有速度杠杆类型的书写形态，又有超压迫杠杆类型的书写形态，形成了撇、捺一头轻、一头重的开张式书写振荡气韵。③ 毛笔弹性屈服点内它对外力有一定量的吸收，具有书写压迫的缓冲作用。人本能地利用了毛笔弹性对书写压迫弹性层进行吸收，对橄榄状抛物障碍体实施了书写回避、分解，在撇、捺笔画形态基础上进行各种书写笔画的变式。秦隶有一个书写执笔策

略臂 R_1 与第二书写杠杆力臂 R_2 连接上发生动态失衡，这一隐性的结构性问题既是当时汉字书写活动的性质，又是后继社会汉字发展不得不思考和解决的问题。

（5）有关秦隶书写点成因关系。

① 书写势能交换。书写势能交换是指，在一个严格的书写条件概率中，桡、尺两端在书写转动本征结构的运动位移过程中，有一个生理势能的交换点。秦隶与外文书写相一致，两者在书写生理放大圈底部，卵形螺线的发生特征是一致的，所不同的是秦隶书写偏转角发生了90度转置。那么，了解外文字母书写过程中桡、尺书写势能交换，对于了解秦隶点的书写结构的形成，就有直接印证作用。

图5－14所示，在阿拉伯数字0偏转书写过程中，桡侧和尺侧两端存在着四种不同程序的顺、逆时针书写启动。其中①②为一组书写转动程序组合，③④为另一组书写转动程序组合。当软笔从0书写偏

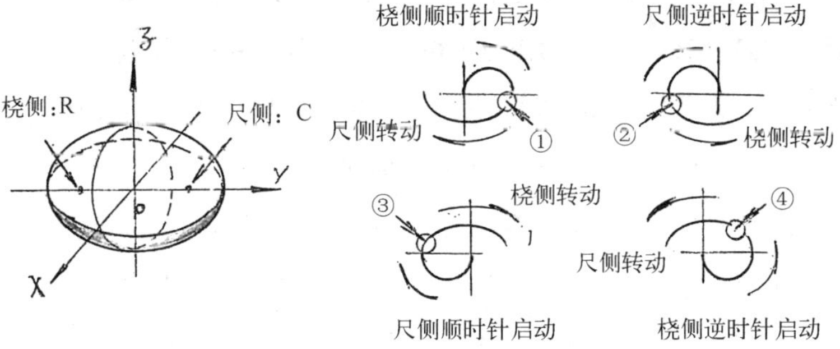

① R、C顺书写势能交换点　② C、R逆书写势能交换点
③ C、R顺书写势能交换点　④ R、C逆书写势能交换点

图5－14　书写势能交换图

转向 -1 书写偏转转换时，外文平面卵形螺线轨迹便向书写面 z 维度的负方向发生垂直纵深转换。这就是说，桡、尺书写势能交换点也发生了 90 度转置，出现了直线往复压迫的振子式书写势能交换，而这一往复压迫尽头的书写边界点上，就是汉字书写点的发生性结构，上述四种不同顺、逆时针书写势能交换点，就是汉字方块结构上的四个不同部位的书写转折点。因此，在外文书写卵形螺线的已知性质中，有着汉字书写点的相同结构。

② 秦隶书写点的结构特征及其分布。秦隶中的“撇、捺、挑、啄”笔画，都是 -1 偏转情况下，由振子式书写势能交换所形成。然而，在一个倾斜不平衡的第二书写杠杆中，由于桡、尺两端的书写状态空间不同，这些“直曲线”尽头，书写势能交换出现了偏侧性、不规则性的书写转折，它严重影响了汉字方块结构的书写质量。

根据秦隶所形成的书写分岔角 α 分析，假如简区域中心边界地带上的书写空域、横卧橄榄球体反抗压迫层消失，秦隶必须进行 R_1 阻力矩与 R_2 书写力矩的匹配，形成一种球状圆弧操作手势动态平衡，才能在 -1 偏转条件下有效地进行书写势能交换。为了使秦隶书写操作状态空间中 R_1 与 R_2 转动比力矩相等，根据秦隶中波挑和掠笔书写合围后所形成书写空域，推算该笔杆中心轴桡、尺两端向心拼接、合拢的实际压迫深度位置，就是平掌向正方向深掌五字执笔法向上提升的间距。因此，从反方向推算，在秦简书写面下方 1 寸以上的位置点上，才能使撇、捺气韵在中轴线位置上组合成一个书写“实点”。这一竖掌工作一直到汉楷出现才初步形成。在外文活动中没有的探索工作，而在汉字书写起源之初，它就一直隐藏在汉字书写活动中。

因此，在低维度横向椭球体状振荡模式中，书写分岔角 α 相当于一把无形的枷锁，把第二书写杠杆动态平衡特性给锁住了。当第二书写杠杆围绕书写支点o作向心运动时，书写生理中的陀螺仪转动分量出现了“划空性”缺失，刚刚开启第二书写杠杆出现了书写压迫的任意性。在简书写区域的上下、左右、中的书写边界点上，点的书写气韵始终都不能发生正常交互，要么左侧形成一个不成形的“蚕头”转折点，要么在右侧发生强制性直角转折或“波挑”。实点书写转折出现了非随机稳定的书写失配，八面拱心书写技法就无从谈起。

秦隶实点书写转折可行性被否决了，那么，该书写所有的书写转折都集中在撇、捺、挑、啄的虚点转折过程中。于是，人对秦隶的书写面接触的心理感知便产生了，在这一书写振子的周期振荡中，撇、捺各自在书写边界③上经历了顺、逆两种不同时针的书写偏转后，毛笔正好使用了正、反两面。而撇、捺、挑、啄的书写对角线45—50度，与人手腕生理书写生理的外展、内收的转幅大小相一致。因此，常态类书写执笔中，两组书写感受器所体验到的书写面，就是手腕生理展幅宽度所能覆盖的书写转折面。因此，秦隶书写转折的广幅分布，它的实际感受面应该是2×2=4，平掌书写执笔所营造的书写状态空间只具备“四面用锋”书写感知。根据秦隶直、横笔画的形态比，推算，秦隶执笔的书写操作维度空间的实际标高为0.4。0.4就是秦隶书写球体的圆弧度这就是说，秦隶支撑和控制一个正常方块结构的书写动因是不稳定性。因此，在秦隶横向椭球状振荡空间内，书写只能维持在面接触的转换水平上，是一个正常球体——八面用锋转折能力的百分之四十，其余百分之六十的书写转折几乎都是空域。其中，“蚕头”结构具有陀螺仪转动分量，但它并不是真正-1意义上的书写势能交换，是一种比0偏转稍为深刻的势能转换点。因此，秦隶书写的实际转动能力是相当有限的。在低维度执笔书写中，该第二书写杠杆还只是上一种单纯的振子方式在振荡，该书写核椭球体尚不能竖立起来进行有效陀螺仪旋转，导致整个秦隶书写压迫平衡机制出了问题。横向椭球体状振荡模式是一种非标准球状振荡的书写操作模式。因此，早期汉字是虚点书写法，出现了点、面分离的本末倒置。

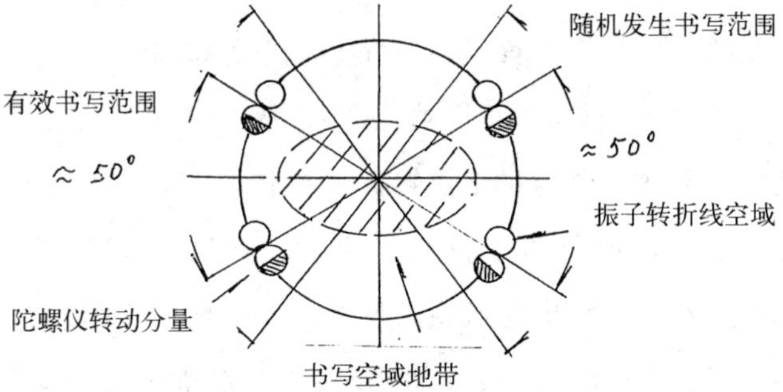

图 5－15　秦隶书写转折结构图

在图 5－15 中，黑白点为准书写转折点，白点为书写转折空域，虚线为书写空域地带。秦隶所有点受低维书写状态空间压迫，陀螺仪转动分量便在简区域的两侧非规则运作。

秦隶是一种难以转折的书写活动机制。当我们了解到秦隶超压迫书写现象时，我们似乎穿透了历史，看到了汉字书写性态形成之初，先民在汉字书写时的困惑和无奈。在冥冥之中，人们总感到有一个书写障碍物存在，秦隶艰难地越过这一地带，等于将世界上两种文字体系(阿拉伯文、英文)强制性、压迫合拢在同一汉字结构之中。因此，八分的开张态势犹如胚胎在母体中的面部发育，它并不是单一性生长的，而是由两侧向面部中心移动，拼接、发育成一个正常的面部。如果两侧向中心拼接、缝合无效，就留下一个永久无法弥合的空隙、裂唇。

这就是当时秦隶书写起源时的现实写照。

秦隶已留下历史性印记——八分开张性裂唇，但是，书写分岔角的揭示使我们看到，当时社会在改变这一书写现状，人对自身书写生理—物理学运用意识的发展。在这一历史时期，在解决书写转折上的偏侧性、不规则性的秦隶书写组块基线水平中，提取符合0偏转的速度杠杆和符合-1偏转压迫杠杆两种书写模式的发展可能，存在着两种书写文化活动路线的分岔。如果选择第一书写杠杆发展，那么，书写向无意识行为退化，从秦隶向章草发展，它并不需要改变执笔手势；如果当时社会向楷书方向发展，那么，社会就必须朝要克服书写空域地带上的活动障碍，向均衡压迫的书写活动方向发展，积极挖掘和组织开发第二书写杠杆，向有意识书写行为进化，最终在社会环境编码水平的书写文化权重中，被书学高水平认知者组织为书法。

2. 汉楷——第二书写杠杆书 r_1、r_2 相对均衡压迫的小球体书写操作模式。在人类文字活动中存在着两种文字结构定位方式：要么文字结构遵从手腕生理自发性卵形螺线压迫特征对文字结构进行定位；要么挖掘自身生理潜能，使其适应文字图像结构需要，以专门性书写对文字结构进行定位。汉字就是后一种文字活动性质。从自发性书写定位向专门性书写定位的学习过程，就是从秦隶到汉楷、书法形成过程。那么，从秦隶到汉楷，秦隶整体行为中究竟是哪一种不变的、居支配地位的不利因素，迫使一部分人为了摆脱常态类书写活动方式的弊端，向一个专门性、适应汉字方块结构系统定位的非常态类书写转型的呢？

（1）撇、捺笔画组的长期刺激因素。汉代秦隶作为书法发展的前意识，已奠定了一个书写物质基础，这就是秦隶书写结构中的撇、捺笔画组书写气韵基因。我们曾用鸡蛋的转摆态势来形象比喻秦隶书写。对于秦隶而言，它没有书写重点，虽然秦隶中的撇、捺笔画组处在相对适应性地位，但是，在质薄而富有摩擦的纸张世界中，该笔画组的向心交叉的书写行为就变得尤为艰难，一个摇摇欲坠的椭球体转摆使得撇、捺笔画更难以开张。在当时汉字书写活动中，撇、捺行为的书写刺激比其他笔画的持续时间更久、刺激更有力量，更具有汉字书写的支配性因素。因此，纸张就相当于书写上的心理物理“鞭子”，在不停地抽打着某些人的书写心灵，迫使其生理中的陀螺仪式样转动在书写面上旋转起来。在这一特定刺激效应的干预下，一部分知识分子敏锐地感到，解决当前书写上的障碍，远远超出了“汉隶、草化”视觉构念性审美活动，于是，在当时社会的书写文化权重中，解决这一书写障碍便成了当时社会有头脑知识分子的重大课题。

(2) 书写执笔的维度变化意识。书写执笔维度越低，卵形螺线相对书写面垂直相切的纵深度越深，书写压迫强度越强。反之，书写执笔策略臂 R_1 的位置变高，书写压迫强度变弱，卵形螺线相对书写面垂直相切的纵深度变浅。在简向纸转型的历史时期，一个更为严峻的书写文化环境中，二次叠加转动的振子全势振荡与毛笔阻力点 r_3 的弹性匹配问题变得强烈起来。在长期的 -1 偏转的书写超压迫关注中，只要外界有一个引力将书写核椭球体位稍稍往上一提升，人马上会有书写意识反应。因此，受纸张环境的影响，书写时的“小心翼翼”就是毛笔入纸深度控制上的小心翼翼，执笔轻微的提升不仅对撇、捺书写压迫不稳定因素具有一定的改善作用，而且对整个汉字结构具有改善作用。人顺着这一有限心理感知出发，预期下一期书写压作式样出现，并作出相应的调整，即对撇、捺平衡转动所需的基本书写操作状态空间的探求。

毛笔书写阻力点 r_3 是一种弹性压迫层，它既对外力压迫起到缓冲作用，又对书写压迫适易度感知具有引导作用。在当时社会既存的执笔行为方式中，二次叠加书写转动既受书写策略臂 R_1 空间压迫层制约，是当前书写阻力产生的原因，又可以通过对空间压迫层的感知产生新的书写策略，形成新的书写执笔状态空间，产生新的书写认知出发点，根据当前汉字活动中一个正体汉字书写适易程度，推断下一期书写改进方案。这就是书写执笔策略臂 R_1 与第二书写杠杆匹配的最初思想和尝试，而这一书写状态空间就是当时人的书学心理空间环境。

虽然，当时这一书学心理空间环境的增量很小，但是，有两个心得得到了这一书写运动的心理肯定：书写状态空间变大，第一书写杠杆对书写压迫反弹层感知在减小。同时，第二书写杠杆内部桡、尺转动比的均衡性开始启动，整个第二书写杠杆中 r_1、r_2 振荡势能动态平衡态势出现了改善。因此，在这一历史过程中，执笔策略臂 R_1 的空间维度变化，具有书写球状操作圆弧度形成的心理度量功能。人通过书写策略臂 R_1 的空间维度变化，对秦隶书写阻力矩与当前书写力矩需求进行比较，逐步形成了 r_1、r_2 书写转动比，与毛笔书写阻力点 r_3 弹性压迫层相适宜的初步匹配。在 r_1、r_2 书写转动比，与毛笔书写阻力点 r_3 匹配过程中，竖掌书写生理中的动态平衡杠杆机制初次呈现出对汉字方块结构的书写适应性特征。当人通过外部书写执笔变化转变成一种有目的、有意识的书写动机时，启动了自身书写核椭球体内部第二书写杠杆动态平衡来进行书写，便第一次开始进入人的文字活动意识中来了。

因此，竖掌对第二书写杠杆动态平衡的开启，是汉字迈向书法活动的关键性一步。从当时传统书写意义上讲，提高执笔位置是“非现实”书写现象，但从书写认知意义而论，却具有当前书写环境的现实意义。后人对该书写执笔位置的再认过程中，最终一个社会性的专门书写机制—深掌五字执笔法出现了，这就是个体第二书写杠杆书写参与意识向社会意识扩展的反映。书写生理与笔毛物性的初步匹配。

(3) 竖掌执笔中书写生理结构的内部调整。从常态类书写操作向一个非常态类书写操作发展，其生理内部结构性调整是这样的：一、竖掌执笔在 z 维度上的△增量导致了笔杆中轴线 0 向书写核椭球体中心 C_1 位移。二、第一书写杠杆支点 o 的提升和书写核椭球体下垂，导致了桡、尺两端书写管辖与书写面的间距拉长，书写分岔角 α 变小。三、手腕掌伸肌的积极参与对书写振子转摆势能具有牵制作用，导致了半势振荡势能的递增。

这一书写生理结构的内部调整，就是当时人的思维与专注倾向、针对方块汉字结构进行精确书写定位的需要而引发。它的书写心理认知倾向是，桡、尺两端各自在书写边界③上的书写管辖辐射面必须在一个定点上合拢。书写转动本征结构∞具有这样一个重要特征，当桡侧管辖的右圆弧是顺针转时，尺侧管辖的左圆弧就逆针转。反之，当桡侧逆针转时，尺侧就顺针转。当桡和尺的书写管辖在一个定点上相互重叠时，便形成最小单位的书写转折点。因此，书写策略臂 R_1 整体提高，分岔角 α 就变小，桡、尺两端书写辐射与书写面出现合拢的第一位置点必定是小楷。不论是当时的社会文化环境，还是现在人的书写意识起源，书写策略 r_1、r_2、r_3 之间的动态平衡是沿最小书写势能的返回路径走的。这就是汉字书法思想的起源。对此，我们必须从这一执笔书写生理结构与汉楷字迹相互印证中检出它的系列性书写反应，即使有机体在摆脱当前文字活动困境中，对一系列居主要支配地位的书写结构成分进行总结。

(4) 汉字结构系统定位的书写活动基因。在正态分布的书写条件概率中，竖掌执笔中第一书写杠杆由倾斜向竖立状态调整，第二书写杠杆中的 r_1 和 r_2“书写转动比”就会相应发生变化。书写压迫的不规则，就是桡、尺两端以书写转动本征结构转摆时，两侧向书写边界压迫的偏转分量不规则。当第二书写杠杆的动态平衡开启后，桡侧和尺侧围绕同一笔杆轴线作向心转动时，两侧几乎在作相等的圆弧转体运动，在秦隶书写执笔中，桡侧的陀螺仪转动分量与尺侧的钟摆势能的缺失，现在都得到了结构性改良，两侧形成一个均衡的书写压迫态势。当撇、捺在一个定点上发生气韵凝聚时，不论是桡侧还是尺侧，不论是向左，还是向右转摆，各自的书写力矩转动比基本保持一致。因此，由第二书写杠杆内部桡、尺书写转动比的均衡性启动，导致了整个汉字书写结构发生系列性调整。在这一系列性调整过渡中，存在着一个基本正常的书写活动基因，该活动基因对书写阻力点 r_3 的球状结构形成具有至关重要的意义。

如图 5－16 所示，手背面作一生理剖面图 A。在竖立起来手掌底部有一个书写核，这一上轻下重的生理结构犹如一个悬浮在空间的“不倒翁”，在一个相对宽松的书写状态空间中，第二书写杠杆中的 r_1、r_2 作向心偏转时，既具有相对均衡的书写压迫特征，又有桡、尺书写管辖区相互覆盖的特征。从 a 的左横向转动到 a'，或者从 a 的右横向转动到 a'' 的书写力矩相等，这就是理论上的汉字书写球面特征，是第二书写杠杆动态平衡的生理振荡特征。只要这一球面旋转起来，就是一

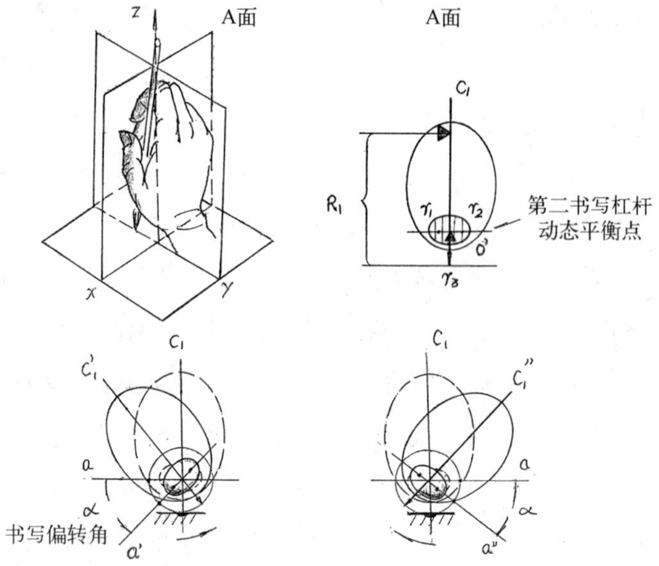

图 5－16　汉字书写活动基因图

个书写操作球体，书写边界点上的各种阻力就此可以得到化解。因此，这是汉字史上至关重要的书写生理结构性调整。

撇、捺气韵凝聚后的汉字书写分化。秦隶是以全势振荡势能为主的书写，但该书写在边界③上的转折点却是空域，而要使边界③上的转折点由虚点变成实点，就必须增加半势振荡势能。所谓的半势振荡势能，就是指振子式书写势能交换点部位的书写偏转分量产生的笔画形态，即撇、捺、挑、啄的书写势能。在秦隶活动中，这些笔画形态在空间上是相互分离的。但是，在竖掌执笔书写活动基因的作用下，这些笔画的书写势能都在发生凝聚，并在汉字结构内部每一边界点上，形成一个系统性的书写定位，导致了一般书写笔画状态 r_3 向专门书写笔画形态 r_3' 转移，汉楷出现了历史性书写分化：对波挑结构的整体性吸收。点笔画的书写形成，向准方块结构的汉字结构转型。

1）竖掌书写对波挑笔画的整体性吸收。我们说，波挑是由 0 向 -1 连续扭转的书写偏转式样，秦隶下笔的蚕头偏转角 ≒ 0，与外文一致。而波挑的波谷处却处在书写偏转角最大值 -1 状态，与书写面垂直相切。这一书写现象表明，秦隶是两种书写文化的过渡形态。由于秦隶书写启动与外文呈同一性，在波谷所垂直纵深的毛笔增量就不属于复线书写。因此，秦隶与外文一样，属单线性书写气势性行为。那么，接下的问题是，如何从钟楷字迹上印证，汉字书写气势性行为向气韵性行为转移，这是论证秦隶向钟楷过渡、竖掌书写气韵产生的理论关键。

这里，我们发现了从书写气势向书写气韵转换的中介区域，这就是竖掌第二书写杠杆的动态平衡机制对波挑笔画形态的整体性吸收。竖掌书写需要手伸运动的掌伸肌来维持，那么，手伸运动就相当于在横向椭球状振荡模式的中心垂直方向，对横向椭球状振荡体进行一种整体性提拉，这一提拉使得横向椭球状振荡向圆球状振荡模式转型。这一结构性改变，一方面，它对二次叠加全势能转摆势能是一种牵制；另一方面，书写核"铠锤"的下垂又强化第二书写杠杆中的半势振荡势能在增加，出现了桡、尺两端 r_1、r_2，形成振子与陀螺仪混合的转摆态势，人隐约感知到，书写力的压迫式样在走圆势。在这种情况下，竖掌执笔中书写转动本征结构∞字形转动出现了反向使用的倾向。如果把秦隶波挑定义为书写转动本征结构的"正向"使用，即图 5-14 中③④势能交换组合。那么，钟楷的横笔画就是书写转动本征结构的"反向"使用，即④③势能交换组合，即"八面拱心”。在书写作用力 r_1、r_2 相对均衡的书写压迫转动比情况下，书写核椭球体中桡侧启动的优势地位形成了。人对横笔书写的心理意图变得更为直截了当了，原来以尺侧书写为启动，现在可以直接以桡侧书写为启动了。于是，从依赖于第一书写杠杆全势振荡的波挑，现在利用第二书写杠杆中的半势振荡就能直接切入书写空域地带，并能顺利通过书写边界。

竖掌书写的心理预期改变了尺侧书写启动的一贯性，导致了蚕头结构还没有在书写边界③上形成之际，桡侧便直接开始启动。原来以蚕头联结的划空取势，现在变成起笔、收笔的八面拱心的反相联结，向改变。桡侧 - 1 偏转的直接书写启动、导致了对秦隶蚕头 0 书写偏转起笔的吸收，“波”的书写长度受到桡侧挑势直接启动，被压缩在“波谷”地带。这一位置变化相当于书写活动上的“移相”，将秦隶书写运动周期整整延滞了一个相位差。如果把秦隶波挑定义为书写转动本征结构的“正向”使用，即势能交换图中③④势能交换组合——“划空取势”，那么，钟楷的横笔划就是书写转动本征结构的“反向”使用，即④③势能交换组合——“八面拱心”。这是人第一次有意识地对自我书写核转动势能从平面转动向垂直纵深转动切换，起笔、收笔出现了复线书写的均衡性压迫态势。它统一了汉字的书写转动式样，整个汉字的书写活动程序发生了质变，前、后两种书写文化形态发生质的区别。从此，这一笔划形态也就成了汉字史上书法式样的经典。

竖掌执笔中书写转动本征结构的反向使用是书写上的常返类，是一个书写活动上的常数。钟的横笔是与秦隶波挑书写习惯反向，这就是“八面拱心”的书写现象。如果秦隶书写一直保持不变，那么，今天的书写理论将用顺、逆时针来描述。由于纸张书写活动所形成的一种新的书写随机势能，即反向均衡交替压迫的半势振荡，于是，汉字书写理论用顺、逆笔势来描述。汉时期，汉字书写出现了两种随机书写势能：一种是前文化期大周期书写气韵，即撇、捺的全势振荡。一种是后文化期小周期书写气韵，即在横、直笔的挑、啄半势振荡。从此，社会部分人的汉字书写开始进入书写转动本征结的中心区域发展。

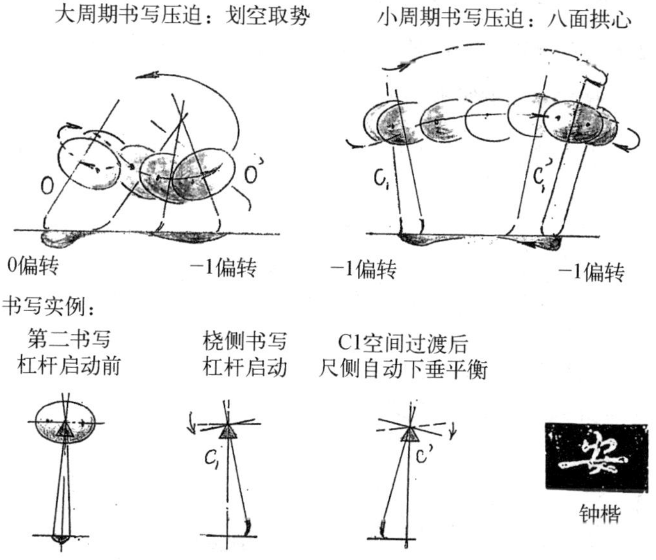

图 5－17　人、小周期书写压迫比较图

图 5－17 横笔书写势能空间交换形态。书写分岔角 α 合拢区域与桡、尺书写势能连线的交点，就是第二书写杠杆的支点。由于它本身对书写力传递基本是平衡的，因此，在桡侧书写启动势能的直接推动下，它的后续书写反应就是尺侧生理的自发性下垂，是一种书写杠杆动态平衡。钟楷中的横笔就是当时社会书写活动中第二书写杠杆

动态平衡出现的典型特征。在这一书写区域的中心地带，反向小周期半势振荡的合拢，桡、尺向心转动是通过同一书写操作轴线 C_1，在空间转摆过渡来实施的。这一新增书写生理反应的长期强化，就是以后书写发展中“行笔”术语的心理起源。

2）点笔画的书写形成。点笔画起源于秦隶，是波挑与直笔在纵、横两个方向压迫到 n 次极限的书写气韵凝聚形态。抽象地说，它就是图 5－16 球面的转体。因此，点笔画有其自身的书写特殊性：它处在振子摆动与陀螺仪转动两种势能的交换点上，笔锋必须在一个定点上进行“面、点、面”的书写变换。

图 5－18 过程表明，由于书写核双轴转动生理结构的存在，书写

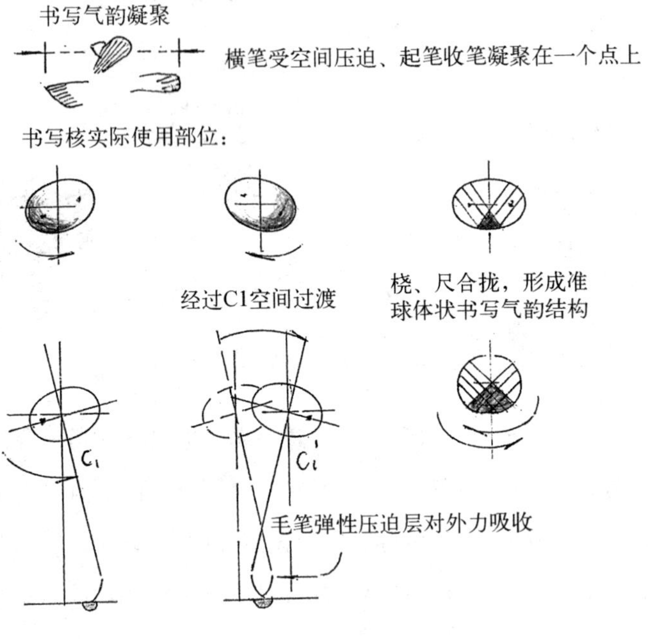

图 5－18

分岔角就不可能完全消失，在一个极小的书写点上，书写核体位在空间上的转摆过渡中，一方面，毛笔弹性压迫层对外力的吸收；另一方面，该生理在实际书写合拢过程中，等于吸收了生理椭球体的长轴，消除了长、短轴之比，形成了一种准圆弧转动合拢态势，这便是钟楷书写点形成的生物—物理基础。

书写核准圆弧转动具有笔毛书写面的选择功能。设：书写核为振子动力源，如果书写面是一种软质无摩擦介质，那么，笔锋从入书写面到开始振荡应该如图 5－19a 所示。

当书写条件发生逆转，根据书写阻力在介质中圆形运动原理，笔锋入书写面后就转换成一条“弹性”渐开线，图 5－19b、图 5－19c 就是阻力点 r_3'受桡、尺书写势能交换，被打开的笔毛弹性渐开线在空间翻转调头，进行面、点、面定点变换。

如图 5－19c 所示，笔锋纵向弹性渐开线在书写面定点上打开、翻转，进行连续转体、组织球状转动的示意图从左至右依次为：自左向右的挑势、笔毛翻转调头、逆向啄势收笔。

① 点对笔锋书写转折面的选择。要使书写正、反势能在一个定点发生气韵性凝聚，第二书写杠杆就必须消除反弹书写压迫层。然而，只要手腕关节是一个生理椭球体，那么，书写分岔角就不可能消除。只有一种情况有可能实现书写分岔角的全面吸收，那就是第二书写杠杆在空间转摆过渡中，利用笔锋的弹性体对其进行吸收。对书写分岔角吸收的运动意象犹如体育运动中的撑竿跳，它起跳时撑棒呈弯势，当它接近标高杆，棒与躯体逐步呈直立态势，在最佳弛豫点上躯体开始实施跨越标高杆的技巧。毛笔点书写转折过程也一样，毛笔书写“撑高跳”分三个运动程序来完成。

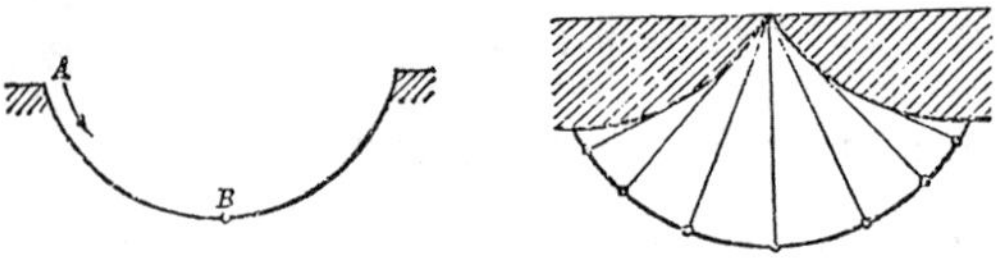

图 5 - 19a

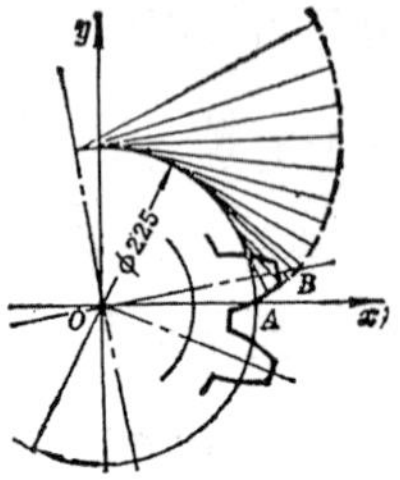

图 5 - 19b

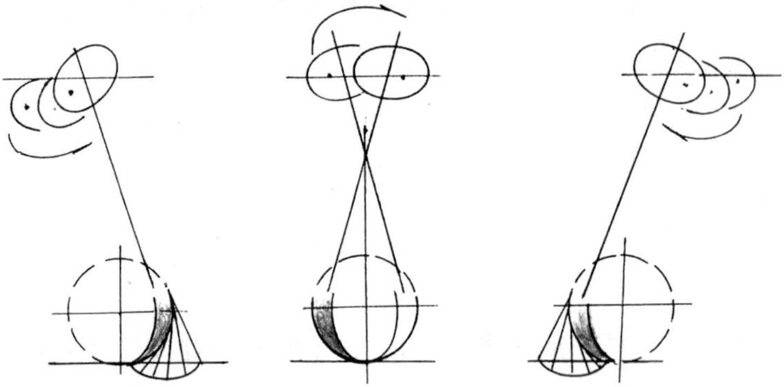

笔毛受书写核“力”的作用，在一个定点上开张，翻转的过程

图 5 - 19c 毛笔纵向剖面上的笔锋弹性渐开线

a. 第二书写杠杆书写启动态势犹如桡侧拿着“撑棒”，当笔锋刚接触到书写边界，便形成了一个书写上的“不规则圆点”，此时，-1 书写偏转的笔锋状态 r 与撑棒的弯势相似。但是，要使毛笔入书写面的笔锋“顶点”，形成书写上的撑高跳棒竿的一个点，桡侧还必须顺着笔毛的弹性圆弧弯势，努力将笔毛书写面一直推到笔锋顶点，完成笔毛的面、点交换。

b. 对打开的笔锋的“点”进行书写转折面选择。在笔毛面、点交换态势形成的一刹那，书写振子处在一个相对平稳的弛豫之际，第二书写杠杆中的桡侧的陀螺仪转势又开始了，也就是0偏转书写转体，是书写核陀螺仪转势对笔毛书写编码进行转折方位的选择。一旦视觉决定了转折方位，便马上指令桡、尺进行书写势能交换。即书写核越过“标高杆”。

c. 笔锋“点、面”再交换。书写核跳越标高杆的过程是相当巧妙的，当桡侧将笔锋推到与书写面、处在似离非离状态的临界状态时，书写核分岔角的尺侧，既可以看成进入“划空”状态之中，又可以看成进入书写面的初始状态，在这一特殊状态中，只要书写转动本征结构在连续向心转动，尺侧就可以对桡侧书写面选择进行连续取势，它又可以开始了桡、尺二次叠加全势能转摆。这一来一往的转摆，就将书写分岔角巧妙地排除在“划空取势”的空间运动之中，而笔毛则完成了顺、逆势交换。因此，书写点的成功关键就是对书写分岔角的吸收。在消除了书写压迫的障碍后，尺侧才能连续进行“取势”，完成点笔划书写。

因此，书写点的操作过程就是秦隶“划空取势”，但虚点与实点的书写意识完全不同的，它是有目的地在一个定点上，沿心目中一个球状转势来引导笔毛进行球状转体的。这就是第二书写杠杆在空间转体、再平衡，完成了点、面书写转换。因此，书写手势对笔锋柔性的利用，控制笔毛两次弯曲转体的空间转摆角大小，就是消除生理书写分岔角的实际角度，而八面用锋书写概念的心理起源，就是在这一动态瞬间产生的（图5－20）。

② 点是一连串最高难度转动的书写生物物理力学的集合。图5－20所描述的是R、C书写势能交换转折。我们之所以选择这一书写转折进行陈述，就是因为，向卵形螺线的起点逆时针还原，是上肢手

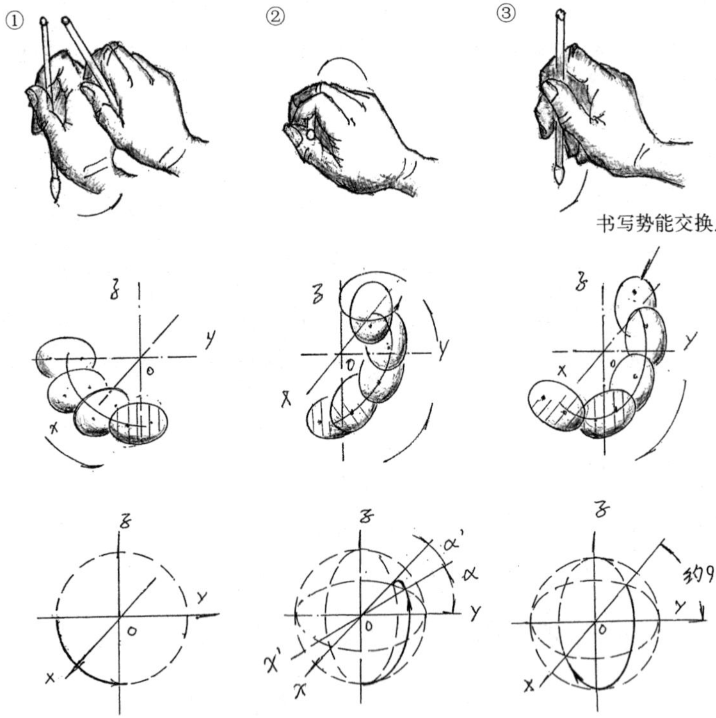

图 5－20

腕生理中最难以产生的书写转动角度，即外文字母 g 的垂直纵深偏转，桡侧以陀螺仪逆时针反向转动存在着一定的生理功能上的活动障碍。在历史的绝大部分书写中，它并不必然发生，是人最难意识到的书写行为。汉字书写理论中有“左转右侧”之说，却从来也没有听说过“右转左侧”之说。秦隶波挑就是“左转右侧”的典型代表。“左转右侧”在书写理论中盛行，说明了长期以来，汉字书写时人书写核体位自发性倾斜习惯历数千年不变。因此，一般而言，人对“右转左侧”普遍存在着书写生理运动上的障碍。

其次就是“使转”与“点”的书写关系。古人把草书线条的使转和楷书中的点书写归结为两种不同的“形质”，至于为什么会出现这种形质上的不同，人们并没有进行深入探究。因此，在书法认知的早期阶段，人们对书法的理解既有一种试图领悟整个书法领域的欲望，又有一种将现象简约为一种静态概念的倾向。当时人的心灵还不具备把握那些高度复杂的书写技法现象的抽象能力，其概念只能是一些简单划一的静态概念。

秦隶书写具有这样一种理论功能，该书写属性就是一个中间值，它的一端与使转连接，另一端与点书写连接。使转书写偏转角向 0 方向发散，点是书写偏转角向 -1 凝聚，而秦隶就是书写偏转从 0 到 -1 在书写发展上的一个动态连接点。它是通过三种书写运动意象的连续变体才被建立的，使转书写偏转角向空间发散、变 0，书写球体的充实比最高，近似于 1，属近单线书写。点书写偏转角向中心凝聚、变 -1，书写球体的充实比最低，近似于 0，属复线书写。那么，点书写球体充实比能从 0 到 1 变化，从单线向复线连续变体，从平面大范围转动向纵深小范围转折连续变体，就是书写从无意识向有意识书写转变的反映。因此，通过秦隶书写属性的转换，使转与点就是书写偏转连续变体上的两端，点是汉字书写中最特殊的“使转”。

点必须在高度张力状态中保持书写面上的“使转”统一性。在高度张力状态完成毛笔的点、面转换。在书写充实比最高值 1 的张力状态的转动中，对笔毛书写编码区域进行选择，从书写编码 A 区域向另一 B 区域的转换。整个转折过程中万毫齐力，犹如指挥和调动千军万马，从一个方向向另一个方向突破。此时，毛笔可变书写球体特征便显露无遗。因此，只有在点的书写面发生连续翻转，两个书写面转动圆弧 r 发生合拢、转体时，笔毛“虚拟球体”，它的可变书写球体的滚动意象才能被发现。汉字除了左上角不存在直角转折之外，在其他每一单点上，其书写生理有效转动角度是相当有限的。点是一连串最高难度转动的书写生物—物理学集合，点的书写难度决定了人书写意识的发生难度。点对人书写意识的开启具有至关重要的意义，因此，当时人书写意识向中心层区域发展，就是汉字向点书写发展。

3）向准方块汉字结构转型。点的书写形态具有判断书写操作球状圆弧的标准。从整个人类文字活动范围内对使转和点书写结构关系进行一系列动态考察，将上述平面转动与纵深转折结合起来，就是推断一个书写点的球状圆弧实际操作状态。在种种发生实际联系的简单概念的列举中，硬笔卵形螺线轨迹的平面偏转、大草的使转、秦隶波挑中的局部纵深偏转、楷书点笔画高度凝聚转折，在这一系列看似相互分离的书写连续偏转的变体中，最终组织起汉楷点、一个高度偏转的书写气韵凝聚意象，使我们在这一系列“独立”又广泛的书写实体中，来展示点书写操作球状圆弧的形成水平。事实表明，点就是使转，不过，它与大范围上的草书使转形成鲜明对比，是一种高度凝聚、紧缩的反向“使转”意象。竖掌导致了书写操作状态空间变大，使得手腕有能力从容地将桡侧或尺侧推至秦隶矩形对角线转换的书写空域处，在一个狭小空间的定点上进行陀螺仪转动的书写转折。它迫使书写手势作出“即起即出”的应急反应，导致楷书点的书写发生了根本性质变。

因此，软笔书写与硬笔书写完全不同，它在引导毛笔书写球体形成过程时，必须将自身书写核椭球体不断竖立起来，在空间形成一个立体书写操作转动圆弧。书写核椭球体在这一球状空间内形成一种纵、横相互连贯书写振荡，使得毛笔在极端环境中，同样具有书写上的流畅性和弹性。在适应书写区域的任何边界点上随机应变，于是，汉字四方结构上的书写定位点形成了。因此，点的书写直接关系到汉字方块结构的动态平衡。那么，当时社会人在开启第二书写杠杆时，汉楷上所出现的书写点，它背景上的书写操作球状圆弧度究竟与秦隶有哪些区别，它自身又处在哪一等级水平呢？

《荐季直表》书写呈准方块结构特征。横笔是书写转动本征结构的横向∞字形的反向使用，那么，直笔就是书写转动本征结构纵向8字形的反向使用。在横笔向直笔画转折过渡中，直笔画书写形态如何取决于点的书写转折角度，即在逆卵形螺线上第一书写生理势能交换点上的可转折弧度。

《荐季直表》字迹向我们明确表明两点：一是钟繇属小球体书写操作匹配。它的书写压迫层相当浅，笔毛书写充实比高，书写边界③上的阻力最小，该书写压迫力小于毛笔阻力点 r_3 的实际弹性压迫层。二是《荐季直表》的“撇、捺、挑、啄、直笔画”都出现了纵向开张的拉长趋势。应用当前的理论水平分析，钟的书写球体圆形度判断，由直笔与横笔的书写长度比可得出约为0.8。该书写对角线的随机转折角度为60—70度。说明《荐季直表》书写处在桡、尺书写势能最初合拢水平。该书写生理结构内部，在纵、横相互连贯的转折振荡幅度还较小，是一种准书写操作球状结构所为。虽然，准书写操作球体中的桡、尺端书写力矩相对均衡，导致对点的书写转折幅度增大，但是，准书写操作球体旋转有效角度，笔毛的实际使用面扩大至六到七面，还没有真正达到八面用锋的书写转折全覆盖。

《荐季直表》书写是超扁形八分的“裂唇”开始从两侧向中心移动

的具体反映。但准书写操作球体所显露出的书写缺陷，就是直笔有效舒展长度不足。直与横笔画长度比出现的历史时间程序，就是当时人对刚刚知觉到的自身手腕生理中陀螺仪转动角度的潜在可能性的挖掘水平。根据一个理想汉字结构的书写，推算该书写状态空间所形成的书写操作球状圆弧度为 0.8。因此，对《荐季直表》直笔画的书写实现度的理解，就是组织一个方块汉字结构的书写操作球状的圆弧度进行解读，《荐季直表》是一种准书写操作球体。

《荐季直表》反映了一个重要的书写信息，当时人的书写意识由边缘层向中心层过渡时，还只是处在非常态书写执笔的初始阶段。汉字方块结构的书写实现，对自身手腕生理中陀螺仪转动在深水平上的挖掘，需要一个更良好的书写状态空间、一个有效的书写活动场所，才能在方块结构汉字的四个方位上，支撑起强有力的、富有变化的书写转折。

钟小楷好比是一种历史性孕育，将八分的书写“裂唇”从两侧向中心移动合拢，拼接缝合成一个基本正常的方块结构汉字。钟楷书写特征表明，当时社会部分人的思想意识已开始进入汉字书写中心层，这与世界主流文字的书写呈严格的一致性，但发展方向却相反，向气韵性书写发展。从这一“点”入门，将汉字“八法”统一起来已为期不远。这就是当今部分书学者在习得了点笔画书写之后，将书法的奥秘全部解开的原因。因此，将汉字书写中可塑性变化最大、结构最复杂的点书写，及其进化系列抽象出来，解开汉字书法形成的最高机密，整个汉字的书写行为将变得透明起来。

3. 魏晋——第二书写杠杆 r_1、r_2形成均衡压迫的大球体书写操作模式。钟繇浅度竖掌执笔是一种非明确性、模糊化五字执笔法雏形，该书写手势尚不完备有效表达汉字结构的全部机能。后人在钟繇书写文化传承的后续反应中，存在着部分活动细节上的“加权”，推算书写一个最佳汉字结构所需手腕生理转动角度的实际空间大小。因此，汉字对五字执笔位置高度的历史性确定，起源于秦隶横向椭球状空间振荡模式的超压迫所引起的笔毛弹性扰动因素。为了使毛笔书写达到最佳球状形态的转折效果，魏晋时代部分知识分子，一方面，受到毛笔弹性压迫层 r_3 诱导和外部社会方块汉字结构书写需求的持续影响；另一方面，依赖于钟的得益笔法来进一步更新书写策略。人不断提升其执笔位置的高度和手掌下垂的深度，来进行书写振子转摆势能的对比，在监督、审查、调整、控制前人的书写信息中，在钟尚未充分涉及的领域内进行更大范围的结构性平衡、协调，使得更新的书写手势在 r_1、r_2 和 r_3 之间实施全局性匹配：(1) 五字执笔在书写状态空间上留有足够的余地，使得该执笔内部第二书写杠杆中的 r_1、r_2 的书写压迫，在支撑一个方块结构的汉字形成时，其书写生理转摆势能达到最大化，与毛笔书写阻力点 r_3 完成了全域匹配。(2) 深掌进一步改变了笔杆中心轴 C_2 与书写核椭球体垂直相交位置（1/2 位置处），书写核等于被中心轴 C_2 进行更为均等的书写转动比划分。第二书写杠杆桡、尺两端书写力矩更为平衡，书写转动对称度进一步提高。

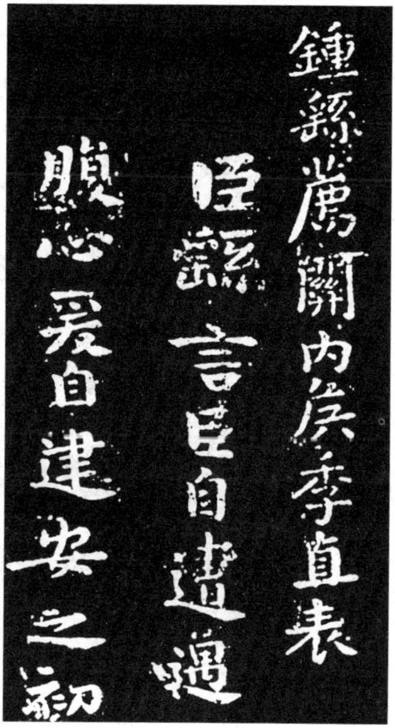

图 5－21

图 5－22

于是，后人对该书写结构的再认中，一个以前没有被揭示、新的书写微概念产生了，这就是沈尹默先生再三强调和确认的书写启动的要领——“腕平”（图 5－22）。（3）书写策略臂 R_1 在空间 z 维度活动范围上的，形成“一真，二行、三草”的综合性书写功能意义。因此，深掌五字执笔含有书写力传递平衡、放大、速度杠杆为一体的综合性全方位书写执笔模式。

深掌五字执笔法在书写维度上的结构性调整，是由外部社会的汉字结构书写现状和内部书写状态空间环境中书写生理活动的实际适应性的影响，通过书写核椭球体振子摆动和陀螺仪转动，这两个活动分量与汉字方块结构书写匹配的适宜心理反应逐步发展起来的。在汉字结构与书写结构相互吻合、匹配中，当时人不断改善书写执笔与毛笔弹性压迫层 r_3 之间的关系，顺着这一路径循环进行到 n 次，最终，在第一书写杠杆上升与第二书写杠杆下降的同一手腕生理中，找到了书写压迫层 r_1、r_2 与毛笔弹性压迫层 r_3 之间发生最佳匹配偶合。该书写核的桡、尺两端，两种生理转动分量比不单彼此间能接近，而且彼此间能相互谐调。它可以根据外部环境变化，随各种书写转折的需要而此消彼长。可以振子转摆势能变小，陀螺仪转动分量变大。反之，振子转摆变大，陀螺仪转动变小。它不单可以在一个最小的定点上进行最大转折方位的选择，而且具有大小球体连续变化的自动可谐调能力，这就是书法的随机稳态特征，是一种最佳书写生理组织机制。因此，在深掌五字执笔法的书写活动中，社会部分人最终达到对书写笔法意识的“阈限”。

历史社会的汉字书写实践证明，汉字方块结构的稳定，需要在其空间背景上有一个均等的、高度稳定的书写动力结构与其相对应，由一个稳态的书写动因中心的支撑才能得以成形。因此，在解决汉字方块结构的书写过程中，前人每一次对书写状态空间增量需求，都是书写核椭球体对直立转动书写自由度的积极争取，钟楷与秦隶的书写操作球状圆弧度有了质的不同，而王字与钟楷的书写操作球状圆弧度又有了不同程度质的变化。因此，在如何正确表达汉字结构、操纵毛笔可变书写球体①圆满成形的问题上，存在着挖掘人自身书写生理操作能力的思考。在汉字结构、毛笔物性、书写生理三个常数的全面综合运算中逐步发展起专门性确定性手势，出现了深掌五字执笔法行为的择优选择。

深掌五字执笔法模式是一种创建性书写演化系统，是一种书写动力学上的渐进稳态进化行为。历史上所有淘汰的字体，都是由上述三个执笔参数与汉字结构匹配不适宜所致。当毛笔书写扰动因素被纳入人的注意视线中，书写生理在适应毛笔扰动过程中的策略更新，就是一种针对性。这一针对性就是当时社会人积极提高正常书写活动素质，对一种稳态书写随机势能的追求。前人对于汉字最佳书写状态空间的历史性摸索，就是人在汉字活动中，对双体书写操作动态平衡的强调和特殊性要求。而当事人对双体书写结构调整的针对性，就成为以后汉字书写活动上的一个确定性因素成为书写意志上的有意识动机。因此，深掌五字执笔法非一般本能书写执笔，是一种与汉字方块图形活动密切相关的认知性非常态书写执笔。在这一高度进化的、超凡适应能力的执笔生理中，隐藏着一个最高等级的随机稳定书写机制，有着人对汉字书写执笔在生物—物理学机构上的认识和思考，以及对书写杠杆力学原理的理解、应用的科学文化内涵。

图 5 - 23 中展示了在人上肢书写生理有限结构中，汉字深掌五字执笔法外显特征中深藏着一个内隐性、最高等级的第二书写杠杆书写活动机制。该书写杠杆在传递书写力的过程中，处在书写生物—物理杠杆的最高动态平衡之中。深掌五字执笔法中每一局部生理职司，从一开始就有着特定的、定向性书写活动含义。如果我们不理解这些书写执笔的编目意义，就不能重建第二书写杠杆的书写动态平衡功能，五字执笔法上的一切书写特定活动内容将流于形式，该执笔方法便彻底丧失了专门性汉字书写功能的价值。因此，在五字执笔法书写状态空间的微观水平上处处有结构，而在无意识或尚未意识的书写活动中，则时常是一种没有结构的宏观区域。

平掌书写转动角：

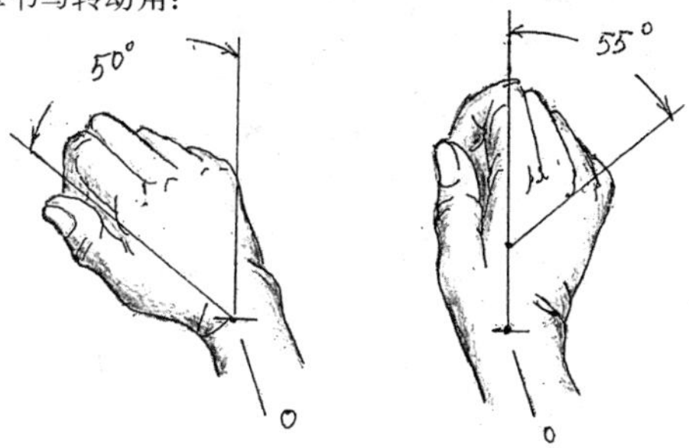

送导：肘臂转动角为0

书写水平转动角=手腕生理转动角

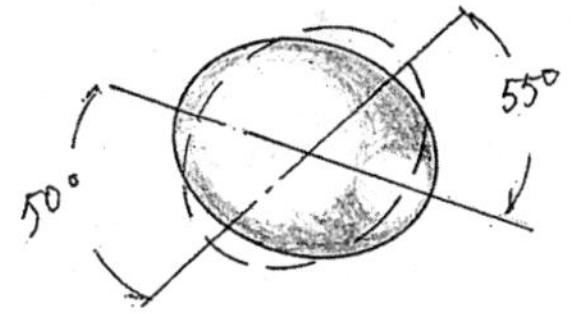

桡、尺纵深转动角：

手腕自发性振子摆动任意压迫，书写点不能成立

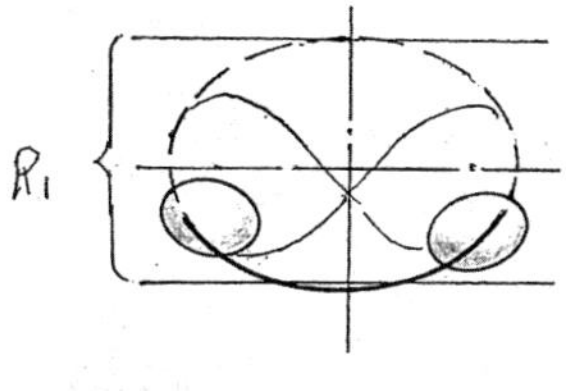

自发性书写压迫的立体转动角：

书写横向振荡椭球体结构

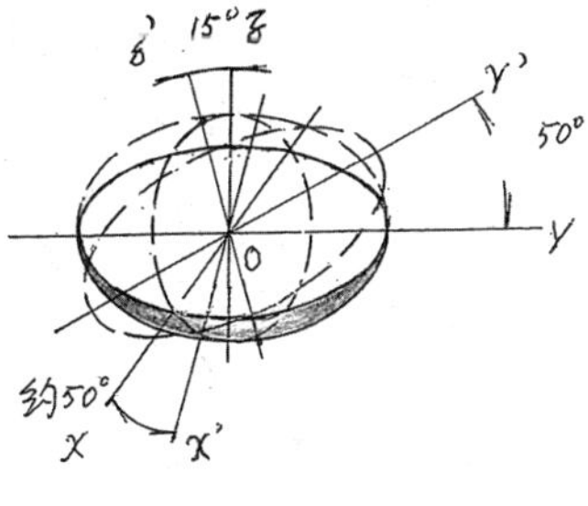

竖掌书写转动角：

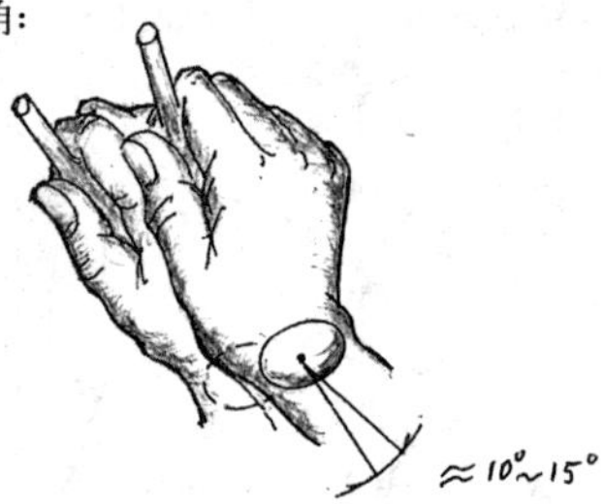

送导：肘臂转动角10°—15°

书写水平转动角为55°+15°=70°

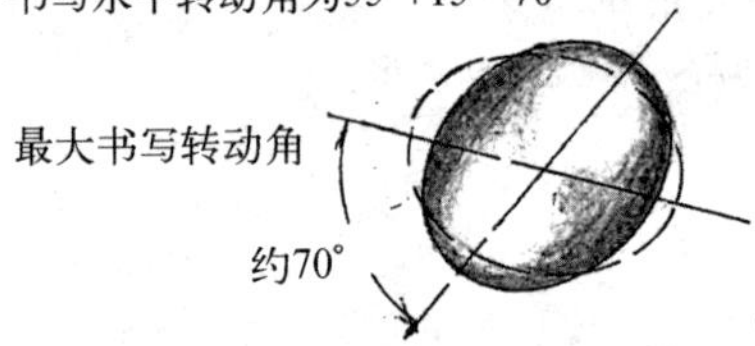

桡、尺纵深转动角　　半势振荡合拢，书写点形成，r_1、r_2

书写压迫层与毛笔弹性压迫层匹配程度低下

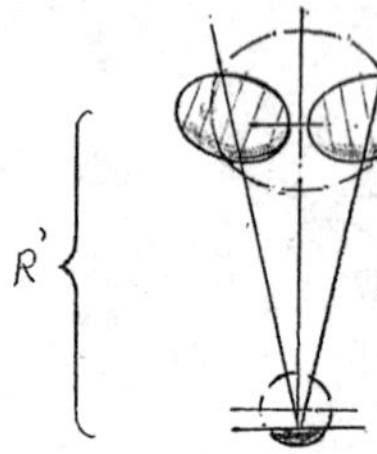

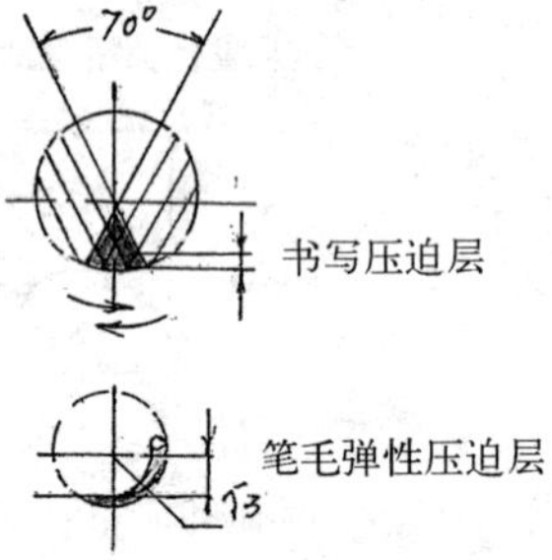

人为性书写压迫的立体转动角　书写纵、横振荡准球体结构

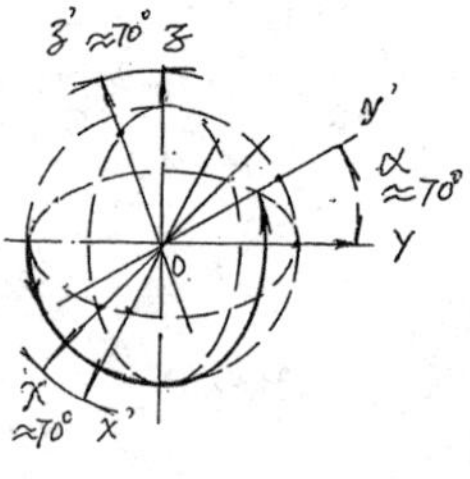

深掌书写转动角

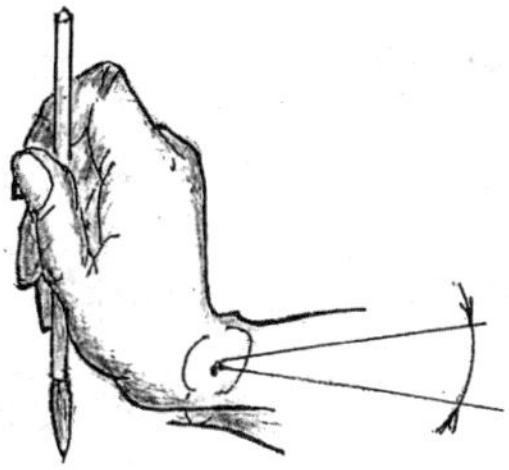

书写水平转动角为70°+25°=95°

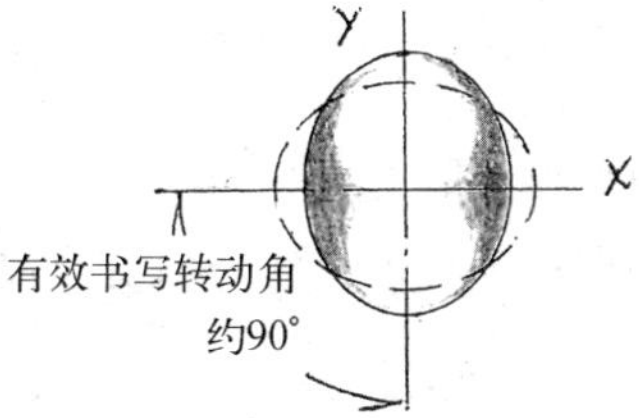

桡、尺纵深转动角

书写核内部纵横书写振荡的气韵连贯汉字书写转折的全覆盖，r_1、r_2书写压迫层与毛笔弹性压迫层匹配程度高

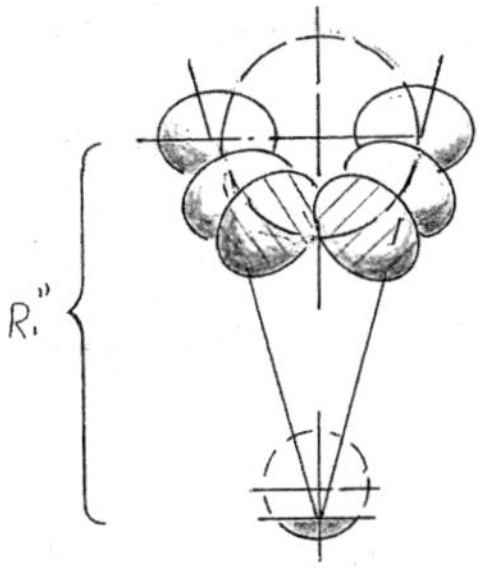

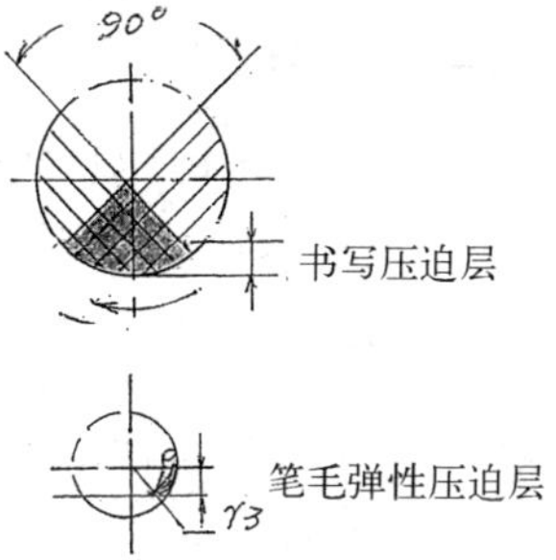

深掌书写压迫的立体转动角

书写纵、横振荡标准球体结构

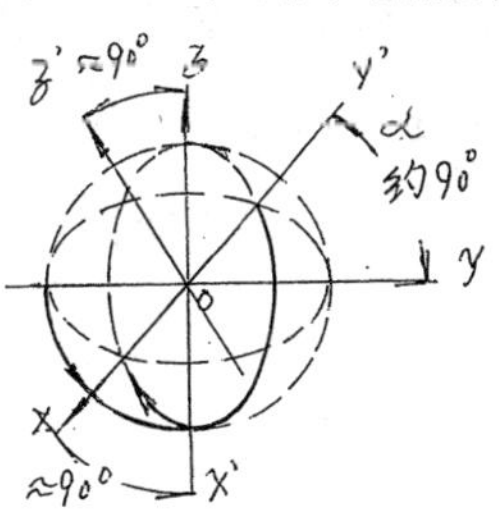

图 5－23　平掌、竖掌、深掌书写转动角比较图

上述是汉字发展、成长、定型三个阶段的书写结构系列：第一阶段是汉字初级书写结构，第二阶段是汉字书写整合结构，第三阶段是汉字书写定型结构。第一结构是书写性态滋生期，偏重于书写整压，视觉生理参与程度相对欠缺。第二结构是汉字书写系统整合，它是人头脑中某种经常“发现”的汉字式样或预先考虑的一种观念，在书写功能性目标可供选择的各种笔画式样中，产生了一种“择优选择”，即对方块结构汉字有意义行为进行程序性书写编码。由于它是源自书写与视觉双向模式为目标导向性的应用，因此，这是一种“前瞻性”书写。第三结构是一种专门性书写功能整合的复杂系统，按照汉字书写生理和视觉生理的相互平衡，以这一明确的目标为导向，各执笔子系统构成紧密的、专门书写功能的整合系统来实现的。在历史过程中，汉字结构主要形态学的创新与形成，就是取决于书写执笔生理组织层次在更高水平上排列的特殊性，以有效转动的书写“质点”为汉字结构上的视觉靶点，进行汉字结构的创新设计。由于它具有双向模式的谐调性、平衡性和变速性等的丰富书写功能，导致了汉字形体结构的饱和。因此，第三结构是汉字定型性结构。

汉字第三结构是社会正宗的、传承性文字结构。如何通过当时社会有限知识条件解决这些问题，将这一文字结构传承下去，人发展了一种书写文化，通过这一文化传播来对汉字书写行为固定，从而达到该文字结构的定向性传承：(1) 王字的书写状态空间完善了汉字转折的全覆盖。(2) 健全了永字八法理论。(3) 形成了系统定位的书写知觉反应——行笔理论。这将汉字书写引申到一个社会心理认知层面上，即书法在社会汉字活动心理中的认知发生这一关键问题上来。这是汉字书法概念密度的频发高峰时期，是社会人朝着高级书写心理发展、形成书法文化信仰的最重要历史时期。

（1）王字完善了汉字书写转折的全覆盖

大型操作球体书写功能意义：直笔画的外显形态，具有点转折角度实际大小的反映。根据王字略带修长的结体形态判断，该书写在钟的基础上，又有了结构性调整。王字结构上的“点、横笔、直笔、撇、捺、挑、啄”视觉靶点的定位间距再次拉长，其实质就是王对钟楷书写转折角度的再一次突破。王字笔画的书写对角交叉角度，均具备90度对角线转折能力。因此，王字书写操作球体结构完善了汉字书写转折的全覆盖。该楷书的书写感知为八面，而八面用锋书写特征的出现，说明了该手势单次书写转折角度均具备90度转折能力。王在书写转折上，以最大限度将书写核椭球体竖立起来应用，该生理比钟繇书写具有更大范围上书写转折的覆盖能力。在书写面边界上的任何一点都处在均衡压迫状态，深掌手势实现了对毛笔可变书写球体的全方位控制，这无疑是绝佳的书写方法，它导致了对直笔形态的书写有意识控制。这就是王所知觉到的钟法，并对其书写情势作出新的结构性调整。

根据王字的直、横笔画的形态比，推算王字执笔书写空间的维度值为1.2左右。[①] 1.2就是一种大型书写操球体结构概念。其中0.4的书写转折能力的增值就是书写送导参与所致。1.2值所反映的是，王在解决横笔向直笔转折的书写过程中，对手腕生理转折潜力的挖掘已发展到一个阶段性水平，是书写送导参与量的增加，导致了王字书

① 注：球体积 $v = 4/3\ \pi r^3$.书写生理球体不可能与机械达成同样的圆弧度，该球体积为 $6/5\ \pi r^3$，$1.2 = 6/5$ 为书写球体圆弧度。

写进一步向标准的大型书写球体结构转换。因此，从秦隶 0.4、钟楷 0.8，再到王字 1.2 的书写操作球体推算，是根据支撑一个汉字结构的方正程度的书写操作球体结构的性质判断而得来的，这一理论值也可以从当时社会人对方块汉字的书写可控水平的重复体验中得到确认。因此，书写执笔状态空间变大，送导生理关节的辅助性书写行为的参与，说明了人对书写生理中的陀螺仪转动分量的挖掘变得深刻。而陀螺仪转动分量挖掘得越深刻，汉字方块结构的书写可谐调转折能力就越强，从而使汉字方块形体组合处在视觉与书写的最佳、最理想的平衡状态之中。王字进一步弥合了钟字结构上的残留空隙，事实也证明，该结构的视觉审美效果好于钟字。因此，只有在一个适宜的书写状态空间中，高度稳定的书写技法才有可能形成，只有在这一高层次的书写生理组织机制上，才会有更重要、更为精准的书写理论——“永字八法”出现。

（2）永字八法[①]的理论总结

图 5－24

“八法起于隶字之始，自崔张钟王传授所用，该于万字，墨道之最不可不明也。隋僧智永发其旨趣，授于虞秘监世南，自兹传授遂广彰焉。李阳冰云，昔逸少攻书多载，十五年偏攻永字，以其备八法之势，

① 请参考《沈尹默论书丛稿》第 12 页。

能通一切字也。八法者，永字八画是矣。一、点为侧，二、横为勒，三、竖为努，四、挑为趯，五、左上为策，六、左下为掠，七、右上为啄，八、右下为磔。”

永字八法的理论内涵是组织一个汉字结构在书写转折活动概率上的一种统计和归纳，是人通过长期的书写动态复制，从汉字书写知觉材料中抽取出来的一种书写转折总体意象。因此，永字八法理论意图就是人对实际书写操作转折活动概率的知觉抽象，是知觉致力于对汉字书写结构的一种整体把握。然而，永字八法的陈述结构却是典型经验和书写概念相互作用下产生的一种原始思维表征陈述。在社会书写认知科学尚未形成时，模仿性手势在知觉其他一些与之相似性事物时所形成的一种陈述方式，并被运用到作为解释当前的书写事物的知觉中。中国社会书学在相当长的历史内，是通过某种合宜想象的动态形象来直接获取书写知识的。只要时机适宜，各种视觉意象上相似性解释形象就会不断地被涌现在脑海中，并任意地强加到书写技法活动上。因此，书法理论这一陈述习惯向我们传达的并不是历史社会的现实书写状态，而主要是作为一种传达工具或媒介。当人们阅读这些文字时，心中会产生一种似曾相识又捉摸不透的感觉。长期以来，社会一直通过比喻性语言的含蓄表达，使后人感到无所适从、茫然无知。

当今，我们对永字八法理论解释的困惑有两点：一是在汉字书写性态成熟后，当时人在总结永字八法时，缺少了对汉字前、后文化期中两种书写文化传承的背景联系。二是今人对八法的理解又缺少一种书写操作空间上“质”的粘连，造成了对八法理论理解上的笔势与笔法两种解释分类的混淆。如果把八法理解为笔势，那么，八法的这种特殊形态又如何来解释呢？反之，如果把它归结为八种笔法形态，那它们特殊的势能形态又如何来解释呢？因此，当今的永字八法解释已失去其应有的文化内涵。

对于永字八法理论内涵的理解取决于两点：一是揭示当时人在书写技法成熟之后，其书写意识流的形成。二是揭示八法理论在实际书写操作中的书写文化精度。前人对八法命名的思想方式与人对自然世界中“水”的命名方式是一样的。水在不同的环境中所遇到的阻力和障碍时，会展示出它不同形态特征。它时而倾泻而下、时而咆哮奔腾、时而拍岸逐浪、时而涓涓细流，人们对不同的情景中水的种种不同表现，并分别命名为瀑布、海、河、泉。这就是说，对水自身而言，不论是猛力地喷射还是平静如镜的状态，都符合它的自然本性，只要环境改变，它的势能状态就随时会作出这样或那样的改变。书法中的八法现象的命名方式就是与这一思想方式相同构的。人在审视各种复杂书写空间、地理环境中，书写操作球体②在通过三条边界组合的区域时，组织了各种不同书写位移势能，释放出可长、可短、可顺、可逆、丰富多变、形态各异的笔画。而这势能形态都符合书写活动“法”的本性，从而将使这些众多的书写笔势现象包含在一个简单的术语永字八法之中。因此，“法”[1]字含有定局的意思，是不可违反的法则；“势”[2]则处于活局之中，它在一定的法则下，因时地理条件的不同，就得有所变易。

永字八法既是与空间相关联的书写活动内容，又具有历史性书写传承的事实依据。那么，前人对永字八法的理论意图、将汉字全部书

① 请参考《沈尹默论书丛稿》第 42 页。

② 请参考《沈尹默论书丛稿》第 42 页。

写归纳、简约为一个“永”字加理解，就有当时人对汉字书写发展的全面考虑，有其书写意识流的形成过程和原因。王字最终解决汉字结构上残留的书写空隙，这说明当时人已完善了反向使用书写转动本征结构的操作技法。在这一记忆犹新的历史时代中，人在书写一个汉字时有新、旧两种书写文化情感的实际存在：一种是由秦隶结构中遗留的旧书写文化形态：撇、捺、挑、啄的笔画类型。一种通过竖掌的书写吸收，由钟所产生的新的书写文化形态：点、横笔和直笔的笔画类型。如果我们把秦隶的划空取势笔画定义为书写上的“阳”，那么，钟楷的八面拱心笔画就是书写上的“阴”，它们都统一在永字八法中。

《九势》曰：“夫书肇于自然，自然既立，阴阳生焉，阴阳既生，形势出矣。藏头护尾，力在字中，下笔用力，肌肤之丽，故曰：势来不可止，势去不可遏，惟笔软则奇怪生焉。凡落笔结字，上皆覆下，下以承上，使其形势，递相映带，无使势背。转笔，宜左右回顾，无使节目孤露。藏锋，点画出入之迹，欲左先右，至回左亦尔。藏头，圆笔属纸，令笔心常在点、画中行。护尾，画点势尽，力收之。疾势，出于啄磔之中，又在竖笔紧趯之内。掠笔，在于趱峰峻趯用之。涩势，在于紧驮战行之法。横鳞，竖勒之规。”这就是钟生活的年代中，人们对书法现象产生时，总体性把握的认知反映。再根据前人传下的王右军《题卫夫人〈笔阵图〉后》文选记录，有涉及钟繇的书写思想。记载是这样写的：“夫欲书者，先干研墨，凝神静思，预想字形，大小偃仰，平直振动，令筋脉相连，意在笔前，然后作字。”显然，在钟的思想中，汉字书写是包括阴和阳、静和动、虚和实两大方面的内容。大小平直是阴、静和实的一面，偃仰振动是阳、动和虚的一面。那么，根据这两大方面判断这一路书写意识流的形成，在前、后两种书写文化传承中，九势就是八法理论的思想原版。

八法所采用的字形就是对模糊性九势作出严格、清晰的区分，一种阳势，一种阴势。一种书写转动本征结构正向使用、偃仰振动的阳势，一种书写转动本征结构反向使用、大小平直的阴势。因此，在当时人的思想中，对于这两大笔画类型的书写手感的知觉形态是完全不同的，它们都在一个刚刚开始成熟，八面用锋的楷书结构中加以思考，否则就不会出现“永”字这样新、旧两种笔画的严格对应的一致性。显然，当时人在提取永字八法时，其知觉形态中隐含着两种笔势融为一体，前、后两种运动形势统一运用的思考。一种是钟的思想，钟理论的书写实践基础是准书写操作球体，当时社会对书写笔法概念的认知加工尚未成熟，是通过大范围感知的阴、阳笔势现象来进行解释的。一种是王的思想，社会人对笔法概念的认识加工已基本成熟，用八法来解释各种阴、阳笔势现象的。因此，通过前、后书写文化期对这两类笔画抽象形态的预先知觉为前提，人们在理解九势的文字活动过程中，就有一种留意和发现的欲望。要找到知觉上和文字实物上相一致的字形，就必须有一个选择标准，被选的字中必须符合两种笔势“融为一体”结构性标准。一旦找到了这两种笔势形态相互平衡性质的标准字形，该字就作为学习汉字书写的基础范例，通过这一“字”的学习就可以解开一切汉字结构中各种书写势能的连接。

永字八法是早期人对书法操作整体把握的初级认知活动的产物。它的理论内涵就是五字执笔法操作手势中，书写以立体化的圆弧球状操作联结的活动网络。秦隶完成了汉字书写上的阳势联结，钟楷对秦隶波挑的吸收，大大强化了书写阴势联结，到了王时代，汉字真正完善了阴、阳两势转换的立体书写操作模式。因此，永字八法是从社会书写实践上，与九势达成了理论逻辑上相一致，并把模糊化的九势，深化为简洁明了的八法。永字八法具有明确九势的理论解释，以及社会书写实践上可操作性功能。因此，永字八法就是九势理论的实质性升华。

图 5－25 中，黑点为书写转折实点，白点为划空取势虚点。八法在八面用锋圆周上的出现的概率位置，永字正好处在书写转动本征结构正、反使用的阴、阳平衡之中。

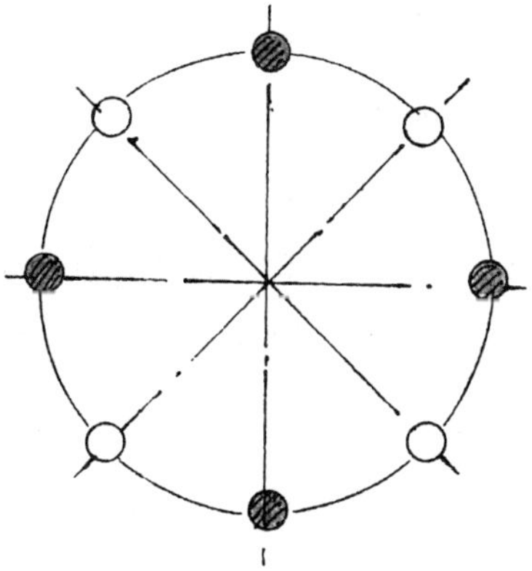

图 5－25

因此，深掌五字执笔法是一个独立而广泛的书写操作系统。整个汉字结构都可以在这一动态书写系统中，以统一的书写气韵势能交换形式串联起来。王字不单缩短了秦隶划空取势单向联结书写活动通路的长度，而且使 r_3 的书写阻力变小。王字书写通路上一切笔画的书写质量都发生了改变，一旦人进入这一手势的立体网络之中，汉字的书写复制将不再困难，从而变得得心应手。因此，理论上总结的永字八法还必须与书写操作模式发生关系，并逐一对应起来，使其成为一种完整的、立体网络式的书写感官意象，这就是传说中前人书写活动中提倡偏攻“永”字的原因。

(3) 汉字书写的特定知觉反应——“行笔”

楷书是一种静态永字八法，而行书就是动态永字八法。楷书处于相对稳定程度较高的、其书写核的空间体位，并没有进行任何快速位移的书写区域内，在相对稳定的状态之中进行。但是，当楷书经过个体较长时间的保持不变后，其书写固体性呈增强趋势，一旦进入日常书写和趣味性书写时，该区域流动性趋势也就开始增长。

在深掌五字执笔法书写手势中，书写势能的加速往往会所导致书写核空间体位出现随机性偏离，书写螺线呈不规则流动和偏移。在这种情况下，书写螺线的变形意味着书写势能的交换点发生偏离，书写出现新的转折调整和位移形态。当今，我们所能观察到的王字行书摹本，主要是一种受快速位移的兴奋过程所出现的书写互通常返类笔画。这是一种楷书精熟之后出现的书写现象。因此，速度变化导致了人对深掌五字执笔法书写随机势能的依赖和运用，正规笔画形态已不能适应其书写速度的变化，一种由速度变化而变化的书写随机势能对正规笔画形态进行再吸收，汉字出现了新的适应性书写变化，于是，在分化书写区域的类型、速度、顺序和程度上，一种新的书写变式——行书产生了。

行书的出现导致了人对书法揭示向一个更加基本、更简约的书写活动基因接近，这就是深掌五字执笔法书写特有的书写随机势能——“行笔”。历史上有人请教米芾这一书法现象：“书法当如何？”米芾曰：“‘无垂不缩，无往不收。’此必至精至熟，然后能之。”沈尹默也说：“笔势分两种：‘一搨直下和非一搨直下（行笔有起伏轻重疾徐）之分。’”[①]这就是行笔术语的思想由来，人对汉字书写认知在向一个更基础的活动基因接近。

五字执笔法书写气韵具有随机应变的书写活动能力，它在书写区域不同位置的每一边界点上，对撇和捺、撇和挑、挑和反捺、挑和啄势

---

① 请参考《沈尹默论书丛稿》第150页。

能都以不同书写势能交换，进行反向半势配对，并融入汉字书写变速的各种转折活动之中。于是，行书的书写系统定位点出现了新的变化。行书在每一次返回到初始状态的过程中，途中常常会出现非常规压缩、变形或吸收等无数变式。在速度变化的书写势能中，分化书写区域的流动性增加了汉字书写的可塑性和含蓄性，出现了“意到笔不到”新的审美境界。

然而，这一吸收的常返序列变化却因人而异。行书结构中导致书写吸收从阳转阴、阴转阳的数目多少，取决于主体视觉和书写处理上的相得益彰，取决于行笔随机势能的娴熟应用。全部使用阳势，它的书写弹性程度太高，向秦隶退化；全部使用阴势，它的弹性程度太低，书写随机势能流畅性将变得呆板、乏味。因此，行书与书学者对笔法受益的认知深度、文化生活的审美个性、个体的智力状态密切相关。

图 5－26 呈现了新书写文化期中，汉字书写出现了楷、行、草……书写连续变速随机稳定表现的有序长度。而在秦隶书写文化期中，它只有楷、草两体。

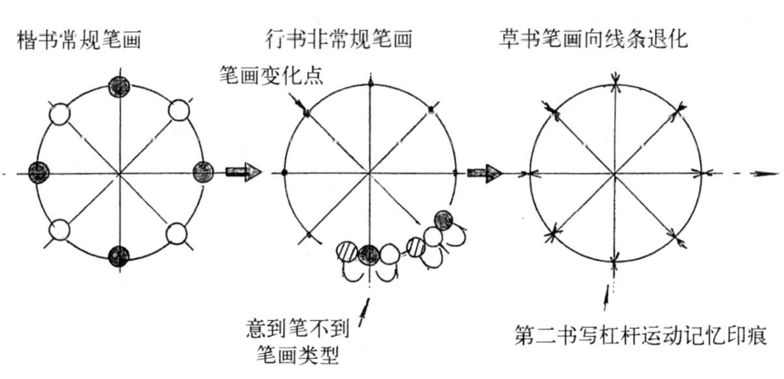

图 5－26　书写速率变化与笔画形态关系图

因此，在汉字书体出现的时间顺序上，是有了书学行为③之后才有行书现象。行书是汉字最后出现的书写物种，是在八法成熟后的变速运用。行书是汉字书法的最高活动境界。在深掌五字执笔法高度随机稳定状态中，行书是通过变速中书写转动本征结构的恒常性充分表现出来，这一恒常发挥的书写行为就是书法中的行笔。在楷书活动中，“法则”的意识大于行笔。而在行书活动中，“行笔”的意识大于法则。因此，行笔是汉字书写最深层次的理论。在最近期的书写思想发展过程中，追溯行笔的书写理论解释，又一次被沈尹默先生提到议事日程上来了。

根据目前的书写理论揭示，行笔的书写生物物理意象是，当书写分岔角 α 合拢，第二书写杠杆动态平衡的反向使用出现后，由笔杆中心轴 C_2 向 C_2' 空间过渡时的定向活动节奏感所产生的。汉以后，社会有限知识分子对这种书写节奏气韵组织的心理材料反应一天比一天强烈起来。有无书写气韵，便成了人汉字活动中的最重要的书写心理倾向和态度。自钟楷第一次在小楷书写区域发生书写气韵的凝聚，这一较小影响的书写区域便成了以后一种强气韵性书写的起始区域。人们开始沿着这一活动路径不断加权，在原字径略有放大的书写运动、知觉心理的满足中，最终形成了一种半势振荡的流动性气韵，对于这种流动性气韵的解释，就是“行笔”一词由来的心理起源。那么，沈对“行笔”又是如何解题的呢?

由于气韵性书写组织与世界主流文字活动书写转动方式不同，后人在寻找这一行为的启动方式，发现书法入门口便成了重大障碍而一直困扰着历代书学者。近代著名书家沈尹默先生在《学书丛话》一文中，描述了这一发现过程：“一九三九年离开上海，到了重庆，有一段很空闲的时期，眼病也好了些，把身边携带着的米老《七帖》照片，时时把玩，对于帖中‘惜无索靖真迹，观其下笔处’一语，若有领悟，就是他不说用笔，这一‘下’字，很有分寸。我就依照他的指示，去看他《七帖》中所有的字，每一个下笔处，都注意到，始恍然大悟，这就是从来所说的用笔之法，非如此，……笔势往来就不合。”[①]沈通过长期阅读前人的书写心得，逐渐进入与前人对话的聆听语境，仿佛米老就在身边亲临指点。由于这一语境的长期萦绕，在历史的某一天，沈产生了遵从“米”的语言指令，对《七帖》所有下笔进行一一观察，突然领悟到了书法入门口的具体位置，于是，沈将最终所领悟到的五字执笔法书写启动，以图 5－27 所示方式展示出来[②]。

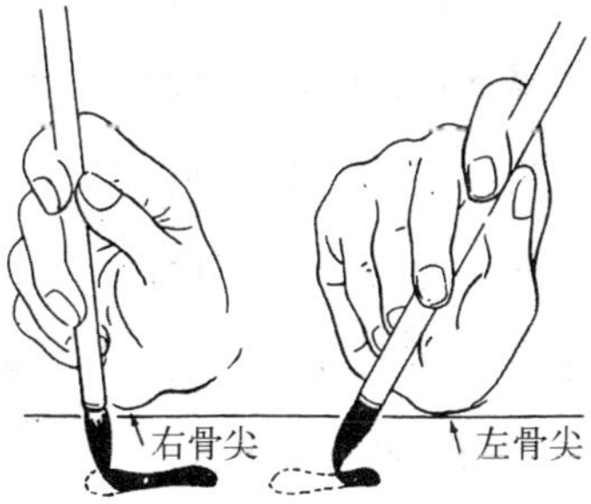

图 5－27

沈是一种书写体验情绪，他所领悟的下笔起始状态，就是秦隶波挑书写过程中，在波谷这一特定时空点。物理学中有一个著名定律：引力的大小与距离平方成反比。沈的书写发现就是这样，在这一最小的时空点上，深掌五字执笔法书写手势中第二书写杠杆转摆“引力”达到了最大值。沈在前人书写墨迹形态和自我书写手势反复匹配的判断中，最终找到了这一书写启动的匹配角度，下笔时笔杆就应该如此倾斜。恰恰是这一倾斜角度，与历史书写进化过程发生暗合，与钟楷、王字书写发展过程相吻合。从这一书写技法得益中，引申出沈对五字

① 请参考《沈尹默论书丛稿》第 149 页。
② 请参考《沈尹默论书丛稿》第 107 页。

执笔法要领的独到领悟和理解——“腕要平”。

沈书写启动的初始位置腕是平的，也就是书写核的初始体位相对于书写面基本是平行的，一旦这一动态平衡得到了好的书写参照的引导，整个第二书写杠杆便开始振荡起来，因此，腕平所隐含的书写技法就是在第二杠杆书写启动前的平衡态势。这是汉民族花费百年时间进化而得来的书写结晶。然而，沈对这一书写经验的发现，他的书法“解题”智慧与书写起源事实无关。沈是一种解题技术处理，是个体书学最佳选择模式的产物。他通过对书写墨迹的审视角度改变，将书写行为控制在最小活动范围上，通过改变和强化书写触觉的活动方式，与前人的书写字迹匹配吻合。运用这一技术提取的书法研究，他解决了自我，但不能真正看透历史社会的书写现实。

历史没有告诉我们，汉字书写的特定知觉反应如何从深掌五字执笔法中产生。那么，后人对行笔的理论解释就存在不确定因素。沈根据自身的笔法得益经验，对前人行笔意象的理论总结和揭示归结为两大部分：一是把行笔的书写生物—物理现象解释为“提、按”两字。二是向世人透露了一个重大的历史性书写机密：内擫笔法和外拓笔法。

对于当代书学界而言，历史上隐秘区域的理论基本是公开的。然而，通过书写实践对它的理论陈述解释却是完全不同的。理论在组织高级书写行为的心理过程中，行笔过程中手腕生理肌群收缩、放松的节奏，就成了汉字书写运动知觉上的特定刺激物。随着这一种技法的成熟，与行笔知觉相似性事物“行走”一类合宜物象的联系就会变得鲜活起来，并形成一系列相似性的陈述。如“往收、垂缩，时起时倒、时收时束，腕随己左、右，提、按”等这些创造性理论便相应而起。然而，这里存在着一个疑问，在这些相似性陈述中，究竟是同一动作行为的不同语词解释，还是社会上人们长期对同一类语词含义的理解加工，引起人对不同的，或略微不同的行为进行相同的表述，这是一个疑点。因为利用合宜物象去想象和理解行笔，这与书法本意的联结关系是松散的，后人对于前人所揭示的行笔意象的再认，随主体社会阅历的不断深化，即使在书写边缘层草书中，也同样能够领悟到这一书写行为。这就是说，理论上所揭示的并不一定就是同一的行笔意象，它可以从草书到楷书、从边缘层到中心层的不同阶段上得到的。在如此的广域之内，人都主动对这种传说中的行笔意象进行消化、理解。因此，历史书学者所领悟到的书写法则是存在相当大的差异。然而，人们对这一书写笔法要领陈述口吻却相当一致。在脱离了原先的楷书背景的先决条件下，所提取书写法则和原理的理论精度上存在着相当大的差异（有关理论陈述的真伪在以下章节说明）。因此，中国社会书写知识的实情是，这些词义的含糊意象在没有得到正确的书写区分的情况下，社会将这些语词作为“行笔”要素上合宜的动态意象固定下来，并作为专门性汉字书写程序性知识代代相传。

对行笔意象的抽象就是人对汉字书写法则和原理提取的最高水准。以近代最新理论研究成果、沈尹默先生对行笔理论的解释进行分析，沈对汉字书写行笔动态抽象仅用“提、按”两字来归纳、表述。“落笔就是将笔锋按到纸上去，起就是将笔锋提开来，这正是腕的唯一工作。但提和按必须随时随处相结合着：才按便提，才提便按，才会发生笔锋永远居中的作用。正如行路，脚才踏下，便须抬起，……”[1]因此，沈的书法理论精华是行笔“提、按”论。但是，该陈述对行笔意象描

① 请参考《沈尹默论书丛稿》第 106 页。

述却是有误的。既然提、按论是针对书写“道路”上的行走意象进行抽象，那么，提、按论就应该包括行走意象的全部：上坡、下坡、平地走的步幅，三种运动意象的抽象。如果按照这一标准来衡量行笔行为，就能发现当时沈对行笔现象的归纳，用提、按两字在描述下笔行为时，理论上的矛盾和困惑。

提、按的理论意图是想展示一种气韵性书写操作，桡、尺生理两端交替压迫上的平移行走意象。然而，该陈述所描述的却是手腕生理转动一高一低的行为意象，并没有平动位移意象的实际产生。因此，提、按论必须深入行走的生理结构中，解决行走上的两大意象问题：一是必须解决上下坡时上、下运动意象。二是必须解决行走步幅的大小运动意象。如果提、按论中的确具备这两种意象的话，那么，在 -1 书写偏转状态下，下笔、展毫、行笔、收笔过程就应该有一种深入、浅出的变化，应该有按、按，提、提，由浅入深，由深转浅，这样一种轻重缓急的书写步幅感。显然，沈的行笔论还只是一种大范围上的观测。在用提、按论解释行笔时，似乎少了一“拍”，以至于将下笔过程描述为“起就是将笔锋提开来”这种不按常理论事的态度，笔锋是提不开来的。虽然只有一字之差，但却反映了陈述者在行笔概念上的理论结构性缺失，出现了不能自圆其说的尴尬境地。

沈是近代进入书写中心层的法家。在他的思想中，存在着揭示汉字书法奥秘的责任心。沈对历史书写机密“内擫笔法和外拓笔法”的透露，说明了他并不满足对提、按书写活动基因的理论解释，他想在更深层的书写领域进行理论挑战。在《二王法书管窥》一文中，沈描述了内擫、外拓两种书写笔法现象的区别：“大凡笔致紧敛，是内擫笔法所成。反之，必然是外拓。后人用内擫外拓来区别二王书迹，……大王是内撅，小王则是外拓。试观大王之书，刚健中正，流美而静，小王之书刚用柔显，华因实增。……无论是内擫外拓，这管笔，皆非左右起伏配合着不断往来行动，才能奏效，若不解运腕，那就一切皆无从做到。”而所谓的运腕之法就是沈先生的理论精髓提、按论：“才按便提，才提便按，才会发生笔锋永远居中的作用。……转换处更需要懂得提和按，笔锋才能顺利地放到适当的中间去，不致于扭起来。”沈是中国书写史上第一位解释内擫、外拓笔法的书法理论工作者。他是按照提、按理论对内擫、外拓笔法进行解释的。然而，当提、按不具备普遍一般的行笔特性解释时，对一种行笔行为向另一种行笔行为发展所出现的集势形态书写压迫性质变时，内擫、外拓笔法的解释就必须重新寻找合宜的想象物作为理论陈述的解释对象。于是，沈出现了另一套理论体系，“内擫是骨（骨气）胜之书，外拓是筋（筋力）胜之书”的形象化静态描述。那么，形成两种相互分离的理论来解释行笔行为的真正原因是什么？这就是汉字书法的入门口，它在历史上含而不露，却始终存在。当沈在这一入门口从外向里管窥时，他是从《七帖》这一最大口径处入门的。该过程犹如人从井口向井底窥视，当他从外拓到内擫，还没有看清该井的底部时，他的书写心理运算便停止了。这就是说，沈对行笔现象的描述是独立于历史因素和社会因素之外的一种形式真理。提、按论不是书法的初始生理形态的反映，那么，沈就不可能从下笔、展毫、行笔、收笔的书法初始值，从书写偏转由浅入深的变化逐一论起。由于大范围观测缺少书法行为起源的解释，因此，沈动用了二元论来解释同一书写行笔问题。

书法形式真理是某一历史时期内过渡性理论的产物，是一种书法相对认识论，是我们童年时代起便反复被灌输的一种传统理论模式。

该理论的书法解题方法的特殊性在于，人对书法行为的解释，首先从大范围上对其进行捕捉，所使用的陈述方法也是一种合宜物象的比喻性解释，是一种与历史社会书写现实发生脱节的书法理论。即使一部分人通过提、按论进入书法活动中心层，要想通过合宜物象来想象行笔中的内擫法和外拓法，并达到对两种笔法的理解和区分，还是相当困难的。当提、按法对内擫和外拓笔法的解释与历史发生脱节时，内擫法和外拓法就变得神秘了。

在提、按理论还不能深入行笔实质性深度的情况下，沈对内擫、外拓笔法的揭示，对相邻人群的传播是有效的，对间接人群而言，还只是一种书写消息的透露。当提、按论不能从一个基础行笔现象来陈述两种笔法结构的差异时，沈自我对历史上书写行笔现象判断也变得随便起来，飘忽不定。内擫、外拓笔法就成了整个汉字书法理论中的最大悬案。因此，历史上所有合宜物象只能是某一历史过渡形式的书写认识相对论，“就事论事”对书写文化的解释不可能永远有效。

在厘理了个体书写成就和理论关系后，通过书写知识社会学观点，在一个特定历史入口处的书写条件概率中，解释人以书写气韵方式组织汉字的把握意识，而这一行为的长期发展则预期了人对行笔现象的意识，以及该行为由低到高的等级区分，这就是在解决行笔理论结构性缺陷的关键。

汉以后，社会上层书写都以书写气韵方式，由书写生理中桡、尺两端交替式向心运动的平动位移所产生的。书写核半势振荡从 A 点运动到 B 点，从 B 点到 C 点，自始至终都得到相应的书写压迫力的支持，才使汉字保持其结构不松散。前人将书写气韵有节奏的平动感知定义为“行笔”，而行笔节奏感知最终又上升到汉字书法活动的核心高度。那么，行笔中所隐含的书写原理及有规律的活动，必须在一个完整的桡、尺的生物—物理结构交替压迫的书写势能知觉形态中才能得到正确的解释，因此，我们首先必须以生理平动原理进行书写生物—物理学解释。

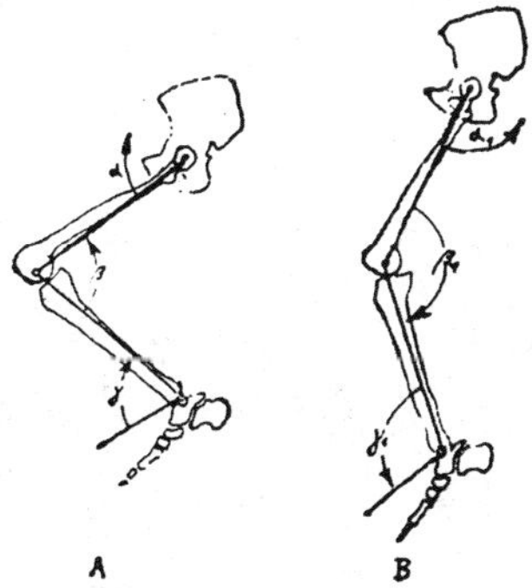

A下肢缩短，B下肢伸长。三个关节在相反方向上转动，转动角互相抵消。A屈腿时，脚跟平动。B伸腿时，脚跟平动。

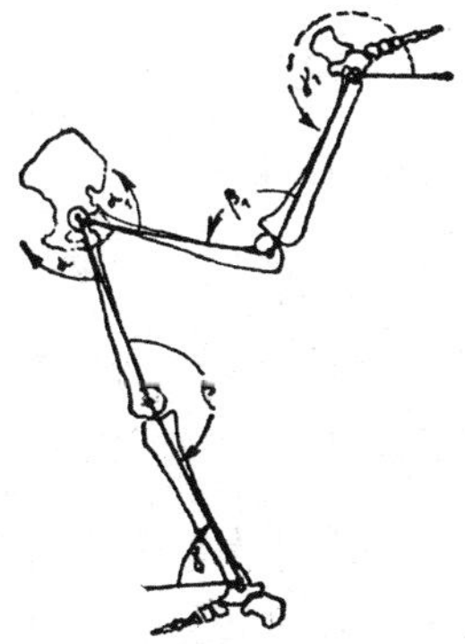

下肢前、后摆。各关节转动方向都相同。后摆时逆时针，前摆时顺时针。

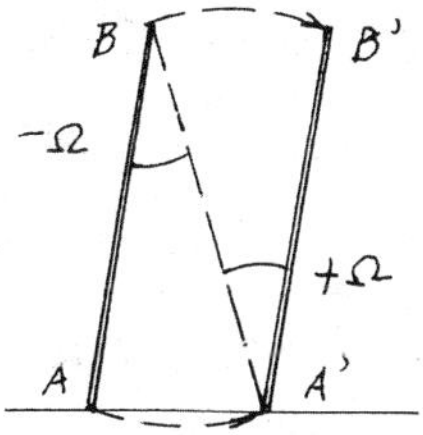

一根棒绕着两端连续转动的结果变成平动：AB到AB_1再到A_1B_1。

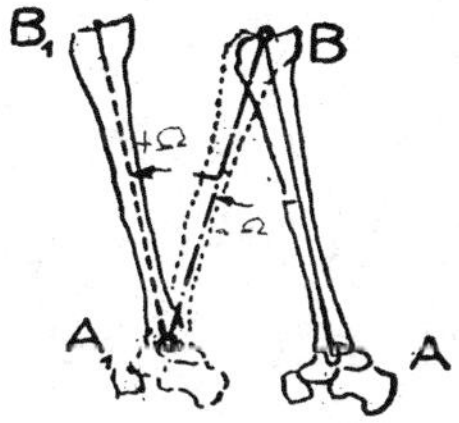

绕踝关节和膝关节的两个转动变成小腿平动前进：AB到A_1B，再到A_1B_1。

图 5－28　书写位移平动原理

在传统书法理论中，将书写核双体半势振荡的气韵感用行走意象来描述，其思想方法是正确的。为了将该行走结构中的书写位移生物—物理原理全部展示出来，我们设：一根棒绕着一定点转动。当完成了某一定点的转动以后，让棒绕另一端转动相同的角度，但方向相反，即前者为逆时针，则后者为顺时针。两次转动结果，将使这根棒前移至与原来平行的位置。因此，要使两个不同中心转动的结果变为一个平动的条件是，第一次转动角$(-\Omega)$和第二次转动角(Ω)必须大小相等，方向相反。$(-\Omega)+(\Omega)=0$。这一平动原理就是汉字书写行笔现象的基本原理。

书写行笔的平动原理：如图5－28所示，棒为笔杆，A端与书写阻力r_3相对应，B端与书写向心转动①相对应。A、B两端就是书写执笔状态空间。A′是书写移动中心②。它与前书写活动意识相区别的是，$-\Omega$就是书写偏转角，但它又有一个相对应$+\Omega$转动角度存在。当笔杆棒通过书写向心转动①到达A′时，A′便成了一个“点状”结构—书写移动中心②。书写移动中心②是深掌五字执笔法第二书写杠杆动态平衡上的一个支点。$+\Omega$以书写移动中心②A′为定点，作的空间运动转摆，形成第二书写杠杆动态平衡态势。这是对秦隶“划空取势”超压迫书写的反相运用，这一反相运用过程既是对书写分岔角的吸收、又是一切r_3变成r_3'的中间运动形态，即书写可谐调“步幅”。当$-\Omega$转动进入到书写预定位置后，这一位置就成为下一个$+\Omega$位移的中心支点，当$+\Omega$空间位移完成后，$-\Omega$又能继续进行书写。如此周而复始的平移运动，便是书写行笔的心理感知。

$-\Omega$和$+\Omega$的“步幅”是根据当前书写一个汉字的具体大小、书写笔划长、宽、厚度的需要，由r_1、r_2的作用力来大小来决定的。自汉楷形成后，行笔就是在书写向心转动中心和书写移动中心为定点，从A转动到A′处，再从B过渡到B′，由这两个书写位移量决定毛笔的书写形态，虽然，笔法识别工作是相当模糊的、隐蔽的，但是，一旦这一半势振荡气韵的雏形被书写者把握，那么，该书写特征 r_3'重复概率就得到心理上的肯定，于是，人们把这一种书写性质称为“笔法”。因此，$-\Omega$和 $+\Omega$ 不是任意的，是汉字书法得以开展的重要组成参数。

从平视方向上看，桡、尺生理偏转角（$-\Omega$）和（$+\Omega$）必须大小相等，方向相反。从俯视方向看，毛笔可变书写球体的纵深偏转，导致了笔锋阻力点 r_3的张力产生。因此，笔画的特征形态，是笔法在不同边界条件下的笔势行为被限定、被知觉到后，这些笔画才具有汉字标准形态学意义。

这是汉字书写精细化的历史发展过程。从内擫笔法到外拓笔法发展，当它被用于书写意识时，就有一个书写经验内部尺度上的某种笔势形态的区别和差异特征，当这种内部书写经验与其他书写行为比较，被觉察到更为完整时，它就是一种笔势上的清晰的、显著的变化。因此，这一路书家的书写变异原则存在着两组书写参数相互匹配上的心理运算：一组是笔毛物性。毛笔受外力作用，纵向渐开线的开、合水平有一个自身结构上的承受限度，有意识地将书写力控制在笔毛的书写效用破坏点之内，在随其自然开合的书写偏转纵深过程中，纵向渐开线的横向笔毛排列的不规则因素也在相应增加。另一组是第二书写杠杆的空间旋转匹配。第二书写杠杆的书写转摆具有从浅入深、由深浅出，从 0 向 -1、-1 向 0 连续书写偏转的随机应变能力，它可以在任何深度水平上自由转换。只要人对毛笔纵、横向定点上的笔毛排列水平的不规则性有反应，它微观生理上的随机势能对其控制也会相应增长、加强。

目前，有了书写行笔平动原理 $-\Omega$ 和 $+\Omega$，以及手腕书写核椭球体的空间体位相对应的数字化描述，我们就可以与书写手势的位移方位、深度、幅度大小等诸种生物、物理知觉形态相联系，从已知的历史遗留的书写字迹中看到他们的书写心理估算，看到这一路书家的观察因素和探索目标。从汉楷中书写“点状”结构的起源，伴随着对毛笔阻力点 R_3 由小到大的书写发展，从最初人对笔毛书写弹性层控制在小球体内，随后是笔毛弹性层的中间位置，最后深入笔毛最佳支撑位置，对毛笔书写不稳定因素的控制，对自我手腕生理中随机书写势能开发、利用和发展。于是，在长度为 m 的历史过程中，汉字书写行笔出现了近单线书写、内擫笔法、外拓笔法的书写活动需求意识，形成了对笔毛弹性压迫的深度控制、“由表及里”的不同书写技法表现。

从近单线书写、内擫笔法到外拓笔法，把对毛笔书写弹性压迫层利用的起点和终点，以及人对书写平动过程中移动中心②所发生某种书写结构性质变陈述出来。只有将这一书写行笔的一般普通特征作为标准化研究对象，我们才能在当代书法理论中知之甚少的内擫法和外拓法各自产生过程，以及它们作为汉字书写功能意义及性质进行探

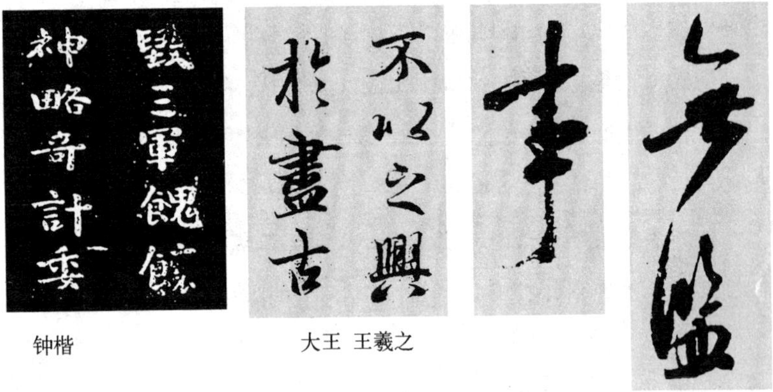

钟楷　　大王　王羲之　　小王　王献之

图 5－29　历史字迹笔法发生图

究，从静态理论向动态理论的深化，形成了一般书写与高级书写间所出现的笔法形态上的外显特征差异。

一是钟楷书写，笔毛使用部位浅，不存在“展毫”意识，故谓近单线书写。二是王羲之横笔，“空中摇掷”①。由于他下笔时，入纸的笔毛部位深，需要一定的复线书写的管理意识。三是王献之横笔，他下笔时入纸的笔毛使用部位深刻，需要大幅“展毫”对复线书写进行集中管理。因此，近单线书写、内擫笔法、外拓笔法所潜在的内在联系，将由展毫、书写偏转纵深一般普遍性可感知动态意象展示出来。这就是书法理论中人们最关注对象，内擫、外拓笔法的理论起源，是传统书法理论中最深层次的技法内涵。

钟处在小球体操作的书写纵深阶段。小楷的书写势能小，那么，它的笔毛势流方向上的纵向渐开线就很少，他下笔时的锋尖笔毛是依靠书写外力的压迫自然撑开的。因此，钟是不存在下笔展毫意识，即不存在对笔毛横向渐开线的排列管理意识，但存在笔画形态的控制意识。这就是说，人在最小书写势能常返路径走时，在浅度单向性垂直纵深偏转中，笔画的书写运动方向、书写振子的摆动、笔毛势流都基本处在同一书写面内，并呈相对严格的一致性。钟近单线书写的阻力最小，书写随机势能的反应也最小。然而，钟在横、直笔画的起笔、收笔两端，桡、尺操作的笔杆中心轴 C_1 向 C_1' 空间转摆过渡时，第二书写杠杆势的动态平衡节奏感是存在的，这就是汉字书写行笔的最初知觉形态。因此，钟对笔毛的书写管理是棒平动原理的标准化使用形态。

王的书写字径比钟字要大。以图 5－30 中王字横笔为例：为了

① 请参考《历代书法论文选》第 27 页。

维持汉字结构与笔画粗细按比例放大,人在下笔处对-Ω向心偏转角的心理估算就必须加大、加深,才能维持一个相对大小的书写位移,支撑一个预期中的汉字大小规模,这就是王书写之初的心理运算。在加大书写偏转角的同时,他在下笔处也相应增加了空中摇掷力度。所谓的空中摇掷就是下笔"展毫",王加大书写纵深渐开线的横向笔毛的排列管理。因此,在王字横笔画的书写运动方向两侧,书写振子有△量的轻微横向小幅转摆的半势振荡,它既是加大书写偏转的深度,又在横方向上对笔毛的下笔开势进行轻微的梳理,以拓开笔锋内部势流上的动态平衡。显然,王对书写随机势能的利用明显大于近单线书写,是一种对棒平动原理的复杂化运用。

王的书写手势主要是在钟的活动基础上发展起来的,由于王刚刚

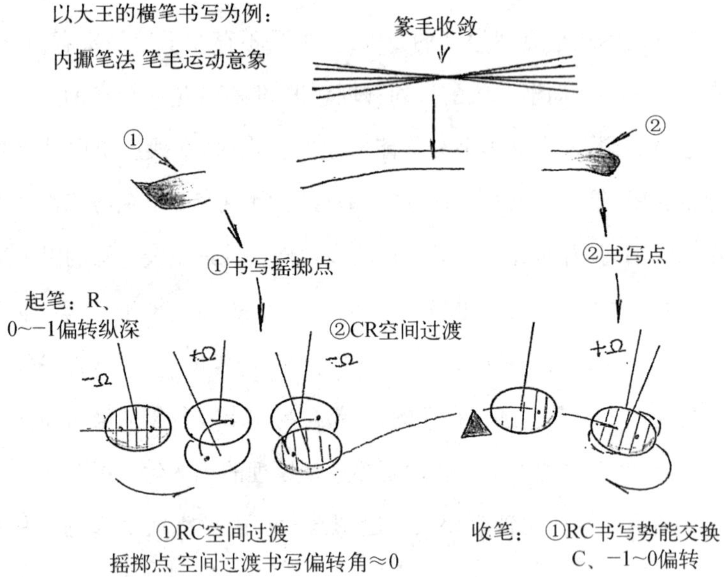

图 5-30 内擫笔法(横笔画)书写结构分解图

启动的展毫规模较小，它只是下笔之初的瞬间书写振子的摆动与书写方向并非严格一致性，但它并没有影响到后续书写行为。因此，王与钟书写行为基本一致。但王加深了自我书写振子式摆动的纵深，依靠书写偏转压迫的强度来控制毛笔势流的开张与收敛。这种控制意识就是人对毛笔弹性体压迫的感性利用和把握。空中摇掷是汉字书法中最早的下笔“展毫”意识。当时人对笔毛物性的运用还停留在其自身的弹性体来维持书写，于是，人们把笔致偏瘦小，“骨力胜书”的特征称为内擫笔法。这就是内擫笔法由来及其书写文化的全部内涵。

小王书写是外拓笔法。由于这一路书写传承中对内擫笔法的保持和巩固，导致了后人在下笔处，$-\Omega$ 的向心书写偏转在不断向毛笔可使用区域的极限纵深开拓。然而，垂直纵深偏转的幅度越大，它对笔毛内部张力、自我组织结构排列的破坏性就越大。为了防止笔毛在一个定点上、垂直纵深偏转过深而导致笔毛排列组织的破坏，外拓笔法在内擫笔法的基础上再加大了下笔摇掷力度，并在不断打开的纵深渐开线两侧，控制横向笔毛的排列有序，形成了一个专门的书写笔毛管理活动区，这就是术语“展毫”一词的由来。

汉字书写文化中的“展毫”一词是寄于这样一种思考。从毛笔笔锋部位的横截面看，密集排列着无数支细软的小笔尖。它们在外力的作用下，其内部笔毛的张力在相应变大。当人的书写还处在小球体书写操作阶段时，由于该球体的书写充实比高，人只需要控制笔毛单向性纵深，便能满足对笔毛动态变化的控制。因此，它微观上的书写随机势能最小。然而，当小王在毛笔弹性压迫层的最深部位进行下笔时，内擫笔法的摇掷纵深方法已不能简单地满足高度密集的笔毛排列不规则因素的干扰。为了确保笔锋在最深的“波谷”地带，以最快速度直接进入书写状态中，人们不断加大下笔的摇掷控制力度，对笔毛横向势流进行组织有序的梳理和调整，并使笔毛形成一个良好、均衡的开张态势，这就是书写展毫概念。

展毫是人对毛笔复线书写控制意识的强化，是书写随机势能最大化运用的表现。外拓并不是仅仅维持在利用毛笔弹性层上的开张与收拢水平，而是积极调动笔毛在行笔方向的两侧进行拓展、收拢。历史过程中内擫和外拓的名称由来，就是由下笔处移动中心②不同深度书写压迫的偏转方式所产生的，是书写纵深的笔毛阻力状态不同，决定了人的书写笔法的不同。从下笔展毫偏转的量变到质变，造成了后续书写势能在动力结构属性上的根本性差异。

因此，书写展毫的幅度特征就是书写笔法特征的区分，内擫、外拓笔法在书写行笔中展毫幅度状态和大小差异，是毛笔弹性压迫层阻力的动态系列变化上的书写随机势能的区分。它们既可以在书写随机势能大小，在内隐活动性质进行细分，又可以在视觉形态和书写意识特征上的进行区分。因此，外拓笔法是棒平动原理的特殊、复杂化运用，是第二书写杠杆在毛笔纵向渐开线的两侧，以横向偏侧性的半势振荡对笔毛进行有意识的管理和控制。

介绍：外拓笔法在实际书写活动中的具体应用例。《书谱》曰："一点成一字之规，一字乃终篇之准。""一点之内，殊衄挫于毫芒。况云积其点画，乃成其字。"这就是说，行笔就是"点"的运动方式，而"点"就是汉字方块结构上的定位系统，是支撑这一方块结构书写成形的根本，所有笔画都可以看成是点在不同区域上的书写位移变形。

1）点笔画书写行笔分解

如图 5－31 所示，P 为半势书写压迫，P_1 为前半势压迫，由浅入深。P_2为后半势压迫，由深浅出。① 起笔：桡侧 R 绕第一书写杠杆支点 o 作向心纵深转动，$(-\Omega_1 \cdot P_1)-1$ 偏转，产生书写移动中心②。② 展豪：尺侧 C 以书写移动中心②进行 RC 一次空间过渡，即第二书写杠杆的后续平衡，$C(+\Omega_1 \cdot P_1)0$ 向 -45 度偏转，产生横向书写渐开线——展毫。③ CR 二次空间过渡，逆时针展毫为 $C(+\Omega_2 \cdot P_1)0$ 偏转，即对笔毛进行逆时针梳理。④，桡侧直接上升为挑势，$R(-\Omega_3 \cdot P_2)-1$ 偏转，待笔锋被推进顶端与书写面临界之际，进行书写势能交换后，笔毛发生面、点转换。⑤ 尺侧以 $C(+\Omega_3 \cdot P)-1$ 偏转，笔毛由点、面转换的啄势进行收笔。

图 5-31 中，外拓笔法在书写启动纵向渐开线 $-\Omega \cdot P_1$ 形成之后，其后继展豪时的横向渐开线 $+\Omega$，它的书写偏转并不与书写运动方向呈严格一致性，而是在这一深度点上，有一定量的横向平移 0 偏转。

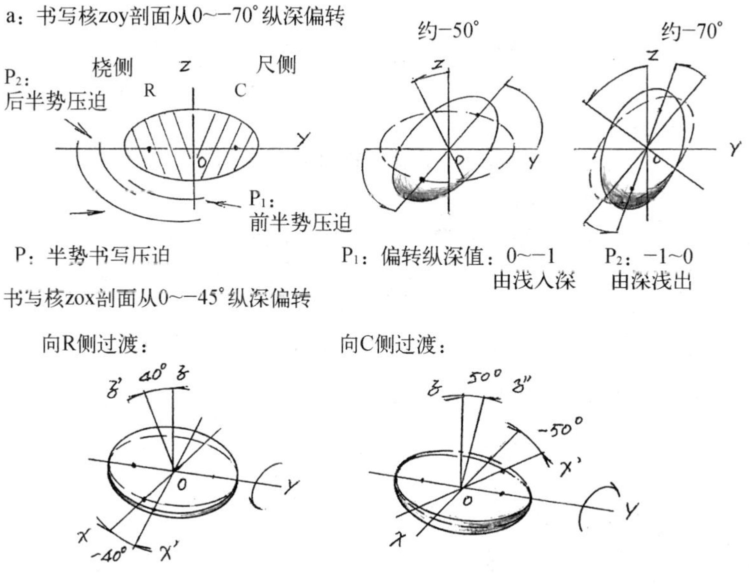

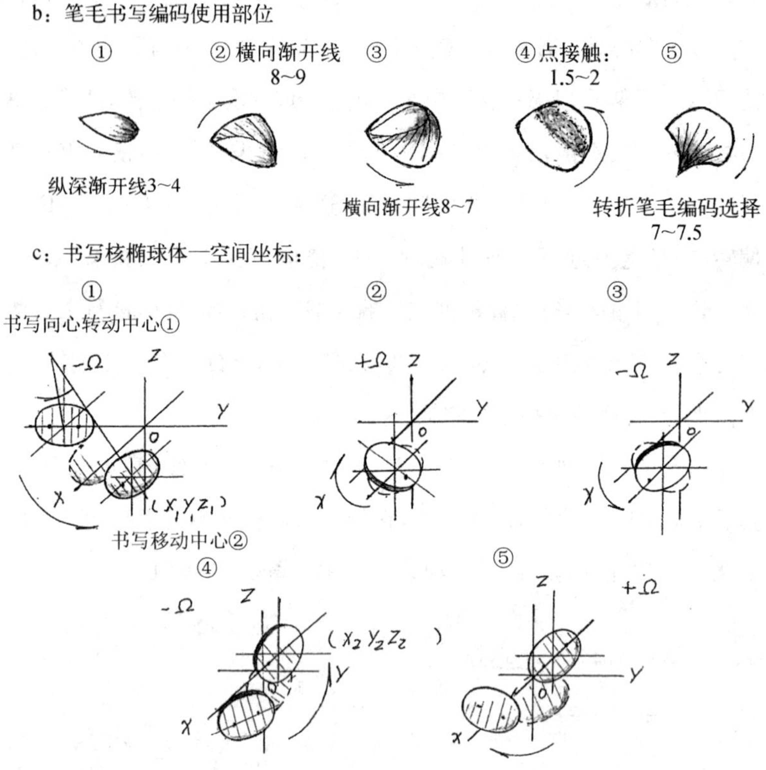

图 5－31　点笔画书写结构分解图

因此，外拓行笔中笔毛与内擫笔法小幅展毫的幅度是完全不一样的，是与书写行笔方向有△量的扭折偏离。它既有加深度垂直纵深倾向，又在笔毛势流的横向，拓展开书写渐开线，是一种复合性转摆活动，而新拓展的笔毫幅度就成了内擫、外拓笔法的区分特征，成为两种书写笔法在动态笔势上的结构性差异。外拓笔法开拓了毛笔弹性层深层次部位的书写启动方法。小王发展了内擫笔法，外拓笔法的笔毫打开幅度较大，笔致当然更显得宽厚、雄强。

在汉字书写史上，小小的点笔画书写有着社会人对笔毛动态因素控制意识的反映。存在着由小到大、从浅度单向性垂直纵深，向复合性垂直纵深的书写认知发展。点笔画内部高度的张力状态，造成了五字执笔法书写动力的高度统一。因此，点笔画的书写质量在汉字史上具有这样一种意义：从书写动力生物物理学观点看，从秦隶到魏晋，汉字书写执笔维度上的状态空间就是每一种字体的书写结构。而每一书写结构的集中代表就是点笔画上的书写质量。以点的均衡书写压迫为起点，在通过文字区域边界地带不同程度阻力的摩擦中，积极组织了各种点的延伸性笔画。点是覆盖整个汉字区域的书写定位系统，它使得汉字结构按首尾连接的方式，形成一种书写封闭回路，从而形成了历史上不同程度的书写动力系统一的格式塔。外拓笔法中展毫概念的产生，意味着人对笔毛动态变化的控制意识强化，是人对笔毛动态组织排列进行有序控制的意识反映。而外拓笔法中点的书写技法，则等价于整个书法物理世界的总体，是整个汉字书法过程的浓缩。只有在这一活动境界中，会有“笔锋才能顺利地放到适当的中间去，不至于扭起来”的书写感知。因此，对外拓笔法点笔画的书写生物物理力学的读解，是汉字书写理论向精密的、专业化书写知识过渡的开始。

2）横笔书写行笔分析

横笔是衄挫毫芒、云积点画的 种书写气韵意象。横笔行笔分为起笔、展毫、行笔、收笔四部分组成。

图 5－32 中，横笔书写起笔、展毫、逆向展毫与点笔画书写相同，所不同的是，它的后继联结挑势为 $R(-\Omega_2 \cdot P_{1.5})-1$ 偏转，形成横笔腰部。之后，它的收笔与内擫笔法的收势基本相同，但半势的交替势能明显增大。直笔画以此类推，而桡、尺侧两端书写压迫启动程序则

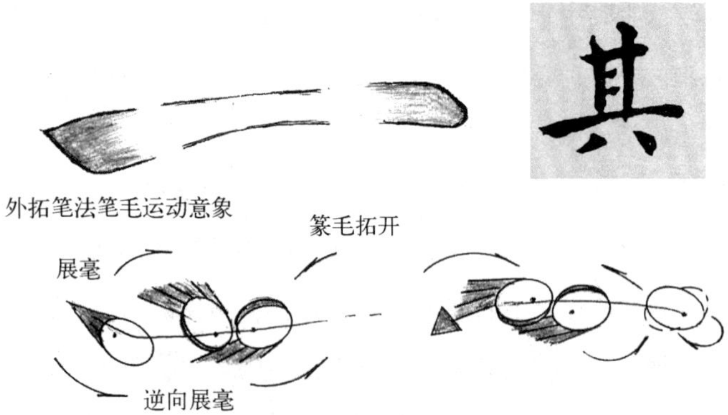

外拓笔法是以 0 与 -1 偏转交织在一起使用的，它倾向于对书写核椭球体生理两端的圆势运用。外拓笔法的空间摆幅比内擫笔法大，而书写空间过渡是书写势能交换的前提。

外拓笔法起笔、收笔，桡、尺在一个定点上可转摆多次，逐步深入、逐步浅出。这是和内擫笔法区别的又一特征。

图 5-32　横笔画书写结构分解图

相反，Ω 符号极性也相反。

这是一个典型的外拓笔法行笔特征，即行笔中笔毛形成一定量扭折偏离的交替压迫态势。在一笔横画中，它等于将一个完整的书写转动本征结构∞字形按若干的桡、尺两端交替压迫的半势振荡，分批、分段书写完成。这就是一种向书写运动中心层发展的典型特征。在汉字书写行笔中，半势书写振荡周期越变越小，形成若干个第二书写杠杆的动态平衡的过渡。显然，外拓笔法中展毫启动方式影响到笔画各局部上的书写动力从属。因此，在外拓笔法的书写轨迹中，总可以发现笔锋受桡、尺两端交替压迫的扭动印痕，有一种∞字形“麻花”状的生理势能交换的行笔意象遗留。因此，在相同的汉字结构上，有着不同的 -Ω 和 +Ω 书写偏转交替压迫的笔法使用方法。钟字的行笔气韵主要发生在起、收笔上，是挑、啄势能交换的气韵式书写。王字内擫笔法在下笔处的纵向渐开线上，出现了对笔毛横向势流进行微量的梳理和调整，而小王外拓笔法又进一步加大横向势能交换，外拓笔法在点、横、直、撇、捺、挑、啄等所有笔画的书写过程中，每时每刻都在发生气韵式势能交换的态势。因此，笔毛的横向张力状态就是一种笔法形态。与内擫笔法的毛笔势流自由开张与收敛不同，外拓笔法是人对毛笔动因素的积极控制，它对汉字的书写转折更有利。

这就是“经典”书法给我们一个有关汉字书法的简单定律，解释了书写笔法是如何依赖毛笔书写球体的质量和汉字的字径结构而产生的。从书写动力统一程度较低的近单线书写的钟字，到王字，再到小王字，整个汉字在书写偏转纵深内部高度张力的状态中，形成了书写动力最高统一形式——外拓笔法。而书写核椭球体的空间体位，第二书写杠杆的书写支点o′对书写气韵压迫大小的把握和控制，始终位于书法活动的核心位置。因此，书写气韵相当于汉字历史系统结构中的内部“工具”，它对于人的文字意图而言，倾向于为汉字书写寻找最高级的解决方法。外拓笔法具有汉字书写最高书写气韵，但是，该书写气韵在适应有目的书写行为中，对书写张力程度的控制是能够相对独立地变化应用的，这就是以后米芾书法的由来，一种内擫、外拓笔法交替使用的书写。这是汉字书写史上随机书写势能灵活应用的典范。因此，该书写移动中心②上的变化相当丰富。人有意识地利用书写核椭球体桡、尺两端有节奏地进行书写势能变换，在适应行书变速的随机张力无定向的情感释放中，书写随机势能与毛笔随机扰动相对应，形成了书写变化上的随机稳态。这种随机稳态既是一种蓄势待发，又随时可以进行阴、阳势能变换，这就是说，它从书写上的阴、阳两极，最终向书写上的无极发展。显然，书写随机势能越强，对汉字书写就越有益。而外拓笔法就是一种适应良好和协调完善的书写机能，这一最高统一形式所创造出书写境界，无疑是最精妙绝伦的。

到目前为止，我们已揭示出一个高度精密的汉字书写机制。尽管人类文字活动的行向容限书写空间环境基本相同，但是，在这一区域上，支撑一个文字结构书写功能起源的社会环境十分不同。从汉字的起源一直到深掌五字执笔法的历史性产生，执笔空间在度量支撑一个汉字结构稳定度的关系中，隐含着当时人对汉字活动的思考和想象：适应毛笔结构的物性、适应“三表六书”结构的表征、适应于手腕生理—物理结构特征。因此，汉民族总是以汉字书写区域内的总体书写结构稳定性为定向，即考虑到汉字文字活动的三条边界关系，导致了汉字充分释放了人的书写生理潜能，形成对书写生理内部转动分量的动态平衡、书写偏转角的深度与笔毛张力间的谐调统一。到小王时代，整个汉字向书写运动中心层发展的工作任务已基本完善。当时社会已开始接受有关汉字书法存在的事实。因此，将整个汉字书写起源所能追溯到的历史事实联系起来，就是追踪整个汉字书法意识形成的历史过程。

汉字走了一条与世界主流文字完全不同的文字发展之路，汉字笔画和外文线条是同一文字活动范围内的不同书写活动性质。因此，汉字结构的稳定需要书写文化的支撑。围绕汉字中心层中的书写气韵的探讨和揭示，是整个汉字书法理论中最隐蔽，也是最难、最抽象的描述。这一问题的解决对于整个汉字结构演化体系的出现，以及当前中国社会集体意识，并进入汉字书写中心层发展，是一个必要的知识铺垫。迄今为止，社会还没有一个有关汉字书法意识发展过程的恰当的历史对待。而恰恰是书写知识社会观点，才能对汉字历史现实书写的理解提供了正确的视角。而这种专门书写知识的普及和培养，必将成为今后中国社会文化战略，否则，整个中国社会将永远生活在书写边缘层而无法窥视到中华汉字文化的精华。

小结：本书理论结构特征。毛笔作为书写工具，该书写经验具有很大模糊性。特别是笔毛物性，用我们现有的语言往往很难描述出来。因为我们日常语言在描述一个物体时，总是指向它的那些可触、可见的事物。硬笔书写具有人类文字活动中一般普遍的活动规律。我们并不单纯地描述所观察到的硬笔球体活动规律，更重要的是，用它来定义汉字毛笔书写活动性质，用这种结构性质来对毛笔书写事实作一概念性定位。使用毛笔可变书写球体概念具有这样一种性质，它使得毛笔复杂的动态变化，被简化为一个具有基本动力特征的结构，这一动力特征与毛笔“笔锋”的实际物理外形并不同构。但是，在一个得笔者的书写操作意象中，这种动态结构往往是由可变球体的几何形状，或以其他次一级抽象物意象所替代，它就是人书写心目中的毛笔书写的真实活动实体。

汉民族在长期毛笔使用过程中，摸索出一套适应汉字图像结构的书写关系和活动规律，这一活动结构和规律组织起来的理论，与刚性球体书写状态呈严格的一致性：一个是毛笔物性（包括组织球体裁料的质量、大小等），一个是人对该物性材料的书写可操作认知，形成书写球状操作的本领，这两点就是构成汉字书法的原理和基础，是人对毛笔书写的结构化定义。这一书写结构的抽象降低了人对毛笔书写运动想象的复杂性，凸显出该结构的工作运动的规律图景。因此，书写操作球体概念使得历史上许多书法术语或隐语突然变得可感知、可触摸了。书法变成简洁明了的书写物理实体，它更符合人对毛笔书写原理的理解，古老的书法理论从此将变得清晰起来。

书写理论模型的局限性。书法不同于绘画，书法是一种既符合人类书写的共性特征，又有其自身活动规律的一种特定文化活动。书法的基础理论，其中技法部分的内容是一个生理、物理和心理的集合。而活跃在书写结构内的“力”的式样，它既不能靠情景审美理论解释，更不能用个体的情感表达来替代。因此，书法理论中的极大部分内容与当今科学理论一样，它同样需要抽象的科学理论模型来指导。通过人已有的书写经验，提供其基础性书写动力学，从而把当代人对书法的传统看法或习惯认知，引导到一个正确的轨道上来，即人类知识认知活动的共性特征上来。

我们通过书写球体理论来验证汉字书写问题，这并不是凭空想象，而是从人类实际书写来对汉字书法行为进行一种真实抽象。不论是毛笔书写球体还是书写手势的操作球体转动结构，这些抽象结构既符合人类文字活动的共性，又可以凭汉字史直接追溯到它的源头，并与这些书写事实相联系。因此，从汉到魏晋，人的书写心理紧紧围绕书写操作球体的心理意象而展开的。这一书写转动结构在当时乃至当今世界文化活动上尚不存在的。然而，这一结构所起到的书写作用，与今天所使用的硬笔书写球体结构相一致，这就是书写意识在汉字活动上所发挥的作用。因此，当时人通过书写心理生活空间所度量到的书写笔法，它并不一定是一种实物意象的球状结构，但是，作为科学理论的揭示，它必定需要用书写球状结构来解释这种书写心理物，而且这种心理物具备概念数学上的旋转的角度、深度和方向测量的意象判断，这才使得这一观点具有书写理论的解释意义。

根据汉字的历史空间结构上的变化，推导出当时所发生的书写操作球体结构特征，以及该球体的书写活动质量，这对判断当时社会人的书写认识，及其书法发展揭示具有十分重要的意义。它既符合人类书写的结构原理，又与古书法理论解释相一致，使我们在审视汉字结构的演化过程时，对于不同社会书写文化环境条件下对汉字书写或绘画的发生判断具有意义。从而将我们与生俱来的书写“力”的式样呼唤出来，使我们在书写时对笔画形态的把握更具判断的依据和自信，使我们对书写力的使用更加积极、有效，对他人的书写判断更具批判眼光，对历史上绘画性书写有一个彻底、明确的区分。

这是一项汉字图像结构演变的基础理论研究。科学使我们逼近了书法形成的真实，但是，理论上对书写力的认知，它并不真正存在于外部书写活动的具体对象中，而是来自人脑的神经系统，它仍然是一种真实的想象。一些重要的书写特征也只能近似地想象出来。虽然，我们的理论对于汉字的书写法则，对书写动作结构如平衡、秩序、规则等的运动状态的描述具有定量意义。但是，理论对书写动态的再现能力是有限的。书写上最本质的东西只能存在于书写知觉或心理意象之中，历史上任何一种有名的法帖，如《兰亭》《蜀素》等帖，它们所表现出书写现象的丰富性，都远远超过我们理论陈述的刻板性和教条性。因此，理论对实践的指导意义，还必须在实际书写中发挥出来。从而使我们在毛笔书写中触摸到两种球体的匹配感知，并同眼前的知觉到的书写情景联系起来。

本书的部分目的，就是使我们在毛笔书写中唤起和产生对这种知觉意象的认知，使古人的书法成为支配我们现今的汉字活动的行为准则，使历史曾经出现过、被遗忘的丰富的古书法现象，在我们现实生活中得以真正重现，使这一理论成为汉字书写文化的继承和发展并具有价值。如果书写感觉中不经历这样一种转变，任何人都不能说从该理论中获得什么收益，或者说得到了什么古人书写笔法之精华。

就本书目前的认知理论水平而言，我们还远远没有达到如意地、毫不含糊地陈述有关汉字书法成因的全部相关理论，也没有使书法文化意义的分析达到最终的精确性。因此，本书对五字执笔法只给出了一个富有时代特色的阶段性答案。它作为一种书法理论模式的新的起点，该起点极具实证性。它有规律的可操作书写现象以求对古书法理论可解释性。随着这种跨文化差异书法研究的加入，必将在传统和现代之间毫无瓜葛地发生紧密的联系，并最终在解释世界主流文字、汉字书法文化和改善当代汉字书写现状，这三者间成为必要的理论手段和论证方法。

有关魏晋书法对汉字结构的定型问题。毛笔、纸张与汉字改变了汉民族的书写思维方式，导致了先民对汉字结构的期望和书法活动的想象。在中国社会特定历史环境的长期启动中，竖掌书写呈一种渐进稳定态势发展，形成一个对笔毛扰动出现之际，就能得以控制的书写适应机制——深掌五字执笔法。该书写适应机制对汉字书写现实性程度上，几乎囊括了各历史阶段所有书写心理—物理过程的动力因素。因此，秦隶、钟楷、王字这三种文字结构间的关系就是三种书写等级关系，是书写核椭球体位的动力式样与毛笔物性，以及汉字结构之间，在书写生物物理学上的确定关系。因此，迄今为止，除了现今使用的汉字之外，历史上所有汉字结构，都是书写活动择优选择的淘汰结果。

魏晋文字结构具有汉字书写标准编码特征（毛笔可变书写球体编

码和书写操作球体程序编码)。魏晋书法是人有意识地提取书写活动结构的最终产物,是发生在人视觉操作书学行为①②之后的书学行为③。书学行为③是汉字书写意识活动的终极产品。因此,这是一条汉字书写文明的“进化链”。在这一书写发展链中,书学行为③活动系统对笔毛物性、书写生理、汉字结构的每一指标都发挥到了极致。而在前文化期的汉字结构中都不能做到这一点。因此,对于汉字结构而言,深掌五字执笔法是一种高度组织的立体化书写网络机制。书法把每一可变的活动概率都控制在一个确定性系统中。因此,深掌五字执笔法活动系统具有汉字书写意识发生的系统性功能。

在这一书写意识发生的系统中,人一旦达到书写意识阈限值,最终清醒地意识到自己书写行为所遵循的原理时,才能在书写气韵固有的思维逻辑、自身特有的感性形态和审美标准上,寻求书写转动本征结构轨迹上的旋转变化上的无穷变式,组织多样性的笔法变化。在这一书写理性把握中,人的书写行为便不由自主地停留在楷、行书层面内活动。行书就是书写系统上的情景流畅,是人享受书写智慧运用和技法淋漓尽致发挥的场所,它诱使书写主体对这一活动形式作出最愉悦的心理反应。因此,汉字书法是一种高度的书写智囊系统和理性系统。一方面,人在书写中心层活动时,人们不仅能够利用巧智,而且能够上升到理性活动中去,在理解了为什么这样书写时,人才真正感知到把自己的心智能力全部发挥出来的感觉。另一方面,当它逐步脱离中心层,滑入草书行为时,人具有汉字书写活动极限的自动调节和控制意识。因为对于一位精通笔法者而言,过度草化就是书写退化,更是忍痛割爱,有一种不能忍受的感觉。在行、草的书写一念间,人的内心有一个汉字基本结构的活动阈限值存在。

因此，书法的命名之源，就是我们汉字的书写之源，它起到了稳固汉字结构的作用。历史书写行为统计表明，书写边界递减的审美效应对法家而言，并不起太大的作用，因为习得和把握书法原理具有强烈的排他性。法家对汉字的书写兴奋是有限度的。历史上的法家，从不停留在某一石碑或单一性草化线条中恣意超越，他们对于视觉书写操作活动因素具有极强的识别能力和抗干扰意识。因此，在书学行为③活动系统中，人会感受到这一书写活动非凡的优越性。魏晋书法对环境不稳定性扰动因素、对汉字结构的复杂性处理，具有很强的抗干扰性和超凡适应能力，是一种相当稳定的，不易变更的成熟性汉字书写机制。当书法原理真正成为我们书写行为意识的一部分时，汉字书写便产生了“用尽气力不离故处”的感觉。

到目前为止，我们已追溯到汉字书写总体概念向特殊概念发展的历史过程。这两种书写概念在中国社会就其同时性和历史性的顺序而言，都遵循了社会环境编码对书写活动的启动这一规律。这种规律表面上并不是显而易见的，但的确存在着理解上的明确区分。因此，汉字结构背景上的书写活动就是一种文化集合。然而，汉字结构的变化以及书写概念上的内涵多重性，反映在汉字结构细微结构差别中，存在着相互对立的书写极端化方式。而依赖书写总体概念来构建汉字书写绝对化价值将变得越来越困难。汉字不得不处在边缘层书学行为①②上自由发展，主宰汉字书写知识发生式的历史访问便开始无休止的竞争。这就是长期隐藏在汉字发展史的不同历史阶段中，各种书体反复演绎、相互竞争的内在活动规律。因此，书学行为①②③是汉字书写等级序列。这一序列既反映了历史与整个当前中国社会汉字书写的全部，又要求我们当前的书写必须约束在过去的历史行为之中。一旦魏晋汉字书写等级特征发生模糊或消失，整个社会文化思想体系上的任何细微变化都会反映到汉字结构上来，汉字结构的变化就成了社会政治、文化变迁的敏感参数。

第二节　魏晋时期对汉字文化产生重大影响的两位书家

钟繇（151—230），字元常，颍川长社人。汉时官至尚书仆射，封东武亭侯。魏明帝时官进太傅，封定陵侯，故世称“钟太傅”。三国时期著名的书法家。

钟繇是从秦隶八分向魏晋楷书过渡的一位关键性人物。钟处在简、纸交替、过渡的社会环境中生活。一方面，秦隶文字的出现，社会已形成了该文字的活动秩序和活动纪律。另一方面，新的社会书写环境又有可能产生新的文字活动方式。于是，在当时社会大背景下，汉字潜藏着两种不同书写结构的文字定位可能：一种以社会既成文字的活动惰性和惯性，与世界主流文字发展方式相同构，遵从手腕生理自发性书写螺线压迫特征，以书学行为①②方式对汉字进行结构定位。一种在新的社会环境下，以专门性书学行为③的方式对汉字进行结构性定位。

在人类文字活动中，人有很强的文字活动惯性和书写无意识习性，很难作出任何重大的改变。如韩国、日本，尽管引进汉字，并使用汉字长达千年之久，但是，要了解汉字结构的由来，该文字上的书写文化真谛，却是一个天大难关。在这两个国度中，从来都没有发生过汉字“法书”文化现象，这是第一点。其次，尽管当时隶书结构的书写性态并不成熟，但是，一旦该文字活动秩序出现，社会文字活动惰性和惯性足以使人停留书学行为①②水平上，维持文字活动的基本秩序。然而，汉字发展并没有就此结束，当社会历史发展到一个关键时刻，人们进入一个新的书写文化环境，毛笔书写变得越发困难时，汉字结构出现了新的书写分化，这就是历史上的钟繇书法现象。

处在历史分岔路口中的钟繇，他一生兼善诸体。然而，在当时社会环境中，在没有楷书参照系的情况下，并没有影响他对汉字书写文化的追求，这就是钟的书学态度。钟在社会群发性书写活动中提取了一种书写气韵性书写行为，形成了楷书。而楷书就是以汉字结构、书写工具物性和书写生理相互严格统一的、一种专门性书写方式对汉字结构进行定位。这是汉民族对汉字书写文化的特殊心理需求。因此，汉字书法是一种文化想象。当社会人处在一个更严格、苛刻条件下进行文字活动时，人对原书写文化依赖性变得脆弱时，纸张就成了部分人的书写头脑环境，"吾精思学书三十年，读他法未尽，后学其用笔"。最终，导致汉字书写出现了新的社会环境适应性，一种有意识的书写活动——"书法"的产生。

钟就是一位历史性关键人物。由于他的汉字书写文化的贡献，历代社会对这一文化现象进行总结时，总是以当时人对书法的"思考"为论据，把钟的书学就定格在"思考"一词的层面上，至于钟的思考内容究竟是什么，人们至今不得而知。今天，在初步揭示了钟的书写技法结构之后，再分析钟繇所说的思考一语的陈述内容时，就有了直接的针对性，钟的思考隐含着三种综合性社会书写因素的思考：社会书写环境的变迁，外界书写信息的剧变，对离散性、气韵性书写信息的提取处理。

钟繇处在一个社会书写信息变异的时代，在社会群体向纸张书写环境迁移过程中，社会每一文化个体的书写行为都在悄然发生变化，从社会平民、商人、政治家到知识分子，都是由自我社会地位和立场的需求，对日常书写提出任务，并作出决定，从而激起和倾向于个性化书写。在一个各种“他法”并存的汉社会环境中，并不只存在钟繇一家的思考，当然还包括大量草书现象的思考。因此，他的书写思考的面很广。但是，在一个秦隶式样的母体结构中，只要我们认识到当时汉字一般普遍的社会认知特性时，就可以发现钟书写取的思考已深入汉字活动的本质了。

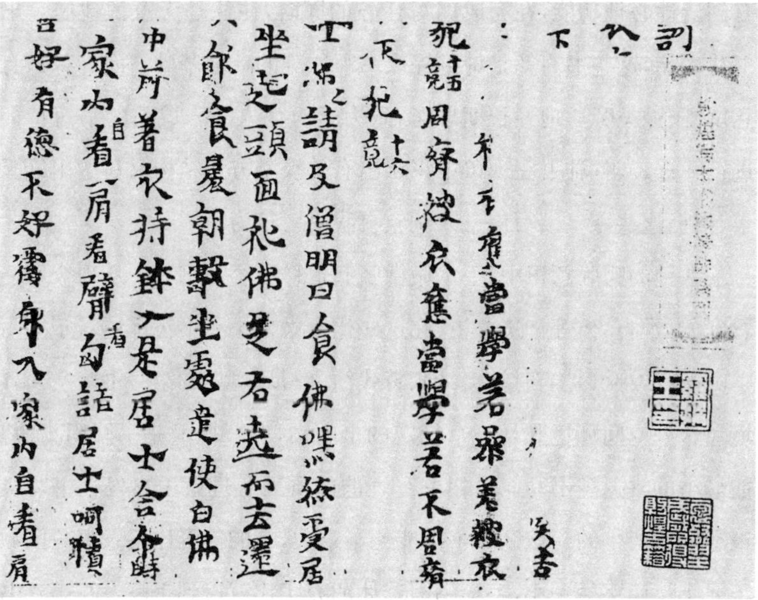

敦煌写本书法精选系列（十六）。这一书写年代可能极早，……因此未脱隶意，上承篆隶之势，下启行楷之意。

图 5 - 33

敦煌写本书法精选系列(十六)字形具有当时社会书写现状一定的参考性。要想把社会“他法”所遵循的书写原理清晰地抽取出来,就必须具有一种特殊的能力,能够认识出与之相关的、适用于当前汉字活动的书写因素,并把这些因素从总体书写行为中分离出来。因此,要发现毛笔书写的活动规律,即楷书书写,它既可以从书写原理的推理中获得,也可以从次一级的书写字迹表象的暗示、感知和领悟中得出,更可以从书写行为的零星笔痕信息求证、推理中发现。在没有专门楷书参照系的情况下,“读他法未终尽”是指解读社会零星笔痕,从日常实际操作书写现象中发现汉字的书写用笔之法,这一工作任务就更艰巨。社会上实际书写操作能力并不等同于书写实用主义,他们也有创造性心理功能,在完成书写任务的同时,往往是无意识地展示出书写才能,这些书写就是钟繇提取书写原理的社会基础。而钟繇是有意留心、触类旁通地经长期思考,致力于对他人尚未成熟的书写特征进行筛选,从各种书写现象中识认出有关汉字方块结构书写的用笔因素,根据这些零星书写信息来调整自我书写行为。

在钟的朦胧意识中,手掌微微竖起这样更容易书写。从现今所能看到《荐季直表》等字迹分析,在这些比秦隶再小些书写字迹对于书写学习而言,小楷是当时社会纸张替代简书写环境后的第一书写空间环境。这一空间环境既是一个稳定的书写活动区域,又是书写阻力、势能最小的常返类书写。最初书写气韵的凝聚心理就由自发性书写决策空间所产生的。该区域不可能比秦隶大,有的甚至比秦隶书写区域还要小。而字径一小,毛笔书写球体的充实比就得到提高。在第二书写杠杆动态平衡的缓慢形成过程中,毛笔书写转折质量在大幅提高。在一个不稳定因素极多的纸张书写环境中,以秦隶撇、捺书写气韵组与自我决策书写空间相结合，使得钟的书写触觉比常人更敏锐，更集中专注与自我书写行为的变化，更容易产生触类旁通的思想领悟。在执笔手掌上抬的高维度视野中，钟更倾向于对社会各种离散偶发性、气韵性书写现象的笔画整合起来，梳理并整压到一个正体汉字结构之中。因此，提取社会上离散信息作为书写原理所需要的推理能力，当然要比书写实践能力更加高级。因此，这种高级的理性行为和能力，是需要有“读他法未终尽”的社会基础。

对于当时社会书写发展的情势而言，汉字结构极容易被组织成由书学行为①②产生的各种汉字结构之中。因为这两种书写不论是汉隶，还是汉草，书写执笔位置也有上提趋向，所不同的是，钟繇的书写执笔位置上提时，他的书写核体位却是下沉的。这是两种根本不同质的书写发展。因为，钟在弄清楚这些用笔因素所起的作用，以及与当前书写活动中所产生的变化效果，在弄清纸张物性和书写原理间的匹配关系中，他的书写手掌是慢慢竖立起来的，这才是钟书写出体、创造性思维所经历的完整书写选择步骤。怎样从钟楷的书写变化中，看出他与秦隶书写间的文化传承关系，即他对书写笔画知觉形状的独立思考，如果光从两种文字图像结构的视觉特征变化去解释是附会牵强的。必须从书写手掌竖立变化，从平掌向竖掌执笔变化，从一个书写操作行为的三维空间结构上去观察，才有可能透视到撇、捺气韵基因组在形成书写操作球体的过程。因此，把“蚕头燕尾”的波挑变成横笔画，是由新发展的书写中枢抑制了原始书写活动程序的结果，是一种均衡压迫书写力的反相使用，引起了新的书写生理反应。

钟的点笔画书写进行得如此天衣无缝而难以破解，是因为这一内隐性行为的书写动力属性并没有改变，但却从根本上改变了汉字结构上的书写转折质量，这就是书写生理中的能量守恒。然而，钟楷在准书写操作球状空间内的书写核椭球体振荡还只是初步形成，它等于把前文化期中的虚点转折，转换为实点转折，撇、捺气韵在书写空间的 z 轴方向上发生了一种看不见的书写顺、逆势能交错叠加。这一奇妙意象还可以这样粗略地理解，原来只有在尺侧书写活动中才能产生的“蚕头”结构，现在由于竖掌的书写状态空间变大，这一书写转折可以转移到桡侧的实点书写活动上来了，而且是在 -1 偏转状态下进行。这一书写模式，将秦隶区域右侧横向地带上书写转折活动的空缺给弥补了。因此，钟楷中桡、尺书写转摆的动态平衡，从根本上改变了秦隶中心地带上的书写空域。钟既缝合了秦隶结构上的书写“裂唇”，又从整体上提高了汉字的书写活动质量。

钟对汉字结构，及笔画形状的知觉特征是来自一个更大范围经验领域的思考，而这一更大范围经验领域，却是在汉字三条文字活动边界严格限定下，在这种更为严格的汉字书写活动规则的整体判断中，导致了第二书写杠杆动态平衡的产生。因此，在钟繇的书学思考中，隐藏着书写生理第二书写杠杆与纸张环境随机扰动不稳定因素的处理过程。钟繇把向两侧开张的秦隶八分，改变成向中心收敛的汉楷结构，并不是一开始就是一个完备的书写活动方案，也不一定就是汉字书写上的高瞻远瞩。而是有一定量技法理性的支撑，即第二书写杠杆达成初步平衡后，再逐步引申到，对第二书写杠杆动态平衡的书写立体转动全面应用。因此，在钟的脑海中，一定经历了书写分岔角的两条边线，桡、尺两端二次叠加全势振荡的相互合拢的心理意象。钟的自我书写历程表明，在《荐季直表》出现之后，他还在积极调整自己的书写行为，并预期其书写转动本征结构的合拢偏转式样变得更圆。

刚刚形成的第二书写杠杆动态平衡的书写情趣是极其高涨的。而长期书写气韵刺激则导致人脑海中一个清晰的运动意象浮现。该意象就是将秦隶撇、捺书写气韵组基因、手腕肌群收缩和放松的感觉特征融入每一笔画中去，使书写动作节奏在整体上达到均衡。那么，在一个书写原点进行转折时，你要想右折，就必须先左转，你要想左折，就必须先右转，这种左、右牵制的书写运动意象本身就是第二书写杠杆在垂直纵深偏转状态下，左右两侧的动态平衡。因此，从秦隶向汉楷进化的书写摸索过程中，他并没有破坏最初的书写动力体系，相反，强化了汉字书写气韵，并不断向书写中心层发展。显然，这是一项长期的、渐进性的书写认知工作。

在这一系列书写随机扰动不稳定因素的处理过程中，考验着钟在运用新的书写方式——第二书写杠杆平衡力传递时，对毛笔物性球体处理上的智慧判断，考验着人书写意志的耐心和平静心。因此，在更为严格的书写条件概率中，书写笔法发生的频度和密度，导致了钟的书写思考与当时社会既定书写文化发生了一定量的偏离，处于向书写中心层渐进的稳态过渡之中。如果没有这种渐进的稳态过渡，我们就不可能看到从《荐季直表》向《宣示表》的书写发展变化。在经历了前、后文化期的不同阶段、不同质的汉字结构典型变化之后，一个更为完整的汉字结构，与我们当今使用的汉字基本一致的轮廓特征就此诞生了。

因此，《荐季直表》是当时社会人的书写运动知觉向中心区域发展的初始值，是书写手势竖立起来的标志。竖掌过程中潜在地存在着人对当时既存汉字式样结构性调整，这些书写适应性深层次行为的调整本身并不要求任何明确的意识，相反，纸张环境的特定书写刺激，导致

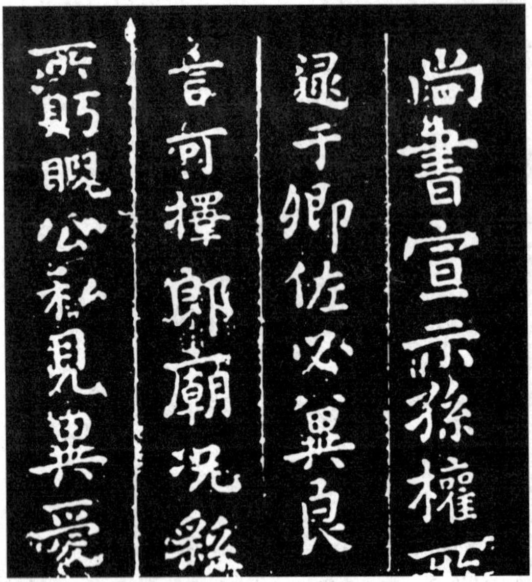

图 5－34 《宣示表》局部图

了对前、后两种，书写转动成分“质”的区分提供了比较条件。因此，在当时社会环境中，对于汉字方块结构的实施，存在着书写心理学上的现实性和认识论上的现实性的程度差别，而钟楷就是一定认识论意义上的书写现实性。执笔位置变化是当时消除书写不稳定因素的最佳尝试，整个钟楷可以看成是汉字书写气韵向点笔画凝聚。一方面，钟对秦隶 0 偏转卵型螺线势能进行有意识的垂直切换，统一了 －1 偏转反相联结的汉字书写动能。另一方面，在汉字书写发展中，实施方块结构书写现实性上，钟出现了不同“质”的书写认知深化。因此，竖掌执笔的系列书写反应并不是相互独立思考的结果，而是由书写压迫深层次原因所引起的书写组织关系的变化。它相当于对秦隶自然、原始的书写组织模式进行重新组织和安排。因此，汉代汉字结构变化不会独立于书写意识的变化，而书写意识的产生也不会独立于汉字结构、书写生理、毛笔物理这三个参数的综合性思考。汉代人的书写意识的发生、发展和形成，就是这三个参数的相互关联和相互交织，才使得当时部分知识分子的书写思想有了异乎寻常的洞察力，只有在这种综合性判断中，才使得钟楷发生如此重大的结构性改变，书写精度出现了一个“质”的飞跃。

在个体汉字结构与社会既定汉字结构出现书写分化的过程中，社会上秦隶初始书写气韵的知觉始终是存在的。然而，以此为基础，人与书写气韵的联系却并非完全固定，它取决于人文字活动中的态度和倾向，取决于人在这一书写环境中的边界动力属性，即对气韵性书写节奏的强化意识。因此，竖掌过程中由第二书写杠杆所出现的动态平衡、该书写气韵刺激导致了社会有限人群书写运动——知觉心理反应发生改变，从书写边缘区域向中心区域发生了历史性迁移。同时，这一内隐性书写结构的变化，又解释了为什么边缘区域上的草化行为通常发生得较快。因为向汉字书写中心层发展时，该环境边界地带都明显强于边缘层的环境边界，在通常情况下，人的书写心理并不容易得到中心层区域，历史上也只是少数人才真正进入这一书写活动领域。而广义草化行为在尚未形成第二书写杠杆的动态平衡的情况下，社会普遍出现了向书写速度杠杆发展的倾向。因此，专门性广义草化行为是不会产生书写执笔改进的而具有群众性优势心理反应，这就是汉字书写文化发展的特殊。而汉楷在向中心层区域迁移时，之所以能得以成功，是因为竖掌执笔中第二书写杠杆的动态平衡优势心理反应的存在，使人能够按照上述三个参数，推算和预想一个理想的标准汉字结构的实际存在。因此，当时中国社会向汉字书写中心层发展，既是钟繇个体书法心理起源，又是整个社会的书法心理的开始。

钟楷高度书写现实性是当时社会千百万相类似书写事件的规范和浓缩，是人长期竖掌书写实践与思考，转换为一种新的书写观念，这一书写观念的清晰度导致了对秦隶波挑性笔画的彻底性吸收。由于钟繇的书写引领，从此，汉字出现了一种新的书写演变方向，开启了一种新的书写振荡势能。在波挑结构消失的历史过程中，钟的书写出体既带有其必然性，又带有一定的随机成分。因此，钟的一生处在这样一种书写活动状态。他代表了当时社会最高书法水平，已与同时代人的书写拉开了距离，进入近代硬笔相同构的书写水准。这就是钟一生在"学其用笔"的基础上所创造的新体，给整个汉字带来新的书写规范。社会汉字实践也表明，由一个竖掌书写组织起来的汉字结构成了以后整个汉字文化发展的唯一出路。

因此，钟的思考隐伏着汉字书法的形成过程，即汉字结构的决定与特殊的书法现象是怎样相互联系的。他的书写出体既存在着有意识思考，也存在着无意识的意志行为。但他书写转动结构渐进性变换，与毛笔物性的书写功能的客观事实相符。钟繇对笔法的探索和发现与当今科学上的任何重大发现是一样的，都是对当时日常情势中所隐藏的某些运动奥妙之处的捕捉。对于这些捕捉到的运动状态，经过一番重新组合之后，被后人证明"它"代表着毛笔书写的运动真相。因此，钟不再仅仅是视觉所观看到的那一社会部分，而是来自一个书写运动知觉对象相一致的、在一个更大范围经验领域的思考。只有在这一书写活动层面上，人的思维和想象才会更活跃，在最大限度上发挥自己的心智和才能，从而进入废寝忘食的状态之中。当沈尹默先生在两千年后，在一个混沌的社会汉字书写活动的现实中，花费毕生心血，重新发现了汉字的书写笔法，他是伟大的。但钟繇在没有笔法先例的情况下，对社会离散书写信息处理、开创笔法，其难度是可想而知。钟繇花费大量的时间和精力，是殚思竭虑、一生心血。因此，对于钟繇的思想究竟是什么，这一问题的回答和解释，在大多数情况下，人们总是在个体的生活环境中，而不是在社会集体的书写环境中寻找原因。只有学会了书写知识的社会学观念，才能使我们从当时社会书写认知结构背景中，看到个体的观察因素和行为因素。从而在书法思想起源的意志、情感上的意识形态特征上，更接近和把握一个历史上真实的钟繇。

这是一个生动而宏大的社会历史场景，在这一大范围背景的驱使下，引起了这位先驱对汉字书写的毕生追求和终身思考。这位历史伟人对当前社会特定书写情势中，对书写力的式样进行重大的改变和重构，为当时社会汉字书写问题提供了一种有效的解决方法。因此，在纸张书写环境中，钟率先找到了越过汉字活动边界障碍的新的书写活动方式，他初步有效地控制了汉字结构的稳定性，形成了一个书法活动的雏形。钟楷书写实践的重要性在于，他向当时社会证明了，在以往的汉字活动中，还有一种更高级的书写活动存在，这就是书法。由于钟的书写引领，导致了社会人群的书写文化从众心理的产生。在一个社会性竖掌书写运动悄然兴起之初，当时人对书法机密的探访，就是如何探得这一神秘的执笔式样。因为在书写空间环境不变的社会大背景下，对书法现象的再认，该执笔的手感触觉是最重要的。人并不要求作出任何明确的意识判断，也不需要对其作出文字记录和清晰的书写原理解释。该书写机制的优点在于，它在人大脑中建立起一种新的运动意象，它大大加快了汉字的书法发展步伐。这就是社会群体汉字活动的意识倾向，是中国汉字文化从一般书写上升到书法活动的高度，是特定书写概念与总体书写概念发生区分的历史性起点。因此，钟的书写具有历史性决定意义，是社会的存在决定意识，最终使人们获得了一个适合汉字活动的书法认识，并伴随着相应的汉字专门书写知识理论的出现。

钟繇是书法未完成者。在“虚点”向“实点”的书写运动转移中，他对毛笔书写弹性压迫层的利用是相当有限的，还没有完成与毛笔书写压迫弹性层 r_3 全局性匹配。因此，从汉字书写的必然王国向自由王国发展途中，该书写状态空间的可操作维度，对桡、尺端陀螺仪式直立转动的有效空间还留得不够充分，有一定量的书写生物物理潜力尚未被挖掘利用。钟为后继书学者的书写意识发展留有一定量的发展空间。因此，钟繇是一位“读他法未终尽”的书写人生。钟小楷上的这些支配性书写成分对后人书写意识发展成长具有意义，整个汉字书法，就是在小球体书写操作活动基础上一步步发展起来的。钟楷为汉字书法形成起着奠基性作用，他所开创的书写方法成为当时社会一个新的书写文化转折点，成为汉字书写史上一个划时代的坐标。

钟楷的书写结构在我们的理论分析中被一一印证了，我们所发现的毛笔书写球体操作原理，在钟的书写中肯定发生了。对于这种高度复杂书写球体操作原理的抽象，当时社会的思想认知结构，是不可能达到与今天社会人相当的抽象水平，把这一书学思想的实质全部反映出来。因此，在“读他法未终尽”的另一个侧面，反映了钟在书写理论总结上的无奈。在书写进化的自我运算中，钟的书写理论总结受到来自社会历史知识结构两方面制约：(1) 受社会环境启动的无意识制约，导致了书法形成过程中，前、后两种书写文化内涵联系关系的陈述上出现认知障碍。(2) 受社会文化知识结构水准制约，导致了对内隐性书写技法理论总结在其书写结构上的认知障碍。因此，钟只有“思考”一语，没有任何具体的针对性。于是，后人的书写理论采用了两种方法进行补救：a. 书法可意会而不可言传。b. 依靠心理意象的帮助，产生了一个最低限度的理论总结“韵”。韵就是汉字书写技法初步实现的原始性理论总结，但韵本身并不能包括书法形成的全部。在韵的书写文化背景上，有一个错综复杂书学社会过程和一个高度复杂的书写力学结构的存在。而当时社会认知结构，钟只能无奈地使用“思考”一词进行笼统概括和模糊化总结。因此，在晋人重韵的笼统概括中，存在着书法起源的理论空缺。

对钟繇自传体书写史的总结也就是对书法起源的理论总结，我们在感受到《宣示表》汉字结构的进步性同时，也应该看到这一背景上书写结构的不透明性给汉字发展所带来的负面因素。从当今的视野回顾汉字的发展，可以总结为以下三点：

1. 历史没有告诉我们，在五字执笔法之前，汉字存在着书写手势逐步缓慢地竖立了起来的发展过程。在汉字结构演变背后，有一个从未被人觉察的书写结构等级区分，它一直隐藏在汉字发展的社会过程中，当前人所有书写意识过程和具体的书写行为细节线索都被历史遗忘时，它留下的只是每一阶段汉字结构的演变式样，一个模糊而笼统的执笔式样。人们既看到了秦、汉之间汉字结构的差异，又始终解不开这一文字结构质变的过程和原因。因此，秦、汉之间汉字结构演变的原因，便成了一个千古之谜，长期隐藏在汉字发展史之中。

2. 揭示汉楷书写文化工作的长期性、复杂性和艰巨性。秦、汉之间有一个汉字书写等级存在，即第一书写杠杆和第二书写杠杆、总体书写概念和特定书写概念的区分的存在。因此，程序性书写知识并不会伴随钟的理性思考而向社会最广大阶层渗透。历代社会人得到五字执笔法书写行为编目容易，而要解开其书写奥秘却相当难。在汉字书法起源理论长期空缺的情况下，第二书写杠杆本质上是一种陌生的书写行为。当社会不能为汉字提供一套有效解决的书写方案时，这一书写行为，就会转换为各种个人主义书写世界观而存在。因此，当今的汉字书写执笔只是作为汉字活动形式和习惯而流传至今。

3. 钟的竖掌书写行为是在社会书学行为①②基础上发展起来的一种高级书写形态，当书法起源理论发生空缺时，它等于将钟自身分化成社会历史上一个相对独立区域。唐张怀瓘在《书断》一文中对钟繇书法赞美道："元常真书绝世，刚柔备焉。点画之间，多有异趣，可谓幽深无际，古雅有余，秦汉以来，一人而已。"钟与众不同的书写，给人以完全不同的运动—知觉意象。古今社会一致认为，钟繇是从秦隶母体中脱胎而来的一位开宗立派者，具有当之无愧的汉楷元祖之称。然而，钟所开创的楷书书写先风，却与社会性大众书写运动无关。到了唐代，社会再次回复到书学行为①②的活动水平上来。到了近代，社会再次发生分裂，退化为纯绘画性书写和本能性书写两种活动体系。因此，从汉字发展的宏观层面上看，钟所创建的汉字书法只是一种文化偶像，它已与社会整体书写文化发展相脱节。

王羲之(321—379，一作 303—361)，字逸少，原籍琅琊临沂(今属山东)，居会稽阴(今浙江绍兴)。官至右军将军、会稽内史，人称"王右军"。东晋书法家。早年从卫夫人学书，后多见前代名家法书，遂改变初学，博采众长，精研体势。草书师法张芝，正书得力钟繇，增损古法，一变汉、魏朴质书风，创造妍美流便的今体。评者以为其草书浓纤折中，正书体巧形密，行书遒媚劲健，千变万化，纯出自然。由于他书法的卓越成就，其书迹为历代所宝，影响极大，有“书圣”之称。[①]

钟繇的书写出体好比刚刚出生的婴儿，其书写发育尚不健全。因此，钟属非终止型书写模式，它还面临着一个书写发育成熟的过程。然而，这一需要发育成熟的文化知识属运动程序性知识范畴。它与中国其他运动程序性文化知识传播一样，面临着诸多问题需要解决：(1) 钟的书写运动程序知识是私有的。它与社会既定书写文化间并不存在必然的传承关系。(2) 钟繇书写知识是一种书写经验感性模式，他所开创的书写技法，并不能够清晰地转换成书写科学理论知识。(3) 书写执笔编目只是一种执笔形式，它通常只是一种事先已知的结构形式而已，社会人想通过书写执笔编目行为来直接转换为书写知识是不成功的。要使一个已知的书写行为编目转换为书写知识，还需要后人在复杂社会环境的有限理性反应中积极把握。而先生的点化便成为后人鉴别、再认该执笔行为真实的书写功能，判断和理解该行为编目职司意义的重要依据。因此，钟所把握书写经验感性模式，只能在社会相邻人群中传播。在钟以后整个社会后续书写运动中，要使后人竖掌执笔手势中第二书写杠杆动态平衡行为再次振荡起来，并控制后者的书写精度是不尽相同的。于是，魏晋时期社会书写文化环境特征产生了。在这一时期中，社会既给有限人带来了创生书写发展的机遇，又给极大部分人带来了书写发展的障碍。好在钟繇、卫夫人到王羲之间，社会局部环境因素良好，而王羲之又恰恰处在最佳社会环境

① 请参考《历代书法论文选》。

条件之中。因此，自钟繇出世后，要使书法婴儿在以后的社会环境中得到健全的发育、成长的工作任务势必落在社会少数书家肩上，整个汉字发展命运便维系在书家自传体书写史的进化之中。

对汉字书法的思考需要有好的临摹范本，而临摹范本中好的点画结构的获得又必须从实际的书写操作手势中获得。正如物理学家和化学家的思考一样，他们喜欢专注形态，专注从某种媒介中获得这种形态的过程，如果想不出某种运动所赖以进行的物质和能量，就不可能想象出这种运动究竟是什么样子的。在王羲之的生活年代，他就是处在这样一种生活状态之中。书法直接传播使王进入一个确定性的书写运动系统，处在渐进稳态发展之中。因此，在魏晋时期的各路书家中，只有这一支文化血脉，才使得汉字书写物种由小到大，得以传承、发展，最终完成汉字的字、画分离。

对王羲之的书法探究而言，当钟繇的书写认知结构作为外部因素被后人充分掌握时，该模式的书写激励作用就会降低，其优势地位将不再保持下去。在得益于钟繇的书写气韵之后，王便进一步开始"精研体势"。把钟繇和王羲之的书写字迹进行比较，不难看出，王字结构明显要比钟繇楷书来得充实、饱满，而且字迹纵向开张。显然，王的书写结构又有了新的变更和发展(可惜我们今天不能看到中间过渡体——卫夫人的字迹了)。犹如体育竞技的发展过程一样，由于理想的、修长形的汉字对书写技法要求更高，于是，在毛笔物性、汉字结构和书写生理这三个参数的交互过程中，王的书写心理越来越依赖于从一个初始的简易、轻微的手掌提升向一个特定的手腕生理极限——深掌行为发展，以这一特定的手势进行书写。为了这一特定的书写转动得以产生，导致了该执笔的指法、掌法以及小臂生理的"送导"参与，并各自具备了书写功能意义，这就是竖掌局部“拉力”所达到的书写生理最大化时的系列性反应。因此，在钟楷中某些不规则因素，到了王字，就呈现一种标准结构形态。这一标准形态的汉字就是储存于王脑海中的书写数据处理，对书写压迫的螺线返回数据的推理和放大。这种心理加工与神经系统中的书写控制中枢联系起来，便形成了内擫书写笔法。因此，内擫书写笔法的形成就是在钟的书写结构基础上，充分挖掘了人的书写生理活动潜能，使得汉字书写活动中，每一不稳定因素都控制在稳态的书写操作之中，使得汉字活动区域中任何一部位、每一种笔画都能有效、精确地表现出来。因此，高层次书写需求会取代钟低层次书写压迫结构，并成为推动汉字书写发展的内在动力。

显然，书法文化是在书写条件概率正态分布下，使得汉字书写在生理、物理、心理等综合性系统上得以形成。该系统能控制和转递书写上的每一种信息，轻松自如地表达人的各种书写愿望的最好组织结构。从楷、行到草书，在书写速度连续变化中保持其书写气韵的均衡衰变。因此，在王字背景上，一种高度完善的、非凡书写操作手势出现了。它再也不是一种暧昧的竖掌、单苞与双苞间的模棱两可的指法，而是一种结构分明的标准化执笔手势，该手势使得整个书写生理的转幅更大、转动更稳健、更具有控制力、更富有变化性，这就是深掌五字执笔法的书写活力之所在。

因此，王与钟对书写信息处理方式的思考是不同的。王的工作任务重点并不是从书写事件中提取出“气韵”这一纯理性书写概念，而是在钟繇的初级书写气韵态势基础上，进一步强化和放大书写气韵的势能，“下笔空中摇掷”一语，就是当时王的书写思想的集中反映。王羲之是一种非模仿性、专门化书写强化模型，是钟书写模式得以发育健全的完善者。因此，王字进一步精研体势，与他对汉字书写运动、知觉所达到范围的广度和理解的深度相一致。

王字书法是与一种更精致的书写“力”式样密切相关，王的最大书写成果和文化贡献就是，他完成了对书写型汉字结构的设计定型。从此，汉字的形态就定格在这一书体之中。因此，王的书写成果相当于某种新产品的使用检验报告，他的各项书写经验参数具有精确性、合理性特征。这些参数证明了深掌五字执笔书写强化手势，在当时社会上具有先进性、科学性和正确性地位，这就是魏晋时期该书写文化产品被社会确认、推广和流行的原因。因此，对王字的肯定其实质是对深掌五字执笔法的肯定。在王的书写生涯中，他对汉字结构的书写控制，并不停留在前文化期的书写精度水平上。前文化期的书写活动模式变成了低层次的书写，而更高目标的追求使得王对汉字书写法则的理解更胜一筹。

虽然，魏晋时期汉字书写性态获得了最终成熟。但是，这一社会局部区域上的成熟性书写文化如何向全社会普及、推广，却历尽坎坷。一方面，汉字书写程序性知识的理论揭示、总结始终都没有形成气候，该书写文化知识本身存在着文化下移的社会性障碍。另一方面，推崇个人主义书写形式的中国社会，将汉字推向一条危险的发展之途。人们在理解王字书写文化的每一历史阶段上，都受制于当时社会名流文字活动的制约，即当事人的过去书学经历，塑造了后人在当前的书写预期。由于脱离了汉字书写发生式的重复博弈已切断了汉字书写文化的正常发展之路，王字这种内在、含蓄、微妙的第二书写杠杆动态平衡书写法，以至于后人感觉不到它的实际存在；因此，王字书写文化在以后社会高层次知识分子的自我笔法澄清的再认过程中，形成了一种综合性文化交互和转换。王字在建立起一种书写文化权威的同时，又形成起一种书写习俗和书写惯例，于是，在直接传承与间接传承，权威与习俗、惯例的社会过程中，直接传承在消亡，而间接传承与习俗、惯例的组织规范的结合中，形成了一种新的书写文化均衡。因此，习俗、惯例的组织规范和形式就是对魏晋书写文化的博弈，他们从尚未成型的汉字书写文化知识的空隙中，渐渐累积新的书写文化起点。因此，王以后，历代社会有影响力的知识人士的书写意识，及其书写行为是否协调一致，这是一个重大疑问。而历史上主要的书写文化博弈，人们总是在社会编码不断增生的环境下发挥作用。因此，王字对后世的影响，在不同社会区域、不同人群中产生不同的书写文化效应，构成了正、反两方面的书写影响：

1. 正面影响。从秦隶、钟繇到王羲之，汉民族在经历了长达几个世纪、数代人的不断努力，使得毛笔在汉字书写转折中，从书写“面”向书写“点”转移，最终完善了汉字书写。因此，发生在这一状态空间上的书写转折角度所花费的时间，也就是人的思想认知的转折角度。这一转变速度的时间过程是极其缓慢的。从汉到魏晋，是汉字最终解决自身书写问题的历史时期。由于毛笔物性上的书写缺陷，前人在一个千变万化、不稳定扰动因素极高的纸张书写环境中，为了获得与当今硬笔书写相同的书写效果，进行了长期卓越的努力和令人生畏的复杂认识学习过程，最终才把握了笔毛球体转动式样的书写恒常性。因此，汉字是依靠人的书写笔法意识来克服书写工具的劣势，通过逐步建立起笔法意识来管理书写，完善汉字方块结构的图像稳定性。

在两千年前的魏晋时期，当世界其他民族还在使用鹅毛笔书写的时候，汉民族用原始兽毛书写工具，运用了物体在受阻力介质中的圆形运动原理，实现了毛笔书写球体转换的书写恒常性。要产生这一书写认识结果，人的智力、体力和意志上都必须发挥到极致。汉民族在极端困难的书写环境中，运用笔法原理来补偿毛笔物性上的书写缺陷，创造出人类文字史上一种独特的书写文化现象、书法，是书法文化最终完善了汉字“三表六书”结构的正常表现，导致了汉字结构的最终定型。因此，在汉字结构定型的背后，有一个以书写科学原理管理汉字结构的长期思考。

王是捕捉到的汉字书写运动真相的书学者，人在这一活动层面上进行书写，其思维和想象会比普通一般人更活跃，自我心智和才能在最大限度上得到发挥。因此，王字书写达到了书写艺术的高度。汉、魏时期，经几代人的长期探索和发现，逐步创造出一套简洁、明了的楷书。如历史上《乐毅论》等名帖，这种匀称的结体、清晰的笔画形态会向每一个观赏者展示出一种知觉法则，它只能出自一种相当纯洁的书写操作技巧，即书写操作球体和毛笔物性球体匹配的高度统一，书写生理在最自然放松状态下，才能有如此的表现，出现不同方位书写转折上的各向同性特征。因此，书写生理中第二书写杠杆对毛笔可变书写操作球体的控制能力越强，人视觉对该字形质量的审美评价就越高。只有这样，才能使观赏者体察到“荐右军之叙‘兰亭’，字既尽美，犹善布置，所谓‘增一分太长，亏一分太短’”（解缙《春雨杂述》）的心理感受。王手下的汉字结构如此精美，令世人瞠目结舌。魏晋楷书写既易于书学者感知，又易于观赏者心灵理解。该结构形态在揭示书写动作所包含的最深沉、最隐秘和最基本的书写情感，以及他对书写法则全盘拱拓出来，使后人能有效地触摸到汉字，洞察汉字结构中最隐秘处“法”之所在。从此，“书法”一词，便成为汉字书写的灵魂，成为一个社会性书写共识和文化信仰。

王字塑造了汉字特有的书写文化气质。《兰亭》展示出一个书家所持有的书写才能和高超的技法，它告诉了人们，汉字真正的书写究竟是什么样子的，同时，人们也意识到书法活动对汉字结构的作用和影响。人们相继效仿，潜移默化地影响到整个汉民族每一成员，从而推动了整个社会崇尚书法文化的局面。因此，王字的出现大大强化了社会人的书写意识，他的书写影响到整个社会人的汉字书写活动规范，维持和巩固整个汉字体系的稳固性。从此，书法便成为一种汉字学习的风气，是当时中国社会文化生活中最重要的组成部分。

在汉字书写发展史中，真正从书写意识上把握和掌控毛笔可变书写球体结构者为数不多，字迹显尤为珍贵。因此，产生出球状般恒常性转动的书写认知活动，不论是过去、现在还是将来，无疑是一种极为高级的智力活动。由于它在历史上出现的稀少性，致使八面用锋这种书写能力蒙上了一层神秘色彩，并把这一认知行为上升到书写真理标准的高度来衡量。书法不单作为书写准则，而且还应用于绘画。当书法与人文文化结合在一起时，它所显现出来的光环效果就更不同凡响。显然，这是人类文化史上一种无与伦比的高雅文化，是世界其他民族不曾经历过的一种文字创造、定型过程。书法造就了汉字与世界主流文字间的天壤之别，具有人类文字之林中独一无二的文化地位。汉字书法只有在世界文字的大背景下，才会显示出它的光辉。

书家曾经是中国社会的最高级知识分子，他们一代代的辛勤耕耘，创造了今天的汉字式样，是他们发现了汉字的书写活动法则，并创造性地缔造了中国汉字的文化体制，使得人们从一个混沌、迷乱的未知世界中走了出来。因此，当时社会上著名书家就像当今的政治家、科学家一样，他们的文化功勋决定了他们的社会地位。在中国人的记忆中，一直存在着这样一个朴素情感，书家在人们心目中的地位一直是至高无上的，人们一提起书家就会肃然起敬，书家不单在艺术成就上是高于画家，而且代表了中华文化艺术之魂。由于书法已成为汉民族的文化信仰，这种文化信仰具有培育汉民族精神和气质、塑造民族灵魂这样一种高度。书法成为中华民族最重要的文化标志和核心。因此，汉字有“中华国粹”和东方“文字魔方”之美誉。

2. 负面影响。王字是汉字书法个体发育成熟的反映，它还有一个社会系统发育成熟的问题。由于推动汉字从无意识书写向意识书写活动高度发展，并有效地对图像文字进行书写控制的个体，是一个内隐性书写程序过程。这一问题的复杂性，导致了这一社会系统发育成熟问题受三方面因素的制约：书写理论上的逻辑认识论、文化建制和社会书写实践这三方面。这一社会系统的任意一方出现偏差，都将导致这一文化复制的难度。于是，书写知识的私有性和书写知识结构的复杂性，以及社会环境编码的不断增生，便与这一文化形成负面影响相对应，人类文化知识的齿轮效应在汉字书法活动中很快就失效了。所谓的“不恨臣无二王法，但恨二王无臣法”就是一个典型的例子。在书学活动中，人们总是着眼于现代。书法的“创新”导致了王以后中国社会，汉字活动出现两极分化：一极是日常书写。他们是书写文化的“拿来主义”者，他们从王字的外显结构上直接提取。另一极是书学活动。这一群体生活在书法与书学虚拟模仿之间，由社会环境编码的增生而导致书写文化结构性差异。在功名驱使的书写文化博弈中，最终一个因素接一个因素地削弱五字执笔法的书写解释：

（1）书学个体自立书写面目。家庭作坊式的书写文化传承，对社会文字活动的辐射面相当有限。从历史宏观层面上看，王字书写文化流传和辐射几乎很难超越江南。整个汉字书写文化的发展脉络相当微弱。随着时间流逝，王字书写程序编码上的联结点就极容易丢失。当书写共性特征一旦消失，取而代之的是汉字书写文化的变异性“创新”。汉字书写编码由书写代码替代，原书写文化程序中的编码联结点，便成为变异选择的备选参数。因此，在无意识书写创新过程中，后继者自选编码的变备选参数反应越多，书写变异项目、书写演绎种类就越多。

历史上书写执笔位置的上提是一个有限理性反应。它有一个最佳执笔位置，这一位置的决定，取决于书写压迫层与毛笔书写弹性压迫层之间的匹配宽度。所谓的“一真、二行、三草”的执笔位置变化，就是书写平衡杠杆向书写速度杠杆转型、相互兼顾、相互谐调的具体反映。因此，深掌五字执笔法的把笔位置是一个有限解。当无意识书写变异一味上提或下移执笔位置，都会导致第二书写杠杆的书写压迫层发生变异，甚至消失。在超越了深掌五字执笔法的执笔临界点后，书写生理能动反应开始退化(在以下章节说明)，五字执笔法形同虚设，汉字出现了反五字执笔法的书写演化，整个社会书写文化演变成个体任意书写变化的集合。当王字后续书学发生书写褪变时，这些书学惯例已与汉字书写发生式相分离。因此，后续书学的书法创新源于书写结构变异。它既不是同一书写结构，也不是同一书写文化形态，更不是同一书写意识形态。

执笔维度的书写状态空间，在怎样的环境条件下才具有书写心理空间的意义，这取决于在当时社会环境编码中，人对书写转动本征结构的激活启动水平。而这一激活启动水平又取决于人的书学态度和倾向，取决于主体书写心理动力从属本身，只有在这一层面上，才具有书写状态空间的意义。如果人对自我书写心理的动力属性是无意识的，那么书写状态空间中的书写压迫层也开始丧失其应有的功能。这就解释了为什么在当代社会的小楷活动，其书写气韵也不能有效形成。

因此，社会过程中相继给予的书写心理经验不同，书写运动的意识范围也就不同。在汉字书法活动中，同一笔力概念，社会存在着两种以上不同心理动力学的解释，使用不同活动过程来定义形式上等价的书法概念的。历史表明，不使用统一动力方向概念来描述书写心理上的因果关系，是难以解开书法之谜的。汉字书法发展不仅要描述它的书写空间结构关系，而且要描述它的书写动力学关系。只有当人从一开始就认识到，确定书写空间关系必须根据人的书写心理发展过程，这种书写文化不仅描述书写力的专门式样，而且还能够描述这一运动的性质和规律，即“有向大小”的向量概念时，才能使我们理解汉字书法的发展实情、该文化在社会历史过程中进步和衰退的事实顺序。

传统作坊式书写文化传承最终导致了社会世俗书写文化均衡的翻转。在社会集体普遍化书写总体概念活动中，“开派”自立书写面目便成了后续书学的最高境界和追求目标。然而，汉字结构本身就是特定的书写概念。社会上层自立书写面目的“创新”局面越多，整个社会书写文化的理性统一消失、书写分离局面就越严重。因为汉字书写结构上的编目相当精细，任何细小的变化都会导致汉字结构的走形。王以后，汉字书学最初书写表观基因上的异化，是整个社会上层异化书写文化开始蔓延、汉字文化根基开始松动的反映。

(2) 书写成熟年龄指标。书法形成的社会过程相当隐蔽，那么，书写知识的理论总结就相当困难。于是，它造就了该文化知识传播的第二特征，即在私有性、隐蔽性的书写知识中，存在着“真、假”两种文化形态的相互混淆。这两种书写运动的性质和规律，在社会历史过程中出现了两种不同书写文化知识的运动向量，形成了两种不同书写文化知识下移的传播形态：如果私有性书写知识是“真”，那么，当它在相邻人群的直接传播时，它呈现了书写文化正向传播效应。即书写文化下移发生加速，从钟繇、王羲之到王献之，一代比一代年轻有为。而在社会间接人群传播上，则呈现出负向传播的隐蔽性。如果私有性书写知识是“假”，那么无论是直接还是间接传播，它都呈现出负向传播的隐私性特征，即老年化书写文化形态。因此，历史上正确的汉字书写文化曾经出现过年轻化文化形态。当人们既不能有效提取书写结构，又要强制它出体时，书法便呈现出非理性的老年化文化形态。一旦社会形成了老年化书写文化形态，人们就很难对他们作出明确的、尖刻的评价了。

因此，当今汉字书写文化知识的主要内容，主要是历史流传下来的五字执笔法书写编目知识。而要把该执笔的编目知识转换成为书写知识，人一直受社会环境编码增生的干扰，书写结构长期得不到有效提取，对传统书写文化的理解中，最终演变成一个社会性书写知识隐私性的“假”。

(3) 社会集体书写无意识。书写知识隐私性的“假”是社会上层自由知识阶层的知识产权，他们本身并不真正代表社会书写发展的前沿，而是书写文化习俗和规范与他们社会文化地位相互联系所获得的副产品。由于他们的社会地位决定了他们对社会书写文化的影响。

于是，该知识阶层在社会书法领域内出现了三个活动特征：一是社会越是静止、混沌，这一文化阶层越有可能从社会中获取一个“书法家”身份，或一个等量的社会文化地位。他们在社会上享有塑造社会书写观，调整社会书写发展的发言权和控制权。以当前社会决定的名义，获得自我书写上的相对解放的机会，而社会书写随着这些决定性“洞见”而不断增加书写变异。二是自由知识阶层全面组织化取代了前辈“法家”的书写文化地位。这一自由知识阶层的成员来自不断变动的社会各阶层，在不断变化的社会环境中，他们的思想，越来越不受社会既定书写文化的约束和支配。不断改变汉字既定的书写编码程序，从而在更大社会范围内进行各种书写上的争奇斗艳，赢得社会大众化书写文化娱乐的青睐。三是自由知识阶层的思想起初，倾向于书写“经验主义”。他们总是远离日常书写，避开与日常书写的矛盾和冲突。由于这一思想来自虚拟书写环境对当代汉字书写的判断，用意志和情感上的无意识潜流来维持当代书写的社会适应性。因此，汉字书写文化的个人主义倾向导致了书写文化不断滋生新的变异。当今的五字执笔法，其专门的书写功能已消失殆尽。五字执笔法只代表社会书法行为“规范”，它不是专门书写功能的实体概念，而是一种当代社会传统书写文化的“行为艺术”表现，即书法的精神作用和意志现象。

对于王以后中国社会汉字书写文化的考察，透过王字这道风景线，人们所看到的书写现象是令人沮丧的。书法过程孕育着汉字结构的形成，是当时社会人对汉字书写可行性探讨，对汉字书写行为规范实施的理解。它集数百年的书写活动之大成，该书写文化形态曾控制和稳固了汉字结构长达千年之久。因此，王字代表了汉民族的书写心声和愿望，代表了汉民族长期以来的书写之梦，代表了一个民族文字的书写文化的精度。然而当今，王字文化形态在中国社会上已基本荡然无存。从魏晋书法发展到今天，这一文化形态在中国文化史上只留下一个空谷足音。因此，汉字走的是一条崎岖而坎坷的发展之路。当今，中国社会书写文化均衡早已完全翻转。如果当今中国还尚存一批王字书写模式，今日中国汉字又将是怎样一种文化局面呢？这就是王字书写文化留给我们当代人的启示。

第六章　汉字书写概念模糊应用期

汉字书写文化涉及面众多，它既包括书写技法，又包括社会历史过程中人的书写心理的变化。在一个长期流动的社会环境中，中国汉字的书写文化精度变得极难控制。从本章起，我们将分析中国社会书写文化的衰退、演化的原因，选择那些曾推动社会历史书学思潮的著名书家的书写，及其相关思想和理论进行探讨。

第一节　汉字书学衰退模式的成因

书法是通过书写意识的发展，逐步形成的一种专门性书写学科。该学科本身，它在书写生物力学上是一个封闭的统一体，而人的书写心理则是一个多动力的非封闭的统一体。由于书法的生物—物理学立法规则的标准从来都没有被明确界定，那么，在一个流动的社会环境中，改变书法知觉行为的心理动力学，便在外部社会的流动情势中自发产生了。在唐代社会环境编码增生的诱导下，原书写生物力学上的封闭统一体行为在消失，而无意识的书写字径不断放大，导致了社会书学中书写放大第一过程逐步消退，书学直接由书写放大第二过程开始启动。一旦书学第二过程得以形成，那么，单纯的五字执笔法形式就不可能回忆出多少有意义的书写项目。相反，后继书学至少产生两种以上的不规则书写操作，而且所有的书写执笔微概念也是多余的。这意味着五字执笔法书学形态的原书写参数在丢失，社会书学根基开始动摇。不规则书写操作加快了新体书写的开放步伐，导致了书学行为①②在社会上层不断重复、蔓延。与“传统”书法知识相对立的新体机构相继出现，汉字书法不再沿原行为方式继续前行，社会开始流行汉字书写代码，汉字的书写文化精度开始失控。唐以后，中国社会汉字书写的复杂性在大幅递增，整个社会书学呈衰退趋势。

一、汉字书写文化衰退理论模型

在把握社会汉字书学思想运动方向的历史关注中，根据这一阶段书家的书写活动参数对其进行“衰退理论”的数学模型制作。在唐时期的书学群体中，是一个有限书写策略集会 $X_1, X_2 \ldots Xn$ 的 n 个书学的书写笔法探索。联合策略空间 $X = \Pi X_i$，在一个策略空间为非书写空间环境的情景转移中，书写生理常数向书写生理效用函数{ui：I = 1 2 …… n}转换，该笔法得益 ui：X→R。在书写概念模糊的社会大背景下，虚拟书学行为与汉字书写发生式呈反相运行。设：X^m 代表了这一书学状态的集合，是一个长度为 m 的历史集合。该过程从一个具有 m 个记录了任意笔法状态 h^0 开始。假定某一自传体书写史在 t 期末处于笔法状态 h^t，在 t + 1 期被某一后继书学者为参考，每一书学者都获得了以前某些书写先贤的行为信息。这就是说，这些信息或书写知识只是朋友、邻里的民间信息，是当事人所处书写环境的一部分，而不是历史笔法起源的最优化书写细则条件，那么，由这些间接书写信息传递的书学模型化为一个随机异化变量：当书学方 i 从一个当前社会书学潮中选取了一个容量为 s 的参照样本，书写行为集中选取了在最后期中 m 期的其他书学经验，这意味着在脱离书写活动信息的行动中，n－1 个样本是独力选取的。设 $\hat{p}^t_{ij} \in \Delta_j$ 表示在 i 的参照样本中 j 的书写行为所占的样本的偏离比例，并设 $\hat{p}^t_{-i} = \prod_{j \neq i} \hat{p}^t_{ij}$（P 上方的"尖角"是一个随机异化变量）。因此，在书写信息传递中对原书写参数的丢失就是"书写面目"形成的备选变量在起作用。

二、唐代书学活动中魏晋书写文化的传播能力

魏晋书写文化随着时间推移，在间接人群中传播时，常常受到社会通俗化书写文化均衡的牵制：（1）社会群体的书写文化基础。（2）社会群体赖以当前社会决策的书写信息量。（3）书写变异信息的社会随机扰动的大小。（4）社会群体局部或整体地收集书写信息的程度。这四个方面构成了唐代社会通俗化书写信息基础。当人们拥有一个普遍的通俗化书写信息基础并与汉字历史整体发生交互作用时，推广王字就成了社会书写文化上的惰性。所谓的惰性就是王字出现的社会预期，因为王字的书写入门口非常小，它成了成千上万人的书写活动障碍、成为社会书写文化上最大的惰性。当五字执笔法中第二书写杠杆的启动成为一个社会性书写问题而变得难以解决时，书学群体中不规则书写操作便以"新体"的名义进行书写创新。

三、唐代五字执笔法中的书写结构发生变异的开始

魏晋书法是由上肢生理放大第一过程的社会环境启动，从秦隶撇、捺笔画组书写气韵基因上，逐步组织起来的一种专门化书写方式——五字执笔法，该执笔的每一职司都有书写功能的实际存在。然而，当五字执笔法成为一种社会书写活动惯例，在一个崇尚大字书写的社会环境下，社会书学就针对日常书写中不断出现的书写放大的不稳定因素进行强化，无意识地与上肢生理放大的第二过程发生连接。在以个人的“职业化训练”的自我决定来判断什么是错误、什么是正确的书写时，虽然他们的外显书写执笔结构并没有变。但是，启动五字执笔法形成的书写气韵基因、它的执笔每一职司的书写微概念功能都停止了，以平行转动的开放运动链来进行书写，出现了书写心理效用函数{ui：I = 1、2、……、n}的反应。

用上肢生理系统的力学方法对唐代社会新体产生的书写原因进行分析，就是社会书写环境的迁移，人无意识地进入非现实书写空间环境，导致了书写放大在书写转动向心力和离心力的临界点上徘徊、振荡，最终由上肢生理内部优势转动关节的书写竞争而分离，在这一历史拐点上，追溯唐代书写思想和风格形成就是由功力替代书写由“黑板书写效应”的心理而起源。

四、以视觉生理为主导的书写文化重构博弈

有关“排算子”书写活动现象。在人类文字活动中，存在着两种明确的文字活动心理倾向，一种是适应视觉生理活动，它不需要有明确的书写意识的参与，但注重视觉生理的感受。一种是适应书写生理活

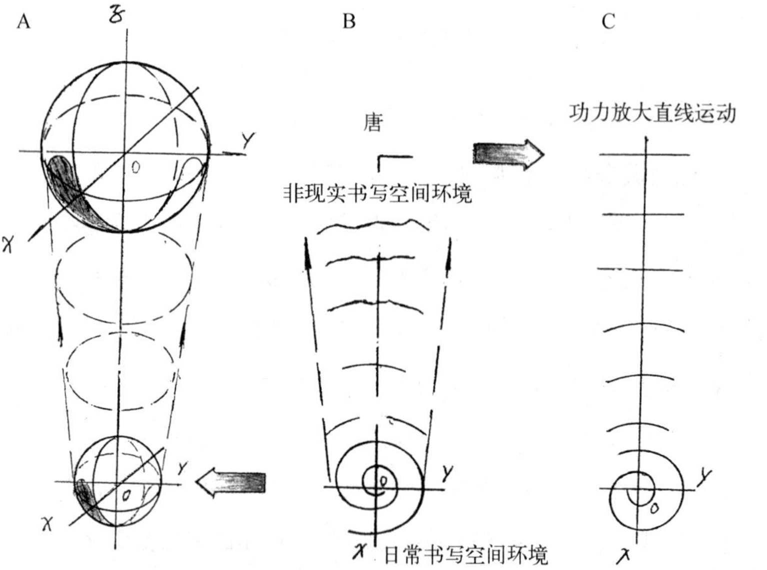

汉代，书法从日常书写起源。以第二书写杠杆动态平衡方式进行放大、缩小

从汉到唐，社会环境编码增生，非现实书写频度递增，上肢生理第一过程中书写不稳定因素被放大

唐代，由黑板书写效应的心理感知，书写以上肢生理第二过程开始，以书写功力直线运动方式进行放大、缩小

图 6－1　书学上肢生理运动迁徙图

动，它侧重书写生理的适宜性而并不注重视觉生理的感受。我们以英文为例，考察这两种文字现象的生理活动特征。英文小写是书写文字特征，a、b、c、d、e。在此基础上进一步发展的就是大写，是看的文字特征。从英文的大写文字结构 A、B、C、D、E 中，我们可以看到这一视觉文字创造的生理意图。视觉生理活动是在书写文字的母形基础上，进行绘画性再创造。它不仅与原字母结构不同，而且在书写上了发生了“质”的蜕变。视觉心理和书写心理是两个独立的因果系列，虽然视觉操作过程总是伴随着书写生理，但是视觉操作过程并不依赖书写操

作，也不受书写操作的支配，视觉操作有自己的活动规律性。因此，这是同一文字在不同生理机制作用下产生的结果。考察英文中大、小两体产生的原因，就是为了印证唐代以后的汉字发展的运动倾向。英文已将"书写与视觉"两种生理机制的文字活动倾向推到了极致，该文字大、小写的生理结构性区分是十分显著，但在唐代，活跃在汉字书法活动中的两种生理活动，其结构性差异却是十分隐蔽的，它只是刚刚露出了端倪。

由于唐社会环境编码的增生，社会部分有经济实力的群体率先进入非现实书写空间，当书法发生的条件概率细则发生松动，非现实书写空间环境的书学形成时，新体就是在书写与非书写转换拐点上的一支无意识书写活动支流。这一书写支流最大运动特点就是，以视觉生理为主导的书写文化重构搏弈。于是，汉字与英文一样，出现了书写与视觉加工、在其生理内部经验上的分离，一批具有书家身份的书写"排算子"活动现象出现了。在该历史时期中最主要的书学代表就是颜真卿。

书写与视觉的生理结构不同，但它们都有一个共同的倾向性特征，各自都有自我文字活动相适宜的空间环境：在汉字书法形成的年代，它一直处在书写空间收缩状态，由一个书写压迫成形的过程，当我们感觉不到这一书写压迫成形的过程时，我们就意识不到书法的存在原因。在书写空间放大的过程中，两种生理机制在组织文字结构的内部经验就发生分离。因此，前后两者都有一个书写环境的动机倾向，有一个书写空间环境参数变化的意识或无意识反应存在。

在书法形成的年代中，书写空间的压缩，在"点"的书写气韵凝聚中，人根据书写点可涉及位置与视觉的靶点相互统一，设计出一个理想的、可操作的标准型汉字结构。因此，魏晋汉字具有视觉与书写相互统一、平衡的结构特征，这就是书法文化的非凡性。在书法衰退的过程中，它有一个书写空间的无意识放大。过度的书写超越导致了书写定位点与视觉的靶点发生脱离，文字图像呈"直线运动"方式进行。这就是说，它只有文字的视觉图像形式，而书写生理的活动特征却消失了，这就是书写上的"排算子"现象。

书写"排算子"现象是文字活动中普通一般的视觉生理活动特征，它针对视觉生理相适应性而滋生。历史上早在汉时期，钟繇就有对书写"排算子"行为进行批判的记载。因此，排算子是书写结构上突发性变异现象，是汉字书法上的最重大忌讳。然而，在经历了半个世纪漫长的书法巩固期后，书写"排算子"现象却在唐社会又开始形成。当排算子结构镶嵌在高知识社会阶层中，排算子现象便产生了完全不同书写结果。一方面，他们在日常书写空间环境内，有"高级"的相类似的草化自发性书写性态的存在。另一方面，当社会上层丧失了书写辨别能力时，虚拟书写文化的搏弈就从书写空间放大中"书写力"的较量开始。而这些知觉到的书写观念、情感和冲动恰恰是与汉字的书写起源过程相反的。以前没有的书法现象现在发生了，以前一直存在的书法现象却消失了。因此，在唐社会虚拟书写文化的博弈中，社会已开始滋生一种与传统汉字书写文化精度上的"斥力"。通过这种"斥力"的引导和积极自选，为社会非现实书写空间环境的书学，创造出来的一些新的书写观念和思想文化。在他们的书写引领下，书法形成了一种象征性传统书写文化领域。他们的书写陈述和书写经验累积预期了社会书学将与汉字书写起源过程呈反方向运动、以一种形式化"书法"

形态在社会书学活动中长期存在。而丢失的书写参数的后续书学，便成了社会书法研究的主题、以个体能动创造性和判断力为“书法”赋予了个性化书写特征的主观解释。

在唐代，汉字书写运动出现了视觉操作书写经典现象“历史性三次”。显然，在这一历史性三次中有一个书写文化隐性转换口，这一隐性转换口就是非现实书写空间环境中的书学形成。非现实书写空间环境中的书学本身就是一种虚拟书写文化：一、当一个虚假书写现象提升到书法高度时，社会对汉字书写文化精度便失去了掌控。二、非现实书写空间环境对社会文化地位和经济实力层面的文化人士起着作用。三、与日常文字活动中的小人物书写遥相呼应。

并不是日常书写的小人物就不重要，他们是一股起着积极响应、从众心理极强的文化趋同群体。社会关键人物的书写文化博弈是显而易见的，而日常书写的个人行为的细小变化是难以描述的。他们对书写文化的重构产生共识，就是不断地、自发地与魏晋书写文化分离。而社会对颜书写参考的选择本身，就是无形中建立起一种社会规范化、组织化的通俗书学形态。因此，书写文化均衡的翻转就是通过市井文化、通俗化书法教育、社会媒体等组织起一种“传统”书写文化惯例的传播，无形中形成了一种新的社会书写文化网络和制度。于是，唐代社会书学混合型模式成为一种书写时尚。而绝大多数的社会观察评论，是与无意识书写取向紧密地联系在一起的，对美好字形的期待，并以同一“书写”概念和思维模式来进行评价，这就形成了一个社会新的书写文化增长点。

因此，产生书写文化重构博弈的社会心理过程相当复杂。书写文化博弈方在历史上出现的概率,取决于他们在当时的社会地位、文化地位和经济实力、符合当前社会人的书写理性状态的自发性发生概率,以及他们所形成的书写理论和实践的社会普及程度。而日常书写群体响应方,在构成一个社会性书写文化网络和制度上起作用。当今中国社会绝大部分书学形态,就是在书写概念模糊应用期中由中国历史社会上最重大的重构博弈所产生的。所有书写文化交互形态通过社会每一成员的一致性书写预期,以一种新的书写文化制度形式保持下来的。因此,推动汉字书写发生质变的社会大众书写心理发展,部分是由那些预期变化中新的书写变异引起,部分是由社会上有影响力的个体书家与社会群体的协调一致行动所推动。当这种书写活动中的共性和变异的共存现象,还没有被人们彻底究明、充分剖析时,这一书写模式便成为推动汉字书写发展的文化思潮,并被社会历史一一记录了下来,这一文化规范和体制最终与自我形成的运动方向反向运行,导致了魏晋书写文化均衡的翻转。

魏晋书写文化均衡的翻转存在着一个演变事件发生的时间尺度问题。起初,它只在唐代历史转折时间段中摇摆,时而是优等技法占主导地位,时而是另一种劣势技法占主导地位,甚至在同一个体的不同历史阶段中,会出现两种不同性质的随机性波动。因此,在书写文化重构博弈中,新体书写文化与前书写文化惯例具有一定的相似特征。社会究竟更倾向于哪一种书写演化,它由社会群体书学活动的环境迁移所对应的不同书写事件的离散时间段来衡量。而某些伟人的交往往标志了一个新书写文化期的开始,如张、颜的历史性会晤和书写传授(在以下章节说明)。当这一传承方式在社会上由“点”向“面”扩散,社会众多的书写文化发生交互时,它就成为一种文化制度,一个社会普遍一般的书学标准，成千上万的这种书学方式将被统一为一个社会化新的书写标准、规范和组织化形态中。

一方面，人之所以要在魏晋书写活动体系上再发生独癖性变异，就是后人对这一社会既定书写文化表示的怀疑和不信任。另一方面，面对这一文化障碍，书学者有两个方向的书写发展选择，是继续寻找五字执笔法这一汉字文化的书写发生功能，还是重新摸索适应性书写活动方案，这就考验人的书写文化信仰和文化判断。尽管第一方案肯定的，但是，随着时间的推移，不同时代和不断变化着的书学人群，在一个书写信息长期闭塞的社会环境中，思考者常常在书写与非书写活动的临界点上，发觉了新的书写出发点，以“直线运动”的功力替代书写。于是，以魏晋汉字图像为参考式样，与本能平行转动为书写生物—物理基础一起，形成了一种书写文化的交互。在缺少书写立法标准的制约下，“书法”的所有变化都集中在视觉变化上，出现了汉字结构的无穷发散。在探访魏晋书法的历代名人中，当人们无法探索到王字书写文化的精髓时，后继者便按照自选编码程序开始行动。从颜真卿、苏东坡、董其昌，到康有为、何绍基等一批书家，考察有限书家的笔法得益水平，他们的社会环境关系以及自选书写编码表明，原汉字书写活动程序上的“微概念”联结点，如今都成了这些主体书写变异中的备选参数。因此，社会既定书写文化体制越是让该群体不满意，该群体就越容易接受新的书写思想和方案的诱惑。在向他们认定的合理书写方向探索，汉字书写变化总是向着对社会有影响力的、变化中获益最多的这一部分知识分子书学者所推动。

混合型书写模式是一种书写演绎类模式，它对汉字书写文化参数的改变速度是相当缓慢的。这种书写演绎种类最初由书写生物—物理结构的变异，最终导致了视觉书写参照样本的自选变异。因此，在短期行为中，这种变异的规律性并不明显。然而，在历史的宏观长河中考察，才会发现这一衰退势能所具有惊人的破坏力。魏晋对汉字结构的定型，使得汉字具有自身书写标准的视觉式样。然而，在交互性书写文化形态中，它的书学形式是传统的，但它对汉字结构的定型，却是非书写结构的视觉式样再认。因此，视觉要对文字结构把握，并进行书写“出体”，就需要在标准汉字式样上滋生视觉刺激的新颖性。因此，这一书写出体的风险和难度，就是通过牺牲汉字文化制度上的书写立法标准为代价。

视觉对汉字结构的定位是以图像审美为标准。视觉对文字结构标准的合理性选择，除了它有自身专门的视觉检测生理特征之外，对于图像审美而言，它的刺激阈限相当低，只要稍有变化，视觉马上会作出反应。随着时间推移，这一文化形态的审美周期变得越来越短。于是，在唐以后的社会书学，在充分展示了“书法”在非现实书写空间环境的适应中，社会书学思想运动逐步与历史上被筛除的旁系文字结构特征发生联系。在一个虚拟的书写空间环境中，一种休闲型持久变异的书写文化现象产生了。人热衷于汉字结构上的绘画审美翻新而变得无害。视觉绘画对书法的不断炒作、改造，导致了汉字结构的审美疲劳、变异速度日益加快，以至于今日社会书学无法长期固定。因此，自由组织的绘画优势形态一旦形成，汉字书法将由绘画性交互性书写文化形态所取代。历史上各种淘汰的劣等技法跃于优等技法之上，整个汉字的书写演化力量就有可能永远无法驱逐。

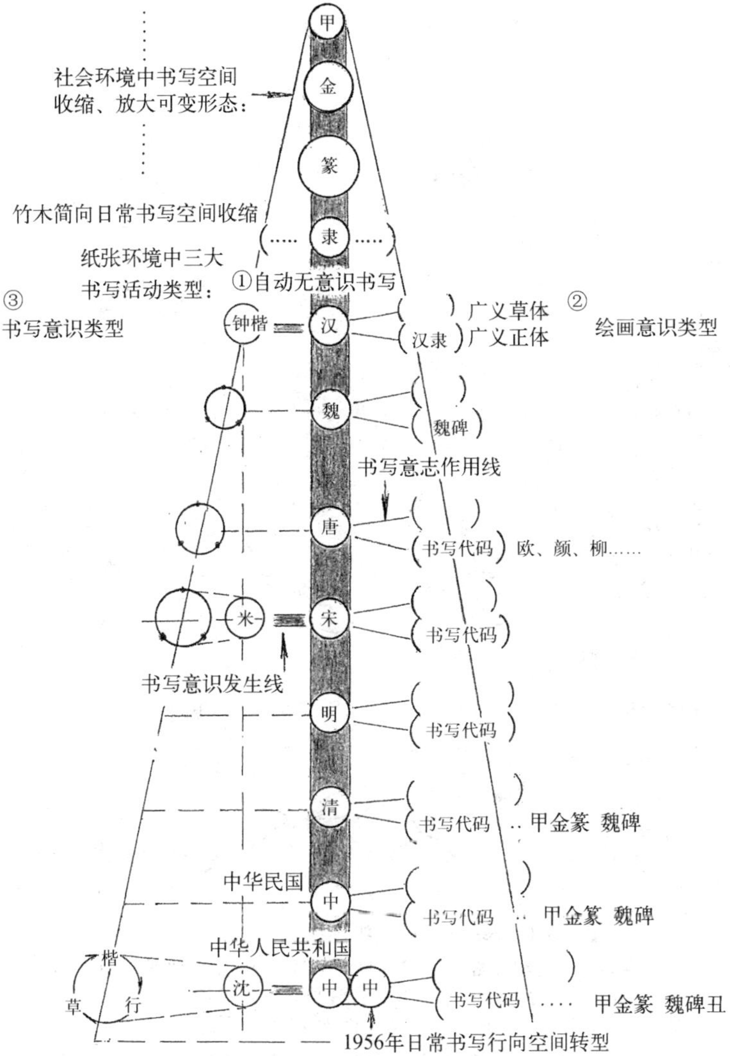

书写放大意识越强，书写意识发生的阻碍就越大，法书发生的时间间隔变长。一旦绘画意识激活，书写意志作用线就越变越长，而且绘画性书写文化的变换速度将越变越快。

书写意识型书学模式：最佳选择书写模式

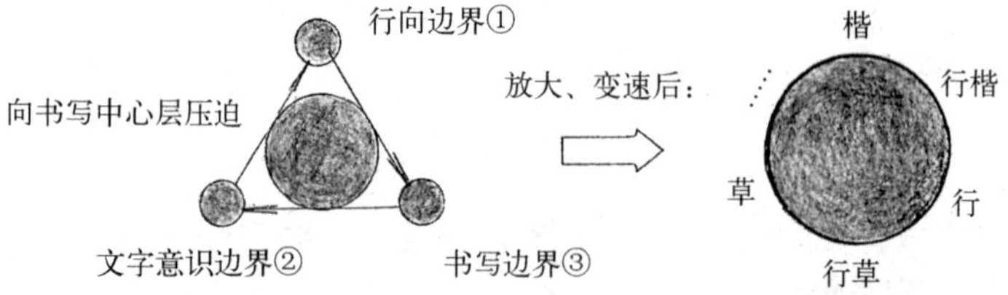

书写活动边界①②③与魏晋书写条件细则一致。向书写中心层压迫形态以第二书写杠杆动态方式进行，楷、行、草放大、变速的内部书写结构统一。

绘画意识型书学模式：a. 以草书为主 b. 以楷书为主

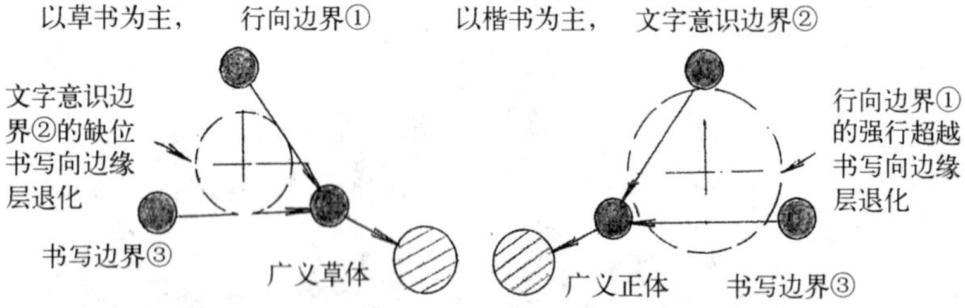

c. 混合型书学模式

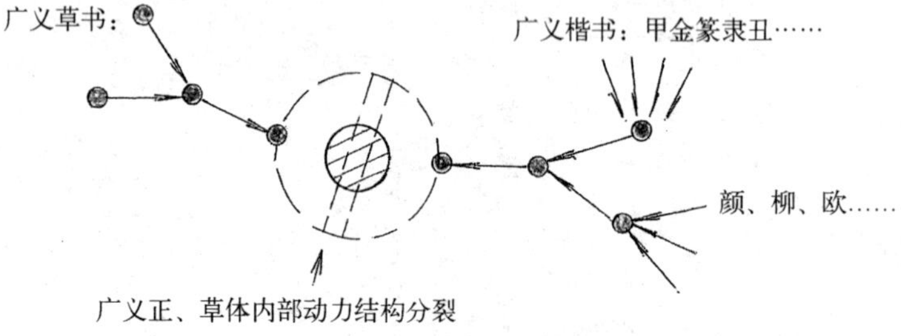

当书学以第二过程开始时，广义正体的书写常返类活动便消失，在绘画图像参照、草书和书写手势形式之间，出现了各种独癖行径的书学组合选择。而一个通俗的书写笔法形态，则通过社会书写文化网络的评价而芸生。

图 6－2　历史社会汉字书写文化运动向量图

书写文化的重构博弈表明，在整个中国汉字书写史上，两种书学思潮、两种书写观念始终是存在的：一种按既定书写文化发展程序探索，一种按非现实书写环境发展，从而形成了两股书写文化传承的集团势力。然而，在一个本末倒置的社会书学过程中，符合前人的书写理性状态的永远是保守的少数人群。而符合当前社会流动情势中新的书写文化均衡状态的群体，则总是占大多数。人们在两种书写文化选择中，向更缺乏理性、更缺乏汉字书写信息、更为简单的绘画活动回源。

在总结汉字书学绘画活动循环回源产生的原因时，书学行为的心理变态是由其社会性认知结构特征的：(1) 历史上书学方并不是固定在同一社会文化区域中，有南帖北碑说，它潜在地混杂着大量的非书写性文字活动特征。(2) 社会书学上层、人与人之间的书写交互依赖于社会外生因素，取决于社会空间上的可接近性。(3) 历史上有记录的、著名书学并非完全理性。在了解他们所处的社会书写文化环境，依据零散信息进行书写决策，以及书学、理论过程所具有的不完全性特征，可以得出这样一个结论：历史书法名人他们并非一定就是书写精英，但也不是完全非理性的。他们根据对其他人的变异行为的预期来调整自己的书写行为，这种行为反过来又变成影响后人的书写文化前例，整个汉字文化长期处于潜移默化的演变之中，形成了一个社会集体书写概念的模糊应用。

书写概念模糊应用的社会书学状态具有一种永远站在运动起点上的感觉。在以发展的眼光看待传统书写文化时，他们的论点具有极大的社会话语权。然而，在这一起点上的所有历史性评价内容上，肯定魏晋书写和否定魏晋书写都来自视觉因素的判断。因此，仅靠魏晋书写文化的表象是不具备书写立法意义的。所谓的晋重韵、唐重法、宋重意，就是这一文化的社会历史意识流的反映。当魏晋书法编织的汉字文化制度的网络失败后，绘画书写文化却在积极行动。而在书写概念模糊应用期中所建立起的新书学文化制度，等于把人锁定在一个固定的思维方法之中。从此，这一书学制度只产生绘画而不产生书法，它困扰了整个中国汉字文化发展长达千年之久，导致了当时以及以后相当长的历史时期内，书学群体已无法正确判断自我，及预测该书写行为的复杂。经过长达千年的书写文化演变，当初只是书写上的细微差别，目前已酿成一个书写活动种类上的差异。而符合汉字书写起源的理性部分，则在社会思考的最大范围程度上发生萎缩和消亡。于是，在一个衰退书写模型的运动向量中，形成自我独立书写源头的四个关键特征出现了：(1) 书写笔法的自我澄清、自我决定论。(2) 向历史上绘画性、不成熟文字活动相联结的周期性循环的无限循环论。(3) 独辟性书写行为的开派论。(4) 在社会书写无意识的评价中，书法一词只是对演化而成的“书写”进行无原则的批准论。因此，在与社会历史现实书写现状相分离的书学过程中，书法并不对社会期望负责，它只具有自我意义和绘画审美意义。

在研究汉字书写文化衰退的长期性和复杂性时，我们今天最熟悉的颜字就是一个标准样本和研究对象，它具有不同的文字结构相貌和书写感觉。对他书写性态进行定性，一个最重要指标就是书写意识问题。这里，我们将用无意识书写行为，对书学衰退模型的文字活动性质进行解释。由于颜字对社会书写文化传播影响极广，这必将涉及对历史上一大批著名书家的书写性态定性问题，这无疑将与长期以来，社会上业已形成的非书写意识评价发生根本性分歧。不过，本书的论点并不是空穴来风，它是来自唐以后，汉字两种书写意识形态的纷争，两种不同类型书写文化的矛盾和冲突的思考中发现的。从米芾的“断言”，沈尹默的“法书、善书论”，再到今天的汉字书写知识的社会环境发生式，通过描述书写概念模糊应用中集体书写文化重构博弈行为，考察唐以后人的书写意识形态上的一些最重要变化特征：一方面，指出这些书写概念变化是如何与社会、历史变化紧密地联系在一起的；另一方面，同一书写概念是如何在其他不同历史阶段上，有时具有书写评价意义，有时根本就不存在书写评价意义；详细考察中国历史过程中，书写演变过程及其该文字活动的性质，说明书写思想是如何在一个变化的社会环境中，从一个书写文化均衡向另一均衡状态转换过程中，在几乎没有人注意到这一书写因素变化的情况下产生的。因此，对于唐以后，汉字书写文化精度的解释，颜字就是一个最重大的社会书写伪证和隐患。该书学形成了一个巨大的书写文化陷阱①，它诱导着一代代的书学者落入此陷阱而难以自拔。

目前，我们还不能预期汉字书写文化均衡的重新翻转，但是，揭示唐以后历代书家在与王字交互中所产生大量的、微观层次上的变化，而这些思想变化是在一个具体的历史变体中，由历代书家自传体书写史直接提供的。因此，伴随社会认知科学的发展，在全面分析历代书写文化重构博弈之后，让社会重新了解新体思想的产生、重构书写文化的泡沫是如何在社会上积累、形成的，这不仅是完全可能的，也是摆脱当前社会书学思想束缚和困境的关键步骤之一。

---

① 书写文化陷阱是指从日常书写上升到书学活动，从低一级文化形态向高一级文化形态发展时，由上肢生理内部书写生理向非书写生理的自动转换，在这一转换过程中所产生的一种书写停滞现象。这一现象表明，汉字书写文化知识的不健全性。

第二节　汉字史上四位主要的书学衰退模型

一、对历史上两位书家——“草圣”与“书圣”的书写性态进行定位

从汉字书写起源，草书就一直是紧随汉字文化发展的一个书写活动侧影。对于草化文化的历史考察，对于草、正书写活动关系，以及它的书法真、伪的终极标准问题，最早发生在汉字书写起源于东汉时期。如何看待发生在当时社会、人们对张芝和王羲之间的草书评价，如何正确地去评价草书的书写价值，却始终是一个迷。这一历史悬案是关系到当时乃至今日，对汉字书写文化精度标准的基本定位问题。历史上这一问题从来没有得到真正清理，那么，在书写概念模糊期时代来临之时，汉字的书写等级序列关系和“三表六书”文化学习关系便发生混淆，草书这一自动无意识书写行为便成为最先行的变异因素。一旦书写认识论问题发生障碍，那么，整个汉字活动的书写等级序列就将发生根本性的颠倒，社会汉字活动中的书法概念的具体内容就会完全消失，对汉字的书写文化精度就会失去了掌控。

我们已解开了秦隶、秦隶草化和魏晋楷书的书写等级关系，在书学行为①②③中，书学行为③在历史上出现得最晚，也是最难进入人的书写运动神经中枢的一种最高级书写行为。在张芝、钟繇、王羲之三者间的书写源流关系及其书写意识发生的历史参照点上，钟繇就是中国社会汉字书法的起源。那么，在解开张芝与王羲之两者的草书水平究竟孰高孰低的评价关系上，就应该从个体书写意识的终极产

品——书学行为③水准着手。这一讨论的目的并不在于孰高孰低的就事论事，而是通过对最早期的张、王书写性态的分析，对于以后整个中国历代书家对汉字书写文化精度的处理、书写认知结构特征，以及书写意识形态的分类和梳理而具有理论判断意义。

（一）张、钟是汉字日常书写与书法文化产生的历史分岔口

在东汉社会的书写环境中，秦隶结构开始出现了书写上的两极分化，在原始书写物种秦隶的社会文字意识边界上，存在着两个不同方向"气势和气韵"的书写发展。在注重书写气势的人群中出现了张芝的草书，在注重书写气韵的人群中出现了钟繇的楷书。虽然，两人在汉字史上都得到了各有千秋、各领风骚的评价，但两者却代表了人对汉字文字活动边界②的不同的书写观，表达了人对汉字书写文化发展的不同判断方向，并创造出不同的书写文化形态，这就是追溯历代书家的书写核心世界观问题。

要了解整个汉字史中当事人的书写性态问题，有必要从"书写意识"这一概念着手讨论。对于大多数人而言，"意识形态"一词似乎是和政治紧密关联的。然而，汉字活动是视觉、书写双向操作的统一平衡，这一特征就决定了这一术语在汉字书写活动中的实际存在。尽管书法一词在魏晋时期就基本形成，但是，书写意识这一概念比书法概念更悠久、历史更长，它从汉字创造一开始就已经出现。因此，书写意识一词本身就是一种洞见，即在一定情况下，某种书写观念对社会某一群体而言，是一种"书写"发展，而对另一群体而言，却是对社会真实书写状况的掩盖，成为汉字发展途上的运动阻碍，这就是东汉时期社会书写现状的反映——两种书写意识形态的历史性分叉。

在分析张、钟的书写现象时，根据汉字书写活动的条件概率细则，建立起张、钟各自的书写活动相关参数，具有深入他们书写活动本质、人对草书和书法现实要素选择的反映。由于张、钟两人对社会文字意识边界上的态度倾向不同，导致了书写运动——知觉区域内的心理位移不同，一位向书写转动本征结构的边缘区域发展，一位向中心层区域发展。而两种不同书写形式，又代表了不同社会联系的书写人群利益。这里，我们所关心的是，当时影响到张、钟对汉字社会文字意识边界突破和守恒两种心理活动因素。

前人对张芝的今草现象的总结可归结三点：(1) 张芝的书写参照坐标是崔、杜。“张芝自谓上比崔、杜不足，下方罗、赵有余，诚则尊师之辞，亦其心肺间语。”(2) “伯英学崔、杜之法，温故而知新，因而变之以成今草，转精其妙。字之体势，一笔而成，偶有不连，而血脉不断，及其连一也。”(3) “卫桓、李诞并云：汉初有草法，不知其谁。”①针对张芝的草书现象，可发现该文字活动的书写冲动，以及由这一情感所产生的书写经验、规范的性态属性。张的书写参照坐标是崔、杜。而崔、杜是秦隶向汉楷发展途上的某一过渡点，这些书写尚未形成楷书结构特征，它仍然处在书写气势和气韵尚未分离的原始状态，该原始物种正处在即将分离的历史边缘状态。从“世称一笔书者”这一短语可以看出，张芝已抽取了汉字结构中所有的文字意识边界②。张从秦隶社会接受而来的八分书写手势，在尚未达到书学行为③、形成第二书写杠杆的动态平衡时，受书写生理母体优势转动陀螺仪转动引力的影响，匆匆草化了。在超速书写的心理追求中，已从 -1 偏转向平行转动的 0 偏转自动退化。这就是一种无意识书写活动规律。

---

① 请参考(唐)张怀瓘《书断》。

在汉楷尚未之前，直接从书写生理母体中自动提取单体书写转动的广义草书，是具有广泛社会基础的，产生了当时社会一批优秀的草书活动家。如杜度、崔瑗、张芝、索靖等，他们初步形成了集体自动无意识书写动机的文化氛围。在一个草化盛行的社会环境中，受单体转动书写方式的持续不断刺激、不断累积，导致张从社会书学集体书写现象的观察中转换为一种专门的书写实践。在书写运动知觉边缘区域活动的心理满足中，沿书写气势不断加速、超越，以专门提取汉字结构上书写笔顺气势效应为目的。

张本人并没有强烈形成正体书写的心理需求，他既不代表“三表六书”文化的书写发展，又在一个刚刚形成的书写型汉字结构上进行草化突破，这就是广义草书的书写心理和文化内涵深度的实际反映，是造成张芝向“今草”书写发展，并成为这一类型的书学盲动主义第一人。而钟是符合汉字“三表六书”文化的实际书写的个例，他在一个严格的汉字书写边界环境中摸索和思考，才形成了汉字书法的雏形。因此，钟既是秦隶书写文化的守恒者，又是突破当时社会书写文化精度的第一人。

运用社会文字意识边界参数，对于理解历史乃至当今，在判断人的书写性态问题上始终都是清晰、分明的，它从根本上改变历代社会书评的刻板影响：(1) 张是符合当时社会主流书写文化的优势均衡，并将书写气势行为推向顶点。他一端与崔、杜正体发生联系，另一端又向高度自动化草书行为②归宿。于是，张的书写得笔、他各体兼能的正体书写水平被确定了。张的正体行为只能在秦隶书学行为①和汉楷书学行为③之间，其书写得笔概率绝不会超过钟。因此，当时今草新生事物是不可能构成任何书法意义上的发现和预见。相反，是一种汉字“三表六书”文化、书写笔画压迫特征的自动退化。(2)张的书学行为②早于钟的书学行为③，这一历史书写现象表明，书龄长短与书写性态之间没有正相关的必然联系。(3)社会对书写等级序列的评价颠倒。秦隶、汉草、汉楷在社会历史上出现的时间顺序，与近代社会的日常书写、名人今草、法书活动的出现概率相一致。因此，张草具有这样一种书写文化的定位意义。张的草化具有日常书写的超前特征，是中国最早有史料记录的、名副其实的广义草书的创始者，是整个中国社会书学行为②的典型代表。该书写现象解释了当前社会人书写行为中，书学行为②普遍占优势的原因。(4)社会对书写观察的无意识评价取向，常常以总体书写概念的分析方法进行平分秋色。这是中国社会最初期发生在日常书写②与书法行为③之间、在书写等级差异上的评价混淆。

上述四点的提出，就是将历史书写现象深入书家社会文字意识的根源上，张所具有书写探索的进取意义，对于钟而言，根本就不是探索的目标和方向。对当时社会上层书写发展的紧张状态，根据张所依赖的书写执笔手势和书写运动感觉，他对汉字书法的发现线索就根本不可能存在。因此，在东汉同一历史时间点上，社会先、后出现了两股书学思潮：张草和钟楷。张草没有向高一级的楷书方向逆向推进，而钟楷没有完成书写变速随机稳定表现应有的有序长度。由于张、钟两人的书写入门的不同，就造成了社会人对书写现实要素的不同选择。因此，两种不同文字活动性质，对中国汉字发展具有不同社会导向。如果我们不从根本上审视从日常书写向书法进化的汉字文化意义，就不可能得出他们各自书写文化成果上“质”的差异。对于张所依赖的书写执笔手势、书写经验、书写性态的判断，以及他对汉字书写世界观的

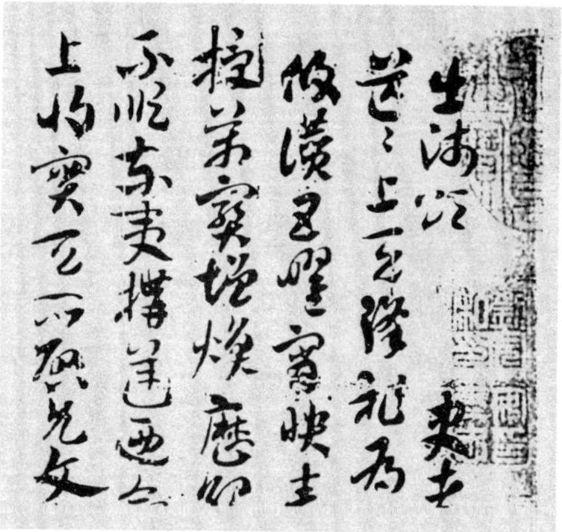

A. 索靖书法图

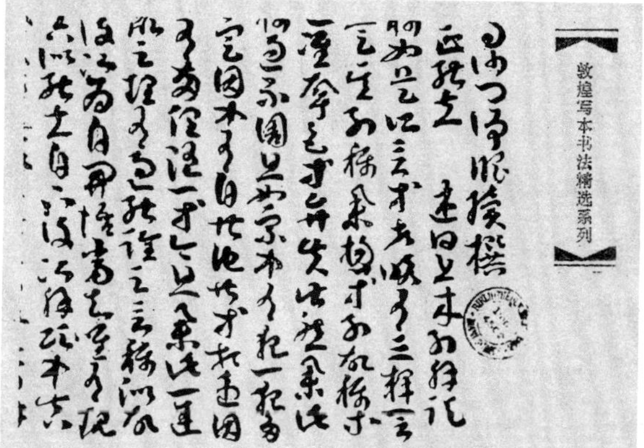

B. 敦煌写本精选

图 6 - 3

发现线索就将不存在。因此，有目的的取向意志行为是关于汉字书写环境理解的源头。由于当时人对汉字五字执笔法产生的历史认识过程是模糊的，那么，以后社会对历史名人究竟是高级书写②，还是书法行为③的评价，就失去了书写等级判断的针对性。于是，两种完全不同的书写边界环境和不同的书写行为方式，决定了它们各自对书写认知的不同表述，而两种完全不同的书写意识的不可区分性，又决定它们同时存在于同一种汉字文化内涵之中的理由。因此，在中国书写史的最初源头，隐藏着两种不同书写活动意识的历史分叉。由于他们的行为长期未得到书写理论的揭示，于是，发生在人与人、书家与书家之间在书写思想上的矛盾和差异，便深深地隐藏在整个社会历史发展之中。

（二）有关张、王草书的书写性态的判定问题

不论是东汉时期还是当今社会，书写无意识评价取向总是将楷书和草书——一种有书写意识和一种尚未形成书写意识的文字活动并列在一起评价。这一文化惯例破坏了社会书写知识齿轮效应。于是，评价和界定历史和当前，草书的书写等级优劣性态时，形成了三种书评态度：一种是双坐标制书写评价，另一种是苏轼的“草书论”评价，再有一种是以书写意识为界定的书写等级评价。

1. 双坐标制书写评价。王是钟的书写源流上的主要发展代表，虽然王的楷书成就处在该时代的顶端。然而，在当时社会认知结构中，要想究明广义草书和楷书两者间的书写文化等级差异，把书写运动知觉区域内、边缘层和中心层的书写意识活动层次关系这一问题陈述清楚，存在着相当大的难度。因此，在张、钟、自我三者之间的书写评价上，人们采用了分类单项比较法。在这方面，王羲之有一系列相当著名的论述，在楷书方面，“吾书比之钟张，钟当抗行，或谓过之”。在草书评价上，“吾真书胜钟，草故减张”“张草犹当雁行，张精熟过人，临池学书，池水尽墨，若吾耽之若此，未必谢之”。这就是所谓双坐标制书写评价。

双坐标制书评是二元认知论。如果按书写性态特征进行推理，那么，发生在王、张之间的草书评价的结论应该是明确的：王>钟>张。但是，尽管王的书写思想代表了当时社会最高书写行为水准，但该书写产品的思想核心归属问题没有解决。当时社会，钟是以楷书而著称，他行书还没有出现。而张是以草书为强项，他的楷书还不完备的。当王的书写等级提高，书写变速有序长度覆盖了钟楷、与张草时，社会就不再停留在“各有千秋、各领风骚”的书评内容上。当社会要求王羲之同时参与钟、张的书写比较、在决定书写孰是孰非的问题时，王的书写意识范围显露出来了。他对同一类楷书范围内的观察时，是斤斤计较的，是有书写意识判断的精确度存在。一旦将自我书写变速序列上的随机稳定性长度变长，与对方书写片段“精熟过人”相比较时，他就失去书写意识的判断精确，暴露出他的书写意识的局限性。

导致王草书认输的原因有三点：一是五字执笔法自身形成过程中具有一定随机因素，人们在尚未认清该书写结构对汉字活动具有书写科学性的情况下，就不可能对楷书行为和广义草书行为有一个“质”的认识区分。二是在单苞草化书写过程中，人书写执笔手掌不断向下倾垂，书写核体位不断上提，向手腕平面转动的最佳书写气势状态发挥(这一书写模式在以后章节论述)。因此，单苞执笔的草化气势，明显强于深掌五字执笔法草书气势，这是由于两种不同等级的书写机制所致。虽然，我们已不可能看到当时的张草的书写形态和式样，但是，当代社会同样有张草的书写形态和式样，这就是我们熟知的日本假名书道。只不过张的草化汉字尚未退化到日本假名这种字母结构而已。因此，单苞执笔书写草化对人的视觉具有“精熟过人”的震摄作用。王面对张草曾经有过矛盾和困惑。但是，由于王无法从相互关联的书写参数中，剖析张草的书写活动本质，解明该活动的书写等级，于是，作为社会上层名流的言行，对同行的书写评价就必须谨慎，遵重这一社会现实也是一种大家风范。三是在书写文化交互中，绝大多数人处在书写无意识情况下，人对书写判断在很大程度上依据别人如何行事来预期书写好坏的。张芝是“临池学书，池水尽墨”，王羲之是“若吾耽之若此，未必谢之”。这种粗糙的认知方法，导致了王在与张的草书比较上出现了“草故减张”的二元认知论。

二元认知论思想表明，王是在汉字的书写意识和书写意识发生过程之间发生了相互混淆，他所意识到“楷法”的存在是以五字执笔法为先决条件，并非因五字执笔的楷法存在而使得他对所有书写变速都成为意识的可能。当他的双体书写转动向单体退化，而张的特定单体书写转速又超越了他时，王对知觉的对象判断就可能潜藏着各种可能性，各种可能性书写表达都是有可能的。因此，二元认知论是将两种不同书学产品包容在同一书写等级之中的评价矛盾体，它既发生在同一书写性态上进行比较，具有书写意识的评价成分，也可以在非同一书写性态进行比较，存在非书写意识的评价观点。它有时可能不具备识别草化，有时还有可能不具备识别正楷(在特殊的社会背景下)。社会高层书评活动中的灵活态度模糊了书法概念，它不仅符合当时汉字思想的整体发展特征，而且还典型地属于我们当前对书法认知的思想结构特征。单纯的书法程序性知识把握并不完全具有理论说服力。它反映出王对汉字书写文化精度理解的认识狭隘性。因此，双座标制书写评价，不具备真正汉字书写等级的判定意义。

2. 有关苏轼的“草书论”。在汉字的正、草的书写等级关系上，苏有专题论述：“书学备于正书，溢而为行草，未能正书而能行草，犹不能庄语而辄放言，无足取也。”唐代，张怀瓘对各种书体的书写易难度时曾这样描述道：“天下老幼悉习真书，而罕能之，其最难也。”然而，张怀瓘所体验到的楷书最难，在唐代这一书写问题并没有解决，他的思考也没有得到后续理论工作者的深入探究，于是，楷书的书写无意识思潮又在以后的社会环境中强烈地表现出来。

从中国社会历史的宏观层面上看，古汉字甲、金、篆，史后秦隶、汉楷、魏晋楷书，它们都曾是历史上的汉字正体。所不同的是，人们把史前古汉字称为“文”，把史后汉字正体称为“书”。那么，文和书之间的区别究竟是什么呢，这就是书写与绘画的区别。“文”是汉字“三表六书”结构尚未定型时，绘画性文字结构的命名，“书”是汉字“三表六书”结构定型后，书写型文字结构的命名，这就是“文和书”在正体命名上的书写性态区别。

在绘画文字发展阶段中，由于这些文字还处在视觉生理上的字义结构的调整、装配中，因此，古汉字文字只有正体，没有草化书写式样。一旦汉字字义的图像结构调整、装配完成后，汉字就会出现新的结构性装配任务。新的结构性装配工作任务的视觉图像是固定的，但书写装配工作还没有完成。

汉字正体的书写装配思想，是通过在不同历史阶段、书法水平的不断提高来逐步完成的。在历史过程中，每一阶段上的草化形态起源，都是在一个具体正体结构基础上发展起来的不同性态的书写草化。秦隶，既是正体，又是草体。以后，汉隶又分化出章草、今草。魏晋以后，汉字才出现楷、行、草丰富的书写变化层次。这一现象表明，在汉字书写装配工作的等级水平不断提高的同时，又有一个不能分开和打断的连续变体、一个人类文字活动的基因，即与草化活动相统一的倾向始终存在着。于是，在汉字文化活动中，一个长期隐藏着的书写等级认知关系显露出来了。英文，它不存在图像装配工作任务，它是字母结构文字，是直接草化书写。因此，它的书写变速随机稳定性表现的有序长度最短，它只在日常小写活动中有表现，大写就完全偏离出书写活动范围，属绘画活动范畴。其次是秦隶与汉隶，它们的书写变速随机稳定性表现的有序长度相对变长，并区分出正、草两体。最后出现的是魏晋书法，它的书写变速随机稳定性表现的有序长度最长，有楷、行楷、行、行草、草……，这一文化现象说明，汉字三表六书正体具有书写文化引领作用，当书法形成后，它一下把书写变速随机稳定性表现提高了几个等量级。汉字每提高一个书写等级，书写变速的文字结构质量就变好，书写变速有序列长度就拉长。因此，每一历史阶段上的汉字正体的书写文化装配性质，就是一个书写变速有序长度的具体反映。

在历史过程中汉字的书写起源有其自身的特殊性，一方面当时秦隶正体存在着一个书写等级的进化过程，另一方面，它在日常书写上，也存在着一个书写等级的退化过程。汉字书写文化的等级是由书写变速随机稳定性的具体有序长度决定的，那么，正体与草书之间关系就以书学行为③为标准，这是汉字文化正向排列的认知活动关系。然而，当书学行为③没有发生时，书写认知就以“三表六书”文化结构图像学习发展关系，以正、草出现的时间序列为排列为标准。这一认知关系包含了一个不能分开和打断的一个学习过程，因为终端行为的草书不会在单纯的条件下产生，它是依赖正体图像学习的连续书写变速过程，在最后阶段的状态所产生，那么，草书就一直处在书写活动的巅峰。这是汉字文化反向排列的认知活动关系。当正体的书写发展历程脱离了人的意识，长期处在一种无意识状态之中，社会对汉字文化正向认知关系消失了，它的反向认知关系却得到了肯定。于是，在汉字书法出现之际，产生了一种与书法现象十分相似的草圣。它早于书圣，又超越书圣，发生了书写等级的历史性混淆。到了唐、宋时期，当汉字书法开始进入衰退期，这一书写等级混淆现象又以新形式出现，出现了所谓的“天下第二草和第三草”评价。到了清以后，当书学个体的正体以绘画性古汉字担当时，汉字开始出现正、草体的实际分离。当正、草两体完全失去了内部联系，相互混淆的书写等级资本随之丧失，人们便用“掺”的方式，把正体中的绘画特征强行掺到草书活动中，把两种书写文化强扭在一起。因此，历史每一阶段时期对汉字文化形态，就是一个汉字书写等级的发展序列。而每一阶段上的草化形态起源，都是在一个具体正体结构基础上发展起来的不同性态的书写草化。

因此，在人类所有的文字活动中，草化本身就是一个书写等级。世界主流文字不存在正体图像学习，它的书写变速序列最短，是一种本能的、独立加工书写现象，因此，它的书写等级最低。秦隶是在书写笔顺的气势中产生的草化溢法。魏晋是在书写笔泆的气韵中，又产生的行、草溢法。气势溢法是可以通过第一书写杠杆向转动中心自发产生，它不论书学者的正体处在那一等级、不论你正体书写装配处在哪一水平，草化的“溢法”却始终是相对统一的。而气韵溢法则不然，它必须在通过第二书写杠杆移动中心书写位移的动态平衡的形成，才能最后进入书写草化。我们之所以把笔顺气势草化称为广义草书，是因为广义草书具有绕过第二书写生理杠杆的正体装配，独立、自发地发展形成的特征。张芝和日本仮名这一前、一后两种文化形态，就是汉字史上广义草书产生的有力佐证。因此，“溢而为行草”是有书写等级区分的，它必须通过正体的书写等级水平才能决定。

汉字正、草书写之间存在着无数不同书写等级的差异，它还没有被书写理论进行明确细分就被后继书学者应用。因此，在反向认知关系中，人们在谈论超越“三表六书”边界的极端书写行为时，即使处在社会的书写顶层、是法家，都有可能受到后一种认知关系的干扰。在这种情况下，人与人之间书写意识范围的认识差别就在于：书写变速中的随机稳定有序长度的大小，它的范围是较大还是较小。如果在两个认知关系中，书法变速随机稳定性表现的有序长度的活动范围得不到厘清。那么，草书就成为书写认知上的一种颠倒，成了汉字活动中的书写等级和性态的不明因素而在社会长期存在。

从表面上看，苏的“草书论”与张芝的“矜巧自许”并不存在任何内在性联系，但是，作为同一文字活动的意识形态体系，他们都以同一书写行为、同一书写问题为核心，得出了他们统一的认识和看法，即无视楷书在汉字书写上的重要地位。而苏在不同的历史时期，对正、草作出了进一步的补充说明。因此，草书论与“矜巧自许”一样，具有两方面文化意图：虽然，钟、王同是当时社会汉字书写顶峰，但在这一书圣的顶峰之上，还存在一种更具威胁力的书写草圣的存在。由于汉字书法形成的最早期，就有一个与该书写文化形态几乎具有同等实力的草书在那里抗衡。而且，广义草书在社会历史的书写规模上和时间长度上都超过书法行为。历史上大量的“重量级”书家人物在还没有进入到魏晋楷书等级水平时，社会便塑造了当今一代的“草圣”。在不同历史时期书写文化博弈中，广义草书从来都不是失败者。广义草书具有居高临下态势，直接威胁着魏晋书法体系的心理意图。因此，草书论的核心思想就是一种书写逻辑的假定，即书写笔法的存在论。这就是草书起源时张芝思想的实际延续，是苏理论的社会根源。根据这一书写经验逻辑，一旦草化形成，其背景上的书写笔法就毋庸置疑。因此，草书论又是一种书写笔法的自我澄清。

草书论传达了正、草变化上的一种直觉意象，它不知不觉地把错误论点带到了整个社会书学的认知论和心理学的基本问题中。从王羲之的双坐标制等级评价转移到苏轼统一制评价中，这一被简化的书写统一体作为一个新增书写“断言”而存在。由于它本身就是一种大众书写心理而从来就没有被书学界所察觉。于是，在草书的评价问题上，一个书写理论怪圈现象一直笼罩在整个书学界。一方面汉字书法现象出现，人们公认的对象是钟、王；另一方面，一个与书法起源无关的草圣，原本并没有得笔，但在汉字书写史的评价上却与钟、王的书法一样，可以平分秋色。从而在不同社会历史时期的书法评价中，汉字的书写绝对权威永远归功于各社会历史时期的“张芝”。

因此，草书论既是社会大众书写心理的直接代言，又是汉字书写文化精度上长期存在的最强劲对手。草书论降低了社会人对书写“质”的深度探究，导致了人们对汉字书写的浮夸作风。这意味着中国汉字发展失去了真理标准，给整个汉字发展增添了复杂性，给后人有目的取向的书学选择留下了悬念。对于社会历史书写文化精度的考查，解决汉字书写发展上长期存在的困境，寻找和确定汉字书写真谛的工作任务，将随着社会历史进程的发展而变得越来越困难。

3. 以书写意识为界定的书写等级评价论。已知：第二书写杠杆的动态平衡具有支撑一个正常方块汉字结构的书写活动精度。一旦人把握了这一书写结构，该书写便具备书写变速随机稳定的表现，也就是说，这一书写不仅仅具有楷、行楷、行、行草、草……丰富的书写变化层，而且它随书写速度变化，字形结构呈逐步退化趋势。因此，在A草书与B草书的书写性态比较中，人脑海中存在两种书写转动心理象的预设，当人的第二书写杠杆的动态平衡尚未达成平衡时，正体行为往往带有排字倾向，中间过渡的行书现象是萎缩的、不存在的。也就是说，广义草书更容易倾向单侧陀螺仪转动。在一个本能性、单体书写操作习惯性运动中，从正体到草化，支撑汉字字形结构逐步退化的书写变速序列就变短，字形变差、不等不健全。

因此，在评价两种草书现象的优劣时，观赏者自身对正体书写性态的把握要求很高。在纯笔法的理性思考中，推算在社会文字边界缺失后，由草化变速所引起的字形结构退化，书写吸收的合理性、可行性和协调性问题。因此，对草书活动的评价需要具备更深层次的技法把握，需要具备整体性比较的书写等级意识。对草书的书写笔法概率偏差、对字形结构退化特征的判断，需要楷书书写意识的参与才能得出正确的结论。虽然，当今我们已不可能看到张草真迹，但是，历史上细心的观赏者还是看出张、王两者草化字形上的差异，“张字形不及右军”(羊欣语)。这就是一种“法眼”，在书写文化精度的运算和检验中，草圣与书圣间的书写等级差异，还是被人清晰地区分开来了，张不如王。

羊欣具有书写意识的评价态度。有了羊欣书写等级区分，我们就可以进一步解释，在汉字思想史进程上，对一些简单印象的东西的陈述，即选出那些隐匿的、含糊的书写生活陈述，通过这些书写目的取向上的意志行为，在其书写意志加工对象的区别，还原当事者一个明确的书学意识形态。历史上，张是“临池学书，池水尽墨”，王是“若吾耽之若此，未必谢之”。显然，这是两种完全不同的书学态度的心理过程的总和：一个是书写理智上的意志加工行为在前。当书写理性行为健全、稳固了楷书结构，在进入自动化快速书写转动时，该书写便出现自动的、不需要意志努力的书写。在控制其结构位置与速度变化上，王处于等量递减的自动退变之中。一个是书写意志加工行为在前，书写理智行为在后。广义草书是在尚未意识到第二书写杠杆的动态平衡的重要性时，便匆匆在一个广义正体的书写笔顺上，自动加速书写气势。因此，它需要一种意志和情感上的无意识潜流来确保和控制在高度自动化加速中的汉字书写适应性，所以它并不存在书写笔法的提取行为，而是一直处在一个不稳定、不平衡书写状态中，在无意识地进行书写拼搏。在这种高度转速的书写过程中，字形就容易出现异常。两种不同的书写意志行为取向，导致了他们间的书写生活陈述的不同。“池水尽墨”反映了无意识书写要求人不断强化意志作用线，是书写难成的一个侧面反映。因此，“池水尽墨”与书写呈负相关效应，它反映了张书写转动的纯洁性出了问题，需要用超人的意志对这一不稳定因素进行控制，是草圣书写性态的真实反映。因此，历史上王、张之间的草书比较，不是同一等级的“雁行”问题，而是不同书写意识、不同书写等级的“质”的差异。

虞龢在《论书表》中，记录了这一书写区分的历史性对话：“羲之书云：‘顷寻诸名书，钟、张信为绝伦，其余不足存。’又云：‘吾书比之钟、张，当抗行；张草犹当雁行。’羊欣云：‘羲之是小推张，不知献之自谓云何？’又云：‘张字形不及右军，自然不如小王。’谢安尝问子敬：‘君书如何右军？’答云：‘故当胜。’安云：‘物论殊不尔。’子敬答曰：‘世人那得知。’”这是发生在高层次上的又一次书写等级区分的对话，这一对话的重要性在于，它将当时历史上最高层次上的书写等级，通过有意识的理性判断将其区分开来。在大王与小王之间，又进行书写笔法的细分，内擫与外拓。它显示了书写技法发展中，人对内隐性书写结构把握的重要性。这种个人认知发展的书写知识，不仅是对社会历史书写等级产生的因果关系分析，更是关注书写过程中，客体的书写内部结构与外部字形间的动因变化。

在进一步的对话中，在大王、小王书写比较评价上，献之的“世人那得知”回答得既十分清高，又十分无奈。这一个体自我扩展的书写认知显示了当时社会书写技法的高度发展，这种书写等级区分就是内擫、外拓书写笔法区分。只有通过理解这些内在书写结构上的动态差异，才能得以阐述字形变化上的“及与不及、古质今妍”等历史性书写因果关系。因此，以书写意识为界定的楷、草评价论，是进一步加工汉字书写知识的心理材料。由于这一阐述的思想深度始终只停留在对话形式上，迄今为止都没有真正形成书写知识，导致了两种书写思想类型的实际书写发展出现了绝对差异。

因此，汉字书写之所以成为一个问题，并不是书家可以独立在整个社会之外，而是深陷在社会集体书写无意识之中。依据个人有意识书写所得出的书写知识区分，这种书写知识只是社会有限个人才具有的能力，而在大众头脑中是不存在的。当社会群体的书写文化环境还没有达到同等水平，人们还没有能力进行同样问题的思考时，如果个体的自我认知扩展不能转化为一个社会性的书写等级标准，那么，这一自我书写认知结构本身就将在社会上逐步消失，整个汉字书写文化等级序列就不清晰。因此，有意识判断的个体书写认知的社会普及意义极为重大。

羊欣与献之的“对话”社会意义今天才刚刚得到开启，这说明个体书写认知结构在转换成书写知识上存在着社会历史的局限性。在缺少了能够解释汉字书写等级的专门知识的情况下，导致了千百年来，真理的阳光始终都无法穿透社会集体书写无意识动机所释放的废气和尘埃。因此，在汉字书法领域中，人们对这一对话的感觉是迟钝的。不同社会历史时期存在着各种特殊书写行为的内在动力，这种内在动力通过书写热情和意志行为的保持，导致了社会各种新的“客观性书写”概念的产生，导致了书写理论揭示愈来愈接近于当前社会环境决定的知识模式。因此，在汉字书写文化领域内，是不存在书写理性的“危机”和不确定因素的。在整个汉字书写文化知识中，当人对书写等级上的模糊性和不确定性的怀疑系统不存在时，该知识文化内涵就只存在“创新和挑战”了。

二、一个理想的书写代码——有关颜真卿书法、理论及其对后世书写文化的影响

颜真卿（709—785），字清臣，京兆万年（今陕西西安）人。开元进士，累官至殿中侍御史。被杨国忠排斥；抵抗安禄山，后封为鲁郡公，世称“颜鲁公”。书法初学褚遂良，后从张旭得笔法，参用篆书笔意写楷书，端壮雄伟，气势开张，古法为之一变，行书亦刚劲多姿，开创了二王以外的新风格，世称其字为“颜体”。唐代杰出的书法家。（摘录《历代书法论文选》）

在整个汉字书写发展的横断面上，当羊、献对话的书写等级判定没有达成一个统一的社会群体意识时，到了唐代，社会书写等级标准就不可能再以两个中心论而存在，它将逐步转向一个中心论，即虚假

书写为中心而存在。由于魏晋草书评价的隐患存在，在汉字书写文化反向排列的社会认识关系中汉字书写文化的标准也就由一个广义草书权威做主，并逐步从魏晋书写文化精度中分离出去。因此，汉字书写概念模糊期也就由两位伟人的历史性会晤，拉开了新的帷幕。从此，社会作出了一个关于汉字实际发展方向路线的改变和调整，形成了一个新的书写文化标准——颜字“书法”。

颜真卿是汉字书写概念模糊期中最重要、最有影响力的代表人物，是王字书写程序知识在社会间接人群传播中，书写文化出现的一个标志性的重大偏差。在整个社会集体书写无意识运行的帮助下，颜终于从社会书写低层跻身到上流阶层中来了。颜字现象在中国社会中具有这样一种重要意义，他不论是书写上，还是理论上，从正、反两面对后世汉字活动产生了深远的影响和影响深远的后果。如果我们不认真剖析这一书写文化形态的复杂性，那么，历史上有关颜字书法的真、伪问题，最终将还原为对“同一”对象的不同书写体验方式来解释。颜字仍将以汉字书法特有的模糊形态继续左右和掌控整个中国汉字的书写文化命运。

(一) 颜字书法成功的奥秘之所在

有关颜字书法的形成历来是学术界探究的热门课题。近代一些学者从“颜氏墓志”发现，颜字的书写笔法并不是来自“二王”，而是自家笔法。该发现表明，在传统书法理论的笔法概念中，笔法并不是统一的、单一性概念，它至少存在两种以上不同笔法概念的实际存在。因此，书写笔法的矛盾存在是社会书法活动中最值得探究的一种文化现象。关于颜字笔法的起源的实际存在，可归纳为以下诸方面问题：(1) 颜字书写笔法成因的社会生物—物理学基础是什么？(2) 颜字是如何迷倒成千上万民众，成为最受社会民众推崇的一种标准书写模式，从一个社会既定书写文化标准推翻到另一个书写文化标准是什么？(3) 颜字书写可行性，以及该结构在汉字史上长期通行的文化功能和存在价值是什么？这是隐藏在中国汉字史中长达千年之久的问题，对此我们必须要以书写知识社会学观点，剖析在一个新的社会书写文化环境中，人对这一汉字演化结构的心理需求究竟是什么进行分析。

1. 有关颜字结构的书写特征问题

发生在汉字史上的每一书写事件，其书写"笔法"含义要素都是与时间、空间的社会环境因素紧密相连的。在唐代社会化书写笔法意识中，通俗化笔法意识已经开始充满社会。这些集体书写表征基本传承了书写起源不可知的"原则"，并表达了每一书家心中、自我理解的书写"笔法"究竟应该是怎样一种形态。颜字就是与我们所理解的传统汉字书法知识相去甚远，但与当时乃至当代人的书法理解基本一致的书写。

要了解颜字的书写思维模式，就需要恢复颜字的书写空间环境。颜字书写策略空间属非现实书写空间环境，当社会书写空间环境中的书写边界，还没有足够的强度迫使人进入书写运动——知觉中心区域时，非现实书写空间环境就成了一种书写超越。在视觉因素的"旧"与非书写生理因素"新"的长期交互作用下，虚拟书学形态导致了魏晋汉字以适合非书写结构活动方式进行重新组织、安排。而颜字新体的形成，就好比钟繇书法形成过程一样，在书写空间放大过程中，摸索该字径的大小与非书写生理结构间的相互匹配关系。所以，颜字结构的新体式样也在不断变化、趋向成熟，形成了一种在绘画意识作用下、与书写生理效用函数{ui：I=1、2、……、n}放大力度大小相适应的文字结构特征。

图6-4　钟字、王字、颜字书写空间逐步放大

颜字文化是人对汉字书法的通俗化解读。根据近代视觉生理的最新研究表明，视觉对外界图形信息处理，其神经活动是有一个活动层次的，视觉皮层中的“单纯型”细胞仅对特定方位的线段起反应。有的单纯型细胞，只是在垂直方向走行的线条映入视野时，才发出较多的神经冲动；有的只是当映入的线条呈水平走行时，神经冲动才增多；有的则是当映入的线段呈某种角度时，才放电增多。这些视觉生理特征构成了文字活动上的视觉检测活动水平，它具体反映在古汉字结构的进化时的独立性运用。

从绘画图像向汉字文字符号转型时，人的视觉生理检测水平还只是停留在“单纯型”细胞活动水平。到了小篆文字结构时期，人对视觉检测生理运用已不是单纯地停留在动用单纯型细胞水平上，而是动用视觉生理上的“复杂型”细胞活动在运作。它不要求线段的影像映入视野的特定部位，只要线段呈一定的方位就可以使这种神经细胞放电增多。而到了唐代，颜字一方面把各种书写笔画形态向线条特征拉平整，导致魏晋楷书上的书写性态特征退化。另一方面，各种拉平整的笔画在起始、转折和终止的每一局部特征上，滋生绘画性方、三角、圆形特征。这一时期人对视觉检测生理运用，在向更深层次发展，动用了“超复杂型”细胞进行工作。因为大脑皮层的视觉联合区中有一种被称为“超复杂型”细胞，只有当视觉刺激影像出现“角”时，细胞放电才增多而不受角的大小、朝向、构成角度的线条长短、粗细以及背景上的明暗对比强度的强弱等影响。颜字新体相符于这一视觉生理特征，因此，颜字新体是动用了视觉生理上“超复杂型”细胞的最强工作能力进行创新的。它把以往书写型汉字结构上一些不规则几何图形特征，以视觉检测生理的标准进行统一，并达到了如此这般的夸张程度。因此，在颜的自传体书写史上，它有一个视觉对笔法理解的思维过程，由低向高、不同层次的绘画性处理过程和一个自成“面目”的发展过程。

A. 非现实书写空间可利用绘画活动余量变大，人绘画心理被放大，社会通俗化书写笔法的理解就是由“一笔书美术空心字”画法所替代。这种熟悉的“笔法”千百次从人们眼皮底下溜过而从没有被人意识到，这一行为就是美术字的前身。

B. 上石颜字比真迹来得威严、规范。

图 6－5　书写笔法绘画图

颜字对视觉生理的独立运用是与书法发展一样，在非现实书写空间环境的“引力”作用下，把书写型汉字结构上转折特征作为最小可绘画空间余量，逐步向大绘画空间余量发展，最后，在每一种笔画结构的起始、转折和终止处都有各种不同的转折进行绘画造型，这种造型特征就是人的绘画意识的“书法”操作。它利用了转折部位局部有限空间，对笔法形态以一种绘画方式进行修正，与书写笔法外形有相当程度的相似性，但与书写笔法活动无关。

汉字书法的最初变异是以魏晋汉字为母体，用纯绘画活动方式进行的。它从一个家族的粗糙书写式样向高层次发展中，人的文化修养层次越高，它对书写性汉字结构的绘画性改造、抽象、概括、综合的水平就越高，对汉字结构上各种方、三角、圆等几何图形的应用就越巧妙、完善。因此，颜楷结构属文字绘画性书写技法。颜对视觉生理的应用上远比汉隶结构上的“燕不双飞”来得强烈，更不是“拳握蒸饼”一类简单、粗糙的造型特征，他“尤嗜书石”（朱长文，324），每次书写完毕，总令书童上石镌刻之，“盖欲传之远也”。颜字书写活动程序比其他书家多了一个镌刻程序。颜在适应非现实书写空间环境时所出现的书写错误，与普通人在非现实书写空间书写时出现错误形态是基本相同的。所不同的是，由于社会文化地位和经济实力的不同，缺少书写性态的字迹经“上石”之后的绘画性描述，就变得温和而无害了。

因此，今天我们所见的颜字拓本隐伏着视觉对“书法”认知的三重强化效果：(1) 书童对颜字绘画书写上的不规则性进行修正、雕琢，整个书写—技术方法处理过程使得该书写更具有魏晋“书法”的规范性。(2) 观赏者从日常操作书写进入非现实书写空间环境时，无意识地与上肢生理放大第二过程发生联系，人对书法发展的认识从此定位在上肢生理放大第二过程中。(3) 后人通过空心美术字的直接书写，加深了人对方、三角、圆形等特殊刺激物“笔法”的直观理解而具有书法经济学优势。这三重书写技术的层层结合使得颜字形象达到了一个空前的高度。它不单将魏晋书法的视觉检测水平突然提升了几个等级水平，而且“上石”又对自我“排字”进行书法弥补，这就是颜字“超凡魅力”的关键所在。因此，颜字新体在中国社会长期轰动的书写效应就是动用绘画意识进行传播，从此一个社会性的书法认知转换口形成了。

颜字结构上的新颖刺激特征与视觉检测思维缜密思考密切相关。当社会上绝大部分知识分子的思想还停留在从王字图形中寻求书写笔法，社会人对汉字视觉检测图像的刺激特征的确切形状还没有被充分知觉到，社会上层还没有能力对这种新颖特征的书写性态进行严格、精确地区分和管控时，颜便在自我家族书写基础上，率先突破，并捕捉到这一新颖特征。他超越了同辈，提前跨入了对汉字书写性态的图形特征进行纯绘画性加工的书学活动，颜是唐代汉字书写编码向书写代码转型的典型代表，而书写代码就是美术字前概念。因此，唐代社会书法已出现了书写、绘画两种意识形态的实际分离。

颜以魏晋楷书为视觉母体，在非书写空间环境的“引力”作用下，以绘画“笔法”进行书写匹配，而书写常数和书写生理效用函数本身是两种反相的书写运动记忆。在不存在书写活动组织机构情况下进行书写，是需要耐心和毅力的。颜为了使自己的上肢在非稳状态运行中听从脑的绘画意识指挥，他的“书写意志作用线”自始至终是存在的，因此，颜便成了中国社会第一位典型的功力替代书写的楷模。

颜对社会书学影响是综合性的。由于颜字的视觉生理检测活动特征被挖掘得充分而完善，该字迹又采用了反书写笔法学习的绘画程序操作，存在着一个可直接认知的书写笔法经济学示范。于是，这一书学经济学指引着书学的集体无意识动机，即在非现实书写空间环境中如何有效书写问题上，与当时社会人对书法需求发生了暗合，随之而来的新的书学思想史出现了：（1）绘画形态的书写“笔法”加工都有一个共同的社会环境根源，即非现实书写空间环境。在这一外部环境的作用下，社会集体以书写放大第二过程来进行书学。书写结构出现了隐性丢失，是一种无意识自选变量。（2）人们在接受笔法经济学示范快速反应的同时，也在接受这一书写类型的认知形态和加工形态。颜字结构形态上的雄强意象是受视觉生理的刺激和非书写结构模式双重强化所产生的矛盾集合，是典型的从书写生理向非书写生理“黑板书写效应”过渡的早期笔画形态变异特征。该书写模式与日常书写操作相比，更显得强有力、具有书写力量感。这种分离书写结构的变异力量隐性存在，就是以后日常书写与书法区分的社会心理因素起源。（3）书写环境性动机的无意识倾向导致了人在书写加工时间上，新一代“临池学书，池水尽墨”的社会风气形成了。

显然，颜的书写观已深入无意识书写的社会根源，而进入公众脑海中的这种书写意识形态，就成了颜字历经千年而不衰的社会原因。这一书学源于个体的近期目的又应用于社会当前，从而导致了社会大众书学心理的发展。

2. 对颜真卿的书法理论剖析

张旭（生卒年不详、履历不详），唐代最著名的书家。他有借酒作书的习惯，因此，张旭又有“张颠”之雅号。张旭是张彦远之甥，自称从老舅那儿习得笔法（彦远得笔于褚遂良）。据史料记载，在唐代，张旭的书写造诣最高，仅张旭一人达到了社会无人敢指摘的书写境界。

颜的书写理论主要是一语、一篇：一句名言“屋漏痕”，一篇论文

"授笔法"书写理论。有关书写名言"屋漏痕"：汉字书写文化的性质是一种内在体验性科学，它的整个汉字历史现状都是由这一经验所决定的。而且，历史上的书家所有构成的书写文化知识、功用和价值，都是通过我们的书写感受和经验才得以肯定。书法这种内在体验性科学既包括了在书写环境条件下的各种书写经验认识论，也包括了我们书写行为中各种可以说明的意图，各种优、劣的技法处理方法及其价值的存在原理。人们对汉字各种书写处理和评价，都是以这种经验方法为基础的。

早期的书写知识主要是一种"原始思维"活动的经验性体验知识。所谓的原始思维就是原逻辑关系思维，它与当今任何思维的最基本定律是背道而驰的。原始思维不能像我们现代人一样去认知、判断和推理毛笔书写原理，而是将书写实体化为一种意象，通过这一意象进行表述的。因此，要准确地研究和把握历代书法活动中原始思维对社会书写的指导原则，这一问题至关重要。一方面，汉字书写起源早期，历史上许多书家所显示出惊人的高超书写技法，后人在很长的历史时期内都无法超越，这里存在着原始思维对早期书法形成的影响，是人书写智力发展的一面，是代表着有生命、有意识的书写实体而存在；另一方面，在理论总结上，原始思维在绝大多数场合其思维趋向与当今人的思想根本不同。它在寻找书写性态发生原因、巩固和发展汉字书写文化的前行因素时，原始思维总是将注意引向神秘，让其感受到神秘原因在起作用，这是情感因素的一面，是书写实体化为一种"幻象"，以一种神灵的方式而存在。因此，原始思维对早期书法的认知具有双重性。

盛唐时期，人对汉字书写认知出现了新的拓展。在这一历史性转折的社会环境中，新一轮理论拓展的方向取决于两个决定性因素：一是社会书写领袖级人物的书写属性，二是对书写知识类型的具体把握。对于唐代的书写理论总结，归结起来可分两类知识：一类是人自发地秉承着前书写文化期的原思维方式，它紧紧依赖情感思维的心理运作，形成新一代的社会原始思维的集体表征，如“印印泥、锥画沙、拆壁路、屋漏痕”等；另一类是人在原始思维过程中，通过周密而细致的智力活动，已从这一研究领域中分离出来，产生出《书谱》一类的书写知识，并具备了相当规模的理性书写知识水平。于是，人在确立书写活动的理论关系便沿两个方向出发：一路是理性推理，另一路是模糊性推理。两种书写知识就是陈述者从各种感觉和表象出发，在构成新一代书写知识过程中，形成一条当今我们所看到的汉字书写知识发展的途径。

当今汉字书写知识表明，唐代，《书谱》这类书写知识，在古书法理论中却属凤毛麟角。社会书学的极大部分，还处于原始思维状态。因此，在书法发展的十字路口，在模糊性思维的书写推理中，每一种书写知识的理性成分相当少。如此多的具有相似价值和声望的书家，每一书家的原思维表征论点都显示出与他人的书写观的相似性和独特性，以至于今日，我们很难单纯地站在某一种观点立场上去分析他们文字活动的书写属性。

对原思维书写表征的“质”的深度分析，首先必须将前人受自然界互渗律支配、社会集体书写表征的共性和异性的特征列举出来。如褚河南的“印印泥”，彦远的“锥画沙”，以后又出现了“拆壁路、屋漏痕”等等。这些陈述事件具有这样一些鲜明特征：一、它们都具有可见的、可触的具体客体，以及这些客体与书写之间的那种看不见的神秘力量。通过这一关系，就可以在最大程度上保证人与书写间发生联系。关系，就可以在最大程度上保证人与书写间发生联系。二、书法领域中集体书写表征所使用的专门术语，是极为复杂的书学人生观的反映。每一原逻辑思维所确定的地域性书写事件，具有自己特殊地形、地貌、事象所形成的物理过程。在这些山河、星宿、事象的每一环境向人们显现出各种看得见或看不见的神秘力量，与那些渴望求得到书写真谛的人发生联系。三、原逻辑思维表征对当时社会书写具有指导意义的原因是，它动用了书写原初形态与自然界客体的互渗，以两种不同运动在某一点上有相似性而产生的一种隐喻，是一种原始的书写领悟和启发方式，与现实书写并不发生实质性联系。这些自然界客体的外形在没有这种自然界互渗作用下，是无足轻重、陌生疏远的。而人对这些事象感兴趣原因，是它们的外形与神秘书写间的联系。在不服从逻辑思维的要求下，书学在寻求书法的真谛过程中潜藏着“无穷的可能性”，可以毫不拘束、毫不费劲地与任何事象发生作用。人们一有机会就要表现自己的联系能力和想像才能。而且每一复杂书写事件就是书家的专门知识产权。因此，原逻辑思维表征的书写认知深度是相当肤浅的。唐代所出现的原逻辑思维表征是人在书写智力尚未分化前的知觉方法的习惯和延伸。各种原逻辑思维体表征的书写认知深度仅仅表述了毛笔在用于绘画或书写时的一个共性基本概念“中锋”一词而已。

这是一个年代久远的概念，它在书法起源时就已被描述了，所不同的是，唐书学部分学者通原逻辑思维，用一种新的书写活动场景来进行包装，并以一个现代的、新的认知论观点出现。因此，它并不是什么深奥理论。它既没有书写逻辑推理特征，也不是真正的书写表象，它只是暗示着主体不仅拥有了“中锋”这一客体的映象，并且认为它就是真实的书写真谛。因此，根据“个体无法传言”的命题来看，任何一种精神活动都具有独特性，都可以追溯到书写组成部分的某些独特的关节点上。而这些独特关节点的书写组成部分，就可以使我们能充分地鉴别个体书写知识所具有的书写性态，及其该书写文化的意义属性。

历代书学界都没有能力对原逻辑思维表征的书写知识进行“质”的深度分析，那么，对于唐代集体原始思维表征的并列应用现象，这就意味着这些术语的陈述客体，其书写性态是同一性的，具有相互一致性的特征。而且，在这些并列应用的术语中，人们几乎一致推荐“屋漏痕”一语为最高抽象。“屋漏痕”不单比“印印泥”多了一种运动感，又比锥画沙多了一些书写印痕意象，它与书写动态更为相似，用它来解释笔法意象似乎来得更为妥帖。于是，“屋漏痕”就成了书写智力活动上最为罕见的神秘性知识，该书写意象的“可实践性”就在非现实书写空间环境中长期发酵，久而久之，就成了书写笔法的实际替代。由于这一书写活动结构内部与社会环境因素紧密相连的物质基础始终都没有弄清楚，因此，要确定“屋漏痕”知识的书写活动性质，它书写运算的物质基础，以及它是怎样自我实现的，这些问题就是一个无法克服的难点，长期困扰着人们对其书写“质”的实际认知深度的了解。

社会书写思想的内容根本上是有含义的，而含义是在理解和解释中被感知的，那么，社会书学中首先是指书写现象中可以理解的东西，它从我们的内部心理加以理解。因此，在鉴别“屋漏痕”的书写知识的含义时，该知识在社会传播中形成“两个优势”和一个“不同点”：一方面，每一种原思维书写表征都具有某种特定的专门场景，对于希望做共同事业人的注意力便集中到同一“环境定义”上。只有“环境定义”的相似性、鲜明性和普遍性，才使得该意象的集体神秘体验成为可能，使得这一场景的笔法体验更具有社会体验的共性特征。另一方面，当社会对王字探究学风受阻，而一个与人、与历史有一定相关的书写事物突然以崭新的面目展现在世人面前时，它便转身一变，成为汉字书写知识的传承、发展的组织范畴。对这一场景性术语的理解“深度”，就取决于这一特定历史时刻正好可行的书写参照，这就是颜“屋漏痕”书写知识体验的传播基础。一个不同点是，并不是魏晋时期人的书写思维达不到唐代颜的思想水平高度，而是两种不同书写空间环境因素导致了书法起源时，“屋漏痕”这一书写经验的笔法体验根本就“漏”不起来。作为理性书写知识，该知识形成的困难在于，它的书写入门口太小、太隐蔽。虽然圣人“腕下有鬼神助之”的幻觉，在一定历史阶段内难以完成其知识结构，但该知识总有一天会完善。但是作为神秘书写知识，它终究只能是一种不能被分辨和觉察的幻觉物。因为“屋漏痕”现象的生理物理基础本身就是功力替代书写。由于这一书写可实践性从一开始，就把汉字书写的生态环境给铲除了，那么，产生于该时期特定书写观和情感相结合的智力，有机体受到刺激的简单反应的东西，就永远不能用于书写理论上的推理。它只能作为书写性质之外新的体验，只能是一种“书写信仰”而存在。

可见，在“印印泥”“锥画沙”“拆壁路”“屋漏痕”等“同一类”书写术语中，存在着一个支配我们书写关系与自然界关系的联系。这一联系在社会书学和心理学之间，有一个有关书学的生理、心理单元的存在。唐代，在个体的生活历程和书写经验所提供的书写知识背景中，是可以找到有关原逻辑思维表征中的书写生理、心理单元。而且，每一单元在构成一个书写世界时，都具有一种与众不同、自给自足的特性而在社会上独立形成。因此，在唐代社会的书学现实与人的非书写智力行为之间形成一种有利的关系，正在逐步得到人们的公认。一批与前汉字文化活动相悖的书写运动力量在掀起。这类书写知识只有在自我情感和意志设定的意图中，才能作为书写意图而存在；只有在自我的感受中作为有价值的东西，才是宝贵的；只有是自我意识无法言传又不证自明的东西，才是真实的、符合实际的知识。

因此，唐代是一个社会书学知识分化的社会。由于书写环境的迁移，个体在确定书写取向的过程中所出现的书写事实上的归类，形成了各种原思维书写表征得以重新产生。唐代社会的书学既包含着各种书写企求，也包含着各种书写环境条件，这些要求和条件都已经达到了一个相对独立的状态，才使得各种原思维书写表征在理论那里得到反思。“屋漏痕”一词的狭义，就是神秘书写体验中含有“影响力”的感觉，是非现实书写空间环境中产生的影响力。对于当时社会人而言，这就是一种可以与书法概念发生替换的信仰。于是，这一信仰潜藏着两种心理运动倾向：一是“屋漏痕”这种精神认知学的发生，要比正规的书学过程简单、直观得多。二是“屋漏痕”的形式力量远大于书写生理活动力量，而且通过这种生理、心理倾向的外部书写变化，进而转变为书写意志的有意识动机。

虽然“屋漏痕”这种意志所具有的各种书写基本关系可以在个体那里表现出它的效果，但是，它始终找不到说明它所必须存在的书写根源。“屋漏痕”并没有包含汉字书写知识的历史组成部分，它大大地简化了书学过程，是独立书写起源的书写心理组织材料，由自我意识和行为构成的统一体，用一种不同的问题来替代既定书写问题的解决。因此，由神秘化和虚构意义所产生的书写术语，对前文化期中的书法术语所赋予的意义理解是根本不存在的，它并不把解释历史上的每一种书写现象努力纳入自我理论体系中。它所意识到的书写只能表明与唐代社会历史环境条件相关，与书写起源的事实具有不可逆向推导性。对于科学分析而言，"屋漏痕"始终都没有超越任何可以讲得通的"解释"这一步。在这种情况下，在唐代社会的书写领袖级人物中，隐伏着一种混淆和支配社会书学群体的心理学方式，并在那个时代起逐步形成一个独立自主的个性化体系社会集体书学心理。由于它本身是来自外部社会影响而作出反应，那么，只有在这种社会认知结构的具体文化网络中才能体现。因此，这些知识又是一种存在时间较短的、不定型的书写知识。

一篇《授笔法》书写理论：史料表明，颜字从来就没有进入王字，再由王字演变而来的过程。颜字自始至终都没有变过，它既没有入门，也没有出体，而是一种来自家族式的书写笔法，是一个独立的书写源头。颜从社会书写的无名之辈，随着个体社会阶层的跃迁而进入到社会视线中来了。然而，颜字笔法与当时社会书风格格不入，势必会与当时社会传统书写文化发生冲突。起初，他并不自信。因为颜字早期，这种书写变异特征肯定受到过社会部分有识人士指摘的，唐人的书法智力现状也不至于贫乏到一个人都不能识破颜字笔法的地步。然而，只要社会对书法精度的分析尚未达到最终的理性统一，那么，人对书法解释的理论拓展就不会停止。只要社会本身潜藏着书写无意识应用的各种可能，人们对"洞见"与"变异"相结合所创造出来的新体判断，在最终可获得社会认可的书写知识关系上，就存在着种种认知上的不确定性因素。

师出无名但要越过社会既定书写文化边界，成为名家，就必须通过当时社会名家的指点并认可，通过名家亲授笔法的方法才是最有效的途径。为了最终获得社会书写名望，与历代书家齐名，颜迈出了决定性的一步，向当代名家张旭求笔法。历史详细记录了这一动人的书学一幕。颜所记录的《述张长史笔法十二意》，是有史以来整个汉字史记录最详尽的书法教学过程。它由三部分内容组成：笔法十二意、用笔之法和神用执笔之理。这就是当时社会最高“学府”的书学教材。根据三部分书学内容，以及教授与授教双方互动的内心世界描述，使我们了解到唐代社会上层对汉字书写文化教学的管理状况。张根据当时社会的书学需求，由低到高，逐步发展的施教方式、方法和过程，当事者对书法理解的实际把握，以及当时与当今社会书学教育的传承关系等诸方面问题。

(1)《述张长史笔法十二意》书写教学的实际理论深度

汉字书法教学属运动程序知识教育，它包括两部分教学内容：书写运动程序教学和书写理论教学两部分。其中，书写程序师范教学是书法传授的核心内容。历史上书法文化知识与其他竞技运动程序知识教育一样，有其知识传授的独特性，这一独特性知识需要特殊的社会关系来维持，即“家庭、作坊式传授关系”。在这一教学关系中，对生徒所需要的“认识”东西是不会作出任何系统的解释和说明的。所有的书写笔法传授都是随生活和书写的具体环境不断显现出来，它既不存在书写运动程序的教学标准，也不靠系统书写理论“讲出来”的。因此，历史和书写发展的恰当教学手段，它的书写程序知识形式在历史中的出现和消失，都是在无意识地不断地追求中发生改变，在我们丝毫未意识到的情况下形成的。这就是一个社会对汉字书写文化的原始教学管理形态。因此，古代，这两部分知识结构作为师生之间的传授形式在不断变化，对汉字书写文化的管理形态在变。在汉字书写性态发生阶段，它的书写程序知识教学开始形成，否则它无法发展、壮大。当汉字书写性态成熟后，它的理论陈述开始出现，而书写程序知识教学则变成书写惯例而开始减少。当它在衰退过程中，则主要由书写程序知识的缺失，书写理论知识的强调所造成。这里，我们无法构建有关早期的汉字书法教学类型和文化管理形态。但是，颜所记录的《述张长史笔法十二意》则是一种健全的、完全可分类的知识体系，是一种以讲授理论为主的书法教学类型。

有关《述张长史笔法十二意》的书面解答。书法教学是“口传手授”的统一体。然而，颜所记录的授笔谈话内容给我们的第一印象是，它只有口传而没手授。其次，从书面理论考试这一部分内容看，颜对答如流，张给了颜理论考卷上画上了 12 个“然”字圆圈。这 12 个“然”字背后，存在两种可能：一是颜在求笔法之前，他在家族书法的预备学习期中，已具备这些书写规范和要领的全部素质。因此，考试的结果，颜向世人传达这样一个信息，他有一个书写概念预先存在的事实。二是从颜对笔法十二意理论的熟悉程度看，他究竟是从其他社会关系中获得了笔法十二意知识，还是张已有所交代，颜事先做了准备，我们不得而知。然而这一考试结果并不重要，理论解答是否能真正应用于书法实践，这才是检验和论证该书法教学成功与否的关键。

有关书写文化精度的社会监督、管理机制问题。在考察张、颜之间书写笔法传授关系上，有一个前提条件，那就是张旭究竟是法家还是广义书家，这是分析这一笔法传授真、伪，判定师生关系和技法传承关系的关键。这里，我们以当今社会一致公认的法书——米芾为基准坐标，对颜字现象进行定位。如果当时张旭与宋代的米芾在历史出现时间程序上置换一个位置，颜投奔米芾求其笔法，根据我们今天所看到米对颜字的批判，那么，颜一定将受到米芾的训斥，按照笔法规范进行强制改正。颜字求笔法过程应该与历史记载的钟繇教学情况一样，责令其弟子的排字行为进行书写改迹，是一位求学前和求学后不一样的颜字，我们今天将看到另一种面孔的颜字，整个社会书写史进程将出现另一种局面。有关颜的书写排字问题，当今学术界和诸多学者都能看出来，然而，当时社会最高书写文化监督机制的代表，张旭却没有识别出来，这又说明了什么？显然，张旭并不具备识别笔法的基本能力，也就是说，张并无实际的书写文化指导能力。因此，迄今为止，人们在颜自传体书写史中，既没有发现有关求笔法前后、颜字发生重大突变的痕迹，也没有发现颜得笔时的书写心理反应的陈述变化，颜的书写和陈述始终是一致的，这些现象表明，张的书法施教有问题。

张旭是汉字书写文化衰退期中的又一个草圣级的书写人物。他有一个师出名门的社会背景，具有良好书学教育和文化修养，笔法来自老舅彦远，是一个沾上魏晋书写源流、充分利用社会、具有家族书写文化光环的典型关系论者。因此，他在社会上就有一张书写笔法上的防御面具。在张的书学人生中，他在草圣的“矜巧自许”的基础上又进一步施展和发挥，培养了一种特殊的行为艺术表现才能，酒醉挥毫。因此，张旭是一个地道的书法行为艺术表演家。由于书法行为表演与书法行为是两种不同“质”的书写把握。因此，这位潇洒书家的书写人格具有两面性：一方面，在一个家传书法的名头下，狂妄不羁的草书行为具有无人敢指摘的绝对“顶峰”形象。另一方面，在这一顶峰地位的背后，却隐藏着不识笔法的真实一面。在盛名之下，要他为社会工作，教育年轻一代书写时，张旭表现出广义书家所具有的共性特征，即书写笔法虚假性。当草圣无法把握书法内隐性程序知识时，“顶峰”也只能做一些有关视觉操作方面的一般书法教学工作了。

书法起源是双任务书写操作的起源，它既有视觉特征的一面，又有书写特征的一面。“笔法十二意”是钟繇毕生书写经验的总结，所有的陈述都是作者处在书写边界①②③的相互理解之中。因此，“十二意”的所有陈述都具有视觉生理、书写生理相互平衡的双重特征，是汉代最初书写理论。当人对该书写理论的解读，并作为“教科书”讲授时，就有视觉与书写两种生理、心理活动相互联结上的讲解表达。然而，当书学尚未达到“书写意识阈限值”时，书写讲解就只能与视觉生理、心理相联结。现今我们知道张旭有一句书写名言“担夫争道”。“担夫争道”并不是书写运动程序知识，而只是视知觉对快速书写运动错位上的视觉张力运用。因此，从颜体排字到“担夫争道”，两者之间只是同一视觉心理上的不同变体而已。它分布在汉字结构视觉空间排列布局的两端，从该生理的任意一端所推导出的书写有效知识，只能对视觉生理特征的解释有反应。面对颜的回答，张给予肯定和赞赏“子言颇皆近之矣”。值得注意的是，“言颇皆近”与笔法神似是两种截然不同“质”的判断。“言颇皆近”是人对术语的言语理解，而笔法神似是经视觉生理对客体书写字迹跟踪，通过自我书写心理象的判断，作出书写性态识别的陈述反映。因此，“笔法十二意”从另一侧面生动地刻画了这位长者内心世界。张并没有深入到书学行为③，他并不识笔法，所以用“言颇皆近”来替代书写笔法的识别。这种间接传授法本身就是一种书写笔法的混淆，显露出张对书法理解的局限性，是一种伪证教学。这就是张本人书写意识的具体反映，通过对术语的言语理解，作为对学生书写笔法实际传授，这一特征符合虚假书写意识的教授策略。因此，“言颇皆近”是无法解释书写笔法的全部复杂性，社会在对颜的书写教学、管理问题上没有把住关口，导致了后续书学无意识地向书学行为①周期性还原。

当视觉操作书写意识在充当社会书写监督机制时，其书写运动程序知识的表现是十分困窘和勉强的。他必须把自我书写笔法的真实性隐瞒起来，将自我经验中的视觉操作要素强调出来，导致了他在书写教授中只口传、不手授，对“笔法十二意”只作一些术语理解上的解释。因此，在笔法识别和笔法教育的关键问题上，张是小心翼翼的。张用巧妙言谈蒙混过关，把含糊其词、模棱两可的书学教授法推向极致。这表明在张的书写生理上，第二书写杠杆的动态平衡意识是不存在的。所以，从对颜字楷书的书写性态识别，到酒醉狂妄不羁的草书行为，完全暴露出张故意伪装的内心世界。他凭借深厚的文化功底，针对这位初出茅庐的后生，选用了钟繇的“笔法十二意”教材进行理论考试，这一做法老于世故。

这里，我们揭示所利用的价值判断类型，是建立在书写性态把握基础上的。历史社会上有关张旭的史料越少，我们就越意识到自己思想深处，有一个隐伏假设的存在必要。这一假设的必要性在于，如果我们对张、颜不作出明确的判断结论，那么，我们将无所事事，既不能提出问题，也不能在历史中寻找答案的可行性假设。历史上所有的书学知识分子，都有一个社会学上的联结纽带，这就是教育。在实施对年轻人的书写教育问题上，具有考虑和鉴别授笔法者的书写教育资质的特征，我们书法教育工作者要么能分辨它，使它规矩；要么就混淆它，不具备书写规范性。一旦社会上层书写文化的监督机制出了问题，那么，社会不导致对书写判断上的相对论，就导致书写性态鉴定上的社会关系论。

图 6－6　张旭古诗四帖局部图

对张旭古诗四帖书写性态的分析。人类文字活动中最基本的书写特征是左低右高，呈倚斜形态。然而，对“东明九芝盖，北烛五云车，飘摇入倒景，出没……”十七字的横笔特征进行统计，这些笔画的倾斜水平平均下垂20度左右。横笔是汉字结构中的主笔，该笔画的倾斜特征发生变异，说明该背景空间上整个书写核体位发生了结构性转体。历史上书写核体位结构性转体发生了两次，一次是小篆向秦隶转体，一次是秦隶向魏晋转体，形成了第二书写杠杆动态平衡书写型汉字结构特征。当张草字形普遍发生了左右对称性圆弧结构、横笔又自然下垂时，这一现象只有一种解释，张的书写又自动后退了两级，无意识地向小篆书写结构恢复、还原。于是，在没有得到第二书写杠杆动态平衡启动的情况下，支撑汉字方块结构形成的书写运动记忆就不存在，单纯的视觉操作书写在书写变速时，就出现广义草书共有的书写特征，字形差，书写变速随机稳定表现的有序长度变短。

我们从张的狂草字迹上解读了他的书写手势的特征，这不仅证实了我们的假设推断，更证实了张旭的笔法识别水平，他对书法的把握精度是广义的。因此，颜的授笔法记录对我们而言是幸运的，整个授笔过程，暴露出张的书写本质，不识别笔法的书写伪装。而这一特定历史时期的笔法传授教育，就成了检验和考证张旭书写意识问题的突破口。因此，我们不单正确地提出了假设，而且从这一假设中又发现一系列有关唐代书家笔法形态的判断线索，其中最主要的当然是撰文者本人，他的书写意识特征显露出来了。

从颜对“笔法十二意”理解所流露出的喜悦中，我们看到一位与传统理论所描述不一样的颜。面对考试，一切都在自我书学的预备之中。这就是说，颜并没有真正从张旭的书法教授中得到了什么，而在他求教之前已符合了前人一切的书写情理。颜通过这一理论考核平台，将理论与自我书法实际操作能力进行等量转换，起到一种预期效果，在不久将来，一个与历史、与社会相提并论，甚至超越的新体出现就顺理成章。因此，历史上把自己授笔法过程记录下来的只有颜真卿一人。为了使自己的书写能名垂青史，刻意把授笔事件详细地记录了下来。这一举措的目的就是向世人宣布，该笔法是符合传统笔法规范的，这就是颜称雄书界的内心世界。可见，颜字的崛起具有历史意义和现实意义相结合的特征。他的成功有一个很重要的因素，就是化解了社会对这种变异书写现象的认可。在回答社会质疑的思考中，他利用了张旭的社会形象，确保了自我笔法不受社会的质疑，起到了对书写笔法机理的防御和伪装。因此，“笔法十二意”考试就是颜书写笔法自我澄清论。这一结果导致了求学者行为发生质变，颜采用了社会关系学为自身提供书写笔法的论证依据，他等于是到张旭处来拿“毕业证书”的。从此，颜字新体便晋升或跃进到当时社会的书家层面，具有直面社会的书写合格证。看来，在颜为人“耿直、忠贞”的个性中，同样还存在着社会关系上灵活变通的一面。

我们的揭示等于把一个传统理论中所描述的书写英雄人物，一下子降为社会书学关系论上的小人。这一评价是否正确？还是需要回到一个关键问题上来，即在传统理论中从来也没有注意到书写认知的社会特征，培育和发展一位书家经验和感知的最初社会联系的性质，这一问题从来没有被充分分析和评价。从张、颜授笔法的社会教育关系而言，颜的行为本身并不低劣，而是颜对书写笔法的求知欲反映。令颜没有料到的是，张并不具备笔法的识别能力，这大大增进了颜自我独创书学的积极性和上进性。因此，导致颜的书学变质、得不到纠正的主要原因是当时社会上层书写文化精度出现了偏差，是社会书写文化监督、管理机制出了问题。因此，唐代汉字结构的新体演变，由社会环境编码增生，与自发性书学需求相结合，在书写程序知识教学缺失、虚假书法理论教育的监督管理中产生了。

我们从张旭的草书字迹上判断了他的第二书写杠杆的书写启动水平。这一草书字迹说明，张旭就是当时社会塑造的又一位书写顶峰。由于草圣对社会书写具有威慑和凌驾作用。于是，在一个大众书写心理的认知结构中，张旭便享有当时社会最高书法造诣的声誉和地位，具有想当然的社会书法评价、教学、监督的资格。因此，张的评价具有平息和统一社会舆论，判定当时社会书写文化精度的裁决权。此时，中国社会书写文化建制问题的复杂性显露出来了，前文化期中广义草书的书写定性问题还没有得到解决，现在，这一问题在社会上重演。所不同的是，唐代的草圣已不需要“矜巧自许”的自我修饰了，而是具备相应的历史观和书写理念、与传统书写文化具有深远联系的书写理论家和书写实践家了。草书有效书写逻辑的笔法存在和最高书写评价权威的双重身份，使得张具有这样一种资格和资本，他巧妙地绕开对受授方书写行为的直接指点，让对方自我判断。很有可能是，张旭的楷书能力根本就不及颜字新体那么“雄强有力”。因此，这一授笔法施教方法是十分隐蔽、巧妙和老到的。他并不完全针对求教者的实情说话，而是借用了历史上成功范例，用前人的成功经验来启发和开导对方对笔法的理解。因此，这一教学方法在两个层面上具有意义：一是通过语言暗示来化解对方对先生书写笔法探究的欲望，使受授方在领悟寻求一个共性笔法理解领域中，有了一个向前人书写笔法探索的需求。二是书学方向的转移。在缺少书写程序知识传授的情况下，语言的诱导使受授方书学的想象空间变大，出现了两种书写发展可能：启发成功，使其改变现状；启发不成功，就维持现状。

因此，张在既不能明确判明客体的书写性态，又不失自己体面和尊严的情况下，间接书写教育法就是虚假书写意识传授的最好选择。把一个笔法授教转换为一种"笔法十二意"的想象，这样，他就把自己尚未深入到的笔法理解留给了对方，让对方在自我书学策略中自生自灭。然而，张对颜的理论启发并不成功，颜还是我行我素，这意味着张对社会书写笔法变异实际存在的一种默认。因此，这一教学法的最重要的关键是把一个真实的自我隐藏起来，以免露出不识笔法的破绽，与当代书写教学中的"学我者死"是同一思想结构和原则。而默认就是对书法大众化倾向的认同，对于书法的一种不负责任的教学。因此，一旦书写知识的齿轮效应消失，张与颜之间是不可能存在书写传承、教学的沟通关系。在缺乏书写笔法的指导下，这一书写文化教学就是一种书法形式教学。

授笔法既反映了唐代社会书法教育实情，又反映了整个当前社会。该文章充分显露出中国社会书法教学形态的扭曲、畸形，暴露出一个历来为理论研究所忽视的最重要环节——书写运动程序知识教学内容的缺失。它披露了这样一个事实，在集体书写无意识进程中，历史的和现实的社会上层，他们对汉字书写文化精度已发生了严重偏离，从视觉生理、心理活动角度解释书写笔法时的文化伪装，暴露了一个社会群体在取代王字书写文化过程中开始走向反面。伴随着老一辈对新一辈书写的生动赞赏，使得每一新体成功地越过了社会既定的书写文化精度标准的门槛。因此，颜的书学实例预期了唐以后的社会书学活动路径发生重大变化。以主体独癖行径、自我理解为指导原则的书写"出体"将成为一种社会书学潮流。而张、颜授笔法所形成的经典书写文化教育则成为后人书法教学的楷模,形成了一个社会书写教育的常态化。因此,我们所关心的不仅是历史问题,更是当代社会书写文化的困惑。由上千年前张、颜所制定的、失去的书写文化监督、管理功能教学模式,后人在一代代地传承、复制。所以,唐代社会书写文化的建制意图的理论认知已经失效。

(2)"用笔之法"理论解释的由来

有许多书学者和有识之士在探求《述张长史笔法十二意》一文时,并不真正看重张、颜间的对答,而对"妙在执笔,令其圆畅,勿使拘挛。其次识法,谓口传手授之诀,勿使无度,所谓笔法也。……然后能齐于古人"这一短语却倍加赞赏。人们之所以赏识它,是因为这一语段是钟、王以来,人们在笔法这一书写活动线索中,对经常出现的共性特征的长期总结和强调,是社会集体积极参与其间、逐一积累完善的书写理论成果,是朝着接近书法活动最终结果的某一阶段性理论。因此,它更有理论深度、更容易引起人们的思想共鸣,以至于人们误认为这些理论陈述,既是滋养张旭最高书写造诣的理论精华,又是颜字在书写文化传承中形成新体的理论精髓。

人类社会存在语言,存在着世代相传的传统,以及或多或少的社会文化制度。因此,唐代在社会上层知识分子中,带有某种共同的书写陈述观点,存在着或多或少具有稳定性质的高级书写理论的是大有人在的。授笔论中段理论所涉及的一个更大、更深的书写活动体系,对这一体系中许多专业书写知识的了解,便成为汉字书家的职业任务。然而,书写知识一开始就是一个群体书写生活的一种合作过程,每一个人都在为共同的书写命运、克服共同书写困难的框架内表现自己的知识;在对汉字书写理智的驾驭过程中,每一个体都分得了历史进程中的某一片断,而人们在陈述中,总是倾向于在更高的层次上展示其理论深度。这就是说,到了唐代,书写认知的产生过程已经部分地有所不同,它并不是书写知识的每一部分都能同时进入每一书学成员的视野之内,成为一种明确的把握。因此,上述短语只能说是,主体在社会书写资深人群中长期生活熏陶、积累的结果。

为什么我们认定这是一种社会上层、集体经验而不是张的书写经验总结呢?从专业的眼光来看,书写知识的把握是有条件的。对于我们所掌握的书写知识"质"的深度而言,尤其从书写经验中转化为书写知识,每一种感性认识都必须要加以整理,并组织成一个书写活动范畴。我们能在多大程度上,以上述书写规范和观念来组织和表达我们的书写,它既取决于我们对书写知识的理解,又取决于我们在某一特定历史时期可获得的、社会上可行的书写参照系。从"妙在执笔……其次识法……到咸有规则"这一段短语来看,如此全面的书写规范意识必定来自楷书活动,由一个高度动态平衡的第二书写杠杆书写经验的翻译才能获得。然而,对于长期处在第一书写杠杆超速度运作中书写者而言,人所获得主要书写经验只能是担夫争道一路视觉布局活动。张明显缺少识法、手授的书写程序知识,但他又原封不动地将前人的理论再次搬了出来,这显然是虚假陈述。只有思维的知识材料在楷书的基础上预先消化,得到整理、分解和分类,才能借助笔法概念对各种异化书写特征区分开来。

识别笔法运用的是严格的书写概念,而自我书写笔法的组织水平,就是书写概念的理解水平。那么,判断或检验张、颜对上述知识的理解深度,就必须从他们所组织的书写中找答案了。必须注意张、颜两人的书写活动特征，一个是汉字书写史上书写情景最为流动的狂草，一个是迄今为止最为“雄强”的楷书。这两种类型都偏离了汉字书写文化精度。因此，两位伟人都在陈述同一书写论题，但两者出于不同社会地位的目的和利益，在利用理论澄清自我笔法。张旭没有识别书写笔法的本领，颜真卿最终也没有领悟到笔法要领，两者都没有重复魏晋的书写历史。从前文化期转移到下一文化期中，在组织和表达书写时都走上了最极端化道路。因此，他们对上述书写知识的理解有着天壤之别。

其次，误导我们的另一个重要原因是，《书法要录》所记录的在书法源流上的历代名人的书写传授线路：“蔡邕受于神人，而传之崔瑗及女儿文姬，文姬传之钟繇，钟繇传之卫夫人，卫夫人传之王羲之，王羲之传之王献之，王献之传之外甥羊欣，羊欣传之王僧虔，王僧虔传之萧子云，萧子云传之僧智永，智永传之虞世南，虞世南传之欧阳询，欧阳询传之陆柬之，陆柬之传之侄彦远，彦远传之张旭，张旭传之李阳冰，阳冰传徐浩、颜真卿、鄔彤、韦玩、崔邈，凡二十有三人，文传终与此矣”。①

《书法要录》是前人对唐代以前，汉字书法史一种书写规范和文化价值的最粗略划分，是人试图以书写传授关系作为判断书法文化理性统一的标准。这是运动程序性知识的文化传承特征，而运动程序性知识的另一个特征是，它随社会历史进程的发展中，存在着从直接传承向间接传承转移的倾向。如果从这两个角度来审视历代书家名流，那么，在寻求书法文化内在联系统一汉字书写活动人群中，就存在一个

---

① 请参考《沈尹默论书丛稿》第 35 页。

书写认识相对论向书写社会关系论转换的可能，存在汉字书法起源与唐代社会书写性态变异，最终分裂成两种书写文化知识类型的可能。因此，在这一历史书法源流人物表中，有一个深层次的书写文化知识下移的真实性问题的隐性存在。为什么在钟、王出现后，汉字的书法文化制度在直接人群中传播，也在慢慢衰退？然而，同样是伟大书家，当颜字文化出现之后，汉字的书法文化形态却戛然终止了。显然，这是一个与历史王朝兴衰过程一样的事件。在这一书法王朝的历代领袖中，有一个书写文化制度执政上由盛到衰，从起源到消亡的历史过程，而张、颜就是这一文化最终衰退的终止者。

对于这一书写文化建制工程的社会环境发生式解释可以总结出三条重要信息：一是书法文化是贵族文化。它需要很强的经济、文化实力的支撑。二是书法程序知识是私有知识。它一开始就在直系、亲朋好友中传播，与社会汉字活动无关。三是书法的起源是模糊的，那么，这一书写文化制度的消亡也是模糊的。钟繇、卫夫人、王羲之、王献之等，他们书写的所有内涵成分都是一种相互联系、不断发展的过程。这些书写成分意义和书写文化知识都是在一个特定的社会历史环境框架下取得，是书写知识认识论的发展。然而，从魏晋到唐，社会书写文化环境状况的悄然发生变化，人们把书写知识认识作为一种文化惯例。而当这一文化惯例开始向间接人群中扩散时，对第二书写杠杆的启动却私有化了，或书写启动不足，受书写放大的无意识过程被自动锁定了，在一个非现实书写环境的组织原理中形成了一个变通的绘画性书写表达。

因此，在《书法要录》所载的23个人的书写文化性态也不是绝对、一成不变的，而是随社会书写文化环境在不断地起着变化。虽然，张、颜两人根据社会书写源流关系被列入了书法文化行列，但是到了唐代，汉字书法文化完成了从书写性态向绘画性态转型，从书写特定概念向一个总体概念退化，从根本上改变了汉字书写文化的性质。历代书法家图表所反映的就是汉字书法活动的命脉，它不仅在时间上有一个持续不断的书写变迁，而且，在它的末端隐藏着一个异质性“书法”的历史起源。从此，这一文化形态从书写传承变成了社会关系传承。

对于中国这样一个大国，23 个人的书写源流的文化命脉实在太脆弱了，甚至可以说它很难起作用。在没有经济利益关系的思考中，一个王朝的消亡引起后人不断地反思，而书法文化的消亡却引起后人无穷的追捧，因为他们在消亡的最后，开创了一个书法绘画时代，这就是当时社会历史过程中新的书学思想起源，修正当前社会书学中不曾被历史充分加工过的书写题材，导致了一个社会性错误认识结构的系统化。因此，终止者在新书写文化期中便成为开创者、始作俑者，而转型后的书写文化制度，对后世新的书写文化开启，却产生了影响深远的后果。从此，在中国社会，在同一个汉字文化领域形成了三条书写运动途径：日常书写文化、魏晋书写文化和新时期书写文化。其中，日常书写和书法各自代表同一书写活动性态的不同的文字活动意识强度差异而被区分。而魏晋和唐以后的书法，各自代表了不同的书写活动意识的同一文化活动形态而被统一在书法领域之中。在这样一种纵横交织的书写文化形态中，魏晋书写文化被两股无意识书写活动潮流慢慢淹没，而虚假书写在历史文化的传承上，逐步转移到了一个虚构“精神世界”活动领域中，从此，中国汉字出现了日常书写的和书法的“职业分离”。当汉字书写文化被精神—认知论所替代时，书法便成了一个永远不解之谜，整个汉字书写的哲学出了问题。

(3)“神用执笔之理”的书写真实性

虚假书写意识是在一个十分相似的文化环境中起源的，通过变化中的传统，重新构建和描述了一个空洞化的书写概念。所谓的“神用执笔之理”就是一种逐步消失的书写“行笔”原理。一方面，唐代的书写逻辑思维理论在书法核心层外围已有一定程度上的突破。另一方面，在书写知识的核心问题上，还保留关于书法起源时的原思维结构特征，这给唐代的书写文化知识发展，提供了一个模糊地带。如何判定前、后两种书写文化类型的过渡，这里涉及有关原逻辑思维的书写运算一般方法论问题，从汉字书学的临摹开始。书学临摹就是将客体优秀的书写行为移植到自我书写行为中来，因此，书学最通俗化的理解，就是通过一遍遍地对前人优秀书写的学习模仿，熟悉和把握书写参照系上的每一活动细节，直到与前人书写活动性质上相一致。

书学临摹上的惟妙惟肖是需要智力与运动记忆的生理、心理的配合才能最终完成的。然而，书写智力与运动记忆毕竟是两个不同生理、心理活动系统：在智力活动的记忆中，要求我们的记忆首先在掌握那些客观的、逻辑关系的情况下，以最优势意义关系进行记忆。然而，在运动记忆中，它并不需要太多的智力活动的参与，它可以通过意志活动替代记忆。因此，书法活动中的运动记忆有两种。一种是重复性记忆，一种是逻辑关系记忆。根据书学临摹活动中智力与运动记忆的活动类型和出现类型的概率比，我们将它粗略分成三个活动阶段，形成三个书写认识等级水平：在初级阶段中，书写运动中重复性记忆比智力活动更大的作用，它可以通过书写重复运动记忆来完成。中级阶段是书写智力的活跃期，书写参照系中隐藏书写、绘画两种活动因素，那么，书写临摹就存在着智力判断上的两种运动的选择倾向：要么倾向于书写运动记忆的逻辑关系理解，要么倾向于绘画活动的重复运动记忆理解。如果书学智力判断倾向于绘画活动的书写理解，那么，汉字结构上的图像复杂性就必须用绘画活动方式顶替，其操作过程的重复运动记忆就大大增强，书学将由意志行为来决定，而且智力活动在掌握书写客观逻辑关系的记忆就不存在；如果书学智力判断倾向于书写运动记忆的逻辑关系理解，那么，它就将进入高级阶段的书学。在高级阶段的书学过程中，视觉对文字结构的图像记忆是次要的，高级智力活动强调的是汉字图像与书写手势在书写客观逻辑上的运动记忆关系。如沈尹默书学就是一例，这路书写临摹需要花很长时间去揣摩、思考，判断书写参照系背景空间上的书写动作匹配。

书学中级阶段上存在着书写与绘画的认知分叉，是书学生命期介于书写和绘画之间，以临摹为基础的学习过程，以及自我面目的形成过程。虽然，颜已得到了张的满意赞许，但是，颜毕竟是一位中级发展阶段的书学者，他的书写智力分化还处在书写与绘画的认知分叉口上。

一方面，通过内部的意志作用线与非现实书写最直接相关的上肢生理运动相联结，形成一种书写上有意识的定向运动时，五字执笔法便成了书写运动上的生理束缚，它需要大量的不协调劳动与一个复杂的书写型汉字图像相匹配，即使在最强的意志行为下，它的成功概率仍相当低下。当魏晋书写参照不能为非现实书写提供书写匹配经验时，其操作难度增大，书写临摹变得呆板、不稳定和不可靠。

另一方面，当他观赏魏晋书法真迹的小字时，人的书写生理机体的运动交感神经同样会变得十分活跃，在这种潜在的书写运动心理与当前自我定向运动选择进行比较，来自同一生理的不同书写感知在无法找到根本性差异的原因时，内心的疑虑和困惑便产生了。当这种源于心理和意识，在实际书写操作中似有非有、似把握又不能确切把握时，才会向张提出“神用执笔之理”的书写问题。因此，颜的提问代表了当时乃至今日，一个社会长期普遍性存在的共性问题，一个受上肢生理放大机制长期压力所提出的问题，即人如何正确使用五字执笔法进行书写的问题。这是社会失去了汉字书写起源记忆之后，人所遇到的共同问题。而时间流逝越久，这一问题就越突出。到了唐代，整个社会书学群体几乎都处在中级阶段的临摹学习之中，它同样也长期困扰着颜，于是，产生了向社会专家请教神用执笔之理的想法。因此，困扰着历史和当前的书写问题是一样的。

从教授方张旭而言，当颜进一步提出书写笔法的“神用之理”的问题时，张便列举了老舅彦远的书学事例进行解答。老舅彦远当时也碰到同样的问题而迷惑不解：“吾昔日学书，虽功深，奈何迹不至殊妙。后问于褚河南，曰：‘用笔当须如印印泥。’思而不悟，后与江岛，遇见沙平地静，令人意悦欲书。乃偶以利锋画而书之，其劲险之状，明利媚好，自兹乃悟用笔如锥画沙，使其藏锋，画乃沈着。当其用笔，常欲使其透过纸背，此功成之极矣。”颜以文学创作的手法栩栩如生地描述了在沙滩环境中，前人是如何从沙滩中提取汉字书写笔法的。

彦远“锥画沙”这一书写意象是由两方面的旨趣激发起来的：一是对“印印泥”中“力透纸背”意象的强调。二是自我书写生物物理基础的自发性改变。在“印印泥”的原思维书写表征中，陈述者的书写空间环境没有改变，是“得笔”后产生不同凡响的书写效果，与社会自然界的互渗表征所产生的陈述。然而，在“锥画沙”书写知觉的表征中，它的书写空间环境已发生了变异。人为了探寻和追求“力透纸背”的书写效果，由非书写生理力的情感转移，与社会自然界的互渗表征所产生的幻觉。如果彦远是与褚河南“印印泥”是同一书写空间环境下的书写思考，那么，即使遇见沙平地静的环境，也是不可能令人产生如何书写的欲望。因为书写生理的细腻转动，与沙平地静的粗糙表面之间没有任何相通之处、发生任何书写意象互渗的可能。因此，力透纸背书写现象需要书写生理的统一，而书写生理的统一需要书写参照系背景上的空间环境相统一，才能达成与“印印泥”同一性的原思维书写表征陈述。一旦书写空间环境意识消失了，那么，在非书写生理的鲁莽行为与沙平地静的粗糙表面之间，“锥画沙”的“书写”匹配就被激活了，被个体的书写心理效应用函数所激活。因此，在一个内在分化的社会书写体系中，“印印泥”与“锥画沙”只是在一个原思维书写表征的形式化因素上建立起共识。于是，在这一相似度极高的相似表征中，人们很难再发现有关他们间书写“质”的差异了。

这一著名的书学事件表明，唐代社会书学活动普遍受到五字执笔行为的制约，书写不自由现象已相当普遍。当“印印泥”的用笔机理长期萦绕在彦远脑海中而不得其解时，他的思想触角便在“印印泥”的思想原形基础上，向社会自然界广泛领域延伸，寻找和发现与“印印泥”同一类神秘书写体验出现的可能。如果当时彦远的原书写参数是固定的，那么，他对“印印泥”书写的领悟，就应该是同一空间的不同原始思维表征；如果彦远的原书写参数是不固定的，那么，他对“印印泥”的反思结果就会发生“质”变，新一轮的原始思维书写陈述表征“锥画沙”，在心灵的静思与自然界互渗的旅途中就被激活。这就是在解决书写不自由的过程中，由书写心理开放系统而导致了书写参数的丢失。书学高级阶段中的那些宏观逻辑上的书写运动关系上知识理论就根本不可能发生。

沙滩故事告诉我们这样一个事实，彦所设立书写问题的方法、范畴和组织原理是根本不同的。“锥画沙”从书写工具、书写生理到书写环境统统都是假的。当时，颜所要寻找的“神用执笔之理”，就是在上肢生理放大圈第二过程中，由直线运动的书写超越导致了书学中书写生理转动记忆的消失，而张所给出的答案恰恰是功力替代的书写，颜得到的是书写上的“假”。近代某些学者也对“锥画沙”进行了“科学”实验，并证明了这一书写体验重要性和正确性。这一现代实验再一次表明，在书写临摹中级阶段中，由一个生理放大还原第二过程所提供的书写认知心理转换口，人顺着这一认知心理转换口前行，就掉进一个“书写文化陷阱”。因此，所谓的书写文化陷阱，就是书写逻辑认知论、书写文化建制和书写实践的反向形成。颜真卿是如此，后人更是如此。因此，“锥画沙”就是一种简化了的虚假书学教程。在特定环境的书写观解题中，其书写运动记忆内容已发生了质变。他抽取了“印印泥”背景上书写逻辑推理的认知过程，利用书写智力难以为书写作出定义的漏洞，利用书学中神秘的原逻辑思维的相似性，把自然界、神灵等情感因素直接作为书写笔法的提取对象，进行自我书写笔法澄清。这些长期隐藏在社会过程中的书学问题，至今都得不到充分暴露。

因此，围绕着颜、张书学教授中的问、答内容，从受授方和教授方两个不同侧面，反映出唐代社会书学群体中书写无意识现象已相当普遍了。对于我们所关注的主题就是对唐书学中两种思维方式时而分离、时而胶着的社会过程。一方面，由当时社会书学所提供的原始思维表征中，有理性的一面“印印泥”的存在；另一方面，在社会书学运动迁徙中，它不可避免地由书家所熟悉或发现的专门环境所提供，由一个非书写环境条件来决定的“神用执笔之理”，有着非理性的虚假一面“锥画沙”的原思维理论的挖掘，它们彼此混淆。因此，我们不单需要考虑书写手势的运动匹配问题，更需要将一些书写手势，放到一个更大的社会历史书写文化环境中，思考彼此书写现象之间的转换关系。研究前人集体书写表征中那些神秘而具体的书写性质，研究那些决定性因素在支配他们的书写智力行为，确定他们的书写思维，究竟是属于书写的，还是绘画意识活动类型。

汉字书写史表明，早期书学思维结构之所以是“神秘的”和“原逻辑的”，是因为人要对汉字书写下一个精确的定义很难。要使汉字书学一开始就进入到书写生物物理学上的逻辑推理的思维，放弃我们根深蒂固的、天赋的智力式样和思维习惯似乎是徒劳。但是，当唐代社会出现了孙过庭《书谱》这一类书写逻辑思维之后，一部分人企图尽可能近似科学家的书写观察方法，使其向逻辑的、理性的书写知识趋势发展。然而，唐代的社会现实是，这一理论企图刚刚出现，另一部分更富有实力和影响力的人观察对象发生了改变，书写文化的知识齿轮效应还没有形成之际，又向原逻辑思维形态还原。

因此，在一个虚假书写文化教育中，社会书写领袖人物对社会心理学知识，作为书学知识的操纵具有相当的本领和技巧。人精神中原始的深层思维在所有人身上都有相似性反应，这一思维形态具有不作任何智力努力，用情感解释与一切相同智力人的简单书写过程发生作用，这一心理特征对当时社会汉字书学具有指导性倾向。它从一个侧面反映出一个社会历史长期存在的书写文化教育管理形态，不同历史时期的“张”，根本就没有实施书写程序知识的教育。那么，不同历史时期的“颜”,他理论水平与实际书写操作无关。而另一侧面所反映的是,颜无意识地把隐藏在唐代历史阶段上的书法文化分叉线路呈现出来了。通过对书家原逻辑思维表征中的书写生理、心理单元的组织形态的揭示,我们发现有关新的书写“笔法”起源。彦远没有得笔,他的书写与思想衰变应该处在褚遂良与张旭之间,是一个历史之外新的书写法文化源头。因此,“彦远与颜真卿”之间的书学传承关系,与历史上“钟繇与王羲之”之间的书学传承关系是一样的,一个是书法发生过程,一个是书法衰退过程。由于颜的书写声望太高了,因此,颜真卿就是汉字“书写文化陷阱”最终形成者。

顺着这一思路发展,我们就可以对后续社会书家论点进行探究了。在释怀素与颜真卿论草书中,素曰:“吾观夏云多奇峰,辄常师之,其痛快所如飞鸟出林、惊蛇入草。又遇拆壁之路,一一自然。”真卿曰:“何如屋漏痕?”素起,握公手曰:“得之矣。”显然,浪漫主义冲动已在书学界盛行。这里人们相互交流的并不是书写“质”的深度,而是一种形式的感觉,它存在着类似的情景重复出现,而这类似的情景重复却从根本上否定了书法本体论价值,是彻底摧毁我们正常书写取向的一种重要因素。当原逻辑思维与某种自然界互渗而引起人内心喜悦时,人的意识表层总是简单地认为已拥有了书写客体的认识,并与好的书写笔法结果相互联系、混同。因此,唐代部分书家的精神状态开始有点失常。书家通过心理学语言的表述,在情感、运动和智力的深化过程中,情感总是在最先。而且他们情感和激情有这样一种特征,它简直就不让自我理智书写思维获得任何优势,给书写思考留下任何用武之地的可能。此时的书学头脑在发烧,永无止境的意志冲动,就是推动当时社会对汉字书写进行“创新”的初始动力。因此,在彦远“锥画沙”

的思想启示下，社会上一批原思维集体书写表征相继出现。

通过对“神用执笔之理”的剖析，使我们清晰地看到，依赖于时机把握，不需要在历史过程中逗留，并巧妙地隐蔽了对书写笔法的认知加工，这就是唐代社会，及以后书法史的主要特征，由个体场景理论所提供的书写体验是极其广泛、无法穷尽的。而变异的书写文化本质是无法把握的，它像云雾一样阻挡了我们的认识视线。一方面，它掩盖了书写发展的正确传承关系；另一方面，它又掩盖了书写过程中情感与书写运动间的智力正常发展关系，将书写活动环境转移到了大自然中，好像自然条件中存在着有关汉字书写表达的支配关系。当书写活动脱离其赖以生存环境，在非现实书写空间环境的转移中，重新开始寻找书写意义的起源时，这就成了神秘体验的书写文化种子在社会中逐步蔓延，最终演变成一个社会性书写文化因素。“锥画沙”“拆壁路”“屋漏痕”就是一种根本不同的书写运动形式和发展趋势，这些简化的书法认知法把人的书写认知引向了另一端。因此，魏晋书法在唐代部分人的思维—知觉过程中，始终被一些复杂的表象包裹着。而原始思维是用我们相同的眼睛，来感知与既定书写不同的文化意识。各种复杂的书写表象在他们那里便成为一种不能分化的东西，形成了与现代人思维截然不同的精神—认知论，导致了后续社会书学智力的集体萎缩。

于是，神秘体验的社会书写表现与历史书写文化知识之间，形成了一个知识理论的隐性转换。人们以某一媒介为参考，主体思想就可以从书写顺利地转移到绘画，并传染到相邻的 n 个体中，在社会上成长、壮大，产生社会历史上极其多样性场景变化的体验式样。一旦这一离散性思维行为形成一种书学制度化，后人随着这一活动分叉口契入，各种相互独立、鲜明个性色彩的书写便生动地呈现了出来。从沙滩、壁缝、屋漏痕到蛇虫百脚，一个个鲜明的笔法新名词、一则则生动的书法故事都可以作为“书法”理论而界定，整个社会书学方向将变得没有预案了。

其次，依赖于偶发时机的更原始、更自发的书学和书写训练形式在唐代形成了。各种“书法技能”在这一书学人群中以非正式的、断断续续的方式传授。使那些设计出来的书写机理，在“唤醒”人们审美兴趣和传递“洞见”经验的教育中，变得更为生动、博大精深。崛起的新理论为一个虚拟书写活动带来了无限变化和创新，在一个非现实书写空间环境的转移中，书学个体的每一书写分类所采用的策略都与个体自我审美趣味相关。它使得一种形式化和抽去书写意义的新的心理体验要素在汉字书法活动中逐步形成，于是，以后社会的书学舆论中，一种创造性的“造型艺术”的奇谈怪论产生了。

因此，历史社会长期隐藏着一个不曾整合进我们思想的认识对象，那就是对颜字的刻板印象。了解唐代的汉字书写是怎样逐渐从前文化期中脱离出来，怎样开始新的集体原始思维表征的。那个起初由五字执笔组成的书写笔法复杂体怎样变成单独地感知的、单一性“屋漏痕”解释的社会过程。只有当我们的思想在经历了唐代社会人书写心理历程转变的解释之后，也就可以理解为什么在当代社会中，几乎每一书学个体都体验到了这种“屋漏痕”的书写神秘力量，但每一书学个体始终都没法弄清“屋漏痕与书法”的关系。只有当存在与书法活动中各种相似效果结合到一起的时候，我们才会对颜字产生一种既清晰，又深刻的印象。这种相似程度高、人格魅力强的书写，有助于影响到当时社会书写生活中积累起的各种变异力量，有助于重新塑造当前的书写文化。因此，当一个社会书学环境发生某种实际改变时，人沿着这一特定方向运行会受到持续不断的影响，这一稳定的变异便成为书学群体从一种书写行为向另一种书写行为进行突变的社会因素。

《述张长史笔法十二意》是社会书学向原逻辑思维退化、转型的代表。它事实上构成了汉字书写总体概念的理论体系雏形，在绘画意识决定社会书学发展的方向中，人们普遍切断了笔法来龙去脉的历史关系，在脱离书写环境的大自然中重新“探索和发现”，一个与汉字书写发展史隔绝的独立体系在逐步形成。因此，唐代社会已开始陷入了一个历史性循环。书法不再沿着一个正常方向继续发展，而是朝着违背书写认知活动规律的方向前行。在转换了书法的生存环境之后，人开始寻找新的“神用执笔之理”的旅程。在一个自我书写经验的宗教式自省心理学的探索中，整个社会书写意识出现了一种复杂的胶着状态。同一书写意识中存在着两种不同思维的书写表征，如“印印泥”和“书谱”。而在同一原思维书写表征结构中，又存在着两种不同书写意识的表述，如“印印泥”和“屋漏痕”。

尽管当时一部分书家还依附着传统书写文化，还不具备彻底分离的条件，但是，社会集体原逻辑思维表征心理的长期存在具有与魏晋书写文化抗衡的精神作用。理解每一书家个体独特的场景术语特征，就是为了了解社会在异化书写体验过程中，人的认知精神活动上的差异。它与汉字书法进化时人的书写物理抽象过程呈负相关性。因此，解开汉字书写衰退原因的关键，就是揭示人无意识地步入一个异化书写场景、各种独特书写体验的无限发散性。它导致了社会书法的抽象理论由各种与间接相关知识所替代，汉字书写文化的理性统一就难以完成。迄今为止，整个中国社会书写文化领域始终处在这种混杂状态中，可见、可触、服从于书写法则的体系和不可见、不可触的“精神”实在体系，书写智力分化的和不分化的混杂状态之中。

（二）颜字对汉字文化的影响

1. 颜字对汉字文化劳动分工作出贡献

由于颜对视觉检测生理的充分挖掘，颜字便成为适应视觉生理活动场合为目的的模仿对象和参照对象。它成功推动了当时社会汉字活动向两个方向急剧发展：一是加速了社会视觉检测生理需求的印刷体汉字结构的形成。二是导致了人对汉字书写文化认知需求的转型。

唐代是一个社会经济高度发展的社会。颜字式样在社会各行各业的实际使用中，与一个新兴产业印刷出版系统的联系最接近，在一个几乎同步发生的社会历史时期，颜字视觉生理优势行为最终在这一领域中占有绝对优势，印刷体字形选择了颜字，并一直影响至今。改造后，颜字结构更适应于人的视觉生理特征：它最大限度适应人对文字检测的视觉生理需要，具有视觉检测精度高，检测速度快，长时间使用不疲劳的优点。印刷技术对汉字群集具有翻版时间快、保存时间长的优点。该技术大大减轻了手工抄写的劳动强度，拓展了颜字专门化使用的活动空间，逐步形成了汉字活动的社会劳动分工。因此，颜字以最大限度适宜于视觉检测生理为目的，对印刷体汉字结构的形成具有重大贡献。

印刷体的出现大大降低了人对小楷书写的需求，减轻和放松了小楷活动的劳动强度和书写质量，无意中用科技手段和方法将书法扼杀在生命摇篮之中，从人的思想源头上根除了汉字书法的生存环境，从此，社会将书学引入非现实书写空间环境的虚拟书写活动上来了。因此，唐代社会生活环境优越，商业发达，人书写行为的准则越来越倾向于观赏性大字书写发展。在王字书写参照欠缺的情况下，人们不一而同地把目光投向颜字。由于颜大字结构上隐伏着对书学行为①的三重强化特征，它在汉字结构位置、运动、距离、形态和轮廓看上去都十分相似，以至于成为当时，以及后世社会人的汉字活动早期主要选择的书写参照。而大众化书学心理并不是出于对书法原理的理解而选择，而是社会集体对该结构表象上“力”式样的情感需要，这种视觉生理的情感需要要比合理解释和探究书法原理的需要威严得多、强大得多、深刻得多。根据这一书写文化的社会预期，人不断加速和提前对这一书写文化模式的普及教育，这就是颜字对后世广为推崇，并成为社会书写普及教育的视觉生理、心理学原因。

当这一大众性书写习俗作为一个社会性书学约束，视觉操作书写逻辑发展变为一种书学文化惯例时，这种书写活动的潜规则也就孕育了汉字书写文化的另一种含义，即对汉字书写文化的重建。颜字的出现加速了社会书学活动的内部分化，出现了视觉活动类型和书写活动类型的历史性分离，颜字就是书法活动上的一条死路。由于这一结构业已形成一个相对稳定社会书写文化的网络和书学文化制度。颜字便成了整个汉字书写文化发展上的重大障碍，目前社会书写文化形态基本是由颜字文化奠定的。因此，颜字现象并非是一个具体个人，而是代表一个虚假“书写意识本身”。它混淆了汉字的书写性态，形成一种持续演变的相同历史力量，导致了整个中国社会书写知识理性统一的解体。因此，颜字对汉字文化的贡献具有两面性。

2. 历史上颜字书写文化的精度之争

尽管颜字式样对于社会大众文字活动而言，其重要性在不断彰显。但是,在社会上层,有关颜字书写性态的争论却一直持续不断。其中,最具代表性的是米芾和沈尹默两人。他们同是汉字史上著名“法家”,具有书写上大致相同的思维判断方式。但是,由于两位“法家”在汉字书写史上出现的时间相隔千年之久,对同一对象的观察、判断就出现了时间效应,得出了截然不相同的结果。米代表了以书写系统为基础的心理判断,沈代表了以视觉系统为基础的心理判断。前者与历史相距较近而结合得比较紧密,以至于该结论只能适应与米的书写水平相对应,形成了特殊的书写认识论。后者与历史相距太远,以至于无法从这一书写抽象的类型和系统中找到颜字的历史回归之路,最终社会上出现了前、后两种书评的绝对方法论。

米芾是悉心研究过颜字、能与颜字书写乱真的人物,但他却是颜字文化最主要的批判者。米对颜的评价可归结为以下三点:“颜是狂怪之祖,楷书是粗鲁大汉”,颜小字“《争座位帖》有篆籀气”,“大字促令小,小字展令大”是排字行为。对于当时最走红、具有社会影响力的颜字书写参照系的批判,米的书写曝料是惊人的。然而,米的书写评价还仅仅停留在“断言”水平上。

米对颜字的断言来自自我内部书写心理象的运算判断。米是以书写系统为基础,在判定唐代诸书家的书写性态时,是根据客体字迹背景上的书写操作手势特征进行书写跟踪识别。根据自身书写时手势活动“往收、垂缩”活动轨迹所构成的一种书写转动“心理象”,用这种心理象在与客体字迹背景上书写手势转动进行对比、偶合,根据两种生理转动数据的偏离或吻合来判定客体书写性态,是提取字迹背景中的书写转动不变性,是当时社会最高书写心理运算结果。因此,从书法观赏、书写性态的判定角度上来讲,具有书写生理科学判断依据的。考虑到知识的思想与当时社会实际书写文化制度关系，米以整个社会书写文化惯例为学术背景，在一个绝对不利、集体书写概念混沌状态的社会环境中，发表了反社会书学文化惯例的自我判断。因此，米芾断言与苏东坡断言在适用于社会大众书写理解意义上具有本质上的区别。反社会书学文化惯例的判断需要有一个严谨、透彻的理论体系为依据。然而，在分析米的断言时，我们必须注意到米断言所具有的视角特征，即在米的书写意识中，有关反书写概念、书写概念的缺位、书写范畴体系的结构、书写抽象水平、预设本体论等的思想结构水平，以及他对这些知识的运用水平，才能帮助我们分析米的断言所具有的实际理论深度。

米断言的自相矛盾性。米明确指出"颜的楷书是粗鲁大汉"，书写转折处"乃勾勒倒收笔锋"，颜与米的书写转动结构不相符，这是米对颜反书写概念判断具有意识评价的反映。既然颜是狂怪之祖，为什么他的小字行书有高明之处，《争座位帖》有篆籀气产生呢？显然，米的书写意识并不健全，是米的书写概念缺位的反映。也就是说，米用自身一个最高级书写转动心理象与客体书写现象偶合过程中，既发现了颜的书写狂怪与粗鲁，又发现了他的《争座位帖》小字有篆籀气。"大字促令小，小字展令大"是书写排字行为，那么，对于小字中的高明之处又如何解释呢？这是考验米对汉字书写范畴体系的整体结构性把握，即在何种活动范围内该书写具有一定的书写性态出现的必然性，超出了这一范围，它就不具备书写性态。显然，米对这一问题的书写抽象还有其社会历史的局限性。他所获得的知识视角与当时社会大多数人的书写认知已拉开了距离。大多数人能接受的东西，在米芾的眼中却是容不得的现象。大多数人没有发现的，他却发现了。这说明米的书法认知比一般书家来得深刻，出现书写智力分化的特征。

米断言的预设本体论是 2×2=4 结构。尽管这一断言与书写真理相关联，但这一相关的真理标准却与汉字书写起源无关。因为在汉字书写起源中，汉字结构上有着绘画文字向书写文字转型的历史过程，在汉字书写性态成熟之后，它又存在书写性态的衰退过程。因此，在解决无意识书写活动的范畴体系的结构中，需要有汉字书写起源理论解释的参与。在这一起源过程中，存在着一个我们迄今为止从未证实过的书写经验模式——绘画件书写。由于这一概念的缺位，米就缺少解决颜字书写问题的明确方法和手段。该断言陷入了自相矛盾而不能自圆其说的境地。因此，断言一针见血、不留情面的陈述并不能解决虚假书写意识的全部。只有解决了汉字的书写起源问题，才会有视觉操作向书写操作转换、从绘画向书写过渡的经验知识；只有具备了这一书写范畴体系，才能理解在社会书写文化从书写向绘画衰退过程中，颜字所出现时有、时无书写性态的全部实质。

米的断言相当于书写上的“哥白尼”。虽然，米书写逻辑推理的智力分化已达到了相当水平。但是，要使人们信服他的断言，还需要分两步走：一是在社会书写文化均衡翻转情况下，对社会无意识书写活动特征，即上肢书写生理自动放大的书写特性范畴体系问题的揭示。这一问题不解决，颜字现象就像一条泥鳅，捏住头，逃了尾；按住尾，又逃了头。二是顺着这一观点进行持续、细致的分析，无意识书写活动特征就会转换成书写知识的一个从属部分。对于该书写文化理解的广度和深度，通过两种书写文化的范畴体系和各自所表达的书写文化含义，将获得一套处理有关书写文化归属的标准。因此，在一个书写体系的不同等级层次上，颜所出现的书写高明之处是有限的。只有这样，才能使人理解书写与绘画，两种不同意识活动在其书写性态上所具有的“质”的区别。

可见，米的断言视角是狭隘的，他缺乏对绘画性书写活动性质的了解。只有把这种认知分歧的根源作为一个明确的研究主题，解释无意识书写在大、小字径的自动转换机制及其特性，才能消除两种书写文化冲突所导致的根本性误解。因此，米书写逻辑推理层次还不够深入，他只运算了一半。对于书写双任务操作观点而言，正确的理解应该是，颜字是一条书学死路，它导致社会官阁体的大量滋生。然而，官阁体对于视觉检测生理而言，却是相当合适的，是视觉检测文字活动发展路上的一条活路、通路。颜字结构上似是而非的状态，对后人无疑是一种诱惑。因此，在米的书写心理运算中，他完成了大字如小字，小字如大字的书写特征判断。还有一半他尚未解决，即如何论证人在书写无意识操作的情况下，大、小字呈现出非同一性的书写反应特征。因此，米的断言不能完满地解释汉字书写活动的全部。在这种情况下，该断言就带有一定的片面性。造成对书写客体的评价尚未考虑成熟，仓促阐述、强行表达的感觉。因此，断言式的书评对汉字书写文化精度的判断是粗糙的。

米断言的思想组织化形式与当时社会书学原逻辑思维与逻辑思维长期分离状态有关。该书写心理运算要在社会上起作用，还需要大量精细的理论工作的填补。在书写逻辑推理、书写特征的论证、书写概念和结论的理论形成基础上进行分析。然而，米的断言只有一个结论，它在书写活动范畴、书写概念和抽象术语等理论总结上，其书写智力机能还没有达到真正的分化。因此，米是清高的。书写经验主义所产生的洞见只能是一种自我理论的满足和自我姿态的维持，除了抵制社会上集体书写无意识的泛滥之外，没有别的目的。这样，米的书写思想就是一种特殊认识论。这种认识论的特殊性在于，他以自我书写性态和断言陈述相结合，记录了他曾与当时社会上刚刚出现的集体书写无意识作出无情的斗争。这一斗争的物质基础是源于整个书法体系中的一个特殊部分、自我书写中的高级技法，通过断言将书写概念固定了下来。

因此，这是中国汉字史上有关书写文化精度上的一次最大矛盾冲突和对抗。在这两种书写文化的博弈中，我们注意到有关米断言的社会效力问题。首先，米所提出书写问题，他的“发现和辨识”所代表的与唐代的思想不同、属非一般的专家型书写类型。这已经包含该断言所持观点的特殊性。然而，米对颜字的评价是不可能用“公式化”的推理清晰地表达出来，推广到社会上去的。为了对付颜字文化的复杂性，它迫使人的思维在判断和评价某一书写现象时，必须运用明确的书写概念，而明确的书写概念则需要从书写起源时，对当时社会各种书写材料、条件进行预先消化，对书写现象进行逻辑上的严格运算。因此，中国社会的书写知识理论工作进展得相当缓慢。只是到了近代，沈尹默的“善书、法书论”提出之后，出于两者对颜字书评上的矛盾性，导致了社会新一轮的颜字书写性态问题的关注。因此，米的断言又像科学界中的“哥德巴赫猜想”，要恰如其分地评价颜字，还需要运用书写知识环境学进行复杂运算和推理。

其次，米断言不仅以不同的视野范围和社会总体书学现实的不同部分为前提，而且，它还因为不同观点的洞察兴趣和洞察力受到与之相关联的社会书写处境的制约。因此，在一个书写文化均衡已翻转的社会大背景下，米的论点是孤立的。在书写无意识的集团经验和利益中，仅从米断言的矛盾性辨识为由，它无法使人得知任何有关断言中书写真相或理论上有价值的东西。一般人们的思想既不能达到米书写中心层的思考，又普遍持一种怀疑和观望的态度，断言也许只代表一种过激的片面观点。人们未能明白这一特殊认识论在书法史上的存在意义。因此，缺乏共同的书写思想基础就不可能成为社会共同存在的书写问题来讨论。

然而在一个特殊的法书人群中，人们不仅从米的书写，而且从米的断言中体验和理解到了它的效力。在这种情况下，人们将米的断言限定在一个狭小的书写顶层范围之内使用。因此，米对社会影响的辐射面相当小。这种书学态度对米断言的本质而言，并没有充分揭示其真理的全部性质，因为这是与个体有关的真理确定过程，但绝对没有取代这一真理事实的直接考察。它只是在不同程度上顺着这一断言的引领，对断言视角范围的界定，它绝没有超越该断言视角范围一步。这就是沈尹默一类书学现象。因为在这一过程中，人并没有将断言知识与社会书写环境发生联系，相反，与米断言之间建立起归属关系。这对于米的书写文化而言，这一类书写文化的联系起到了对米书写文化的传承和知识保存作用。但从书写智力机能的发展而言，最多只能与米思想结构发生同构，也没有达到真正的实质性的分化。因为它并未向我们表明任何断言的内涵性和全部真理价值之所在。因此，上述两大人群在不同程度上将断言与断言者的法书地位联系起来，导致了米断言在汉字书写史上的特殊认识论地位。

米的断言缘起于对当时社会书写现状的质疑，那么，从认识论与专门书写知识的关系而言，该断言知识是受到书学在当时社会所采取形式的影响，而且完全从这种形式中获得了自己书写知识的本质概念。因此，对于断言的书写原理，米的认识论主张自己是正确的，但事实上，他所采用的书写批判原则，也是受到当时社会书写知识的理性分化状态的局限和制约的。从“大字促令小，小字展令大”和大字是“狂怪之祖”到小字“《争座位帖》有篆籀气”这些陈述短语分析，米思维中的书写逻辑定律，对矛盾性书写现象尚未达到彻底的排斥和分离，他思想中所欠缺的最主要的东西，就是书写现象与历史社会环境的联系。于是，在这一层次上，米对汉字书写逻辑运算发生了停顿。一旦社会书写环境与断言中描述各种书写现象的基本关系得到确立，人便能在米的运算基础上，开始推算汉字书写活动的另一半，即对虚假书写文化性质的关注和讨论。

米的断言是继《书谱》后，社会书写经验和逻辑推理对原逻辑思维的互渗集体表征进行分化的心理需求，米卷入了汉字书写文化历史变迁的过程之中。因此，米的断言并不是偶然现象。相反，存在着一条理解汉字书写知识形成的建构线索。这条线索就是在米断言的典型性、代表性的思想方法及其结构之中，从这一思想结构中建立起汉字书写真理的本质概念。因此，新的书写知识形式的产生，它并不取决于传统书写认识论来先验地肯定它，也无须被传统认识论认为是合理的。因为颜字书法已形成了一种视觉因素和书写因素很难分辨的混合物，它迫使人在当前社会环境条件下对其进行最粗略的区分。于是，在当时中国社会的汉字活动领域中，书写思维逻辑定律，要求对一切直接与书写活动相矛盾的东西进行绝对排斥；而视觉操作思维又不断地将各种绘画因素的东西拉进来，充当汉字的书写文化的发展。然而，在这场书写文化的角逐中，能进入书写中心层进行严格的书写逻辑运算者本身就相当少，导致了这一思维类型的书写逻辑运算后继无人，整个社会对汉字书写运算发生了中止、停顿。而绝大部分人处在逻辑思维和原逻辑思维共存的各显其能的思考中，根据自己的建设性要求，不断对书写的不同类型、不同书写概念的标准提供理论辩护。正是对这种认识论的依赖造成原始综合性思维、不可分析的书学状态在中国社会长期存在，并从根本上阻碍了汉字书写知识发展长达千年之久。

宋是汉字特定书写概念和总体书写概念的分化时代。后续汉字书写知识的发展就是人在米书写经验数据的专注中得到发展的，沈的书学经验和理论已证明了这一点。从米的断言而言，它主要排斥对象是颜字。沈在米的基础上，在严格确定的书写概念运用下进一步运算，得出了“善书、法书”的理论划分，出现了更大、更深层次上的书写等级区分。这是汉字史又一次重大的书写知识分化，但是这一次分化并没有在书写认知的源头进行知识分解，在书写与绘画之间画出一条明确的分界线。原因还是老问题，汉字的书写起源问题没有弄清楚，这就是沈书写理论中的盲区，因此，他对汉字书写文化精度的区分存在着模糊性。

在沈的基础上进一步拓展汉字书写逻辑运算，这就是书写知识社会学观点。该书学在不断求助于专门的书写经验科学方式中，使得汉字书写认识基础变得更广阔和雄厚、判断的方法和手段变得更加灵活。一方面，通过社会历史过程中书写环境变化，以人的书写生理、物理和心理发展的书写逻辑推理，产生了一新的综合性书写知识，它既适合先前文字发展逻辑运算的合法化定义，又适合人智力运用的书写概念定义。因此，真正的书写文化智力机能是极其分化的。该知识是通过书写逻辑与人的思维逻辑发生吻合，能导致人对书写文化的积极参与。因为当今人的思维是现代化思维，我们每一个人在刚刚学会说话时，就与社会发展、社会教育紧紧结合在一起，与社会发展中智力功能的长期分化相同步。然而当今社会书学教育制度主要是原始思维结构为主，当这一思维结构中长期缺位书写逻辑得到理论填补时，整个汉字演变过程就能被安置在思维逻辑程序中进行分解，通过确立人类知识的内在关联结构来论述和修正书写知识的理论基础。这种理论功能将使人对书法以书写结构意义来加以理解，此时书法便成为社会民众乐于接受，便于参与的传统文化。在这种情况下，汉字书写逻辑规则以一种不可抗拒的力量，使每一受教育者能顺理成章地接受它。使社会每一成员从对汉字书写概念的漠不关心，转向同汉字书写理论原则打交道。另一方面，汉字书写概念的理性统一将导致汉字书写概念的严格定位，对历史与当前社会上非书写行为现象的排斥和制限将变得更加严厉。因此，社会深入基本书写问题的争论程度，其本身就是社会人对汉字哲学的关注。一旦将书写行为上升到社会意识层面，汉字书写文化的重新翻转就完全有可能发生，这就是米断言中所潜在的正能量，它的特殊性直到今天才得到分析。

因此，米的断言带有一种书写"宣言"性质。由于米对社会上绘画性书写活动判断的心理运算，有其历史社会的局限和制约，他还没有意识到与颜书写行为的矛盾冲突的本质是什么，致使米的书写批判原则不断受到后人的质疑。因此，在颜、米之间存在着一个千古之谜。在孰是孰非的问题上，后人并没有深入书写知识社会学的高度去理解，导致了颜字书学隐藏在汉字书学活动中长达千年之久，而米芾自己则背上了口出狂言的负面形象。

米的断言知识以"冷冻"的方式保存在社会书写知识仓库中。在经历了千年之后，当近代书家沈尹默先生化解了这一知识结构，中国社会又一位"法家"产生了。沈是在中国书写文化长期衰退过程中产生的第一位法家，这位法家在米的书写经验数据中进一步运算，使他对汉字书写文化精度划分有了新的思想和想法。沈提出了一个基本区别标准，即在书法这一总体概念中，存在着善书和法书之分。善书概念是由沈尹默先生在法书活动中的相反发现，这一发现其实质是汉字书写文化中，两种思想意识的长期矛盾冲突的体现。因此，他的理论与米的断言知识相比，有了"质"的飞跃，也是我们提出的视觉操作和书写操作，两种不同意识形态划分的理论原形和先驱。

法家是汉字书写技法最高称谓，持有这种技法者对前人书写临摹往往达到出神入化的境界。米曾写过颜字，达到神似的境地，但他却否定了颜字。沈学过苏字，他书写的苏字惟妙惟肖，最终他也否定了苏字。因此，法家对书写笔法具有特别敏锐的识别能力，具有基本一致的书写认知观。因此，只要两者处于同一书写体系中，他们会以自己的概念和范畴，构架书写理论上的同一性领域，通过彼此创立的共同领域得出类似的结论，从而能够把背离书写行径的异质性东西加以消除。然而，在颜的书写问题上，沈却得出了完全相反结论。

沈对颜字的评价归纳为以下三点：(1) 颜是外拓书写笔法。(2) 米对颜的评价过激，有失真实。(3) 颜书写理论的可实践性依据。沈一生曾临摹过历代诸家字体，但是，对于历史上最重要、社会信仰者最多的颜字，却没有发现他有过任何临摹学习记录。沈一生谨慎，然而，在没有学过颜字的情况下，沈对颜字却持肯定态度。这一关键问题使我们对沈的评价思想的真实性产生怀疑。

有关沈的书学之"谜"。沈对唐代诸家都有所临摹，唯独对颜字却没有任何沾边、染指，这是沈的书学思想的蹊跷之处。目前，我们已无法了解到这一真实隐情的任何有关信息，但可以有两种符合情理的猜测：一是沈曾经尝试过颜字，但写得并不成功。在沈脑海的记忆仓库中，他书写字迹中所流露出感兴趣的笔法意象与颜字相去甚远。这是一种与有别于自己的书写系统，可能是一种比自己更高明、难以入门的书写，他怕有失自己的书写名誉而将这段历史隐藏了起来。二是沈确实一生都没有写过颜字，他冥冥之中预感到颜字与自我书写结构并不相符。但是，如果以自身的书写转动意象不能轻易接近颜字意象的话，单从这一点上就认同米的立场、观点，认同颜字是狂怪之祖，对社会书写文化活动不起作用的话，那么，颜字在社会历史过程中所形成的一个如此强大的社会文化网络，又如何向社会解释？当今颜字已深入社会文字活动领域的每一角落，书学、商店、公司招牌、报纸杂志，乃至每一则通知、广告都有颜字文化的身影。这意味着将改变唐以后整个历史传承下来的一切汉字活动的文化现状，从社会外部强行打乱刻印在人们心中的颜字文化形象，整个社会传统书学心理将发生紊乱。

根据评价心理分析，沈对颜字的评价思想应该来自后一种思考。虽然，米、沈在社会文化地位和书写结构上是同质参与者，但是，由于同一观察对象的社会历史时间效应发生了变化，在不同历史社会环境中，法家思想的视角也在发生相应变化，其书评的"客观性"也在发生改变。出于对当前社会书学发展阶段的普遍意识层次，出于对社会书写有重大影响的历史思考，对颜字的评价原则，沈是按照当前社会认知结构公正地对待颜字文化，恢复一个井然有序的书法历史统一性评价为目的。因此，这类评价思想有其特殊性，它在自我思辨的意识范畴内无法获知，而是来自解说者在考察了社会历史现实的基本标准之后，所作出的权宜平衡。这一标准包含着这样一种观点，即社会书写的普遍效力。只有在社会历史普遍有效的、可被大众接受的东西，才是社会需要东西。因此，这一判断思路与文物鉴定活动有一定的相似性。在这一社会历史普遍有效的颜字面前，维护颜的历史和维护自己内心书写转动心理象的真实性之间，就是成了这类书评方法论的核心关键。自己不能接近颜字意象并不等于社会其他书家都不能接近颜字，在如此广域的社会各阶层中，这么多有关颜字文化活动形象又将怎样去解释。着眼于社会书写文化的大局，从社会历史统计总和的宏观层面考虑，在一个强大的颜字文化网络面前进行了书写文化中和，此时，沈的思想被社会绑架了。在视觉特征和书写特征不能成功进行分离的认知心理结构中，为了达到社会普遍效力上的心理平衡，沈对书评显露出“真理”标准的纯社会学成分，即担心自我的书写理论是否符合更为世俗的书写标准，在把握社会现实书写要素之后，才使得沈作出违背自己意愿的反常判断，肯定了颜字。

不过，这一判断并不是特定的人格问题，而是历时千年后以某种确定的历史和社会现实为前提的思考。因此，在这一知识领域中，我们自身作为认识主体的聚和性要素，有助于塑造这种思想的形成。虽然，沈对颜字是持肯定态度的，但是，在实际评价中，自身书写实践和理论，与社会通俗书写文化标准之间总会流露出内心的矛盾。要肯定颜的话，那么，最直接的方法莫过于自我参与。但是，在社会普遍效力的要求下，在不能提供书写知觉范围内的感性印象时，他必然要提供感官所不能及的力量存在因素，用理论来解释颜字。在按照书写质的自由概念来进行评价时，沈的评价难免显得遮遮掩掩，含糊其词，并赋以其外拓笔法的书写内涵，用这种贴商标的方法点到为止。像河滩上显露出来的“踏脚石”一样，让阅读者根据这些显露的线索，自己去组织一个完整的、系统的颜字。至于这一河滩下究竟是砂砾，还是淤泥，对于那些历史有争论的、严重偏离书写性态的尖锐性问题尽量避开。让活动在社会文字活动边缘层、处在书学行为①的大众书写心理得到某种程度的心灵安抚。因为每一书学者都必须与颜所提供的授笔论打交道，个体的书写理解力和历史的书写理解力的综合性和总体观保持一致，这样，才使得沈对颜字文化的关切，或者说是对颜的书写知识的理解稍稍凸显了出来。于是，最关键问题出现了，有关颜字的笔法又来自何方呢？

因此，书家往往在谈论书法的同时也在谈论自己，在远离了米的社会环境下，出于颜字的历史社会沉积的压力，一贯谨慎的沈作出了一生中的一个例外，在没有临摹学习的情况下，只能以当前社会的书写文化基准来思考。这一评价思考暴露出沈为社会设定了一种现实书写基本标准，当触及所有人的书写认知共性要求不能被自我理论否定时，就必须以现实的基本标准为合理知识，正是这一目的给了沈的视野，也正是这一社会目的使他的评价只能倾向于此。显然，这是在一个更大空间、更长时间的社会学术背景下的扭曲性思考。间接方式的评价使得沈对颜的态度，比以往苏字的狭义性评价具有更大的包容性，他中和了先前的特定的、具体的书写概念，出现了总体书写概念的判断特征而显得特别低调。想必在他的思想中“发现和困惑”并存。

发生在沈的思想深层的矛盾与困惑是继米之后，书写逻辑运算上的又一次中断。它充分暴露出在一个独立于书写认知主体方式之外所建立起的真理领域，在该领域内书写运算方向上的偏差，导致了把已知的历史书写同当前的书写认知行为相混淆。这就是说，这一思想本身就缺乏书写起源的经验类型。因为沈在所有把握的书写经验数据中，其书写策略空间是暗合的。当汉字书写起源意识消失时，该真理领域便独立地存在于历史书写起源的心理学之前，而且每一具体的书写认知活动都成了这一领域的参与者。因此，这一思想就是书写认识二元论世界观。

二元论世界观通过添加另一纬度的做法，与传统的书法世界一起将颜字合情合理地安置在另一个创造性世界中。于是，这一不带书写起源痕迹的完美领域，将汉字的书法讨论带入一个两难境地。米是忽略了颜的视觉活动因素，将他从汉字书写活动中清除出去。沈是忽略了颜字的书写性态因素，将他勉强地归纳到书法活动中来。因此，米、沈两者的书写运算逻辑中的认识惯性出现了，即对视觉操作书写文化的历史时效问题。由于米、颜之间历史间隔时间较短，所以人对颜字的书写性态反应强烈。随着时间的延滞，千年之久的同一对象，社会书写文化的均衡已发生了根本性翻转。在一个不断流变的社会历史沉积中，一直没有得到深入揭示的颜字已变得越来越有用了，从而使我们的判断产生幻觉。因此，沈的评价受到了书写文化历史时效的光环影响。如果米、沈置换一个时代，米、沈论调是否也会发生置换呢？因此，法家的书写意识同样有一个意识层次问题，法家同样也有书写判断上的无意识场合。在社会历史过程的某一环境层面中，他们在判定某一客体行为时，由于所处的时间和观察位置发生了变化，人往往先前否定了A、肯定了B，之后又否定了B、肯定了A，出现了判断上的“举棋不定”。

沈所出现的书写判断上的混淆就是一定环境类型的书写解释。由于他对社会书写空间环境是无意识的，因此，对社会的思想运动而言，人思想中书写意识成分总是与思考者的现存生活环境紧密相连。沈的书评实例再次表明，环境对书写知识起着决定性作用，在汉字书写知识的社会环境发生式没弄清楚的情况下，环境在特定的书写人格和特定的知识形式上起作用。因此，沈书写理论在适应现阶段社会书学上有其理论上的局限性。一方面，在沈的思想中存在着善书、法书的划分意识；另一方面，沈理论并没有一个具体的划分标准。特别是在颜字的书写性态问题上的失误，导致了书法理论出现了论证上的轮回。宋代米的断言评价主要否定对象是唐代的颜，而与同时代的书写评价基本无关。近代沈的"善书、法书论"的主要否定对象是宋代的苏字，但沈肯定了颜，与同时代的书写评价无关。而沈以后的当代书学者肯定了颜，肯定了苏，又否定了沈，与同时代的书写评价也无关。这就说汉字书写知识的发展出现了异常，在第一阶段中暴露出来的矛盾冲突；在第二阶段中将这一矛盾冲突中和了，创造出一个扩大化的认识范围，扩展了书写知识基础。而第三阶段又在第二阶段的基础上重复平衡和中和，形成了一个更广泛的认识范围和更有用的书法活动基础。因此，整个书法理论是一种失去书写原则的认识论，导致了沈所提出"善书、法书论"在整个中国社会的书学宏观层面上全面失效。社会自发地朝着使之失效的方向进行，不断扩展书写知识基础的思想，不断扩展自我，把各种有利的论点整合进书写知识的思想，以及受到人们追求的无所不包的本体论思想，统统整合到书法理论中来，整个汉字书写文化的理性统一变得无法控制。

因此，在二元认识论中，书法的存在和效力之间不存在认识论中的真理标准的。在宋代，米的困惑主要是颜字时有时无的书写性态。到了近代，沈的善书、法书理论又向后退了一步，并不包括颜字。善书的历史源头得不到控制，那么，当代各种非理性行为的书写演化也就顺理成章。在两种书写文化发生严重冲突的近代，颜字便成了汉字书写文化上一个绕不过的坎，沈一方面代表了一个正统的法书文化；另一方面，对颜字评价又代表了一个传统书写文化的智力活动惯例，这一理论自身的模糊性、混淆性根本无法撼动一个强大的"善书"行为的社会根基。因此，颜字是块试金石，围绕着颜字书写文化之争，其实质就是汉字书写和绘画，两种不同书写文化的冲突。对颜字的评价存在着检验社会汉字书写文化理解的"质"的深度。

沈善书、法书理论的出现既有正面意义，也引出负面效果。从个体而言，他是书写得笔的受益者，在他的直接传播人群中就留下中国正统法书文化的命脉。对于社会上间接传播人群而言，它导致了书写认知的二元论世界观的空前发展。在善书思想史的社会发展中，这一认知结构与一个社会书写组织集团相互接触和渗透的过程，使人们看到了"有目的"的书写出体和"传统"的书写行为，在汉字书写史上的区别和作用。因此，善书书学人群也在进行运算。在书写风格追溯到决定他们的社会因素时，两种不同"质"的书写文化总结结果的差异在变大。在同一时代的不同社会环境中，从沈的书写源流人群中，人们发现了传统书写文化的意义，并强调传统对现代书法的反对。而另一个更大的群体，则普遍强调的是"书写出体"变化的社会意义，并明确肯定这是新形势下社会书写文化的理想类型。

于是，当下书写知识的理论强调，导致他们奉行着这样一条线路发展，在更广泛的书写基础上建立与更高度化抽象性密切相关的"书法文化"，它正以前所未有的诱惑力使整个社会书学向形式化、象征化书法发展。整个社会绝大部分书学，只剩下一个形式书写机制在起作用。这种形式象征机制，把书写断言的理论分析降低到最低从属地位，并以功力化机械仿照模式与精神、认识论来取代书法文化。这种精神文化的书法起源，导致了它在更高阶段发展趋势上与大众书写心理相混同。因此，当今社会主体书写知识理论是一个包罗万象的市井文化。在书写知识领域的基本结构尚不清晰的情况下，这种精神认识因素就被指定为中国汉字书写文化的精髓。这一方法的思想逻辑论表明，中国社会书写文化理性统一解体的长期性、复杂性和深刻性。书写无意识行为在中国社会上的垄断性地位，导致了社会在相当长的一个历史阶段内依赖于它在运行，并逐步演变成一个社会大众普遍可以接受的，但是又找不到历史源头、得不出书写认知结论的模糊状态之中。

沈的书写代表了社会书写行为失控前的魏晋书写文化精度。沈没有最终解决颜字的书写问题的本质，他将一个更大的问题留给了后人。随着沈的离去，社会在书写知识更大范围的中和、平衡中，新的“书法学”理论出现了。颜字似乎只有用精神—认知论的神秘体验评价的参与，才能接近一个真实的颜真卿。然而，在那些推进社会书写知识发展的人物中，有关颜字文化的归因争议，社会还存在着对沈的思想的深入和过渡，即凭印象作推测向实际书写经验研究过渡的思想。在这 思想的视角中，它完全锁定在历史中最重要的、书写发生和书法名称由来的阶段上。实际上这一思想是伴随着沈的思想出现而出现，在他深刻的、富于启示的洞察中，将他尚未考虑成熟的善、法书思想深入到其本质。当空洞断言与书写断言的知识区分开来时，人们将发现汉字书法一词就是社会书学阶层意识形态的载体。在揭示了书写文化精度范围上，有理由把争论的对象上升到书写意识形态的高度去衡量。通过书写意识形态的区分，将分清整部汉字书写史中各种书写知识，在力求社会存在与书写思想之间关系上进行系统梳理，使社会汉字书写知识朝着文化科学的方向发展。只有考虑了这一观察位置点，即不同书写意识在视觉因素和书写因素上的不同表现，才有可能在各种情况下把握其书法文化的利害，向世人传达正确的汉字书写文化知识。

3. 社会形式书法学的起源

唐代社会已出现了书写、绘画两种意识形态的实际分离，这一分离出来的书写文化形态就是形式书法学的起源。形式书法学是指，以上肢生理放大第二过程的生物—物理为书学基础，在非现实书写空间环境上，由功力化机械仿照模式所产生一种与书法活动十分相似的书写文化形态，故称形式书法学。形式书法学与传统书学发生混淆的因素有以下三点：(1) 在书学行为③的意识加工尚未形成之际，上肢生理内部发生非书写生理结构的自动转换，书写法则的探索由意志精神论所替代。(2) 以视觉审美心理为导向，强调书写出体的形式变化。(3) 以精神—认知学为理论核心，并嫁接到书法理论的最顶层。这就是唐代社会书写文化的一个重要特征，该书写文化从书写编码向书写代码转型，而书写代码就是美术字前概念。因此，形式书法学是活跃在书法和美术字之间的一种文化形态。

形式书法学是随着书写空间环境的放大、书写程序推理参数逐步消失而形成的一种混合型书写模式。在唐代，这一书写文化开始在“《争座位帖》有篆籀气”和“大字促令小，小字展令大”之间徘徊、振荡。王字是汉字书写文化标准，颜是以王字为参照，在这一水平点发生起振时，他的小字草书则是现实性书写中书写非现实性，他的楷书是一种非现实书写水平中的视觉相对现实性。也就是说，颜在这一现实性和非现实性质之间都达到了最大值，所以才够条件定义为汉字书写偏离上的初始值。因此，颜字是汉字史上书法则向形式书法转换的振荡起点。

在分析了专家型书评之后，我们还不能忽视对大众书写心理对颜字书写参照的认同。因为大众书写心理才是形式书法学最大群体。人们说王字是雄强的，而颜字则更雄强。那么，人们支持和肯定这种雄强意象的心理运算的推理参数究竟是什么呢？

在图6－1中，我们已展示了人上肢生理内部的运动竞争机制：在书写意识控制下，上肢整体肌群处在相当放松的状态，只有上肢生理的远端——手腕生理处在书写转动本征结构向心转动的引力场之中。当书写放大时，人依赖书写转动本征结构的心理感知，协调和控制着上肢生理每一关节的转幅按比例放大、缩小，是一种书写结构整体性发力形式。当年胡问遂先生的书写让人们记忆犹新，他在书写完大字后再用同一支笔再书写小字，这就是书写意识对上肢肌体的各关节参与书写转动比例的自我控制、自动协调，由书写意识渗透到了该活动本质之中。因此，该操作行为与太极拳运动相似，是一种圆弧性发力形态的放大、收缩。这就是“大字如小字，小字如大字”的书写常态化，是书写操作活动意识的反映。

然而，当人处在书写无意识活动之中情况就大不相同了，该行为是随书写空间环境变化而停留在某一局部生理关节活动上，是一种特定单一性发力活动方式。五字执笔法与魏晋汉字具有直截了当的书写匹配优势。即使人还没有进入书写中心层，在书写空间环境条件1∶1的情况下，该执笔手势有一个最佳书写表现，处在楷、行、草书写

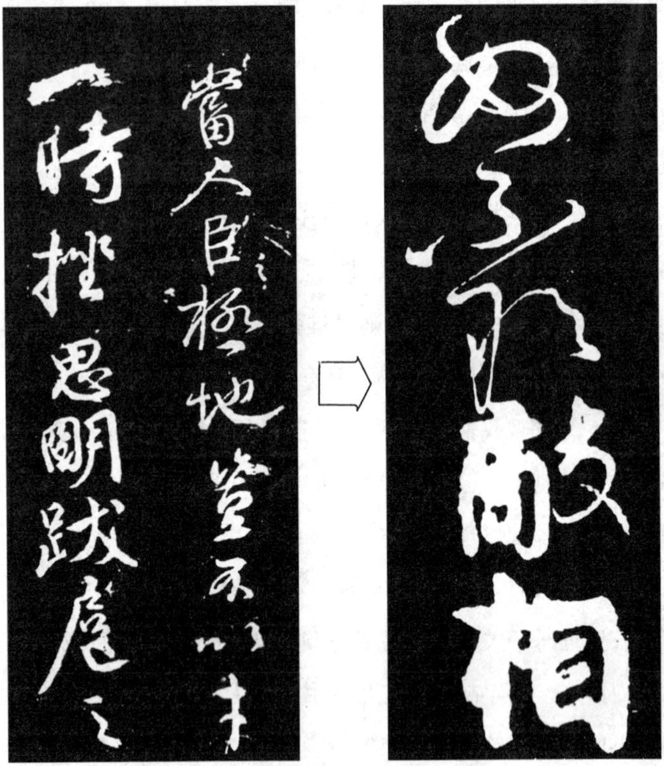

《争座位帖》经书写放大之后，它的高明之处变得平庸了，连接楷、草之间的行书消失了。

图 6－7 《争座位帖》与《裴将军诗帖》

变速序列的中间——行草，即 0 偏转与非 0 偏转部位之间。这就是说，《争座位帖》有一定的书写生理启动形态，而在这一书写变速阶段上，颜字与王字的退化字形相似程度很高。尽管两者在这一书写变速有相似性，但是，从《争座位帖》整体水平而言，在上肢生理收缩还原的第二过程中，人最小书写收缩圈径是呈不规则卵形螺线。因此，这是一种第二书写杠杆微动结构类型上极细微的差异，而这一行草字形就是羊欣所言的“张字形不如王”的历史再现。

那么，在该帖子上能否反映出颜的书写意识加工究竟倾向于向中心层，还是向边缘层发展呢？由于史料的欠缺，仅凭这一点还不足以证明颜小字这一微观书写活动的意义所在，只有待他书写放大到宏观层面，在非书写空间环境中的书写选择联系时，才能看清他在微观处书写加工究竟缺了什么。如图6-7所示，在楷、行、草三点的放大、收缩过程中，判断颜对自我书写生理的控制、协调水平，于是，局部性优势转动发力方式的书写变速随机稳定的有序长度就显露出来了。颜书写中“行书”的缺位表明，颜没有进入书学行为③便开始放大了，在没有得到充分的书写气韵加工时，它就顺书写气势向于边缘层书写联系。因此，颜是一种虚假书写意识形态。

这是迄今为止，颜字文化最迷惑人、最隐蔽的地方，也是米老看走眼的地方。于是，两种书写推理数据的文化较量，在每一书学者的内心世界中展开了。人们在小楷书写比较中，将王字的行书与颜字的草书并列起来相媲美。当社会人抽取了行书的书写意义存在之后，回归到日常书写的颜字行草便成为“天下第二草”。在一个开放的书写运动链结构式样中，书写功力离心力的直线运动偏离越远，上肢非书写生理肌群力臂所做的功就越大，人对这一书写“笔力”的感知强度就越大。在书写心理效用函数{ui：I=1、2、……、n}的估算中，非随意运动的紧张状态的局部发力，与拳击运动的发力方式相一致的。这种转折的“勾勒倒收笔锋”就是一种放慢之后的书写突发性“出拳”。由于上肢生理放大第二过程只有快慢单调变速，它不存在书写转动本征结构的记忆加工，于是，形式书学中一个书写怪儿《裴将军诗帖》诞生了。因此，颜字书法意义是广义的。一方面，它反映了颜在魏晋书写文化背景下，日常书写中第二书写杠杆生理自发启动状态的加工深度；另一方面，颜字书写功力的加工难度几乎被社会所有大众都体验到了，即使最简单的大脑都有反映。于是，不论是临摹者还是观赏者，是源于心理意识，还是实际书写感知，专业人士对小字“有篆籀气”是肯定的，那么，社会大众形式书学更加肯定“颜字雄强远胜于王字”。

这里需要指出的是，我们并不是全盘否定书写功力在汉字书法活动中的重要性，而是不能用它来替代书写。“缓慢的拳击式”书法占了社会书学群体的绝对优势，“雄强”成了“书写进化”的社会认知评价标准，就是因为历代社会的书法片面追求。因此，雄强就成了汉字书法上的另类抽象而不为人们所知。虽然这种书写行为的不自由使人感到艰辛，但在屏息凝神过程中，它犹如宗教活动一样，种种联想和神秘幻觉却出现了。于是，从真谛向幻觉的思想运动中，“屋漏痕”的智力水平已经开始包含着判断各种非书写价值、理想、规则，以及塑造各种未来汉字的目标等诸因素联系在一起了：一方面，人们以一种初级书学行为①结构要素，以上肢生理还原的第二过程作为汉字书学的发展关系；另一方面，社会并没有充分估量到这一“洞见和变异”相结合的书写实例，对于后人书写上的纯视觉活动的实际影响。于是，一个社会时代书学思想和这一书学运动的整体发展，以从未被历史包含的各种经验和巨大的精神能量开始释放了。

对于非书写性态的文字审美领域而言，它还存在着颜字活动之外的各种无形转移的审美东西。历史表明，唐代以后社会形式书学思想运动，已开始动用了一种特殊的文化维度来描述其书写现实性的。颜字以书写功力的替代与视觉绘画取向为导向，导致了人对汉字“雄强”处理的视觉时尚审美的追求。以视觉艺术化变化为旨趣，它在社会书写分叉的最深层次意识中，引起了整个社会对书写认知的离心倾向而不为人所觉察。一旦社会审美潮流变化，颜字结构本身也在发生相应变化，从官阁体排字、流动性排字、尚古、碑学、丑书、前卫书法这一活动线路展开，最终人们彻底进入了文字绘画活动之中。

只要这一活动的社会无书写意识评价认为具有书写发展意义，并得到人们一致好评，只要谴责王字落伍而不需要分析书写性态时，社会上两种书写文化形态的竞争和博弈便悄然地展开了。因此，在书写认知结构发生分离的社会心理中，现实性书写概念和书学认识论上的现实性概念之间发生了混淆，在两种书写结果的评价比较中，新的书法认知观往往令世人震惊。在以“力”大小作为书写原则的判断中，王字就是“媚态、女手、矫柔造作”；而颜字则相反，大刀阔斧、雄强有力的挥洒书风，与平民朴素、直率的品质更为贴近。颜的这种突破和创新精神，使得整个中国社会为之倾倒。因此，人们在一个宏观的总体书写概念中讨生活，在有相当差异的书写环境中重新检验汉字书写，汉字活动出现非书写文化的历史反相渗透。从此，有关对汉字书法本质问题的探讨发生了转移，人们通过一些绘画性模仿行为的意志和精神因素、通过对客体生命史的描述，形成了与汉字书写知识相关程度极低的外延知识的负增长。

可见，在一真一假两种不同的书写“雄强”意象的背景上，不仅具有不同社会书写文化环境的缠绕，而且是支配者与被支配者之间有着视觉和书写选择上的认知心理因素，以及由这两种认知心理因素的书写数据推理的支撑。作为书法知识，它智力抽象是在立体三维空间用书写生物物理学知识来描述。但是，当社会书写空间环境变大，书写理智的意志加工作用线变长、社会法书现象变得极为稀少时，这一文化现象产生的解释就变得困难，它需要通过精神、认知领域的研究来进行解释。作为视觉操作书写活动体系的文字活动性质本身是二维绘画性的，它所缺少的第三维度是用书写功力来替代的，而书写功力来替代更需要用精神—认知论来描述的，于是精神—认知论就成了书法理论最适当的方法论。然而，在一个几乎统一的精神—认知论中，历史书学者们笔法澄清还是留下一个不为人觉察的破绽。真正从王字体系中产生的法书，它的书写现象是统一的，而通过颜字以后的书学，它的书写现象是独立的、分离的。这就是说，作为先于历史的精神—认知论在说明和解释书法时，它需要进行一种书写理论上的虚构。

因此，雄强是当时，乃至今日形式书法学认知上长期存在的书法想象物。当社会书写环境与汉字笔法提取意识呈反相趋势发展时，雄强心理感知就是一种无书写结构的力量感知。于是，以视觉审美心理为导向的形式书法过程中，虚假书写文化的普及给社会带来一个比“法”更重要、更容易感受的经验、书写意志上的一种“雄强精神气概”。而与雄强相对应的莫过过于“忠贞”。而颜字雄强背景上恰恰具有这一强大忠贞心理的支撑。一位老者目光炯炯，神定自若地走向叛逆者燃起的熊熊烈火，用一种正义而坚毅脚步与雄强有力的书风联结起来。通过正义、崇高、道德等中立因素，组织起一个书写正面形象，委婉和曲折地印证了该书写上的文化境界。因此，以书家历史生活的全部经验为书写知识基础，既对长期无法解开的书写结构进行解围，又为社会各种书学提供了引导理论。因此，颜字的形象是高大的，而以雄强精神气概来提取的书写笔法信息却是虚假的。它通过人生命史，精神—认知论对“书写作品”的浸透，才能使观赏者理解理论不言之中的书写笔法解释。

就社会汉字的书写形式内容而言，它本质上是有含义的，而含义的理解和解释必须在书写行为中被感知的。书写知识首先是指在书写行为中可理解的东西。要理解书写事实就必须参照日常书写性质的内涵。如果我们从这一方向进行论证，那么，社会日常书写领域中最基本的事实都远远超过形式书学理论关系。究竟人的哪些行为或品行对书法具有指导性意义，这是一个评价关键。颜字书学的文化品质，从一开始就控制了社会书学的主体思想，即对王字书写源头的探究。当颜字成为汉字的实际书写参照，并作为最大多数人书学入门基础学习时，这一书写文化的社会制度化导致了整个社会书学长期陷入深深的矛盾之中。当揭示书写技法内容长期无法深入时，视觉生理上的积极因素，便在个体书学活动中开始升华。因此，人们对颜字文化的推崇，最后人所获取书写知识的方法也必然受到所关注的那一客体、实际精神状态和书写本质的影响。因此，在汉字第二书写杠杆还没有揭示出来之前，人们对雄强的理论解释，便从笔法理论向精神—认知论转移，精神—认知论便顺理成章地被嫁接到书法理论的最顶层。

颜字最终替代了王字成为社会书写文化普及教育的实际参照标准。它得力于社会新的生活取向，得力于社会最大多数人文字活动早期书学行为①的优势因素，得力于社会集体无意识书写行为趋向的普遍支持。因此，中国社会书写文化的普及，在第一阶段上的工作任务还没有完成之际(小字)，便直接进入上肢生理还原的第二阶段进行书学。而且在第二阶段上，人们又无意识地选择了，是一种变异性书写结构作为书写文化参考。颜字文化形态预期了一个社会书写文化的集体转移，具体反映在以下三个文化指标上：(1) 无意识书写源自人的文字活动本能，是一种自发性书写生理行为。而虚假书写意识，只是在一个特定社会时期的特定人群中才能真正形成。(2) 既然这一行为是无意识的，那么，人们固执地认为，上肢书写生理“力”由小变大，就是一种超越寻常书写的非凡之力，这意味着，该文化相对于前文化在书写经验和内涵上是一种进步，而演变形成的汉字结构就更非同寻常，它需要超越前人书写文化的总量。(3) 书写功力的魔力把我们的思考锁定在汉字书写力量刺激的绝对价值上，而社会非书写意识评价态度，又无意识地支持了这一非现实性书写行为的当前应用。当社会书学的困惑与现实书写令人担忧，这两种现象相结合时，非现实性书写结构明显不同于现实性书写结构就有了成立的理由。

因此，一个是颜字书写参照，一个是书写社会实践，一个是书写理论总结，社会三方面信息的综合，导致了历代书学无意识地拜一个石刻上的书写形象大师为师。人们自我打造的“雄强”大门却关闭了探究书写奥秘王国的通路。从此，一个社会形式书法学文化形态诞生了。形式书法学的运动向量是由社会非现实性书写运动和无书写意识评价态度组织产生的。对于这种非现实性书写运动如同现实性书写解释一样，娓娓道来。颜字书学行为①的历史性三次，是以书写型汉字王字结构为基础，向视觉检测型汉字结构转移，经视觉生理的强化加工，再一次退化为纯视觉检测特征的汉字结构，人无意识地陷入一个文字活动的周期律。因此，正确的历史总结是，王羲之完善了汉字结构上的书写编码，而颜真卿则完成了汉字结构上的书写代码，王、颜两者永不调和。

唐以后，社会上大量的绘画性文字活动现象并不是发生在日常书写行为中，而是发生在社会书学活动中。当人们一开始就以颜字为书写参照时，社会便不断向非现实性书写转移，不断向理解更简易、书写更困难的方向位移。虽然这种雄强笔力，具有视觉检测审美心理上的愉悦感知，然而，这一书写意志加工作用线越长，书写笔法发生概率就越低下，而绘画变化周期却越变越短。一方面，人上肢生理发生了书写机能上的内部竞争，它不再是书写运动、知觉区域内边缘层，还是中心层的问题，而是书写结构的异化、绘画性刺激在强化。另一方面，当社会书学普遍进入到非书写性形式书学活动领域时，书法活动中至关重要的书写起源问题，却存在于形式书学的自我书写经验中产生，所有的书法形态都是动用精神—认知论来解释的。因此，唐以后社会用精神—认知论打造一个又一个、一种又一种的书写顶峰。整个社会汉字书学思想的运动方向，究竟是将书法位移到社会现实性书写相同程度内进行比较，还是在非现实性书写不同程度内上进行比较，已是一个不争的事实。

因此，唐代以后一大部分书学与汉字书写文化精度形成了根本性的分离。社会书写现实并不是他们关注的对象，书学并不依社会普遍的现实性书写为定标，而是以自我绘画心理进行的。这一认知的特殊性在于，对于社会心理学上的现实书写是不现实的；而社会历史上非现实性书写，在书学认识论的心理学上却是现实的。当书学群体在向高度分离的非现实性书写发展状态中，人犹如进入原始的、奇幻的世界，形式书法学普遍出现了书写上的儿童心理世界——“非亲”①认知

① 非亲是虚拟书学发生了周期性变化。他们以自我审美需求相适应，根据书写参照物的稀少性、奇异性和特异性来构建一个书写精神世界的内在结构。这种以主体精神—认知论所决定的文化活动，他们的书写表现有一种独特而持久的变异心理存在，与社会上的“婴儿、遗儿”认知心理相一致，出现了书写上的“认亲”错乱。

特征，即他们相信的事实就是现实书写，他们的书写就是当前社会的实际书写需求。因此，整个中国对汉字书写真谛的认知走向发生改变。书法的现实性程度几乎就是取决于人的社会文化地位、志向水平及各种书写替代行为，由这些起因效果、结构目标所形成的综合因素所决定。因此，虚假书写意识对汉字书写文化发展的危害，不在于它不能把握书法法则不变的现实，而是它从根本上阻碍了社会人对一个真实汉字书写结构的认知和理解，使得汉字书法变得捉摸不透，成为一个社会长期难以解开的集体书写之谜。可见，"雄强论"已发展到如此的程度，以至于它能把握整个社会不断变化的书学思想的全部复杂性。

颜字代表了一个矛盾的书写思维逻辑现象，在中国社会上的实际诞生，它视觉上富有对社会汉字检测式样发展的特征，书写上又具有汉字书写文化的退化特征相结合，并起到了一个汉字书学文化的潜移默化作用。在一个非现实性书写领域进行书写活动的比较中，社会选择了一个偏书写参照而无法任意离开。这一书写通俗读物在一个强大的社会书写文化网络的运行帮助下，整个社会集体书写无意识状态的持续发展。人们在朝这一方向运行时，既包含着一个民族千百年来征服和驾驭书法的真诚愿望，也隐含一代代社会文化精英为此奋斗，不断重复这一汉字书写运动偏差的无可奈何。它充分暴露了在无意识书写运行下人的理性固执和狭隘，从书学一开始便掉入陷阱，又一次次执迷不悟地确认它在汉字史上重要地位，长期处于这一文化形态的悲哀之中。因此，颜字标志着中国社会进入了一个新的书写文化均衡期。如果不揭示出这一社会时期的形式书学运动倾向和特征，我们就永远不会成功地获取和理解当今书学界的思想状态，影响到今日社会书学普遍存在的异化倾向，以及该形式书学所发展起来的精神—认知论的原因。

三、两位典型的形式书法社会学书家

当书法以绘画审美思想运动方式发展时，书写演化就永远不会停止。在书写衰退模型中，一个时代的社会书风就是从许多个体书写文化交互决策中产生出来的。书写知识问题的个人主义概念对于一个书学群体的认知错误程度的影响，就是解释这一群体在微观层次上的书写文化交互作用中的各种错误概率发生模型。描述他们在特定社会时期可供选择的书写策略、书写意图，以及这些书写"得笔"的受益程度。因此，考察唐以后书家的书写意识形态，一方面需要指出，个体在摆脱与其他书学的雷同，这种变化是如何与社会审美思想运动变化紧密地联系在一起的，揭示他们对汉字书写文化实质的认知深度；另一方面必须揭示，这种变化是如何以理性的方式渗透到书法概念中，并在不同的社会历史阶段的过渡之中，有时是书写意识评价性态度、有时是书写无意识评价态度。有的甚至是反社会既定书写文化体系的。因此，汉字书写总体概念是如何不知不觉地进入，并混杂到汉字书写特定概念之中，在几乎没有受到人注意的情况下悄然发生，从而在中国形成了一个社会集体形式书法学的局面。

（一）中国书坛上第一位政治型书家——有关董其昌的书写意识特征问题

董其昌在明代书名并不显赫，只是在清代受到康熙皇帝的青睐后，才在社会书坛上大红特红起来。历史上人们对董字评价褒贬不一，可归纳为正、反两点：书写上的"松、淡"、纤细的特征，这一特征被后人评价为文人书写最高境界“书卷气”。书写理论上有“提得笔起”“时起时倒,时收时束”等著名论点。与此相反,董又有两大弊端:书写笔力问题,以及有关董的社会处世问题。显然,这是两种截然不同视角的观察,并彼此针锋相对。针对这一连串看似离奇而矛盾的评价,解题必须追溯到这一历史与形式书法社会学在思想发展上的某种必然规律性,从这一角度去理解董的实际书写意识形态特征,才能真正看清董的书写性态的全部特征。

每一社会历史的书写主体都意识到自我,并获得了自己对过去汉字书写史的认识。董在“画禅室随笔”一文中是这样进行自我总结和评价的:“吾书无所不临仿,最得意在小楷书,而懒于拈笔,但以行草行世。亦都非作意书,第率尔酬应耳。若使当其合处,便不能追踪晋、宋,断不在唐人后乘也。”从该短语中我们得到三条信息:书写上无所不学、小楷行草书最为得意、不在唐人之下。这三条书写经验总结道出了董的书学态度、书写策略,以及书写水平这三个不同层次的问题。从这三条信息中不难发现,董是一位受到社会传统书写文化思想影响的典型书家。在传统主义书学心目中,对笔法认知是至高无上的,在他的书写生活中是不存在神秘主义启示的,这方面董是理性的。因此,继《书谱》之后,他仍在不断向书写知识的理性高度探索。在这一思想的驱使下,导致了他进一步对汉字的书写规范提出了自我独到的见解。

形式书法学的工作任务就是以书写总体概念为理论框架,不断将历史上具有独到见解的书写心得和理论总结整合到一个统一汉字书写文化之中,并把这些理论和书写经验看成是整个汉字书写理论体系中的一个最重要部分。这就是董的书学思想受到后世书法社会学的关注，并被吸引到经典书写理论中来的原因。于是，在以绘画审美思想运动方式发展的书学理念中，将董的书写经验看成是“开派性书写”而变得可以理解了。从此，这位传统主义书学者获得了继颜之后，中国书坛上又一个获得创新、开派殊荣的书家。然而，这一被吸收到传统书写文化、对书写理论有突破贡献的书写模式及其意识特征，却是可以通过书写知识社会学观点的充分展示，对其书写实践与理论关系进行精确定位、明确区分的一种形式书法学。因此，该书学具有双重可探讨性：一是对董草书理论总结的深度分析，“转束”一词只是一种受社会历史思潮显示出来的，是书写活动中局部的、受历史社会制约的书写“原理”。二是对董书学行为③的笔法受益还原，“纤细与松淡”就是虚假书写意识的笔法伪装。

1. 有关使转与转束术语的书写理论解释

董书写理论主要集中在对草书的书写总结，他指出：“作书须提得笔起，不可信笔，盖信笔，则其波笔画皆无力，提得笔起则一转一束皆有主宰。转束二字，书家妙诀也。”董的书写强项在草书，使转就是董发挥得最好、最娴熟的书写技法。董将自我草书书写经验从“使转”推理到了“转束”，并将它提高到书写真谛的高度位置。那么，转束书写真谛的理论依据是什么，该术语书写“质”的实际深度究竟如何？这需要从使转、转束在上肢生理转动放大的微观层面上进行分析。

“转束”一词与《书谱》中的“使转”一词是近义词，但又有其区别。使转是书写送导活动的总概念，它的底部与书写转动本征结构运动轨迹相连，它的顶部与上肢持续不断放大的平行圆弧轨迹运动相连。“转束”一词的笔毛运动意象侧重于“束”，它前提是“提得笔起”，是一种边转边提的笔毛收缩意象。因此，使转中包括转束，而转束是使转的一个局部，它处于上肢生理书写送导活动区域的顶部，是笔毛持续不断提升的平行圆弧转动轨迹的运动意象，这一运动意象与董草书的纤细外显特征相符合。这就是说，转束术语的书写认知是在书写转动本征结构处在最弱、上肢生理处在书写向心力向离心力转换的最边缘状态所产生的一种书写转动意象。

2. “信笔与提得笔起”的理论关系

“信笔”顾名思义，就是指书写上的压迫任意性，是汉字书写过程中的轻重、缓急失调，该术语的思想是针对书写压迫随机不稳定性现象提出来的。而且，董脑海中的信笔概念是有具体指向的，是专指苏（单苞、枕腕）书写上的“重落”而提出的。“东坡书笔俱重落，米襄阳谓之‘画字’，此言有信笔处耳。”为了防止信笔，董在自我书写实践中得出一套有效解决信笔问题的方法，即三指“拨灯法”，从而得出“提得笔起、须悬腕、须正锋，皆有破信笔之病”的书写经验，这就是解决信笔问题的“技术专利”。因此，这一技术专利也是十分简单的，它是在单苞的枕腕与悬腕之间进行较量，你要枕腕信笔，我不让你手腕下沉，有了三指拨灯法的悬腕，就有了提得笔起；有了提得笔起，信笔现象就不会再发生。这就是说，在三指拨灯法中存在着三个重要的书写技术参数，是这三个重要书写技术参数的存在才解决了信笔书写难题。于是，汉字书写出现了新的复杂性，因为这是一个与五字执笔法书写文化无关的解题方案。那么，三指拨灯法真的具有破书写信笔的神奇功效？就在著名的临《倪宽传赞》行楷书写中，董突然一反常态，粗重、僵直、重落，出现了比苏东坡“笔俱重落”更糟的书写特征。难道这就是破书写信笔的解决方案？这使我们对董的书法产生了质疑。

对于董信笔问题所涉及的书写解题思想，是一个比五字执笔法历史更悠久的书写活动类型。如果我们不从根本上追究，这一书写活动类型的社会历史根源，就永远无法了解单苞书写，在社会历史中反复出现的自身活动规律，以及该模式所富有成果的书写规范。因此，这里还存在一个至今尚未被我们彻底探究的书写问题。这一问题包括关于人类自发性书写活动手势的讨论，而汉字书法中所出现的拨灯法与单苞枕腕法，就是这一自发性书写手势在不同社会历史的书写环境条件，以不同文字结构的书写需求，在历史空间维度上反复出现的书写执笔自由体。目前，在我们所了解的历史社会过程，以及所有的书法理论中，这一书写形式并没有具体的确切可感知性。但是，它在社会历史环境因素的相互联系中，它却始终是清晰的、可感知的。

在古汉字时期，小篆就是由垂掌三指拨灯法执笔书写的。到了秦隶时期，它又演变成平掌单苞执笔法。秦隶平掌单苞执笔法，就是一种书写速度杠杆和书写超压迫杠杆同时并存的兼顾型书写手势。在书法形成的汉代，社会人的书写执笔朝两个不同方向发展：一种是以均衡压迫的第二书写杠杆方向发展。书写核椭球体位置向下沉，形成了－1偏转均衡压迫的大球体书写操作。一种是以书写速度杠杆的方向发展，书写核椭球体位置不断上提，形成一种0偏转最佳超速转动的小球体书写操作垂掌三指拨灯法。

图6　8告诉我们这样　个历史发展事实：在书写执笔的外显结构形态上，潜在地存在着人对不同文字结构书写的心理需求。在第二书写杠杆与第一书写杠杆发生连接时，五字执笔法与日常本能书写行为分离，是人受到汉字方块结构书写的心理需求，不断向第二杠杆的书写均衡压迫力的执笔生理结构方向发展。该书写机制形成过程中，存在着一个对方块结构书写压迫均衡的处理过程。而在与五字执笔

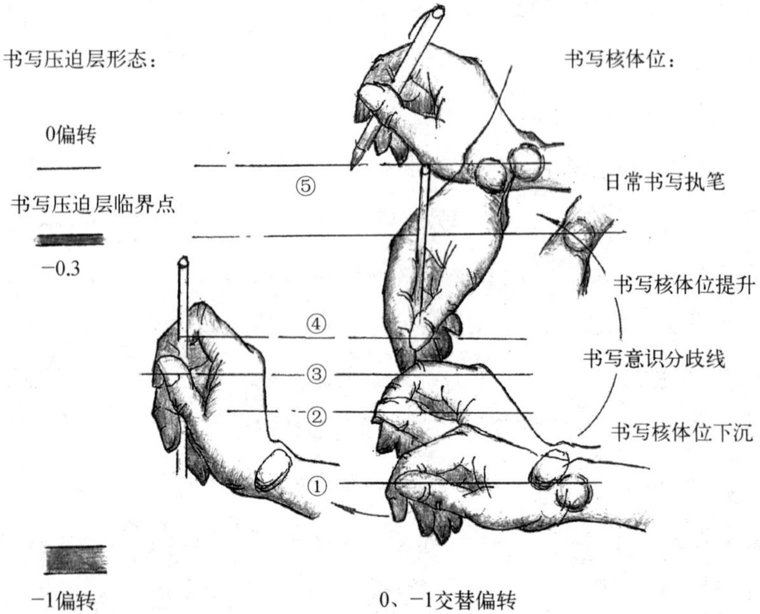

书写执笔位置与书写核体位变化关系：① 平掌执笔位置　② 竖掌执笔位置　③ 五字执笔法位置　④ 三指拨灯法执笔位置　⑤ 日常书写手势

历史过程中，当不同的书写目的和要求的神经、肌群和书写器官习惯性地作出反应时，书写生理发展必然会依此而进行，当书写变速有序长度被人为地切断时，三指泼灯法与五字执笔法相比，就获得了书写转动上的优势地位。

图 6－8

法分离的三指拨灯法执笔中，它是针对草书书写的心理需求产生的执笔方案。该书写机制也有一个书写压迫均衡的处理过程。不过，它是专门针对 0 偏转卵形螺线书写压迫常态化。因此，两种书写执笔方式都是来自人在不同的书写目的和要求，对笔毛书写随机稳定性控制意识需求所产生的书写执笔模式，是中国社会书学活动中时起时伏、长期并存的两种书写手势。

两种书写压迫常态化处理是历史上魏晋楷书和广义草书的发展历程，从书法起源时，它是从 0 向 －1 偏转书写压迫发展的；当书法退化时，它是从 -1 向 0 偏转书写压迫衰退的。在不同的图形组织原理的书写意识把握中，分裂成不同书写执笔形式而相互混淆。因此，从五字执笔法向三指拨灯法退化，它有一个书写无意识发展的隐性转折点存在。唐以后三指拨灯法的出现，就是通过人的汉字书写执笔结构的不确定性，根据不同的书写心理需求，向书写压迫退化方向转换。

到现在为止的所有讨论都是以常规执笔：一真、二行、三草的标准进行讨论的。当唐以后社会书学普遍进入到非现实书写空间进行字径放大，常规执笔标准向非常规执笔时，人依赖五字执笔法所产生的书写压迫心理感知，协调和控制着上肢生理每一关节的转幅按均衡比例放大中，就有一个五字执笔法位置在空间维度上如何定位的思考存在，有一个方块图形书写组织原理把握的深层次思考意识。

五字执笔法的执笔位置就是书写向心转动中心①，该中心点便是进一步进行书写放大的基准中心。当人在书学行为③形成之际，如果将这一中心位置整体抬高，向非稳态执笔靠拢时，那么，它的书写操作圆弧转动 0 偏转行为是被放大了，-1 偏转实际书写压迫却在减小。历史上这路书写的主要代表就是黄庭坚书法。这一洋洋洒洒的经典书写表明，五字执笔法的书写生理压迫能力是有限度的，书写执笔位置是不可能无限上提的。当人在书学行为③形成之后，书写放大时的执笔中心位置是整体下移的。这一整体下移的书写目的就是拉长书写核振子运动的钟摆线长度，加大其书写放大势能，这一情况犹如一架大型的老式摆钟，在加大书写核钟摆势能的同时，送导放大的生理转幅、书写向心转动中心①按比例放大，进一步说，执笔法位置没法变，但书写向心转动中心①在空间 z 维度上自发向上调整，这路书写的代表就是近代沈尹默书法。

当非现实书写空间进一步扩大，迫使人必须站立书写，或不断提高书写转速，迫使书写手腕生理随之相应上抬时，一个隐匿在历史深处的书写意识转换点显露出来了。在书写意识加工活动中，书写手腕生理的上抬，书写核体位将自动控制在最小书写压迫极限－0.3值。这一书写数据就是隐藏在人脑海中的第二书写杠杆运动记忆。然而，在自动无意识书写加工情况下，由于广义草书它不存在这一书写学习的运动记忆，该书写核体位就自动越过书写压迫极限值，自发性向拨灯法手势靠拢。于是，历史上王、张的草书评价得到了理论数据的印证，王所说的“未必谢之”的真正含义应该是，该书写活动中有一个对汉字书写速度杠杆使用的定位记忆存在，在法书活动中它不可能向纯书写速度杠杆转换，出现“精熟过人”的书写现象的，这才是书写意识评价的理论关键，这是第一点。

其次，明代社会书学个体从五字执笔法双苞执笔向三指拨灯法单苞执笔转换，就是向历史上小篆书写法还原。当书学行为③尚未形成，草化书写加速心理会诱导五字执笔法中速度杠杆开启，双苞中指便成了该书写转动上的障碍，于是，在自我经验的书写生理内部相互联结知觉中，书写执笔便再次向单苞执笔的三指拨灯法还原。这一书写特征在楷书慢速度书写时，就是功力替代的绘画性书写。当书写加速度提升，进入草写时，它自动进入到硬笔0偏转书写的小球体稳定状态。因此，“提得笔起”是受毛笔物性的最高书写充实比感知的，转束对笔毛书写编码进行自动调节。此时，书写压迫层在最小书写球体操作时，便与硬笔书写的单线特征呈同一性。虽然三指拨灯法的书写速度提升了，在草书平面转动内不发生所谓的信笔现象，但是，该机制的方块图形正体书写压迫常态化有效处理却消失了。0的书写偏转压迫层相当浅薄，一旦书写压迫层变厚、变宽，超出了该平面转动实际书写压迫的有效控制范围，该机制便发生书写失控，出现了临《倪宽传赞》书写乱信笔现象。

三指拨灯法和五字执笔法都是从秦隶平掌执笔手势根据不同的书写现实性发展形成的。当社会历史过程中五字执笔法形成之后，三指拨灯法就是被社会长期压制的一种自发性书写手势：一方面社会现实书写生活中以汉字正体书写需求为目的，人普遍选择了五字执笔法书写；另一方面，自书法形成以来，虽然三指拨灯法书写渐渐被社会所淡忘，但在书学界从来都没有明确否定过三指拨灯法书写。于是，在汉字书写概念混淆的社会大背景下，一部分知识分子在草书审美心理的诱惑下，这一潇洒的手势总是断断续续地在历史上反复出现，在书法形成之前、之后，都有它的身影存在。因此，在汉字书写概念模糊应用期中，五字执笔法和三指拨灯法是长期并存的两种书写手势。这两种书写手势在什么时候出现分离，什么时候被混淆，取决于人书写意识中第二书写杠杆是否形成。一旦第二杠杆书写现象消失，那么，不同手势书写的世界观形成、不同书写组织原理和书写范畴结构的理论，就会在社会上争论不休。只有当人们了解了“五字执笔法”的科学书写原理时，才能分清每一种执笔手势的书写能力，它能做什么，不能做什么。

于是，最后的结论产生了，隐藏在历史社会书法体系中的广义草书活动规律显现出来了。广义草书就是广义书写。从小篆、草圣张芝、狂颠张旭、松淡董其昌，再到日本假名书写，把这一路书写起源的社会环境意义并列起来，就是该书写机制从绘画性正体，到草体的全部连续变体。在广义草书的书写理论与实践关系中，小篆与日本假名书写的连接隐蔽性最大。但是，只要把历史看成是人书写本性在其中得以施展的母体，根据书写生理中最佳速度杠杆的活动性质与社会历史不同阶段的汉字结构联系起来，才能发现这一书写机制在社会历史上的功用，以及该模式在汉字发展史的每一阶段中，依次出现的必然顺序的连续性反应。因此，三指拨灯法是紧紧围绕着汉字的发展，以独立存在的活动方式而展开的。历史上某些汉字结构形式就是根据这种反应频率，从其内部书写心理反应、由自我经验的扩展呈现到社会的外显书写活动中来的。

董的三指拨灯法无疑是立足于对历史社会书写发展之外的一种特殊世界观，他并不顾及社会五字执笔法的存在意义，在跳跃了书学行为③之后，充分暴露出这一书写心理在切断了书法的历史后所固有的可能性和局限性。因此，董所总结的书写理论具有历史阶段性意义：(1) 信笔问题在历史过程书学行为③的活动中已有了明确的解答，而董却在一个不存在书写压迫的手势环境中寻找信笔答案，显然，董的思想没有过书写意识阈限。(2) 董与历史上书法形成之际的草圣书写形态意识是相互一致的，一个是发生在书法形成之前，一个是发生在汉字书写意识退化早期。小球体书写操作是书法的“前意识”。(3) 历史上由于广义草书的高度书写超速，转束结构并没有被人有效地提取出来。到了唐代，在《书谱》理论中发现并总结了草化书写结构为使转，董又在此基础上总结了一种更为极端的书写现象“提得笔起、转束”。因此，在社会书写理论揭示蔚然成风的社会书学环境中，人才会更留意，并精心为当前社会提供适合目前形势发展的书写知识。

因此，“提得笔起、转束”与“矜巧自许”的书写生存心理是一样的。所不同的是，提得笔起、转束是这一路书写模式的心理功能强化所得出的最高理论总结，该理论不断与历史、与当今具有相同心理和态度倾向的书学者发生关系，从而使他们在不同历史时期的书法总体中，意识到在他们的书法生活中所具有的专门活动结构——三指拨灯法的重要性。因此，董就是这样一位书写理论重量级人物。他不仅在书评内容和书写结构上完全不同，对书写经验的分类、收集和判定范畴都不同。广义草书在不同历史时期，由于书学者研究书法的定向不同，关注对象的"高级"而被人们描述成或看作书法的唯一存在物。董的理论贡献一直影响至今，他不仅为广义草书提供了书写判断的历史知识，也灌输了这路书学所把握的书法经验和观点，并成为这些人心目中的书写"好人"。

有关董、苏、颜书写文化的交互关系。信笔解题的书写物质基础是一种消失书写压迫层的书写机制，该书写机制中第二书写杠杆书写压迫力的式样，因书写核体位的空间转置而消失。因此，"提得笔起"与沈"提、按论"中的"提"是两种不同转动结构的书写概念。董自认为在提的笔起的高位转束状态下，能克服苏的书写上的重落，实质上该书写结构只是一种高位平行圆弧转动的本能反应，它缺少了书写压迫常态化可控成分，而经不起楷书的逆向推理。因此，董所预设的信笔控制范围，只能局限在广义草书范围内使用。当董的拨灯法改变了书写形式和速度，在行楷书写上进行演绎时，一味轻提就变成了一味重落。在整个临《倪宽传赞》书写过程中，董的一贯书风不见了，而且对颜字结构上的视觉检测特征也出现了深刻的破坏。

临《倪宽传赞》书写事件暴露出董的深层思想，由不识笔法带来一个更糟的书写信笔现象，与"文化大革命"大字报抄写水平没有什么两样。在楷、行、草的书写连接装配中，董的书写变速随机稳定的有序长

图 6-9 (唐)褚遂良《倪宽传赞》董其昌行楷书临《倪宽传赞》

度再次显露出来了，它比颜字更短，只限定在小草范围。因此，董存在着在一个特定空间环境上，一种自我决策空间环境的经常性行为，和非自我决策空间环境的反常性行为并存的书写特征。董从米芾的“画字论”中推断苏字有信笔特征，这一认知观是肤浅的。信笔的判断前提必须有识笔法的书写经验事实为依据。否则，所谓的破“信笔”本身就是一种信笔。考察董的自传体书写史，他的理论适应范围是相当有限的。因此，董似乎只有在草书活动中才会产生控制效用。一旦应用于楷书，书写压迫层变厚、变宽，这一活动模式就会变得力不从心，因为在董的书写生理放大的卵形螺线中，它已开始脱离了书写转动本征结构的常返路径，从向心运动向直线运动转移。因此，董所面临的书写出体，他的书写运动的变化只存在两种选择：一种是直线运动，一种曲线运动。直线运动就是维持颜字原排字结构，而直线与曲线运动交替就是在颜字原排字结构上进行突破，使其流动起来。当董致力于突破唐人书写时，他的书写运动心理必然倾向后者。因此，颜法临《倪宽传赞》行楷的书写选择，就是董"断不在唐人后乘也"的陈述心理反应，它既包含了褚遂良，又包括了颜真卿。

当董在颜字代码结构基础上强迫它书写流畅时，就弄巧成拙了。在提得笔起、按不下笔的书写困境之中，出现了比苏"笔俱重落"更糟的书写信笔。提得笔起不具备书写压迫力的随机稳定性，那么，提得笔起就是书写信笔的另一种表现，是董"拙书"书写由来的原因。因此，董与苏都出现了书写无意识回源。在一个书写变速的广域危围内，拨灯法与单苞枕腕法，同处在低一级书写等级结构的两端，形成了汉字书学史上两种跳变距离最大的书写活动类型。因此，发生在明代有关信笔问题的讨论，暴露出董、苏两者相同的异化书写结构，书写核的空间体位不同，导致了两者在楷、行、草书写处理上的等级性差异。

临《倪宽传赞》书写事件暴露出一个社会普遍性书学问题，以上肢生理放大的第二过程进行，缺少第二书写杠杆动态平衡学习的情况下的所有正体，都是一种书法形式。小篆、汉隶、颜楷……都是绘画性书写。那么，由"信笔论"的书写物质基础所提供的洞见，乃是一种书写笔法的无差别识别，转束对书写笔法识解题本身就是虚假的。由此，我们从董"无所不临仿"思想中看到了个体的书写观察因素。即受到绘画性书写意识限制的书写知识，在试图揭示苏的书写谬误的问题乃是来自无意识书写的偏见，是一种错误与另一种错误之间的学派争斗，是独立于社会历史发展因素之外的形式真理。因此，信笔论在形式书学的矛盾争斗中起源。董将自我异质书写活动赋予了汉字书写实践和理论意义，肯定了自我，否定了对方。这种自我偏见既不可能获得信笔问题的全面洞察，也不可能为信笔问题提供一个本质性的解决方案，但他却为形式书法社会学增添了新的书写矛盾。

董出于个人原因才导致心理上对苏的批判，形成了书写无意识行为的社会扩展和蔓延，出现了更为彻底的对传统书写文化的摧毁。因此，董具有书写衰退模型的典型特征。他的书写开派将形式书学带入一个新的、具有决定性的阶段，并使当时社会书学思考获得了一个更为广泛书写内涵和意义，即"虚假书写意识"的社会合法化。他所涉及的书写范围，事实上已完全扭曲了汉字书学的思维形态。因此，在明确界定了信笔术语概念、解释了董的得笔水平和信笔控制水平之后，董书写性态的属性问题就被明确锁定了。在一个错综复杂的形式书法社会学中，董没有得笔，没有进入书学行为③的活动阶段，他所得出的书学论点是一种典型的由变异书写所新增的虚假理论。

有关"古淡"色彩的书写笔法伪装。在当今认知科学理论中有一个 Stroop 效应，这一效应揭示了人在某些事件上存在两种独立认知倾向心理。该效应的实验方法设计是"读词和颜色命名"，例如用绿颜色写成"红"字，通过刺激词与呈现它所使用的颜色不一致性，项目和中性控制项目"呈现字不涉及颜色"的颜色命名反应来获得。该实验设计了很多两个测验：(1) 色词不一致测验，如用绿颜色写成的"红"字，相当于排除测验。(2) 色词一致性测验，如用绿颜色写成的"绿"

字，相当于包含测验中的人，在同一事件中两种独立的认知过程上的干扰和易化。这一认知实验的研究结果对我们分析董对书写上，古淡认识的书写意识属性分析是完全一致的。以“印印泥”为例，人们通过“印印泥”深刻性来理解中锋结构，但不是通过印泥的色彩来理解中锋。因此，“印印泥”就是一种书写认知排除测验。相反，从古淡来领悟笔法，就是一种笔法认知上的干扰和易化。书写与色彩是两种独立的认知结构，文字书写究竟使用哪种色彩对于书写笔法认知而言，是中性的。使用一支三色硬笔书写，人不会因色彩的变化而改变对客体的书写性质。因此，色彩属书写审美认知中性结构。色彩浓淡本身对人的书写意识活动没有激活作用。然而，董在《画禅室随笔》一文中，将古淡提高到如此的高度：“自学柳诚悬，方悟用笔古淡处。自今以往，不得舍柳法而趋右军也。”然而，米芾对柳的评价是“自柳世始有俗书”。柳字书写本质是在颜基础上进一步深刻化的排字。用柳字上的淡色来冒充笔法特征，显然，是一种创新性混淆。这一创新混淆方式就是 Stroop 效应，他利用了绿颜色“绿”字的认知干扰和易化，冒充和伪装一种高于王字的书写古笔法的存在。与唐书写文化期相比，董对书写笔法识别已出现了故意伪装。因此，董的创新混淆了两个不同层次的书写意象，通过低一级的柳字来否定高一等级的王字，通过古淡色彩来冒充笔法。如果董从柳字上所领悟到古淡之法真的能胜过右军的话，那么，董字书写笔法错误概率应该小于王字，而不应该出现如此多的败笔。因此，得色彩与得笔法是两种完全相互分离的认知活动。董所要必守古淡色，并不能解决他的书写上的轻浮、虚肿的病体，相反，是通过古淡之色来干扰和混淆人的视线。

董是在一个广义书写基础上推导出的“松、淡”书写数据的，是书写笔法识别的虚假反映。如果他是进入书学行为③再产生草书的话，那么，古淡就有可能成为与“印印泥”同一类方式的不同表述形态。然而，事实证明，古淡色与他的书写性态呈负相关效应，它只是一种自我审美取向反应，通过古淡的典雅色彩来包装书写笔法。因此，董是汉字书写史上继颜以后，又一个重要的历史性书写偏离。转束导致了该草书比一般书家的行草线条更纤细，而墨色十分清淡等于在笔毛和书写面间添加了某种润滑剂，使笔毛与书写面间运动摩擦减小到最小——“无摩擦地运作”。因此，纤细与清淡的叠加，大大强化了毛笔小球体书写充实比，形成了汉字史上书写阻力风险最小化、与硬笔相近似的书写效果，这就是董自我风格形成的聪明之处。

明代，一个更简化、更随意的书写行为，在社会书写上层开始蔓延。在控制和解决书写随机稳定性问题的历史性解题中，新增的书写术语并不是孤立的、不连续的思想事件。这一书写意识产生了两种书写解题的混淆：一定历史时期的书写事件总是依赖于当时社会相互作用的书写概念，构成那个时期的书写解释基础。而相互作用的书写意义体系又是随历史的整体变化而变化的。因此，信笔术语存在着书法历史解题和镶嵌在一个特定历史发展时期高级知识分子的书写解题，这两种过程的相互纠缠。因此，当时社会书学精英分子也是受社会书写文化环境的制约，缺乏真正具备书写意识的理论家。当人们还没有深入书写意识层面上来检验董的书写思想时，衡量一个历史书家的书写行为标准便会发生模糊，社会上书写无意识评价态度便自发产生。一些行家指出，董书写取法古人，有本有源。董作书讲究提得笔起。这说明他是一位极懂笔法的行家。因此，相信董拥有书写真理者，他们便丧失了获得对董的书写败笔洞察的兴趣。另一部分人则根据董一生"最得意在小楷书"的信笔行为，得出了"率意轻浮、纤细圆滑、笔墨不到"等书写劣习的批判指摘者，却又看不到，或回避了对董的思想意识形态的追究。因此，是书写认知二元论世界观的中和，导致了这些术语含义的全部要素与传统书写知识理论相一致。

当今人们对董书写术语意图指向往往是反相使用的。这就是说，我们的思想、视角都受到了历史光环效应的影响。为此，我们所讨论的历史对象必须经历这样一种思想转变，既在一个衰退的书写体系背景中，理解该思想运动发展的规律性和连续性。历史书家意识与思想结构在接受书写知识社会学的精确分析中，整个社会的书写文化背景在发生变化。所以，不仅在证明历史书家洞见的真伪方法已发生了改变，而且衡量正确与谬误、现实与非现实的价值尺度也发生了根本性转变。从这一视角出发，该时期几乎绝大部分的书写知识都是以某种异化技法为导向，它反映出当时社会书写观念真实的相对性：(1) 术语思想起源反映了当时社会书写与传统书写已发生了严重偏离。这种新获得的认知知识尚未意识到，汉字书写起源早期与该思想发生过作用，历史已解决了这一问题。重复这一思想过程只能说明，新的书写洞见与社会书写文化衰退过程紧紧缠绕，人在表述历史书写知识上可认识的东西，只能产生于历史经验流变中的问题和新的书写概念建构为参考理论。(2) 被引向新的书写信奉或某种书写目标的本身，它并不真正代表书写真理，而是那种由于在这一书写环境条件下感到舒适自得，并希望诱使他人也参与并保持这一书写现状，并以此作为书写上的绝对和永恒，希望这样书写能将汉字表现得更具体和真实。(3) 追溯书法术语上的历史思想，这些书法术语所隐含的书写意识特征，从来都没有真正究明。在中国社会历史进程中，抽象为一个恒常的、普遍的、真正的书写原理并不真正存在。然而当我们在寻求一个共同的书法理解范畴时，这些书法术语可以用“书法含义”来消除个体书写差异，在必要时，这些书法术语又可以成为强调个体独特书写经验的工具。这样，这些书法术语就可以作为发现书法的原有成分和新增成分。而新增成分就是人们在寻求汉字书写内在结构的认知上，由此获得自己书写行为的准绳，从而将一些以前觉察不到的书写变异特征，增添到社会汉字的书写文化之中。假如我们不充分估量这些书写“洞见”的实质性意义、放弃了对它的探究，那么，我们就等于放弃获得揭示书写真谛的机会，放任了形式书法学的自由泛滥。

董的书写理论现象反映了历史汉字书法术语内涵的复杂性和多重性，反映了在书写文化衰退模型中，书法术语细微差别中所隐含的相同错误性质。他所提出的信笔解题思想，就是我们揭露虚假书写意识的又一历史实证。当今，社会通过书写无意识评价态度的运作，已把这些理论认定为整个汉字书写理论的一部分。它暴露了在当今人的头脑中的“传统”书写文化形态，从童年起便被反复灌输的理论模式，却与五字执笔书写知识理论有着深刻的内在矛盾。然而，这种矛盾性质又形成了无形转移和联结，与汉字特定书写概念混为一谈。它不仅潜伏在我们思想的深层，还典型地属于当代书写思想的整体发展，使整个中国社会对汉字书法一直面临着一种惊诧和好奇之中。因此，董书写术语中所隐含的问题，即什么才是真正有效的书写这一问题，从来也没有受到精确书写概念的分析，导致了这些术语在当今书学界广泛流行。

3. “时起时倒、时收时束”的书写理论由来

时起时倒、时收时束是《画禅室随笔》一文中最有学术价值的书写

论点，是汉字最主要的书写行笔意象。在没有揭示第二书写杠杆转动的动态平衡之前，近代沈尹默先生把这一书写结构行为现象总结为“提、按”一词。而时起时倒、时收时束与提、按具有相近似的理论特征，是两种不同语言包装的同一书写行为。然而微妙的是，董在实际书写中并没提、按的书写意识反映，但在理论中却有该转动意象的理论解释存在，这就是董思想中最迷人的地方。这一现象说明，在形式书学与汉字书写文化本质之间偏离中，具有不同层次的传统文化意义的思想存在。因为在世代相传的传统书写文化中，存在着两种不同体系的文化保存形式，一种是书写行为的保存，一种是语言知识的保存。在虚假书写意识形成和发展的早期，它既存在着深刻的书写行为上的差异，也存在着语言知识在文化认知处理上，对传统书写文化形态的认同、保留的可能性。因此，在社会书写意识形态发生历史性转移，两种思维类型的分化与弥合之际，形式书学存在着书写分离，与理论保存的各种过渡形式。在这一社会背景下，董的时起时倒、时收时束的理论产生了。

书法理论的发现条件。在科学理论中，理论发现是可以通过哲学上的推理来超越现实科学实验条件局限的，如物理学中某一基本粒子的发现，天体物理中某一新星的预测，它们都是动用了一定社会实验基础的哲学思考，而具有理论超前特征。董对“时起时倒、时收时束”书写理论总结，也具有相同的过程和类似的特征。

虚假书写意识的言行陈述主要是建立在纯心理层面上的。虽然，主体在隐瞒书写得笔的实际受益状况，但是，董还是存在对前书写文化的判断、揭示一个书写真谛的共同目标的心理存在，通过诉诸公认的书写客观效度的标准，去消除笔法错误源头的思想。因此，从这点看，具有传统主义色彩的董，存在着建立一个共同的书写理论参照框架的思想。历史上沈对提、按理论总结是建立在书写经验行为上的发现，而董对时起时倒、时收时束的总结，却只是一种语言逻辑推理对象。董的陈述是来自米的“无垂不缩，无往不收”短语的推论结果。在两段短语中，“收”是同一使用词，董只是把“缩”改成“束”，而“缩与束”是近义。显然，这是一种具有一定书写实验心理为基础，而不是真正具备书写经验行为上的理论发现，如正与反、上与下、内与外等一样，是两种不同思想体系的发现。

如果说董对有价值的书写理论富有直觉和灵感，不如说董对时起时倒、时收时束的理论特征暗含着另一层思想，这就是他对没有争议的事实，或理论作重复、替代解释。在人文社会科学中也不乏这样的实例。董的理论总结本身并没有错误，它具有激励后人探索书写真谛、规范书写行为准则的功能。但陈述者本人并没有得笔，董语言逻辑推理并不代表本人真正掌握书法，而具有实践、理论统一的揭示功能，相反，这是不同质的思想表述，存在着广泛书写经验差异的理论诠释。

因此，时起时倒、时收时束的理论就是一种相当综合性的世界观所为。它代表着当时社会书写领袖对后续书学的重视，通过对传统书写文化重视态度的社会传播，必然会将他的思想影响、渗透到后世书学的各方面。此时，董便代表着一个具有明确的传统书写文化观念的人物而出现。因此，董对后世的书学影响是相当复杂的。它既有着统一书写理论的一面，又有相互分离的书写效果的一面。统一的是，在社会非书写意识评价中，董的书写理论被划分为最高书写理论准则，受到有识之士的认可。分离的是，他为社会后续书学指出了一个非常有前途的书学方向，这就是“丑书”。董为现代书法开了先河，导致了社会书写行为内部出现了深刻的理性分离。

虽然，董在理论知识的总结上具有最高书写真理标准，与“无垂不缩，无往不收”“提、按”具有同等学术价值。但是，把握书写真理价值与自我真实书写性态之间却是一种无法兑现的表象。因此，这一虚假书写意识有其独特的心理特征，它一直向世人隐藏一个尚未认清的笔法真相，并在自我日常陈述中流露出缺少自信的心态。在与米字对照的自我评价中：“米书以势为主，余病其次淡。”这才是董的真实思想，与持有时起时倒、时收时束的高级理论特征书家心理完全不相符。显然，这就是两种不同思维活动结果的自我表白。为了克服理论与实践上的相互矛盾，他出现了与颜不同的书写笔法自我澄清：“懒于拈笔，率尔酬应耳。”这一陈述既表现出一种知识分子的清高、不计名利，又是一种自我笔法的防御机制，其目的是，当自我错误笔法暴露在社会面前时，该陈述能起到对错误笔法的补正作用。而社会对董的“书卷气”评价，就是受这些综合性陈述因素影响而产生的。因此，我们必须把董的书写理论，与虚假书写心理和利益一起作用的不相对应、相互矛盾的认知本质揭示出来。

董的书学意识形态是十分复杂的。他既持有书写绝对真理的高级理论特征，又存在着与社会传统书写文化相互分离的书写特征。既存在自知之明的平和心态，又极力用松、淡色彩伪装，用“懒于拈笔，率尔酬应耳”等自我表白来掩饰。因此，他比前代书家多了书写笔法伪装与自我防御的事前准备。对董书写意识形态的类型的分析，他并没有清晰的书学思想，其书写立场不是显而易见的、十分混乱的，但的确存在着可以理解的书写意识形态特征，即理论陈述与主体的利益心理倾向相结合。因此，董的书写内心世界是不容易轻易暴露出来的，但他比其他书家多了一层世人不易觉察的陈述内容却是清晰可见的——书写处世哲学。

董一生中最担心的是有关谢世后世人对他的评价，在他的自传体书写史中一直流露出这样一种心态。古质、松淡是董长期摸索出的一套有史以来最佳草书书写条件，他与张芝的“满池尽墨”的笨办法不同，他写的是“聪明字”。以率意、松淡的草书来表征一个书家的自然、潇洒、儒雅的书风。而在临《倪宽传赞》行楷中以不经意、拙陋的书风演绎了汉字史最早期的“丑书”，并被后世认为拙书、巧书的起源，是清代何绍基一路书写流派的先驱，是当下丑书的开山鼻祖。从这里我们可以看到，社会历史主体是如何将汉字书写文化精度，演化到一个更为模糊化的时代。像以往一样，对社会历史上新的书写形式出现，绝大部分人根本就没有弄清其真伪，还来不及对他的书写源流及其书写性态，进行任何追究和猜疑，便匆匆效仿起来。因此，在很长的一段历史阶段中，人们既没有任何根据来否定董的理论，也没有人对其书写降低到不应当相信的可疑地位，从而导致了社会后继书学的实际分离。从这些综合性世界观的深层次分析表明，董是一位为了摆脱目前书学困境的一种绘画性变通选择的知识分子，动用了各种方法拉断了书写成名的书写意志作用线。虽然董作书是处心积虑的，但在冥冥之中，他对恒常不变的书写性态把握心中无底，书法究竟意味着什么，始终充满着疑虑和困惑。

书法与政治并不相通。但是，当董失去了汉字书写法则的把握后，书法艺术就变成了一种无归属的文化，这种文字结构的视觉性审美时尚是极容易遭受失败的。因此，受绘画因素制约的书写心理对社会动态变化的书写形式一直相当敏感。在过于密切地关注自己的书写利益,又无法把握书法本质的情势中,书法与政治一样,两者在流动变化的社会形势之间出现了相似之处,成了由特定环境决定的知识模式。于是,在处理两种文化现象的认识论方法和心理学方法上,以"书写"意义的主体起源、从长期社会政治运动中由直接经验获得的现实"为官哲学"来看待和解读书法。这位官僚知识分子清楚地认识到,自己在社会秩序中的地位意义和书写文化价值之间的关系。他心中明白,是自己的社会地位暂时地为当时社会提供了"恰当"的书写表现,一旦社会状况发生改变,这一"弄巧成拙"的规范形式就有可能不再与社会书写相和谐。因此,对书写立法标准把握的左右为难,使得虚假书写心理与社会政治发生了心灵互动,于是,在董自我书写文化生涯总结中,流露出这样一种忧虑和不安。一方面他忍受着由书法性态的认知不确定性所带来的痛苦,聪明字从未离开心灵上不得笔的阴影。另一方面,有关对书法艺术价值定位归属于政治范畴,他唯心地锁定在社会巨手评价的操作、摆布上。这就是一位知识分子淡泊之心的背后,暴露出了长年混迹官场的政治家心态,对书法问题的看法,随观察者的立场变化而变化。政治家可以根据自己的经验对某一事件作出重新界定,在阐述现实的本质问题方面可以作出决定性的转折。那么,书法艺术也一样,他一直担心在历史的某一天,有位巨手对他的书评不公,唯恐书道沧桑变迁,翻手为云、覆手为雨。

董与钟是两种完全不同类型的汉字文化的思考。董的整个书学人生就是书写人格分裂的过程,他的思想反映出一个时代对汉字书写文化的困惑,非理性书写行为已深深地渗透到社会上层。不受书写性态控制的自由竞争和社会实力者的主导因素,已构成了书写文化社会关系论上的最重要的因素。在一个低维度书写组织结构的文化领域中，一方面，社会知识分子上层对汉字书写文化开始作假。另一方面，又反映出他们的书写处世哲学，以及当前、后世的社会书学声望等种种忐忑不安的心理，谁是这一时代的书写领军人。董把研究政治运动的发展经验运用于书法，把各种书写因素综合成一个政治社会学问题，董是历史第一人。因此，董的处世比其他书家更为老练，他的书写成就带有浓厚的政治色彩和背景成分，是一位杰出政治型书法家。而他的艺术化书写表现最终也是服务于政治，被以后更高层的政治家所利用，这绝不是历史的巧合，而是政治因素的灵犀相通。

(二) 一位文化领袖式书家人物——苏东坡的书写意识特征

从历史的时间顺序而言，苏早于董。但是，从汉字书写无意识的思想运动发展而言，苏比董走得更远。因此，出于对社会书学思想运动发展的顺序安排考虑，把苏的书学意识形态讨论安排在董之后进行。

苏是继颜真卿之后，在当今中国书坛上最富有影响力的书家。苏的书写文化成就由三大因素组成：主体文化知识结构——大文豪、书写策略的特异性——单苞、枕腕执笔法。一句鲜明的口号“吾书本无法”。由于这三种超强因素的结合，使得这一书写编码在社会既定的书写文化中更显得富有特色。然而，这一特色书写编码一开始就受到社会指摘，但在书写文化现状持续恶化的社会大背景下，二元论世界观的社会认知结构对汉字书写文化精度一再贬值，肯定了他的历史书写地位和贡献，近年来苏的《黄州寒食诗》又被晋封为“天下第三草”。

汉字书写发展事实并不是由大胆试图重构的理论设计师设计出来的。对于苏独特的书学成就的实际书写性质的判断，社会出现了三种评价类型：第一种是黄庭坚的评价——“左秀右枯”。这一书写实在的局部性评价反映出社会对汉字书写起源的历史遗忘。第二种是米芾的评价，只有“画字”两字。虽然他点出苏字的书写活动特征，但可以肯定他无法看破苏“把笔无定法”的书写理论本质。第三种是近代沈尹默先生的研究。他以法家的观察视角，从字迹笔法特征上否定了苏字。前两种评价是通过感觉给定的实在，但没有揭示出它无意识地暗合了历史的组成部分。而后一种评价缺少了书写事实、原理以及各种价值判断的规则，最终，又从“把笔无定法”中的“虚、宽”行为单项参数上肯定了他，出现了一个书写理论上的循环论证。因此，三者都有一个肯定或基本肯定倾向的存在，他们都无法确定苏字的书写文化本质是什么。

当汉字书写知识的全部客观真实性尚未被充分揭示时，仅以传统书法的文化精度想对苏字现象作出判断，挖掘其思想根源是不可能的。书学总体总是如此综合地与历史、理论以及书写实践等诸方面因素纠缠在一起，以至于任何一种观点都不能正确地把握苏的思想性质。于是，最后一种书写知识出现了，以书写价值的判断，由五字执笔法所规定的书写法则，决定了该书写与社会书写实践的关系，并以此来判定该书写的文化性质，即苏的书写策略，对书法的理解、对汉字文化的思考，以及对后世社会的影响等一系列问题进行探讨。通过书写知识社会环境发生式这一认识论为基础，不仅要涉及对苏的书写、理论进行解释，更要触及书家的社会生存条件、思维模式的观念结构进行分析。在当今中国社会情势下，迫切需要使人们了解的是，虚假书写意识向书写“乌托邦”转换，从宋四家之一逐步升华到书写领袖地位的社会过程。这里我们将讨论中国社会书写文化交互作用的最劣模型。

1. “把笔无定法”理论中的书写成分探讨

从历史角度看，宋代对社会既定书写文化的另一个重大变异，就是在颜字雄强意象的背景上，开始对五字执笔行为编目参数的变异，而且这种行为变异已成为一个历史时期的社会书写文化特征。这一社会现象表明，在长期失去书写起源记忆的书学运动中，知识分子已很难对五字执笔法的书写重要性保持一贯的认识。在寻求书写发展活动中，书法文化的无归属性导致了上层知识分子产生了依靠自己的感觉，由自我适应性作出决定。在加入书写文化领域的权益斗争中，当时有地位、有文化的知识分子，他们所作出的自由选择范围，还没有完全摆脱对魏晋书写文化的不信任，但也需要克服社会对自己书写的不信任。而联结两个“不信任”，导致社会对他们书写选择认同感的媒介，就是魏晋书写参照体和他们在社会结构中的文化地位。在这样一种社会认知结构的大背景下，“把笔无定法”的书写理论产生了。

把笔无定法与五字执笔法是汉字书写史上最有名的执笔理论，是两种并列应用的书写执笔理论。这一并列应用的理论解释过程是这样的，把笔无定法是以社会个体有意识的书写执笔定位为基础，并以有效书写的手腕生理状态把握为依据，被后人无数次引用的理论性知识。五字执笔法是一种书写编目知识，它缺乏社会起源中个体有意识的书写执笔定位为基础，但是被社会长期广泛使用的实用性书写知识。长期以来，要解开五字执笔法的书写奥秘，就需要把笔无定法中“虚、宽”核心理论的支撑，当人达到了虚、宽的书写活动境界时，把笔就可以是无定法的。显然，这是一种循环论证，是汉字书写文化上的最大悖论。这一循环论证法的长期存在，导致了人对汉字书写认识态度的转变，也就是说，在汉字书写问题上是不存在正确与错误的行为标准。

把笔无定法与五字执笔法是发生在汉字书写结构微观层次上的变化，它反映出当时社会在解决汉字书写问题上的矛盾和冲突。在解开这两种书写知识孰是孰非的问题上，五字执笔法需要解决的是当时人有意识书写执笔定位的社会历史过程的由来。而把笔无定法需要解决的是，社会上层个别知识分子在理解社会书学现象上所作出的努力，以及为什么把笔无定法论点能作为书写理论被吸收到传统书写文化知识中来，但又不能被社会实际书写使用的原因。因此，对于这两个书写问题的解答，都涉及人在历史社会的具体环境中，与汉字书写执笔理解的综合相对性有关。

就我们的书写解题而言，要求一种绝对、永恒的书写知识，也就是回复到书法起源时的环境综合。目前，五字执笔法有意识书写执笔的历史过程已被破解，有了书法起源的事实为依据，才使我们又一次能充分鉴别和分析历史上的个别书写个例，即有关一定社会历史时期中，由个体所提供的具体书写执笔知识的真实性。

现在可以肯定，苏是魏晋书写文化的“返祖现象”。在摆脱当时社会书学困境的过程中，无意识地与书写起源早期书写文化发生暗合。在宋代社会书学环境中，苏的书写“个性”，他所作出的单苞书写执笔的书写尝试，就是对当时社会书学现状的考虑，在书写无意识社会环境中，在知晓当时社会人的书写兴趣后所作出的选择。因此，苏是一位经历了从五字执笔法向单苞枕腕法逆向转型的书家。在尚未进入书学行为③的情况下，就匆匆忙忙地对两种书写执笔进行书写逻辑上的推理比较。

“虚、宽”是书写核在书写状态空间中可活动形态。在五字执笔法书写手势中，竖掌手掌伸肌对书写核的转摆具有牵制作用，该手势在作圆弧半势振荡运动的书写再认过程中，书写核的“虚、宽”活动形态往往难以形成。当五字执笔法的手掌伸肌一旦放松，单苞书写执笔手势中的书写核体位又回复到秦隶低维度的、狭长的横向椭球状空间内的振荡态势，书写核单向活动范围被放大，“虚、宽”的书写生理状态就容易被感知。由于两种执笔书写都需要有一个虚、宽的书写生理状态的把握，于是，在部分书写感觉成分、部分书写感情成分的特定组合中，“虚、宽”书写活动形态就成了一种理论性挖掘。在一个特定书写观和对五字执笔法反省的比较中，这一感官上的清晰运动知觉，就是苏得出了“把笔无定法”思想的物质基础。苏自认为单苞执笔中“虚、宽”状态是汉字书写的关键运动特征，这一尝试经验使他作出了毕生的努力。因此，在致力于根除社会长期形成的书写运动障碍时，知识分子书写解题的脱颖而出往往是别出心裁的。

因此，在致力于根除社会长期形成的书写运动障碍时，知识分子书写解题的脱颖而出往往是别出心裁的。

从表面上看，虚、宽似乎是书写活动的主要成分，苏的把笔论似乎已深入书写知识的核心部分，但实质上却是一种书写执笔的倒退论。因为从书写执笔的社会历史演化而言，回腕法、单苞执笔法和五字执笔法都拥有虚、宽生理活动成分上的体验感知，是体验汉字书写活动上虚、宽活动程度大小序列。其中，回腕法的虚、宽程度最高，单苞法其次，而五字执笔法的虚、宽程度最低。然而，对于实际书写操作可行性而言，回腕法中的虚、宽状态不具备汉字书写活动意义，该虚、宽状态只能产生排字结构。单苞执笔中的虚、宽状态感知是一种不健全的汉字书写，这一书写执笔结构所产生的是一种秦隶书写文化。而五字执笔法中虚、宽状态的感知，才是真正的魏晋书法，是整体协调性最好、最健全、最完善的汉字书写机制。

五字执笔法书写机制犹如人体的五脏六腑，在书写使用时存在着一个内部生理结构上的阴阳平衡机制，即虚、宽书写生理状态，如指、掌间的虚实平衡、双苞指法的虚实平衡、竖掌腕关节中第二书写杠杆的虚实动态平衡等。只有这一系列高度综合性的感知，才是真正意义上的虚、宽书写生理状态。由“悬腕、竖掌、双苞”等各种书写微概念建立起来的相互联系参数的实际存在，才能适应高度复杂的方块汉字结构的书写，在视觉和书写双任务操作上达成统一平衡。因此，五字执笔法中的虚、宽生理状态感知程度最难。它受到竖掌生理行为的牵制而发生在书学最后阶段，即第二书写杠杆的动态平衡的启动。

然而，当五字执笔法书写起源的社会记忆消失后，人随社会过程逐渐对悬腕、竖掌、双苞等书写微概念的实际书写功用停止了反应。当苏在自选书写执笔中，把五字执笔法中的悬腕、竖掌、双苞等的执笔编目一一排除时，该执笔中支撑汉字方块结构的第二书写杠杆动态平衡的启动机制被破坏了。在一个虚、宽生理状态局部书写适应性的书写活动中，苏书写的汉字字迹发生了变异。当苏无意识地强制魏晋汉字结构再次压迫变形，社会对该书写与魏晋书法式样的粗略比较中，又忽略了这一再次压迫变形的书写意义时，“把笔无定法”便在社会上想当然地成立了。因此，苏推出的“把笔无定法”理论就是具体社会历史变体中的书写认识论，是一种独立视角的书写知识。

苏对虚、宽书写生理状态揭示后，这一书写生理状态就成了尚未解开的五字书写执笔之谜的书写活动要领。因此，人们之所以在执笔问题上产生认识循环论的思想，其主要原因是，把笔论中的虚、宽书写生理状态只是五字执笔法书写知识的一个补充，它绝不是五字执笔法起源的解释。在历史过程中，虚、宽书写生理状态与各种书写微概念相互协调过程中，有一个最高书写性态问题没有被揭示出来，即对汉字方块图形有效书写成分的问题。那么，当回腕法、单苞执笔法和五字执笔法都达到了虚、宽生理状态后，各种书写执笔机制对汉字方块图形结构有效书写成分的实际转换能力问题，就显露出来了。历史书写执笔对汉字方块图形有效书写成分转换存在着两种主要的转换形态：一种是日常书写向书法转型，这是一种向特定的方块汉字结构书写有效成分转换。一种是书法向日常书写转型，它就是方块汉字书写有效成分的退化。在书写概念模糊期中，当汉字方块图形的书写能力问题被忽略，人们主观上强调的书写执笔也获得了同一书写"真谛"时，变形的汉字结构就成了自我面目形成的解释，汉字书写似乎只是特定时期流行的特定书写知识类型。只要每种书写执笔都有这种书写生理状态的感知，那么，每种执笔就是同一真谛的不同书写经验强调。

运用不同执笔类型对汉字方块图形有效书写成分的解释，是解开"把笔无定法"理论的书写实际深度的关键。通过书写知识社会学对把笔论进一步分析，在充分考虑到苏字背景上的书写手势活动性质后，那么，这一书写模式所产生的书写"出体"，就是宋版章草型汉字结构。苏所感知的虚、宽书写生理状态是一种书写倒退，该书写机制所产生的书写偏转，它所能形成的书写转角范围、对书写边界上的压迫特性，与章草汉字呈严格一致性。苏的把笔论就是历史上章草书写技法知识。因此，在"把笔无定法"理论中，有一个方块汉字结构的书写成因的不确定因素存在，与吾书本无法是同一思想体系的两个不同侧面的陈述，是这一经验方法所产生的书写认识论反应。

苏的书写机制是高度复杂的五字执笔法的一个历史组成部分，单项虚、宽参数它不具备全面控制一个方块汉字结构书写的全部稳定性，不具备与魏晋汉字相匹配的书写功能，只能适应低一级的汉字结构的书写。于是，该书写模式的书写文化发展传承关系暴露出来了，所谓天下第三草——《黄州寒食诗》就是人在长期失去了历史书写记忆后，在停止了悬腕、竖掌、双苞等各种书写参数的相互联系，以秦隶单苞书写手势与进化的魏晋汉字的交互中所产生的一个书写“畸形儿”。该书写错误笔法概率并不仅仅是左秀右枯，更严重的是，直笔画书写错误程度比横笔画更为深刻，出现了“指动腕不知”的极端错误现象。显然，苏的虚、宽生理感知已深刻地渗透到他的书写骨子中，在该区域约百分之六十的区域内都处在最严重的书写障碍之中。它不仅

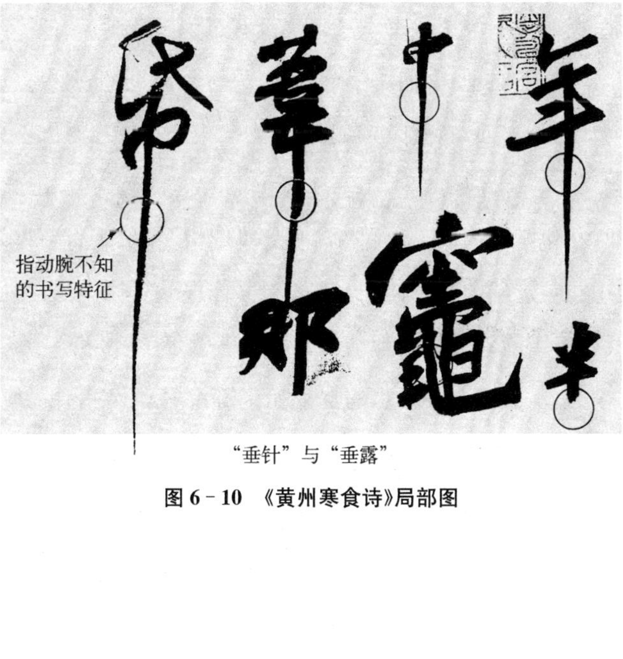

“垂针”与“垂露”

图6-10 《黄州寒食诗》局部图

涉及对悬腕、竖掌、双苞等书写职司生理功能的理解，形成一个方块结构书写规范经验的全面缺失，而且是建立在不同书写结构与魏晋书写参照系强行匹配的基础上进行书法解题。因此，把笔论又是一种地地道道的书写意志论。

以单苞执笔法的虚、宽成分书写的《黄州寒食诗》，在忽略了五字执笔法书写机能健全性的情况下，单项指标和综合指标是存在一个明显的、书写活动上的“质”的区别。

2. “把笔无定法”理论的社会功效

苏从最初的书写适应性思考出发，使自己的书写判断摆脱其他人，避免与他人发生书写雷同，形成符合自我个性的书写面为目的。如今，这一思想已转变成与社会既定书写文化间不可调和的矛盾和冲突，这就是判断历史书学者思想衰变的最重要线索和信息。当今人们所或缺的基本思考是，苏强制扭曲的书写行为究竟意味着什么？对这一问题没有谁进行彻底探究。然而，苏的独立思想却几乎是一呼百应的。这里存在着一个历代书学从来都没有意识到问题，即把笔论被选为一切书写执笔原理，人们所渴求的理想是什么？至少有一点可以肯定，在书写功利方面，它就是在最大限度上对历史书写文化研究的超脱，社会书学群体才如此肯定这一书写知识的真理意义。因此，对于汉字书写文化“质”的研究，它总是与认知主体的世界观这一重要因素紧紧交织在一起的。当个体把一种另类知识置于当前书写理论中心时，它就有修正前书写文化理论必要性的思想存在。

迄今为止，人们对苏思想的探究始终都没有深入社会环境因素，即对苏人生世界观形成意义发生真正的联系。作为独立视角的书写知识的获得，该思想却是以如下社会情势为前提：(1) 书学成员本人在社会结构中的社会地位升、降。(2) 社会书学者的生存基础与其传统书学关系发生脱节。(3) 社会书学内部两种书写文化的解释开始发生冲突。在汉字书学发展过程中，随着书写概念模糊性思想的逐步深入，独立视角的书写知识与迄今为止一直隐藏着的集体书写无意识动机之间的联系，构成整个书学阶层知识分子的分散性和不稳定书写状态的社会因素，渐渐地显露出来了。

宋代尽管魏晋书写文化已在社会更大范围的民众中得到普及，但是，书写文化的核心和社会书学发展的动态问题，却一直限定在少数知识分子当中。当五字执笔法书写文化本质长期得不到揭示，而该执笔法作为一种社会书写文化惯例被确定了下来时，长期的墨守成规和平淡无奇的书写状态，就成为知识分子的关注焦点。于是，产生了对书写文化惯例挑战的不安与骚动。这种不安与骚动逐渐演变成对整个社会既定书写文化进行突破的书学风气，成为社会上层知识分子的书学态度和职业特权。

历来汉字究竟应该以怎样的方式进行书写，这一问题取决于社会少数高级知识分子，是他们的知识和经验，才具有决定社会汉字的文化形态和书写功能。整个汉字书写文化似乎都是由自主的个人从其自身内部行动和认知来提供的。因此，对于中国社会结构而言，书学文化阶层有获得更大程度个人自由主义书写的可行性。社会为书家提供了生存空间，在每一历史社会阶段中，知识分子对社会书写现状的不满，总是与社会书写现实相连，和书写知识实际理论水平相对应。在经历了唐代视觉操作书写的隐性转换后，在摆脱与其他人书写雷同的总体思考中，具有高度创新思想的知识分子往往从另一侧面着手，在施展和发挥自我独创书写行为上下功夫。宋、明社会书学思想更倾向于此，即关注汉字结构背景上的书写手势变化，如黄庭坚的“高提”，苏东坡的“单苞、枕腕”，董其昌的三指“拨灯法”等，这就是一个具体历史社会环境下的书学认知结构。因此，带有形式书法学心理的个性化认知也是相当简单的，要在社会大众共性的书写行为中表现出书学者的个性化特征，改变社会书写文化惯例中的原书写参数，作为寻找新的书写文化突破口，这就是最直截了当的方法。

在宋代的历史分叉口上，社会存在着米芾、黄庭坚、苏轼这三种典型书写类型的意识觉醒。其中，被当今主流社会界定的、具有书写文化进步意义和影响力的，却是与历史书写文化连续性最差、与传统书写概念分离最远的苏字。这一现象说明，在中国社会长期书写无意识评价的舆论运行中，那种具有吸引力的书写思想和不断系统化书写知识的历史解释已不存在。于是，出现了这样重大的疏漏。人们从认识论和心理学两方面，以政治和文学两种结构成分进行分析，对苏在整个社会结构中的地位变化，用社会地位的失落来补偿和解释他在书写文化上的成果。然而，他却忽略了一个最基本书学取向问题，即苏在寻求发现汉字书写解题的方案中是存在着两个方向的探索，在高维度和低维度两种书写文化精度的推理和比较中，苏不是把精力放在高维度书写文化精度的推理上，而是在把握整个社会的一般书写兴趣，在寻找一个书写文化冲突的平衡点上，坚定地站在低维度书写这一边的。那么，对于无法估算、偶然性变故的人生提出了富有成果的假说，在描述这位历史伟人的书写面目形成，在勾画苏的人生世界观特征时，便隐伏着一条主体从一个广阔的书写历史背景中分裂出来，在两种书写文化比较的选择中，在解释汉字书写原理上的思想转型过程。这就是说，苏在社会结构中所处的地位、处境，以及他所涉及的社会书写问题的机遇和处理方法，是与同时期书家完全不一样的。苏致力于完善的书写机制，他提出的书写主张和书学使命感，是与当时社会既定书写文化完全相反的。

在整个汉字书法文化领域中，存在着两类主动性认知的社会相互联系方式：一类是钟繇的书写思考，他从社会集体书写无意识现象中提取“法”，以“法”为汉字书写文化的准绳。一类就是苏的思考，他与社会相互联系中得出了一个完全相反的观点，汉字书写根本就不需要什么“法”，根本就不必使用如此复杂的执笔方法来书写。苏的敏锐思想是专门适应于对社会既定书写文化冲突的关切。在围绕“把笔无定法”理论的思考中，苏书写文化的参与方式决定了他将如何表述他所认知的“书法”。而书写参照所选择魏晋汉字，就是当时社会上层知识分子的书写文化博弈心理的反映：一方面，只有获得较广阔的社会视野，具有两种书写执笔能力、有相当智力的人，才会有着两种汉字书写结构的虚、宽因素的感知。另一方面，只有在魏晋书法式样的粗略比较中，具有差不多思想的存在，才具有致力于排除书学中五字执笔法的正统地位，拥立单苞、枕腕法的思想产生可能。而忽略了书法的本质因素和强制匹配的书写意志论不会构成书写客观性，却产生了对汉字书法问题的根本性否定。

因此，历史个体书学认知对“法”与“无法”的主动联系，是受社会书写文化环境条件制约为前提，由他们提出的书写任务指示和引导所产生的。如果当初没有钟繇的书写努力，就没有宋的当时，而如今，独立视角书写知识却要从这一文化体系中分裂出来。因此，隐藏在把笔论思想的背后，有一个苏的人生世界观与社会集体书写无意识的相互联系过程。由当时社会提供了一种潜在的负能量，使得这位杰出的知识分子能够发挥其思想的敏锐性，产生了与社会既定书写文化分裂的意识。在忽略了如此巨大的思想偏差情况下，把笔论的第二基本事实产生了，即社会对汉字书写文化实际标准的判断问题。

从书写真理与社会实践的关系论而言，五字执笔法与“把笔无定法”在实际社会历史认识论与具体历史变体认识论之间，有存在着深层次差异的。由个体书写执笔转向社会书写实践领域转移时，有一个实际使用的界定标准。历史上的五字执笔法可以从个体书写标准转向一个社会集体书写标准。反之，苏的个体书写标准却不能导致社会集体书写标准的转型，历史与当代没有一个书学者去学习他的把笔方法的。这就是说，该模式与汉字书写的相互依赖关系是完全可以被社会人感知的。在社会人的基本意识中，苏的书写执笔方法是一种强制性强曲行为，无法导致社会人对五字执笔法书写文化的思想转变，妨碍人对五字执笔法书写文化的调整和转型，这就是“伟人”与社会人在书写心灵底线上的根本性交锋。因此，五字执笔法从魏晋书写文化制度的具体使用状态中接受过来，不仅存在着关于什么是汉字书写的实际知识的思想探索，而且，还有一般书写知识的乌托邦概念的发展。

汉字书学问题的复杂性在于，虽然，没有人去学习他的把笔行为，但这种乌托邦概念的发展却是被书学中绝大部分人作为绝对真理而加以接受的，这一独立视角是与社会集体无意识书写行为相关联。社会一般知识的书写执笔概念不仅取决于当时社会具体书写知识形式，以及其中作为理想书写被接受的认识方式，而且，这些执笔概念的真理也取决于已知的五字执笔法知识类型之中。这样，在这些中间阶段的社会根基上，在认识方法和一个时代的总体思想状况之间就存在一个根本性的联系。而苏思想中却缺乏魏晋汉字方块结构的形成意识，在忽略汉字结构上的书写性态的情况下，任何一种方法，包括动物书写都是可行的。这一独立视角与不同书写人群的思想倾向相交融，如此广域的书写适应使得苏的书学思想在社会上发挥到了极致。因此，只要这股书学潮流还在相互渗透；只要执笔选择的可能性还继续存在，把笔无定法对各种书写观点的人都能适应。入门与不入门的，内行和外行的，都在虚、宽这一点上发生交汇，都可以被衡量、界定为书法。这就是"把笔无定法"理论的社会关联性，是该理论最大范围适应于社会书学的核心关键。

显然，苏的书学思想、他的独立视角已透视到社会书学认识论的本质。通过对社会方法论的特殊利用，将自我的书写分析渗透该文化领域中，首次以次级书写理论结构，将各种书写认识论的矛盾冲突统一起来，迎合了所有不同文化阶层书学者的认同，并最终成为书学理论公认的执笔活动原理。苏从个性化书学出发，提出的一套符合低一级的书写执笔方法和原理，他创建了一个更根本的、涵盖面更广的书写认识论。于是，在一个开始分裂的社会汉字书写文化领域中，出现了一种完全以"书法术语"为指导、社会普遍无法理解的文化阶层。一种书写与另一种书写之间彼此相互维系的文化出现了更大的多样性和差异性。

可见，苏把笔论思想意识与同时期书家具有完全不同的意义，他除了在整个社会结构中的地位和特定文化背景的烙印之外，最大错误莫过于：以一个高级知识分子所具有的社会功能和社会影响的心理判断，建立在对社会既定书写文化系统对立的反叛立场上。从"把笔无定法"论点对社会所起决定性作用上，我们看到了主体的书学思想、立场和态度，即该思想是包含着所有矛盾的书写观点为知识媒介。一方面，他主张有效书写可以在自我感知中控制，可以在自我的经验中得到证实，可以在自我的书写方法和书写理念中得到重新制造。在这一革命性书写文化背景下，探索书法基础的书学者，不仅发现了众多的书写形式，而且发现了众多的世界观。他们的书写出发点并不以社会书写文化的惯例，从书写真谛的实证开始，而是来自自我主体的判断、分析。另一方面，“把笔无定法”理论是反相深化的。这一反书写理论的独特性在于，它既有一个核心内容，但没有专门的定法，它可以适应于五字执笔法，也可以适应于单苞执笔法，或者其他各类执笔法。这就是说，在书法形成的魏晋时期，社会知识分子对汉字书写得出一个解——五字执笔法。而到了宋代，苏对汉字的书写解题得出的却是一个无穷解，而无穷解就是书写无解。

苏是中国社会第一位从根本上混淆了汉字书写文化属性的书家。在分析一个社会历史主体书写文化的精度时，培育和发展每一特定书写经验和感知的社会联系、从来都没有被真正分析过。这里，我们并不排斥对特定历史时期伟人的人格意义关心，然而，我们唯一关心的是，对于具有社会意义的书写模式，对于涉及整个汉字书写体系价值的重估而言，单纯地专注人生命史是不够的。从伟人人格养成的社会环境中，通过分析人在整个社会结构中的政治地位、文学和书法三者的交织，解释他的书写实际行为与寻找个体人生世界观的形成，这才是问题的关键。

到目前为止，我们尚不清楚苏变法的思想：究竟出于政治原因，还是文学个性动机，还是两种因素兼有？文学与书学是不同类型的知识，文学具有不同类型的格式，在苏文学创意的思想方式历史连续性中就必然会出现文学类型在经历不断融合和互渗中的思想创新过程。

因此，只要对苏的思想采用的是文学的社会学方法，那么，在揭示苏文学创作过程中思想方法的历史连续性时，就有文学发展上的相同与不同处的发展区别。然而，作为汉字的书写文化制度——书法，它的文化功用只有一个：维护汉字结构的书写稳定性。书学活动中人维护汉字结构的书写稳定性思想方法有两种，要么维护视觉操作类型，要么维护书写操作类型。在苏的书学活动阶段中，当他还没有进入书学行为③，还没有与前历史社会书写意识形态相一致，就提出“把笔无定法”的思想，那么，这就不是维护汉字书写文化制度，而是破坏这一文化制度的想法。

对不同知识领域的思想具体分析，书学与社会政治学之间，只要人的书写意识是模糊的，那么，书学受环境制约的相互关系就像政治取向中的思想发现一样，变得明显可见了。这种书学思维类型的局限性、片面性，以及在积极组织一个社会负面潜能上具有极大的危险性。因此，当社会在粗略比较下的书写笔法识别发生混淆时，在政治地位、文学和书法三者的综合中，苏与社会书写文化相互冲突的、矛盾的书写行为和思想意识特征就完全消失了。如果我们不追究政治上的成功与失落，导致了人对社会组织制度上的不配合的思想意识存在，那么，我们就不可能发现，以文学创新思维的惯性和心理意图在汉字书学上的发挥使用，就是对社会既定书写文化的反叛。如果不从个体与社会阶层之间的紧张状态去深思苏的思想问题，不从根本上发现苏书写生活中伦理变化的社会根源，那么，我们就不可能发现，苏自我书写权力的不当使用和越位，就是社会特定阶层的知识分子对社会的不满而导致对汉字书写文化上的消极滥用。

因此，任何一种类型的书家都是处在社会历史的具体环境的书写参照中。占社会主导地位的书家在试图为社会汉字制定新文化规划的思想，也是处在社会现实和书学现实之间的。在宋代社会，苏的书学并不仅仅局限于行为冲动为动机，他对汉字书写的消极滥用所隐含的是，对社会现实的不满与集体书写反叛认识的共性为前提，将一种低级的书写技法和心理学，作为对当前社会书写文化的纠正，这又何尝不是对社会体制的更改心理的一种文化影射？而社会对他卓有成效的书写个例加以赞赏，成为市井美谈时，这位历史伟人在重新界定汉字书写文化的过程中，已开始了对社会既定书写文化进行最大胆的破坏性尝试和挑战。一旦人们意识到苏思想的最大部分是建立在该集体书写行为基础之上的，那么，我们就不得不承认社会历史上集体无意识的书写力量，在充分展示书写知识过程中所出现的必然反复，它对汉字书写文化的非理性冲击。因此，宋代文人士大夫不屈服于社会既定的书写文化惯例，他们总是不太相信存在所谓的书写理论所证实的真理，通过自我独创的书写实践和意志，将自我的书写经验模式提高到理性层次，并强调自我书写文化的标志性特征——“天真烂漫”。这一自由主义书写态度是完全可以与社会既定书写文化“精研体执”相抗衡的。

把笔论思想所针对是社会书写立法的根本性命题的思考。它的出现将人们视线转移到从未关注的书学活动上来，即对当时社会书学现状的转型——今后中国社会的汉字究竟应该怎样书写。新兴书写知识理论的实质功用就是一次从整体社会结构中，重新思考汉字书写文化的尝试，是当时社会部分书写无意识人群的意图和期望在苏书写实践和理论中的集中反映。因此，苏与米芾一样，他们都在奔走呐喊。然而苏的激情和愤世，他与命运的抗争，对社会汉字书写文化而言，只有反面意义。作为一个文学家知识分子，苏已从根本改变了他的书学人格。当人们在发现他对自我生活不满情绪的书学动力学意义时，却隐藏着一种反叛性书法创新思路在社会实践中的推广和应用。苏的书写行为动机是完全具有社会含义取向的。因此，在一个书法母体之中，只要社会对汉字书写文化的精度标准没有被充分界定，伟人在自我社会结构中所形成的世界观，就会在当前社会书写文化现状中加以发挥，重新判断汉字书写文化的思想就会不断滋生，最终与社会书学相反的另一种运动方向联系在一起。而揭示苏的人生世界观就能揭示出当今整个中国社会书学，以及社会人群的相互对立的书学思维方式形成的轮廓。只有当这些书学文化心理因素固定在一个精确的书写文化知识之中，确立该书写事实与整个汉字文化体系之间分立意义时，我们才有可能将历史上各种混淆的虚假书写理论清晰地区分开来。

3. 苏是一位具有文化领袖精神和气质的书家人物

宋代，社会书写特定概念和书写总体概念已形成了根本性分歧。在当时书学领域内，社会实际上出现了两位狂人：一位是法书狂人米芾，另一位就是善书狂人苏某。在这一历史分叉的关键时刻，社会书学的发展要么维护汉字书写文化精度的力量占上风，要么破坏汉字书写文化精度的力量占上风。然而，社会书写文化的发展实情令人沮丧，米在维护汉字书写文化精度的呐喊中遭到世人的指摘，而苏呼吁破坏汉字书写文化却受社会主流书学几乎一致的普遍认同。近年来，苏被社会一再推崇，如今已被推崇到“雄视千秋”、历史一人的顶峰高度。两位狂人的不同历史命运说明了整个社会认知结构，对这种负面书写文化有着强烈的吸引力。对此，我们必须对不断受到后人书学所拥戴，一步步登上了书法领袖的宝座，又从根本上颠覆和破坏，社会既定书写文化根基的书学思潮作深入探讨。

在苏自传体书写史中并没有记载苏有章草的学历。但是，在他的书写字迹中却具有这一文化交互的特征，一种是魏晋书写文化特征，一种是章草文化意象。因此，在苏的脑海中，实质上存在两种书写转动的记忆模式：一种是前无意识书写激活的魏晋书写文化；一种是自创性书写文化。在苏自传体书写史中是存在着一个书写文化转移的有意选择和个体书写思想转型的无意识过程。由于苏字迹上带有魏晋书写文化无意识的产生特征，那么，在自我书写决策之后，与前书写文化章草书写文化相叠加也是无意识形成的。苏从书写决策一开始，就自动倒退了几个书写文化等级。显然，苏并没有真正形成书写笔法，否则不会作出与自我身份不相符的无知选择。而单苞、枕腕中虚、宽所具有的书写成分，也只是整个社会历史书写体系中一个尚未形成汉字方块结构的书写过去式。只要树立起这一观点，那么，对苏书写文化的评价、该字迹上所表达的书写理念，就不能按照它的表面价值来理解，而必须按照表述者的实际书写意识形态来诠释，是主体的思想结构和社会结构中的地位影响到他对书法的理解。这样，我们不仅能看到横空出世的螃蟹横行的书写表现，更看到当事者“吾书本无法”的思想实质，看到宋代社会上层书写文化衰退的历史阶段性特征。

苏的书学抉择与封建社会农民起义的思想相同的。所不同的是，他是在文化领域内的不践古人。从滥用个性的盲目动机中，可以肯定他原本书写概念是模糊的。好在苏的理论陈述中有他明确的思维逻辑特征：“吾书本无法。吾书虽不甚佳，然自出新意，不践古人，是一快也。……论书不如我。”通过个体的思维逻辑推理，最后得出一个社会书写文化上的最高理想境界——天真烂漫，即书写空想主义。因此，苏的书写意识与历史上所有书学者思想是截然不同。苏的思想犹如一个有崇高理想的革命者而心胸坦荡，所有的书写陈述表特征从来都是积极、公开、旗帜鲜明的。社会对汉字活动要求使用五字执笔法，其本目的就是必须克制对本能性书写的随心所欲。然而苏则相反，他敢于发泄自身本能欲望，不拘泥于社会传统。因此，天真烂漫一语已经包含着主体的书写价值观和绝对命令的体系性意识。在这一体系的意识中，书写价值、理想、规则，以及塑造未来的目标等都是联系在一起的。因此，天真烂漫是具有针对性的。它犹如一个社会内部，一个阶级推翻另一阶级的政治性"纲领和宣言"，具有这样一种文化功能。

在汉字书写认知的两种文化形态的联系中，苏的书写文化形态是以社会集体书写无意识联系为基础的。他对社会集体书写无意识有一种敏锐把握，他发现社会历来倡导的书写之法从来就是虚无缥缈的。苏对社会体制的看透和书法实体的看破，具有思想认识上的一致性。因此，苏的真理所反映的社会实在，以一个更大的社会书写实在为预设前提。这样，在当时社会结构中，以政治上的落魄与文学上的创新相结合，在冲破社会书写文化的惯例的意志和决心上，就具有"创导者、引领者"的身份特征。因此，他与历史上那些虚假书写完全不同，苏没有必要用所谓法的标准进行掩饰。像董一类书家那样，有一个社会共同的效度标准、书写立法的概念，有一个消除书写错误源头的心理因素存在。苏完全不同，他根本不受什么法的呆板意象的束缚，更不怕别人揭短，把我行我素"不践古人"的破坏性，当作书写上的"快感和乐趣"来追捧，把错误行为看成是一种书写文化上的"美德"，只有不受书法约束的本能状态才是书写最高境界。因此，苏的思想已发生了质变，他约束自己书写规范的社会责任感已彻底消失。在整个书写意识形态转移过程中，苏的思想准则与传统书法偏离得最远。他以最高的文学水平和最低的书写等级相结合，在与同一魏晋汉字相匹配过程中，以不同路径的书写实现，以一人之力来抗衡千年的优秀书写文化。

从“吾书不佳，自出新意”这一短语中，我们可以看到一种特殊文化气质的使然。苏对自我书写确有自知之明的一面，但是相反，苏认为他的思想境界却是最“崇高”的。我们从这里可以看到这位政治、文学家真实的、自我矛盾的心态。因此，苏的书写名望是不能探究的，只要一经探究，他的书写个性、理论和艺术光环以及对汉字书写文化的贡献，一切的一切便将消失在历史的尘埃之中。

从一幅日本酒店招牌中，我们似乎看到了日本民间苏字笔意的存在。

图 6-11　日本式苏字图

虽然，苏字书写形象不佳，是一位普通的书写无意识书学论者。但是，在这位诗人眼中，这一缺点并不是坏事，而是一种书写时机上的等待，他等待这些偶发事件“不佳之处具有自出新意”的崇高境界到来。此时，一位符合他心灵中欣喜若狂的“我师”形象便出现了——天真烂漫是我师，用诗一般手法对错误笔法进行描述的。因此，这位虚构的“我师”形象是相当自给自足的。它既非常低劣，又非常高尚，既毫无资本，又非常高傲。于是，在“吾书不佳”的自知之明与“自出新意”的书写业绩中，后人以“三七开”划分对苏字作出最终的评价。

在古代数不胜数的书家世界中，苏的社会地位和文化知识结构决定了他具有一种自我书写升华的本领和能力。诗人以“论书不如我”理想主义的想象与社会既定书写文化进行博弈。在自我书写行为的文化升华中，把一种无法的虚无状态描述为一派天真烂漫的理想世界。从而激发起社会人对书写的幻想和激情，把人们的书写思想引入到一个空想乌托邦状态。因此，天真烂漫就是苏意志品质的思想根源，是独具慧眼的书写文化性质。他能够在一个虚无的书写文化形态中振振有词地论出一番新天地来，靠着诗人的文化气质和社会知名度的支撑，在一个书法理论的空域地带上进行学术诡辩。当人们寻问，历史上书家你最崇拜谁时，苏回答却是颜真卿。这就暴露了天机，苏的书写意识特征是彻底模糊的。因此，这颗璀璨辰星所能雄视千秋的历史长度，无意识地停留在被淘汰的章草书写行为上。一方面，凭着他的直觉，知道自己书写是有问题的。另一方面，苏的自我书学评价又充满着狂气，凭着“论书不如我”的绝对自信和永不放弃的信念，凭借自己的文学根基和个性意志，偏要在低一级的书写行为上让人看出高一级的书写意象来，在既定书写文字活动秩序中搞出不一样的动静。因此，苏是一生致力于用低一级书写方式来实现新汉字文化的战略家。显然，苏已完全摆脱了传统书法的束缚，用诗人的空想来替代书写现实，并达到了自我心灵上的狂想。

从这一历史社会片断看，苏是整个社会历史的书学成员中、思想文化多样化意义中的最突出、最典型的代表。苏的单苞书写策略，向社会诉说书写自由意志，将处于衰退中的社会书学逼近到无政府的个人主义无导向的发展边缘。因此，形式书法社会学允许这种例外的书学个例存在、允许个体化思想的特例存在，就是违背历史书写发展的事实。只要我们的思想存在着历史"光环"，对历史名人书写的盲目崇拜；只要我们的书写认识论从一开始就丧失警觉，并意识到该书写认识结构具有反汉字运动方向发展的特性，那么，隐藏在历史和当前的集体书写无意识动机的可感性问题就一直无法解开，整个汉字书写知识文化的整体把握就永远无法实现。

顺着以文学创新的方式在书法活动上的逆向运行，我们已触摸到一颗推翻既定书写文化的躁动不安之心。苏对传统书写文化具有强烈的蔑视心理，目空一切的霸气和挑战既定书写文化体系的勇气。在汉字书写史上，苏本身并不创造书法，但文学上自给自足的创新心理，在书写理论上的运用却相当专制和霸气。伟人的这种极端心理和张扬个性，培养了他冲破社会既定书写文化权威原则的意志和决心。在反对社会书写文化惯例和社会舆论势力的斗争中，这种意志代表了对传统书写文化的决裂和挑战。因此，苏的言行潜藏着这样一种文化功能，他就是整个社会集体书写无意识现象的自我取代。苏根据自己的文学经验，对社会既定书写文化重新作出修正和定位，是具有制定一种新的书写文化"政策和策略"的思想人物。

因此，苏身上散发着一种特殊的气质。他犹如一位开创江山的帝王领袖，一位冲破既定书写文化羁绊的雄心、开创一个新书写文化运动气魄的领袖气质的人物。苏并不单纯地为书法而书法，而是以个人综合性素质而魅人。在推行新的书写文化、引领一代书学发展时，以文学家的社会地位、优越的文化心态，以及书学上指鹿为马的胸襟和胆识，成就了一代"空想书法家"，一位带有明显的领袖式思想作风和烙印的书学者。

4. 苏书学思想对后世书写文化的影响

"文化"一词，是英国人类学家爱德华·泰勒在1871年提出的，他将文化定义为包括知识、艺术、信仰、法律、道德、风俗以及作为一个社会成员，所获得的能力和习惯的复杂整体。文化囊括了一个人类相当宽广和深刻的层面，可以说文化是一个民族的灵魂，是一个民族赖以生存和发展的根基。每一民族都由其自身的文化形成过程，在分析世界民族文化之时，可以把民族当作一个文化单元加以研究。在社会性自然基础上的每一大大小小的群体中，都存在着一些受原始感所组成的同质性和共同体感，这一同质性在历史发展过程中，当一个民族持续存在同质性形成结构时，无论是当植根于人类本性的某一侧面之中的意图与不同个体心理活动发生联系，结成一个民族的意图系统，还是各种持续存在的原因；无论是植根社会生活的明确表达之中，还是植根于各种驾驭人的本性意图之中，把社会个体的意志结合成一个单一的整体时，社会的民族文化和民族精神便显现了出来。

在这一文化和精神显现出来的每一个社会过程中，存在着两种结构形式的差异：第一种结构是民族与民族间的文化结构上的差异，第二种结构是在社会内部各种文化系统上的国家与国家间结构上的差异。由各种持续存在的行使意志的纽带，根据基本权利关系、依赖关系、财产关系以及共同体关系组成。文化具有如此广泛联系和民族根基的作用。因此，在每一民族的文化单元之间，彼此有着同质性的和异质性的元素所组成的结构性差异。

中华民族长期持续存在的、与世界民族之间最显著的结构性差异就是汉字文化差异。汉字是中国社会最重要的文化底蕴和根基。在整个汉字发展的历史长河中，苏是汉字文化思想的历史转折点。那么，苏对近代中国社会的文化影响就不可小视。苏的文化思想如此的综合，他既有正面因素的存在，更有反面因素的影响。他书学思想中明确表现所具有的那些社会性自然基础，乃是一个深刻的、形而上学方面的不解之谜。为了解开这一文化现象之谜，对此，我们还必须从一个社会文化现象的整体性来进行剖析。

从汉字书写认识论而言，任何认知性质的思考都定位在主观和客观的两极范围之中，当汉字书写知识的全部客观真实性不起作用时，从书学主体的主观认知出发，确定书写客体的本质和价值就成为社会当前主要的书学方法。当人们并没有真正认清在单苞行为中虚、宽单项参数与五字执笔法整体性书写机制、两种不同性质的书写活动在处理魏晋汉字时的本质区别时，谴责一种执笔式样的书写判断，就谈不上书写意识的真实和虚假问题。沈对苏的认识循环论证，就成了主观认知对客观事实的模糊认同。于是，在沈对“把笔论”肯定的理论解释上，苏又扮演了一种具有社会书写意义的稳定因素。这种稳定作用就是指导我们的书写行为，体验和了解书法的可能。因此，人们对苏的批判背后，却总是充满了评价。在“虚、宽”一词的认同中，人们认可了这位伟大文学家所具有的特殊书写经验。而社会集体书写无意识力量又认知了这一体验的共性特征——天真烂漫。于是，社会以书写认知共性为前提，支持了这一单独个体的书写特例和某种最近的发展，认可了这一书写实践的非理性因素。

苏的书写理论术语潜藏着双重含义标准，导致了中国社会书写文化的真理长期处在一种似是而非的理念之中。因此，在理解独特个体的书写时，就像说明各种抽象现象的一致性一样，具有最终目的的意义的存在。米、黄、沈都不具备汉字书写发生式的判断规则，导致了一个独立的苏式理论系统在社会上的存在。而独立系统在脱离社会历史发展的个体思想起源中，该断言语言系统的暗示和指令功能便开始发生作用，从而在书学界造成了双重立场和观点同时存在于该学科之内的后果。于是，在当今社会主流媒体的评价中，人们不仅根据虚、宽在书写上发挥作用的事实，允许了这种书写和思想形式的个性化存在。而且在描述和分析苏的书写行为和性格时，在美学、伦理学、政治学和历史社会学之间进行了融合和扩展，形成了与历史发展系统的统一性研究。因此，苏的书写成果就是由那些老于世故、精通历史又缺乏书写笔法知识的文人，对诗人的生命经验、文化背景的概括，从历史场景的描述和渲染叙事的交织中，将一种不精确、模糊性的笔法形态暗示性地发挥了出来。这可谓是近代的书法理论研究上的最重大突破。因此，苏就是美学中有关“情绪影响会使表现发生转化”的原理典范。通过各种人生骚乱、悲凉和激情故事，成就了汉字史上一个典型实例，即对社会现实不满、生活困窘所产生的书写成果。

汉字结构的文化根基在于书法，而书法执行的物质基础在于五字执笔法。如果搬动汉字文化根基，那就是搬动整个汉民族赖以生存和发展的文化根基。从这一视角看问题，苏的思想文化形态在近代中国社会思想文化史上，占有相当重要的特殊地位。当社会个体能动地发挥他们的意志和精力、实现其各种各样的书写意图，并寻求介入社会历史书写生活互动时，苏的人格魅力将有助于推动社会书学各种负面能量的产生，在把笔论的引导下产生无穷“书法”解题方式，并塑造和改变中国社会书写文化的进程。

对于唐以后的社会书学群体心理而言，颜字的视觉检测规范，推动了社会上一大批官阁体的出现。他们的思想和情感全都采取同一方向，自觉的书写个性消失了，形成了一种社会书学的集体心理。当苏的书写现象一出现，等于是给长期心理受到压抑的社会书学群体带来一种革命性解放。这样一种偶然事件就足以使人们怦然动心、热血沸腾。苏推动社会大众书写心理发展的重要性在于，他已拉断了书学活动中仅剩的一条“书写意志作用线”。在这种情况下，汉字书法有待解决的一切问题都被一个浪漫世界歪曲和掩盖了。把笔论产生了影响深远的“书写”后果。因此，苏的横空出世，对当时乃至今日社会书写文化的破坏极具煽动性。苏逃避历史的虚构书写个例，使人们看到了自我书写的希望，不需要“法”同样可以取得书写成功。苏把书写上的思想和情感引向汉字活动的另一端。它犹如茫茫黑夜中燃起了星星之火，人们在这一心理层面上凝聚在一起，最终形成了近代书法上的燎原之势。

苏字与颜字是同一意识形态的不同层次的思想深化，颜字还仅仅局限在无意识滑入书写放大第二过程而导致书写质变，而苏字则是从书写意识形态上出现了公开反叛。因此，苏对近代社会既定书写文化更具破坏力，是一种更为世俗的书写标准。苏代表了社会一种书写无意识潜流，他唤起了社会绝大多数人书写文化上的革命激情，公开加剧了社会书学与既定书写文化的矛盾冲突，并使无意识书写情绪在书学活动中发挥到极致。因此，宋以后，社会虚假书写意识与汉字现实书写的实际程度差异在扩大。无意识书写现象不但在有机体的书写生活中长期存活，而且在书学智力活动中起到完全压倒性的作用。而简化为一个自我适宜的自由书写机制的书学本质，就是代表了对汉字书写文化来源上的禁忌。有关人有意识定位的书学思想又有了更进一步的分离。从此，中国社会开始进入一个新、旧两种书写文化公开化、根本性冲突的历史发展时期。

这是迄今为止，长期隐伏在中国社会上的集体书写无意识动机。苏思想在那个时代的起源，在我们这个时代发挥作用。在这一深层次思想结构中，包含着世代相传的无意识书写的共性特征。在当今中国社会书写文化行之有效的"变体"背后，人总是不约而同地与苏的"无法"的自由放任思想相吻合。因此，苏的思想有人书写本能在内的各种不同侧面的需要。只有从苏的文化思想中汲取了他的反叛性东西，才能在书写创新上带来心灵满足。通过每一个体心理某一侧面的不同意图联系，五花八门的书写命题才会出现；只有当后者沿着前贤开创的书写文化之路上，通过对书写总体概念运行，人的各种基本的书写意图就可以在社会历史的传统书法文化总框架中得到发展，突如其来的"现代书法"风暴才会产生。因此，当"把笔无定法"进入生理变化极限时，这一文化系统又在后续社会环境中与视觉生理活动要素结合起来，进行新一轮的更低一级书写参照系选择，历史书学时尚的另一类丑怪现象就在社会上流行起来。于是，在与这一意图系统中联系起来的心理成分，有的从属于苏的思想，有的从属于感受，有的从属于意志，如学碑、尚古、丑书。在一个不断流动的、具有各种可能的书写观点的人群中，不断更新、不断扩展，近代综合性书学方式才会产生，汉字史上新一轮的形式书学运动开始了。

苏的书写意图系统对后世的书写影响是潜移默化的，他有着集体无意识书写的全部代表，即相同的书写事件、不同的书写心理联系，使得苏的思想与以后的书学成员之间产生了共鸣。当人们看到这位先行者深刻的思想和智慧力量时，一个反社会既定书写文化的潮流形成了，即中国社会的亚文化书学群体的诞生。

亚文化书学群体是形式书法社会学的最终表现和归宿。这一文化群体上不与历史相接，下不与社会日常书写联系，是一路纯视觉艺术类型文字绘画活动。纯视觉艺术类型的书写命题是各种各样的，而他们的书写也都是与人各种各样的自我适应性行为相对应。因此，亚文化书学群体是秉承苏的思想文化衣钵，有着“无法”的思想准则、高昂的意气和鲜明的个性。这股书写上的“极左思潮”将整个社会历史的书写文化伦理彻底地颠倒了过来。因此，当苏的思想文化形态与书学群体绝大部分人精神的心理规律发生作用时，社会绝大部分书学成员都进入了天真烂漫这一书写状态时，这一书写宣言便形成一种社会负能量的集聚。苏把人文字活动的注意力最终引向书写无组织化状态，人们保持和利用了前文化成果和当时社会上的书写能量，并渗透到社会书写文化最广泛领域中，使其在改造既定书写文化的力量上发挥最大作用。因此，宋以后社会各路书学书写流派已从历史社会广阔的背景中分化出来，形成了一个支离破碎的书写文化集合。在这一松散的集合体中，人们根据视觉意图关联性的心理成分和书写本能行为相结合，组织并总结出汉字书法五千年中，推动中国社会汉字书写发展的三位历史伟人：王羲之——《兰亭序》天下第一草，颜真卿——《争座位帖》天下第二草，苏轼——《黄州寒食诗》天下第三草。

显然，在形式书法社会学的书写无意识评价中，显露出这样一个不争的事实：在第一阶段的书法揭示中，所形成了五字执笔法文化制度和惯例，但人对这一执笔行为的历史起源已停止了意识反应。在第二阶段上，汉字书法的视觉意象保存是由书写功力替代完成的，人对这一书写结构变异发生了无意识认同。在第三阶段上，人对书法“求变”意识是用“无法”思想来替代的，人书写意图的源头已发生了根本性变异。因此，在这一理论总结方式中，隐伏着一个重大的、方向性错误。

科学对汉字书写发展的发现，需要从一种现象的书写成分如何确定另一种现象书写成分的出现，以及这些表象的内部、书写结构的进化，这里都需要人书写意识成分的参与。因此，汉字书写有其自身的特殊性，它需要科学的书写方法才能支撑和维持其文化精度，保证其活动的正确性。根据这一书学观点看问题，天下行草主要出自历史三阶段上的一些知识分子之手：王羲之、王献之、米芾、米友仁、沈尹默、胡问遂等人，当然，这里还包括大量社会知名度次一级的书写得笔者或普通人士。因此，当今社会所定义的“三草”论，就是中国社会书学集体已发生书写意识突变的三个历史阶段，而苏就是这条曲线上的一个根本性转折点。由于支配书家出现变异为动机的认识本身是无知的，那么，当今社会上层所推出的通俗版汉字书写发展史理论也是无意识的，他们所得出的理论总结，就是在维护一个虚假书写文化集团利益的基础上产生的。于是，在中国书法的发展轨迹中，两条线性书写发展的活动规律构成了一条脉冲曲线，它的前沿是上升的，而它的后沿是下降的，是负面衰退的。在一条衰退的书写文化曲线中，人们越是努力认知书法，关注书法中的精神和灵魂的分析，振兴汉字书写文化的目标就从他们的视野中消失得越远。这就造成了民族与民族之间，由文字结构的差异转换为文字文化形态领域上的差异而令世人费解。

从社会实践论而言，既然汉字是中国社会最重要的文化底蕴，那么，苏的思想和情感作为文化底蕴的某一侧面，就不仅仅是促使社会亚文化书学群体形成那么简单。更重要的是，亚文化书学形态作为一个民族的文化底蕴，同样在社会的政治、经济和文化等各领域中有着相当广泛联系和深刻的影响。近代中国历史上的重要事件都与这一文化底蕴密切相关。因此，苏是整个书学界中最值得关注的人物。在当时社会环境下，他的思想还只能局限于个人生活层面上对书写立法上的“发牢骚”，还没有能力触动到当时的社会制度。当亚文化书学人群不断扩展，从诗人社会地位走到社会最高领袖地位，并结成一个社会的意图系统时，这一文化形态就成了驾驭和领导社会的能力而得以施展。因此，汉民族文化底蕴的另一侧面，在中国社会上的发酵是有一个时间过程的。从诗人、政治到政治、诗人，经千年左右的思想演变后，便从天真烂漫发展到山花烂漫。因此，虚假书写意识所建立起一个社会上层集团的某种整体视野，这一思想随着社会执政地位的变化而变化。如果不从根本上去关心近代我们生活中的伦理变化的社会根源，我们就不能发现，既受制于相同的文化底蕴的影响，又受限于相同的文化幻觉的诱惑，产生了对汉字文化不同“质”的变异和破坏。在汉字新的书写文化价值不断被创造出来，而陈旧的书写文化价值在剧变的社会环境中萎缩和消亡时，近代汉字的理智统一已发展到这样一个惊人的相互冲突的地步：人们不仅企图致力于毁灭整个汉字书写文化，而且致力于摧毁整个汉字体系。如果我们看不到这一文化思想的联系和延续，就永远不可能领悟在一个既定历史社会环境下，社会上层集团对汉字认知上所产生的一切重大变异的思想原因。

当这种认识逻辑与中国社会政治、经济在相当广阔和深刻层面发生联系时，持续存在的行使意志，不按常理的思维方法就构成对整个国家机器、社会制度的破坏作用。在适当历史社会环境中突发性的重大历史事件才会发生。近代中华民族与世界民族发展过程中最显著的意识形态领域的差异，就是“文化革命运动”。因此，汉字文化底蕴的另一侧面在介入社会历史的各种互动中，作为每一个社会成员所获得的能力和习惯、我们耳熟能详的“和尚打伞，无法无天，砸烂旧世界、创造新世界”，就是与苏思想结构同出一辙，是该文化意图系统的心理成分在破坏社会既定制度上的另一种快感。因此，苏的思想潜质中有一种社会负能量存在。一个长期无法解释，神秘而极端的“革命现象”，就是在我们无法觉察到、无法意识到的“文化底蕴”深处，在适宜的外界环境温度作用下发酵而成。因此，在苏的思想本质中有一种文化革命的雏形存在。它不仅对第一种结构，而且对第二种结构都产生了深远的影响。

显然，传统理论在塑造苏的社会书写文化地位和功绩时，即使是最细心、最敏锐的观察、分析，其忽略和疏漏也常常达到这样一种惊人程度：人们从主体的社会文化、政治地位中，顺理成章地推导出一个书法的“大部分”原理，恰恰把一些不正确的论据纳入了一个书法理论范围和一个新的书写经验起源。这一书写经验就是后人在书学过程中各种形式书学都幻觉到的天真烂漫的境界，并对其加以不断描述和赞赏。苏的书写理论包含着丰富的当代社会书学现象，他字里行间所隐藏的观点与历代书写无意识行为发生作用，“破与变”便成为当代形式书法社会学经久不衰的永恒主题。因此，由苏的思想存在而带来书写意识形态上的混淆。如此多的冲突性书法意义的来源，如此多的具有同等价值和声望的书写观点，而每一种观点都显示出对其他观点的相对性和对立性，这种长期混淆的并存局面，最终必将导致整个社会书写文化体系的解体。如果我们看不到近代社会书学中绝大部分观点都源于他的论点、属于他反叛思想的一部分、是这一思想文化结构上的联系和延续，就永远不可能领悟在一个既定历史社会环境下，社会上层集团对汉字结构认知上所发生的一切重大变异的原因。分析历史书家个体文化行为的系统理论体系，揭示无意识书写的集体心理层面特征和导致社会大众书写心理的某种发展倾向。苏字现象就不再是汉字思想史上的孤立个例，而是一种与汉字书写文化根本不同思想体系的起源，而苏则充任了新书写文化潮流的根本解释者。

苏对汉字文化的摧毁是彻底的，他的个体书写行为已达到了汉字书写文化均衡翻转的一个阶段性标准。苏的思想预期了整个汉字书写文化在精神领域内两种不相容的矛盾冲突的到来。精神、认知方式最终取代了既存传统书写文化的理解和解释。因此，在汉字书写文化还处在一个不明确和不完善的情况下，苏字现象就是一种传统书写文化背叛心理的实际诞生，在推翻当时社会既定汉字书写文化均衡的过程中，亚文化书学群体在加速汉字演变的社会进程。苏就是这一文化期中，从无意识书写进入社会公开领域的历史第一人。苏是一个书写文化发生质变的标记，是近代中国思想文化史发生重大转折最关键的第一人。

小结：我们以书写知识社会学观点，还原了一个汉字活动的真实社会史。历史上两种书写文化的冲突、书写意识和无意识，这两个概念的历史缘起是可以被清晰地区分开来的。尽管它们在历史上总是相互缠绕在一起，但是，根据书写事件的社会历史发展进程，追踪他们书写概念最终形成，从而可以具体地、精确地、专门化地定义汉字书写的特定概念和总体概念，书写术语上的双重含义标准，以及两股截然不同书写文化的历史发展潮流。

虚假书写意识可以追溯到古代，是依附在汉字书写起源过程中长期、持续的一种活动形式。这一意识主要是由书写边界的缺失降低了楷书的书写文化基准而引起，并一直在朝着一个社会大众化的、书写总体概念的思想倾向运行。历史上四位著名书写空间样本实例和思想类型，从不同角度证明了一个虚假书写意识形态的形成：(1) 虚假书写意识是一个独立的书写活动源头。它是由书写活动边界①的超越，或书写活动边界②缺失所滋生的。因此，虚假书写意识是一种扭曲的、不完善书写器官造成的错误观念和书写误区，它本质上是一种心理性的，非故意的。因此，它是一定社会环境因果性决定因素的无意识书写产物。(2) 在一个社会环境编码增生、文化交互的环境中，虚假书写意识在文化转移概率上利用了书写上的外生因素，把个体书写体验放到了一个无限变化的正确位置中，自发地发展出那些由不同个体理解的书写组织原则。当汉字书写的理性统一被摧毁之后，汉字书写真谛存在于人本性的、有时是特定个体的体验世界过程中，社会汉字书写文化标准，由这些认知主体施加的统一性来替代。然而，这种书写观念所提供、揭示的书写"真谛"，从专业角度看，乃是一个书家对另一个书家的排他性特权。(3) 历史上汉字书法是一个虚构的统一体，汉字书写文化从来就没有得到真正揭示，并统领过整体社会，而是一个随着不同历史时期、不同社会上层参与的变化而变化。书法文化阶层的特权来自他在现存文化秩序中的继承。最初，他们书写是无意识的，之后又通过各种"理性"来支配它。(4) 构成当前中国书写文化形态含义的内容，实质上一直受到历史主体不断演化书写意识形态的支配。董、苏书写思想的出现，既反映出当时社会一部分人，已开始对社会既定书写文化产生了质疑，并进行了新的解释和尝试，又反映了当前社会主流对这一偏激的书写行为的支持和认同，说明社会上绝大部分人在五字执笔法中，也同样停止了相同书写参数的心理反应。在以改变五字执笔法结构的书写出体方向的调整中，社会书学中的绘画意识不断地发挥、壮大。

中国社会这一书学意识形态是在绘画空间中逐步成形的。因此，虚假书写意识在经历、思想和行为取向上具有同一起源，在朝向一个现实书写环境中，但不是真正存在的目标前行时，具有超越现实、超越自身存在社会范畴的特征。他们通常表现出有意识地对社会既定的书写文化的反对，并把一个不延续的书写活动，作为一种新体或新文化体系来遵守和崇拜。正是这种书写意识形态的扩展和蔓延，加速了汉字书写文化变异的速度。这种令人着迷的个性创作、想流芳百世成为不朽的思想一直在社会上延续，并从一个接点连一个接点地削弱了汉字书写文化的全部解释，形成了一种无法证实的虚假书写文化。

长期以来，人们既没有认识到，形式书法社会学形成的动机和原因，也没有意识到该文化的虚假性和误导性。因此，在汉字书写概念模糊期中，他们一直寄生在中国社会知识界上层，像政治家一样具有强大的社会渗透力。他们根据自己的经验不断对汉字作出重新界定，从颜、苏、董，到尚古、魏碑，再到前卫，以象征性传统文化而隐蔽在社会之中，在每一历史阶段上有效地起着汉字思想运动发展的传播作用。在长达千年的书写文化习惯中，形成了一个社会集体演化的最优化选择。一代代人几乎都遵循着被他们预期的书写行为模式，并随着他们的思想转移而转移。因此，这类书学活动都具有隐蔽性、长期性和不易发现的特征，而一个更深、更广的社会现实书写问题却被历史社会长期掩盖着。

由此，我们看到在中国社会历史内，两个相对应的根本不同的汉字书写文化，两种不同的书写意识形态构成了一个“统一”的书法文化观。而对汉字文化的自由主义态度和蔑视汉字传统书写文化所形成的超现实的东西，这种书法文化发展的典型线性“进化”关系，超越了与现实书写意义相脱离的关系，就是当今此时此地成长、壮大的虚假书写文化的形成过程。因此，虚假书写文化在促使中国汉字书写文化长期演变中，扮演了一个极重要的角色。它不单强大到撼动整个社会书写文化观，而且潜移默化地影响到整个汉字结构的稳固性。苏的虚假书写意识预期了社会汉字文化将出现一个根本性重大转折，一个社会集性体书写反叛意识即将形成。于是，在汉字文化和精神的两种结构形式中，当社会全面进入书写概念模糊爆发期之际，汉字文化和近代社会经济发展进程发生严重冲突时，在第一种结构上，虚假书写在维护汉字文化体系的作用和功能上露出了端倪。而该文化作为一个社会传统文化基因，在渗透到社会政治、经济、文化各领域的第二种结构上，国家与国家间在其结构上的文化意识形态领域的差异出现了。由各种持续存在的行使意志的纽带，根据基本权利关系、依赖关系、财产关系以及共同体关系，形成了一系列有别于其他民族或国家的重大历史性决策差异也就相继产生了。因此，在传统文化的另一侧面，虚假书写文化同样具有广泛联系的民族根基作用。它是隐蔽在中国社会历史内部持续时间最长久、影响范围最深广、与传统文化竞争最激烈、博弈能量最大的一种潜在性负文化形态。亚文化书学形态是中国传统文化的负面因素，它的长期泛滥具有改变一个民族的灵魂、精神和文化性质的功能。

第七章　汉字书写概念模糊爆发期

到目前为止，我们还没有把发生在社会书学上的问题引申到社会日常书写活动的关系上来。在汉字书写概念模糊爆发期，我们不能把发生在书学心理层面的揭露和社会日常书写这两股文字活动潮流分开而论。因为这是一个越来越深广的社会集体书写无意识的统一体。从这一章起，我们将社会书学群体和日常书写群体这两大群体对同一汉字的活动参与态度，以及彼此间对汉字书写无意识行为的交互关系进行探讨。

第一节　近代社会对集体书写无意识行为的管制失控

在汉字书写概念模糊应用期中，社会上层的书写特定概念和总体概念在意识形态变化差异是强烈的，但在书写字迹表象上的区分却是细微的。然而，当社会发展到汉字书写概念模糊爆发期时，在冲破社会既定书写文化的过程中，以前只是发生在心理内部、意识层面上的言行，现在已演变成行动。在公开的书写的活动领域中，人对汉字结构变异行为表述变得更直白、更露骨。而在同一社会中的另一文化群体——日常书写群体，则是长期处在历史过程之外，是一群自由放任的无意识书写群体。当汉字书学有益的成果已与这一群体渐行渐远，变得毫无关系，当汉字在一个历史性关键时刻，受到外来经济文化因素的干扰时，日常书写群体的思想和情感波动变得激动起来。在一个书写文化长期失控的特定历史时期内，在同一范畴内思考的双方，书学群体和日常书写群体在对待同一汉字问题上，其文化价值观和利益观已发生了天壤之别，形成了解决同一汉字问题的两个不同侧面：一方面，书学清高的心理幻想常常遭到破坏，长期处在无作为的失败边缘；另一方面，受外来经济文化因素的诱惑，社会日常书写中的实用主义思潮在与世界主流书写文化日益靠拢。此时的中国，两股持续演变的破坏力量在相互汇聚。一个在朝向极难书写方向演变，一个朝向极易书写方向自由发展。两股相互对立分流，从不同的侧面对汉字文化起着“蚕食性”破坏作用。

汉字发展的每一历史时期都存在着超越现存汉字秩序的思想，不过，这一思想还需要看思想状态和现实书写状态之间是否协调。如果书学在经历、思想和行为朝向一个现实书写中并不存在的目标在努力，那么，书学再也不可能与社会现实状态相互谐调。整个“清”社会书学历程，与现实社会书写状态中所存在的目标相比，书学更倾向于超越自我生存范围的目标，向一个现实书写状态并不存在的目标发展，具有致力于控制超越现实环境、在现存秩序中无法实现的观点。于是，在这一特定历史时期，社会现实书写的“存在”与汉字书学的“超越存在”之间，一场史无前例的汉字文化矛盾冲突在悄然展开。

中国社会发挥着汉字文化制度和秩序的书学，是通过它赖以立基的特定封建经济政治结构基础上所产生的。那么，这一存在就是一个社会的具体历史形式，是“具体起作用”的、发挥着社会秩序作用的一种行为。它既包括与社会体系相对应的一系列书写经验和思维模式，也包括对这一文化制度、秩序使用的情感需求。当一个社会书学内容仅仅局限在观赏层面，当一个基本固定的文化模式与人在社会进程总体结构见识的扩大成反比，书学不能在当前社会秩序中根据它来指导生活和行动时，人就面临着一个涉及对这一文化价值和标准的重新判断问题。因此，在汉字新的文化价值被重新创造了出来之前，清代社会在外来经济、文化的冲击下，社会汉字活动的常规条件已开始发生改变。

日常书写群体是一个无时限群体。他们对书写文化的关切有两点：要么建立汉字书写文化的传统，要么努力摧毁这一文化传统。他们在社会历史进程中更容易脱离传统，与世界主流文字活动合流。当书学的难度夸大到不让日常书写群体有正常的生存立足点时，当日常书写群体对外来书写文化的依赖到了须臾不能分离时，情况就发生了根本性转变。当初，在传统书写文化建立时，人们发现没有这一书写文化，汉字的书写文明是不可能实现；现在，不对这些传统文化进行破坏，汉字文化的进步就不可能实现。于是，在这种情况下，解决汉字问题的社会导向已不取决于汉字文化的本质，而是倾向于文字——政治学取向、取决于社会“首脑”。因此，文字政治学就是形式书学的另一种社会学形式。它更倾向于社会过程的流变，倾向于持续演变中的相互分离，一种是艺术的书写、一种是现实的书写。因此，首脑在把握不断流变的社会局势的因势利导中，社会每一文化个体都带有一点为主导历史而进行斗争的党派情感和动机的味道。于是，在一个书写文化选择差异绝对悬殊、空前激化的矛盾冲突中，最终导致了汉字问题的政治化解决“文字改革”。

当人们下决心破坏其全部文明因素时，社会既形成了两股不同书写文化信仰的严峻对峙，又形成了两种书写文化的相互牵制的状态。在一个自由主义与历史保守主义思想相结合的文字改革中，出于对传统书写文化保留的思考，让一小部分在继承传统文化的基础上，进行各种书法“创新”的自由发展。而绝大部分人则完全脱离了这一领域，迁徙到一个全新的社会书写环境中从事汉字活动，这是对汉字社会环境学的思考。因此，文字改革的实质，就是社会人与汉字书学文化制度之间的斗争，是社会人对几乎抛弃的传统书写文化作出最后的清理，进行全新的超越。于是，在一个传统书写文化的核心价值遭到社会普遍抵御和质疑、处于极度矛盾的文化体系中，社会分离成非常不同的两类：一类是传统书写信念已经摇摇欲坠，它所建立起来的书写文化制度只维持着最后一线秩序，处在余威尽失之际。另一类是新的书写信念业已建立，但却一直处在一种无政府主义的严重失控状态之中。这里，我们将关注近代中国社会，在汉字书写文化理智统一达到了空前解体后，社会两大文化人群，在各自的社会环境中所作出无休止的系统反应，对他们所创造出的“特定”书写文化模式意义进行探讨。

第二节　书学群体从丑书方向现代书法运动的三个阶段

汉字书学倾向是一种社会从众心理的反映。在中国社会书写文化史中，社会书学理想的崇尚对象出现了三次重大转移：王字、颜字和丑书，这三次重大转移从众心理所反映的是一个社会时代对汉字书写文化的信仰和态度。这一历史过程是这样的，当人对书写真谛的想象不能在现实中到满足时，书学便寻求在一个精神世界的象牙塔中避难。持续不断探求改变汉字的书写现状中所缺失的东西，便成了这些人书写精神上的永恒追求。因此，植根于人本性在内的所有“天真烂漫”的需求，都不是通过个体的活动，而是集体的共同意图、由集体共同来完成的。这里，我们追溯这一文化群体的书学意识与社会历史发展进程间的互动关系。

一、首批富有世俗成果的书法变体

开始进入现代书法历史转折的书学方法，就是苏点燃的“星星之火”与人绘画书写心理诉求结合的时刻。整个清代书学就是以人能动地发挥绘画能力，在介入社会历史的文化互动中，通过不同书学者的绘画性意图，逐步形成了一个社会性“书法创作”风气。

绘画艺术以想象力为基础，人本性所具有的全部丰富性都可以通过各种各样的艺术形式创造呈现出来。而书写中的视觉艺术化想象，就是完全脱离了魏晋汉字的书书写性态，直接与汉字结构上绘画意象发生联系的。颜字是汉字书法第一次绘画性抽象出体，它的最终结果是社会排字现象到处泛滥。经过董、苏一类书家的思想疏导，在探寻王字书法奥秘的书学困境中，形式书法学文化群体的纯文字绘画逻辑分析之后，又出现了新的思想深化。根据他们的社会所属特性和处境，以及奋力改变当前社会书学现状的历史访问中，人的思路最终与古汉字上的各种绘画意象发生了联系。

汉字发展的整个历程，是在古汉字“文”的结构基础上再叠加秦隶“书”的结构，这就是汉字图像结构从创始至今、自始至终不发生变化的根本原因。当今，要保持汉字图像的正确表达，就必须要把握住“书”的结构。当人的书写意识衰退了，那么，书学的探索方向就发生质变，又与“文”的结构发生联系。清代社会具有决定性、代表性的书学事实是，书学的社会阶层在不断地变动，社会生活环境在不断地变化，但人的书学思想、书写活动的动力仍然以原来的方式表示自己。没有被理性化的书写心理因素在一个更稳定的社会结构向一个更加明确方向表现自己。在书法探索的“古法”追踪中，与古汉字绘画意象发生联系，一个群发性尚古文化的探索、集体书写概念模糊爆发期开始形成。

社会突发性尚古书学局面的形成说明，人们对王字文化体系已不再信任，寻找王字的书写来源，就是为了有一个更好的书写出体。古汉字的绘画意象远比书写意象来的丰富，但它的书写性态却比魏晋书写低了好几个等级。一旦脱离了王字活动体系，人所推导出的书写意义和解释的每一个来源，都与“文”的绘画意象密切相关。因此，清代书学的书写文化博弈环，与其说是“书法探索”，不如说是文字的绘画审美追求。以“探索”的名义出发，顺理成章地与古汉字的绘画活动发生联系。环绕着对王字书写起源的形式探索中，只要各种文字表象上的争奇斗艳是以汉字过程中的某一侧面为基础的，那么，这些书写体裁的自我选择，既具有是王字书写来源上的认知深化，又是汉字发展的每一侧面得到充实和满足的表现。可见，清代社会的书学认知结构比唐代又退化了一个数量级，从空心字绘画法向古汉字的画法转移。正是这种思想意向带来了他们对书法文化、对书写概念的理解，以及书写探索的新线索，也正是这种纯文字绘画逻辑的分析，使得书学个体的思想与前书写文化期书学行为相分离，与社会群体书写环境和行为相脱离。于是，一场群发性尚古还原运动在清代社会急剧展开。

“书、文”的转换是书写意识向绘画意识转换的直接反映。尚古书风是以当时社会书写生活意图网络的精确的细分，它是从书法活动领域分离了出来，在古汉字体系中寻找和判断社会可能需求的审美式样进行创作的。因此，这一时期的形式书法社会学以更清晰可辨的运动方式，进入以古汉字结构为母体的“文字艺术化创作”活动上来了。他们毫无书写知觉，无意识地为自己确定取向，所有引发的书写线索都是由社会历史的书写体裁和绘画审美的相互作用中逐步形成的。从历史感觉的一端跳跃到另一端，从一种兴趣转移到另一种兴趣，就不存在任何书写文化上的瓜葛了。因此，绘画性书写是有其鲜明的文化特征的：(1) 这些书写是无法用“法”的标准进行相互通约的。尚古“书法作品”上都有一个明确的特征，这就是他们的创作主题和现实书写之间并不存在内在联系。只要留意他们的书写落款，就不难发现，在与各类古汉字形态高度相似中，他们的日常书写却与王字文化一点也不沾边。因此，“古法”与魏晋笔法无关。(2) 构想对于受过良好教育的文化人士而言，具有得天独厚的优势。从清代社会历史的横断面来看，形式书学群体把书写知识和经验描述为典型的个人主义经验，社会书写文化只是以个人之间的绘画审美为特征的现实片断，所以社会书学似乎只是自发的个人行为和认知活动的无数多样性的体系。他们既无意识地与社会日常书写环境相分离，又寄生在传统汉字书写文化中，并混淆了汉字的书写概念。因此，在整个清代社会结构中，书学者不仅扮演着字、画于一身特定文化人士的身份，而且，在社会缺少对他们的书写性态甄别的情况下，书家与书家间的争奇斗艳都是可以自立山头、平分秋色的。(3) 绘画性书写以完全客观的汉字历史体系为理由而展开。这些审美创新是通过书写的，还是绘画的方式进行，是符合历史现实，还是自我独立创造发明，这些都不是书学者的思考对象，重要的是这些字迹是否与历史相似而具有审美意义。形式书法学既根据人的本能中的某一侧面构成了一种书写活动方式，又在当时社会文化网络中，为满足社会生活的某种需要而以不同的书写体裁方式得到发展。因此，形式书法学之所以能持久再现各种仿古书写，保存和传播社会上已经消失的古汉字结构，却是完全出于个体目的，以某一书家的个性审美心理为出发，逐步发展起来的高层次汉字结构艺术表现。它与当时人生活意图网络的某一侧面的审美活动密切相关，与社会日常书写活动无关。

由此，社会书学一个著名论点产生了——“吃百家粮，采百家蜜”。以单一性的视觉绘画因素对书法的理解认知，与人类早期幼儿认知水平发生了同构，每一幼儿能够再认比他实际拥有更多的爸、妈和保姆。书学也一样，失去了书写“父母”之后，“吃百家粮，采百家蜜”就是一种书写生活的糊口方式。这一陈述反映了人文字活动心理已还原到汉字绘画活动的初期阶段水平，也正是这种绘画因素决定了他们的现实书写水平。因此，清代社会积极创新的各种审美时尚已出现了世俗化书学色彩。书学者的文化意图和思想状态，在塑造并赋予新的书法世界时，已完全进入绘画创作的构想境地。因此，每一社会历史的书学主体都获得了自我对历史过去的认识，并越来越倾向于把一切书写现象或征兆整合进传统书写文化之中。在不同社会处境以及书学者的长期共同努力中，形成了特定社会时代流行的书写观。因此，从社会历史的总体书写概念中发展起来的近代书学，每一书学个体都是人书写本性的某一侧面，并与汉字历史过程的不同侧面相连。当它们汇集到一个总体书法活动领域时，在古汉字活动中，著名的绘画性书家只有一位——李斯。而清代，在这一明确分界的历史新起点上，亚文化书学首批富有世俗成果的书家，就有郑板桥、金农、李瑞清、吴昌硕，一直到现代 n 个书家。因此，从这一时间点上，社会书学完全进入一个绘画书写发展时期，形成了一种不可抗拒的“燎原之势”。

形式书法学对古汉字体系中丰富的审美资源的挖掘，无论是对历史汉字结构的重复再现，还是在这些古汉字结构上以各种方式进行文化交互、创作，都为汉字的审美创新作出贡献。然而，对于不同历史阶段的汉字，它们背景上的书写结构究竟是怎样的，这是判断整个世俗书写成果的关键。苏是以魏晋书写参照与低一级书写执笔手姿进行错配，而世俗书写成果是以五字执笔法手姿与历史上低级书写参照进行错配，那么，错配就是意味精神意志在强化。因此，在历史与现实间的书写活动参数上的匹配差异表明，在汉字结构与结构之间，书写执笔的形式与形式之间的历史记忆已消失，人们只能通过当前社会的主要经验来重新解释过去。当历史汉字体裁丰富的表象与视觉生理积极诉求结合起来时，它就成了鼓舞人“追根溯源”的书写创作源泉。将这一思想转化为自身的“书写”理念的过程中，n 种的尚古表达才会在书学群体中突发性产生。

改变了既定书学文化形态的个性是鲜明的，但他们对汉字的书写认知却是荒谬的。脱离其书学活动的本原，势必与当前的书写文化制度相分离，但并不会妨碍形式书写群体获取社会功名、赢得社会群众好评的可能。因为他们有一个社会传统书写文化传承的经济、文化实力的存在，并具备占领了社会汉字文化领域的另一侧面的本领。在一个汉字活动艺术化的变化中，这种抽空了书写内容的绘画具有吸引大众眼光的审美效果。它既有一定的传统审美因素成分的沉积，又有新的审美元素的内涵。显然，形式书学已把握了社会对汉字审美心理的动态需求，而这种现状需求现在成了此时此地的书学突破口，通过原先淘汰文字结构上的审美翻新，控制住整个社会"门面"书写的外部世界，并致力于改变当前社会的书写现实。因此，清代社会书学的"书法创作"既是一种文化承担，又是一种书写观念、思维形式和精神能量的诠释。这一知识阶层在当时社会结构中，享有塑造社会的书写观，调整书写运动方向的垄断性控制权。然而，这一书学文化的垄断对社会汉字文化发展而言，却隐藏着两大致命的弊端始终不为人们所察觉：一是从汉字起源到魏晋汉字，汉字运动是逐渐收敛、汇聚的，它形成一种统一的结构模式。唐以后，汉字运动在社会空间上是逐渐发散，到了清代，现代意义上各种艺术性绘画演绎变化开始发达起来，并趋向个性化的无穷。二是社会形成了一种新的书写文化网络体系。这一文化网络体系为他们的书写提供了专门的"真理"解释，并提高到作为民族文化、民族精神加以弘扬，使得这些变异书学传承从属于整个汉字文化领域，而相对远离与日常书写间的矛盾冲突。

推动社会尚古书写运动转变的是一群找不到书写组织原理的文化群体。促使社会书学向统一方向运动的思想意识是高度一致的，但他们的出体方向选择、表现形式却是松散的、相互竞争的，这就是视觉绘画审美需求重要特征。虽然它们远离了当代，但它们属于更古老的书法范畴，是我们当今不理解、看不懂的书写文化形态。因此，这些松散、竞争的书学模式也是"经院性的"。尚古书学的绘画取向越是往与现实社会书写活动不相协调的方向发展，人对它认识就越倾向于古典“经院主义”，它可能是至今尚未被世人认识的一种独立学术性研究领域。然而，这一活动模式的真实意图却相当简单，它就是书写活动中的视觉生理单向运动所导致。这一研究领域既不受历史社会现实书写的检验，也不需要对实现书写具有指导意义，它只与汉字的绘画相似性有关，与当时社会人对汉字审美视觉需求相关联。它需要自身系统化，当然也包括自身书写理论的完善，这就是典型的李瑞清模式。因此，在这些个人主义书学主动性历史探索的背后，隐藏着一个不受书写等级支配的绘画倾向、集体书写概念模糊应用的相互联系。

清代，历史的书法文化规范和社会存在的书法活动之间已出现了深刻的裂痕。这些书写文化传承上的发明和开创已发生质变，说明了绘画性书写已成为这一时期社会书学文化的主流意识。因此，在这一特定历史时期中，社会书学文化的垄断已成为一个社会，逐渐导向书写概念模糊爆发的一种文化榜样和一个时代的出发点。正是在这一转折点上，汉字史在书写意识和绘画意识形成了一个清晰的区分，也就是从这个时期起，现代意义的汉字书写文化开始了。

二、近代社会主流书学思想的“觉醒”

1. 视觉操作的书写保守主义对历史上非规则检测性汉字结构具有吸收心理

找不到书写组织原理就是找不到正确的汉字表达方式。清代社会书学阶层知识分子在不受书写等级支配的书学经验表述中，在一个更广、更大的汉字活动领域内展开了书法探索竞争。在这些尚古多样性和魏晋交互文化多样性的书写文化比较中，主宰当前汉字活动的书写知识，就在新一轮的尚古自由竞争中产生了，这就是阮元的“南北书派论”“北碑南帖论”。

“北碑南帖论”是受两方面因素长期困扰而产生的一种书学论点：一是书法真谛揭示的长期受阻。二是视觉生理因素的不断膨胀、放大。于是，在阮元的书写感觉和感情所形成的联想中，他不仅发现了前、后书写文化期的连续不断地变化因素，而且也发现了前、后书写文化期中的不相和谐因素。在书写总体概念的运算帮助下，“南北书派论”产生了。

阮元指出：“南派乃江左风流，疏放妍妙，长于启牍；北派则中原古法，拘谨拙陋，长于碑榜”。这一短语表达了三层书学思想：首先，“南北书派论”思想在理论和实践的联系关系上，他是以五字执笔法为基础，它要保证日常书写指标“疏放妍妙”的正常发挥，这一书写观的现实意义在于：它对魏晋书法有一点是肯定的。其次，主体从苏字、董字，再到何绍基、杨守敬一路书学中，发现了形式书学企图从通过改变汉字的书写执笔结构、来突破魏晋书法的意志行为已告一基本段落，因为任何一种书写执笔变体都不及

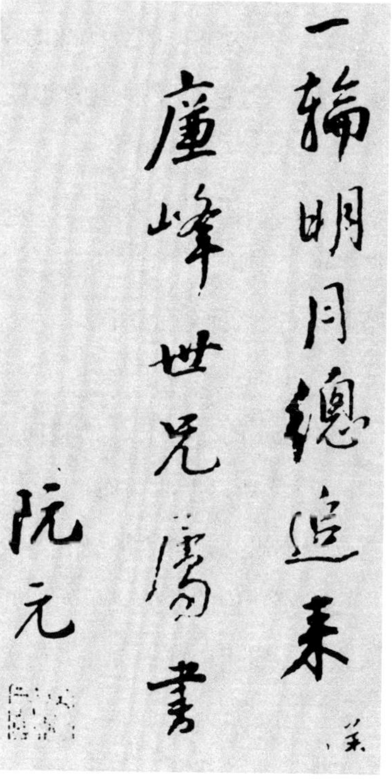

图 7－1　阮元书法图

五字执笔法，具有日常汉字书写的正常发挥效果。

因为任何一种书写执笔变体都不具备日常汉字书写的正常发挥。这一论点隐含着对形式书法学中的书写结构变异论的反对。最后，当颜字经历了长期的视觉记忆的保存，该字体式样也就逐渐失去视觉审美价值。当以魏晋书写参照的视觉变体式样经过前文化期众多书家的变化、翻新，接近终止状态时，在一个尚古社会环境中，人们便向更广、更远的历史书写遗留进行搜索，按年月顺序，从社会历史不同社会区域，在更遥远的书写经验中寻找新的书写活动出路，最终，找到了汉字正体的原生态书写——北碑。这一论点又代表了对魏晋汉字作为书写参照标准的反对。阮元对前、后书写文化期既肯定又否定，既修正又展望的态度，就是一种介于书写意识和绘画意识之间的第三种意识形态。这一独特书写观犹如近代政治界中的戴季陶，一手反对左派的“书写执笔变异论”，一手反对右派的“魏晋楷书的恒定论”。因此，该理论的真正本质，就是以五字执笔法的书写名义，把两种截然不同、相互分离书写文化意象糅合在一起，在阮元思想中加工形成了。

在众多的尚古书写经验向一个有限活动范围的筛选、选择过程中，碑学之所以能脱颖而出，是因为它有一个明确书写解题思想存在。这一解题思想是紧紧围绕着书法发生期中，上肢生理效用函数对两种历史汉字结构的具体菜单而展开的。也就是说，它有一个强大的社会大众书写实用标准的存在。历史上北碑就是受魏晋文化影响，与魏晋书法同时发展起来的“黑板效应”书写文化。该区域绝大部分汉字书写都是一些尚未得到汉字三条书写边界充分压迫成熟，便匆匆使用于社会“门面”书写文字，是一种还没有进化到颜字高级形态的早期幼稚型排字结构。由于当时社会书写信息的闭塞，这些书写就容易在隶、汉、魏在出现的时顺序上、书写文化等级上和社会地域的差异上发生任意交互现象。因此，北碑绝大部分是早期的官阁体，是一个社会信息闭塞地区对魏晋书写文化的孤陋寡闻。它远比颜体排字结构更粗糙，是缺少书写文化普及教育、书写程序知识活动性质极不完整的表现。北碑地域性书写文化就成了形式书法学历史性退化的预先浓缩。它以冷冻的方式保存在历史书写形式序列中。当清代汉字书写文化退化到这一预先浓缩点时，从历史之后看北碑书写，它就犹如康有为在《广艺舟双楫》中所描述的那样，具有各体兼备的汉字基本统一"标准"，而这一标准就是当时书学上层对书法理解的"真知灼见"。因此，"南北书派论"是在纯书写心理效用函数基础上作出了理论抽象，与清代社会认知结构状态相一致。

当魏晋书法处在衰退之势，由一个书写经验的历史形式序列的可观测性、实际取代魏晋书法的原始书写丰富性，这两个观点成分为书学者提供可想象、可幻觉的书写推导物质基础。在非日常书写环境中，以上肢生理放大的第二过程为书学行为准则，从标准直线运动向夸张和流动运动退化，逐步向原始排字行为的拘谨拙陋表现还原。也就是用拘谨拙陋外形来定义汉字的书写实际性态。因此，以拘谨拙陋为标准。这就是视觉单一性活动因素与上肢生理效用函数相互作用下，对汉字文化发展的理念的持续走低。它从一个规范的排字母体结构出发，最终走向它的反面，以非规范汉字结构作为社会书写文化的定位标准，即颜体→临《倪宽传赞》→碑学。因此，视觉参照的书写历史保守主义以碑学作为现实书写决定论的思想，它并不是从社会现实书写本身为出发，而是处在不断变化过程中的特定书写现实——"榜书”为出发，以不断变化的、对非标准检测型汉字结构因素的吸收，通过对这种历史早期的大众化书写的重新解释，来反对社会既定书写文化的“保守主义”观点。

因此，近代史上每一书写知识的新的扩充和增加，都与书学个体的自我认识和自我把握的“书法”理解深度密切相关。阮元对汉字书写知识的补充、扩展，不仅有前文化期书写事实的因果关系的累积，而且还有社会实际书学发展的内部依赖性，在以上肢生理效用函数心理驱使的历史访问中，北碑文化形态最终被激活了。这一知识理论不仅有一种新的书写审美取向，又依据整个社会书学思想状态结构为基础，导致了阮的理论具有自我澄清的具体可信度。只要我们认识到北碑认知的社会特性，那么，北碑之所以能进入清代书学者的眼帘，并把该知识补充到整个书法知识领域中就可理解了。北碑书学乃是形式书学一个具体的社会书写认知结构的反映。

北碑书学选择的意志和愿望是清代社会书写环境的组成部分。按照一种形式书法学的必然顺序依次出现，并在社会上彼此相互渗透。在朝向突破魏晋书法的努力中，视觉因素在书写研究和书写行动中起着启发性选择作用，并对当前汉字的书写现实和非书写现实在进行糅合、修正，从而使得汉字书写知识变得更加具体。“北碑南帖论”符合了社会书学群体的自我澄清的认知标准，因此，这一书学观点从来都没有受到书学界的怀疑。碑学对汉字书写文化知识的补充意义在于，该理论并不在于肯定了魏晋书写文化，相反，它是对社会书写教科书进行再修改，从颜字变为北碑。它首次打破了千年的传统书法文化知识的垄断，第一次真正意义上将历史社会上的低劣书写，以中原古法的名义直接作为书学参照标准加以推广，这才是视觉参照书写的历史保守主义和书写现实主义相结合、"南北书派论"的理论内涵。这是近代形式书学最近一次历史性挖掘，它用每一个体的书写效用函数心理去组织一个更强的社会书写文化秩序，利用了社会大众书学上相互依赖的普遍意识、大众书写经验的自我澄清可信度，用这一相互联合起来的力量来抗衡前文化期的书写文化。因此，碑学是根据个体的视觉追求所遵循的基本方向发展而来，并与此时此刻的社会书学意图需求相一致。这种书写探索思想既复活了他们的历史观，更赋予了新的书写冲动和激情，迫使社会在最大范围内重新组织汉字的书写，并再次恶化了汉字的书写文化标准。

显然，形式书法学的思想与现实相互作用，是根据历史上原始排字结构的不规则性与功力替代书写的转动心理象的对照，由非规则书写压迫所产生的心理幻觉。该思想在反对现实社会中的王字榜书而变得绝对，并把现存的社会书写文化体系设想为历代社会汉字发展上的阻力。为了解决这一长期存在的书写问题，在历史书写源头的另一侧，以一个相互对立的书写观来消除它，以适应于我们目前思想阶段的书写概念。这是形式书法社会学从形式中产生一种不断更新的思想解放，它以最大限度和最大泡围掩盖了历史书法的真相，歪曲了书法活动与社会历史互动的真实关系而得到了自我实际发展。因此，形式书法学的书法解题思想是一种对汉字正体视觉检测图像不断扭曲的历史过程，他们把相互独立的观察作为汉字书写历史事实来确认。于是，新的知识理论在表述书写的问题，在汉字书法发生的依次顺序上，在认识论方法、心理学方法和社会学方法上发生了断章取义和本末倒置。

于是，清代社会获得了一个更具体、更有区别、更灵活的书写历史观。以自我实现内在书写体验片断与历史发展的外在书写片断连贯起来，并使他们的书写行为与整个书法行为联结起来而具有心理、社会功能。因此，阮元书学思想具有“书写理智”的混淆作用。他对书写能力与书写价值的“客观”评估，导致了整个社会普遍进入这样一种状态，即把人的思想引导到不论当时还是现代，对汉字非规则检测性排字结构元素的吸收。于是，在社会书写无意识评价中，检验历史与当前、书法与无法、发展与倒退时，都具有汉字文化发展上的同等意义。

“北碑南帖论”将社会书写现实与历史书写现实相互混淆，把历史过程中非主流的淘汰汉字文化再次引入当前，并作为当前汉字书写的现实标准。两大书学文化体系在同一平台、以平等地位进行书写文化的重复博弈。那么，这一心理、社会功能就把那些希望做同一事的人的注意力，集中到这一原始书写丰富性的“环境定义”上来，将中国社会一大批书学思想引向历史社会的边缘地域。在书写文化尚未开发、文明的汉字结构中，寻找和挖掘书法之“根”而不为世人所觉察。

因此，在尚古书潮竞争博弈的社会环境中，只有最突出的思想方式，才会得到越来越多书学者的支持和表达，并获得越来越高的社会效益。只有汉字传统书写文化长期失效，而这一选择必须具有社会书学上的可理解性和意志上的可控制性特征，并被社会认定是最高境界时，才能被社会选定为一个时代的最佳书学取向。只有当这种形式化、功能化的书学成分完全注入当时社会占主导地位的书学者中，在经验、行为和观点等形式都按形式书学组织起来，成为一个社会共识时，我们才能说，碑学成为这一时代社会主流书学的“觉醒”。

碑学的觉醒是社会书学中的“极左”思潮。它在社会上一经出现，马上与康有为的政治现实主义理念相结合的书学态度的响应，他的书学主张就是对社会既定书学形态的彻底摒弃、对传统书法文化必须改革。这是亚文化书学形态与社会现实状态结合中的发现，是亚文化书学序列上的能动因素，与社会体制紧张状态相互作用下，从社会政治紧张因素很快就转移到对立的书学文化形态上，导致了社会更为绝对化的书学选择，公开向社会表达与历史传统书法理解相互冲突的矛盾、对抗，因为它比“锥画沙”更深刻，即书写上的“石刻意象”。

因此，每一时代都有社会上层的政治成分因素对汉字书写文化的渗透和干预。他们的高论既代表了书法形式中未被实现和未被满足，又代表了每一时代对汉字活动的实际需求。他们对每一块碑刻的发现，都成为打破现存书写文化秩序局限性的历史性爆料，在现存书写基础上产生的乌托邦，反过来这种乌托邦又成了破坏了现存书写文化秩序的纽带。当书学者以非规则检测性排字结构吸收状态的功能主义观点推导出“书写”成果时，汉字在沿着下一个书写文化秩序上的发展，便以更自由的行为方式展开，在清末中国社会汉字文化领域内部，两条书写活动路线的矛盾冲突变得更彻底、更公开化了。于是，整个中国社会书学思想运动的时间对称性出现了，一个随历史的推进过程和一个随历史时间的倒退过程两者复杂地纠缠在一起了。

2. 近代中国社会汉字的哲学出了问题

当社会书写参照空间样本容量在书写性态和绘画性态的信息特征发生质变时，人的书写活动上所提取的就不可能具有相同的信息内容，异质性书写信息导致了笔法得益为零。然而在维护传统书写文化形态的基本特征上，视觉绘画功能又具有书写活动结构的模拟特征。当书写代码汉字结构走到了历史循环尽头之际，一种新的书写审美因素——“丑”就开始滋生了。丑书是沿着碑学“拘谨拙陋”的特定方向、采用与书写行为相似效果结合在一起，以异常强烈的意志力量，发展形成的一种社会性书学风气。这一思想从清代起源，在当代社会形成气候。“宁拙毋巧，宁丑勿媚，宁支离勿轻滑，宁直率勿安排”，这是清代傅山提出来的书写观。从他的陈述中，我们可以发现“南北书派论”“北碑南帖论”作为历史保守主义和现实书写主义决定论的实际社会效果是什么。“疏放妍妙”“巧与媚”是近义，是书写性态上的贬义，“拘谨拙陋”与“拙与丑”是近义，是功力替代书写上的褒义，傅认为“支离与直率”才是组织汉字结构的真正本质性东西。傅山本人并不真正写碑，而是草书，属王字的“疏放妍妙”一路。草书使转向心力的转动式样本身并不存在书写功力上的支离、直率的直线运动特征。但是，他却对书写“媚态”鄙视而不屑一顾，与王字文化反目为仇。因此，“南北书派论”对社会书学的影响是强大的、是反向应用的。傅的论点不是动用书写功能分析的因果关系所得出的，那么，这一书写知识补充又是哪一种自我澄清的解释特征呢？

倾向于社会认知状况和书写知识形式之间的一致性分析为取向，就是每一书学个体的所面临的共同社会处境。在清代社会主流书学意识的“觉醒”中，人要么在碑学的同一书写情景中作出直接反应，要么作为心灵互动而作出相类似的间接反应，否则，就将受到这一社会集体的唾弃。傅的书写形态是妍妙的，在一个既定历史社会状态环境的集体认知结构中，傅的书写形态处在相当不利的评价地位。但是，在书写利益心理所驱动的心灵互动中，由北碑结构的暗示，傅推导出了一个更高的审美境界“丑”。此时，情况就是大不相同了，该论点的视角、观点、认知体系和社会书写认知状态是完全一致的，是殊途同归。这样，傅对丑的探究和理论关切，就完全化解社会书写认知定向上的被动局面，扭转了他在社会书学界的地位。这就是说，他的草书同样有支离、直率的成分实际存在。显然，这是一种受社会环境因素决定的知识类型代表。在傅对丑元素的书写成分提炼中，使我们看到书家的实际生存状态，是书写利益心理学倾向于社会认知状况，并和这一书写知识形式之间形成一致性。

这里，一个社会历史的大众书学对汉字书写文化的信仰转移显露出来了，从它的早期，人必须要对书写笔法的自我澄清，才能在社会书法圈内生存；到现在，人必须要对丑元素进行自我澄清，才能得到社会同行的认可。书写自我澄清内涵的变化说明，丑元素已成为社会书学的一个相当综合性的文化因素。它不仅涉及书写结构的变化，还有审美形式的变化，更重要的是，它直接触及书家的思想和他的社会生存状态，不论是书学者的直接反应，还是间接反应，是当时，还是现在。

丑书文化意图想表达和塑造的就是书写中“济公”形象。它不追求书写上形式之美，以丑的形象来表达书写性态上的纯与真，这一形态本身就带有文化娱乐性质。然而，在一个书写结构向非书写结构转换的文化陷阱中，对丑元素的书写来源的历史回顾，它就是由视觉标准型向视觉非标准型汉字结构发展的过程。当历史书写体裁变得越来越有限，各种历史书写代码结构的变体达到了一定程度的饱和，在不造成任何后果的情况下，社会书学允许将丑元素直接吸收到书法的变化中来，丑就成了社会形式书法学在书写实践和理论解释上的主要抽象物。因此，书法活动对丑元素的最近期应用中，与一切视觉艺术优先保持倾向是严格一致的，是根据视觉心理对图形依据来源不同逐步变化而来。如装潢艺术中的“别致”就是一例。当人们探寻书写笔法长期无法真正获得其真谛，而实际汉字结构的历史循环走到尽头时，当书写“济公”不具备救世济穷的本领时，这种支离与直率就是书写性态的伪装、由个性审美兴趣和书写相似效果，发展起来的一种极端变异。人对汉字结构的丑化便开始萌芽。在经历了碑学不同阶段的汉字结构变化之后，迫使人的视觉绘画意识的书写意图进入一个公开场合——“丑书”。

当清代社会决定了一种新的书写参考基准时，丑的精神文化成分的添加便成了一个社会时代的书学哲学强调。正是这种历史时代感的中心意义，导致了傅所提炼出丑元素在一个更广的社会空间领域中得以传播。于是，在形式书法学的社会意图网络中生存的书学者，由于受制于相同的社会状况，他们就受限于同样的幻觉，丑就成了这一社会书学关系的群体的抽象表达。在下一文化期中产生了于右任的书写模式，就是丑元素在人的书写心理层面和理论解释层面相互作用下的又一种产物，是符合这一社会书学关系书学者，产生出了与他们书学社会关系相符合的新的书写原则和内容式样。

草书中丑书就是绘画意识的书写牺牲品。“以丑胜美”的做法就是一种有意做假的真正破坏，是社会书写人格变异的直接反映。因此，在汉字文化的思想史、社会审美潮流和书学哲学的结合之下，组织评价和决定一个汉字结构的好坏标准发生了根本性变化。人们不再按照一个正常书写文化的表面价值来接受一个字的好坏，而是用“宁丑勿媚”的标准来衡量书写。显然，亚文化书学思想运动的心理历程中，他们与社会现实书写活动秩序的联系中已形成了一种“辩证关系”。在寻找未曾发现的书写盲点和揭示书法本源的问题上，他们脑海中始终存在一个虚设的汉字书写概念。而每一种汉字结构都只是汉字整体的某一侧面，它永远都不会得到满足和平衡。他

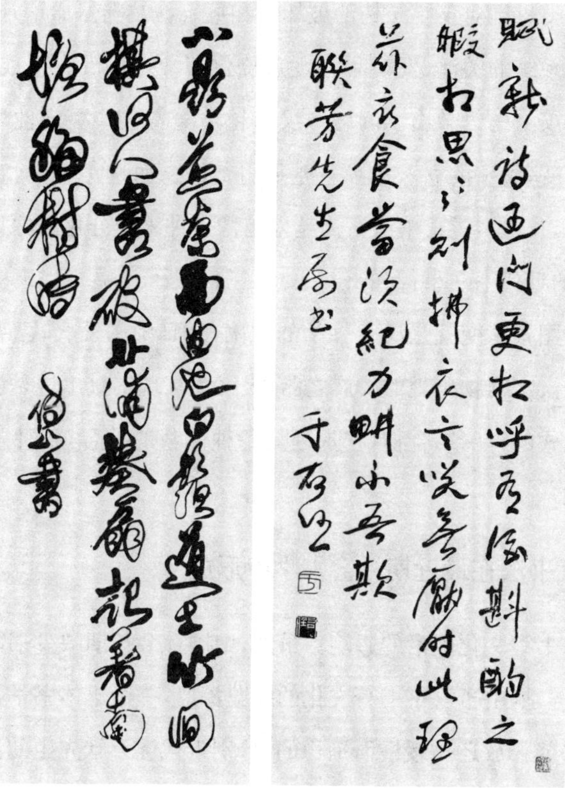

图7－2　傅山与于右任书法图

们也是自上而下地在拓展汉字发展的历史视野，迫使大量的书学者开始向更遥远、更原始、更丑拙的汉字文化边缘领域拓展。在这种书写文化力量的塑造下，只要人们对文字结构的视觉审美有新的变化需求，这一相辅文化形式便根据人的需要持续发展下去，一直到停止反应为止。因此，当书写求变意识进入到丑的阶段，并成为一个社会书学的研究主题时，该书学思想与社会书写现实就不再相互谐调。

这一类思维对汉字结构的破坏性和危害性在骤然递增，而社会对这一文化系统的关注、发现和怀疑系统化却始终都没有形成。因此，整个近代汉字的哲学出了问题。汉字越是随着这些决定性洞见相应地发生演变，汉字的立法标准就越显得贫困。而越是贫困，它就越倾向于破坏。于是，近代书法行为越来越像一种未经分化的原始书写活动，大量的近代书法事件和书写思想，已构成了一幅相当模糊的社会书写活动图景。变就是汉字哲学的贫困，今日中国社会，已看不到一条清晰的汉字唯物史观的发展之路，汉字书法现实只不过是历史上各种书写形式的特殊结合物，它永远是各种体裁的结合，各种“书写”类型的探索。

三、现代书法在最近期社会书学中形成

外来书写文化因素的影响。虽然，中国社会长期缺少书写文化监督机制，但是，由于汉字书写文化的底蕴深厚，一个集体书学文化形态转型的势能释放还是缓慢而平稳的，特别近代沈尹默先生的法书现象的出现，大大延缓了丑书文化的形成。因此，中国书写文化并没有真正走到尽头。然而，当20世纪80年代中国开始打开国门，“日本现代书法”第一次传入中国本土时，整个书学界惊呆了。一部分人醒悟了，原来书法还可以这样表现。日本现代书法点燃了人们心中“求新变异”的烈火，从此，中国书法开始加快了向现代发展的脚步。

鼎

图7-3　日本现代书法图

这是日本乃之世界都相当有

名的“书法”作品。他们以汉字结构为基础，以纸质、墨晕，以绘画手法进行处理。对于这一类作品而言，这意味着对书法的探索已根本走样，出现了以汉字结构进行各种抽象绘画的创作活动。

缺少汉字书写起源的日本书学是汉字现代书法的发源地。在这一社会区域中，汉字书写文化的根基相当薄弱，忽视历史书写实在的绘画书写现象普遍存在。在这社会背景下，现代书法首先在日本社会出现了。对日本整个汉字书写史的考察可以发现，汉字书写文化精髓“法书”，从来都没有真正传入到日本。在这一汉字书写文化历史根基相当薄弱的国度中，对汉字书法的世俗化改造、各种奇异书写就容易在这一国度中得以超前实现。当清代杨守敬以一种奇异的回腕书写法传到日本时，这一奇异书写并不担心能否得到日本社会认同的问题，而是日本社会的盲目追从、竞相效仿。因此，现代书法在不同的社会地域文化背景中具有不同的进程。在日本，视觉操作书写方式更为自由，他们对汉字书法现象理解并不是出于对书写笔法的探求和理解，而是对汉字图像与实际生活中的某种抽象联系为想象。

汉字五千年的历史记录表明，汉字活动始终潜在地存在书写和绘画这两文化发展的活动线路、两种书写文化的解释。自唐以后，整个社会书学对书法的“求解”就是从当前社会生活环境的互渗中，以绘画方法解决的。它从最初个体书写出体变化，经历了千年演变后，最后演变成一个现代书法种类上的差别，从而从根本上偏离了汉字的书法概念。在一个国际社会现代化的大背景下，中国书法也加快了现代化的发展步伐。中国的现代书法与社会上“流行歌曲”的出现基本一致，从这一时间点到现在的一个社会面，中日书法文化交流推动和加速了正在发生的书写退化和萎缩的进程，并逼近个性无导向书写的无政府主义的中心。当今，社会与社会、区域与区域间的书写文化交流有助于理解和解释为什么日本书法的今天正在成为中国书法的明天。

第三节　近代汉字改革

在汉字书写概念应用爆发期中，最重大的事件莫过于文字改革。自唐以后，汉字的书写问题一直在隐性放大。当社会主体对汉字负面经验积累和观察、在强度和范围达到一定值，当中国边缘国家社会受到外部因素的刺激和冲击时，这些地域的汉字文化风险骤增，一个个社会地域的汉字改革运动接踵而来。回顾整个汉字文化圈内的文字改革运动，考虑汉字与社会环境关系的互动，寻找不同地域文字改革社会意图体系的联系，总结汉字变革动乱的正、反两方面经验，对于当今汉字来说，就是分析中国社会汉字改革的文化意义所在，为解开近代汉字改革思想的实质提供理论依据。

近代汉字改革的背景以及有关汉字当代和未来究竟应该是怎样的？对于这一问题的解决取决于我们对汉字历史结构的了解。只有当我们初步形成了一个汉字知识社会学范畴，解决有关汉字形成过程中人的思想方式和社会关系的曲折演变方式，才能了解汉字发展中的历史理解结构，知道有关汉字的精华所在，以及当前汉字的问题所在，帮助我们把握当前汉字所面临的问题，揭开发生在我们身边文字改革中人的思想结构变化和当前汉字所选择方向。在认清了当今汉字文化结构中究竟多了些什么、缺了些什么时，才从而使汉字发展回归到历史的最初洞察。

一、汉字文化体系中的思想运动规律——回顾“汉字文化圈”的改革探索之路

要正确了解近代汉字改革的思想运动，我们就不能脱离对汉字文化圈的整个国际社会环境的分析。中国是汉字文化的发祥地，由于古代汉民族的经济、文化发达，汉字文化便像扇面一样不断向各相邻国度的社会区域辐射、渗透。于是，在历史时空过程中形成了一个特定的汉字文化圈。然而，这一文化圈并不稳固，随着时间的推移，各相邻社会区域又相继出现汉字改革，而且，这股思潮最终又反馈到汉字发祥地中国，形成了汉字文化体系思想运动的普遍现象和规律。

（一）日本文字改革的问题

日语是由汉字与日本口语组织结合起来的文字体系。当今日我们重温改革后所形成的日语文化形态的目的，就是揭示在日语改革的过程中人对汉字文化内涵理解的实际深度，寻找日语改革中有关汉字知识的盲点究竟是什么。

一般认为，日本政府于1902年成立日语调查委员会，从此时起，日本汉字改革开始。其实，自幕府年代，随西方文化的传入，日本汉字改革已开始在酝酿。概括而言，汉字在日本社会的发展过程，自汉代日本与中国文化开始接触，便成为日本社会文明的一个标志。唐以后，汉字和儒学缓慢地渗透到日本社会上流，被奉为“正政之始”“经艺之本”。之后，汉字开始在日本社会盛行。随幕府至明治起，日本民族意识抬头，和学兴起，西学传入。在这一特定历史背景下，日本人开始思考起汉字文化的优劣问题来了。从此，汉字这一外来语与新文化思

想间的碰撞和冲突便变得不可调和起来，各路意见纷呈，汉字改革流派纷纷崛起。人们各自以自己的文化背景提出了改革方案：假名派、罗马字派、新文字派、转用洋文派、减少汉字派、汉字不可废论等六种观点。每一学派为日语的今后方向开出了改革的药方，最后，“文言合一”和“减少汉字论”的方案得到了落实。

日语改革之初所采用的和、汉折中方案，是为了适合当时社会文化状况的，是汉字问题未解决前的过渡方案。因此，这一思想类型的原动力就是最终废除汉字。然而，该方案在文字改革的实施过程却发生了变化："文言合一"便于日本社会接受。在日本社会发展过程中，汉字已成了社会难以抹去的记忆，“文言合一”具有社会文字记忆保留的功能。减少汉字的使用量是为了逐步地抹去社会的记忆，最终达到废除汉字的目的，这是日本右翼学者福沢谕吉的文字改革观。在减少汉字的过程中，首先需要解决的是当前社会汉字使用的最低限量标准，福沢谕吉在他自己的教科书中，仅用了 802 个汉字。然而，在实际使用考察中，3 000 个汉字足以应付日常生活环境中所遇到的基本事件的描述。这一最初限量就是对汉字最粗糙的认识，它无意中起着保护汉字的作用。

除了限制日常汉字使用量之外，在这一改革实践中有一个重大发现，就是汉字阅读时的检测识别的时间反应。福沢谕吉的学生矢野文雄的发现，虽然假名易识易懂，但日本绝大部分知识分子还是承认，汉字更容易识别，这是日文改革中始料不及的事。在“文言合一”、假名和汉字交替使用的比较、经历了两种文化冲突的思想聚焦之后，人们发现汉字结构具有检测识别速度快、文字意象丰富的特征。至于为什么汉字会出现这种现象，人们并没有深入探究。这就是我们当今才发现汉字文化本质之一，它的视觉拓扑结构检测特征。汉字从绘画图像向文字进化过程中，走了一条图像结构发展之路，在它进化过程中，曾经历了视觉生理对符号长期严格的筛选，形成的一种图像结构的文字。汉字既有视觉拓扑结构检测优势，又保留了原始图像的意象功能。因此，这一发现就是两种文字表象的具体感官体验的再认。一种是视觉通过字母符号的检测，经语言感觉通道的理解，再转换为一种心理意象。一种是视觉通过图形结构检测，直接进入一种绘画场情而转换为心理意象。汉字在与其他文字感官的类比中，具有视觉意象强、检测速度快的绝对优势。因此，这是一种极为高级的文字品质因子。

当这一结论一出，日语改革一下子进入一个两难境地。人们为了日语精确表达所作出的事前准备，改革似乎是在一种符合逻辑地寻求两种不同含义的明确尝试，而且汉字肯定是劣势的一方。从这一必胜信念开始，改革所提出的"汉字难识难懂、假名简洁明了"这一问题本身并不存在，相反，是我们对汉字的事前预设中，根本就对汉字文化的优越性不了解。当人们试图对这种观察进行反思，并对它进行根本性界定时，危机就出现了，当人以往文字活动过程中的文化意象突然消失时。这对于专注于这一问题思考的人而言，就是一种文化震慑。它像一盆冷水浇在知识分子的头上，改革激情降到了冰点。人刚开始搬动它，就显露出该文字特有的文化底蕴和内涵。当锐意进取碰到深不可测的文化底蕴的阻挡，当社会最著名的知识分子寻找不到排除汉字的理由时，这一事实就起到了阻止改革深入的作用。因此，日语早期改革思想带有一种预先假定的乌托邦思想成分存在。当日语改革对现实判断的主观空想受到质疑，废除汉字将变得不可能时，两种文化的僵持导致了汉字的峰回路转。人们从最初盲目的改革激情，重新回到了对汉字的依赖和使用上来了，日语改革思想在接受社会实践的检验过程中形成了一种文化缓冲，出现了一种自我控制和自我纠正的态势。当改革的热情受到了理智的暂时控制，日本社会的汉字使用量基本维持在这一水平上，废除汉字的声浪逐渐消退，改革逐步趋向缓和。

这是日本社会对日语改革的初步定位。从 1946 年颁布《当用汉字表》和《现代假名用法》，到 20 世纪 60 年代，随着日本战后经济发展和国际地位的提升，日本学会了在一个更大的国际环境大背景下看待自我，社会出现了对汉字文化的反思。当日本超越了自身，并意识到自身文化的局限时，日本文字改革的态度变得清晰起来，在新一轮的汉字扩充和吸收中，形成了文字改革的一种反向预期。社会教育机构、广播传媒也相应配合，学校汉字教育的强化，各种汉字文化的专门考试出现了，社会汉字热一直持续至今。自 17 世纪的新井白石算起，历时三百余年的日语改革在不知不觉中宣告结束。

因此，日语改革在超越现在走向未来时，存在一个两种文化矛盾冲突的调和期。它使得日文改革向一种中间状态转化，形成了一种既受汉字文化的制约，又有自我语系特征的和、汉胶着的文化形态。它打破了僵化的、恒长的图像统一或声像统一的结构模式，采用了两种文字符号的交替使用方式，并使其文字系统化。这一文字系统的正式场合，汉字、假名并不能独立地使用，两者是日语体系的一种结构组织关系。汉字并不独立于假名使用，它必须有假名的语法粘连。而假名自身也不能自成体系，该机构缺少汉字文化意象的丰富性。因此，在日语文字改革中，汉字和假名之间形成了三种文化因素的相互凝聚与胶着，它们分别起着音标、语法和文字意象的功能作用。一个汉字不单有中国本土的“音读”，又有日本式配音的“训读”，这样一来，日语中的文字功能配备齐全了。日语形成了两种文化的粘连，它既保持社会历史的文化传承关系，又与当代社会现实紧密相连。不管人的生活、情感怎样变化，它都可以根据人的思想情感需要，不断地自我再生。正是这一文字体系三种文化因素的相互胶着，才使得汉字真正融入日本社会的生活之中，成为日语中一个不可缺少的重要组成部分。在这一理性领域中，使得日语具有与汉语几乎同等的、异乎寻常的表现力。

当今，我们对日本文字改革过程进行考察，思考它形成今日这种文化形态性质的原因，对于这一文字改革经验中所出现的反思，是最值得我们借鉴和关注的。日语改革中主要形成了这样一种思想转变，当我们对汉字无意识使用的动机直接进入我们视野，并受到注意时，人不是靠放弃汉字或暂不作评价，而是在直面自我、审视自我中所获得汉字客观性，以及汉字与日本社会间的文化关切是什么。这种自我启发的汉字评价方式是，它不仅是汉字客体，还包括我们自身也正好落在我们的视野之中，这就是日语形成的思想方式。这一文化拿来主义与日本国民的务实精神相吻合，从而显示出日语改革思想的务实性特征。

然而，文字改革不是靠务实就能解决问题。文字是一个专门知识领域，由于日语改革中尚未看到汉字文化的全部，那么，改革中所隐藏的可疑性和不健全性就被掩盖着。因此，务实的本身就带有文字改革的无意识动机。日语改革担当了这样一种角色，它对汉字的保留既具有向世界展示汉字文化的优点，又充分暴露出该文字体系的致命缺点，即人类文字操作使用上一个共性特征、集体书写无意识动机。

一般认为，日本是受汉字书写文化影响最深的国家。日语是以汉字和假名组合起来的一种新的文字结构，而假名由汉字草化发展而来，那么，日语就应该属汉字书写文化体系。但是，事实上汉字和日语在组织文字结构的书写问题上，是两种完全不同的书写文化体系：一个是有汉字书写起源的五字执笔法书写文化。一个是不存在汉字书写文化起源，自我社会成长起来的假名书写文化——垂掌单苞执笔法书写文化。中国汉字和日语汉字存在两个不同源头的书写文化起源。因此，在日语外显结构上暴露出一个致命缺点，那就是方块汉字与圆弧假名两种正体结构的混搭。

有关日本假名书写起源。在当代中国人眼中，垂掌单苞书写手势不单非常奇异，而且相当刺眼。但是相反，中国的五字执笔法，在日本社会同样是不能容忍的诡异执笔。根据日本书道理论的揭示，日本这一书写执笔却来自中国。显然，这是一个被中国社会遗忘的书写手势，但日本社会却把它留了下来。日本垂掌单苞执笔手势，起源于这样一个事实：由日本留学生从中国带回一个民间流传的有偏书写执笔式样，这一式样在适应日本社会自身环境的集体书写经验中，形成了(跪、坐)两种垂掌单苞书写手势。

从汉字书写而言，当汉字传入日本时，汉字已是书写成熟的文字结构了。然而，日本社会对汉字的书写理解却无意识地退了一步，与先秦书写方式同构，用次一级书写手势与高一级汉字结构进行强制性匹配，并长达千年之久。五字执笔法书写方式在日本社会是根本不存在的，那么，日本社会历史中的汉字主要由绘画性书写操作产生的，它不是真正具有书写性态的汉字。因此，在一个不带汉字书写起源的日本社会，该书写终将表现出有限性和不完全性的特征。

从假名书写而言，在奈良时期，假名在“宣命”和“万叶集”书籍中就已经出现了。假名是在汉字书籍的行向空隙中，为疑难汉字注音，由垂掌单苞书写手势产生的：一方面日语假名，由行向容限书写边界进一步收缩变小，对汉字结构进行新一轮的整压；另一方面，通过书写笔顺的气势加速，把汉字结构内部社会文字意识边界彻底打消，一种新的圆弧线条的音标符号产生了。因此，假名书写就是汉字书学行为②的终止型。它将一个汉字图像结构整压为一个音标字母，与世界主流文字结构发生同构。垂掌单苞书写手势就是一种变相的硬笔书写手势，假名就是在这一书写文化环境中产生的。因此，日语中的汉字与假名都是由垂掌单苞书写手势书写的。

日语假名书写起源告诉我们这样一个事实，在中国古汉字的历史源头上，潜在地存在着两条发展线路：一条是沿书写气韵发展，小篆→秦隶→汉楷→魏晋楷书，以平掌、竖掌、深掌，书写手势逐步竖立起来书写，形成了今日的汉字结构。另一条是沿书写气势发展，小篆→秦隶……→草化→假名，以垂掌单苞执笔手势的草化方式，向字母符号转型、退化。假名是汉字三表六书的表征需求意识消退的产物，汉字所有的正体，小篆、秦隶、汉楷、魏晋楷书，对他们而言，都只是视觉过渡性的中性代码结构。该社会地缘文化的书写习惯，在它的书写转动本特结构中，书写变速随机稳定的有序长度变得越来越短，书写草化的加速度，最终导致了书写直接进入假名。因此，日本假名属中国小篆草化文化的直接后裔。日本书道文化的社会起源，就是在小篆书写文化的物质基础上发展起来的。

对日语书写问题的揭示，就是把存在于世界文字结构中的最隐性问题显露出来了。即人类文字史上两大正体规范的社会意图体系：一种是方块结构正体规范，汉字是经过有意识的书写结构提取，才最终形成的方块结构的正体规范式样。一种是椭圆形正体规范，世界主流文字是一种不需要人有意识书写结构提取、自动无意识形成正体规范式样。方块结构正体规范是一种“三表六书”文化的表征需求，依靠书写执笔中的第二书写杠杆的书写定位组织机制产生的。世界主流文字正体规范是一种本能书写手势，以第一书写速度杠杆自发组织产生。这一结论对日语文化性质的判定至关重要。这就是说，在日语改革课题中，潜在地存在着三条路径的正体规范的选择：(1) 汉字结构向假名字母符号看齐。(2) 假名字母结构向汉字结构看齐。(3) 将方块汉字和椭圆假名两种结构混搭在一起。汉字结构向字母符号看齐就是纯假名使用，它从改革尝试中，由于受汉字图像意象的检测优势存在，向字母符号靠拢从一开始就受到阻碍。假名字母向汉字结构看齐，这需要有书法起源的社会历程，即从一个不规则的圆弧形态，向方块结构书写进化的社会过程。在考察整个日本书道发展，我们看不到该地缘曾有过类似魏晋“法书”活动的任何痕迹。相反，它留下的只是一条自我假名草化形成的活动轨迹。在缺少对汉字文化全局了解的情况下，能够被理解和界定的日语正体式样，就是一种方块和椭圆的混搭组合。因此，第三种选择并不是独立于上述两者的思考，构成方和圆混搭组合的原因，就是撼动不了的汉字文化，与一个尚未认识到的本土文化形态。因此，日语正体就是日本料理，是“混合”，将就凑合着用，它尚未真正进入与汉字书写文化进行“化合”的阶段。

在日语正体规范经验所依赖的社会普遍意识中，并不真正存在与汉字相同步的社会书写意识。汉字形成之初，书家们为该结构正体式样的定型做了大量的事前探索工作，力排章草为正体就是一例。然而，在一个缺少汉字书写文化起源的社会中，在忽略和排除了文字的书写意识规范的前提下，视觉生理就可以将两种不同书写意识规范的正体，任意地混搭在同一文字体系中。当一个社会不论是书家还是百姓，整个社会对汉字书写文化的认识都是模糊的话情况下，彼此相互混搭便成为一个社会的自发性选择。因此，日语在文字正体规范问题上从来都没有发生踌躇，因为日语所选择的双重正体规范标准的本身，就是存在于日本社会自身的一种心理—遗传认知论。

显然，不同社会地缘的人对汉字文化的理解存在着理性和非理性的矛盾。这一自我确定的文字体系在听、读、看、写四则运算的“社会方程式”中，从其理性方面而言，该文字体系在听、读运算上具有重复汉字文化意象，因此，在思想文化的历史传承上，提供了连贯性、统一性的一面。在非理性方面内，该文字体系在看、写运算中，则存在着矛盾性和不健全性的错误一面。只要日本社会中存在以口语方式的书面表达，那么，汉字与假名交替使用的书写不协调就是一种对社会现实的超越。因此，折中改革方案的第三选择，从汉字的字意理解上，日与汉两种文化的差异是不容易被区分出来的；但从文字书写活动上，从正体规范形式、书写组织形式和社会书学形式等组织知识中，两者是完全可以被区分开来的。因此，日语尚未完成对汉字文化的整体性探究和分析。对改革中所隐藏可疑性和不健全性，书道潜在地存在着两个方向的文化出路：向汉字书写文化靠拢，还是沿社会既定书写文化方向发展。如果倾向于前者，那么，由于日本书道起源的社会进化层次较低，它所面临的工作任务并不仅仅停留在为书写而书写这一层面上，而是具有自我文字改革的深化意义的。

然而，处在心理—遗传认知论中生活的书家，他们的书写认知几乎完全依赖于中国。他们既受限于中国，又急于突破。在这种社会环境中，揭示隐而不露的汉字书写文化的内涵似乎是注定要失败的，因为即使是在汉字书写起源的中国，它也在不知不觉中出现文化衰退，更何况日本。当大清使者杨守敬将回腕执笔法和碑学再次引入日本后，书家们照搬的书写模式将日本书道彻底引向歧途而不能自拔。精神—认知论发生了书写性态识别的无差异认同，从一个特定社会时期提出的日本文字改革的现实出发，在寻找两种文化中和的社会方程中，就会倾向于本民族的，属于自己知识形式和知识产权的书道之"解"。在满足方、圆组合文字的集体书写意志行为中，混搭正体概念就成了日本社会的"书写恒等式"。因此，日语与本民族精神的互动中，其书写无意识动机将永远无法被社会、被"书道界"所感知。

因此，日本书道界对社会的贡献是相当有限的。在"文言合一"的改革过程中，日语无意识地用一个国产书写手势，将两个不同社会环境起源的书写组织机制组合在一起。在这中间，它对汉字的书写解题是视觉代码，而假名书写是具有民族书写文化的起源意义。于是，混搭正体的实际思想是与世界上主流文字的正体规范方式相接轨，与汉字书写文化是无关的。日语与世界主流文字之间的差异，只是在书写行向空间上发生了90度转置而已(横向向纵向)。当我们明确感知到日本假名、世界主流文字与中国汉字在组织文字书写上的内在联系和文化区别后，我们才能从中感知到，日语就好比一篇英语报告中混杂了一定量的汉字，我们不能以此就笼统地认定，该报告与汉字具有同一书写文化标准。日语与汉字的正体定位，就是两种文字系统在文化底蕴上"质"的区别：一种有书写定位机制组织的文字系统，一种是无书写定位机制组织的大小写体混合的文字系统。

日语正体概念属世界主流文字的规范意识。那么，日语对汉字文化的理解也就只理解了一半。目前，它的另一半已从根本切断了与汉字书写文化的联系，以自我社会文化脉络不断发展，并与汉字书写文化内涵彻底区分开来了。然而，日语的心理—遗传认知论是根深蒂固的。在日语体系的思想内，既存在着一种完全可以明确界定自我文字意图体系，又在汉字书法和日本书道之间形成书写意识的相互混淆：(1) 对中国的书法学习过程是日本预先假设上的一种文化归属；(2) 日本书道自我书写意识的“觉醒”，是植根于日本自我民族深层次意识之中的。以至于在历代书写文化教育中，他们始终只能与汉字表象、视觉形象发生联系，与汉字书写活动法则永远相互分离。因此，在那个时代尚未充分意识到，也没有进行深入思考的书写问题一直延续至今，并作为一种文化事实让世人来接受。日语中有一个一直不曾显露的历史改革遗留，是历代文字研究从来都没有涉及的内容，也是日语体系巧妙地卷入同一汉字书法概念之中、几乎从来都没有受到任何人关注的问题。因此，在日语正体的外显特征上凝聚着一个社会地缘对汉字文化理解上的核心思想和复杂情感。

混搭正体规范式样从一开始就深藏着自由主义书写与汉字书写文化相互分离的危机。新兴的日语体系就是一次从自我社会结构中思考的文字知识的尝试，是一个民族的生活取向在起作用。在这一社会意图体系中，汉字结构上的特定书写概念是不存在的。今日之日本，书道已很难认识汉字文化的本质，他们对汉字的书写陈述只是一种标准的绘画之“道”，除非有一种强有力的外力推动，促使这一文化均衡地翻转。因此，日语书写之所以成为一个问题，并不是因为它自我独立于汉字文化体系的意识，而是在自我文字实现中的书写经验扩展。当揭示深入日语的社会根源时，我们将对日本自我决定的书写文化，对历史与当下日本书道成果的真实性提出质疑。

（二）日本书道文化的性质

自中国打开国门后，凡到过日本的人都会惊异地发现，日本书道和中国人心目中的书法相去甚远，完全是两码事。该文化现象表明，日本社会既对汉字书写文化具有依赖性，又在接纳这一文化时，沿着自我社会环境的发展线路而改变。它不论汉字的书写起源如何，与自身生活物资、社会环境的需要相联系。于是，在不同社会书写文化根基上，日本书道与汉字书法出现了严重的偏离。日本对汉字书法的关注是源于自我生活过程中的内部依赖性。这种内部依赖性的把握，是通过日本社会人的不同文字意图需求而发生改变，从执笔方式、书写结构和文字式样都是人为地进行改造，所有的变化都是沿着当地社会物质生活和人生活意图某一侧面的需求而展开。从此，汉字书法在日本社会群体内部以新的活动方式成长起来。

1. 假名书写手势被标定为日本社会标准书写方式

将一个方块汉字草化为圆弧结构的假名字母，并直接将草化圆弧正规化作为正体。日语这种正体规范自由主义思想倾向其实质就是一种社会实际书写文化的有用出发点，可以把这一实用方法看作汉、假两种结构的通用书写手势。这种假名书写法从古至今一直被保存下来，并将这一书写规范一直推到遥远的将来时，便自然而然地成为日本社会的传统文化。当今，被日本社会文部省认定为毛笔书写的标准手势，对于汉字而言，就是一个极端化书写文化形态的社会起源。因此，日本社会等于从文字学习一开始，就选择了一种错误的汉字书写法。当今一位中国本土汉字文化培养起来的中国人初到日本，他对日本汉字的第一感觉是，这是一个极端混乱的文字活动社会。当一个又一个中国人与日本民间进行文化交流，并展示五字执笔法书写时，这一执笔现象被日本社会视为一种异化文化，而无法进行任何有益沟通，真实书写的心声和呐喊，在冷酷无情的日本社会已失去其应有的价值而无力回天。因为在这一社会文化群体面前，五字执笔法才是一种真正的奇异执笔现象。

从这里我们可以看到，迄今为止，在一个书写物质基础发生根本变异的社会环境中，指引日本书道文化思想方向的集体无意识动机，在界定书法名称的工作任务的范围中，同一汉字书写体验的类型和认知对象，存在着根本性差异和分歧。因此，在两个社会的书写领域中已不能用诸如“笔法、源流、境界”等概念来进行比较和描述。所有的评价只有借助一个更具体的主体“民族文化、精神”转移，才能勉强成立，书写文化分歧被归因为用一个社会民族文化因素才能自圆其说。这里，我们又一次清晰地看到，书写意识形态对日本书道解释的评价意义。这是日本社会自身察觉不到的文字问题，而且这些文字问题是包括它自身在内的社会环境的产物。因此，书写错误可以归因为这一社会或传统。当这种错误行为上升到作为一个民族文化或代表的高度时，便形成了整个社会性的书写活动障碍，即社会集体书写无意识。当统治这一社会的书写文化集团，紧紧地把自我利益和环境密切地联系在一起，以至于看不到这些行为可能损害到自我书写支配感的事实时，这一文化团体对自己、对社会造成了对真实汉字书写文化的掩盖，使得整个日本书写文化向失控的“前卫”方向前行。因此，绘画意识在付诸书写实践时，它是无效的。从日本书写文化领域中，我们能清楚地体察和分析，不同社会地缘中的民族文化精神所表达的正、反两种不同的书写文化意义。

2. 失去历史便失去未来

从表象上看，日文假名字母式样是从汉字草写演变而来。然而，这一草化式样在中国却从来没有真正出现过。由此在近代书学界引出了一个令人啼笑皆非的问题，究竟是日本假名发展了汉字书法，中国书法变得落后了，还是中国书法精髓从来都没有真正传入日本，导致了"前卫"书写的超前发展。

垂掌单苞手势是脱离了汉字书写文化的日本书道物质根基。尽管中、日两国在观察着同一书写参考对象，但两者的最终结果却大相径庭，这就是绘画性书写的社会过程。在长达千年的日本书写史中，不论是日本的高僧，还是社会知识名人，他们从来都不曾出现过"法书"文化现象。在人类文字活动中，书写问题并不起眼，但汉字书法却有着如此绝妙的神奇魔力。正是日本社会这种文字活动规范的无意识性，才使他们从中国汉字的社会历史过程中分离出来。人们无意识地根据自己的书写经验来解释。因此，整个日本社会书写理性主义外表的背后隐藏各种绘画抽象的超前体验，形成了一种社会"有意义"的书写目标和社会现实书写间的相互联系。因为这一阶层的社会地位使他们有权在现存社会秩序中获得书写文化继承权，而社会又无意识地让这些绘画文字精英，通过他们的文化精神和理念来支配社会，并重估社会书写的发展取向，形成了极富有书写创意，又缺乏特定的书写含义，一种自我文化扩张认知为主的自由主义书写。

目前，日本社会环境已完全排除了对汉字真实书写体验的一切可能性，整个汉字领域不单没有任何进展，相反，它完全被假名书写手势所牵制，并始终停留在绘画性的非理性书写活动之中。因此，日本书道艺术已完全失去其原有的含义，书道似乎只不过是用汉字结构来传达抽象绘画激情、宗教神秘主义体验、一种精神状态的手段和方法。因此，这一社会的汉字结构被破坏得相当严重。社会“门面”从商店、商社、饭店、书籍等各种带有观赏性文字的书写，几乎都没有清晰的书写结构定型的特征，更没有什么文化源流可言。人们所体现的只是在自我书写中极力寻找着个性的外显表现。正是这一书道文化阶层所提倡和鼓动的变化性和个性化，正是这一阶层所拥有的社会书写地位和教育特权，有意识地通过自我修养进行自律，并把这一书写伦理和文化知识作为自我辩护。在这种文化氛围中，混乱地将书道文化简化为更粗野、更为张扬的绘画形态，形成了一个无政府个人主义导向的集体书写趋势。在这种状况下，社会书道界便出现了一种相互依赖的普遍意识，即把每一个体经验溪流联系起来，并将这种文化形态潜移默化地普及到了整个社会层面，它一代代地传承下去并成为日语的文化沉积。

当一个中国人进入日本社会时，就等于进入一个完全陌生的汉字世界。在这一世界中，书道以绘画方式被提升，所有重视书道活动的人都以异化方式进行着文字“创新”，社会形成了一个虚幻的书写世界。因此，他们更容易脱离社会书写现实，并寄生在社会崇高的文化精神象征之中。失去了对书写物质的感受，也就失去了对书写自然状态的一种真实关系的感受。整个社会书道便永远处在一种正确与谬误的永恒标准调节的判断状态之中，它反映了虚假书写文化的哲学关注，即永恒的、不受任何制约又无实体依托的个性化世界。从此出发，成形了一种“此时此地”的日本社会特有的书写文化形态，一种绘画性书写“进化”理念，这种理念无论以何种方式出现，无论它的书写形态怎样变化，它既有中国书写文化的影子、特定理性的自我辩护，又与中国传统书法形成鲜明对照，并被日本社会视为与时俱进的现代化潮流——书道前卫。

（三）日语在世界文字史上的功用和地位

日语是在东西方文化矛盾状态中发展起来的一种文字体系。它介于中国汉字和世界主流文字间的一种中间状态，相当于世界主流文字从象形文字向表音文字进化的一个阶段性文化阶梯，在脱离和进入的某一历史时间点上的一种长期停留和凝固，具有世界文字史上的活“化石”作用。这一社会的文字主流意图体系在表象上看，具有倾向于汉字文化的特征，而活动实质却无意识地与世界主流文字接轨。日语在外来经济、文化的影响下，几乎同时进入硬笔书写时代。当20世纪中叶中国社会的汉字简化改革开始时，虽然日本社会并不直接参与近代中国汉字改革，但是，该社会本身处汉字文化圈，其汉字结构及文字活动规则也在悄然发生改变，并在社会进程中表现出变革倾向和能动性。

要洞察近代日语的结构变化动向，就必须以日语正体概念发展为线索，在处理既往的汉字与未来的汉字上去发现日语的简化原理和范畴，发现它在处理简化汉字的独特性和思考方式。日语以繁体汉字为主，对于近代的简化思潮，日语存在着两种简化趋势的混搭：一种是与中国文字改革的部分简化汉字相一致，如“国”“学”等汉字。一种是日本本土的简化汉字，分为三种：（1）视觉简化，如“広”“応”“伝”“気”等汉字；（2）形声简化，如“选択”“计画”等汉字；（3）书写简化，如“権利”“选挙”等汉字。对这些简化汉字的统计表明，日语对书写简化式样的汉字明显偏少，如绞丝旁、言字旁、页字旁的“红”“试”“顺”一类汉字。从这一侧面反映日语简化汉字的本土视角，如果汉字简化发生在书写行为上的，那么，中、日两国的汉字简化程度一致性就相对要高些。因为人的书写生理是经历亿万年进化定型的生理机构，它在相同的环境中具有相同的生理转动特征。如果发生在视觉行为上，不同社会之间的文字约定俗成，其结构的差异性就变大。

近代日语的变化趋势，就是一个社会的认知心理结构的反映，在这一最深层结构中，既包含着它与历史汉字出发点形式无关的东西，也包括汉字新历史时代的结构性原则。它不仅有吸收部分中国简化文字改革的成果，增加对简化汉字的使用，而且，也广泛采用了世界主流，横行向文字排列形式（非公文式、非正规场合）。结果导致假名结构的严重变形，如字母“な”，它在起源时是纵向气韵结构，而今它已变成是横向气韵结构的字母了，因为字母结构越简单，它的行向气韵越容易发生改变。这种结构性转变不单在社会过程的不知不觉中，而且这种变化从来都无法预测。整个日语体系就是一种从中国汉字分裂出来的文化体系，它的思想更倾向于将近代历史上不断变化的汉字结构组织起来。因此，近代日语文化现象就是“南帖北碑论”思想在不同社会地域的延伸。该文化现象具有这样一种意义，它为我们提供了一个时代、地缘，人对汉字使用理解上的“质”的区分，在一个没有汉字书写起源的社会环境中所出现的汉字文化发展形态。人无意识地把汉字活动体验划定在自我社会环境之中，以自我想象的方法和手段，以自我社会的书写实践，渗透到对汉字的再认识之中。因此，在两个社会区域不同文化根基中，日语对汉字书法的认知发生概率近似为零，这就是日语正体概念所产生的社会汉字问题的解题。它形成了与中国本土汉字文化相对应、适应于日本社会的特定文化形态。人无意识到根据自己的主要经验来解释当前。因此，日语就是次一级汉字文化体系。

根据书写知识社会学观点，以前我们只是片面理解的日语改革，现在变得越来越清晰了。只有在我们有能力意识到和认识到的文字问题都进入我们的思考之后，我们才能最终发现日语文化中的实际有效知识是什么，它在文字改革中的历史遗漏是什么。于是，更深层次的问题产生了，即一个社会集团的文化利益与之相对应的思想方法，并预期日本社会不同阶层对文字现状的不同意识形态的反应。这毕竟是一个涉及日语的最初选择、有关日语根基性问题。当然，这也是人最不愿意否认、已作出符合日本社会文化利益的价值判断。但是，作为文化理智，在历史的某一天，总有人会发现它的历史遗留。因此，日语文化选择决定因素的可靠性并没有被完全排除。只有当先前支配我们的改革思想受到我们意识时，人才会越来越依靠文字知识的真理，把一致性因素重新整合到统一的文字结构中。

因此，对于现代日语文化形态而言，必须有一个社会集体无意识书写动机的自我批判勇气；重新建立起解释汉字与日语之间，书写思想变化的新的文化史学观；修正我们迄今还不曾发现的错误认识、被定为国家标准的社会传统书道教学；重建社会的书写文化定位，把五字执笔法书写引入日本社会的教学视野，并达到“正政之始、经艺之本”的完善，使其与汉字鼎盛时期的书写文化融为一体，完成社会的文字意图的最初梦想。因此，从完成汉字文化统一的意义上讲，日语的文字改革尚未真正完善，它距离真正的目标还有相当长的一段路要走。

二、朝鲜文字改革的问题

汉字与世界主流文字的“质”的区别在于，汉字是图像保存记录，它对图像结构的视觉再认标准要求很高，对语言声像的匹配要求相对较低。世界主流文字是声像保存记录，它对语言声像结构的听感再认匹配要求相当严格，它的视觉生理仅停留在符号的检测水平上。文字是不同社会环境下的语言刺激物。汉字在历史社会环境中始终保持了原初型社会关系学知识结构的记忆，存在着社会意图体系的全部知识反映，是世界文字史上唯一的、从古至今始终保持创世时的图像结构文字。但是，该图像文字作为文化传播的交流性知识，就存在着正、反两种文化心理优势：从图像对视觉生理的直接反应而言，汉字具有辐射的社会面广、渗透力强的优势；从作为文字的语言内在本质而言，从中原到边缘，它的声像匹配效应逐步变弱，从一个社会区域到另一个社会区域，它的声像匹配效应就完全消失。这就是图像文字的弱势。由于汉字文化内涵的隐蔽性和文化定位的特殊性，它对人类文明史的贡献就存在着不明确性、不透明性的特征。

这里，我们将考察有关朝鲜文字改革，即在汉字声像匹配从弱势向消失的社会环境中，人对汉字文化理解的思想运动过程。朝鲜半岛社会在引进汉字文化的早期，汉字作为一个社会关系学知识的解释系统，已足以应对朝鲜早期人们所遇到的一切生活环境中的问题。虽然汉字属外来文化，但朝鲜社会在汉字解释系统的帮助下运行，汉字推动这一社会地区的发展，促使朝鲜早期政治、经济、文化的辉煌，并成为朝鲜文化中最重要的一个组成部分。在漫长的历史阶段中，这一魔力般的解释系统已经应付了朝鲜社会的一切，为当时朝鲜社会提供了一个最有力的参照。汉字所具有的社会普遍性真理知识对该地区社会制度的起源、社会实际存在的历史观提供了一个严格的社会实践基础。

然而，汉字图像上的声像特征与朝鲜本地区语言之间并不存在严格的匹配。声像的匹配差异造成了这一文化在该地区的特殊社会教育关系。在古代朝鲜社会，汉文化教育只能在朝鲜社会上层普及使用，社会民众在偶尔使用汉字的情况下，通常只能在社会关系活动中克服这一文化的困惑。这样，当朝鲜社会制度逐步形成，新的问题又产生了，由汉字文化普及的不平衡，和本地缘社会人的文化需求关系而引发自我文字的渴望。因此，汉字在朝鲜社会过程的代纪文化传播中，人们并不能单纯地、有效地继承这一文化，而是采用在新形势下新的文化观念。特别是在社会民族自尊心的驱动下，人们对汉字不断施加他们所持有的本土视角，从而在1446年，创造了属于自己的雏形文字“朝鲜拼音符号”。

朝鲜文的起源是由拼音符号而兴起。这一拼音符号的社会意图与朝鲜文化的社会过程是不同的。朝鲜拼音符号是在原有社会文化背景下，由学术专家的专门学科知识打造而成的一种新文字体系，属世界主流文字声像性质知识范畴。因此，这一新知识体系的文化针对是十分清晰的。拼音文字的思考从相反的两极开始进行，那么，从朝鲜拼音符号的形成到1846年废除汉字，这就是一种文字改革的社会潜过程。从废除汉字到2005年再次（韩国）试图恢复使用汉字，就是新文字体系在改革发展中的思想调整。而调整就是由当初的理性夸大所导致的文化传承缺陷上的认知反省。在汉字文化圈中，朝鲜既是一个长达千年使用汉字的国度，又是对汉字进行重大变革、废除汉字的社会区域之一。该社会区域在文字改革中的大起大落现象，在世界文字发展史上实属罕见。因此，朝鲜社会区域对文字改革的反思具典型性，剖析这一思想过程，对于分析近代中国社会的文字改革无疑具有警示作用。

朝鲜拼音符号是由世宗君王创造出来的。世宗君王说:“中国文字是基于中国历史应运而生的,因此,它无法清楚表达朝鲜语特有的语境,无法充分地表现庶民的想法和情感。”他深刻地体察到普通庶民无法读写复杂的中国汉字,无法用自我民族文字来表达他们的情感交流的痛苦,而当时的社会教育是汉字文化,是贵族们才能享有的专有物。民意的体察导致了这位君苦思冥想,想象有朝一日创造出一种独特而易学的文字,让社会普通庶民也可以轻松驾驭。因此,世宗君王时代,人们因看待汉字的一套概念不同而逐步产生异议。未解的汉字之谜既成了一种质疑对象,又是一种与本民族语言相异类,一个社会的文字经验、社会文字观开始发生转变,以至于传统思维方式与新的经验客体之间开始出现差距。于是,一个社会的文字起源便随着这一伟人的思想发展,在朝鲜社会逐步展开。

世宗君王在发明朝鲜拼音时,受到音乐和北方游牧民拼音文字的启发,了解到简单的音乐符号就能记录世界上所有的声音,那么,某种简单的拼音字母也应该可以记录全部朝鲜语言和思想,从而可以作为新的社会的参考经验。当这种思想实质已渗透到了对文字经验研究的核心时,对于君王的一个头脑而言,这一文化“事实”就是存在于思想的社会背景之中。它能够被理解和界定,就已经暗示着声像文字的某种概念体系的社会存在。如果这一概念体系对该社会群体的全部成员都一样的,支撑着这场文字改革的一个概念预先假定就永远无法被我们所体察。

把文字的改革思想和社会基本群体、社会一般整体环境紧密联系起来,这是世宗这位精明政治家的眼光和思想作风。朝鲜拼音的起源，其思想始于这样一个过程，他试图理解社会基本群体和社会一般整体环境的关联，在这一关联中产生新的文字理论。因此，这种关联的理论解释者往往就是社会最高领导者，同时，又是这一文化必要性的创导者。在这种情况下，文字改革便进入了一个政治领域。然而，政治是一个处在不断形成之中的领域。在文字关系的社会流变中，只有考虑并观察到当时汉字在当时朝鲜社会文化地位的位置，才能有力地把文字改革的理由，在社会各种形势下对所有人进行讲述。为了充分掌握社会现实要素，文字改革一开始就紧紧地把这类要素描述为本民族社会生活中确定的、习惯上的主要组成部分，而汉字似乎就是阻碍我们民族区域文化领域内进行规则表述的另一端。由此，社会必然会积极出面，重建一种新的文化和社会存在的内在联系。

为了适应朝鲜文字改革需要，必须组织一个专门的理论机构。一个“专门文字学”知识的社会组织机构在酝酿中产生了。一方面，他们对汉字文化在该地区长期文化沉积进行忽略和边缘化。另一方面，区域语言的强势和直接书面化的需求在不断强化。在这种社会惯性思维取向的诱导下，一种想象的文字概念模式与社会实际经验中所形成的知识之间矛盾、冲突在缓慢地扩大。这种唯理智主义的发展情况常常是这样的，他们根据自身语言特征所遇到的实际问题进行有机的联系、有组织的探索。当时，世宗君王组织起当时包括他本人在内的许多朝鲜“集贤殿”的优秀学者，还特意派遣知名使者，前后几十次到中国来学习、研究汉字精髓历时 30 年之久，最终在 1446 年发明创造了朝鲜拼音。因此，社会为了适应自身环境的需要而组织的专门文字理论机构并不是单独的个人，是世宗君王和他的集贤殿学士们在一个时代的集体经验，以及与此同时产生的文字观，是他们为当时社会文字需求开辟了道路。因此，对朝鲜文字需求感知取决于当时社会特殊阶层的利益存在为目的，而这一改革的知识成果也就由这一特定历史—社会集团所获得，以及和他们所感知到的相一致的文字观的社会民众，他们在社会互动中不可分割地交织在一起，形成了一股积极的同质性的协同力量。因此，对于每一特定的社会状况，都会发现存在着一定的思想方式，以及一定行为方向的可能。而文字改革理论和方向之所以能在该社会得以保存，是因为受到这种思想结构制约和支配的集团，在超越社会既定的文化环境时的能量存在，他们努力尝试直到社会出现新的参考经验，产生出新理论和新文字为止。

在朝鲜文字改革的社会潜过程中，高明政治领袖的作风和手法是，他既铲除了构成个人因素的利益和价值的企图，又能把文字改革的讨论还原为一个民族的、人的本性法则所决定的一般普通的意识。在这种情况下，他"决不妥协"的性格在文化上的反映是，他也决不会承认任何文字知识是绝对有效的。一方面，他反复激起人们对本民族文字意识的渴望，并从这种意识中产生了独立于当时社会特定文化观之外的洞见。另一方面，理智主义在阐述外来汉字文化时，都倾向于不是绝对有效的解释，而社会上存在着一种永久有效的普遍法则，那就是我们当今的文字倾向。因此，围绕这一时期的社会任务是，他要对朝鲜的社会文化立场进行重建，为 种纯粹的"训民正音"附以理论的支撑，确立起"名正言顺"的社会关系。

因此，这是一个相反的历史文字观讨论。在以往有关朝鲜拼音诞生的历史专题研究中，人们普遍得出的评价是一种纯历史性、戏剧性的文化描述。因为历史学家和文字研究学家，只对文字改革的社会政治解释的独特性、复杂性原因感兴趣。在这一过程中，人们普遍犯了一个“历史人物和文字改革专题”之间发生离题的错误。因为特定的人格类型和特定的知识类型之间是有区别的。在文字改革知识领域内，对它的理解并不是特定人格的问题，而是某种确定的历史和社会前提为条件。历史中人的精神生活需求、文字改革欲望只有在某种历史时代背景下才变得明显起来。当我们尚未深入这一层次，真正揭开社会人的思想结构对文字概念施加上某种特定视角，并使其发生“质”的变异时，所得出的将是一个完全不同的结论。当人们把历史伟人纳入视野，并把这一文字创造、理论与具有创新个体独特人格：贤明、睿智、博学、心胸宽广、执政勤勉、决不妥协等种种优良品性联系起来时，人们的视线就从文字事件转移到历史人物的独特魅力上来，以至于我们无法对有关文字改革性质作出任何实质性的判断。因此，无论从哪一角度来观察、审视这一君王的改革思想，其评价往往都达到了这样一种完美境界的高度。这是一项革命性的前所未有的伟大创举，并尊为朝鲜历史上最高文化功勋的地位。由于它远离了文字改革的主题，使得对这一文化成果的评价浮在表象上，具有高度科学性、民族自尊性和民族独立性的崇高美德，形成了文字改革上的各种防御机制的伪装和不容置疑的高度评价。

有关朝鲜拼音的结构问题——拼音的声像结构由来。朝鲜拼音一个显著特征是，表音系统的高度科学性。朝鲜拼音创造了 28 个字母，经过字母的演化、合并，今天只使用 24 个字母。它比英文 26 个字母还少 2 个，是欧美学者公认的一种简化拼音，是一个当今无人敢指摘、挑战的权威性真理领域。然而，拼音是一种对语音“质”的抽象，这种纯粹的可量化和可分析的声像抽象过程的本身，却是在一种明确的世界观基础上被发现的。明确的世界观并不一定就是错误之源，但却常常是获得一种新的知识途径。那么,新的文字真理标准是否能经受现实社会历史一致程度的检验,还是以新的文字经验形式出现呢?这还有待进一步论证。

在当时朝鲜特定的社会环境中,人为了能从社会日常经验继承上获得一种社会普遍认可、行之有效的文字结构,长期专注一个具体问题而出现困境时,人往往会沉静在一种幻觉之中,之后,他突然如梦初醒地发现,这一文字结构式样竟然就在自己身边,在一个倒影的"窗格子"上。在格子上存在着一个社会文字结构,存在着一种理想文字的根本条件,这就是朝鲜拼音结构的由来。显然,这是一种极富有浪漫主义色彩的文字创造过程,文字改革思想的理智主义又从浪漫主义那里得到了补充。然而,这一结构思路还是潜在地存在着汉字文化的影子、受汉字结构的启发和影响。因此,这种偶然性的牵强地联系在一起的知识,它仍有非常丰富、渊博的知识,非常广阔的视野和悠久的文化积累等各种因素的伪装,使之能够应付所遇到的社会各种实际问题的要求,成为两种文化冲突的社会转折点和不言自明的出发点。它像一位书家"出体"思维过程一样,在某一特定环境中,突然从某种蛇虫行迹中领悟出书法真谛过程一样,在长久困扰之后,最终形成了一种新书写的出体方向,表现出对当时社会文化的不同观点、一种整体性文化概念。因此,朝鲜拼音结构它缺少了文字起源过程,是从文字改革中直接插入当时社会文字进程中的一种表音结构形式。该拼音结构的创造思想是基于这样一个出发点,它既看中汉字方块结构的形式之美,又要把汉字之美用于创造声像文字结构,利用汉字笔画形态,作为本国母语拼音的一种表音符号。因此,所谓的窗花文,说白了就是长期处在汉文化模式思考中的一种无意识烙印,是一种世界主流文字结构和汉字结构间的一种折中方案。它既想从根本上脱离汉文化束缚，又对汉字结构依依不舍，这就是朝鲜拼音文化意图上的社会暧昧性。

汉字笔画是人长期书写实践活动中，锤炼而成的一种书写性态特征。笔画在汉字结构中出现是有规律性的、是按特定行向气韵有序进行的有机统一体。笔画只有在汉字整体结构中才能显示其功能之美。因此，汉字笔画是不能轻易拆散使用的。将汉字笔画的前后活动秩序拆散，应用到朝鲜语声像编码结构上去，这些拆散的汉字笔画，按其声像结构律重新组织编码时，它的原书写气韵就发生混乱。而且，更严重的是，该结构又无意识地增加了汉字历史上淘汰的、绘画性结构，如“ㅂ”廿形、“ㆁ”圆形结构。最为关键的是，这一方块文字并不是以点结构参与书写转折，那么，该文字结构也就不存在方块结构的书写定位系统，是一种绘画性文字结构。

朝鲜拼音它缺少了文字的书写起源过程，是从拼音创造中直接插入当时社会文字进程中的，是长期处在世界交流文字意识的思考，如何和汉字进行结合的一种折中方案。于是绘画意图所动用的文字知识，其思想水准又回到了汉字图像起源的原点上。在这一新组织的文字结构中，历代汉字结构上有书写性态的和无书写性态的结构，都被他们无意地利用了。它并没有深入汉字的书写性态，更没有考虑到这些笔画的书写行气行为，相反，它只是把这些笔画特征，作为音标的视觉检测的识别和区分。由于汉字笔画与该民族语言声像之间并不可互通，因此，该结构有一种似曾相识的感觉。因为这一图形的知识结构犹如一位书家，在书写无意识驱使下寻求出体，将篆字与隶字相结合形成的“科扁”，将楷书与隶字相结合形成的“六分半书”，将楷书笔画与早期古汉字图形结合起来，组合成一种朝鲜拼音新体。以科学的声像原理和原始的图像相结合，一种与众不同的方块组合的声像母字结构在人类文字史上出现了。

朝鲜窗花文本身就是受中国汉字文化影响，从其经验主义感觉的表象出发，进行拼音结构的创造。因此，在该拼音结构反映了他们对汉字文化的理解。窗花文中暴露出该社会集体书写无意识性，从这一意义上讲，该文字还处在初创阶段的文字活动意识之中，是一种书写性态尚未加工成熟的文字。因此，文字图像结构上的书写问题，并不是每一社会国度在文字创造之初都能事先预料到的，它的结构式样是在长期的社会书写实践中才能被确定的，这就是一个国家文化底蕴的反映。朝鲜拼音结构中所存在的书写性态问题，这恐怕令文字研究专家都始料未及。粗略一看，朝鲜拼音与汉字在形体上有相似之处，但在文化底蕴上却有着根本性“质”的差异。因此，汉字书写行为的本质不同于其他任何类型的文字活动经验。在理性认识汉字的活动路上，它比任何知识领域的认知障碍更大、更难以逾越。

处于历史稳定期的朝鲜拼音在梦幻般的想象中被确定了，人们并不留意该文字真理般的理念背后其深层次意义究竟又意味着什么？正是一个人的目的给了它特定的审视方向，而这一认知主体的社会聚和性要素，有助于营造这样一种社会过程，思想者不再以旁观者的角度进行思考，而是对这一过程本身的积极参与和重新塑造。当一个社会集团专注于本民族的文字理想和事业时，更不会怀疑自己的立场和态度。此时，整个社会集团如同一人一样，即他们的利益只能使他们片面地、实际地解释当前社会现实的一部分，而且，他们的主要社会目的也使得它倾向于这一部分。这意味着朝鲜拼音中隐含着国民整体性综合而获得社会毫无任何质疑的一致拥护。不言而喻，只有在领袖的绝对权威性、他个人方法不会受到其他任何人的挑战，也只有在没有任何人意识到他的思想深层究竟意味着什么时，朝鲜拼音在社会上才得以顺利实施。

当世宗君王向社会公布这一文字改革成果时说："考虑到我国子民的实际情况，我创立了这28个字母。这些文字简单易学，希望能提高每位国民的生活质量。"从这段陈述中，我们看到这一拼音成果中存在三种社会文化意图的取向：(1) 朝鲜拼音的基本思路是针对汉字结构上的声像欠缺，对文字语音进行分析。既然对还原为语音要素被认为是具有科学性的东西，那么，相比之下，人们对"直觉的、直接的"汉字兴趣也就逐渐消失。它无疑把我们引向对两种文字形式和性质、对两种不同的判定方向转移，由此而得出一个最粗陋的结论是：汉字是落后和原始的，朝鲜拼音是先进和科学的。(2) 对社会普遍效力的要求倾向。当人进入纯语音拼音到实践使用领域时，它势必对图像文字进行彻底的思想解体，因为这是两种完全不同质的抽象。在这一理性概念中，只有严格的可度量的音标，才能被看成是科学的、自我民族的东西。只有对这种语音的要素"质"的分析，使它作为一个文字"量"的衍生物，才能达到社会的使用普遍有效性。(3) 在朝鲜拼音改革的潜过程、社会政治运动和科学方法论这三种社会因素的互动中，支撑着实用主义、科学性发展的文字概念是植根于一定的世界观之中的，而且，其发展也是与一定的政治利益密切相连。出于一种民族、社会政治因素的考虑，它一直在倾诉、并激励着人们由民族语言的不同而对汉字进行修正的必要性。

虽然，在1446年朝鲜拼音正式诞生，但是，该历史时期，朝鲜社会实际使用文字有三种：(1) 纯汉字使用。(2) 吏读文字，用汉字拼写的朝鲜语言。(3) 纯朝鲜字拼音，由世宗君王创造的训民正音。这是朝鲜社会从图像到声像的文字连续变体，其中训民正音处在文化低层。最初它只是作为纠正国民的发音之意，这意味着朝鲜拼音一开始并不能作为朝鲜正式文字使用，它一直被朝鲜妇女和没有受过良好教育者使用，被称为二流文字"谚文"。这就是朝鲜特定历史时期内，文字使用的社会人群划分，也就是汉字在朝鲜社会文化背景中被分离开来的最初形态。然而，朝鲜在训民正音出现450年后，突然将妇女、平民使用的拼音谚文提高到官方使用的文字，并将使用了千年之久的官方文字汉字彻底清除韩国、朝鲜，显然，这一文字突发性变故，是受到了社会政治因素的强力冲击和干预。

我们说，能对社会现阶段思想意识层次产生影响的政治人物，他们都是明显或含蓄地按照结构性环境来思考问题的。尽管它暂时并不是主流，而是以某一群体活动为基础。但是，这种文化思想赋予社会朝着某一远大目标和方向行动的可能，并赋予了它民族含义和社会教育意义的具体性。生活本身就是不间断地训练和教育的过程，鉴于社会教育方式的纯思辨的观点，也鉴于社会在传达文化主题和心理主体的倾向，各种惯例、习俗在社会人群中不断滋生，并在我们丝毫未意识到的情况下逐步形成。随着社会历史过程中这一文化主题所依赖的集团机构基础的不断变化，社会实际生活中对更简便、更直截了当的教育手段的追求，即一种无意识的、片面文化教育的不间断地产生，汉字与朝鲜拼音的社会关系在逐步发生变化。一方面，伴随朝鲜拼音文化成果而来的知识传播在明显表现出它的文化影响，只有那种触及世界主流文字的共性知识才被认为是合理的。另一方面，在清代社会衰退时期，朝鲜又明显地出现了民族狭隘性。汉字还没有穷尽其丰富知识，就被一个科学定义的纯洁性贬低到了一个“直觉”原始性形态的范畴内。这种片面性的文化科学，使得前文化中汉字文化内在本质尚未揭示，便发生了不同程度的扭曲。而这种文字概念无意扭曲，就是当时朝鲜文化意识形态的扭曲。它先是社会建议，随后是自发的参与，对汉字的敏感反应，最后是对它的制约和废除。与此同时，社会下层阶级也在逐渐地在总的社会进程中表现出某种基本动力因素和扮演一个特定的角色。当社会在政治与科学的混合因素作用下，废除汉字的狂热力量和极度兴奋的情感便在世俗的环境中开始发挥作用。此时的汉字，便成了一种文化裂口，社会区域的母语音标就从这一裂口中突然迸发出来，迅速控制并占领了属于他们的社会领地和文化空间，出现了世俗色彩的社会文字突变。无意识地根据当前自我经验来重新解释过去，并把这些理性的、经过科学演绎的严密文化体系看成是具有民族文化的精神成果。正是这一社会历史性转折，才使他们有了现代化意义的文化开始。

可见，训民正音的文字发展之路并不平坦。在汉字变革前，他们曾经在相当长的历史阶段中依赖汉字，汉字已在朝鲜本土形成了相当的文化规模，汉字的朝鲜社会文化基础已形成。但是，当社会历史的某一阶段来临，当该区域的政治、经济、军事、文化、科技都得一定的发展时，这种文字与区域语言之间的不谐和，便成了人思想生活中的一种危机。由于它长期建立在与社会历史现实不协调的“意识形态”思想基础上，当 1895 年中国清政府被日本击败，20 世纪初中国被帝国主义列强瓜分时，中国不再成为朝鲜的社会发展参照系，在这一大社会背景下，汉字与朝鲜拼音发生了根本性的逆转，汉字退出了朝鲜历史舞台，15 世纪由世宗大王苦心创造的拼音，最终真正成为该社会地域的民族文字。因此，一个既定的文化秩序，并不在所有的事情上都会导致社会的落后和淘汰，相反，当它们被“组织化地”与该时期的世界观特征结合在一起时，便成为这一时期合适的社会意识形态。当这一拼音文化转化为实际行动，动摇了整个朝鲜社会现存文化秩序时，拼音的民族化特征便向意识形态的文字方向转换。

当朝鲜文字改革以顺从民意的态度、从世俗生存状态中产生，像社会革命行动一样，将前一种文化状态转化为另一种文化状态。这一转折在文化意识形态上具有两方面意义：在人类文字史上，汉字图像结构与世界主流文字的声像结构是两种不同生理、心理发展的文字活动体系，声像文字注重于听觉分辨，是通过史前绘画图像上的表音成分基础进化而来。图像文字注重于视觉分辨，是通过绘画图像上的语意成分基础进化而来。文字的两种进化特征决定了人类文明史的两种不同的思想文化传承。一般而言，声像文字在其机构上都存在一个历史性转折，这一转折点是文字发展到一定阶段时，由图像记忆依赖向声像记忆转换而形成一种新体文字。而图像文字由史前绘画图像进化而来，它保持了社会发展中人对图像文字理解需求，是以社会自然网络的科目进行编码的，它既基本保持了史前绘画图像意象的同一性，又在该图像基础上，滋生了人类文字机构的共性特征。因此，汉字图像文字结构的生存，需要高度的社会环境保护意识，当朝鲜社会缺乏这种文字生存环境保护意识时，改革对文字记忆选择，就会从图像向声像的获取方式自发倾斜。因此，朝鲜文字改革的思想历程具有代表性，它使我们看到当今世界主流文字的演变和产生的社会过程。从图像向声像转换过程中，他们都是在一定的社会环境（政治、科学因素)的前提条件下,切断了社会与前文化期的历史联系,导致了其文化源流上的历史社会信息的记忆丢失。随之而来的就是世界上众多独特、不同语种的声像文字的诞生。因此,从朝鲜文字改革中,我们似乎看到了世界主流文字大致相同的由来过程和思想原因。

韩国前总统金大中说:“韩国的各种历史古典文章和史料仍以中国汉字书写,如果无视中国汉字,将难以理解我们的古典文化和历史传统,有必要实行韩、汉两种文字同时并用。”这一陈述就是对朝鲜文字改革,社会实践一致性检验的全面总结,它暴露出文字改革思想的片面性所导致的文化矛盾性。汉字是世界上仅存的唯一成功的图像文字方程式。这一文字结构全面记录了一个社会体制、人的思想和文字活动之间的和谐进化关系,具有传承和延续史前文化,保持社会历史信息的记忆完整性和高度连续统一性的一种知识特征。因此,汉字图像文字的丰富内涵,它承载着历史、支撑着一个社会的制度结构,而社会制度又通过它而起作用,这就是说,文字是一种社会关系学知识的反映,是紧紧围绕着塑造与这种社会日常生活之中的传统文化思想。虽然,在朝鲜的文字改革中,汉字退出了朝鲜社会的历史舞台,但是,在近千年的汉字使用历史中,汉字已成为朝鲜明确的社会关系学知识。汉字在朝鲜社会中既可以直接获得,又可传达文化功能这一事实的确存在。当今,汉字在该地区唯一担当只有社会法律文书和“姓氏”,它还承载着一个社会关系、一个家属血脉的历史记录。因此,在该社会文字改革的背后,一直隐藏着一个重大的失误,在逐步陷入一个自相矛盾的境地。一方面,在一个世界主流理想文本模式的驱使下,朝鲜文字充满了以固定的语音为基础的度量化、形式化和系统化,并纳入社会的一般、普通的现实层面。此时,人们感到了社会已建立起一个人人都能分享的知识权利，并在一定历史阶段时期内获得了暂时性成功。另一方面，在消失了汉字后的朝鲜文化领域，它等于自动切断了自我历史，一个新的社会经验形式出现了。

在历时450年朝鲜文字改革过程中，这种朝向自我社会境况的文化定位，在其认知结构的轮廓上，总是不可避免地存在着一种不断扩大的，并向一个总体概念前进的倾向。朝鲜文字改革反映了这样一个事实，人思维方式的片面性和局限性是最顽固、最难以为自我所察觉。然而，朝鲜毕竟是一个有着悠久文化传统的国度，有了解与自己国家直接相关的、构成与周围政治世界联系的国家历史，有着大量的已形成的历史学、社会思想史、民族文化等知识领域，汉字至少在这些相关知识上是有用的。虽然朝鲜拼音迅速占领整个社会空间，但它却失去了社会历史文化根系上的联系。这一文化改革成果随着时间的流逝，新文化在理性外表下的兴奋正在逐渐消退，而且，个体文字在使用体验中不断发生反思。因为在他们现代语言的感官类比中，已找不到曾经属于他们思想的文化意象和象征，也表达不出更高一级的文化意象和内在精神联系。因此，独立与曾推动过他们社会文明发展的动机，倾向于脱离其本源而自行发展的改革思想，在其外显表现上并不存在内在文化联系的黏合力。对于这种设想上的涵盖国民整体性的文化，把一种特殊时期的社会思潮所显示出来的局部的、片面的、受社会历史制约的改革结果，看成社会“客观的”终极，它最终在社会历史发展中使我们意识到这种文字视野的局限性。

显然，在朝鲜民族的历史记忆中，汉字的文化意象已根深蒂固，有磨之不去的历史印痕。而理性的历史概念具有一种社会性的整合功能，它可以为不断成长起来的人提供社会历史的连贯性。当韩国社会在新的文化的实际使用中，一次次地受文化意象限制的反复刺激所唤醒时。人们开始从整体大背景来看待自己的文字改革行为，一旦人认识到自我文字经验的狭隘性和局限性，他们便开始真正掌握在世界环境中自我定位，并必然超越自己城镇式的狭小视野，学会把自己理解为是亚系的一个民族，随后是在一个汉文化圈的组成部分。这就是韩国社会朝着一个总体汉字文化系概念前进的现象。在朝鲜文字改革中前、后两种不同的文字观都涉及对汉字文化的定位，但是，构成两者文字经验的观察方法却大相径庭。因此，汉字在朝鲜社会的文化实情，是不能简单地使用文字创造时的发展规律来加以简单处理的，它需要社会历史的认知心理学参与，才能真正将汉字在朝鲜社会的实际功用面逐一揭示出来。

从朝鲜思想史的观点来理解文字改革事件，我们可以看出思想本身并不能直接导致文字的改革运动，文字改革冲动的实际爆发取决于社会某一时期的极度亢奋的能量。因而在汉字文化圈中，外部社会经济、文化在相邻社会区域的渗透程度，是诱发逐渐走向这一文化改革转折过程的出发点。而“民族文化精神”便是该文化历史转折点的发端，它或多或少地影响了当时社会改革思潮起源的社会根源。如果把发生于某一历史阶段的文字改革事件都看作是思想产物，这无疑令人误入歧途。因此，我们不要把汉字变革仅仅看成是某位贤明君主的“思想发明”，推动文字改革的社会行为是更深刻的、非常重要的社会基本层次的心理因素。它总是无意识地以此为自我确定的文字取向，根据自我民族的主要经验来重新解释过去，从而在汉字最薄弱之处，激发起一种相反的想象力，力图从根本上脱离其汉字文化根基。在这种情况下，朝鲜这一特定社会区域对汉字的变革，也就变成了从自身社会背景中抽象和撕扯出来的问题。

因此，在朝鲜文字改革的社会课题研究中，改革在历史与现实联系关系上存在着太多隐藏，存在着社会区域的局限、偏见和不成熟性等问题。由此可见，人是一种不断地调整自己、不断重新思考，以适应其不断变化的历史生物。我们对文字的态度也往往会出现与任何幼稚行为相差无几，也就是说，人习惯于在缺乏清晰理解的环境中行动。人类为了更好地生存而被迫学会了文字创造，最初是根据社会环境的外部印象，然后通过对社会环境的分析，这是一种文字发展的最接近社会的自然倾向过程。当人们在实际生活中与产生文化危机的情况进行斗争时，往往是力图更清晰地“想象”这一危机的本质。因此，文化出路、思想危机不能靠政治和科学幻想来克服令人烦恼的问题，它只能在逐步延展和深化对文化本质认知中，朝着实现社会控制的方向谨慎前行。

小结：日文、朝鲜文、越南文等诸国可以被理解为汉文化的旁系。在这些遥远的近亲的汉字旁系中，存在着图像文字到声像文字的系列转换。汉字，一个发挥着具体作用的社会秩序与一种独立自主的民族意识的融合中，不但存在着特定社会人的文化想象，而且，人们根据自我文化背景和文字创造精神，形成了自我民族文字的理想模式。

在不同社会地缘中，人们对汉字改革主张，事实上都受到特定社会历史时期人对汉字文化认知理解水平的制约。他们在引进汉字时几乎都有相同的社会经历处境、相似的喜好和相同的文字使用方式，最终都有着强力的改造欲望，并分裂成各种汉文化的子系统。历史事实告诉我们，新的文字体系产生于社会集体生活状况，其出现的原因并不取决于一种理论来预先证明可行的或合理的，它只是在自主、独立的自我文化走向极端时，才会出现文化反思，或认识反复。对日、朝两种改革型文字的思想结构层次分析，有以下三方面意义：

文字改革是一种文化比较现象。人们从跟从图像文字的思想开始，最后向跟从声像转移为归结，但还保留一定程度的汉字文化形态。这一复杂的文化现象说明，人类文字中图像文字与声像文字在文化传播上的地缘竞争。而这种竞争优势比较就是人的文字观的比较。日、朝文字改革表明，在缺乏汉字声像匹配的情况下，人们对语音生理结构定位的声像文字体系有把握意识，而对图像的生理结构定位的把握是无意识的。

文字是一个社会关系学的完整知识体。从这些国度的文字由来而言，是图像在声像之前，那么，构成一个社会文字改革问题的关键，就是它们相互间的历史传承关系。因此，声像与图像是不能被相互独立地进行考虑的。从日、朝文字改革中，我们既可以看到世界主流文字，从图像文字向声像文字转型的思想，又可以看到两种不同类型文字结构受汉字文化影响的不同深度。日、朝社会主体在体验文字世界过程中，自然发展出那些可以使本民族理解的文字选择原理、组织原理和极端化原理，对汉字“客观”认识施加上世界统一性形式中，隐藏着人对汉字无意识使用动机。而日、朝两国正体结构的外显式样就是人们在汉字的历史文化原型基础上，从图像文字向声像文字转型的不同程度偏离。改革后，这些汉字结构的变体，在一种文字与文字、民族与民族的对等关系中，其文化内涵已发生了质的变化。日语发现了汉字的文化意象，形成了汉字、假名的文化交织状态。而朝鲜文连汉字的文化意象也彻底丢弃了，只留下一个拼凑的汉字结构式样。因此，不同地缘受汉字文化影响的层层形式结构关系，都是可以被清晰地区分开来的。它们间之所以形成文化梯度，就是每一社会的文字—政治学对汉字文化的理解上彼此不同的思考。

每一国家的文字正体就是一个地域民族文化底蕴的实际反映。近代中国汉字之所以不及英语有一种稳定性文字把握感而具有时空穿透力，就是因为汉字的优秀文化始终都没有反映出来。人们无意识地使用汉字，造成了汉字文化圈内在母、子文化体系间的各种沧桑巨变。汉字文化至今尚未向世人公开过自身文化的真实面目，有一种可望而不可即、深不可测感。当汉字文化圈改革思潮最终影响并折射到中国时，日、韩两国文字改革经验，就成了中国文字改革的先驱和镜子。那么，在不同社会生活危机感的紧张情况下，对汉字改革提供了主观的、政治的、社会的解释，并为文字的不同类型、不同文字概念和不同结构的正确性提供自我依据和辩护时，近代中国汉字改革的文化走向，究竟是致力于对汉字文化本质的理解、向汉字文化的本质靠拢、巩固一个国家民族的文化底蕴，还是倾向于简易、分离、衰退，这是讨论有关近代汉字改革问题的关键。

三、最后一朵疑云——中国汉字改革的社会探索之路

回顾人类文字史，从现已成熟的文字体系来看，如果把英文看作世界主流声像文字体系的代表，该文字体系在音符图形的视觉检测特征和书写结构特征上已达到某种程度的平衡，在长期的社会实践中已达到了充分定型，其进化可能几乎为零。而汉字属图像结构文字体系，它走的是一条图像发展之途。它不像声像文字，从绘画图形一直简化到音符，走到符号图形的极限。图像文字有一个意象主题的字义

表达，有会意成分的实际存在，它就不可能向纯声像的音标字母的方向发展，有一个最低限度的结构需求存在。从绘画图像向汉字演变，其结构的复杂程度究竟应该简化到怎样的程度，才能真正达到汉字符号化标准，这是一个难点。而这一难点的把握，取决于我们对汉字文化本质的了解。因此，有关中国汉字改革探索，就是有关汉字文化本质的根本性讨论。然而，只要人对汉字文化的本质把握是无意识的，那么，人在文字活动中就会发现某种结构残留上不确定性的水分存在。当人对汉字使用无意识态度转变成一种汉字改革运动规律，并在中国本土上演时，人同样会对汉字实施变革，并进行无休止的“挤水”运动。

根据目前的理论水平，我们已有能力回顾和总结汉字文化经验和成果，并展示我们对汉字发展实情的基本思考。第一次文字改革发生在秦代，当社会区域民间自发创造的古汉字图像结构严重混乱，影响到社会政治、经济发展时，对汉字图像结构的统一需求，就需要社会政治力量的干预。当时秦对古汉字改革的社会意图，主要是建立在人的视觉生理基础上的，它充分调动和利用人的视觉心理因素，最大限度上完善和提高了汉字图像结构的识别、记忆系统的活动规律，并把这一文字经验归结为“三表六书”，即在听、读、看经验中，有条理地把握汉字结构的实在进行梳理。经过图像归类统一的结构性调整，使得汉字结构更符合人对图像结构的识别、记忆的认知生理、心理的活动。因此，中国社会第一次汉字改革是图像与视觉、听觉和阅读生理活动的综合和统一，它使得图像字意向更容易识别、记忆和理解的方向发展。

第一次文字改革之后，便是社会民间自发性汉字书写演变，它发生在秦到魏晋时期。由于它是社会群体自发进行的，这种新颖的汉字结构几乎与文字改革相同步，是一种文字书写演变。它最初发生在不起眼的秦简活动中，最终反映到社会上层知识分子、书家的书法活动创造上来。于是，由改革带动了社会书写活动的发展，最终产生了汉字史上最著名的五字执笔法书写，从而推动了书写型汉字结构在社会上使用和发展。因此，是书法决定了汉字标准结构的产生。这是自汉字创造以来，一次根本性的汉字结构转折，是人通过书写经验和理智，洞穿于整个汉字世界的方法。迄今为止，还没有任何其他方法能达到与之相同的书写精度和有效方法来控制汉字结构的稳定性。那么，两千年来，汉字书写活动有没有达到了理性的统一呢？

虽然，汉字书写技法早在两千年前魏晋时期就已基本成熟定型，但是，这一程序性书写知识的理论总结始终都没有完成。局限在少数人之手的书法，由于书写程序知识的隐蔽性和私有性，最终导致了该文化下移的知识齿轮效应失效。长期以来，汉字受社会生态环境的不确定性、不稳定因素的干扰，该文化的优点和魅力始终都没有真正显露出来。当近代中国受到帝国主义列强、资本主义经济的冲击，社会处在历史低迷时期，它同周边社会地缘的文字改革一样，彼此一起行动、一起思考，并进行相互比较，人们由不安而产生了对汉字的反思。这是自有汉字以来，首次在本土中国对汉字产生了的重大质疑，自清末，“五四”运动起，一直到中华人民共和国成立后的 1958 年之际，在经历了长达一个世纪之久的社会动荡之后，最终完成了大陆社会区域内的文字改革。

近代汉字改革从世界列强经济、文化的冲击、中国封建体制衰落的社会形态开始，经历了新中国经济从低谷逐步向一个世界强国发展，在这样一个起伏跌宕的社会背景中，追溯人对汉字文化的认识、以及它与社会关系间各种联系所表现的思想变化，我们不难发现，对于这一历史时期成长起来的中国人，他们都受到了社会既成事实的两层意义的文化预先决定和选择：一方面，他会发现两个既成的社会书写文化，另一方面，他会发现处于这一环境中既成的两种思维模式和行为模式。于是，在这一历史十字路口上，一种是继承过来的书写文化，一个挥之不去的民族情感——书法。同时，被继承的还有适宜于这一环境的文字活动的思想。一种是为了更好地适应于当前社会书写环境而产生的新的文字活动方式，目前社会状态不能脱离的新的书写环境、硬笔书写社会存在的必要性。在两种思维模式和行为模式之间，社会汉字活动潜在地存在着一个主体思想的发展倾向，即哪一种行为方式对社会书写主体而言更可接近。正是这种选择因素的存在，决定了人的思想，成为一个社会文字改革的选择要素，并试图用新的书写模式转型去取代它，并进行新的尝试。

对第二次文字改革成果的分析，我们所面临的是一个更深层次的问题，即汉字的具体历史性变体认知论，与之相对应的“存在环境”论之间关系的分析。该历史时期人对汉字改革运动的思想历程，不论是好是坏，它总是存在着一个社会性的假设，即以文字改革思想的一方和社会群体行动的一方，他们之间的天然联系总是存在的。这种联系要么对传统思想有意义，要么就是毫不困难地从传统文化的根基中分离出去。能否在第一次文字改革的基础上继续向前发展，这便是第二次文字改革的社会课题中的核心问题。

然而，发生在第二次文字改革，以及与当前社会汉字演变的事实是，社会既存的汉字知识认识论已发生了重大扭曲，汉字书写概念的具体内容已经消失，书法智慧表达的那种组织原理已基本不复存在，汉字开始脱离传统向一个新的书写环境迁移。在以硬笔书写文化为社会基础的第二次文字改革中，不仅存在着有关什么才是汉字知识的思想，而且还有关于当时社会希望的汉字形象和某种活动规范。这种知识思想作为前文化期尚未实现的文字概念，而希望的形象和新的活动规范就是当前社会实施文字改革的对象。因此，现实社会的汉字知识会随着社会历史的进程规则，产生干预必要性。于是，在既定的社会条件下，保持这一世界和奋力改变这一世界之间，带来来了一个时代的理解，汉字概念和思想方式出现了新的线索，产生了一种特定历史时期的汉字文化观。

近代中国社会文字改革的思想是在这一极其复杂的新旧矛盾冲突的困境中，形成了一种自由主义和历史保守主义相结合的文字改革方案。在汉语向白话文进化的过程中，将汉语一分为二：一套是古汉语体系，是当今不使用文字体系。一套是白话文体系，是目前使用汉语体系，对目前使用的汉字进行一次历史性、综合性、全方位的大手术、大改革。于是，在运用当前社会认知结构为现实生活目的、创造出一套新的汉字活动模式时，它对文字改革的总量就巨大。从清社会对个别汉字结构简化的思想构思开始，到中华人民共和国成立初期，这次文字改革涉及面相当宽泛，归结起来有如下三个方面内容：汉字声像结构的匹配统一，汉字图像结构的简化，书写行向规则的改变。由于社会倾向于在新形势下的汉字文化的理解。因此，它既与日、朝文字改革有着相同的思想起源，又是这一历史时空的实际延伸。

第二次文字改革与历史上第一文化改革相比，它既有相似之处，又有不同之处。相似之处是它也是以视觉操作活动开始，不同之处是，第二次文字改革有一个历史社会遗留问题没有解决——书法。那么，从软笔向硬笔书写转移中，社会文字改革就潜在地存在着一个汉字使用上的集体无意识动机存在，于是，推动汉字改革的社会意图，迄今还活跃在我们现代汉字的活动之中，它不断地影响着我们的汉字行为，并一直在使之失效的方向上前行。由于第二次汉字改革中所形成规范和形式、与汉字的历史遗留问题无关。改革中所忽略的问题并非在历史社会过程中已经终止，相反，它总是在社会历史转折过程中，像一个幽灵一样，无时不刻地在左右汉字文化的发展。一方面，经历了现代思想危机漫长的文字改革，迄今为止尚未达到一个阶段性的完善，即海峡两岸的汉字统一。另一方面，随着中国国际地位的上升，对古老的汉字文化解释迫在眉睫，一个强盛的中国需要对自我汉字文化有一个清晰的了解。如何挖掘这一古老文字深邃的文化内涵和核心价值，使两岸汉字在同一思想基础上得以圆满统一，并使其重新绽放光芒、立于世界文化之林，这是本书进入尾声的重要内容和高潮。因此，鉴于对这次长达百年的汉字改革的文化意义定位，迫使我们去回顾和思考这一改革运动的思想起源和导向动机，究明改革中的现代汉字对汉字文化发展的实际意义。

对于汉字文化发展这一问题回答，它把我们带到了本书的中心，即汉字文化的本质是什么？当前繁、简两体汉字的文化传承和发展的依据是什么？因此，必须为社会提供一个汉字文化发展的解决方案，回答有关文字改革上带有一定的理论指导可能性的问题。只有适应了社会所关切的汉字改革的理智和兴趣，把文字改革中接近和脱离汉字文化本质的过程带入有意识的明确观察的领域，把汉字改革中所反映出的一个社会集体对汉字长期无意识地使用、改造的事实，转换为对汉字科学化的社会大众化讨论时，我们才有望在最后的分析中，对汉字使用的历史客观事实达成一个社会共识。从而使人们对汉字认识，从低级到高级、从集体无意识逐渐转向有意识地控制的、科学性批判的理性高度上来。只有当社会紧紧围绕着这一中心问题，发现文字改革中的优、劣，展示有关汉字文化本质的主题内容时，我们才会注意到这一主题内容和社会文字改革间的实际关系的存在。而这一关系的确立，就是通过发挥理论指导作用的汉字书写概念所发现的。

（一）两种专门性工具知识对汉字结构的定位

汉语是一种拟声态语言，这种音节模糊化发声源自对事、物的声像模仿。由声像模仿形成的语调，通过抑、扬、顿、挫的乐感变化的感受，来传递、表达陈述者的思想。因此，汉语是一种孤立语。由于汉字受原始声相的音节不可分的阻碍，迫使人的文字工作执行模型朝图像加工的认知方向努力。

从历史行为有规律不断变化的古汉字结构中所抽象出的三表六书原理，就是当时汉字发展的社会意图体系。在这一社会动机行为的文字经验时间序列上，我们清晰地看到了汉字结构中图像和声像发展的配比关系。由于这一结构存在着图像和声像的兼有和交织，汉字与日语一样，日语整体倾向于声像，而汉字结构中的声像则倾向于图像。因此，汉字图像既不能用本能的书写方法表现出来的，又不可能在同一图像结构中将声像彻底分离开来的。于是，围绕着汉字文化结构的定位，人们在社会实践过程中，摸索出一套与图像文字相对应的文化学习方法，滋生和发展出两种专门知识：以“听、读”为一组的朗读知识和以“看、写”为一组的书写知识，通过这两种专门性工具知识的学习，才使得汉字结构得以巩固和统一。

汉字图像的声像统一标准。汉字结构中并不是没有声像发声系统，而是有一种原始声像系统。原始声像是通过绘画命题直接产生的，即“肖像式”声像。汉字肖像声像具有对图像的社会统一标准要求相对较高，对声像匹配要求相对较低的特点。因此，肖像声像是一种最初级声像，早期汉字就是这一最初级声像基础上，再与各种图像字义相结合，组织演变成各种形声字结构，这就是汉字结构上的声像系统。这一声像系统是一种粗糙的、未经精细化统一处理的原始声像。

原始声像的匹配松散性是与中国社会各地区方言的多样性和丰富性相一致，与当时人的社会组织结构水平相对应。汉字以图像统一为主，当图像统一迫使汉字进行声像统一时，在寻找一种统一的发声标准的社会过程中，汉字出现了“雅言”的文化现象。雅言是汉民族在社会方言最大集合的母体基础上，对每种方言汉语发音进行通约，不断提炼和摸索出的一种“统一声像”。因此，雅言文化就是汉字结构上附加的一个专门性知识结构，具有补正汉字声像的发声统一，对当时社会文化知识的传承和推广起重要的推动作用。

汉字图像的书写统一标准。汉字是从绘画无序性向书写有序性发展的。汉字图像结构的复杂性，决定了它的书写结构的复杂性。历史上汉字发展了一种专门的书写文化知识、书法，通过专门的书写文化知识的培养，使得汉字图像达到最佳的结构性组织状态之中。汉字书法相当于声像文字中的音标，具有声像文字结构的定位作用。因此，汉字图像的书写定位是一个难点。它不能依靠自发性本能书写行为直接完成，需要专门的书写方法才能有效地完成图像结构的稳定。

完善和普及汉字的专门性工具知识，具有消除汉字结构上的不稳定因素，统一和稳固整个汉字结构的社会功能性意义。然而，“朗读和书写”专门性工具知识都需要高度抽象的现代科学知识才能完善其知识的可靠性。因此,汉字专门知识的形成和完善进展的相当缓慢。由于这两种知识结构的缺失,对于一个社会文字的长期行为而言,就是“难识、难懂”的实际反映。这种双重限制的文化缺口随时间的推移而越变越大,它预示着在历史的某一时间点上,迟早有一天人们将对这一文化本身产生怀疑、并明确提出改革汉字的想法。而中国社会第二次文字改革思想的发展过程、它的核心内容也就是紧紧围绕着这两点而具体展开。

(二) 汉字改革的第一阶段——汉字向声像文字体系迁移的变革思路

清初,社会对个别“繁、难”汉字的改动,拉开了中国文字改革的序幕。当时,清代对汉字的改动思想还只是停留在社会水平方向上流动,即从一个方位移动到另一个方位,人所属社会地位的固有思考方式并没有改变,它总会附着于传统的习惯思考方式进行,它既不怀疑自己思想的正确性,也不会怀疑他们的改革思想与传统文化的不相一致。但是,当中国社会不单具有水平流动,同时还伴随着外来文化的冲击,改动思想便在社会垂直方向上流动时,即在社会结构性升、降水平上发生激烈动荡时,情况就完全不一样了。人不会简单地附着于传统思维方式上,而且还要进行反思,人对汉字的普遍的、永恒效力的信仰才会动摇。因此,清代国力的显著衰退,是导致人对汉字的看法产生动摇和怀疑的决定性因素。在这一特定社会背景中,人们才会从使用汉字转向对汉字的反思,并把注意力转移到不同的观点上。因此,唤起汉字文化危机从怀疑到否定的思想转移,就是在社会升、降跃迁的结构性变化中产生的。汉字在内、外因素相互作用的历史时空点上，使得社会部分人滋生了另辟蹊径的想法，诱发了中国近代思想史上人对汉字文化的变革思潮，它首先是从汉字结构上声像成分的缺失为理由，撕开了一个文字变革的突破口。

对于这一思想起源的社会意义，对于涉及整个社会文字体系价值的重估而言，它并不是整个社会性的，而是植根于某一群体的生活环境之中。自五四运动以后，一批具有先进思想的海归学子，他们在接受了良好教育的同时，发现了一个美好世界和面对一个丑陋中国。在这种情况下，社会传统生活环境一定程度的侵害到他们新的生活方式、妨害现代化文化行为的意义。从他们生活取向和行为观点来看，传统文化在很大程度上造成了近代中国社会现代人的普遍不安。这种不安全观很容易使他们联想到文化与国力间的关系。在中国封建社会秩序开始瓦解的特定时代，知识分子在关注同一世界相同的人类思想过程，产生不同的文化概念后，一个推理便自然而然地形成了。中国的落后是教育的落后，而教育的落后便归咎于汉字的落后。人们试问，中国除了汉字之外，难道就没有可能发现现存的可供选择、可被遵循的文化之道？对于中国落后状况的反思，一批了解西方文化和思想的知识分子，把国力的衰落归咎于汉字的落后，使用了两千年之久的汉前字首次受到了根本性的质疑。在个人主义和主观主义十分激进的历史时期，在一个分歧比赞同更明显的时代里，社会文字改良意向向文字变革思想转变仅一步之遥，他们只要在此基础上再往前走一步，汉字变革思想的火花便一触即发。因此，对汉字文化价值的重估，便在该群体中活跃了起来，汉字激进变法思想由此酝酿产生。知识分子的敏锐性、在声称了解西方文化和思想效度的碰撞中，在对两种文化进行最粗略的比较之后，使他们得出一个令世人震惊的、具有根本性改变的论点，那就是“汉字必须废除”。

这种激进思想产生的解释方法，既有他们自身的社会经历，又有自我经验所形成的一套独到见解和观点。一部分知识分子在提出汉字废除论的同时，也就获得了解决汉字问题的框架，这就是汉字拉丁化，从而推动了当时社会的汉字废除论的流行思潮。这是中国左翼知识分子的思考。因此，不论是日本社会的右翼，还是中国社会的左翼，新兴的汉字知识理论总是一次特定历史时期社会结构变革中的尝试、思考，是一种新的生活取向在这种知识理论中起决定性作用。因此，这些观点所反映的是，人固有的传统思考方式发生了根本性转变，他们勇敢地表达出那一时代人所感知到的最粗略的汉字知识，并表达了自己对汉字变革的主张。这是中国社会开放后，早期部分学业有成的海外学子，作为对母国文化培育的回报，他们给一个静止而封闭的中国社会带来了新思想。从这一社会情景中，我们似乎看到中国文字改革的日本影子。

对于中国社会贫穷落后的原因，老百姓的心灵是麻木的，知识分子则是敏感的。这与知识分子长期接受教育有关，与他们所拥有的大量社会现实存在和文化知识相并存。对于知识分子所受教育的知识范围而言，是以各种方式被决定的。所以他们所获得的教育使他们倾向于对社会现实存在作出指导，或者斗争。当这种敏感集中围绕当时社会汉字文化现状为主题，并作出定向的指导或斗争时，它就不是偶然的，也不是不可确定的幻想或灵感，而是在他们所处的社会环境，加上他们的文化条件的影响。然而，当长期无意识使用的汉字突然进入我们意识视野的瞬间，无论是左派还是右派知识分子，要从整体上发现和看清汉字文化的全部编码与社会历史关系知识的相互联系，这肯定是相当困难。但从片断上要发现文字与社会秩序的不利关系，却时刻在发生。这意味着当时社会对汉字文化的认识，似乎由自发的个人行为和认识的无数多样性组成。其中，汉字变革思想就是人与社会绝对危机和紧急情况下，在持续不断联系的高度关注的应急反应中所提供的一种以自我主观经验的极端变异性解释。这一解释来源于各种社会因素的高度错综复杂，一方面，它受到了外来经济、文化的诱导，汉字进入软笔与硬笔交替的一种文化交织状态，社会首次将汉字活动引入了一个集体无意识动机的失控状态。另一方面，知识分子对这一时期文化失控所产生的紧张心理，从爱国迫切心出发，以拯救社会危机和文化危机的方式，逐渐发展到把文字变革看成是他们的知识职业的特权，并把这种知识讨论的根基引申到整个社会之中，以贡献一份赤子之心而变得纯洁而崇高。

当他们充满信心地把外来文化知识和经验，描述为最适应当时中国文字的唯一理想选择时，我们可以发现个人主观能动性的背后，隐藏着一个社会性的相互联系，那就是知识分子在对汉字文化价值重新评估，与当时社会剧变中一个共同的历史主题"亡国与救国"紧紧缠绕在一起。因此，他们不会仅仅局限于个人生活史来讲述文字变革的利弊，而必须要有更多的社会经济、文化的拼接，以至于能涉及与更广的社会群体的相互联系和依赖。因为个人的生活经历仅仅是这一社会系列的一部分，把变革思想的个体起源和社会群体生活环境并列起来，才能受到社会最大多数群体的关注和参与，才会逐步演变成一个重大的社会性论题进行讨论。这一联系使得汉字发展呈现出个人主义无导向的文字改革趋势，出现了个体经验溪流相合流的社会普遍汉字使用上的无意识倾向，并积极向更广、更大的社会群体相互联系而努力。

然而，知识分子的这种焦虑和不安，实质上是一种政治与科学的混合效果在起作用。政治意味着什么，是一种冲突。在一个社会结构性跃迁的剧烈动荡的年代里，它的发展越来越倾向于成为一种生死斗争。因此，政治讨论具有不同于学术讨论的特征，它不仅追求站在正义的一边，而且还追求摧毁对方的社会存在的思想基础。因此，在这场文字变革过程中，知识分子把汉字提高到政治斗争所具有同样的性质，它首先从汉字身上看出了阶级性，这样才使得一场汉字改革从汉字的社会现实活动秩序存在这一根本问题上偏离开来，并赋予了它具有一种你死我活、国家存亡这样高度的斗争性质①。因此，当时社会左翼知识分子把文字改革的政治讨论，渗透到思想的社会存在基础之中，而且他们为最广大群众争取社会主导地位，而进行各种形式上的理性化斗争。他们不仅要攻击汉字的各方面，而且随着对其理论上的摧毁，更希望从根本上破坏汉字社会地位的基础。因此，这些知识分子像社会受压迫的无产者一样，有着当时社会寻求进步、变革的革命性魅力。凭借自身的社会能量，从根本上激烈地抨击当时汉字的社会地位。

显然，这不是一般人所能干的事，也不是对一般人所讲的事，而是一种对社会现实状态不满的中层阶级心理反应，使自己从不公正的社

① 瞿秋白接受了文字具有阶级性的思想，认为“汉字不是现代中国四万万人的文字，而只是古代中国遗留下来的士大夫——百分之三的中国人的文字”。汉字是封建社会的产物，已变成了统治阶级压迫劳动群众的工具之一。鲁迅文化旗手也是赞同废除汉字的，他的陈词更为偏激，“汉字和大众是势不两立的”，“要推行大众语文，必须用罗马字拼音”，“汉字也是劳动大众身上的一个结核，病菌都潜伏在里面，倘不首先除去它，结果只有自己死”，“如果不想大家来给旧文字作牺牲，就得牺牲掉旧文字”。

会体系的控制中解放出来，并在同他的对抗中建立自己的文化价值系统的勇气。因此，只有政治有能力把文字概念当作一种武器使用，而且把当时的社会现状填充到了他们的变革目标之中，使得“变革汉字”比汉字的现实更具有非同凡响的社会意义，以至于不诉诸打碎社会现存的汉字，就无法实现他们自身高尚的动机。从当今社会高度再来回顾汉字究竟是亡国还是兴国这一问题。显然，不同社会历史时期得出不同回答、具有截然不同性质的解释。因此，通过政治视角的社会观察来考虑这一说法的性质，不难看出，所谓的“统治阶级压迫劳苦群众”一语，就是指被压迫劳苦群众对社会的不满情绪。他们的贫苦和不满是一个社会结构内部在受文化教育待遇中的不平衡所致。当今人们都有受教育的权利，那汉字的文化意义又该如何评价呢？因此，从毫无文化根基的大众心理学中找到了他们理论上的对应物，以他们对该群体的关切，企图利用这些人也处在不满的冲动之下，希望从现实社会的不公正中解放出来的大众心理相一致。以社会上惰性的、失去文化根基的非稳定群体为基础，通过他们的不满来推动社会文字的改革成果和规范。那么，该思想便失去了具体文字变革的指导性。因此，他们的思想与关切实质上是引起近代汉字伦理变化的重要社会根源。

科学是什么，是针对汉字结构上的声像欠缺进行批判指摘，使其另辟蹊径，走彻底的声像系统化文字。因此，当时中国社会部分知识分子已进入这样一个时期，即由图像向声像转型的理论准备。然而，用于揭露和淘汰汉字理论的主要武器“汉字拉丁化”，实质上是一种伪装的虚假理论。把外文看成一种智慧女神，而汉字被描绘成仓皇逃命的牛鬼蛇神，被拉丁字母杀得东躲西藏，一败涂地。在这种社会情势下，他们势必要为社会提供汉字的科学解释，提出他们对汉字选择的极端化原理。因此，随着这场文化争论与斗争变得越来越激烈，人牢牢抓住汉字使用上的集体无意识运行的情感潜流，并迫使其进入到一个公开的意识领域①。知识分子的汉字理想蓝图已被清晰地勾勒了出来，他们使得无生命气息的各种音节理论日益精确和具体化。使得重建社会历史汉字的技能如此完善，以至于人们能够把它和当时社会结构理解为一个整体。因此，他们具有领悟现实世界的本领，把外面世界看成一个理性王国，外文被描绘成中国理想文字的楷模和类型，并给予极高的评价。总结他们的理论、他们所谓的文字科学观其实很简单，在文字领域内，只有声像才是科学的，图像就是不科学。

对于该论点的思想性质分析，与其说是与世界主流文字相接近，倒不如说是一种独特的外来文化的同化论。而这一文化同化论的实质，就是一种"论敌崇拜论"。该思想发展的独特性在于，它在最新的论敌战斗讨论中，在分析两方战斗胜负的速度和形式中产生。只有好的、新事物有继续存在的前途，其余一切事物都将逐渐地消亡。更准确地说，受到新事物威胁的旧事物必须不断改变自身，必须使自已接近最先进的对手水平。因此，知识分子对汉字进行社会学观察、争论和自我解释时，他们对汉字从不安、焦虑到恐惧，其心理变化也在不断深化。社会还在沿袭旧的文字体系便成了他们的一块心病，不变革汉字似乎是他们生活中无法忍受的东西。在他们的思维模式中，必须使本国文化接近先进国的语系结构水平，只有这样，才能使本民族立于

① 1928年，苏联的左翼知识分子开始创制和拟定了中国拉丁化文字理论的基本原则，不久由瞿秋白写成《中国拉丁化字母法案》。1931年9月，中国文字拉丁化第一次代表大会在海参崴开幕，并作出《中国文字拉丁化的原则和规则》。

世界民族之林，否则它在社会发展中同样必将逐渐消亡。因此，与一批清华学府学子的“国故”兴办理念正好相反。左翼知识分子这种心态实质上恰恰是一种民族自卑心的心理反应，他们有目的取向的变革意志是与汉字历史的不可知性和直觉主义联系在一起的，仅仅按照日常体验的表面价值来接受它，而不是思考它的全部含义，追溯到它的前提之中。在中国向现代化社会转变所出现的危机中，与汉字的历史和现实发生了最直接的、根本性的碰撞，以有机的、有组织的团体，用有吸引力的知识思想和不断系统化的新汉字知识与失去社会文化根基结构的松散人群建立起社会学关联。以文字的变革、切断文化历史的极端做法，转变成当时社会的最关切问题。这一方法的巧妙之处在于，它隐藏着一个社会的乌托邦思想，通过政治—科学的转换，便成为拯救当前中国社会的一种手段和方法。

此时，汉字在社会历史进程中，已进入一个相当严峻的时刻，“传统”书学群体的无意识书写，使他们的思想进入一个虚幻绘画世界之中，进行无用的消遣。而日常书写群体中的左翼知识分子又进入更新的狂想。所不同的是，他们在接受西方文化教育之后，其汉字的参照系选择了拉丁化，以至于在理智上如此强烈地对改变社会既定的汉字状况而感兴趣。因此，左翼知识分子的思想走得更远、反应更强烈，干脆从根本上否定汉字，具有撼动和摧毁我中华民族文化长城根基的作用。这就是中国近代思想史上典型乌托邦思想起源。他们从不同的文化意识形态开始，进而朝向一种如此不协调的文化取向，在极力摧毁现存的文化秩序的纽带时，转化为一种汉字思想上的乌托邦。此时，汉字作为历史上不断演变的思想意识载体，与世界主流文字形式彼此开始接近了。书法与文字变革这两股看似分离又彼此不能完全分开的历史潮流，却是来自相同的社会思想起源，即人对汉字使用上的无意识动机。他们从最初一个细微的程度差别，最后演变成一种文字类型选择上的根本性差异。汉字正面临着一场深刻的文化解体危机，徘徊在历史转折的最低点。

当我们揭开近代汉字改革的社会背景时，汉字活动似乎出现了一种普遍有效的运动规律。它几乎像是一个活生生的有机体，有着明确的社会存在条件，那就是历史上决定汉字结构变革的转折点，是社会环境变迁与无意识汉字使用情感的积极诉求两者结合起来的时候。从日本、朝鲜半岛、越南再到中国本土，围绕着汉字结构上声像问题，人对汉字变革行为出现了相似的一致性，形成了一种汉字文化的运动规律。在这种社会背景下，人的思想不能说是脱离实际的胡思乱想，也不是来自某一上层传来的一道命令；它有自身思维活动规律，在当时社会民族历史过程中起着明确的作用。当社会进程达到了某一结构状态，汉字与社会现实之间变得不合时宜时，社会就能够顺利地实现其文字变革，汉字便会消亡。反之，当社会尚未真正进入这一状态时，这一过程便成为一种令人迷惑的“意识形态”或是一种文化“摸索”或“尝试”。

（三）汉字改革第二阶段——汉语拼音、简体汉字与横行向排列的改革历程

当中国汉字“变革论”思潮肇始之时，社会左翼知识分子的心灵深陷其紧张状态，他们理性思考的专门知识，并不具备真正向社会最广大阶层渗透的能力。然而，由于这一历史时期中国社会新型的组织化集团——政党的出现，情况就大不相同了。

政党具有这样一系列社会特征：（1）它在历史上出现的时间较

晚，它是在科学本身已受到社会普遍尊重的时期出现的。因此，政党总是把理性论证、科学论证结合进他们的思想体系，用科学分析的方法去思考社会和政治，实现对社会现实的具体把握。(2) 政党是一种组织化群体。它总是不断吸收社会精英分子加入其中，不同的政党具有不同“质”的社会精英。政党是公开的联合和战斗的组织化群体，它与个体思想方法不同，它无法保持个体思想方法上的弹性和跳跃性。(3) 政党的政治态度和知识理论之间关系。政党试图以科学解释分析的经验集团，在与社会间持续不断的联系过程中，为了学会用科学分析的方法去思考社会和政治，实现对社会现实的具体把握，它必须对社会生活危机和紧急情况提供各种社会的、政治的理论解释，并在社会上进行详细阐述和舆论宣传。由于政党在社会行政上的替代，一场汉字变革由研究它的组织、政治立场不同而具有不同的变革形式。而社会相互冲突的政党在行使行政特权上，导致了由各种视角综合成一个汉字文化的政治社会学问题的纷争，出现了历史性分离和不分离、改与不改之间新的变数。

对于社会汉字变革事件的党内反映，也就等于给政党为当前社会提供一个解决问题的主张。当中国社会进入政党在接替旧封建社会政府时，汉字现状、政党和社会人群之间出现了一种新的互动。人们对变革或维持的欲望就依赖于政党，政党更是深入社会思想的存在基础而进行决策。在政党的周围不断吸收和组织集合着社会各种优秀人才，政党变得有能力改变或稳固一个社会汉字的秩序和现状。同时，在这场汉字改革的社会互动中，整个社会对汉字文化认识开始向三大文化意识形态归类：新民主主义政党对汉字文化的归类意识、社会主义政党对汉字文化的归类意识和社会平民阶层对汉字文化的归类意识。为了理解这一时期社会人对汉字认知归类特征，必须把握政党所持的“变与不变”的汉字文化态度，并对其思想本质的认知深度进行分析。

1. 新民主主义政党对汉字文化的归类意识

自辛亥革命以后，新民主主义政党很快就上升为社会统治阶层。由于当时社会在内、外不稳定因素的干扰而长期处于动荡状态。因此，社会占主要地位的思维属军事—官僚模式。军事—官僚所关心的只是军事行动，该思维模式有一个明确的前提，如果军事行动能如愿以偿，那么，所有其他社会生活也就都有秩序。在内忧外患、民族存亡之际，只有“安内攘外”才是最重要的。因此，军事—官僚几乎把所有的精力和注意力，都放在了为它的理想社会秩序的顺利运行，为国家和社会巩固和发展提供真正基础的非理性冲突之中。当社会面临危机，对于迄今还没有驾驭经验的“文字变革”、对于文字行为的长期理论空白，它一时无法作出相应回答。当舆论驱使它走向前台、面向社会时，军事—官僚则强调国家行政管理上，或社会传统文化传承上的一致性和统一性。因此，该思想本身并不意欲指导社会运行的理论化。他们倾向于把一个历史变化过程中的具体形式下的社会整体环境全盘接受下来，好像它就是一种社会正当秩序，并视为理所当然、毫无疑问。对于社会上文字变革言行，军事—官僚的反应是迟钝的。因此，在这一行为结构中，经济与思想完全理想地与社会历史现实处于和谐之中，它停止了进步冲动所具有的一切理性反应，赋予它的只是支配对实际社会的控制能力。人们在很好地适应于自身生活与其中的实际环境中，一切超越社会现实的非分之想便自然消失了。官僚保守主义又是纯保守主义思想，它基本不存在包含任何乌托邦式的文字变革思想成分。因此，新民主主义政党对汉字文化持历史保守主义倾向的态度，反之，历史保守主义往往又是官僚保守主义。

由于历史保守主义的社会存在，于是，在同一社会不同人群的汉字文化意图中，在如何看待这场由左翼文人鼓动的“汉字变革”问题上，由于观察者的社会地位不同，各种观点不仅在根本定位、评价内容上不同，而且在陈述汉字文化的方式、方法上出现了根本性不同，社会开始出现不同的声音。部分有识之士的反对声音也随之响应。人们在反对文字变革的斗争中，首次意识到总结汉字文化的必要性①。在文字变革的社会课题已开始深入汉字结构与社会环境关系的联系上来了。

历史保守主义的思想暗含着对汉字文化事实作肯定，也暗含着对当时错综复杂的社会情势的综合。今日汉字代表着一个确定的历史文化概念，代表着维持历史与当前社会体制性的稳定和统一。因此，

---

① 1936年，吴俊升提出：“我们教育者实在不应也不必附和废弃汉字的提议，而应在改良汉字的教育上多用功夫。第一，应该更适当地确定常用字汇，以为教学的根据。第二，应该就儿童学习的心理和汉字本身体系，研究出汉字的经济学习法。”1940年5月24日，当时的教育部主管人员对中央社记者发表谈话，认为汉字“历史悠久”，有“六书之明体用”，而且“中华民族之所以巍然独立于世界，绵延数千年，文化之寄托，民族之团结，实有赖于文字之统一”。拉丁化新文字不标声调，有很多同音词，“欲易更难”。1947年6月12日，国民党政府教育部召开教育预备会，讨论拉丁化新文字问题。据《新闻报》登载：会上“亦有人主张废除汉字，提倡汉字拉丁化，多数专家反对，谓我国各地方言多不同，倘用拉丁化文字，势必分化中国之统一。我国数千年来之历史文化，悉以汉字记载，且国人学习汉字，几无一感到困难者，倘一旦废除，无异断送我一脉相承之固有文化”。1947年11月，朱经农在《教育杂志》发表反对拉丁化新文字的意见。他认为，“一中国数千年的文化都是用汉字记载下来的，一旦把汉字废了，将来中国人就无法阅读古书、了解中国文化。二中国文字原系一字一音，同音的字实在太多，用罗马字拼起来，真不容易分辨清楚。三同一字各地读音不同，个人照自己的乡音用罗马字拼出来，会变成完全不同的许多字。将来中国的文字，化为无数种不同的文字，没有法子可以统一，也弄得彼此不能互相了解。统一的文字与国家的统一有密切的关系，破坏数千年来的文字统一，将有不良的结果，不可不慎重考虑”。

代表维持社会文化秩序的稳定，或代表统治阶层的知识分子，他们在与汉字文化的历史联系中，更是从中看到了汉字在社会统一活动中的作用和贡献，并以此为依据，整合进他们的理论体系中。它给人的感觉是，他们对汉字使用的重要性似乎有了一种更深层次的认知。然而，该论点还只是一种表面文章。他们所表达的汉字文化观既不能深入到汉字问题的本质，也不能独立于各种冲突行为之外。观察者本人并不置身于非理性领域之外，而本身就是各种因素冲突的积极参与者。他们对汉字变革的陈述更带有一种社会文化骚乱色彩的评价。“统一的文字与国家的统一有密切的关系。”这一观点的社会学根源是显而易见的，它表达了当时居统治地位的官僚的文化意识形态。只有在社会政治、历史的领导阶层的地位上，经过长期深入体验才有可能学会，这种历代政治领导人才有可能“高瞻远瞩”地看透有关汉字问题实质的本领。

然而，具有国家代表的权威性、合法性的汉字标准评价，只是一场文字变革斗争中的相反发现，他们只是在对立的理论驱使下，才使他们发现了自己的观念，有关汉字的历史事实只是事后才变得明显起来。这一思想过程表明，某一特定集团利益使其成员敏感于与他们对立面、或社会生活中某些处于别的地位上人，他们的思想达不到的地方作出了强烈的反应。他们以自己的知识，显示了与军事—官僚者对社会局势视而不见的态度不同。他们从一开始就把目光聚集到了为国家权力、国家统一进行斗争的高度，从历史中拣出传统文化因素并加以强化，从而使他们陈述对当前社会局势的判断更具有说服力。因此，在汉字问题上，各种理论陈述都具有社会利益和一个集团世界观的考虑，而知识分子的资产阶级阶层，他们对汉字问题的处理都与当时社会统治阶层的政治和思想密不可分。他们在维持汉字文化的同时，也存在着一定的党政派系观点的倾向。

固守文化形态就是当时社会资产阶级兴起而伴随的一种理智思考，也是其社会政治集团占据统治地位后的一种思考，具有占主导地位的社会历史集团的思想烙印。因此，在政治、历史思想所产生的汉字知识并不是纯理论的，但却代表了真正的洞见。然而，政治、历史的汉字知识总是片面的，它只是从某种观察带有自我集团利益的联系中产生，也在这一集团利益的紧密联系中得到发展。因此，它又是一个从特殊角度提出，有关现实汉字究竟是怎样的一种派性观点。分析历史保守主义理论，从军事—官僚主义到社会意识形态的文字态度的进展中，人在固定传统汉字的社会地位、动机和观点之间的相互关系，为我们提供了一定的理论基础，是进一步研究更复杂一级的社会意识形态，分析集团利益和与之相对应的思想方法、不同社会意识形态对汉字概念的反应态度提供了可能。

上述的汉字理论，其本质是传统自我意识表现的历史保守主义观点。他们并不是在这一运动潮流中看到了真正有价值的汉字传统因素，也没有看到这一文化中还存在两种专门知识的缺陷和历史遗留。因此，它还只是一种隐性的、停留在对汉字使用无意识行为层次上的表述。在文字发展的社会过程中，在“按照设计的改革方案营造”和“任其自然发展”的当代，在汉字局势讨论中，实际上他们也意识到文字演变是一个国家无法用行政来管理的相对自由领域，当它超越了社会行政管理领域之外时，历史保守主义便出现了一种无能为力的响应。因此，军事—官僚在社会组织结构上的反常表现反映在社会理论上时，往往过于简单的保守。在使社会完全理性化的努力中，往往一碰到某种社会现象就不得不叫停它。在这一思维模式中，它一方面反对任何形式的文字变革或改革；另一方面，它又把文字历史提高到一个神圣的、不可侵犯的超越一切的统治力量。这是一个政权在动摇之际的一种庇护，挽回自我、逃避现实。在社会政权交替之后，它又形成了一种社会区域文化的长期固守态势，对文字改革一方持不信任和怀疑态度，这就是一种社会意识形态概念的最近前身。

虽然，中国台湾、香港和澳门社会区域代表历史保守主义的社会文字意图体系，其汉字结构似乎至今一直都没有变，然而，这一结构看似不变，但它早已不是历史意义上的传统汉字了。因为在当今人们使用的汉字领域中，我们还没有认知到现实汉字中的每一结构层次都有可能有着属于他们自己的知识形式。政治历史知识在与生存方式和社会地位紧密相连之后，使它考虑到汉字结构上的历史社会的决定因素，就此否认对文字改革的可能性。显然，这也是一种传统文字观，但是在特殊思潮之后，社会重新显示出来的、局部的、受历史和社会制约中产生的一种“客观”终极标准。这一终极标准实际上掩饰了传统和现代间，从软笔向硬笔转移中所出现的种种书写上的矛盾和冲突，甚至为社会创造了一个新的非理性汉字活动领域，因为近代中国社会结构的变化已深刻地影响到汉字结构的变化，而这种客观标准的制定是一种形式上的理性化，它实现了对汉字结构成分的表面上、形式上的理智化。

因此，在中国汉字改革后，历史保守主义在与汉字固有命运所建立的联系中，在保持汉字传统形式上，又保留了它的个人书写行为的自由，即放弃了控制汉字结构行为结果的能力，在传统文化信仰所决定的非决定性信仰中运行，在通行于世的新的书写因果序列行为中，形成了一种与中国与历史的中间状态。因此，历史保守主义具有中国社会前、后两种汉字文化的“中和性”社会方程式。

中和性社会方程式的成立，取决于在政治和历史因素两者自身的固性。然而，政治和历史结合是一种可变性不稳定因素，社会政治本身是一种流动体，它所面临的是每一时刻都产生着独特的局势。仅凭政治历史知识很难在这种不停流淌、此起彼伏的社会变化中清理出一种汉字文化恒久性特性，它不可能保持其“固性”的恒长性。而在个体汉字行为的自由度上，社会普遍的硬笔书写行为对汉字结构呈长期失控状态。因此，中和性社会方程形成了一个时间阶段上的汉字相对稳固性。虽然这些社会区域在总体上保持了“繁体”汉字形式，但是，在当前海峡两岸暨香港、澳门经济、文化频繁交流的大社会背景下，商人、企业家和知识分子，他们都以自己的方式占有不同(简、繁)汉字的使用权，而商人出于职业的机敏，已抢先在历史保守主义文化区推出了简体汉字，出现了使用简体汉字新的社会萌芽和基础。而且，在汉字活动排列的行向边界——这一人们根本意识不到地方，开始出现了松动。也流行横行向排版，并在人们日常文字活动中流行开来。

显然，政治和历史领域自身对汉字知识的影响是有限的。我们常常容易把“繁体”简单地看作是传统文化意义的坚守，然而，这些思考方式的局限性和片面性是最难为我们所觉察。在这些社会区域的近期阶段中，汉字结构上的非理性因素残余依然存在，它并没有因为有了繁体这一形式而得以解决和消除。相反，在每一特定的历史时刻都有其传统文化的特定式样，潜在地存在着向简体现代汉字转型的阶段性倾向。当年由外来经济、文化的冲击而拒绝改革的保守思考，如今随着时间推移已变得不再有对抗能力了。因此，盲目的汉字命运在社会历史过程中总是处在不断消失之中，在社会政治流变的不知不觉中，会一个因素一个因素地削弱对汉字的解释。这样，对于政治、历史思想最终所得出的汉字客观真理标准而言，它远不是该知识的本身，而只是由集团利益冲突而决定的十分现实的社会问题。因此，这种汉字文化的归类只有从社会意图体系的视角来观察才能被理解。现在，摆在我们面前的一个重要问题是，对于汉字的本质究竟是什么，这一问题已经变得十分重要了。

2. 社会主义政党对汉字文化的归类意识

第二次汉字改革是一个此起彼伏、一批批人相继奋斗的漫长社会过程。汉字变革的停滞是由于历史保守主义的社会统治阶层的存在和社会政局的动荡，而汉字改革的真正启动，它始于中国政权交替、社会主义发展早期，它是近代中国历史进程中的产物。因此，一场决定中国汉字命运的改革运动随着中国社会政权的交替变化，在该历史时期的不同社会环境中，持久而艰难地展开着。这里，我们将进一步讨论社会主义政党初期对汉字文化的态度，追溯近代汉字结构的变化与政党的政治、历史观之间的联系，从变革向改革的转移把握的运作，以及近代社会人对汉字世界观转变等一系列问题一起联系起来进行分析。

自 20 世纪中叶，中华人民共和国成立以后，开启了一个共产主义信仰和社会被压迫阶层积极诉求结合起来行动的伟大时代。在这一时期中，指导一个社会运作的基本思想是革命，而构成思想向革命倾向根本转型的基础是两个因素在起变化：首先是封建主义、资本主义社会信仰在中国的毁灭。其次，现代工业的兴起、各种科学的发现，它创造了一种全新的生存和思维活动方式。从此，中国开始经历了一次漫长的历史性思想转型。把革命思想从政治领域、传播到文化生活的一切范围，为的是重建一个世界。在一个敢于破坏的社会历史时期中，充满想象的社会主义革命运动被看成整个社会发展的决定性因素，一次次的社会主义革命运动，一个个资本经济的解体在有条不紊地进行着。人们把时代当作一个系列，前社会统治遗留下来的、与其主观愿望不相符的，或被认为是不合理的一切秩序和现状，都作为对社会全局有重要意义的问题来逐一解决，当然，汉字也不例外。

回顾社会主义政党从起源到今天的整个成长过程，在经历每一次重大历史事件所作出的决策特征中，我们可以发现这样一种规律：它在充分吸收了各种社会思潮的经验之后，再作出决定而往往带有科学性依据。在讨论有关社会课题、引导文字改革的过程中，更显示出其思想和理论上的两面性和灵活性。一方面由于社会学知识的增加，迫使它对汉字改革的决定一再后退；另一方面，它在于各种形形色色的极端思潮的比较和斗争中，更显示出它在社会内、外形势的综合基础上对汉字改革的创新精神。因此，在一场汉字改革过程中，我们可以发现和印证这一思想在一场文字改革中所发挥的作用和影响。他们在用科学分析的方法去思考汉字改革与社会政治之间的诸问题关系时，既反映了与军事—官僚主义的保守态度相对立，又显示了与左翼知识分子激进做法不同的立场、观点和方法。因此，政党是把自身明确的政治理念和有力科学论证相结合组织起来，向社会陈述其改革的理念时，学会了把自己的提议、在社会接受形式的策略上，带有一种科学分析的成分和味道而具有说服力。而反过来，这种类型的科学态度也带有一定的社会政治色彩。

回顾早期社会主义政党对汉字文化的态度：一方面，它显示了对先驱者无意识使用汉字的变革思想的接受，积极参与了对新汉字观念的推动，并努力地促使其形成文字改革的社会根源。另一方面，在汉字文化根基的坚固性和社会锐意改革进取心之间的矛盾冲突中，在一系列文化工作的社会行政方式的转变中，逐步产生了现代汉字。因此，从汉字变革的乌托邦思想到汉字改革意识形态的方法论中，隐含着一种对"五四"时期接受过来的汉字变革思想的一种修正，与当前社会文字现状相适应的一种思想调整。

（1）汉语拼音方案的产生过程

追溯 20 世纪中叶发生在中国文字改革前后，社会政治、历史思想随社会政党的意识形态不同，而呈现出不同理想的汉字构想。在社会主义政党的思想理论与社会文字实践关系上，它采用了"老解放区"的社会局部试验田方法进行论证，通过这一局部的试验田经验，为将来进一步普及和推广应用这一文字经验的可行性提供基础。这是为实现"汉字拉丁化"的社会把握采取的第一个步骤，为这种主观经验性的政治解释和分析提供科学的理论依据。

显然，这一做法与"五四"时期的汉字变革思想不同。然而，这是一个政治学和社会学之间的应用方法关系，它本身与汉字文化的本质无关系。因此，在老解放区，由左翼知识分子推行，并尝试使用拼音文字的社会实践表明，从 20 世纪 20 年代末开始，一直持续到中华人民共和国成立的 1949 年，拼音文字在实际推行中遇到许多难以预料的困难。① 因此，把推行拼音文字的障碍归咎于汉字的"封建性"影响，从

① 陆志伟在《五四纪念再谈谈新文字》(《新步日报》1949 年 5 月 4 日)的文章中陈述道："在老解放区，拼音文字好像推行不开"，并承认"过去的工作可以说失败了，至少没有完全成功"。因此，初步结论出来了，它使得来势汹汹、雄心勃勃的变革者首次感到沮丧。但是，文章并不承认拼音文字的缺陷，它仍然顽固地认为汉字的"封建性"阻碍了拼音文字的推广。这种"封建文字的锁链又是双重的"，一是它"只许写文言文"，二是"只许用方块汉字，不许用拼音文字"。

而掩饰了该拼音文字在社会实践中的失败事实。可见,对汉字的无意识诉求是挖掘产生各种理论观点的土壤,汉字变革思想所汲取营养的根源被充分暴露出来了,把社会群体同其文化企求的存在联系起来的论点,就是社会激进知识分子的一种伪证。这种与现实生活隔绝的高度学术性思考,纯粹出于一部分激进知识分子的臆想,固执地把"拼音文字必然受到劳动大众欢迎的说法",其实质就是一种汉字问题的社会转借,它隐瞒了一个更重大的实情,即一个阶级与另一个阶级的斗争。基于这一不争的事实,在政治态度和汉字理论、实践的联系关系上,当汉字拉丁化的变革之路被堵死之后,政党就不得不后退一步,保持汉字的社会经验特性、保持其社会历史间持续不断的联系为主。当汉字变革在世界上闹得沸沸扬扬之际,出于汉字变革问题和政治观念之间的不谐和这一事实,毛泽东在 1949 年 12 月到次年 2 月访问苏联期间,与斯大林谈话时,阐述了一个与左翼激进分子完全相反的论点:"汉字和汉语尽管不易掌握,但实际上是所有人都能学的,任何一个人都能学好的,只要愿意学和不断提高。"显然,这一谈话是受了社会文字试验田实践影响的。

然而,这一谈话并不表明领袖对汉字变革态度的改变,他并没有吸收历史保守主义观点,并与它彼此相近些。在以后中国社会的历史进程中,社会加快了汉字变革的步伐,并逐渐全面深化。1950 年,毛泽东指示:文字改革"不能脱离实际,割断历史"。首先进行汉字简化工作,以便当前使用。在 1951 年又进一步提出:"文字必须改革,要走世界文字共同的拼音方向。"此时,改革思想将一种必然的预言强加在汉字发展关系上,汉字的改革就变成一种纯粹而明确的确定关系,势在必行。领袖的坚决态度,文字改革工作便得到国家的有力支持,先后成立了文字改革协会(1949)、中国文字改革研究委员会(1952)、中国文字改革委员会(1954)。这三个机构前后相继成立。在1956年1月20日中央召开的知识分子会议上,毛泽东提出:"会上吴玉章同志讲到提倡文字改革,我很赞成。在将来采用拉丁字母,你们赞成不赞成呀?我看,在广大群众里头,问题不大。在知识分子里头,有些问题,中国怎么能用外国字母呢?但是,看起来还是以采用这种外国字母比较好。吴玉章同志在这方面说得很有理由,因为这种字母很少,只有二十几个,向一面写,简单明了。我们汉字在这方面是实在比不上,不要以为汉字那么好。……外国人发明,中国人学习的事情是早已有之的,例如,阿拉伯数字,我们不是久已通用了吗?"显然,在这场汉字问题的社会运动中,毛泽东的态度是坚决的,他内心深处真正拥护和赞成的是汉字变革,而不是改革。然而,从最初研究试验拼音文字开始,它一直都没有达到预期的社会效果,汉字的拉丁化推行一再受阻。

1958年1月,周恩来在《当前文字改革的任务》的报告中指出:"汉字在历史上有过不可磨灭的功绩,在这一点上我们的意见是一致的。至于汉字的前途,它是不是千秋万岁永远不变呢,还是要变呢?它是向着汉字自己的形体变化呢,还是被拼音文字代替呢?它是为拉丁字母式的拼音文字所代替,还是为另一种形式的拼音文字所代替呢?这个问题我们现在还不忙作出结论。……因为这不属于当前文字改革的范围。"看来这是一种相对稳妥而易行的做法。我们无法事先设计一个事物应当是什么样的,或将来是什么样的,它的形成只能在实际辩证过程中被决定。不过,这一陈述实质上还只是一种汉字认识论上的考察,它关注的是改革思想的相互关系与汉字实际有效性的关联，即吸收乌托邦思想还是吸收历史保守主义观点，是一种有关汉字知识在当前社会使用决定论上的纯经验方面的考察。

显然，在这一考察性陈述的背后，隐藏着党内一进一退的思想转变和内部平衡。当社会中两种不同意见长期对垒，一个理想与进步、实际与历史之间的紧张状态未能消除，激烈斗争长期不见分晓时，社会主义“民主集中制”的思想更倾向于文字改革的步伐绝不能停止。但在汉字改革的选择方案中，将汉字的拉丁化变革方案悄悄地改为汉字拼音字母方案，改革不得不被限定在社会历史的现实领域内，向当前社会可行或可被认同的中间地带运行。

汉语拼音是汉字的看、读生理密切相关的知识。古代雅言就是近代普通话的文化准备步骤。由于雅言的发声系统并不科学，这一文化知识的历史长期遗留，是导致了人对汉字文化，“难识、难懂”思想滋生的原因之一。当拼音文字的变革愿望按照汉字知识性质的区分，被安排在巩固汉字结构的专门工具知识范畴内时，它很快就转化为源自汉字的社会现实的一个特殊部分，等于是在雅言的基础上进一步科学地规范了汉字发声的统一标准，成为前文化期中汉字遗留问题的具体解决。一旦社会主义政党修正了汉字改革的运行方向，正确划分了汉字与拼音的文化性质，以及彼此的文化边界之后，长达一个世纪之久的“汉字拉丁化”历史纷争才在人们心中缓慢地和解了。

汉语拼音精确地定位了汉字结构上的发声系统，统一了方言，并使其固定在汉字文化之中，得到社会实践的一致公认。当今，社会有了普通话的标准发音后，它保证了中国社会内部汉语交流的有效性，从小学习普通话具有消除方言沟通的隔阂和语言限制，使得每一社会区域的思想文化生活能传播到中国社会海峡两岸暨香港、澳门（东、西、南、北、中)一切范围,人的思想文化达到最大程度交流和统一。随着几代人的不断努力,汉字朗读文化的社会普及和质量的不断提高,整个社会的汉语朗读文化修养达到了空前高峰,它不但克服方言的杂音,而且有越来越多的人在向普通话的最高表现形式——诗歌文化发展。这是秦统一汉字图像结构以来,又一次创造性地成功完成了汉字的声像统一。因此,从雅言到普通话,这是汉字史上具有划时代的、里程碑式的重要意义。

对汉字拉丁化变革方案的修正是近代汉字改革中的“歪打正着”。这就是说,汉字改革问题只有在先前的文字经验基础上解决了前文化期中的遗留问题时,才具有改革的现实意义和正面效果。这是社会主义政党在政治、科学思想的结合下所获得汉字改革成果,也只有在执政党的出面和干预下,它才有可能在最大限度上促进其科学观的普及和传播。因此,在中华人民共和国成立初期的文字改革中,社会意图体系暴露出对汉字知识的认知盲点,改革的局限性和偏激性导致了社会主义政党的政治态度与其理论联系上的思想修正,对汉字的历史体验法方式出现了一定程度的“质”的转变。

(2) 现代汉字改革的思想方法论

然而,汉字改革的能动因素实在太多了,历史汉字结构形式的不统一性因素远远没有消除,对未来理想汉字结构的想象就不可能停止。在明确排除了汉语拼音因素作为文字改革内容的情况下,究竟与前文化期中哪些汉字遗留问题发生联系,才能控制汉字改革沿正确路线发展呢?这是一个关键。因此,文字改革中间地带是一个模糊区域。由于这一区域的存在,那么,由改革的意志和愿望施加于我们的思想,朝向某一文字目标而做的努力,就会在社会汉字改革的研究和行动中加以发挥，并起着启发性、建设性的作用。

虽然魏晋以后书写型汉字结构已初步完善，但是，在长达两千多年的历史过程中，社会局部地方或某些专门场合存在着一定量的异、奇字汉字和不规则汉字，每一社会历史时期都或多或少地存在着超越现存社会文字秩序的行为存在。因此，基于对汉字中的奇异字形，对它自身社会文字活动秩序上相对松散、自由组织状态，对这种文字现象和状态的社会思考，对它进行修正和严格管理就并非抱有敌意。相反，它具有朝向维护历史和社会存在，控制超越环境、超越现实，实现社会文字纪律管理的观点，具有社会汉字意愿正确的一面。1955 年 12 月 22 日发表了《关于发布第一批异体字整理表的联合通知》，显示了文字改革的理念、重建汉字概念的思想是存在于这一现实社会秩序的混乱因素之中的。因此，社会主义在文字改革的一开始，便找到关于文字改革的突破口，或者说找到了最适用于我们目前思想阶段的正确文字概念。它具有回应社会上保守主义对文字改革的非难，表明了在文字改革思辨中思考者的思想体系，以及该思想体系背后的政治评价功能。因此，在这场文字改革的前、后文化期中，两种“存在”和“超越”之间已形成一道难以明确区分的模糊界线，至少可以从一个层面反映，文字改革在当代社会出现，不是政党思想的武断和随心所欲，而是植根于社会现实经验之中的。

每一社会都有自己希望的汉字形象，特别是在文字改革时期，从人对汉字的主观愿望而言，往往是一个良好的动机。然而，围绕着当时社会的汉字改革方向问题的思考和理解，它既受限于当时社会具体的汉字结构形式，又受限于既存汉字知识结构本身。因此，它是以既存的文字结构现状作定向，又受益于一种传统知识的具体方法论式之中。当社会意图体系中的改革思想在向汉字提出问题时，它实质上面临着两个必须解决的社会实际问题：必须发现前文化期中的汉字构建线索，必须在此基础上进行继续发展。因此，历史上每一特定时期汉字结构变化的确切特征都并非偶然，它存在一条在那一时代所理解的汉字结构的发展线索。然而，人长期对汉字使用上的无意识行为总是存在着这样和那样的模糊性倾向。当人们无意识地组织简化汉字作为历史发展的一体化思考时，它就是该社会阶段适合于汉字概念的一种意识形态。于是，汉字改革的思想方法与亚文化书学群体的书写“出体”观念变得十分接近了。汉字概念就变成了“并非历经一切时代都始终保持不变”的观点，而是卷入历史变迁之中。这样一来，在这一时期社会文字现状的存在和超越之间，由于前文化期的汉字发展线索至今始终都没有真正发现，那么，汉字改革的思想方法就与社会汉字现状、历史方法论结合在一起，在汉字文化体系和汉字进化方式之间发生混淆。一方面，近代中国社会环境特征在社会学上是可以确定的，它迫使人不仅思考世界事务，还要思考汉字的本身，甚至还要思考汉字，在世界不同观察者心目中的形象等令人犯愁的因素。另一方面，现代社会不断要求汉字适应新的生活方式，而且这种新的变化方式又是遵循着它创造时“三表六书”的规则和形式产生的。这样，汉字以重复方式在自我结构中不断自我更新、自我再生。它既是一种传统，又是一种现代化再生，汉字似乎在自身的一种固定的进化方式在进行，并在当前文字改革中发挥着实际作用。

当社会有组织地把一种当前实际存在的，但并不延续的文字秩序纳入改革的实际行动中，并试图实现它时，那么，作为文字改革的理想蓝图、超越现实并同时又打破现存秩序的联系，便成为乌托邦思想，人们诉之以求的改革行动，对其汉字含义的理解也常常会被扭曲。只要没有充分理解汉字文化本质，那么，在汉字意义的社会关联中，思维和认同的极大部分内容就不可能得到正确理解，改革中所决定内容就将为社会提供一个与传统不同解释的汉字知识。于是，改革思想和汉字文化本质之间便出现了任意性联系。这种与历史有关，但又是一种篡改，在当前社会环境下自我重新设计的“简化”，其理论依据来自三点：历史造字原理延续论、汉字简化的辩证法发展关系论，以及现代汉字书写活动新规则论。

“形声”造字原理的汉字简化方法论。“形声”结构是汉字造字的基本方法之一，历史上形声结构既有汉字的简化，又有汉字的繁化。因此，造字阶段中形声结构并不是被单向应用的，而是为了健全一个精确的汉字字义检测体系的需要为目的。在汉字体系形成时期，形声字是一种“繁、简”和谐发展的文化现象。然而，在汉字改革活动中，当形声造字法为汉字简化找到了理论依据，它变成了单一化的“简化”追求。这里，我们所关心的是这一造字类型的汉字字义的历史由来，旨在发现它在文字改革中的运用时，对汉字历史结构理解的“质”的深度。

形声是受历史因素和社会因素决定的一种造字方法，然而，历史上被认识的东西并不是历史进程中所固有的特征，不断重复使用就等于不间断对汉字施加压力，改变其字义的文化行为准则。1977 年 12 月 20 日，再次公布简化汉字改革方案时，社会一片哗然。从这一“形声”简化的线性发展倾向中，使我们认识到，从简化汉字改革之初，简化已从历史汉字体系中分离了出来。以“劇”字为例，从“劇”简化为“剧”，这一结构具有超越社会历史现实的跳变性。当它被无意地反复运用到 n 次，就会出现汉字的假名化文化现象，如日文中的皮膚→皮肤→皮フ，琵琶湖→びわ湖，汉字的图像文化最终转移到了声像文字结构上去，形成一种新的文化变体。

第二次汉字简化方案被社会阻止了。它反映出当今简化汉字中非理性因素的集中深化。这意味着在改革之初，我们曾经无意识地存在着破坏汉字体系的预期和企图。因此，"形声"简化对整个汉字体系具有极强的破坏性。它反映了汉字改革中不同社会环境联系的关联者的思想，但是，社会意图体系的过度超越，使得这种新体汉字根本就不存在其社会基础。

汉字简化方案中的辩证法发展关系论。汉字从繁体向简体进化的辩证发展关系是由汉语学家郭绍虞先生首先提出来的。郭在解答汉字结构进化时用了一个"繁体→草化→简体"的理论模型进行解释。这一理论模式不仅在书学上，而且成为整个汉字改革运动的哲学关注和理论总结，它不仅能涉及前汉字文化形态，而且成为支持后汉字文化的理由。因此，对汉字简化辩证思想方法论，就成了汉字改革的实证方法论。

对于汉字结构从繁到简的变化，以及如何对该结构进行具体定位，历史上是有人进行这方面的陈述，不过它需要涉及书写意识的参与。沈尹默先生对汉字结构的运动规律的总结，更接近其汉字文化的本质："汉字结构由繁向简发展，而书写笔法由简向繁发展。"这一陈述在学术界中默默无闻，但该陈述对汉字的文化本质的理解，却有一个"质"的飞跃。

沈先生的短语中有两个"发展"，这是一个同时发展的过程，一个是"三表六书"图像从繁向简退化，一个是书写技法从简向繁发展，这是一个同时发展的过程。当古汉字受到书写生理的压迫退化变形，而书写技法发展又能充分表达这一图像结构时，在这两个交叉平衡点上，就是一个汉字结构标准的定位点。在沈短语的思想深处，既有前人是如何正确定位一个汉字结构的历史过程，又存在一个古汉字从绘画图像向书写型汉字转换的理论空缺。历史上绘画向书写转换，它的实际适宜程度是由"三表六书"图像结构为定位，"三表六书"文化处在汉字结构核心地位，它是视觉和书写的实际平衡者。书写技法的成熟就是受汉字"三表六书"文化催化的。因此，书写生理的成熟不能独立于汉字的"三表六书"文化结构，而汉字"三表六书"文化结构不能独立于听、读、看、写的历史形成前后时间顺序，这是一个专门性学科知识对汉字结构的定位论。历史对汉字结构的定位，它对汉字的图像结构类型、汉字传统文化特征、汉字书写结构特征都有严格的要求，通过这三者的交叉平衡，构成了一个汉字结构的具体复杂程度。因此，辩证法发展关系论与汉字学科知识定位论是两种完全不同知识结构的汉字文化认识论。

汉字结构的具体复杂程度取决于三者的有机统一平衡，而这三者的最佳平衡点具体表现，就是魏晋书法。于是，汉字文化的独特性显现出来了，它与世界主流文字的表现形式不同，是一种大、小写合而为一的、统一型的文字体系。它既是视觉检测性的，又是书写性的。它可以在楷、行、草间进行连续的书写变速处理。在这一书写连续变体的每一局部，都是这一有机整体的某一侧面，这是汉字文化与世界主流文字的"质"的区别。在王羲之的书写行为中清晰地反映了汉字文化特征，他著名的《兰亭序》就是视觉、书写与汉字文化的高度统一平衡，其效果与我们当今的简体汉字没有什么两样。因此，汉字文化体系之所以发展成一种大、小写连续变体的书写文化形态，就是由它的象形文字的文化性质所决定的。

历史上，汉字结构的定位水平都是有一个具体书写等级来进行综合、由这一结构的书写能力来完成。那么，构成每一个具体社会环境的汉字结构的定位标准，就是一个具体社会的书写等级水平的实际反映。当软笔书写文化向硬笔书写文化转移，社会人从书写工具，书写执笔和书写行向行为都统一在外文的小写书写文化行为上，整个社会的书写变速有序长度处在历史上最短极限状态时，人对汉字正体的书写心理需求，就从历史的草体中产生了。因此，当前社会使用的简体汉字，它就是受到当时社会时期人对书写效力的片面追求，是一个具体社会环境相互联系的、由一个书写不成熟行为所决定的汉字结构实体化思想反映。以简体“长”字为例，当人们将草写中的“長”字提取出来，作为当前汉字正体时，该结构背景上的书写气韵特征已不复存在，该字形结构的整体已进入笔势行为中。因为楷书和草书存在着一个书写变速的结构性平衡过渡。在这一平衡过渡结构序列中，每一草化汉字都有其适当的文化位置，并不是每一草化结构具有正体汉字文化的资格。简化后的“长”字不单视觉上的文化意象差，而且简体“长”字比繁体“長”字更不易书写。因此，魏晋汉字是一种书写文化，该文化结构中可挤出的实际水分已相当有限了。一旦人们强迫它再分离出某种单独的书写活动成分时，那么，整个汉字文化将失去平衡。

简体汉字有一个书写效力与汉字文化本质之间的关系没有弄清楚，那么，改革中的“辩证法”文字知识的运用只是对历代汉字的草化式样进行一种概括。这一概括形式还只是一种现代化文化的心理满足，是一定量的未被理解、未被认识简化倾向上的心理满足。它不了解传统书法草化后向方块结构文字回归的文化意图，以及楷、行、草书写行为代表了汉字怎样一种文化性质。在没有弄清楚草化文化属性的情况下，选取草化汉字作为汉字简化就是一种形式。这一形式概括并不具备对汉字文化内涵的理解。因此，辩证法思想与不断退化的汉字书写意识有关，是一种尚未真正踏入汉字书法文化门槛的伪证。在这一“辩证法”的简化汉字讨论关系中，它有两个关键性问题不能解决：草化向正体方块结构还原的原因是什么？繁体向简体进化，它的终止型结构的标准是什么？因此，辩证法发展关系论的思想核心，就是人无休止的草化。辩证法关系论在维系汉字文化本质问题上是无意识的，那么，一场文字改革的简体汉字就顺着辩证法的非理性和极端主义体现出来，大量的简化汉字造成了一个民族文字的文化底蕴的萎缩。以当代书家启功为例，我们一眼就能看出，今天的汉字究竟缺少了什么。

汉字知识概念取决于当时社会具体的知识形式，以及该结构所表达的作为理想汉字被社会接受的认识方式。简体汉字与魏晋汉字对汉字定位的知识概念不同，它是在社会过渡阶段的中间环节上产生的一种不同方向的联系，以当时的社会学方式通过自己的分析，渗透到一个社会的汉字认识论领域。这些书写理论基础会对当前汉字结构的定位标准加以理解，它不可避免地反映出他们对汉字文化知识属性的认知差异。因此，每一种汉字结构的定位都受到当时社会汉字文化知识的影响。辩证思想实质代表了一个社会时代对简化汉字的需求，是适合于当时改革思想的一种汉字知识类型。同这一理论原理打交道，需要深入到汉字文化的本质，对历史社会环境的汉字书写文化发生的理解，才能发现辩证思维的非理性主义在文字改革中所发挥作用的原因。

现代汉字书写活动新规则论。构成现代汉字概念的一个最大文化特征就是汉字横行向排列秩序。这是由硬笔书写与近代社会环境所产生的一种新颖的汉字活动关系。这一新颖活动关系产生于集体生活状况。起初，它只是一些具有一定知识文化人士的尝试，在一个战火纷飞的年代中的实际使用，并在以后社会传播、推广。现代汉字书写与传统书写文化之间的实际差异，就是起源于这一年代。因此，汉字从直版改为横版的思考，它不是中国社会人的总体，也不是孤立思考的个人，而是一些特定的社会人群，这一群体已从他们共同的社会环境适应、无休止的硬笔书写系统反应中逐步养成了一种定向性习惯。

起初它还只是一个书写习惯养成，并无取代传统之意，但是，当这一被统治阶层极力从一个社会统治集团中冲破和脱离出来，当这一习惯养成的书写知识成为改革行动时，便与一个阶层与另一个阶层的斗争、奋力改变一个既定世界和力图保持一个既定世界的思想发生了同构。因此，推翻一个社会制度与推翻一个文化制度是一样的。正是这种改变或保守意向带来了理解当代汉字活动特点上的优势和弊端，从而在相互矛盾斗争的思想方式上，汉字改革出现了新的线索。因此，书写定向性习惯的养成它不需要引发任何历史知识的论证，只要社会文化环境与其相应的硬笔书写关系得到具体的确立，并被确认是有效的，人便坦诚地接受这种关系。因此，这是近代汉字知识中最活跃的因素。只要人从这种便利关系中得到书写效益，那么，他就一定会注意到，传统书写文化实质是一种很难被接受的事实，它从另一种方法中直接超越汉字书写文化的一切的一切，从纯书写效率中产生了汉字文化的反思。结果是，这一习惯养成，便从一个社会既定的书写文化环境中分离出来，为了适应新的社会生活而作为汉字改革的内容，向既定的汉字活动秩序发动挑战，并通过行政手段将其固定下来①。

新的书写文化标准的思想来源于现代社会的科学系统范畴，是人在一个更大、更具体的文化环境中汲取的书写文化理念。当汉字置于世界主流文字的对立面时，发生文化冲突的经验性东西就成了当前汉字的实际问题来解决。因此，汉字横行向排列书写现象并非偶然产生的，它是由一个时代外来书写文化中已实现的东西为定向，由一部分人在汉字书写文化转移和汉字文化反思中，所发现的与汉字历史出发点无关的东西，是继汉字拉丁化变革愿望破灭后的一种变相满足。在持续不断地对汉字改革的诉求中，满足了硬笔书写与视觉生理所潜在的优势行为需求，又忽略了长期形成的、固定在汉字结构上的书写行气存在。

在追寻各种汉字改革方案与改革思想的互动中，与其说它反映了汉字文化变化的历史丰富性和多样性，更不如说它所思考的问题变得更加系统和广泛。因此，横行向排列改革是最具现代社会的补充色彩。这一汉字概念就是以社会上普通一般的大众化知识，以特殊的社会学方法论渗透到中国汉字的认识领域。在当时人的汉字改革头脑中，各种文字认识观都是有可能统一到一个特定的汉字文化结构之中的。人们通过文字改革的契机，把不同的文字知识模式和各种认识论

① 1956年1月1日，《人民日报》发表了中央决定，将历史上沿用了数千年的直排式样改为横排。这一举动犹如拆除了中华文化长城上一堵风雨侵蚀的断壁残垣，一夜之间就被轻而易举地推倒了。

并列起来，以便建立起一个涵盖面更广、适应性更强的现代汉字体系。现代汉字已形成了这样一种文化包容性，除古汉语书籍之外，现代汉语所有书类出版都与世界主流文字的横向排列秩序相一致。显然，这是汉字史中全新的文字活动秩序。这一全新的文字活动秩序并不是从历史认识结构中寻找到的答案，而是在一个现代社会的科学系统范畴中滋生出来的一个与汉字文化起源无关的内容。因此，修正旧的文字活动秩序必定与世界环境因素的存在密切相关。既然改革目标是以当时社会的特定文化背景进行具体的分析，那么，将这一行向问题人为地分离出来的做法就是想当然的，其结果是，它强调了当时社会形势下的相对独立的汉字发展观。

汉字改革中的文化包容性是一种自由主义倾向的书写矛盾体。当这一改革行动渗透到整个社会层面时，一方面，它在迎合和包容世界文字知识模式，将一个社会的整体文字行为推到了传统汉字文化的对立面，使行动者看到传统汉字文化历史阶段性的“不纯知识”。另一方面，它又无法阻止社会书学对传统书写文化“真谛”的探讨。这意味着改革并不完全摒弃传统书写文化，而是考虑以什么方式、方法重新解释传统“书法”。因此，它又是一种情感和思想的矛盾体，它在毛泽东的书写生活中集中反映出来了。毛泽东在《送瘟神》一诗中已碰到了这一问题，在《长征》诗中又恢复到纵行向直排书写。毛泽东书写行为上的细微变化，就是当时整个社会书写文化的典型代表。这两种书写方式的交替反映出社会改革意图体系与汉字文化体系在书写行气行为上的矛盾冲突。根据毛泽东这样的书法水平，他肯定是体察到了这一情况，但这又是一个不能深入追究的问题，因为对这一现象的深入探究，无疑会影响或扰乱自我的立场和决心。因此，横行向排列是整个改革思想和构架的核心，它反映了改革者真正的文化取向。

立场和决心强行压制了现代和传统汉字间的矛盾。汉字固有书写行气是纵行向的，而改革的目的是要它变成横行向的。行向排列变动的两难性在于，人们总是想当然地认为汉字方块结构是可以任意排列的，它主要取决于书写者和阅读者的理解和变通。其实，书写行向就是汉字的“生命线”，是隐藏着的汉字书写行为准则上的一条生命纽带。当汉字结构上存在着长达两千年之久的纵向行气行为被人改动，此时，汉字将重新步入秦隶时期，不过这次汉字将经历横行向书写行气的整压。当人无意识地触动了的汉字活动的最敏感部位时，它的长期行为将导致整个汉字结构向世界主流文字的字母形态的连接方向转移。因此，这一改革的文化意图在适应某一群体对汉字文化的理智兴趣中，它不仅为社会文字活动提供了一个新的有效实现活动方案，也为今后的汉字发展埋下伏笔。发生在毛泽东个体范围的书写矛盾现象，就是现代社会生活的书写习惯病先兆，它在长期压迫汉字的中枢神经，最终将导致汉字文化机体的全面瘫痪。

书写行向对社会文字活动导向意义是极为隐蔽的，它看似一个小小的变动，但却牵一发而动全身。当改革中的目的性要素无法还原，现代汉字经数代人长期独立的、以非历史性方式发展时，它便形成了一个强大的汉字文化分支，由改革中的书写行向的变动而形成了一道历史与现代的分界线，在这道分界线周围形成了传统与现代两大书写群体。他们不仅有自我的书写类型的经验、态度和思想范畴，而且，更重要的是，他们各自形成了自我书写文化意识形态。从此，历史与当今、繁体与简体，汉字出现了文化结构性的分离。

一直到 1958 年，长达一个多世纪的中国文字改革基本告一段落。

它完成了自己的使命，即引导中国社会群体进行一次历史性汉字文化大迁徙。从清代人对某些超繁体汉字改动的欲望，一直到在近代世界经济发展的大背景下汉字改革活动的全面推开，在这一时期不同支配地位的思想中，由不同的改革方法、不同的超现实的决定性力量、不同的变化性质和不同的文化形象来执行。在数代人长期持续不断的努力下，最终形成了社会主义时期的汉字的选择原理、组织原理和极端化原理，从而完全打破了既存汉字文化秩序的纽带。随着社会进程对汉字文化的干预和强制性转型，汉字文化在直接受到来自改革的影响下而变得极度衰弱。无意识书写变异在日常书写中不断蔓延，刺激和改变了人们心目中根深蒂固的汉字形象，汉字开始进入到一个全新的文化发展期。

汉字改革的成果表明，社会主义初级阶段的政党思想具有决定性意义，是一种持续不断的超越汉字现实变化的真正改革力量。这一改革力量包括了一个执政党的两种组织结构能力，一种是对汉字科学系统的研究能力，一种是社会实际领导执政能力。这两种能力使得上升政党的改革能力变得更为全面而强大，它对汉字文化讨论与只依靠少数经过选择的“观点”进行思考的知识分子不同，它的进步性在于，它更深入地渗透到思想存在的社会基础之中。既然政治冲突，从一开始就是为了争取社会主导地位而斗争，那么，在文字改革的两种意见的对垒中，攻击其对方思想由来的社会基础，就成了这场文化战斗的重要武器。因此，一个尚不健全的社会政党思想在强制汉字体系的变异时，一方面，执政党在掌握了已存在于社会文字自由意识潮流，并表达了他们的愿望，而组织起来社会文字改革机构，又将这种形式转化为整个社会的群体观点，保护或庇护了某种社会民间群体的自由倾向的新的汉字文化诉求;另一方面,政治讨论与文化学术不同,它往往一开始就将自身思考问题的习惯移植到对主题思想的讨论,并进行论证,从而使文字的改革问题变得既深入,又离题,给人一种似是而非的感觉。在这一历史时期的特定领域中,人们一开始就不仅关注某人说了什么,而且更关注他是站在哪一立场上说的话,以及他的论点出于什么样的考虑和动机,从其思想上制约他的存在。因为思想本身就是一种群众生活和群体行动的表达。双方理论驳斥逐渐由学术问题向政治问题转变,从而使文字改革的讨论,转移到对对方的整个生活环境的根本性攻击,并达到对其陈述论点的彻底摧毁,以及对其个人整个社会地位基础进行破坏。一场文字改革的争论最终还是倾向于政治斗争、阶级斗争,以汉字知识政治化方式解决。

汉字改革的知识政治化方式解决导致了汉字文化自由主义思想的发展。只要纵行向汉字排列现象还存在,汉字事实上就是两种文化体系并存的社会,一种是繁体直书型文化,一种是简体横书型文化。它们在书写环境、汉字结构和书写生理结构上形成了两种完全不同的文化体系,造成了汉字文化的"质"的历史区分。这就是社会主义初期在一个全新的社会环境下对汉字知识的重新思考。于是,政治学和科学结合的另一负面因素产生了。汉字改革似乎是最全面的、科学性的,它力图把社会现实的所有动态性因素都纳入思考中。现代汉字受到了改革思考过程中大量的无意识步骤的影响,它所忽略的恰恰是汉字社会历史现实的本身,无意识地由一个具体社会历史决定。在这一特定历史时期为出发的社会书写环境中,横行向排列就像一把快刀,切断了历史,人们从书写上、文化心理与传统书写文化上发生根本性脱离,丧失了对传统书写文化保持一致性的警惕,就没有对传统书写文化关心的必要。这种书写伦理态度的转变给汉字文化带来了无法预测的后果，导致了整个社会书写文化发生了本质性的迁徙。

当今，现代汉字在经历了打破旧的社会秩序的动荡平衡之后，它相当大的一部分结构已转变为现实，并成为社会实际使用的当家文字。在新时代实现简体汉字的社会秩序中，该文字的文化取向加速了传统汉字文化的瓦解，人们已普遍失去了对传统汉字文化的信仰，而它的长期使用，又加速了传统书写文化断层意识的形成。找出文字改革思想与历史和社会现实发展实现分离的原则和方法，找到现代和传统之间真正打破整个汉字体系活动秩序的纽带因素，是汉字知识社会学的职责。歪曲地解释汉字的社会秩序思想，其实质就是一种社会意识形态。而在以后社会秩序中得以完全实现的改革，就是相对乌托邦思想。当不同的汉字解释被应用于同一汉字概念时，我们又怎么能指望它来实现对汉字的传承和发展呢？因此，现代的汉字的所有变化，实质上已演变成一种“历史上、社会上、性质上”被区分了的汉字概念。这种新颖的汉字体系最后保留了这样一种特征，即形成了中国传统汉字与现代汉字的“相对的”和“绝对的”区分。

汉字知识政治学对文字改革不可能有纯学术、理论观点的东西产生。而是以现存的社会秩序为取向，是植根于社会文字活动的各种矛盾和冲突的群体之中，并从一开始其意向就源于、立足于社会汉字活动的负端，而且以后的改革成果又被运用于这一群体为目的。正是这一目的才给了改革的特定视野，使它片面地、实际地解释了汉字现实的另一部分，从而使汉字又一次产生出一些新的、丰富的历史体验，出现了符合当时社会使用的汉字形式，并用《中华人民共和国宪法》确定下来。它代表了一个时代对一种汉字文化结构的选择需要。在这一新的汉字体系的确定中，社会潜在地存在着一个"当前社会汉字"向"超越汉字存在"的思想转型，存在着前、后两种文字活动概念的明确区分。于是，一个需要深入推断和分析的问题产生了，在汉字结构的活动秩序上，如何区分被视为历史的东西和社会"真实"需求的东西这一问题，这对我们分析这场文字改革的社会意义至关重要。可以明确地肯定，只要汉字首先是历史和社会的存在物，那么，它周围的"存在"从来就不是"存在本身"，而是一个社会存在的具体历史形式。因此，"存在"是一个具体起作用的、发挥作用的社会秩序。从当下回顾这一文字改革证明，该改革成果是与当今社会汉字现状和命运相一致。因此，近代汉字改革的本质特征是，把社会民众中无意识使用汉字的行为逐步地组织起来，并以适合于汉字形式变化的乌托邦概念体现出来，最终彻底地改变了汉字的历史现实，以至于今天，社会群体已无能力再找到它的历史回归之路了。

3. 社会平民阶层对汉字文化的归类意识

社会日常书写群体的思想运动规律及其性质。中国社会的汉字书写发生了四次重大运动迁徙：第一次向简书方向运动迁徙，第二次向纸张环境书写迁徙，第三次向硬笔书写迁徙，第四次向横行向书写排列迁徙。汉字书写文化的历史被分解成许多过渡性环境，这些过渡性环境对汉字文化的修正，存在着一条时代真理的构建线索。在这条线索中所出现的具有代表性思想方式和结构，就是汉字书写文化的形成与消失过程。根据历史过程与汉字书写文化性质的变化关系，汉字被区分为两种思想运动倾向：向特定书写概念和总体书写概念运动倾向。我们已描述了，汉字书写文化的起源及兴衰过程，这里，我们将集中陈述发生在近代，社会日常书写群体集体脱离传统书写文化的思想运动过程。

（1）社会日常书写群体的思想运动历史回顾

日常书写群体是汉字文化运动的基础单元。它是汉字第一次书写运动的社会文化根基，是向社会源源不断地提供书学优秀人才的资源库，又是第二次社会汉字改革实施的运动主力。在改革初期，对于传统文化根深蒂固的中国社会民众而言，在他们的思想中只存在一个汉字文化信仰。无论它的文化功用被如何削弱，社会人对这一文化信仰和令人着迷的经验方式在社会始终存在。对于中国社会底层的广大工、农、兵大众而言，他们的社会地位几乎不需要任何创见，也不需要透彻地思考社会上某些新的文化动向究竟意味着什么。他们的行为模式，在一定程度上维持着社会传统文化的信仰，并受其约束。在他们的生活环境中，没有那种留学知识分子的社会经历，即促使个体化判断，把社会环境按照其构成要素来分析。他们往往不能从个人的观点出发，认识什么是错误的、什么是正确的。因此，他们仍会岿然不动地按照传统文化模式行事，他们根本不可能像激进知识分子那样，对文字变革的内心危机保持振作和亢奋。相反，对于从小就以方块图像视为标准文字的社会大众而言，汉字拉丁化本身就是一种非历史性因素，对没有受过外文教育的百姓而言，它本质上是一种陌生文化。在他们脑海中压根就没有那种向拉丁文化转型的欲望和迫切性。因此，他们既是激进知识分子的争取和利用对象，又是文字变革中最难推动的惰性阶层，是社会上最大的传统文化保守人群。因此，在这一历史阶段中，只有从传统继承下来的汉字活动本能，还在社会各阶层中悄然发挥作用，不论是致力于变革的，还是想维持的，这种来自社会深层的无意识的“民族文化精神”，才是这一汉字改革前夜的真正“守护神”。

虽然,从传统继承下来的汉字活动本能对汉字文化起着守护神功能,但是,该群体毕竟是一群书写无意识的易变性、离散性群体。因此,该群体自我文化保护功能意识并不健全,是一群受环境变化而变化的群体。只要社会环境因素对自我书写有利,该群体就会自发地发生运动转移。自20世纪初叶,由于外来书写文化的影响,中国社会在短短的五十多年时间内,就发生了两次书写文化的重大转移:一次是毛笔书写向硬笔书写集体自发性转移,一次是从传统的直版排立向横版排立转移。由于书写工具、执笔方式和书写行向不同,从而在中国汉字史上形成了一种新的书写活动群体。在这一特定的社会历史大背景下,社会集体力量在默默无闻地改变着汉字的运动方向,并与先前的文化形态和规范体系不再相互和谐。

导致20世纪发生在近代中国社会集体书写文化迁徙,迫使社会对汉字进行文字改革的原因,还需要从这一特定历史时期的社会环境,从这一社会认识层面上去考察它。在18世纪末19世纪初,中国在列强的压迫下开始打开国门,外来强势经济政治学不仅控制了中国的经济和社会政治运动方向,而且更重要的是,由外来经济文化和工业社会的思想结构也逐渐渗透到中国社会各领域,并直接影响到中国人对传统书写文化的信仰。因此,需要寻找的是,在20世纪中叶的书写文化迁徙中,我们自己的思想情感转变,通过这种思想情感变化的对比,发现我们在先进和落后的书写工具对比意识中,究竟比较了什么,接受和确认了什么,最终又丢弃了什么。

我们现在已记不清当时国人在看到和接触到新颖硬笔工具时所产生的心理震慑作用。然而,末代皇帝溥仪在《我的前半生》一书中,却描述了第一次接触到这一书写工具时的心理感受。当他第一次看到庄士敦先生的西服和使用的自来水笔时，顿时有一种时代落后感，从而产生了一种文化自卑感。溥仪作为当时社会民众一员，在他的身上，我们看到当时社会主体在审视这一外来文化时最初的心理感受和变化。这一心理描述反映了这样一个社会问题：两千年来，汉字书写知识的认识依赖于毛笔，而毛笔书写工具的发展又依赖于整个社会的工业发展。然而，历史上真正达到书写认识者一直是凤毛麟角，那么，毛笔书写工具，便成了拖垮整个汉字文化的发展，严重地影响人的正常汉字书写活动的障碍。于是，汉字、书写和社会三者之间形成了一种社会结构性认知反馈。当外来世界的强势不仅刺激了中国经济，而且也带来了不同文明社会的书写工具。当中国社会同时出现两种不同书写文明的选择时，社会便毫无悬念地抛弃传统，不约而同地喜欢上这一外来书写工具。

溥仪代表了当时社会民众普遍一般心理。这一普遍一般心理所遵循的就是一种无时限法则，是处于社会历史发展之外的群众心理。社会群众心理总是根据社会历史中占确定地位的人群或个人的观察、发现，与社会最大多数人运行的大方向靠拢。在一定的社会书写文化环境中，更容易向一个本能的书写最稳定方向定型。他们对汉字书写文化企求的无意识动机，来自一个社会既定的世界观和思想方式。因此，该群体书写活动无意识更符合社会学取向。在外来书写物质文化的诱导和影响下，更容易产生与社会既存书写文化发生分离。

从秦隶简书到当今的硬笔书写，我们可以看到这样一种书写运动迁徙的活动规律：社会大众并不依照汉字文化标准的内在活动法则而展开，他们既不遵循汉字的书写法则，也不受汉字活动变化的纯逻辑推导的约束。相反,这一活动进程存在着很大的随机性,在许多关键方面,它是受书写简便性心理影响所致。由于传统书写文化体验所花费的时间和意志的经济成本太高,初级成效率太低,它严重地阻碍了社会大众对这一文化的参与。而秦简、硬笔书写组织结构的简便性,并具有初级成效率高的特征,这样,秦简和硬笔书写初级成效率便成为社会群众优先选择,具有超越传统、形成一种新的汉字知识认知观。这一立场、观点与社会大众化的思想结构相一致,与当时的社会新生活相一致。因此,发生在社会集体书写运动迁徙的动机并不是每一历史时期都会产生,只有社会新的书写物质材料产生,并具有书写效力时,社会群体书写运动的迁徙才会形成。

汉字有一个书写文化的学习制度,它是通过书法学习来达到汉字结构的把握。当近代汉字的书写工具发生替换时,它把汉字的书法学习过程给省略了。虽然,硬笔缺乏书写笔法的学习,但是,硬笔书写具有这样一种书写文化的等级功能,它能基本满足人的思想文化、情感交流,近代中国经济发展背后的文化知识学习成果,就是人使用硬笔书写工具取得的。近代社会人对汉字学习直接跨越了传统书写文化的鸿沟,并达到了人生的目标选择。因此,近代人对书法文化的需求是理性的,在汉字文化的规范态度与社会各行业的职业规范态度之间,需要在行政管理、教育力量之外的书法学习时间安排。每一个体对书法学习时间的安排协调是通过科学现代化、接近社会现实的理性来调节的。于是,在社会人群的理性目标与传统汉字文化规范的参与倾向之间,接近与脱离的传统书写文化的“现状比”就出现“无数等级水平的差异”和“绝对选择的差异”。在一个经济商品社会中,人们既看到了汉字书写文化规范的时间“无底洞”,又看到脱离这一消遣性

"文化泥潭"的必要性,一旦社会人的生存意识与汉字文化意识之间出现了失衡,它的长期行为预期了人干脆从协调平衡意识向脱离意识转变。

近代社会汉字书写运动迁徙实践经验表明,人类文字意图体系中存在着两种完全不同的书写完善过程:一种是通过书写工具性能完善的,从而达到书写意志的自由表现。一种是通过书写意识的把握,运用书写生理机能的挖掘,最终达到书写意志的自由表现。因此,这是两种完全不同的书写认知加工。当依靠科技力量制作的优异书写工具、占世界支配地位的统一书写活动形式突然从天而降,当社会大众受到了外来文化的冲击而被同化时,汉字文化再次直面了一般社会历史方程的基本抉择。因此,在两种不同书写文化工具选择的背后,一场不同书写文化体系间的矛盾冲突在悄然展开,它将传统汉字文化逼到岌岌可危的地步。社会群体自觉从传统汉字文化信仰中脱离出来,这一现象说明,当时社会平民阶层对汉字文化的归类,已从传统向书写本能行为倾斜。在一个现代化社会大背景下,人对汉字文化形态的规范标准重新定位、从软笔向硬笔转型的文化意图是什么?书写理智在该社会历史时期中发生转变的原因是什么?

(2) 迁徙后的现代汉字文化性质及其思想形态

第二次文字改革是近代中国发生的一次最大思想文化动荡,是一场"文化革命"的前兆。在这次思想文化大动荡中,过去只能在漫长时期形成的演变,现在已演变成了一种文字规范。我们已分析了日文、朝鲜文正体文化内涵,就是改革中思想在一个中间阶段的文化根基和一个时代总的社会思想状况联系的产物,是当时一个民族精神灵魂、一个民族文化单元的具体反映。那么,当一个民族在近代思想危机与一个持续存在的异质文化发生连接，在植根于近代社会生活的明确表达中，把各种意图体系和个体意志结合成一个现代汉字正体论。它作为中国文化底蕴，所折射到知识、艺术、信仰、法律、道德、风俗，以及作为一个社会成员从这一文化中所获得的能力和习惯，又将显现出怎样一种民族习性和民族文化精神呢？分析还得从一个社会历史的中间阶段，在两种汉字文化的过渡迁徙所形成的三个阶段，人脑海中的那种轮廓分明的汉字标准规范模式的退化、转移开始讨论：

汉字硬笔书写黄金时期。硬笔书写黄金期的形成原因有两点：该社会时期的日常书写群体刚刚从前文化期过来，纵行向书写空间环境还没有发生改变。毛笔书写基础雄厚。由于前文化期中长期的传统书写文化培养，毛笔对硬笔起到了一个具体书写指导作用。它犹如长期进行体育锻炼，一旦进入到日常游戏，就显得轻松自如，能更好地表现和反映汉字正常的书写结构而相对得心应手。这是毛笔书写向硬笔书写的正向转移。硬笔书写初期，社会日常书写群体曾一度进入一个相当高水准的书写黄金时代。

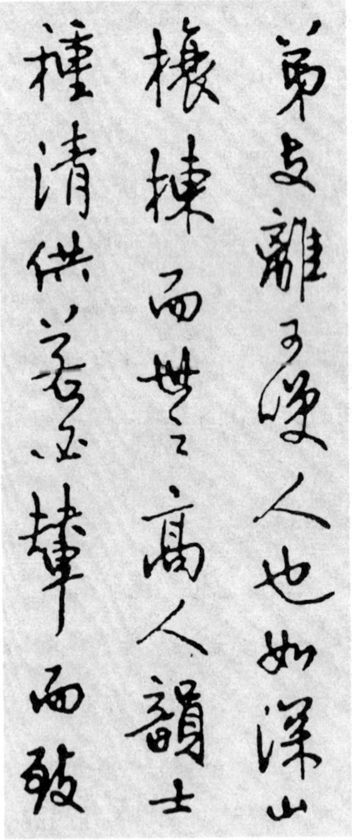

图7-4　早期纵行向硬笔书写图

汉字硬笔书写运动迁徙的第二阶段。在硬笔书写文化的解释中，它从来都不需要对书写笔法学习的提取加工。然而，对于汉字而言，它必须提高到书写笔法学习的意识活动水平，才具备有一个稳定结构的汉字书写表现。随着硬笔书写的社会进程的展开，硬笔书写的使用频率和书写速度越来越快，书写变速的有序长度越来越短。当毛笔书写学习的基础教育、人生目标的理性选择与传统书写文化参与的时间安排协调进一步发生恶化、两种不同工具的书写加工倾向开始出现反比，导致了人的毛笔书写意志水平强度发生逆转，黄金时期社会日常书写群体的文化信仰、书法自觉加工意志行为下降而迁徙到第二阶段。

硬笔书写运动迁徙的第三阶段，即硬笔书写文化经验在社会实际书写生活中真正起指导作用，就是从汉字的横行向排列书写开始。纵、横行向排列是一种书写行为学类型的问题，它产生于特定的社会环境中。在文字结构、书写工具和书写生理三者关系中，软笔对纵行向书写适应性相对较强，硬笔对横行向书写适应性相对较强。当个体与社会传统书写文化根基的连接强度消失后，硬笔书写形式所组成汉字结构的经验和思想便呈现出来，并达到一个突出的地位。因此，1956 年，汉字由直版变为横版的改革思想，就是一部分人率先进入硬笔书写运动迁徙的第三阶段，以新的书写组织经验引领着历史之外的广大民众进行社会书写运动的大迁徙。

新的书写环境中书写适应性反应并不意味它一定都是低劣的、混乱的式样，而是该群体存在着一个积极适应、重新组织汉字结构的行为。也就是说，这一书写行为类型的文化系统化在发生改变。硬笔书写的社会崛起，它从书写结构、书写活动规则以及书写意识形态上已完全脱离了传统书写文化体系。因此，这也是一种文字活动规律的摸索，但它与秦简文字活动的摸索方向相反。在一个本能性书写自然基础上，书写速度杠杆定向化生理转动导致了汉字传统结构向另一类文字结构（外文、阿拉伯数字）的书写行气转换。从此，社会民间日常书写便从根本上脱离传统汉字文化模式，并逐步融入世界主流文字的文化模式之中。

图 7－5　横行向硬笔书写图

在一个不受任何约束的硬笔书写行为方式中，一种年轻冲动的新鲜血液注入一个古老文字结构之中，汉字结构细部出现了新的变异，它代表了现代汉字的实际诞生。从此，传统汉字文化体系中所形成的各种规矩和约束，都随着这一历史性运作过程而发生解体。支撑中国汉字活动的五字执笔法退出了社会历史舞台，群发性书写运动迁徙给中国传统书写文化带来前所未有的冲击势能，导致了整个中国社会的传统书写文化根基消失，一场汉字文化命运的运动迁徙与世界主流文字发生了历史性接轨。于是，第二次文字改革的思想内涵和文化性质被我们充分感知了，它所理解和解释书写行为就是对传统汉字文化进行实质性解体，它的理性行为无意识地将成熟的汉字结构引向，并迁徙到一个陌生的环境之中。在三个维度参数（书写行向空间、书写工具、书写执笔结构）全部发生质变的情况下，又强迫汉字进行新一轮的书写环境再适应。因此，现代汉字就是在一种完全不同"质"的书写文化基础上的再发展。

硬笔书写是汉字文化的替代表达。虽然,目前硬笔已成为汉字书写的实际替代,但是认真考察当时硬笔书写的社会现实,这一思想形态类型的长期结果,就是社会上“逍遥派”书写文化形态的形成。日常硬笔书写之所以逍遥,是因为在同一社会环境,它刚刚从传统汉字书写文化中分化出来,是一种异质书写行为。硬笔毕竟是外来书写文化,它并不符合汉字结构的正确表达,也不能代表社会汉字文化的主体,这是世人皆知的事实。那么,人之所以采取与传统书写活动截然相反的行为类型和书写生活态度究竟又为了什么呢?说到底,就是汉字书写文化真谛一直没有被揭示,两大书写群体在不同的书写环境中,形成了“职业分离”,不同的经济文化实力、不同的汉字文化意图、不同的书写功名需求,使得社会汉字沿两个不同侧面进行线性发展:一个要求越画越难,一个要求越写越方便,结果,具有“正统”文化地位的书法解决不了社会现实,而社会现实又愿意接受“正统”的书法文化教育,越写越随便,这就是当代汉字的社会现实。人们对传统书写文化无动于衷,对亚文化书学的晦涩难懂的精神—认知论更不屑一顾。因此,文字改革不仅为现代社会每一个体提供了不同理性生活目标的选择,也为每一个体提供了一个书写经验内容的自我确定准则。不需要历史记忆和历史情感,就不受传统书写文化思想约束。没有新的书写文化的参照标准,就以身边的社会现实生活为出发。这一文化心理既来源于对亚文化书学形态的反思,又以自我人生目标和利益为实际追求。他们以主观、个性的自由书写为表达,而且不容许,也不接受任何其他因素干扰,具有明知故犯的心理特征。从此,在现代汉字的历史替代中,一个以自我书写生活为准则的书写文化形态形成了。

中国社会第一次文字改革的目的是发生在视觉生理上的,那么,作为文化传承和延续，第二次文字改革的目的，就应该紧紧围绕社会书写问题的历史遗留而展开。然而，当改革的目的围绕着具体的简化汉字而展开时，改革就转变为一种形式化。其结果是以牺牲一个传统书写文化信仰，换来了一个无意识书写诉求一再降低的文化群体，他们对汉字书写无纪律又加剧了中国汉字文化危机的公开化。当今，没有传统文化滋养的一代新人已完全成长起来，不论是政治界、科技界还是文化艺术界，社会生产力发展实情既没有必要，也不需要传统文化的滋养，它同样可以发展。现代汉字作为一种新的社会历史起源，它起着适应新形势下社会汉字文化意图体系的分化和补充。而盲目的本能行为已成为一种无准则书写，并从一个社会局部状态转变成了整个社会场景。于是当代中国，现代汉字与传统汉字间形成了一种无形的文化断层，一个在历史之外的现实世界中"逍遥"，一个在历史之内的理想世界中"冥想"。

因此，揭露当代社会集体思维中无意识书写的环境性动机倾向，就必须深入改革思想的社会根源。社会文字领域中现代与传统的对立，这种非历史书写智慧所具有的片面性，已将传统汉字文化的破坏后果充分地展示在我们面前。日常书写出现了集体性汉字书写严重失范，如此多数人的书写行为变异，已从根本上脱离历史，融入世界主流文字的书写共同模式之中。现代汉字作为社会的实际存在，已成为一个社会性普遍意图，再一步步反馈到亚文化书写群体之中(见《中华情》)。因此，现代汉字作为中国社会文字活动的主流意识，它正在最大限度上削弱社会上仅有的一点传统书写文化的根基。指引着社会硬笔书写运行思想方向的集体无意识动机，已严重威胁到了整个汉字文化体系的实际生存。两股逆向书写文化潮流的恶性互动已将汉字推到了历史的最边缘，并从心理源头一步步地在改变汉字文化的性质。在社会历史、政治体制、思想文化等众多因素的长期影响下，汉字结构上的历史未知因素已彻底改变了汉字自身的命运。因此，汉字给中国社会留下一个最为错综复杂的情感记忆，一个历史社会最深层上的长期遗留，篆字难成、颜字难成、当代汉字更难成。

近半世纪的社会实践证明，现代汉字的发展态势令人担忧。人们似乎朦胧中意识到，改革可能隐伏着违背和不利于汉字的发展方向在转换，它似乎在捉弄着汉字的命运。每况愈下的事实反映了汉字文化的反常，人们不禁要问，当代汉字现状是不是一个以后会解决的暂时状态？或者，它已到了一个永远无法逾越的认知极限？这一问题困惑着中华民族已到了无法容忍的地步。当我们揭示出这一文化危机的本质时，我们每一中国公民是否有必要进行反思，平心、公正地看待发生在我们身边现在正在使用的现代汉字的具体变迁，审视和辨别现代汉字使用中的每一实际变化，以及它对中国汉字的未来究竟意味着什么？

第四节　当代社会汉字文化的思考

建立中国特色社会主义国家，这是中国社会改革开放后提出的一个理想社会的政治目标。这一被社会历史进程驱动出来的政党思想，就是对早期空想社会主义乌托邦思想的清理。它反对对未来社会制定一套完整的方案，主张原社会现状下的一种发展模式“摸着石头过河”。这一格言式的灵活思想表达了一条源于中华人民共和国成立后几十年之久的社会政治运动的经验教训，社会主义政党的思想认知结构开始转型。

当中国社会结构逐步向正常态回归，并修正到一个正常经济发展轨道上来时，祖国的统一大业，再次将汉字问题提到了社会议事日程上。面对两种汉字文化的实际差异，近阶段的社会目标和宗旨，使得政党思想方法的弹性进一步变小。抛弃乌托邦思想就是对保守主义经验的相对吸收，在与当代社会保守思想的相互交流中，社会对繁体汉字出现了思想缓和，并不再具有强烈的对抗和抵触。在近期中国社会的广告和文化传媒中，频频出现改革前的繁体汉字身影，而港澳台地区也出现了改革后的简体汉字身影。今后的汉字究竟是怎样一种文化形象出现，究竟是中国社会正在着手消除文字改革中的意识形态成分，还是海峡两岸暨香港、澳门看到了文字改革中的理性成分，或者是采取两者相互折中方案，这些问题便成了目前中国社会一个最重要的文化课题。

一、汉字书写知识社会学伴随着社会汉字书写性态的衰退而出现

汉字书写知识是一项社会实践学科。将文字概念分析和历史社会环境结合起来，揭示汉字文化发展的历史运动轨迹，实现社会对伪证书写文化的披露，控制中国汉字书写文化精度的标准是本书的主要目的和任务。针对社会历史上汉字概念的思想发展，它有时彼此独立，有时相互重复，而所有不同之处就是他们只是在不同社会环境的文化背景下的具体展开。因此，在汉字书写文化退化的历程中，两种生理方面（书写和视觉）的互动因素都必须追溯到他们生活的社会环境的相互联系上来。

汉字文化与社会意识形态的关系。汉字的社会意识形态学起源于汉字发展中绘画意识与书写意识的相互混淆而引发。自秦以后，汉字图像结构上的文字会意功能已基本完善，社会汉字工作的中心任务，由视觉图像统一转向书写统一的方向发展。中国汉字结构的书写完善工作分两个阶段完成。第一阶段是在秦简时期，该历史阶段的汉字是一种自发性、本能书写行为，对汉字结构的表达并不精确，但它达到了一个大众化初级阶段水平的书写文化普及。第二阶段是魏晋时期，楷书的书法文化出现，它对汉字结构真正达到了精确的结构性定位。这是由少数书家通过书写意识的发展，对汉字活动创造性地制定出一套书写活动法则，这一书写法则可以从大写到小写、从繁到简连续不断变化而具有精确、完整的汉字文化表达。由于这一书写文化与社会大众化初级阶段水平的书写活动相脱节，于是，历代中国社会都一直致力于将这一书写经验转换为一种专门的书写知识，以这种书写知识来制定一套汉字书写文化标准，并在此基础上建立起汉字学习的文化制度。

汉字是通过书写生理上的定位机制创造出来的一种文字结构。然而，由于颜字的出现和搅局，它的内隐性书写活动法则被一种外显性绘画活动程序所替代。这一视觉操作的书写活动具有自动横跨两个领域的特征，造成了汉字书写有一个自由活动的广域存在：它的一端与汉字的书法接近，它的最高书写成果可以达到“类法书”的高度。另一端可一直发展到抽象绘画活动领域。在这一连续变化的广域中，如果我们试图从任何一个中间地带去解释汉字文化，我们将永远看不到历史之上和历史之下的东西。如果我们站在这一文化的两极，我们则永远看不到汉字文化历史现实的具体性，以及书法作为中国社会文化底蕴的汉字所发挥的实际作用。因此，失去了书法文化，就是失去了汉字正体的定位标准，汉字书写文化规范标准长期得不到确定，那么，汉字正体就飘忽不定由不同历史时期的具体社会认知结构来确定的汉字正体，它有时倾向于新体雄强论，有时倾向于尚古博趣论，有时倾向于拙陋异化论，而今，它又倾向于简体进化论。

书写知识社会学是发生在中国最近期的汉字文化危机中，努力克服书写文化的多重性和矛盾性，在传统书写理论和思维方式的社会关系联系上，发展形成了汉字文化专有的研究领域。该知识方法是，将书写知识与社会存在之间的关系作为汉字的历史、社会学研究，在追溯这种关系中，将人的书写思想发展所具有的表现形式展示出来。一方面，我们将纯书写经验研究引入社会、科学视野，并用它来检验汉字文化的研究结论，解释汉字文化的本质，以及它对汉字发展的制约；另一方面，在脱离了纯书写知识的书写与社会发展间的认识关系中，把历史与当前社会阶段，从隐性向显性书写意识形态的发展态势展示出来。因此，本书始终围绕着一个核心问题，在一个动态社会情势下致力于通过书写知识社会学观点来挖掘汉字文化的本质，把所得出的结论还原为最可靠的真理，以一个理性化书写表现来有效地实现历史与现代、繁体与简体的书写文化统一，尽可能多地消灭近代汉字书写文化中的非理性因素，接近当前中国社会汉字文化现状的实际方法论。

二、汉字作为中国社会文化底蕴的两种文化形态的区分

书写理论一方面是一种书写知识，另一方面又是一种历史、社会学的研究方法。作为书写理论的特殊性，该知识内部存在着两种典型知识类型的理论：一种是纯书写经验的考察，通过描述书写结构的方

法,考察社会上实际书写使用方法的种类。一种是认识论上的考察,这种考察关注的是书写与社会发展间的互动,即社会书写文化的演变关系。由于这两种知识结构的书写物质基础和社会主体的"视角"差异,因此,历史上汉字书写文化知识的两种考察并不必然地相互关联,人们往往接受的是书写经验结果,而从不导致这一文化知识对社会认识论所得出的结论。目前已基本解决了汉字从起源到衰退,有关现实书写思想的社会存在决定方面的考察。这里,我们将深入近代中国社会的大背景下,解释"书写知识的社会存在相关性"这一宽泛术语概念究竟存在何等重要的意义,即汉字作为中国文化底蕴的社会存在相关性。

(一)书法与法律

在中国社会,"书法"一词是建立在某种书写上持续发挥作用的心理事实而存在的,是一种书写认知和书写公正感的意图体系。无论谁否认了这一点,都将与汉字书写史的具体结果相矛盾。因此,书法的功能具有从社会外部把各种意志约束为一种稳定的、普遍有效的书写活动秩序为目的,以稳固一个正常的汉字结构为需要。通过社会公认的书圣领袖地位和社会集体意志关系,对这一书写文化领域进行界定。因此,书写认知和书写公正感是与书写概念和意志概念紧密联系在一起的。一方面,人们在建立书法认知的过程时,社会历史书写科学发展的经验之路已基本完成。人的想象和理想顺着这一行为进行再发展的空间已达到基本饱和。然而,这一饱和点始终都没有得到科学理论的究明,最后便形成了一种书写公正感的意图体系而在书法领域中存在。另一方面,从一个更高级的书写活动秩序的信念、对更高一层的公正感的探究,人们就会反对它,甚至对其进行各种删节、篡改，并企图超越它，使书法的实在能够适应自己的书写概念模式。这样一来，书写概念和意志概念、绘画性艺术的想象力概念和理想概念之间就形成矛盾和冲突，在中国社会的书法意图体系中就存在着一种斥力，在这种情况下，书法在认知感和公正感这两种成分之间，人更倾向于意志行为。人的想象和理想顺着这一意志行为发展，书法功能与其说是一种书写认知，更不如说是一种书写意志。因此，历来中国社会、书法活动的主要依赖于意志关系而存在，所谓的“功到自然成”就是汉字书写文化的公正感层面上的思想。

书法文化主层面思想的公正感，是以意志概念在这一体系之中发挥作用的，那么，书法的正确与否就必定以集体意志关系为预设前提。也就是说，它必定以整体的、经过统一的集体意志力量对书法的实在进行界定。只要书法的意图体系和外部社会组织之间的关系的确存在，书法就不是作为“因果”关系联系在一起，而是一方把另一方当作存在的条件，它的公正感就寄托在集体意志为预设前提。显然，书法中存在着人类本性的一些发挥作用的力量，这些力量都是建立在意志公正感基础上的，并与意图体系联系在一起。由于这种精神生活的主动力在发挥作用。所以，书法中这两种书写活动现象始终存着，人们完全没有必要非等待到书法活动规律的特征出现、健全，它自身已经开始发展了某种“书法”体系了。它在整个中国社会的书写文化发展中，成为持续不断的、一代一代所参照的文化底蕴，成为这一文化活动的基础学科关系。正是这种扑朔迷离、深不可测的文化形态，使得人在尝试解开汉字书写文化之谜时，成为最棘手、最难处理，但又是中国社会最重要的文化传承。

汉字的起源是与一个社会体制的出现紧紧联系在一起的。因此，书写文化是中国最早的文化形态之一。中国社会的书写文化的意图网络体系形成的最早，在历史长河中，与社会体制、与人的思想情操形成了最广泛的社会联系，成为一个社会民族特有的文化底蕴和核心。因此，书写文化就是中国社会的一个基础文化网络。中国社会历史活动的某种导向、某一时代的社会特征、社会相应的政治主张等一系列问题，都可以从这一文化底蕴、它所形成的文化网络的某一侧面中推导出来。

国家是一个最高社会组织机构。该组织机构在发挥其权利运行时，势必会把人的所具有公正感侧面包含在内，建立一种普遍的、固定的法律规范。因此，法律既是由道德的社会公正感创造出来的，又取决于已经在外部社会组织中形成的意志统一体。法律的发展和建设就取决于集体意志内部所拥有的存在位置。因此，国家的法律和汉字的书法，其社会意图网络体系是同构的。书法和法律都不是制造出来的，而是在社会实践中被发现的。一方面，它们都取决于已经在外部社会组织中形成的行使意志的统一体，包括一些集体意志来维护它；另一方面，也包括另一些集体意志反对它。书法与汉字文化形态密切相关，它所涉及的是社会文化层面，而法律就是这一文化结构的社会放大，涉及的是社会体制更大的范围层面。汉字文化底蕴可以影响到社会法律的建设，而社会法律的建设又具有汉字文化规范的具体思想存在。

从宏观上看，汉字结构的每一次变化都与一个社会结构、制度的变化密切相关，与一个社会命运相互胶着在一起，文字这一社会关系知识网络就与一个社会命运的走向休戚相关，是一个社会国家意图体系最直接的反映。当汉字文化处在进化过程中，社会文字意识中的公正感占主要意图，文字改革的法律规定具有进步感。当汉字文化处在退化过程中，社会文字意图中的反对意见占主要地位，文字改革的宪法规定就起负面作用。从颜到苏，再从文字改革到“文化大革命”，就是一条汉字文化底蕴的历史衰变线。它在近代历史转折点上再一分为二，一部分留在既定的文化中，并成为传统文化中的“前卫”；一部分为历史之外的日常书写。日常书写再一分为二，分裂成繁、简两体，这就是汉字文化底蕴的衰变与一个社会结构性变化相互胶着、相互影响的事实，与近代中国社会发展的总进程相同步。因此，汉字作为社会关系学知识，它的这一方面功能比世界任何一种文字形式的反应都强烈，是一个社会命运的走向、一个社会国家意图体系最直接的反映。

中国汉字文化的第一结构、第二结构与世界其他国家民族发展的差异如此之大，特别是近代，当我们越是追究一场“文化革命”的思想起源，就越能发现亚文化书学形态、文字改革和“文革”运动这三者间是一个严格有序的近代中国社会的思想运动史，是亚文化书学形态作为一种变异的传统文化底蕴、这种文化和精神在一个具体社会过程中的显现和反映。一方面，在一个书写文化陷阱中，所有发挥着关键指令作用的是人的书写个性，即视觉生理的本能反应在不断地影响和改造人的书写心理。书写无原则个性既作为对其他个体书写行为提供了客观公正的赞同或反对的力量而存在，又作为各种书写“出体”的破坏动机的组成部分而出现。另一方面，由于个体这种持续的行使意志的思想存在，根据国家社会的基本权利关系、组织支配关系以及社会发展关系的思考，文化的纽带便在社会政治、文化系统内发生作用。因此，近代中国社会一次又一次地出现这样重大的结构性变化，就是个体思想对社会结构、制度的润泽，从个体无原则的书写权，逐步向社会文化制度深入，再向社会制度渗透。通过一层层的社会现实目标的意志驱使，冲破外部社会体制的限制而达到某种“理想”世界的境界。因此，中国社会文化底蕴的长期衰变是无形，而它在近代中国社会所酿成的一次次重大的社会文化危机却是有形的。政治家对社会敏锐的洞察力，指导和引领一个社会发展的思想结构就是从这一“民族文化底蕴”中不断汲取养分的。可见书法与法律，两者的社会功能是一样的。它们既不包括集体意志中的所有特征，也不能包括各种文化体系的所有功能特征。书法与法律彼此只统一了社会实在所具有的基本特征。

当个体书写任意性成为一种心理满足、成为社会时代新的共识时，由文字改革成果培养起的年轻一代就形成一种新的文化底蕴，而年轻的新文化底蕴与社会的外部联系，就是一种潜在的不稳定因素。当社会最高层再次吹响社会体制改革的进军号时，它就成为社会体制内部发生剧变的导火线，一种集体无意识破坏的统一意志释放，就成为这一文化阶层争取社会跃迁的基本动力，“文化革命”的烈火就在新的文化底蕴上熊熊燃起，社会伦理被彻底摒弃，“革命”的狂热力量和极度兴奋的情感像火山一样，中华数千年树立起来的文明柱石，在短短几年中一根一根倾倒。在这一社会情势下，一切正常的社会控制因素都变得无能为力，整个社会的文明和理智处在重度失控之中。

在亚文化书学文化底蕴中有着一场民族文化悲剧发生的证明。该书学思想并不仅仅是社会某种书写文化风格类型、出现了某位杰出书家那么简单，它作为中国社会最重要的民族文化底蕴，在社会政治、经济和文化等各领域的联系中有着相当广泛而深刻的思想联系。对一场“文化革命”前夕的社会结构分析，可以看到一场暴风骤雨的前夜，在社会上层思想意识领域中，发挥着社会伦理意识的心理力量已发生了根本性改变。因此，前者在汉字文化上的自由主张，为后者的“革命”提供了社会基础。在维护或冲破当时社会法律体系的过程中，公正感所体现的有关行使意志的内容，这种意志内容所具有的力量则是深深植根于传统文化根基某一侧面的人格和经验之中的。而这一侧面就是亚文化书学思想，这一思想类型更符合当时中国社会上层的思想意图。

因此，文化就是具有如此广泛的联系和社会根基作用。它从个体的书写变异向社会文字改革过渡，再从推翻一个文化制度向推翻一个社会制度过渡，是一种社会思想基础涉及范围的逐步放大过程；是亚文化书学思想对社会关系学的渗透，在决定着中国历史进程的未来，一个社会的法律体系全面崩溃、一个自由的无政府主义社会产生的过程。近代中国社会的盲目命运，就是取决于个体不受控制的决定。因此，亚文化书学的文化衰变，它暴露在社会外部的最极端形式并不仅仅是书写本身，而是“文化革命”，是个体亚文化底蕴中不受束缚的思想，在社会过程的驱动和把握中，向政治、经济机构逐渐放大所释放出来的能量。这一爆发性破坏能量的最大峰值，可以达到一场“文化革命”的高度。

书写知识的社会存在相关性表明，在一个特定社会历史时期，亚文化书学的文化底蕴所激发的能量，在冲破一个社会既定文化体系、法律体系上具有统一意志和决心，两者的社会意图体系是一样的。因此，在近代中国社会的文化体系网络中，必须建立亚文化书学和外部社会关系学方面的联系，必须以精神事实和心理事实概念的基础分析为基准，通过社会上这两种理论学科类型，以及它们在社会历史进程中所隐含的事实，建立在社会过程中人的心理学方面的概念和命题，才能看清亚文化书学文化形态与社会关系学方面联系的性质。那么，在书法与法律之间的关系上，究竟谁是祸、谁是源呢？

书写知识的社会存在相关性的结论出来了，在如此“高雅”的文化形态中，有一个“文化革命”的思想起源，在社会外部组织文化的意志和权力的依赖关系上，有一个循序渐进、严格一致的思想运动过程。因此，结论令世人震惊。近代中国社会一系列重要事件都与这一文化形态有着密切相关。当今，“文化革命”这一强烈激情的政治舞台已消失，把一个社会正常事态完全颠倒过来，突然释放破坏能量，无政府狂热状态也解体了。然而，作为“文化革命”的根基，它的文化底蕴还在社会存在，在一个“传统”书学文化的思想中，盲目的书写求变意识不需要领袖式的号召，而是每一书学者的自觉行为。

当前，社会各种书学思潮与社会存在相关性的近阶段表现上，又出现了新的变化、新的文化和谐。对于发生在近代社会上层意识形态领域、对于社会书学行为而言，书学之所以要使用意识形态概念，主要是为了对汉字书写和绘画性态作出明确的区分。所有的书写都只是指向一种研究兴趣，即人的思想结构在不同的社会历史背景中，出现不同的书写文化形态。书学领域很难使用“批判”一词来解释这一文化现象。那么，对一场“文化革命”的性质而言，它仍不能简单地使用“批判”一词来评价它，因为它只是一种社会意识形态。近代中国社会各种重大事件，迟迟下不了定论，原因就在于此，它只能说是社会意识形态的牺牲品。这是同一意图网络结构中两个不同社会文化生活的侧面，是来自社会伦理关系中由人的自由行为在极深层次行动中所产生的同一结果。如今，人们对一场“文化革命”已有了清醒的认识。然而，对于传统书写文化的社会伦理学标准，对于汉字结构的理性统一，需要每一公民守“法”这一问题，人们是否能达到相同的认识高度呢？

（二）当代社会主流书学的近阶段表现

中国书写文化是通过比个体书学史更为长久的过程形成的。把一代代人的书写文化意向紧紧地联系在一起，通过书写生理内部、人与人之间的努力感悟的东西，使其书写文化的思想在社会上变得有用，形成了中国社会文字活动的世袭意识。它既服从于每一书写个体的个性多样性，又服从于汉字书写文化系统的每一侧面。在这一文化系统的网络中，为满足社会某种目的而以各种不同书写方式得到发展。

这样一来，当前社会与历史书写之间极为重要的感受，就以极其多样的和极其微妙的变化差异，始终在社会现实书写外部波动起伏，并把各种微妙言辞赋予了这些书写特征，对于这种感受的分析就构成了社会书写理论最基本的问题，成为最卓有成效的书写概念。因此，当今中国社会主流书学群体已进行到这样一种含糊不清的状态：它的一端，传统的书写技法基础是空虚的。它的另一端，从一个绘画世界的虚无缥缈的高度出发，进行一场社会性的现实书写的普遍超越。它既存在有某种未曾揭示、未被认知的东西，又存在着发展中出现分离的东西，存在着被分离开来的各种各样的书写变化，在还没有达到日本式“前卫”书法时的缓冲和调和过程中，它允许人们在不造成任何后果的情况下，将人的所有书写侧面完全吸收进来的包容性。在这样一个具有广阔范围的意图网络中，它把两种思想资源都纳入自己的理论范畴中，一种是将各种各样的书学个体进行持续不断的融合变体，成为一种博大精深；一种是行使意志力量的统一，在社会内部导致了一种持续不断的变异性开创。这种逆书写分化现象已完全超越了社会历史一切理论工具进行系统化解释的处理能力。

历史事实表明，中国汉字文化走的是一条曲折、诡异发展之路。亚文化书写与外部社会组织的互动，比一场“文化革命”的历史更长、联系更深广。虽然，“文化革命”的时间略早于现代大众丑书文化的高潮，但两种社会文化行为出现的先后时间差，却是源于社会人群的文化、经济实力的差异。贯穿于整个汉字发展史的矛盾冲突，在20世纪的后半叶集中爆发出来了。从传统汉字到现代汉字文化思想的各种变体中，虚假书写意识群体的内部同样存在着代表传统与代表现代的各种矛盾和冲突，以及重构和调和两种书写文化的各种思想。人们根据各自的书写体感和公正感的立场出发，形成了一个时代的大辩论。然而，在这次文化大辩论中所反映的，根本就不是以汉字文化的本质，而是强调发展。这种发展究竟是属于书写的，还是绘画的，它并没有得到明确区分。于是，在不断变化的书写伦理道德意识中，他们对汉字结构的破坏既不负责任，又享有传统文化精神的美誉；既有传统文化的传承，更有社会书写文化的发展和展望。在经历了相同的书写生命循环，沿特殊的发展线路，在以精神认知学的书法理论探讨中，已形成一个时代的评价方法论。包括对书写经验、观察范围，以及该行为活动的精神强度等因素所组织起来的真理评价。这一评价方法论反映在当代社会文化领域中，“文化大革命”时期政治精神化状态的表述，“要有无产阶级感情”不见了，但随之而来的是，艺术精神化状态的表述，“书写要有情感”却在人们心目中掀起了。这就是精神认知学超理论因素在近代中国思想史上所起的作用和能量。

1. 精神—认知学构成了书写知识的独立认识体

一般认为，在科学这一概念中所包含的东西可分为两个部分：自然科学和精神科学。自然科学部分有一个各种命题组成的复合体：(1) 这些命题的成分都是一些经过完全界定的成分；(2) 它们彼此之间的各种联系都具有充分的理由；(3) 这一复合体各组成部分为了进行沟通而联结为一个整体。精神科学部分所包含的精神，是指只能不完全地表达的科学研究主题，它的形成主要原因是由上述第三点在通过各个命题的联系，设想一个研究目标存在于一个实在的整体之中，有可能利用它对人类活动的某个领域进行调节，逐步形成了精神科学领域。精神科学领域是用精神性事实组成的复合体所表示的科学，一般用于“关于人的科学、关于历史的科学，以及关于社会的科学”等方面，构成了由各种精神事实组成的研究领域。这一领域的主要经验特征是，人并不试图把握这一领域，而主要是领悟这一领域。

以牛顿发现“万有引力”事件为例，当牛顿发现苹果落地事实，并把它总结为自然界活动规律的法则时，人们就会根据这一事件的界定条件推导出各种自然活动的规律。如果牛顿并不具有通过数学的方式将其结果完整地一一推导出来，它的这种自然法则就是一种“断言”，后继对这一断言的猜测就有可能发生 n 种与其相似的“万有引力”知识结构。如果这一活动的最终结果长期无解，那么，这一知识的文化齿轮效应就不存在，人们就会将这一活动结果交给精神科学去解决。汉字的书法认知就具有这样一种特征。如果当时书写是纯机械书写的话，那么，它就有可能向万有引力的知识结构方向发展。然而，书写是人的书写文化行为，那么，书法既有自然科学的学科特征，又有人文科学的研究特征。

当书法研究长期处在“万有引力”的发现、在自然科学和精神科学相互转换的交织状态之中，对书法的探讨长期由“断言”来组织知识结构时，各种命题组成的精神复合体研究就存在着两种知识取向的激活可能：要么通过某种历史社会学方法，确立进行探究所必须适用于各种具体研究程序，通过观察人的书写行为的边界属性，对精神科学所涉及的书写特征和知识属性加以区分，从有关书写知识的界定中把书法的科学概念推导出来，转化为一个专门的科学认知实体；要么在着手对书法研究中，其书写边界的界定本身就是模糊的，那么，各种历史性变体都是通过自我书写经验而被给定，每一时代的书写经验只是书法内部与自我书写经验相对应的次级变化，并处在自我意识的主观把握之中。由于这一自我意识所具有的书写知识深度达不到将其书写结果一一推导出来的水平，那么，通过各种书写命题联系的复合体，各组成部分之间进行相互沟通，便用一定量的，或全部用精神事实来组织书写研究领域，靠领悟来把握这一文化领域。然而领悟书写领域并不具备书写活动边界上的全部事实，那么，文字活动的精神统一体就不具备将书写的和绘画的因素明确区分开来的可能。在面对社会历史书写活动的无限发散时，其最终解释便从自然科学的书写特征向人文科学的精神解释转移。

精神—认知学也是一种书写理论深入，这一书写命题研究的主题思想是这样的，在描述了历史上超一流书家的书写、对书写真谛追求的永恒渴望时，情感论所表达的主题旨在人书写高层次上的精神世界，如果仅仅通过执笔、笔法等一些基本硬件是无法表达和把握精神世界的软件——“神用执笔之理”的。存在于历史书写名迹中的各种文化价值和意图，是通过人内心发挥作用的精神世界表现出来的。只有通过人的精神活动，动用人的高级情感活动，才能使书写变得神采奕奕。通过一个复合体各组成的精神认知学分析，才能使人看到这些书写名迹不一样的风采。因此，在一个书写文化日益衰退的情势下，精神—认知学便从书写的自然王国中分离出来，形成了一个独立的精神认知学王国。

2. 有关书写和情绪因素的实际转换关系

在当代社会精神科学的理论体系中，通过传统体书写史研究，用情感因素来永恒地定格历史名人书写字迹的有：王羲之的人生苦短、瞬息变化论，颜真卿的亲情分离、悲壮激情论，苏东坡的人生坎坷、凄凉悲愤论。书学研究已从历史伟人的书写字迹中，看到了古人喜、怒、哀、乐，并想象了他们生活年代的人生故事。那么当今，通过亚历史性生物因素，把历史书写事件串联起来的书写情感论，它究竟又揭示了多少书写真谛的实质性内容呢？

对历史书写名迹与现实书写的考察，根据书写情感指数最高值和最低值，来分析书写真谛存在着评价标准，我们可以发现这一理论的矛盾性：（1）情感指数最高值书写属毛泽东的《长征》。领袖的戎马生涯和思想情感容量既包容了上述三者，更比“天下三草”还大。以此推理，中国汉字书写史应该是“天下四草”，而从历史走来的《长征》应该为历代书写之最、天下第一。（2）情感指数最低值书写。二王、米芾、沈尹默、胡问遂等一批法家，在他们的书写生涯中，一直都没有出现特别重大的人生波折，而他们的书写技法一直处在最佳状态，那么，他们的书写如何评价。（3）日常百姓现实生活中，红、白事件同样有书写情绪变化，这些书写不具备任何评价意义，它的衡量的标准又是什么。因此，当人们把情感流露无限标高，并上升到一个决定性因素时，我们不禁要问，为什么书学需要动用苦难说进行解释？苦难说对书法的起源和发展究竟起到什么促进作用，为什么苦难说只对历史社会名人的书写神采有功效，而对当代的、社会百姓的书写为什么一点关系也没有呢？

书法是一种高度情绪控制的活动行为。这一行为有我们熟悉的两种相似行为叠加而组成，书法心理情绪波既与气功行为相似，需要凝神、屏息，又与体育竞技活动相似，在发令枪打响之际，对自我情绪控制要求极高。书法的实现是需要高度的情绪控制能力，强烈的情感波动会影响到技法的最佳发挥。在社会历史书写名迹的人文背景上，是存在着不同书写意识的情绪自然外露。王羲之的《兰亭序》是情绪稳定、放松自如的书写。颜真卿的《祭侄稿》是情绪激动、自动无意识的草写，它的绝大部分字迹都处在书写变速不稳定状态之中。苏东坡的《寒食诗》则是情绪低落，是次一级异质性书写结构所为。

书法中的技法与情绪的控制水平是成反比的，那么，在书写无意识评价标准中，在客体的书写情绪流露与书写技法的认知把握之间，就存在着书写性态识别的缺失。在自然科学领域中，数学、物理、化学等学科都展示了某种从属关系，而这种关系是随着越来越严格的推理连贯性而发展。在书法领域中，同样展示了书写活动从属关系的严格推理。当精神世界的各种论证事实将书写生物—物理特性排除了之后，人们试图用各种生活事实所推导出来的各种书写事实时，就倾向于视觉变化上的书写情绪倾向了。

用历史生活中书写情绪把历史书写事件串联起来的描述手法，犹如当今社会上的歌唱点评。同台演唱的两位不同类型的歌唱者（美声唱法和通俗唱法），两种显著差异的情绪外露，就是内在不同技巧、不同歌唱意识的反映。然而在流行唱法中所出现的发声错误，往往给人的印象是，歌唱者的真实情感流露。这就是当今社会书评现状的形象比喻。这一评价的书写混淆性在于，它选择了历史上书写“美声”为定位标准，在以后的历史书写发生的时间序列点上，在判断每一书写事件对整个汉字发展意义、在度量存在于历史与现在的每一文人的书写成果时，就需要洞察隐伏在王书写以后，有没有重大的书写变异特征，凡是与王字模式同类书写特征的书法，都不属于汉字书写发展的行列之中，宋代的米字和苏字就是一个典型实例。由于他们对书写文化边界的界定本身是十分模糊的，那么，在汉字发展书写次级变化上的书写与绘画的书写动力从属倾向，及其推理就发生根本性错误。

因此，采用“情感流露法”来判断、组织汉字的书写发展线索就是伪证，他们所关注的只是汉字结构变化，对于这些汉字结构变化及其性态，是进化，还是退化，这一基本问题一概不问。因为精神科学在所组成的书写理论材料中有一个预设前提，凡是历史名人的书写，他们就有想当然的“书写法则”存在。因此，这种亚历史性生物因素的精神科学，就成了从书写外部解释和驾驭书写文化知识的理论工具。精神科学从来都没有，将书写文化边界属性问题充分地展示出来，那么，从人的各种精神世界的事实中推导致出来的有关书写，就永远不具备任何内在书写联系的可理解性。这就是独立认知体、精神—认知论的书写价值和评价意义的理论关键所在。因此，精神王国可靠象征的历史时代感与汉字书写文化的发展事实并没有严格的一致性。

3. 精神—认知论向社会究竟传递了怎样一种书写信息

精神—认知论看似高端，其理论本源却是一种大众化、民间传说。我们以近代地理科学考察为例，说明这一理论本源的文化属性。某地区长期存在一种民间传说，每当雨过天晴，山顶上呈现出蒙蒙的耀眼闪光时，面对这种特殊的地质现象，社会民间人士的解释就是，此山有“佛光显灵”。然而，经地质科学者的探察发现，所谓的佛光显灵就是由地质运动中火山岩浆的喷发后的沉积晶斑石，经雨水的冲刷，在阳光照射下的晶斑石闪光。地质奇异现象向佛光显灵的升华工作，是由社会民间人们的想象所为，而地质现象的科学解释则将永远改变人们对佛光显灵的迷信和崇拜。

就目前理论而言，由于有了明确界定历史书写的分析方法，在衡量正确与错误、现实与非现实书写历史发展观已发生了深刻的改变。当苏的书写情感，在受到更为精确的书写知识社会学的历史分析后，导致了书写意识定位概念的产生，并由此得出一个截然不同的判断，苏的书写文化类型就是一个“文革雏形”结构。在历史众多书家中，形式书法学偏偏选择苏字进行“佛光显灵”，这一解释就是一种社会民间人士的虚假书写理论。

汉字是一个社会文化底蕴性知识。在没有解开这一科学文化之谜前，它也和其他文化知识类型一样，存在着一种心理和精神事实不包含自然界系统事实在内的、属精神科学领域知识，和一种心埋和精神事实包含了自然界系统在内的、属自然科学领域知识的成分。当书写中的自然界系统为基础的科学知识体系还没有形成时，形式书法学的“理论”出于对书法理论深层次探索研究需要，通过发现历史重大事件与书家的人生关系，从人的精神层面转换为一种书写认知状况，通过这一解释向世人传递这样一种信息，汉字书写问题中真正的决定性因素是什么。因此，当今书法理论更像一门历史学科，叙述历史重大事件已成为书法认知的关键。当缺少了书写自然界系统在内的心理和精神事实成为一种文化知识的定向时，那么，该文化知识属性便向“寓言文化”转型。

在当下汉字文化的专题讨论中，在社会传媒的组织下，“逍遥文化”与“苦难文化”的代表终于在同一个舞台上礼仪式地相遇了。这是自沈尹默之后，书家与民间的又一次对话。然而，在一种书写人生观向另一种书写人生观传授书写经验知识时，形式书学便在客体的书写外表，进行了人生故事的情感外衣制作，并表明，这是按照历史社会思想史进行调查的结果。这样，在书写自然界系统上便构建起一件人生故事的情感外衣，依赖于对各种历史事件的收集，描述社会骚乱、人间悲情和意志激情，使得听者与他们一起想象“苦难文化”的灵魂超脱。通过书写灵魂超脱的情感转换过程，情感外衣便形成了一种新的理论包装，通过这一“服装”文化的包装、转换，它便具备了书法的“佛光显灵”功能。

寓言文化知识具有正、反两种教育意义。当形式书学为前人营造一种生动的、有情感的、崇高精神升华的书写世界时，它便阻挡了人们窥视其书法内涵、了解书写知识的便是历史知识。形式书学用历史知识为客体量身定制了一件件书写情感外衣，把社会人对书法解题的欲求引向书写情感上的华丽外衣，并进入一种自由想象状态，想象他们那一时代的历史状况和社会精神面貌，通过这些情感因素的渲染，使得这些情感因素能定格为某一种书写的永恒，一种书写笔法的不证自明。可见，书法理论从张旭的“用神执笔之理”到精神认识论，又后退了一大步。

于是，陈述者的“裁缝”身份显露出来了。在一个虚构的书写理论中，当它选择王羲之时，王的书写笔法是真的，但人生必须是“苦难”

的，是假的。当它选择苏东坡时，苏的人生“苦难”是真的，但他的书写笔法却是假的。这就是说，它在向精神—认知论这一理论模式靠拢、统一形式。它是不具备将苏字书写特征和意识特征区分开来的能力。因此，形式书学在心理、精神事实和自然界系统事实上，存在着这样或那样，或多或少的故意伪装。从陈述者内在心理特征而言，这种思想观点、表述和命题都不是按照一个特定的书法体系来理解的，而是按照陈述者自身的书写生存状态来诠释的。在当代书学集团的意识形态中，从第一个提出这一观点的导师，到以后按照这一书学思想转播的学生的学生，这种不按汉字书写法则陈述的理论扭曲，就从故意的谎言一直延伸到半故意、非故意和无意识的传播。于是，当代社会主流书学在不知不觉的历史探究中，从传说到神奇，从神奇到寓言文化。

书法寓言文化不同于普通意义上的谎言。这一书写意识形态概念更具有涵盖社会性总体书写概念的倾向，并逐步地改变整个汉字书写文化的性质的特征。今日之书法知识，历史事件与客体笔法的关系、精神世界与历史名人书写关系，通过寓言文化关系被一一确立了起来，并越来越彰显了书家个性的精神意志作用。因此，当今社会书学主流对汉字书写因果的研究已建立起一种新颖的理论关系，即“皇帝新衣服”论。

“新衣服”理论在书写文化的社会传授中，在三个层面上起作用：它保护了自我、保护了自我利益，无意或有意地忽悠了社会民众，把中国汉字文化的发展线索搞混了。因此，书写情感论是一种“杀手锏”。它本身是一种失去了具体书写针对性，是一种无法解释，也不可能解决的问题，这是每一正常头脑都能理解的。因此，新衣服理论与书法理论的根本区别在于，一种是正常书写者都能理解的书写行为；一种是一般人不能理解，需要高手“点化”，强制性施加于他人头脑进行扭曲的理解。当人顺着这一情感的指引进入一个思维理解的极限，此时，逍遥文化与苦难文化便达到了“内在精神上的对立统一”。

用一个模糊的情感指数作为书写问题的“实解”，这是虚假书写文化的心理欲望得到全部满足后，在回馈社会时的一种无奈。在经历了短暂而激动的“文化之旅”后，社会人对书法理解渴望的原初冲动，在受到深不可测的书写情感层的阻挡后，受扭曲的头脑又回到各自原来的汉字态度倾向上来了，人们对该书写文化知识的响应，沿三条老路还原。

恢复平静的可扭曲思想类型：逍遥文化在自我反省中，又重新恢复到原本的生活状态。产生这一原因的是两种书写文化的隔离，情感雾层所制造的人为差异对人的心理负担实在太大。属于新的社会生活方式，占社会支配地位的世界观迫使人的文字活动重新回到现实、回到逍遥文化中来，因为它才是当代人的生活理智和现实，而并非属于他们的思想本身。

针对社会上普遍漠视传统书写文化的思想，从“文化之旅”再到“汉字五千年”，在这一学术背景下的思想传播的连续性过程中，一个更为简洁明了的口号产生了——“书写要有情感”。这就是我们当前特定社会历史背景下的书学观点。这一书学观点似乎把握到了一个伟大民族文化精神而显得十分有力。然而，存在于这一群体中的个体情绪中的民族感反映到国家主体时，它却是无意识的。它时而具有一个民族团结统一的反映，时而代表一个社会经济的繁荣昌盛，时而又隐藏着一个国家剧烈动荡、分裂的特征。因此，从“书写要有笔法”到“书写要有情感”的思想转变中，人们对书写要有情感这一提法既十分耳熟，又有一种当代社会历史的贴切感，就是因为我们曾经听到过一个熟悉的声音——“要有无产阶级感情”。

书写要有情感是一种对社会告诫。这是中国近代史上一个极其重要的观点，它源于一个文化底蕴的变异。它既有一种文化维护的象征意义，又必须强制性对这一文化的理解进行头脑扭曲。此时，政治与艺术，两种形式在特定的历史条件下，出现相同的文化特征。它足以证明，亚文化书学所形成的文化底蕴，从一开始就已经存在于前社会政治运动的现实之中，又深藏在当今社会的某一侧。

不同程度扭曲的思想类型：文字改革后的书法文化专题讨论，其实质就是当代社会背景下有关汉字文化现状问题的专题讨论。在新形势下，汉字的社会关系学知识再一次显现出来了。对于历史断层中成长起来的政府领导而言，有关现代汉字今后的方向问题，社会上层需要的是一种专门的汉字文化理论，并对海峡两岸暨香港、澳门的汉字现实具有指导意义，这就是当今社会的汉字意图。因此，目前社会关心的汉字，它既能包括历史，又有未来。所有有关汉字文化的专题讨论都是一种信号，政府所能做的就是汉字统一前的“试验田”准备。然而，对有关汉字文化的纯知识方面的考察和摸底，就目前社会对汉字文化之“解”，精神—认知论汉字知识的抽象已进入了理论阐述的极限。面对这一明确又模糊的知识的解题，它既不能明确反对它，又不能直接使用它。

应该说，当前是传统书写文化正处在最有利的发展时期，但是，由于当前书学的主体是在“书写文化陷阱”发展而形成，它本身是虚假的。因此，一个模糊化解题既与社会历史的书写现实不符，更不能指导当前社会文字活动并与之全面的和谐。在没有正确理论基础为指导的情况下，社会上层将失去对汉字发展方向的把握和掌控。于是，人们在了解这一文化的“苦衷”之后，社会便不再向他们提出任何有关汉字问题的基本需求了，整个中国社会自上而下又一次恢复了以往的平静。

不能扭曲的思想类型：这就是寓言文化时代中的“小孩”思想。汉字书写文化的社会演变是极其缓慢，人既依赖于前书写文化期书学群体的活动倾向和形式，又依赖于历代书学群体中的无数个体的努力，他们在社会书坛上长久扎根极为不易，但是，当今要想根除它同样十分困难。在汉字书写文化知识结构内部，如此众多的文化崇拜者，根本就不具备社会书写文化普及和发展的基本能力。相反，书写的丰富多彩性并没有改变社会书写性态的贫乏，所有努力换来的只是，汉字书写文化上的节节衰退，这种现象令人担忧。今天，有关汉字书写知识的体验已形成了一明确的区分，一个现代的和一个传统的书写文化。

新的书写文化两极化表明：一极归属于社会执政者文字改革所领导，它已基本放弃了传统书写文化。在朝着硬笔书写大方向运行的最大多数人群中，新的书写文化，最终导致了社会传统书写文明的信仰危机，造成一个社会对传统书学心理幻想的破灭。另一极主要由亚文化书学引领，它从一开始就将书学引入了一书写文化陷阱，从小学生书法学习的源头上，便堵塞了通向成功之路。当寓言文化成为一个社会历史汉字书写文化的中心意义时，整个传统书学已构成了汉字书写文化的错误之源。因此，一方面，人们对“文化大革命”的悲剧深恶痛绝；另一方面，人们又无意地在它的文化源头上不断积极培养和滋生这种文化素质，并赋予传统文化在进化论方式上的时间阶段性意识，晋尚韵、唐尚法、宋尚意、清尚古，到了当今，社会崇尚的是“书写要有情感”。

因此，当前中国汉字活动的两大主流人群已无意识地集合了人意图体系中种种负面因素，汉字文化发展的基准消失了，整个中国无意识地保持着社会极大部分人所不了解的汉字书写实践和文化信仰，各种书写变异在社会上已达到了某种程度的和谐，它们已成为现代和传统书写文化的象征而变得温顺而无害。当社会小心翼翼地保存和维系这一传统文化命脉的香火时，这一被边缘化、世俗化的传统书学，又深深地陷入了与现实书写文化不可调和的矛盾之中。因此，汉字书写是中国社会最普通一般的问题，却比任何一种濒临失传的中华传统文化更岌岌可危、面临灭绝。

历史折射了现实，长期无意识地使用汉字导致了汉字书写文化的欠缺。因此，在汉字书写文化底蕴性知识类型中，发现第一种书写知识类型的虚假性和确立第二种书写知识类型的正确性，是一项继承性开创工作。随着书写知识社会学的出现，对这一关键学课的历史性补课必将引起整个书学界的阵痛，但反过来，它又向我们指出，汉字结构的最终定型得力于书家。那么，作为一位书家的社会职责、为社会应该做的是什么？

中国社会必须学会对自我书写文化真理感受表达规则的意识区分，我们长期的超前使用已付出了沉重的代价。因此，“小孩”思想既是理性的，又完全打破长期以来社会一贯的书写认知惯例。它既有一个确立起新的书写科学文化知识概念的时间过程，又有一个理论接受社会检验、去历代民间流传的“书写佛光”效应的工作。它既是历史汉字书写文化知识的延续和普及，又具有统一繁、简两体的汉字文化知识的标准。因此,第二种汉字书写知识与雅言向汉语拼音知识发展的文化意义是一样的。

三、书写知识社会学对汉字文化本质的认识论意义

在解决当前汉字问题的实际方法时,书写知识社会学已完成了汉字书法产生的初衷是什么,以及将社会历史过程中书学的争奇斗艳,它们的文化性质判断的讨论。其次,我们把这种按照利益、社会环境和生存环境进行集团思考的汉字现象,称之为文字结构上的社会意识形态反映。繁、简两种文字概念的历史缘起,可以从意识形态上被清晰地区分开来,那么,消除两种汉字结构中的意识形态成分,就可以在同一文化含义的基础上彼此统一起来讨论。最后是汉字问题的解答。当下中国社会的困惑是,人们都受各自社会环境的制约,已很难正确区分判断改革和保守两种汉字观对汉字自身发展究竟意味着什么这样一种尴尬境地。当两大阵营在统一汉字的过程中,当部分人对汉字改革的实质提出质疑,部分人又对保守提出抗议时,汉字再一次面临向前一步,还是后退一步的历史抉择。因此,最有解释权威性的知识理论应该是汉字文化的本质是什么。在弄明白汉字文化本质的前提下,才有可能对当前两种汉字文化的意识偏差,作出一个让人心悦诚服的全面、正确的解答。

(一) 书法是汉民族认识自我文字活动规律的历史

在人类知识历史上任何两个阶段,它们的传承和发展是以两种方式进行的:一种是精确知识。在科学史范围内,前一个阶段的某些事物尚未被了解,某些错误仍然存在,这些错误被后一个阶段的知识完全纠正。这种先前不完全的、与以后完全的知识阶段的单一关系,只

适合于、局限于精确科学范围。一种是模糊知识。从文化科学史来看，前一文化期并不是简单地被后一文化期消化、吸收所取代，也没有那么容易可以得到印证先前的错误，并加以纠正，每一时代都有其全新的“视角”和独特的观点来看待“同一”事物的，这就是人文学科的模糊科学范围。在中国传统文化知识中，中医和书法的发展就是精确知识和模糊知识的两极，汉字书写文化发展的曲折历史清楚地说明了这一点。

汉字是由专门的书写文化知识孕育出来的，是从书写的自然科学与人文科学连续性思考的一种科学性文字结构。由于该书写文化的潜质至今尚未被揭示出来，因此，在中国汉字“繁、简”两大书写群体的周围，思变的临界力量总是存在。当模糊性书写知识对社会日常书写不起作用，解决不了社会实际汉字活动中的矛盾和冲突时，点燃所有能动性的触发力量就来自社会历史过程中的外来因素。当政治因素和社会因素在汉字活动中起作用时，最终导致了一个社会文字改革运动的兴起。因此，当今发生在我们身边的文字改革，可以看成是一种社会集体性书写“出体”行为，是人长期得不到汉字书写文化滋养的贫困阶层，在汉字活动性质尚未充分揭示出来，在忽略了汉字书写认知结构的前、后一致性前提下，便匆忙地展开了。当这一社会文字变革降临时，伴随着历史传统上的有机的、一致性的文字活动秩序也随之消失。因此，汉字文化的本质与我们当前汉字现状间的关系始终都没有得到充分揭示。

应该指出，当前中国社会“繁、简”两大群体，在维护和传承汉字的历史方式上存在着明显的分歧，一种是“现代化”的理性，一种“无意识”的传统保守。对汉字现代化有目的理性行为是在一个具体的社会主义区域中发现的，它强调了汉字形式上系统化倾向，当它得出一种新的汉字体系时，它已完全脱离了传统汉字文化。而对汉字无意识的传统保守行为，是在另一区域中的一种形式上传承，它明确强调了对现代简体汉字的反对，但其本质也是现代版的传统汉字文化式样。马英九的“识繁、书简”论就是这一社会区域汉字文化形态的最好描述。这两种汉字行为方式同时产生于一个特定的中国社会历史时期，然而，在“九二共识”为前提的两种汉字文化的冲突中，各持己见代表了两种不同社会的汉字意识形态，表达了某种社会区域环境的权利感，而对对方进行“质”的判断。源于社会环境的汉字文化分歧已成为中华民族统一大业的一种文化障碍和隔阂。迄今为止，我们还无法确定汉字今后的方向在最终统一时，社会经验会迫使它究竟倾向于哪一方，维护一种形式上的历史形象，还是维护一种现代化心理上的形象。但是，只要人们缺乏汉字文化本质的把握意识，对汉字态度还处在一个质的自由概念来思考，那么，无论哪种定位倾向，都将导致无意识汉字活动势潮的再次自由泛滥，人在千方百计去解决汉字问题，终将因为缺乏明确而统一动力而处于束手无措地困境之中。

为了摆脱汉字文化定位的困境，两种汉字文化观的思想结构和发展趋势实质上都面临同一个事实，这就是社会需要一种彻底的理性化历史观。以这一观点为出发，才有可能真正获得适应于当前社会形势所需要的汉字。可以说，当今繁、简两体文化之间的差别发生于 20 世纪中叶，社会思想意识形态上差异。对汉字的历史真相的探索，就是为了把历史的统一观念和汉字未来的观念统一起来，才有可能使汉字概念产生同一维度的历史时代感。因此，社会必须再次直面汉字的社会历史本质。它不仅包括过去历史的决定因素，也包括目前制约着汉字发展的经济因素和社会形势因素。在这样一种环境中,我们不再采取以朝向某种任意选择的、此时此地的冲动为基础的文字选择行为,而是固定在汉字文化结构内部的有利突破口上,只有在汉字的历史经验中,才能真正成为当代社会汉字文化的战略计划。因此,我们对汉字的态度类似于历史保守主义思想,否定对汉字未来作一个精确设计,也摒弃存在一个理想汉字的"真理标准领域"的观念。然而,我们与历史保守主义思想是有质的区别,必须把环境决定着汉字文化知识的固有因素,同时,也要考虑到与汉字关联理论,以及不断变化的思想理论为基础。因此,寻找对汉字历史内在结构的理解,为的是由此获取衡量人的汉字行为的准绳。对于未来汉字结构将是怎样?回答这一问题的难度,取决于我们对汉字历史结构的理解。我们已粗略地勾勒出汉字发展的历史轮廓,顺着汉字书写发展的活动轨迹,在社会历史中为汉字寻找一个公式,把繁、简两体的争论和矛盾冲突转化为同一个"解",并努力铲除不同意识形态所带来的分歧,以便使两种汉字结构的形式差异,从武断和误导的成分中剥离出来。

人类文字结构中存在两大生理定位系统,声像文字是以"听、读"生理反馈回路为主的文字定位系统。声像文字在实际使用中听、读定位意识最强,符号的视觉检测定位意识其次,书写定位意识最弱。汉字图像文字是以"看、写"生理反馈回路为主的文字定位系统。在汉字实际使用中,它对文字结构的定位意识正好相反,看、写定位意识最强,听、读定位意识相对较弱。历史上,汉字就是以书写文化结构为定位标准发展而来的。然而,在当今社会汉字活动中,以书写文化结构对汉字图像的定位意识恰恰最低,结果导致了人们对汉字图像的视觉形式统一问题进行无休止的争论。

解决繁、简体的争论片面性其根本途径就是，必须将书写知识社会学所发现的事实纳入汉字文化体系中加以考虑。汉民族选择了魏晋楷书作为汉字标准结构，这就是说，当时汉字已进入到以书写意识为标准的汉字文化发展阶段。然而，在王羲之时代，社会书法既没有完善对古汉字“三表六书”繁体结构实施全部整压，也不存在对“三表六书”结构进行无原则简化思想的影响。这就是说，历史的当时，汉字书法的发生、书法知识的普及，以及书法对“三表六书”结构的整压标准上，存在着两个未解决的社会性问题：魏晋书法对汉字的统一整压，不但参与人数很小，而且所涉及的汉字字汇量也狭小。魏晋以后，书法统一整压的标准丧失，社会人书法参与面日益扩大、变异日益递增。其次，两千年后，沈对书法的发现与汉字改革几乎同时发生，虽然书法的身影已显露，但是，书法来龙去脉的历史过程还不清晰。在这一社会大背景下，在新生活的汉字行动与传统汉字书法之间，刚刚进入历史之内的汉字书法，其知识的探索与现代汉字的相互关系、其挖掘的深度是相当有限的。因此，历史对汉字文化本质的揭示工作开展得相当缓慢，而汉字文化变异因素的增生却相当迅速。当我们向历史求教时，汉字文化不可逆转的彻底衰落则发生在近代，就在我们身边。在如此漫长的历史过程中，社会对汉字书写文化的统一始终没有实现，那么，视觉对汉字图像的无意识需求就开始出现任意性。导致繁、简两体的思想分歧肇始于硬笔与软笔的交替，由社会政权的交替而逐步引向世俗化的解决。那么，汉字繁、简两体的分裂，就是社会在既存的汉字书写问题尚未解决的情况下，在新的社会环境中的汉字问题增生。因此，汉字繁、简两体的统一，就必须把问题限定在这一历史时间点上，深入汉字定型之初的书法问题之中。

汉字图像属书写生理结构定位的一种文字结构。书法的初衷就是通过有意识对人类遗传书写生理基因进行严格控制，对“看”的汉字图像进行统一严格的定位，这是汉字结构形成的历史发展事实。一旦我们以汉字书写生理结构为准绳，那么，它就与声像文字结构性质一样，以统一生理共性遗传基因为基础，具有高度统一的结构稳定性。当前，汉字文化的延续和统一，必须通过专门的书写文化知识才能对汉字结构进行定位，在有意识书写活动基础上，自觉培养起社会与历史、人与人之间的图像文字交流上的理性统一。因此，普及书法文化不仅是解决汉字结构精度的一种专门性文化知识，而且具有社会历史汉字结构的统一标准。它既不受社会区域、历史时空局限，也不会受“繁、简”因素的干扰。两千年前的王字可以在唐、宋时代复制，而当代又可以重复唐、宋和魏晋。因此，汉字文化传承的纽结只有一个，那就是社会基本失传的书法文化。从这个意义上讲，汉字文化的历史社会一致程度，将比任何一种文字结构定位形式的精度更高、更趋向一致性。

揭示书法与汉字文化的同步发展关系。在解决当前汉字的理性统一问题上，就是以书写认识论与汉字专门知识相结合，从而获得汉字知识领域中的本质性概念。在将纯书写经验研究引向社会—科学领域过程中，用一种专门的书写文化知识来有效地控制汉字结构，才能使汉字文化正确地发展。从这个意义上讲，钟繇、王羲之、王献之、虞世南、褚遂良、米芾、米友仁、沈尹默、胡问遂等一批有名的、无名的书学者，他们的书法经验，就是汉民族认识自我文字活动规律的历史证人，是不同历史时期的“小孩”角色。在这些个体认识规律基础上，构成一个现在的汉字书写知识社会观，从而使我们理解汉字书写文化的出现、辉煌，以及对当今社会的指导意义。因此，产生于近代社会生活取向的书写行为，导致社会大众与传统汉字文化相脱离的最终冲动，仍处在起始阶段。我们现今只有朝向与它的过去的连续性相联结，才能得到汉字繁、简两体统一的实现。一旦这种观点在当今书写生活中自我确立，过去也就可以根据现在来理解了。因此，在专注了两千年以来前人书写经验数据，从秦汉、魏晋，到唐宋，再到近代这几个关键历史时间点，使我们看到整个汉字书写文化可持续发展的文化价值之所在。

汉字结构位置与书写速度的关系。汉字文化的独特之处是，从书写技法智慧转换成一种文化形态，它的本质属于书写艺术。从现代意义上讲，汉字书写近乎美学上的"艺术思维"。这与世界主流文字的源头有着质的差异。汉字文化的书写智慧在于，它是一种视觉生理和书写生理的统一平衡，把外文中的大、小写统一在同一文字体系中。当我们从这一视角观察汉字，并转向对汉字改革思想的思考时，我们可以发现，对目前社会上繁、简汉字的文化定向，都可以在书法活动规范上作出更精确、更深刻的解释。虽然王字已过去了近两千年，而今天所看的王字，根本看不出汉字的繁、简的特定形态差异，它就在今天繁、简两体中自由运行。因此，书法是繁、简两体和谐共存的法则。当视觉检测需求强烈时，它便向楷书活动接近；当书写转动加快时，它就向行、草活动接近，这就是书法中的书写定位机制在起作用，它可以从本能书写的0，逐步有意识地向四方图形撑开，形成一种或四方、或圆弧，随机稳定变化的自由伸缩、舒展的书写形态，这就是以"看、写"生理反馈回路的文字定位系统在书写文化上的反映。

因此，在明确界定汉字文化性质后，汉字书写在很多方面与自然科学有非常类似的状态。把汉字书写文化性质与自然科学中“量子理论”作基础比较的话，在自然科学的定量理论中，如果我们将要论述电子量度的定量理论，在用计量工具来表达所要论述的测量结果时，测量工具被解释为一种物体，它本身受到测量的电子的位置和速度的影响。于是，一个极为著名的物理学论点出现了：位置和速度的测量只有在不确定的“测不准原理”中才可以得到表达。如果当前人对汉字的认识遵循这一相关论陈述出发，发现这一特征与汉字文化的本质有惊人的相似性的话，那么，书法就是凝聚着人类文字活动中高度的生物—物理学智能，将汉民族文字活动中最美好的一面“视觉与书写”这矛盾对立关系的处理智慧贡献了出来，代表了中华文化最隐秘、最深层的哲学思想和科学文化精化。如果这一阐述与汉字书法有着惊人的吻合，并达到世人一致认同的话，那么，重建一种新的文字体系的假定就毫无意义。而历史过程中拉开日常的与书法的主要原因，就是社会人受汉字书写文化知识滋养的程度差别。当社会忽略了这一文化对汉字结构所起的作用时，我们就会在此处发现了繁体优势，在彼处又发现了简体优势，产生汉字文化的极端化通俗理解。然而，汉字文化的本质总是不断地显示出强大的生命力。当社会人把汉字结构定义为“繁”时，它的日常书写活动上却以“简”的方式出现。当人把汉字结构定义为“简”时，它在许多社会历史性关键件场合，它又自动恢复到视觉上“繁”的方式出现，这些现象就是汉字文化本质的反映。

找到汉字文化的本质，才能使我们不仅能认可旧的传统书写文化形式，又支持当前新的书写形式，还能把海峡两岸的社会文字意愿，在一个民族文化血缘中紧紧地联结在一起，这就是保持汉字固有文化的内在联系的和谐，重新统一汉字的思想方法和明确动力。因此，在跨越历史性汉字文化障碍的过程中,汉字书写知识结构与社会认知结构间的识别吻合相当复杂、艰难。在长达五千多年的社会历程中,从绘画图像到今天的书写型汉字结构,只有书法智慧才是它的最终正确表达,是中国文化中最深层文化底蕴。它既有科学上的道法自然的思想,又有视觉、书写上的儒家中庸思想,以至于历代社会名流雅士,用各种思想利剑都未曾真正刺破这一文化堡垒。而书写知识社会学深刻而富于启发性的洞察已深入汉字文化的本质,但在时间进程上远远落后于社会世俗性退化的速度,以至于在整个汉字生态系统几乎处于崩溃边缘之际,才有所发现。因此,汉字文化的真相始终躲藏在社会历史的一角,似乎在等待认知心理科学的发展、社会历史时机的成熟。

向汉字书写"测不准原理"的相对精度转换。硬笔与毛笔是人类两种不同的书写文化,它们各自经历了不同的文字书写文明的心理发展历程。因此,在两种书写工具的文化背景中,存在着两种文化意识加工倾向:一种倾向于制笔工艺的精良,一种倾向于意识书写的成熟。近代中国社会经历一个书写文化大迁徙,这一书写文化迁徙产生于这样一种思想观点,人与该书写物观念之间,从传统向现代的改变不是故意和任意的设计结果,这一关系就其社会历史顺序而言,它的出现和发生必须视为人遵循一种社会发展的规律性。然而,这种规律性与汉字文化发展并没有必然的联系。于是,在汉字文化的发展中,就出现了与现代中国经济走向世界,企业并购中所出现的问题相同,即两种文化的整合。在中国社会书写文化的集体迁徙中,有一个两种书写文化整合的隐性问题存在。

造成汉字书写操作维度变化的社会历史过程是相当复杂的。其中,毛笔书写功能上的结构性缺陷是一个关键性因素。因此,汉民族通过人的书写意识活动来克服软笔书写工具上的不良因素，通过对书写结构提取的不同的文化特质，从而达到硬笔书写各向同性的同等水平。这样一来，汉字书写活动的民族文化特征就相当突出。这是汉民族的一大优点，但是，在制笔工艺上，汉民族却暴露出惯性和顽固性，这就是汉字文化发展的两个极端。然而，一个现实文字活动的社会结构复杂性远远超过我们的想象。当两种制笔工艺、两种书写文化在某一社会历史点上发生正面冲突时，这一书写工具的落后性几乎拖垮了整个汉字文化的书写精度，并产生文字改革的社会意图。因此，正确的汉字文字发展应该是双向发展的。

然而，当软笔和硬笔发生历史性交替时，社会是想当然的。汉字是软笔书写，它依靠书写生理的第二杠杆的动态平衡来支撑起方块图像结构的。外文硬笔书写是依靠书写生理第一杠杆的本能旋转来形成卵形螺线字母线条的。在中国社会历程中，书法经历数代人的努力，已完成了对汉字结构的“位置与速度”的最佳匹配。当汉字专门书写结构退化为硬笔本能书写行为，书写工具从最软到最硬连续变化、弹性变化彻底消失后，汉字活动中书写生理的本能行为与书写压迫层关系再次凸显起来，社会书写便出现以往历史从来都没有出现过的新的变数，结果导致了比秦隶书写现象更为严重的书写“测不准”现象，从此，社会汉字的书写文化精度开始急剧直下。更严重的是，在这长达百年的时间内，社会竟没有人对新的书写文化选择进行任何认真全面的反思。

那么，造成社会人对硬笔书写文化磨合反思停止的原因是什么，这就是聚集在传统和现代、软笔和硬笔的两大群体都进入了自动无意识书写状态，也就是在消除书写压迫层的方法上出现了明显、极端差异：一种是不得不采用本能的“书写功力替代”来消除汉字书写“测不准”精度关系，这一群体不具备汉字文化发展的生理活动依据。当人对毛笔弹性连续变化书写控制意识消失后，那么，对另一类硬笔的书写“测不准”关系的出现，即人们所遵循的社会过程中直接获得的特定书写观，以及它的极端放任现象，在历史当初汉字的书写脱节问题上，就不具备理论上的批判和指导意义。当今社会，不仅两种书写文化谁也说服不了谁，而且由两种书写生物—物理学的对抗，最终演变成社会书写意识形态上的文化对抗，形成两大文化群体的书写“职业分离”，传统和现代就永远老死不相往来。

当今社会的汉字讨论与文字改革时的汉字讨论已发生了天壤之别。当初是分离意图，如今有回归意识，不同历史社会状况持不同的汉字文化态度和立场。然而，两种书写文化的差异越大，整个社会书写文化迁徙的失败率越高。因此，在跨越着两种文化的鸿沟过程中，如果我们不充分估量书写压迫弹性层的存在与消失对汉字书写文化精度的影响，任其存在的话，汉字固有文化理念不向社会最大多数书写人群传递渗透，那么，外来文化便向中国社会大众渗透。因此，在维护软笔与硬笔的书写文化精度的连续性和统一性的探讨中，我们必须在前人千辛万苦创造的书写文化形态上进行结构性延伸，在软笔与硬笔之间形成统一的书写活动体系，使人在汉字活动中不断提高书写活动意识，保证其图像结构的历史统一性和完整性。

因此，在汉字系统和历史过程对比的谨慎发展中，把当代人不同的文字意识形态转向一个共性的书写生物—物理基因，形成统一的思想就显得尤为重要。在弄清了现代汉字的书写生物—物理结构和思想结构的类型之后，我们所面临的下一个问题是，向“书法起源的历史原点回归”这一提法在社会上的认同感,形成汉字文化归结上的思想共同体。

(二)向汉字书法起源的历史原点回归

一般而言,向“书法起源的历史原点回归”这一提法是一种十分遥远而古老、不着边际的想法。持有这一观点者认为,凡是归因于后者的东西也已经归因于前者。以此为基础,社会思想就是以“事物的发展与距离感觉器反应的发展相关联”。因此,在他们的心目中,汉字的发展似乎与特殊感觉的距离反应相一致。也就是说,人们在面临一个充满困境的汉字世界中,被迫想出各种特殊的方法来应付当前逆境。而所得出的结论就应该直接建立在当前的社会事实基础上。由于当前社会人在理解汉字发展的过程中,有关社会的书写记忆本身这一问题的思考尚未提出,那么,人的思想便停留在社会历史过程的类推法基础上。然而,在书写心理水平对历史上所有每一种书写反应的调查中,它并没有为我们提供肯定的理由,汉字的发展必须有最近期社会现状来提供。因此,这是一个社会性思想认知论障碍。书写知识社会学对当今汉字实际发展线路和方向所作出明确的判断,是选择了在汉字史上起作用的,隐匿在中国社会真正起作用的书写反应基因进行表述,是对汉字书写生物反应绝对起源点上的选择。向魏晋书写文化回归的实质,就是向书法发生的原点回归。这就是说,当今汉字的发展,它必须由一个社会群体确实从事的书写反应,由这一文化单位的反应,而不是由个体书家的各种刺激反应形式所提供。这一书写群体组成的心理单位由他们在汉字活动反应中所出现的迫切需要解决的问题来决定。因此,与魏晋书写文化直接发生联系,从历史距离感而言,它是遥远的,但从当代人书写反应的思想距离感而言,却是最近的。

中国汉字文化制度的需要。自魏晋书法形成不久，汉字书写文化的知识齿轮效应便开始失效。因此，向魏晋书写文化回归意识的认知障碍，就是一个社会集体对汉字书写起源记忆的丢失和遗忘。回忆近代社会导向不同群体汉字行为内部，新的书写记忆形成作用是显而易见的。就目前社会人对传统书写文化的理解而言，绝大部分人对汉字图像的表达，仅仅停留在书学行为①②的表达水平上，而书学行为③的文化普及工作尚未完成。而第二次文字改革，社会对汉字结构的回忆主要是以听、读、看生理层面上进行的，改革对汉字文化的稳固，主要在汉语拼音的声像配置上有贡献，而简化汉字的出现，则是由社会对汉字书写结构定位机制的认知失控所导致。当今，人们各自以传统和现代、繁体和简体作为自己文化的归结范畴，形成了两大群体特定社会书写角色的刻板印象，人们代代相传，形成了彼此独立的文化气质，产生了相当大的隔阂和分歧，严重地影响了汉字文化的正常发展。因此，书法并不是一种抽象物，而是汉字的活动法则，违反了这一法则，必然要出现文字活动规律上的反复。

汉字书法曾有过轰轰烈烈的过去，但整个社会历史过程表明，汉字是在有一定量偏差的活动概率中长期发展，它已完成了从“固有模式”“混杂模式”向“外来模式”的迁徙[①]，原有的汉字文化遭到破坏，并到了几乎完全丧失的地步。因此，当代人的汉字书写现状，乃处在社会人与人交往中一种相互模仿、互相学习的简单方程式中。“一方面是个体通过加入社会环境，社会关系系统的途径掌握社会经验的过

---

① 请参考本尼迪克特《民族心理学》第464页。

程；另一方面，它是个体对社会关系系统中的积极再现的过程。”[①]因此，当代人的书写社会化乃是一种社会书写“场”意义，是人与人之间存在着的一种连续、经历了许多历史阶段和变化相互作用的过程。人不仅接受当代社会书写文化经验，而且会对这种经验进行能动改造。因此，硬笔社会的汉字结构改造成分使其成为支配自我书写价值的定向和目标就变得尤为显殊。人随时随地对当前社会书写环境，以其自身独特方式作出种种反应，并反作用于环境，从而表现出人的主观能动性。因此，汉字文化的文明兴衰，并不需要宏大的社会场面而让人们震惊，而是长期地、潜移默化地影响到我们对汉字使用行为的思维、功能和信仰，是这些东西在发生变化，从而导致整个社会书写文化的集体迁徙。因此，向汉字书法起源的历史原点回归，需要一个健全的社会汉字文化制度，而对这一文化制度的重建，必须追溯到它的社会存在根源。

书写是人类文字活动意识中自动性最强，思想中最容易忽视、最薄弱的环节。人们总是本能地处理它。因此，当今中国社会的汉字生态环境十分恶劣。一方面，这一文化制度从教材到教员都受到亚文化书学的负面影响，已严重地影响到汉字文化的正常发展。另一方面，由于社会汉字书写的“职业分离”，导致了一代人普遍对传统汉字文化的茫然无知，以至于今日社会，从地方到中央，从学生到名流，人们已完全绕开了这一文化学习过程，并成功地登上了一个又一个社会文化殿堂、科学技术堡垒。社会已普遍丧失了最低限度的相应书写生理、心理能力去适应它的思想准备，在一个巨大的现代化文化网络的运行

① 请参考苏联心理学家安德烈耶娃《民族心理学》第507页。

中，书法已成为现代人心目中一个可怕的文化遗产、一个心理上的濒危物种。

汉字书法的核心内容是指，人在文字活动中以汉字结构、书写工具物性、书写生理结构为前提，在社会文字活动环境中逐渐形成的一种文化产物。因此，汉字活动中的遗传素质乃是一种上代为下代提供的，有利于人从事汉字书写的一种特殊素质，这种素质对于汉字活动而言，它已不再是单纯的书写功能，而是通过人长期的社会实践、不断地受到社会影响的，为适应汉字活动而逐渐发展和形成的一种中国特有的书写文化素养。这种文化素养既包含着汉字实践的社会因素，也包含着生物体内的书写物化形式传授给后一代。汉字是书写结构定位的文字，因此，汉字书写不像外文音节那么单纯，它比音节字母结构文字更复杂、文化内涵更丰富。

汉字书写表达对文化素养的要求很高。它需要人努力学习，发现汉字书写活动规则，有意识地培养和使用这种书写力的特殊式样，才能正确有效地表达汉字结构特征。因此，对于初学者而言，汉字先天本能行为的作用极小，汉字活动需要文字活动素质的提高和书写文化知识的培养。因此，在解决历史与现实的汉字书写不可控性问题上，当前社会两种书写文化形态都有必要向书法历史起源回归(除少数入之门者之外)。汉字书写知识齿轮从一开始便发生了内隐性书写程序上的隐藏，那么，我们就必须在那一时期的巨人肩上重新开启。

魏晋书法的时空记忆中具有汉字文化的本质性功能。书法是通过有意识地书写才能形成汉字卓越文化功能的一种反应，它本身是一套复杂的系统。书法内部既有一整套高度发达的生理、物理学机构，又有一套专门的审美机能和文化精神。虽然，书法在我们时代已十分微弱，人们难以在当今社会的书写环境中去传承、认识、激活它，但是，当今中国社会意图体系和科学书写知识却处于正向结合的最有利时期，它将为汉字书写知识的历史回归开通道路。一旦书法形成一种社会知识学科教育，历史上的王羲之将成为社会书写文化的科普对象。在历史过程中，王字之后出现一书写高峰——米芾，米芾之后又产生了沈尹默的书法认知观。当书写原理知识填补了中国汉字文化的长期缺失时，依靠汉字书写的发生原理，依靠真知灼见所发挥的文化传播，必将影响到每一书学心理生活和书写实践的本身。此时，王字将离我们不再遥远，它就在我们每个人的手下，在我们每个人的书写活动基因中活着。当人正确提取了汉字文化中的书写精髓时，王字将不再是历史的唯一。

书法既对社会两大群体汉字文化心理具有影响和制约作用，又是每一个中国人对汉字文化共同的心理标准，是历史和今天中国汉字社会化特点的总体体现，是海峡两岸汉字共同的文化血脉。就目前中国汉字的社会意识形态而言，繁、简两体产生于一定历史解释的不同社会框架之中，它尚未被汉字书写文化精度的一致性考虑成熟。从这一意义上讲，汉字从造字之初直至今日，中国人就一直生活在一个难以持久定型的宿命论题之中。而重新审定汉字文化的本质，以书法文化作为整个社会意图体系的意志统一体，当中国人恰当根据汉字书写文化精度活动时，海峡两岸便会自动向同一文化根基回归，没有什么东西比这一文化基因更重要。而守护汉字文化遗产，就成了我们当下13亿中国人所面临的一个共同职责和任务，是一个汉字文化命运共同体。

因此，有关汉字书写知识的社会启蒙和普及，既是一项极富挑战性的文化工作，又将代表一个社会必然会出现的文化阶段。这一阶段的社会书写文化运动与近代社会普通话推广的运动场景是一样的。当年的普通话推广，如今这一标准语，在某些地区已影响到了地方方言的传承和交流。当一位播音员用纯正的普通话进行播音时，突然根据需要冒出一句地方方言，此时，我们才真正感受汉语的丰富多彩。因此，汉字书写文化知识的普及、对每一个中国人书写性格行为的定型，必将改变当前社会汉字文化的均衡，推动社会汉字向最优化结构方向运行。这一过程既可以控制一个社会汉字书写的文化精度，又进一步制约和把握当前社会，对亚文化书学的无限发展的依赖，并安抚书学中不安的躁动之心。

汉字书写知识理性启蒙的社会时机已基本成熟。该文化工程的社会意义非同寻常，它在致力于突破中国社会长期遗留的历史性难题中，整合了当代社会两种不同的书写文化，使其在汉字文化体系中熔铸成一个有机的统一整体，具有延续和传承、繁荣和发展的整体性社会功能。因此，书写文化的历史回归，是当前中国社会汉字文化战略的首要任务。一旦书写文化普及形成，它必然推动一个社会群体汉字文化的发展，形成继魏晋之后又一个新的历史起点。因此，对魏晋书写文化的普及和启蒙，是中国文化史遗留下的最重要的一项必须完成的社会性汉字文化工作任务。

结束语：中国社会发展离不开汉字，而汉字结构的灵魂在书法。因此，书法是整个汉字结构得以旋转的轴心，可是迄今为止，该书写文化仍隐匿在整个中华民族文化的最深处，是一个两千年来尚未真正得到社会理性启蒙的优秀文化。恩格斯曾说，在音乐中，德国是“一切民族之王”，那么，在文字活动中，中国就是“世界民族之巅”。孔子说，

“不学诗，无以言”；朱子说，读书的目的在于“变化气质”。那么，对于中国人而言，不学书法又意味着什么呢？中国曾一度是书法高度发达的国度，汉字的书法能力是人最深层次的文化内涵和精神文化反映。因此，书法文化现象蕴含着一个民族对自我文字的认识，蕴含着一个民族性格、民族气质和民族智慧能力的综合性因素，是一个民族的无形资产。如果当代中国人自我文字的文化本质特征的认知都失掉了，那么，我们还谈什么民族之魂、民族性格、国民文化，以及中华民族标志性文化特征呢？

重新塑造汉字文化的价值观。汉字书法是整个世界文明史上历史最悠久、内容最丰富、形式最独特的一种文化遗产。一部汉字书法史传承和保留了长达两千多年中前人的书写字迹记录。它之所以能承担起汉字文化表达的使命，在中国社会历史上长期得以生存和延续的最重要原因，是每一个社会人在使用汉字时，书法引起我们的心理共鸣。在经历了数千年长期动荡之后，当社会人真正进入一个汉字文化的标准结构时，人们在叹服这一书写文化的伟大的同时，也获得了一个更具体、更有区别的历史书写评价的认识框架。就每一书写个体的意识特征而言，它总是反映一定历史条件下的，社会书写文明程度以及发展水平。人们能用一种书写文化标准来检验历史与当前发生的每一书写事件，致力于坦诚地面对由此而来的历史上的，或当今社会上的有关汉字的书写扭曲，这将是真正发生在每一个中国人心中对“文化长城”的捍卫，而不是来自文物鉴定式的书写无意识评价。汉字文化的本质不主张“变”的无限性，而主张“书写与视觉”高度和谐统一的自然流露。因此，对于长达两千年的汉字文化制度的演化，对于这一非物质文化遗产的传承和保护，具有巩固和维护中华民族精神、民族思想“和”的文化内涵。当我们对当前生活方式的特殊性变得清晰，先前存在于我们身边、影响我们书写的无意识动机直接进入到我们视野时，我们才能真正成为汉字文化的主人，而不是国与国之间在文化交往外交礼仪上的“中国书法”。

现阶段汉字活动状况。“汉字五千年”只是完成了一个阶段性文化铺垫，在文字改革的反思中，从日本对汉字结构上的文化意象发现，到今天我们对汉字文化进一步深度挖掘和揭示，汉字书写知识就是人类文字活动的专门学科，它在人类文字活动中的文化本质没有显示出来，那么，中国书法在人类文字史所具有独立性和优越地位就始终都不能显示出来。书法，是为了正确表达汉字结构所产生的一种最强烈的书写“力”式样，是人类文字活动中最完善的书写转动本征结构活动式样。汉字书写知识不但可以解释汉字书写，而且可以解释世界一切文字结构现象，世界所有文字结构尽在一个最高级书写文化精度之中。当我们挖掘了中国这一最大文化瑰宝并向世人传播，介绍一个真实汉字文化的历史与现代，在了解了中国汉字文化，与人类文字之间的共性内涵和不同书写文化时，对于这一文化的发现必然引起世人关注。当汉字以诗歌文化和书写文化，与世界主流文字进行文化比较时，世人对汉字文化的理解和热爱必将超越国界。

因此，在书写知识社会学的总结中，对于整个汉字文化过程揭示的本身，就是中国社会汉字文化意图体系的本身，是源于中国社会长期以来的文化之梦。汉字的发展，书写是一个绕不过的坎。汉字书写文化不能在我们这一代轻易丢失，它在历史过去中准备了将来，而在当今现代的实际存在中，不仅有过去，还有未来。那么，当今汉字究竟是一个不必要的过去，还是一个不真实的未来？在洞察了隐伏在汉字活动中这些相关因素的倾向之后，每一个中国公民是否会引起共鸣，产生相同的思考呢？这是本书在适合于社会学为定向、对汉字文化性质进行长期关注和思考的最后关键。